INSTITUTE OF ECONOMICS
CHINESE ACADEMY OF SOCIAL SCIENCES
中国社会科学院·经济研究所

高培勇　主编

中国经济学探索之路

——《经济研究》复刊 40 周年纪念文集

『上』

中国社会科学出版社

图书在版编目（CIP）数据

中国经济学探索之路：《经济研究》复刊40周年纪念文集：全2册／
高培勇主编．—北京：中国社会科学出版社，2018.5
ISBN 978 - 7 - 5203 - 2363 - 5

Ⅰ．①中… Ⅱ．①高… Ⅲ．①中国经济—文集 Ⅳ．①F12 - 53

中国版本图书馆 CIP 数据核字（2018）第 067064 号

出 版 人 赵剑英
责任编辑 王 衡
责任校对 朱妍洁
责任印制 王 超

出 版 中国社会科学出版社
社 址 北京鼓楼西大街甲 158 号
邮 编 100720
网 址 http://www.csspw.cn
发 行 部 010 - 84083685
门 市 部 010 - 84029450
经 销 新华书店及其他书店

印刷装订 北京君升印刷有限公司
版 次 2018 年 5 月第 1 版
印 次 2018 年 5 月第 1 次印刷

开 本 710×1000 1/16
印 张 50.25
字 数 854 千字
定 价 198.00 元（全二册）

上 册 目 录

商品经济与价值规律

宏观经济管理

经济增长与发展

商品经济与价值规律

试论价值规律同企业独立
自主权的关系

邝日安　晓　亮

一　经济改革应从承认企业应有的
独立自主权入手

为了适应实现四个现代化的需要，现在大家都在研究，在调整国民经济的同时如何改革我国的经济管理体制。

改革经济管理体制中一个核心的问题，看来是要改变那种国家通过指令性的直接计划企图把所有企业什么都管起来而实际上又无法做到的办法，承认全民所有制企业所生产的产品是商品，承认全民所有制企业之间所交换的产品是商品。为此，就必须使全民所有制企业具有独立商品生产者的地位和权力。

我国现在的全民所有制企业（以下简称企业）可以说是没有什么权力，使它有劲使不出，有腿迈不开步。正像党的十一届三中全会《中国共产党第十一届中央委员会第三次全体会议公报》中所说的那样："现在我国经济管理体制的一个严重缺点是权力过于集中，应该有领导地大胆下放，让地方和工农业企业在国家统一计划的指导下有更多的经营管理自主权。"我们认为，下放权力，关键在下放权力到企业；改革经济管理体制，宜从赋予企业以应有自己的独立自主权入手。

大家知道，企业是整个国民经济的基层组织，是组织社会生产和流通的基本单位；企业的工作又同各方面的工作紧密相连。因此，只有解决好企业的问题，才算抓住了关键，其他各方面的工作的改革才有了客观根据和依托。不论企业内部还是企业外部，一切规章制度、机构、体制、工作方法，都应当从是否有利于企业生产作为改革的客观标准。换句话说，凡是有利于企业革新技术发展生产的就坚持，凡是不利于企业这样做的就改革。这样才能摆脱过去在研究改进经济管理体制时，老是在中央和地方集权和分权的关系上绕圈子，改来改去效果总是甚微的局面，而做到有所前进。

但是，要做到在国家统一计划或社会计划指导下赋予企业以应有的经营管理的独立自主权，是一个牵涉上下左右和各方面工作关系的十分复杂的问题。这里既有理论问题需要研究和探讨，统一认识；也有许多实际问题需要认真对待，一个一个地加以解决。本文只能着重谈一些理论认识问题，以期在讨论中起抛砖引玉的作用。

二 要承认企业的独立生产者的地位

解决企业权限问题，首先要解决的是，企业在整个社会主义国民经济中地位和作用问题。

过去在林彪、"四人帮"倒行逆施的时候，他们反复宣传过这样一个观点：企业不仅仅是经济组织和生产单位，更是重要的无产阶级专政的阵地。实际上，他们是把无产阶级专政的任务要落实到基层作为口实，来否定社会主义企业是生产组织和经济单位的基本属性。这观点很明显是荒谬的。试问：如果企业是专政机构而不是经济组织和生产单位，那么，它同其他别的组织还有什么区别？如果工厂、农场等企业的中心任务不是搞生产，不是增加社会财富，那么，社会为什么要去办它们呢?!

但是，批倒这种谬论，还不等于完全解决了企业在整个国民经济中的地位、性质和作用的问题。

马克思主义认为，生产资料所有制关系是贯串于生产关系各个方面的。马克思说："给资产阶级的所有权下定义不外是把资产阶级生产的全部社会关系描述一番。"① 社会主义的生产关系也是这样。因此，所有制不同，企业的地位、性质和作用也就不同。资本主义企业由于是一个个的资本家或资本家集团所有，因而企业本身就是一个完整的独立生产经营单位，企业的占

---

① 马克思：《哲学的贫困》，《马克思恩格斯全集》（第四卷），人民出版社 1958 年版，第180 页。

有权、使用权和经营管理权一般是同所有权直接结合在一起的。企业之间的关系也就是不同的资本家和资本家集团之间的关系。社会主义企业则不同。它的生产资料不属于企业任何个人所有。就全民所有制的企业来说，它不属于企业中任何个人所有，而是属于社会全体人民所有。它同我国现有的劳动人民集体所有制企业也不同。集体所有制的生产资料，可以由该集体单位直接经营管理；全民所有制的生产资料，由于分门别类，十分庞大，则无法由社会和国家全部直接经营管理，而只能分散到各个经济单位（即企业）进行经营管理，即由这些经济单位分别占有、使用和管理。这样，在全民所有制条件下，生产资料的所有权同生产资料的占有权、使用权和经营管理权基本上是分离的。生产资料归全民所有，表现为企业必须服从体现全体劳动人民利益和意志的国家和社会计划的指导，必须完成国家指导下的计划或适合社会需要的计划，以及这些生产资料和产品归根结底是属于全体劳动人民所共有，企业无权在法律规定的范围以外，随意转让或处理，等等。这些生产资料分别由各个企业占有、使用和经营管理，则表现为企业在经济上从而也在法律上都是在生产资料全民所有制基础上的一个个具有经营独立性的生产单位，它有权独立地管理和使用社会和国家交付给它的生产（经营）基金（包括固定资金、流动资金和其他企业基金），以及社会和国家同意招收的生产（或流通）上需要的劳动者；它要对自己占用的全部生产（经营）资金和经营效果完全负责，等等。

社会主义全民所有制的生产资料由企业所占有、使用和经营管理，说明企业具有两重身份，即一方面它具有全民所有制的身份，它是全民所有制下的一环节和组成部分，它所占用的生产资料归根结底是属于全体人民所共有的；另一方面，它具有独立生产者的身份和地位，它在经营管理上是一个在全民所有制基础上具有独立性的单位。

毛泽东同志指出，社会主义全民所有制企业具有"在统一领导下的独立性"①。所谓"统一领导"，表明了企业是社会主义全民所有制的，它要维护和服从社会和国家的统一领导，不能离开这个领导；所谓独立性，则表明它是在上述的统一下面的独立性，不是像劳动人民集体所有制企业那种比较完整的独立性。

社会主义全民所有制企业所以要有在"统一领导下的独立性"，主要原

---

① 毛泽东：《论十大关系》，《毛泽东文集》（第七卷），人民出版社 1991 年版，第 29 页。

因有三。一是每个企业都是社会主义国民经济中社会分工的一个环节，它们所生产的产品品种、种类、规格各不相同，因而它们各有其独立的生产过程，它们在生产技术、经济、自然条件方面必然各有特点。这就决定了企业在生产经营上的独立性。企业只有具备了这种独立性，才能够积极主动地按照自己的情况合理地组织生产，而不是把这些活动的安排由上面一个什么统一的机构，事无巨细地都具体地管起来。二是作为一个生产经营单位，企业必须用自己的收入来抵偿自己的支出，必须实行独立的经济核算，自负盈亏，力争取得更大的经济效果。如果有的企业一时或短时间内亏了本，它也必须在经济上，从而也在法律上承担债务和偿付利息的责任，并在经过整顿取得利润时加以偿还。列宁说："各个托拉斯和企业建立在经济核算制基础上，正是为了要他们自己负责，而且是完全负责，使自己的企业不亏本。"[①]毛泽东同志也说，要改善工厂的组织与管理，加强经济核算，"使一切工厂实行企业化"[②]。而要实行企业化，进行经济核算，不赋予企业以独立的、自负盈亏的经济核算权是不行的。三是责任和权力是不可分割的。既然企业要对自己的经营负责，要实行独立的经济核算，这就意味着企业对社会、国家和人民负有重要的经济责任，它要完成社会和国家需要的计划，提供剩余产品。但要这样做，那就必须给企业以相应的经营管理权力。这种权力，不仅是生产指挥权、技术管理权，而且包括对固定资金、流动资金和其他基金的使用权（在核定企业必要的周转物资和固定设备，核定相应的流动资金和固定资金的情况下），包括允许企业按照等价交换的原则，把本企业生产的产品采取商品形式同其他企业相交换，以自己的销售收入来弥补生产消耗，等等。这也就是说，企业对社会、国家应负的责任和社会、国家给企业的权力，二者必须一致。

由此可见，企业的这种独立性，是由社会主义生产和再生产的客观需要决定的一种必然性，不是给不给的问题，而是必须加以承认。也不是扩大的问题，而是必须归还。

遗憾的是，在实际生活中，企业的这种独立性没有得到尊重和承认。这表现在国家经济领导机关和许多经济部门的同志，往往把企业看成上级机关

---

① 列宁：《给财政人民委员部》，《列宁全集》（第三十五卷），人民出版社 1959 年版，第549 页。

② 毛泽东：《经济问题与财政问题》，解放社 1944 年版，第 114 页。

的附属品和算盘珠，上面拨一下，下面才能动一下。企业不论在供、产、销方面，还是在人、财、物方面，都没有多少独立自主权。企业的生产经营活动，都是按上级制订的计划来进行的；国家经济领导机关和经济部门对企业的产品实行统购包销，对企业的资金实行统收统支；企业的一切收入向上缴，一切开支向上报；企业劳动力的调进调出，也实行由劳动部门统一分配的办法，企业根本无权办理。企业之间表面上也订立经济合同，实际上是"父母之命，媒妁之言"，按上面的意图办事。这种情况，如何能使企业发挥积极性、主动性呢？

为什么在实际工作中，会产生不承认企业在统一领导下的独立性呢？原因在于我们一些同志，对社会主义全民所有制做了片面的理解，以为全民所有制就是国家所有制，即国营经济；国营经济就应当由那些同国家政权没有分离的国家经济机关来统一管理和经营归国家所有的生产资料，并实行产品的统一"调拨"和资金的统收统支；因而一切也就都得听从国家及其各级政权机构。实际上，所谓听国家的，就是听从代表国家所有制的那部分中央经济领导机关，或省市自治区等经济领导机关。而这些经济领导机关往往又把对全民所有制的生产资料的所有权，同生产资料的占有权、使用权、管理权混同起来，集中使用，而不承认企业对生产资料的占有、使用和经营管理权，不了解企业既是全民所有制的基层单位，又是经营管理上的相对独立性的单位。（附带说一下，在目前生产力水平的条件下，我们的全民所有制还不是完全的全民所有制的，而是一种以全民所有制为主的全民和集体相结合的公有制或社会所有制。因此，企业在经营管理上的独立性，实际上也体现了企业对生产资料的某种程度上的所有关系。）于是，就只重视生产资料所有权和占有权、使用权、管理权相统一的一面，而忽略在全民所有制下生产资料的所有权同占有权、使用权和经营管理权必然分离或基本分离的另一面。因此，不首先从理论上说清楚企业在统一领导下的独立性的客观必然性，说清楚全民所有制是以生产资料的所有权同企业具有生产资料的占有权、使用权和经营管理权的对立统一，就无法承认企业的独立生产者的地位。

三　要承认企业之间的关系是商品货币关系

如果我们只是承认全民所有制企业具有独立生产者的地位，而不承认企业所生产的产品是商品，企业之间的经济关系是商品货币关系，那么，这仍然会重新否定企业在全民所有制基础上和统一指导下所具有的独立生产经营者的地位。

前面说过，在资本主义制度下，企业本身是一个完整的独立商品生产者，企业之间的关系是独立商品生产者之间的关系，因而也是独立的资本主义企业的商品货币关系。社会主义企业同资本主义企业不同，但这种不同，首先和主要地表现在所有制的不同，以及由于所有制的不同而决定的商品货币关系的性质的不同，并不表现为资本主义企业是商品生产者、社会主义企业不是商品生产者。

大家知道，社会主义企业不存在资本主义企业里那种资本同雇佣劳动的关系，不存在劳动者所创造的剩余产品归资本家无偿占有的关系。社会主义企业是由劳动者共同占有生产资料的公共所有制，并在这种公有制基础上实行劳动者同生产资料的结合。因此，社会主义企业所进行的商品生产和商品交换，是在生产资料公有制基础上的商品生产和商品交换，这种商品生产和商品交换同资本主义的商品生产和商品交换显然是不同的。

但是，过去我们在论述社会主义的商品生产和商品交换时，大多是以斯大林同志关于存在两种公有制的生产形式作为前提条件的。斯大林所说的集体农庄形式，同我国农村人民公社的基本核算单位的性质一样，都是以劳动者对生产资料的共同所有、共同占用、共同支配和共同管理的劳动人民集体所有制。斯大林所说的生产资料的全民所有制形式，其含义并不十分明确。其中全民所有制采取国家所有制形式的说法，由于流传很广、影响较大，有必要简单说一说。斯大林提出的"国家的即全民的形式"，实际上是指"国家所能支配的只是国家企业的产品"的国家所有制；[①] 集体农庄庄员并未参与国家所有制企业的生产和分配。因此，国家所有制经济虽然在政治上说是属于包括集体农庄庄员在内的全体劳动人民的代表——社会主义国家所有和占有；在经济上，却没有反映集体农民作为劳动人民的一部分，参与对这些生产资料的所有、占有、使用和管理权，因而它实际上是未包括集体农民的不完全的全民所有制。虽然如此，这种不完全的全民所有制也还是国家所有制经济，因为它与国家政权是结合在一起的，国家能对它行使实际上是政权性质的指令，这就使得经济计划和经济手段都带有政权的指令性质，而非纯

---

① 斯大林：《苏联社会主义经济问题》，人民出版社 1961 年版，第 12 页。

粹的经济性质了。

按照斯大林的说法，社会主义商品生产和商品交换，只是由于集体农庄这种集体所有制形式的存在，以及他们只愿意用自己生产的商品来换取他们所需要的不同使用价值的商品，才得以保留和存在。这样，商品生产就是外在于国家所有制的东西，并且只限于生活资料。斯大林说："无论如何不能把我国制度下的生产资料列入商品的范畴。"① 斯大林这个论证留下一个缺口，这就是在国家所有制的国营经济中并不存在商品生产的内因或根据，只是在集体农庄只愿意以其商品去换取他们所需要的国营经济的商品时，国营经济的产品才像在对外贸易中那样，"生产资料才确实是商品，才确实被出售"，才转化成为商品。那么，当集体农庄只愿以其商品换得国营经济的不是生活资料而是生产资料（如拖拉机）这样的商品时，国营经济的生产资料岂不是也从产品转化为商品吗？按照这个逻辑，国家所有制内部各企业之间是不存在商品货币关系的，即使是生活资料的交换，也得不出是商品交换的结论。至于国家所有制内部各企业之间的交换为什么要讲价值、价格呢？斯大林说："这是为了计价、为了核算、为了计算企业的盈亏、为了检查和监督企业所必需的。"② 同时，斯大林还说，在国内经济流通领域内，生产资料都失去了商品的特性，不再是商品，并且超出价值规律发生作用的范围之外，仅仅保持着商品的外壳（计价等）。其实，这种观点是不能自圆其说的。在实践中，由于按照这种观点办事，已经给我们的经济生活带来了很不利的后果。现在我们一些企业不进行核算，不讲成本消耗，不计算盈亏的真正原因，就在于它们的"产品"的价值不需要社会的承认，就自我"实现"了。例如，正是建立在这种理论基础上的对企业生产的产品所实行的统购包销的办法，才造成了不少产品的大量积压；在这些积压的产品中，有一些是没有用户需要的，也就是没有使用价值的"生产资料"，或者是使用价值极低的"生活资料"，但是却作为完成了"产值"计划，甚至还上缴了"利润"。这种生产，究竟有多少实际的意义，是可想而知了。要是承认企业所生产的是商品，商品要真正被消费者所购买和承认，那就根本不会出现这种虚假现象。再如，对企业的资金由国家统收统支，也是以国家所有制内部不存在商品生产和商品交换为理论基础的；而在资金由国家统收统支的情况

---

① 斯大林：《苏联社会主义经济问题》，人民出版社 1961 年版，第 41 页。

② 同上。

下，企业也就用不着独立核算，计算什么盈亏了。即使计算盈亏，也不是企业内在的需要，那当然也就没有必要认真地把它搞好了。

由此看来，要使企业对自己的经营管理承担起自负盈亏、保证盈利的经济责任，那就必须改变包括对产品的统购包销，对资金的统收统支，以及基层单位不需要自负盈亏、不需要独立地进行经济核算，上面不拨、下面不动的一整套做法，而实行承认企业具有独立商品生产者地位的商品生产和商品交换的经济管理体制。

实践证明，不把全民所有制的企业当作在统一领导下的独立商品生产者，赋予它们以独立商品生产者所应有的地位，那么，企业就无权也无法按照国家和社会的需要，制订生产计划，遵从使其产品的个别价值低于社会价值的原则组织生产和按等价原则进行商品交换。从而也就无法充分地调动企业及其职工的积极性和主动性，同时也不利于企业本身搞好自负盈亏的独立的经济核算。

现在，有的同志不承认全民所有制的社会主义企业是在统一领导下的独立商品生产者，是顾虑发展商品经济会引向资本主义。其实，这种顾虑是多余的。把社会主义企业看作独立的商品生产者，只要不改变公有制的性质，不产生资本和雇佣劳动关系（这里撇开一定条件下采用同国外资本家合营的国家资本主义经济），就不是资本主义。至于我国的全民所有制采取怎样的计划经济形式较为合适，我们认为，衡量计划经济形式好坏的标准，最根本的一条就看它在实践上是否反映了社会主义基本经济规律和其他经济规律的要求，能够使我国国民经济实现高度的和持续稳定的发展。按照这个标准，我们的社会主义计划经济的形式以采取全民所有制基础上的独立商品生产企业的计划作为我们国家的、社会的计划的基础，然后再在这个基础上进行逐级的协商调整和综合平衡为好。同时，国家的或社会的计划，必须集中全国人民的意愿，根据需要和可能，主要是在经济发展的方向和重大的经济比例关系上，提出原则性意见。要以长远规划和中期计划，以及少量重大基本建设计划作为主导，来指导企业的计划。这也就是说，只要我们不形而上学地把计划经济同商品经济对立起来，我们完全可以在发展商品经济的基础上，遵从价值规律的要求，来制定体现全体人民的意志，反映保证满足社会和人民需要的计划。

要使企业真正地而不是名不副实地成为社会主义全民所有制的自负盈亏的商品生产者，就应当原则上允许企业之间按照商品货币关系本身的需要，在社会主义市场上进行竞争。马克思说过："在大多数生产劳动中，单是社会接触就会引起竞争心和特有的精力振奋，从而提高每个人的个人工作效率。"① 实行竞争，肯定能促使整个社会生产水平的提高。马克思还说过："社会分工则使独立的商品生产者互相对立，他们不承认任何别的权威，只承认竞争的权威，只承认他们互相利益的压力加在他们身上的强制。"② 这条原则对社会主义的企业也可以基本上适用。资本主义的竞争是优胜劣败，大鱼吃小鱼，胜利者一步登天，失败者倾家荡产，家破人亡。我们是社会主义公有制，在公有制基础上的竞争，根本不会，也不允许发生像资本主义那样的大鱼吃小鱼、倾家荡产的问题。通过优胜劣败，促使先进者更先进，迫使落后者不得继续落后下去，否则就有被淘汰的危险，使先进者和落后者在物质利益上有所不同，这有什么不好呢？须知，只要给予企业以自负盈亏的独立商品生产者的地位，那就意味着企业既有更大的责任，也有更大的权限，企业在供、产、销方面要有更大的自由。例如，企业所需的许多原材料，为什么不可以选购？企业生产的商品，要为消费者和需要单位所选购，真正符合人家的需要，才算得到社会的承认，才算实现了社会主义生产的目的，这岂不是很好的事情吗？另外，如果允许企业以独立的商品生产者的地位出现，企业对于固定资金和流动资金自然应当实行有偿使用的原则。这就会促使企业节约使用资金，革新技术，力求使自己的生产费用低于社会的生产费用。这样，大家都力求降低自己的生产费用的时候，整个社会商品的生产费用就会不断降低，从而有利于生产水平的不断提高。所以，解决企业权限的问题，必须在理论上和实践上把社会主义的企业看成是在统一领导下的全民所有制的独立商品生产者，允许企业之间以一个个商品生产者所应当具备的那种地位和权力来互相对待，进行商品生产和商品交换。

四 要从经济利益的关怀上使企业有发展生产的动力

社会主义企业如果只是有了独立性，而没有主动性，缺乏经济动力，不是千方百计地去发展生产，搞好经营管理，那还不行。那么，社会主义企业

① 马克思：《资本论》第一卷，人民出版社 2004 年版，第 379 页。
② 同上书，第 412 页。

的内在经济动力从那里来呢？只能来自包括企业领导人在内的全体劳动者对物质利益的关心。

从根本上说，一切生产关系都是人们的经济利益关系。只是在不同的生产关系下，人们之间具有不同的利益罢了。人们结合在一定的生产关系下进行生产，就是为了实现一定的经济利益。在资本主义生产关系下，资本家是生产资料的所有者，资本家建立企业、组织生产的目的是榨取最大限度的剩余价值，因而生产和追逐剩余价值就成了资本主义生产的直接目的和唯一动力。在社会主义生产关系下，劳动人民是生产资料的主人，生产的目的是保证最大限度地满足国家和人民日益增长的物质和精神的需要，因而满足需要就成了社会主义的生产目的和直接动因。

斯大林同志指出，社会主义基本经济规律的主要特点和要求是："用在高度技术基础上使社会主义生产不断增长和不断完善的办法，来保证最大限度地满足整个社会经常增长的物质和文化的需要。"[①] 反过来说，如果社会主义的生产不是为了保证最大限度地满足国家和人民的物质和精神的需要，不给劳动者带来物质利益，它也就不成其为社会主义生产了。这是社会主义生产的优越性所在，也是社会主义生产能够高速度发展的根本原因。

但是，实现社会主义生产的目的必须遵从按劳分配规律的要求，认真贯彻物质利益的原则。这就不仅要求在个人消费品的分配上实行等量劳动领取等量报酬（在做了各项扣除之后）的原则，而且要使企业的生产经营状况同每个职工的物质利益直接挂钩，使国家利益、生产单位的利益和个人利益正确地结合起来。这样，大家的积极性、主动性就能调动起来，使国家增加收入，生产单位增加企业基金或利润分成，劳动者也增加个人收入，反过来又会推动计划的完成和超额完成。

调动企业的积极性和主动性，思想政治工作十分重要，精神鼓励也是不可缺少的。但这些只有在同物质利益原则相结合的情况下，才能够产生实际的而不是空洞的，持久的而不是一时的作用。二者是统一的，而不是矛盾的。

可以这样设想，如果使企业的经营效果同企业中每个职工的个人利益联系起来，允许企业之间因经营的效果不同而得到的物质利益有所不同，允许

---

① 斯大林：《苏联社会主义经济问题》，人民出版社1961年版，第31页。

一部分地区、一部分企业、一部分工人由于主观努力、由于生产贡献大成绩好而收入先多一些，生活先好一些，实行有奖有罚的政策，并且体现在企业的各项工作中，那样的话，势必会造成人人关心集体，个个讲究效率，相互鼓励和监督，领导和群众都为技术的不断进步而努力的局面。发明创造自然会层出不穷，一切好的组织生产方法也会应运而生。企业的正常活动，企业同外界的关系，都会自然地得到合理的调节，我国国民经济必然是一派生气勃勃，兴旺发达的动人景象。

列宁说："必须把国民经济的一切大部门建立在个人利益的关心上面。共同讨论，专人负责。由于不会实行这个原则，我们每一步都吃到苦头。"[1]所谓把国民经济的一切大部门建立在个人利益的关心上面，就是要使生产发展的利益同劳动者的个人利益相结合，使我们的一切经济工作都能体现这种结合。所谓共同讨论，专人负责，就是要实行民主管理，让群众在政治上、经济上有发言权、决定权和监督权，决定后专人负责贯彻。现在我们还没有做到这一点，所以我们一直在吃苦头。但是，当我们通过经济管理体制的改革把权力，责任和利益结合起来，真正把物质利益原则和民主管理的原则贯彻到实际工作中去，那时，企业和企业全体职工的积极性和主动性，必然会像打开闸门的水库一样，奔腾澎湃地涌现出来。

五　企业应当具有什么样的权力

解决企业当前存在的问题，要区别企业内部和企业外部两方面的因素。属于企业内部的问题，应当要求企业职工千方百计地去解决。而属于企业外部的问题，则不能单纯要求企业破除"外因论"去解决，而应当由社会、国家和有关企业设法解决。所谓赋予或归还企业应有的权力，正是为了解决企业发展生产、改进技术的外部条件。

那么，企业究竟应当具有一些什么权力呢？原则上说，就是要承认和赋予企业作为社会主义独立商品生产者应当具有的一切权力。但这个问题很复杂，解决要有一个过程，并且要积极创造条件，经过试点，逐步推广。现在我们国家要拿出一定时间调整国民经济的比例关系，同时着手经济体制的改

---

[1] 列宁：《新经济政策和政治教育局的任务》，《列宁全集》（第三十三卷），人民出版社1957年版，第51页。

革，继续进行现有企业的整顿，把整个经济工作的水平大大提高一步，因此，企业的权力问题完全可以在调整中逐步解决。下面提出的初步设想，很可能是不完全的和不妥当的。

1. 在生产和生产计划方面。在国家和社会的计划指导下，企业应当具有按照国家和社会以及消费者（包括国外订货者）的需要，根据自己的条件，制订企业生产计划的权力。现在，企业的一切事情都由上面安排，什么都得上级批准了才能办；八项经济技术指标的下达经常互相矛盾，而且指标往往反映不了客观的实际需要和不能符合企业的实际情况。因而给企业带来许多困难，造成企业只求达到指标要求，而难以按照社会、国家、市场和消费者的需要组织生产。今后，在计划体制没有大的改变以前，企业也只能有一个上级领导；而上级单位最好是根据各行各业的不同情况和社会、国家、市场的需要，只下达几项主要指标（如产量、品种、规格、利润），其余的指标可让企业在满足社会和国家需要的前提下，根据自己的具体情况确定，力求获得最大的经济效果。而且主管单位下达任务一定要有动力和原材料等的保证，不能留缺口。对于没有动力和物资保证的计划，企业有权拒绝。计划一经确定，凡是企业为完成计划而属于职权范围的事情，要放手让企业主动去办，上级机关除了帮助企业解决计划执行过程中出现的困难和问题之外，不要干涉企业的正常业务。同时，要允许企业在完成原定的计划任务和具有原材料、动力的条件下，根据市场、消费者和需要单位的需要，增加生产。凡属计划外的生产，企业由此得到的利润可以和国家分成，或全部留给企业。

2. 在供销方面。企业所需要的原料、材料、元件、配件，应当有选购的权利。在目前的计划体制和物资供应、商品的销售体制没有重大改变以前，首先应当解决原料、材料、元件、配件、燃料动力的缺口。企业所生产的商品，应当允许企业在遵守国家法律和政策的条件下，有权直接销售或向零售店、批发商店批发，或订立购销合同等多种方式来销售商品。适宜于生产、加工、销售"一条鞭"的，要允许它们这样做。对于计划外的生产，以及无法避免的废次品，要允许企业有依法或依照政策规定自行处理的权力。有对外贸易任务的企业，要逐步实现允许企业直接同外商见面，参加谈判，签订合同，并实行外汇留成的办法。

3. 在财权方面。企业应当有自己的生产（经营）资金，包括固定资金、流动资金、自有外汇和企业基金；还可以申请基建贷款、临时流动资金贷款和外汇贷款等。并且，在企业支配的资金数额范围内，它应当有权自行处理和支配这些资金。目前，亟须解决的问题有以下两个方面：一是企业的折旧费、大修理费提取额少，留给企业的比例小，不利于技术改造和设备更新。而且企业的各项费用实行专款专用，打油的钱不能买醋，不能集中力量有重点地办一些事情。因此，企业存在大量合理不合法的现象。今后，除了要改进折旧和大修理费的提取和使用办法以外，似乎可以把企业的各项费用捆到一起，区分为用于生产的和用于职工生活福利的两项，由企业自行安排使用，不宜管得那么细。这当然要经过试点，取得经验以后才可以实行。二是对于企业由于完成和超额完成计划而留的企业基金，以及由于协作和计划外生产而得到的分成，不宜做过多的限制；这些收入，既然归企业所有，原则上就应当允许企业自行支配（属于职工生活福利方面的开支，应当由企业职工讨论决定如何使用）。还有，企业在调整工资方面，也应当有一定范围和一定幅度的机动权力，以便在国家未作全面调整的情况下，可以对表现优异和表现特别不好的职工，及时进行一些调整，以便更好地贯彻按劳分配原则。对于其他上级单位和部门要工厂负担的所谓的"社会开支"，企业有权拒绝。同时，国家应当在财政体制方面有所改革，使地方政府有稳定的财源来举办城市交通、上下水道、煤气、住宅、学校、商业网、绿化等各项社会公用和福利事业，不要分头去向企业"筹措"这笔开支。

4. 在人事权方面。企业应当有权根据自己的生产特点和技术需要，择优选用工人和技术人员，也有权当劳动生产率提高而人员发生富余的时候，特别在我国目前条件下，要考虑兼顾采用新技术和充分就业的原则下，要求劳动管理部门将多余的人员调出去另行分配。企业还应当有权按照生产特点更新职工。在计划管理和劳动工资管理体制未作重大改变以前，要考虑尽快地给企业试行这样两方面的权限：一是要给企业以逐步实行择优录取、自行招工的权力。劳动管理部门应当逐步转为根据企业的实际需要，介绍新职工，让企业选用，以改变搞"搭配"，把企业不需要的人硬塞到企业中来的办法。要允许企业"挖墙脚"，先从企业生产上迫切需要本企业又一时培养不出来的技术人员（包括工程师、经济师、会计师等）和特别迫切需要的某些技工实行招聘办法做起。这样，既有利于发现人才，促进企业合理使用人力；又可以促使我们改进现行劳动管理上的缺点，减少吃大锅饭的现象。二是要给企业以解雇工人的权力。现在有极少数人就是仗着"铁饭碗""橡皮饭碗"砸不了，而调皮捣蛋。如果恢复企业原先就有的解雇工人的权限，这种现象肯定会大大减少。当然企业解雇工人要经过同级工会组织的同意，报上级机关备案（在某些地区或部门转业条件一时还比较困难的情况下，还得取得上级机关的批准）。有人把不能解雇工人当作社会主义制度的优越性，实际上这是对社会主义制度的误解。社会主义制度在劳动管理上的优越性，应当是广开生产（流通、劳务）门道，有计划地和合理安排人力，做到人尽其才，合理使用。还有，企业因为提高劳动生产率而多余的职工和因自然规律而不适宜留在企业的职工，有些应当依照规定退休，有些要由社会劳动管理部门负责积极培训和另作安排，既做到人尽其才，又保证他们的生活。这才是社会主义制度的优越性。

总之，要给企业提供自负盈亏的、作为独立商品生产者进行商品生产的工作条件和物质基础，就必须给企业以合理组织和使用人力、物力和财力的权力。所谓人、财、物，实际就是劳动力和生产资料，这是企业组织生产的基本条件。这些基本条件的选择、管理、安排、使用，原则上无论如何是不能由上级机关来决定的，而必须由企业决定。因此，赋予或归还企业作为商品生产者应当具有的权力，必然会使企业的生产力进一步得到解放和发展。

六 要按照价值规律的要求制定价格政策和价格

要使企业具有在国家统一领导下的独立商品生产者的地位和权力，合理处理国家、企业单位和个人这三者之间的关系，正确评价企业的经营效果，还必须按照价值规律的要求，经过调查研究，认真切实地调整物价体系。

现在我国大部分物价，是沿袭中华人民共和国成立初期或生产资料所有制的社会主义改造时期的价格作为基础的，多少年来，由于各行各业和各部门劳动生产率的变化而引起价值的变化，不少商品（包括现在还是"调拨"的产品）的价格长期背离价值，从而也背离了价值的转化形态的生产价格。这样就出现了许多不合理的现象。

表1以总产值计算的煤炭工业全员劳动生产率为100，来看其他工业部门全员劳动生产率变化的情况。

表1　　　　　　工业部门全员劳动生产率变化（1952—1977年）

工业部门	1952年	1957年	1966年	1977年
煤炭工业	100	100	100	100
石油工业	344	399	853	1922
电力工业	269	273	528	929
冶金工业	210	284	460	370
化学工业	107	165	474	532
机器工业	89	118	215	312
建材工业	59	64	148	174
纺织工业	338	256	430	590
食品工业	506	475	486	800

　　煤炭工业的全员劳动生产率，从1952年到1977年，只增加了12%。1952年时煤炭工业劳动生产率比机器、建材工业还高，但十几年后就成为劳动生产率最低的工业部门。从表1还可以看到，纺织和食品这两个工业部门的全员劳动生产率，在1952年是较高的，但25年中的增长率也不高。25年间，石油工业的全员劳动生产率增长最快；其次是化学工业和电力工业。当然，各部门之间劳动生产率发展不平衡是必然的，但25年中变化如此之大，确实包含了一个价格偏离价值，也就是偏离生产价格的问题。何况按总产值来计算劳动生产率，对商品中物化劳动价值转移越少的部门越不利。

　　再以我国煤炭工业和石油工业来做比较。大家知道，这两个部门的管理水平比较接近，职工都比较劳累和艰苦，干劲都一直很大。但是从表1来看，1952年石油工业的全员劳动生产率比煤炭工业高2.44倍，而到了1977年，石油工业则比煤炭工业高18倍以上。另外，近几年来煤炭工业不是亏损就是盈利很少，而石油工业的利润一直很大。这里显然存在一个煤价低于价值和石油价高于价值的因素。在这种情况下，如果仅就盈利和资金利润率高低来评价两个部门，如果采用利润留成或者按资金利润率实行企业留成的办法来处理国家、生产单位和个人之间的物质利益关系，那岂不要出现劳动努力程度和经营管理水平差不多，而得到的集体福利和个人收入却大不一样的情况吗？

　　大家知道，价格是对劳动和生产经营成果的社会评价。如果商品的价格不以生产价格为基础，就难以把各个部门或者同一部门生产各类产品的不同企业，平等地置于相同的条件下进行比较，从而也就不能以资金利润率作为评价经济效果的客观标准。只有以生产价格作为定价的基础，才能使各部门、各企业的生产经营状况的好坏，通过其实际的资金利润率的高低而综合地表现出来。当然，这样做，要经过大量准备和试点工作。至于社会主义价格为什么要以生产价格为基础，因为不是本文要讨论的重点，这里就不多说了。

目前在采取继续基本稳定物价的方针下，除了有计划、有步骤地继续调升一些偏低的农产品价格和逐步降低农用生产资料价格（这也对国营农、林、牧场关系较大）外，还宜考虑对不同商品采取不同价格政策。第一，重要的物资由国家规定价格或最高限价，如燃料、电力、生产上需用的大宗原料（生铁等）和生活必需品的收购价格和销售的最高限价。第二，次要的生产资料和生活资料，应考虑规定一定幅度的浮动价格，要允许企业在降低成本的基础上以较低的价格出售。第三，由生产者自行定价或产销双方自行协商定价。由于价格涉及几十万企业和亿万群众生活，任何价格政策的改变都要进行认真的调查研究。任何价格政策的调整，必须保证人民群众的生活水平不至下降而又同时有利于技术革新和生产发展。

（本文发表于《经济研究》1979 年第 5 期，获第一届孙冶方奖）

论社会主义经济中计划
与市场的关系

刘国光　赵人伟

一　社会主义经济中计划和市场相结合的必然性

长期以来，在社会主义政治经济学中存在这样一种看法，即认为，既然社会主义经济是计划经济，资本主义经济是市场经济，因此社会主义经济与市场是不相容的。尽管后来逐渐承认了社会主义经济中商品生产和价值规律的存在，但仍然把商品生产、价值规律、市场机制的作用同计划的作用置于绝对排斥的地位，似乎计划起作用的地方，市场机制就不起作用，或者反过来说，计划作用到不了的地方，市场机制才起作用。这样一种把市场视为同社会主义经济的本性不相容的观点，给我们的经济生活带来了一系列消极后果。例如以下几种情况。

第一，生产与需要脱节。由于片面强调计划和忽视市场，企业生产什么和生产多少，主要按照从上而下的指令性计划指标，而不能很好地按照社会的实际需要来安排。这样，按上面布置下来的计划生产出来的东西，往往货不对路，造成积压，而社会上需要的东西又供应不足。再加上企业生产的产品大部分是由国家统购包销的，企业所需生产资料大部分又是由国家统一分配计划调拨的，生产企业同消费者之间缺乏横的联系，不能直接见面，以致生产者不了解消费者的需要，消费者也不能对生产施加影响，计划指标不符合实际需要的缺陷不能通过市场机制灵活地反映出来，并得到及时的纠正，使产供销脱节的问题长期难以解决。

第二，计划价格脱离实际。由于在制定价格时忽视价值规律的客观要求，使得许多产品的计划价格长期地、大幅度地同价值相背离。在这样的价格条件下，企业在产值、利润等指标上表现出来的经营成果不能反映企业本身经营状况的好坏；由不合理的价格因素而引起的亏本和盈利，也无法据以辨别企业经营的优劣。计划价格很少考虑供求的变化，长期固定不变。当出现商品不足、供不应求的时候，往往不采用调整价格的办法来促使增加供给和控制需求，而是采用票证来限额供应，使票证起了补充货币的作用，造成价值尺度的多元化。人们还把凭票限额供应叫作"计划供应"，似乎它就是社会主义计划经济本质的一种体现，殊不知，这是任何一个被围困的城防司令都会想出来的办法，同社会主义计划经济毫无本质联系。当然，社会主义计划经济不是不可以在一定时期和一定条件下利用这种限额限价的供应办法。但是，由于这种办法不能从经济上鼓励增加这些供应不足的商品的生产，而且往往会固定和加深这些商品的生产者的不利地位而使生产和供给减少，所以，它不但不能从根本上解决供需矛盾，而且往往进一步加剧这个矛盾。

第三，资金分配上的供给制。我们不但在产品的生产和交换上，而且在资金的筹措和分配上，也忽视了市场的作用，突出的表现是财政上统收统支。过去，我们企业的收入，包括企业的纯收入和基本折旧基金，全部或大部分上缴；企业发展生产、改进福利等开支，则都伸手向上面要。国家对企业无偿供给全部固定资产和大部流动资金，企业对资金的使用效果可以不负任何经济责任。由于物质利益与经营成果脱节，企业的经济核算不能不流于形式，单纯为记账核算，而不是利用职工集体的物质利益来促进生产效果的提高。在这样的情况下，尽管发出许多行政命令和号召，企业和职工对于节约生产消耗、改进产品质量、增加品种以适应市场消费者的需要，也缺乏持久的内部动力，各方面的拖拉浪费，就长期难以克服。

第四，企业结构上的自给自足倾向。社会主义经济是建立在社会化大生产基础上的，企业之间、地区之间、部门之间都存在着广泛的专业分工和协作的关系。特别是随着科学技术的进步，生产专业化和协作也将进一步发展。但是，由于忽视市场关系，用小生产的经营方式来对待社会主义的大生产，使得我们许多企业不是向专业化和协作的方向发展，而是向万事不求人、自给自足的方向发展。因此，我国的工业企业普遍存在着"小而全""大而全"的情况，许多企业不仅办成了全能厂，而且办成了一个社会。当然，这种情况，并不是完全由企业内部的原因所造成的。供产销的不平衡，协作单位不遵守合同、协作件得不到保证等原因，往往也迫使企业向全能厂方向发展。但从全社会来看，这些都是与排斥市场关系有关的。

应该指出，那种否认社会主义社会中商品货币关系的积极作用，把计划和市场看作互不相容的观点，不但在实践上造成了很大的危害，而且在理论上也是站不住脚的。诚然，以生产资料公有制为基础的社会主义经济是有计划发展的经济。但是，经济的有计划发展并不是同市场关系相对立的，而是同自发性或生产的无政府状态相对立的，后者是一切以私有制为基础的社会经济的一个基本特征。而市场关系却不是私有制的社会经济所特有的。同市场关系相对立的是自然经济而不是计划经济。自然经济中不存在商品货币关系，只存在实物分配关系，这是一切自给自足和闭关自守的社会经济的一个基本特征。而市场关系却是建立在社会分工和协作的基础上的。市场关系并不一定都是自发性的和无政府状态的，这要看它同什么样的所有制相联系。在社会主义公有制的条件下，市场关系则是可以由人们自觉地加以控制，为社会主义计划经济服务的。市场关系既然是以社会分工和生产的社会化为物质前提的，从这一点来说，它与建立在社会化大生产基础上的社会主义计划经济非但不是互相排斥，反而有共通之处。社会主义的计划经济是存在商品货币关系条件下的计划经济，它只能同自发的市场经济以及自然经济相对立，而不能同人们自觉地加以控制的市场关系相对立。

过去，人们之所以片面强调计划而忽视市场，主要是因为有这样两个传统观念在作祟：一是把市场同自发性等同起来，特别是同资本主义市场经济的无政府状态等同起来；二是把计划经济同自然经济混为一谈。前一个传统观念，往往成为一些人反对利用市场的武器，谁要·谈利用市场，他们就说谁是在搞资本主义。后一个传统观念，则往往成为一些人用自然经济来冒充社会主义计划经济的理论依据。在这两个相互联系的传统观念的保护伞下，在貌似坚持社会主义计划经济和反对资本主义市场经济的口号下，许多不符合社会主义经济发展利益的东西得到了繁育滋长，例如单纯的行政办法管理经济代替了经济办法管理经济；按"长官意识"办事代替了按客观经济规律办事；宗法家长式的统制代替了人民群众当家作主；适合于自然经济的封建衙门式的管理代替了适合于社会化大生产的科学管理；等等。在我们这样一个原来商品经济很不发达、目前依然有80%的人口是半自给农民的国家里，上述一些传统观念和做法是有其深厚的社会基础的。

为了彻底打破这些传统观念，把计划和市场很好地结合起来，还必须进一步探索社会主义条件下商品货币关系和市场存在的原因问题。对于这个问题，相当多的经济学者一直是用生产资料的两种形式的社会主义所有制的并存来解释的。我们认为，在现阶段，两种形式的社会主义所有制之间的商品货币关系对于社会主义经济的发展是很重要的。特别是在我国现在农业人口比重还很大，集体所有制在农业生产中占有举足轻重地位的情况下，更要重视两种公有制之间的商品关系，尊重集体所有制单位作为商品生产者的自主权。但是，单纯地用两种公有制的并存来解释社会主义制度下之所以存在商品货币关系和市场，是没有看到问题本质的。因为，这种看法实际上仍然认为商品和市场关系是同社会主义公有制最重要的部分即全民所有制的性质不相容的，它只能从来自全民所有制外部的影响，而不能从全民所有制内部本身来说明为什么必然存在着商品和市场关系。经济学界历来流行的一些观点，诸如全民所有制内部调拨的生产资料实质上已不是商品而仅仅留有商品的外壳（"外壳论"）；价值规律对生产不起调节作用，它已被国民经济有计划按比例发展规律所代替（"代替论"）；价值规律以及有关的价格、利润、成本、利息等价值范畴不被看作客观的经济机制，而只当作可用可不用的核算工具（"工具论"），等等，实际上都是从上述"外因论"的基本观点所派生出来的。

我们认为，社会主义全民所有制内部之所以还存在着商品和市场关系，是由社会主义阶段所特有的物质利益关系所决定的。在生产资料公有制的条件下，虽然人与人之间剥削与被剥削的关系从而物质利益上的对抗已经消灭了，但是，由于在社会主义阶段，劳动还不是生活的第一需要，还仅仅是谋生的手段，人们劳动能力和贡献又不相同，因此人们物质利益上的差别还存在。而且这种差别不仅表现在个人与个人之间，还表现在全民所有制内部不同企业之间。不同企业凡不是由于客观因素而由于自身经营所造成的生产成果上的差别，要给不同企业及其职工带来物质利益上的差别，否则就不利于生产的发展。因此，全民所有制内部各个企业（相对独立的经济核算单位）之间的经济关系，必须采取等价补偿和等价交换的原则。不遵守这种原则，就意味着否认人们物质利益上的差别，从而就会打乱人们之间的物质利益关系。社会主义条件下所特有的这种物质利益关系，正是社会主义条件下商品和市场关系存在的直接原因（当然，分工、生产的社会化是物质前提）。这样一种商品关系或市场关系，其根源深藏于人们的物质利益的差别之中，反映这种关系的有关的经济范畴，决不是可用可不用的工具，也不是徒具形式的外壳，而是一种客观存在的、有实际内容的经济机制。这里还要看到，所谓社会主义公有制条件下人们的劳动是直接的社会劳动，是仅就个别劳动同社会劳动的联系摆脱了私有制基础上的自发市场的阻割而言的。实际上，在社会主义阶段，劳动者与劳动者之间、企业与企业之间还不能不实行等量劳动相交换即等价交换的原则，所以劳动的直接社会性，还不能不通过有计划的市场来表现。也就是说，人们有计划地分配社会劳动和节约社会劳动，还不能不通过反映社会主义阶段所特有的物质利益关系的市场机制来实现。

可见，社会主义经济中计划和市场的关系，既不是相互排斥，也不是由外在的原因所产生的一种形式上的凑合，而是由社会主义经济的本质所决定的一种内在的有机的结合。如果说，生产资料的社会主义公有制带来的人们之间的物质利益上的根本一致是社会主义经济能够实行计划管理的客观依据的话，那么，人们之间物质利益上的上述差别，是社会主义经济中还存在着市场的直接原因。社会主义经济中人们之间物质利益上的这种一致与不一致，正是社会主义经济中计划与市场在矛盾中实现统一的客观基础。

二 关于社会主义计划经济条件下 如何利用市场的问题

商品经济的发展和市场机制的利用，离开不了市场舞台上出现的各个商品生产者的活动。社会主义市场的主体，除了集体所有制企业单位外，主要是全民所有制（有的国家是社会所有制）企业单位。这些企业单位既向市场提供各种消费品和生产资料，又向市场购买各种生产资料。要发挥市场的作用，全民所有制企业单位不具有一定的经济自主权力，不能够作为相对独立的商品生产者相互对待，是不行的。如果全民所有制的企业单位老是处在束手束脚、无权无责的地位，所谓利用市场就不过是一句空话。所以，我们当前这个问题是同扩大企业权限的问题密切联系在一起。

同时，在计划经济条件下利用市场，又离不开发挥同价值范畴有关的经济杠杆和经济机制（如价格、成本、利润、信贷、税收等）的作用，把各个生产单位的经营成果同生产者的物质利益联系起来。这正是用经济办法管理经济的实质所在。如果不重视利用这些经济杠杆和经济机制的作用，不注意企业和个人的经济利益，而单纯地用行政办法来管理经济，那也根本谈不上什么利用市场。所以，我们当前这个问题又是同用经济办法管理经济的问题密切联系在一起的。

总之，在计划经济条件下利用市场，既同管理权限上扩大企业权力有关，又同管理方法上充分运用经济手段有关。所有这些，都是为了使社会拥有的物力财力人力资源，按照社会的需要，得到合理分配和节约使用。那么，在物力、财力、人力资源的安排和使用上，应当怎样紧密地联系管理权力的下放和经济办法的运用，更好地发挥市场机制的作用呢？

在物力资源的安排和使用方面，要解决好商品的产供销问题，做到以销定产，按产定供，产需结合。

企业生产什么，生产多少，根据什么来确定？企业生产的产品，按照什么方式来销售？企业进行生产所需的生产资料，按照什么方式取得供应？前面我们讲过的那种排斥市场机制的组织产供销的办法，往往造成社会生产和社会需要的脱节，使社会主义生产的目的不能得到很好的实现。大家知道，社会主义生产的目的是满足社会的需要，根据社会的需要来决定生产什么和生产多少，这是社会主义经济的一个根本原则。按国家计划来安排生产和按社会需要来安排生产，从道理上来说是一致的，但实际上却存在着矛盾。因为，国家计划主要考虑国家的需要，只能从总体上反映社会的需要，而不可能具体地、灵活地反映社会经济生活各个方面千变万化的需要，也不可能考虑到每个企业单位的具体生产技术条件。要解决这个矛盾，做到产需对路，使社会生产在产品数量、品种、质量上都符合社会需要，企业生产计划就不能一一由上面下来的指令性指标定死，而要在国家计划总的指导下，根据市场的具体需要和企业本身的具体情况和利益，通过签订各种产销合同和购销合同来确定。与此相应，无论是消费资料的流通还是生产资料的流通，都要改变那种不管有无销路，都由国营商业部门或物资机构统购包销的做法。除极少数短缺而在短期内不可能保证充分供应的物资要由国家组织供需部门协商分配外，其他物资都通过市场买卖。消费资料的流通要逐步实行商业选购和工业自销相结合的办法，以适应消费者的需要，做到以销定产；生产资料的流通也要逐步商业化，实行产销双方直接挂钩，或者通过中间批发商业企业来进行，以适应生产者的需要，做到按产定供。这些在产供销问题上加强利用市场机制的办法，对于消除货不对路、商品积压和匮乏并存的现象，对于促进不断提高产品质量、降低产品成本、改善花色品种，对于增进生产者的利益，以及对于保障消费者的权利，都是十分必要的。

在财力资源的安排和使用方面，要实行企业的财务自理和自负盈亏，实行资金的有偿占用和按经济效果投放资金的原则。

迄今为止我们在财务资金管理上基本上实行的那种忽视市场机制的供给制办法，助长了争投资、争物资、争外汇的倾向，不利于提高投资效果和促进企业精打细算。要纠正这种状况，主要是要改变统收统支为企业财务自理和自负盈亏，并加强银行信贷的作用。企业自负盈亏的比较彻底的方式，是在合理调整价格和税收的前提下，企业除按国家规定缴纳各项税收、费用和贷款本息外，不再上缴利润，剩余收入全部由企业按国家的统一法令政策、自主地决定用于扩大再生产的投资、提高职工收入和集体福利。作为过渡的办法，可以实行在企业保证国家规定的上缴税收和利润等经济任务下，从企业利润中提取一定比例的企业基金，用于职工的物质鼓励和集体福利，并与基本折旧基金留成和大修理基金一道，用于企业的挖潜、革新、改造等发展生产方面的需要。

改变资金的无偿占用为有偿占用，首先是对那些用国家财政拨款建立的固定资产由国家按照资金的一定比率征收资金占用税。这种占用税或付款的办法同企业利润留成制结合在一起，就能使那些资金利用和经营效果比较好的企业能够从实现的较多的利润中得到较多的留成，从而得到较多的物质利益。因此，实行有偿使用资金的制度，有利于促进企业和职工挖掘一切潜力，努力节约使用资金，充分发挥占用资金的效果。

在实行比较完全的企业财务自理的情况下，应该考虑逐步废弃全部基本建设投资和一部分流动资金由国家财政拨款的办法。除了企业从纯收入或利润留成中提取生产发展基金，自筹解决一部分外，基本建设投资基本上应改由银行贷款来解决，流动资金改行全额信贷。在自负盈亏、财务自理的条件下，企业以自留的收入和必须还本付息的银行贷款来发展生产，自然不会再像在资金无偿供给时那样不负责任、满不在乎，而非要兢兢业业、精打细算不可。银行在发放基建投资和流动资金贷款时，要采取有差别的和可以调整的利率政策，同时要考虑各个部门和各个项目的投资效果，实行有选择地发放贷款。

在劳动力资源的安排和使用方面，要实行择优录用，容许一定程度的自由择业，用经济办法来调节劳动力的供需。

过去，在人财物资源的安排分配上，单纯地、完全地用行政的手段，离开市场机制最远的，要算是劳动力资源的分配了。通过劳动部门按计划指标分配劳动力的办法，虽然花了不少力量，在一定程度上保证了一些部门对劳动力的需要，解决了一些人员的就业。但这种单纯的行政分配方式带来不少问题。从企业来说，往往不能按照自身的需要来招收工人；从个人来说，往往不能按照自己的所长和兴趣选择职业，做什么样的工作完全取决于上级的分配，在实际工作中难免出现乔太守乱点鸳鸯谱的现象。这种状况显然不利于合理地使用劳动力，调动人的积极性；不利于贯彻经济核算制，提高经济活动的效果。

要消除劳动力分配和使用上种种不合理现象，做到人尽其才，我们认为，在劳动力安排中应当实行择优录用的原则，实行计划分配和自由择业相结合的原则。企业在国家计划的指导下和国家法律规定的范围内，有权根据生产技术的需要和择优录用的原则，通过劳动部门，招收合乎需要的职工。也有权将多余人员交劳动部门调剂给需要的单位，或组织培训，适当安排。职工待业期间的生活费由社会保险基金中支付。个人在服从社会总的需要的前提下，应有一定程度的选择工作岗位的自由。应当看到，择业的自由，是每个人的自由发展的一个重要组成部分。而每个人的自由发展，诚如科学的共产主义理论奠基人所指出的，乃是一切人自由发展的条件。在社会主义阶段，特别是在我国现在这样生产力水平比较低的情况下，要实行共产主义阶段那样充分自由地选择工作岗位是不可能的。但是，社会主义还默认每个人的劳动能力是他的天赋特权，而且在实行按劳分配原则的情况下，劳动力简单再生产乃至扩大再生产（包括抚育、培养、进修等）的费用，在不同程度上还是由劳动者个人和家庭来负担的。因此，我们不能不承认每个劳动者对自己的劳动力有一定程度的个人所有权，从而允许人们在一定程度上有选择工作岗位的自由。这对于更好地实现各尽所能、按劳分配原则，对于个人才能的发挥和整个社会的发展，都是有利的。

当然，个人择业的一定程度的自由，并不意味着容许劳动力无控制地在企业之间、部门之间、城乡之间和地区之间自由流动。对于劳动力流动的控制，主要的不应该采取行政和法律的手段，而应该在加强思想教育的同时，采取经济手段。例如，可以采用连续工令津贴的办法，以鼓励职工长期留在一定企业单位工作；可以按照实际情况调整地区工资差别和采取改善生活条件的措施，以稳定职工在边远地区工作；等等。

以上，我们从商品的产供销、从人财物的安排和分配上论述了在社会主义计划经济条件下如何利用市场机制的问题。应当指出，在市场机制的利用中，有两个综合性的问题需要特别提出，即价格问题和竞争问题。这里，我们就对这两个问题作一概略的探讨。

第一，价格问题。长期以来，由于否认价值规律对社会主义生产的调节作用，许多人主张价格要长期固定不变，把计划价格相对稳定的方针变为长期冻结的方针。但是，由于经济生活在不断变化，影响各类产品价格的各种客观因素也在不断变化，人为地冻结物价，就会使价格越来越脱离客观实际，违背客观规律的要求。例如，劳动生产率的变化从而产品价值的变化，是决定价格变动的一个根本性因素。大家知道，各部门之间劳动生产率的变化是不一致的，就我国现阶段的情况来说，工业部门的劳动生产率要比农业部门增长得快一些。目前我国存在的农业产品价格的"剪刀差"，实际上并不完全是由历史的因素所造成的。在工业劳动生产率的提高快于农业的情况下，保持原来的比价关系不变就意味着"剪刀差"的扩大。又例如，供求关系是影响价格的一个重要因素。但是，不容波动的固定价格却不能反映供求关系的变化。许多产品长期供求失衡，也无法通过价格的变动来调整供需。对于一些因价格过于偏低而亏损的产品，用财政补贴来维持它们的价格固定不变，固然在一定时期内对于保证生产的进行和人民生活的稳定有积极作用，但这种办法从根本上来说不利于促进经营管理的改善和生产的发展，它毕竟是一种治标的办法。只有通过发展生产、增加供给的治本办法，才能从根本上解决供不应求的矛盾。过去，我们为了保持价格的固定不变付出了极大的代价，大量的票证和排队所换来的是低标准的平均分配，而且往往什么东西实行了限额限价的供应，什么东西的生产就由于缺乏必要的刺激而上不去，这种东西的供应紧张也就愈难解决。大量事实证明，价格如不合理，计划的目标也难以实现。我国目前许多产品价格与价值背离越来越远，它已影响到某些部门特别是农业和原材料燃料工业的发展，影响到农轻重关系的协调。

为了改变这种情况，除了按照三中全会关于缩小工农业产品交换差价的精神，继续调整各主要部门的产品比价关系外，还要允许企业对产品的计划价格有一定程度的浮动之权。这实际上是承不承认价格是一种市场机制的问题。允许价格在一定幅度内的浮动，有利于调节供求关系和促进生产的发展，这正是在计划的指导下利用市场机制的一个表现。当然，允许价格的这种浮动并不意味着不要任何价格控制。价格浮动幅度的规定和变动，实际上是离不开计划指导的。对于少数同广大群众生活有密切关系的主要消费品和对生产成本影响面大的重要生产资料,在一定时期内由国家统一定价实行价格控制是更有必要的。

第二,竞争问题。只要存在商品经济,就意味着有竞争。一定程度的竞争,和一定程度的价格浮动,是互相联系、互为条件的,它们都是市场机制的有机组成部分。没有价格的浮动和差别,就没有竞争;反过来,没有竞争,价格的浮动和差别也不能真正实现,市场的供求规律就不能正常运行,价值规律也难以得到贯彻。① 上面所说的按照市场需要进行生产和组织供销,按照投资效果来决定资金的投放,按照择优录用的原则进行人员的安排,实际上也都离不开竞争。

一讲起竞争,人们就容易把竞争简单地同资本主义联在一起。其实,竞争并不是资本主义所特有的经济范畴,而是商品经济的范畴。社会主义制度下既然存在着商品生产和商品交换,如果我们否认竞争,实际上就是否认商品经济的客观存在,否认价值规律的作用。社会主义社会中各个企业是以商品生产者的身份在市场上出现并相互对待的,它们生产的商品的质量和花色品种是否为市场为消费者所欢迎,它们在生产商品中个别劳动消耗是高于还是低于社会必要劳动消耗,以及高多少低多少,都要影响企业及其职工的物质利益。各个企业间进行的竞争,对于改进生产技术、改善经营管理、降低各种消耗、提高劳动生产率、提高产品质量、改进花色品种,都起着积极的作用。这种竞争使企业的经营成果得到市场的检验,使消费者对价廉物美品种多样的商品的需求得到满足,并促进整个社会生产力的向前发展。

当然,社会主义市场的竞争同资本主义市场的竞争存在着原则的区别,最根本的一条就是社会主义公有制条件下的竞争是建立在根本利益一致基础上的竞争,而资本主义私有制条件下的竞争是建立在根本利益相对抗的基础上的你死我活的竞争。社会主义的竞争不但不排斥合作,而且以合作为基础,同合作相结合。因此它能够避免无政府的混乱、贫富的两极分化等资本主义竞争所造成的种种恶果。

---

① 恩格斯说:"只有通过竞争的波动从而通过商品价格的波动,商品生产的价值规律才能得到贯彻,社会必要劳动时间决定商品价值这一点才能成为现实。"参见恩格斯《马克思恩格斯全集》(第二十一卷),人民出版社 1965 年版,第 214 页。

社会主义制度下的竞争，同我们历来讲的社会主义竞赛，既有共同点，也有区别。社会主义的竞赛和竞争，都是促使后进赶先进、先进更先进的手段。但是，社会主义竞赛不一定同参加竞赛者的物质利益相联系，也不发生淘汰落后的问题。而社会主义的竞争则必然同竞争者的物质利益紧密相连，并且有淘汰落后的问题。那些在竞争中证明不能适应市场需要，不是由于客观原因长期不能维持简单再生产的亏损企业，就必须为维护全社会的整体利益而加以淘汰，或关或停或并或转，并且追究有关的失职人员的物质责任。这种被淘汰企业的职工通过国家劳动部门另行安排工作，不致像资本主义社会企业倒闭时那样发生失业。

总之，社会主义计划经济下市场因素可以发挥积极作用的领域是相当广泛的。在商品的产供销上，在资金的管理上和劳动力的安排上，都可以利用市场机制来为社会主义建设服务。在这当中，一定限度内的价格浮动和一定程度上的竞争，是必要的。运用得当，就能使市场有利于计划目标的实现，使各种社会资源得到合理的有效的利用，使各种社会需要得到应有的满足。

三　关于在利用市场机制的条件下加强经济发展的计划性的问题

在我国社会主义经济建设的过程中，长期存在着忽视市场、否认利用市场机制来为社会主义计划经济服务的倾向，不反对这种倾向，就不能发挥市场的积极作用，就不能把社会主义经济中的计划同市场很好地结合起来。但是，为了正确地解决计划和市场的关系问题，我们还必须防止和反对另一种倾向，即片面夸大市场的作用、忽视乃至否定计划的作用的倾向。应该指出，在讨论这个问题的时候，国内外都曾出现这类倾向。例如，有人笼统地把计划经济称作官僚主义的经济，有人把计划管理同单纯的行政手段管理等同起来，把计划经济看成某种有贬义的东西，就是这种倾向的表现。在我们重新认识社会主义经济中市场的意义的时候，尤其要防止这种倾向，更加不能忽视国家计划或社会计划的指导作用，尽管我们需要大力发展社会主义的商品生产，加强利用市场因素来为社会主义建设服务，我们毕竟不是自由放任主义者，我们不能让亚当·斯密所说的"看不见的手"来左右我们的经济发展，因为那只手的作用是以资产阶级利己主义为出发点的；而社会主义经济中的物质利益关系却是以个人利益、局部利益同整体利益相结合，个人利益、局部利益服从整体利益为特征的，这只有经过国家计划或社会计划的调节才能得到正确的处理。因此社会主义经济的发展如果单凭市场的调节而没有计划的指导是不行的。

例如，作为市场主体的一个个消费者根据自己的消费偏好所作的选择，一个个生产者单位根据自己的利益所作的抉择，不一定都符合社会的总体利益。由于这些市场主体自由决策的结果，社会的人、财、物资源的分配利用，不一定都是经济合理的，不一定符合社会发展的要求。在加速实现社会主义工业化和现代化的过程中，往往要求社会产业结构和生产力布局在短期内有一个较大的改变，而如果任由一个个市场主体自由决策和行事，往往不能适应这种迅速改变产业结构和生产力布局的要求。诸如此类社会主义经济发展中带有全局性的问题，单凭市场机制是解决不了的，而必须依靠国家或社会计划来进行调节，实现这种转变。可以设想，如果没有国家计划的协调，任由市场去调节，要实现生产力布局的合理化，特别是发展边远落后地区的经济，那将是非常缓慢和非常困难的。

又例如，在社会主义经济中，还存在着不同的生产单位因客观条件（如自然条件、市场销售条件、装备程度等）的不同所带来的收入上的差别。这种级差收入如果任凭市场去调节和分配，社会不加干预，就会不合理地扩大不同单位之间物质利益上的差别，违背社会主义的分配原则。如果从更宽的角度来看，社会主义应该既反对收入差距上的过分悬殊，又反对平均主义，而且为了反对平均主义的倾向，在一定时期还要实行差别发展，使一部分人先富裕起来，然后带动大家共同富裕，造成一种大家都往前赶的局面。像这种对于利益差距有时要扩大有时要缩小（从整个社会主义历史时期的长期趋势来看是要逐步缩小的）的控制和调节，完全交给市场而不要计划，显然是做不到的。

总之，为了确保经济发展的社会主义方向和国民经济各部门、各地区的协调发展，为了维护整个社会的公共利益和正确处理各方面的物质利益关系，都必须在利用市场机制的同时，加强国家计划或社会计划的统一指导。有人对计划和市场的关系作了这样一个形象的比喻：计划的决策好像是处在山顶上看问题，市场的决策好像是处在山谷里看问题。前者看不清细节，但能综观全貌；后者看不到全貌，但对自己、对近处却看得很仔细。从一定意义上看，这一比喻是有道理的；社会的经济领导机关所作的决策往往侧重于考虑整体的全局的利益，而市场上一个个商品生产者和消费者的抉择则侧重于考虑个人和局部的利益。社会主义社会处理国家、集体和个人三者利益关系的原则是统筹兼顾、适当安排，而不能只顾一头。因此，在三者利益的协调中，既需要市场机制的调节，又绝对不能忽视统一计划的指导。

那么，应该怎样加强国民经济的计划管理，发挥统一计划的指导作用呢？这个问题的回答，同人们对于什么是计划经济的理解，有着密切的关系。过去普遍认为，只有国家从上而下下达指令性计划指标，才算是社会主义计划经济。在这种理解下，一讲加强统一计划和集中领导，往往就想到要把企业的管理权力收到上面来，以为只有财物人权在手，才好指挥办事。这样，经济领导机关就把该由地方和企业去管的事情越俎代庖地揽上来，把基层和企业的手脚捆得死死的，这显然不利于社会主义经济的发展。党的十一届三中全会决议中批评的管理权力过于集中，就是指的这种情况。社会主义计划经济的特征并不是有没有指令性计划，也不在于国家经济领导机关集中了多少财人物权，而在于社会能否自觉地按照事先的科学预测采取有效措施来保证社会经济生活的各个方面相互协调地向前发展，并保证社会劳动的节约。把有无指令性计划当作计划经济的唯一标志，把集中财物人权当作加强计划管理的主要内容，这是与排斥市场经济的利用相表里的一种关于计划经济的错误观念。那么，在承认市场与计划相结合的必要性并积极利用市场机制来为社会主义建设服务的情况下，究竟应该如何加强计划指导呢？

我们认为，首先要把计划工作的重点放在研究和拟定长远规划特别是五年计划上来，解决国民经济发展的战略性问题，主要是确定国民经济发展的主要目标，重大比例关系，如国民收入中的积累和消费的比例，基本建设规模、投资分配方向和重点建设项目，重要工农业产品的发展水平和人民生活水平提高的程度。五年计划要列出分年指标。年度计划在此基础上略作调整，重点放在研究制定实现计划的政策措施上。要逐步缩小指令性计划的范围，最终废弃国家向企业硬性规定必须完成的生产建设指标。国家计划对国民经济的发展具有预测的性质，对企业和地方的经济活动具有指导意义，但除极少数非常特殊重要事项外，对企业和地方一般不具有约束力。各个企业参照国家计划的要求，根据市场情况，在充分挖掘内部潜力的基础上独立自主地制订自己的计划。在这里，我们不要看轻了国家计划的指导意义，因为一个个企业对国民经济发展的全貌和方向，是不清楚的，他们所据以拟订自己的计划的市场情况的变化，却是同国民经济发展的全局和方向息息相关的。企业要尽可能准确地对市场情况作出判断，离开不了国家计划提供的情报。国家计划拟订得越是科学，越是符合实际，就越能对企业的经济决策和行动给以可靠的引导，企业就越是要考虑使自己的决策和行动符合国家计划的要求，从而国家计划的威信也就越高。反之，那些主观主义的、凭"长官意志"拍脑袋拍出来的计划即使具有百分之百的"指令性"，却是没有任何真正的威信的。在这方面，我们过去的经验教训难道还不够辛辣吗？所以，研究和拟订能够给企业的经济活动以可靠指导的、尽可能符合科学要求的国民经济计划，对于经济计划领导机构来讲，任务和责任不是减轻了而是真正的加重了。

为了提高国家计划的真正权威，使国家计划同基层企业计划很好地结合起来，国家计划还要在企业自主计划的基础上经过层层协调来制定。计划协调工作要自下而上、上下结合，逐级平衡。凡是企业之间、公司之间经过横的市场联系、通过经济协议能够解决的产销平衡问题、资金合作和劳动协作问题，就不必拿到上一级去解决。只有那些下面解决不了的问题，才逐级由国家去平衡解决。这样，既可使基层企业摆脱从上面来的无谓的行政干扰，又可以使国家经济领导机构摆脱烦琐的行政事务，而致力于研究和制定方针政策，协调一些关系国民经济全局的重大的发展任务。

为了保证社会生产的协调发展，使国家计划规定的目标能够实现，一个十分重要的问题是发挥各项经济政策措施对经济活动的指导作用。这些政策措施主要有价格政策、税收政策、信贷政策、投资政策、分配政策、外贸政策等。国家通过这些经济政策，鼓励那些社会需要发展的生产建设事业，限制那些社会不需要发展的事业，使企业的经济活动有利于国家计划的完成，达到计划预定的目标。例如，为了克服我国目前原材料、燃料工业落后于加工工业的状况，加速原材料、燃料工业部门的发展，国家必须在各种经济政策上对这些部门开放绿灯，诸如给予优惠贷款、调整价格和减免税金等。相反，为了限制普通机床工业的发展，国家则可以采取限制贷款数额，实行高息高税，降低产品价格等办法。这样，通过经济政策的调节，促使企业从自身经济利益的考虑，也必须沿着国家计划所规定的方向来安排自己的各项经济活动。

在实行以上体制的同时，国家还要通过健全法制，严格经济立法，广泛建立各种形式的群众监督和社会监督的制度，特别是通过建立和健全银行簿记监督的制度，来协调市场关系和整个国民经济的发展。关于这方面的问题，这篇文章不打算详论了。

　　社会主义经济中的计划与市场的关系问题，涉及社会主义经济管理的各个方面，十分复杂，它的解决不可能是一蹴而就的，而需要一定的条件，要通过一定的步骤。当前，我们要拿出一定的时间调整国民经济的比例关系，同时着手经济体制的改革，继续进行现有企业的整顿，把整个经济工作的水平大大提高一步。我们要在调整和整顿的过程中，进行某些必要的改革，同时探索进一步改革的正确途径。计划与市场关系的正确处理，也只有通过这一调整、整顿和改革的过程才能逐步实现。

（本文发表于《经济研究》1979 年第 5 期）

关于价值规律的内因论与外因论[*]

孙冶方

  关于价值规律问题的讨论,现在基本上趋于一致的意见是:价值规律是社会主义经济建设必须遵守的客观经济规律。但对价值规律的理解上仍有分歧,即内因论和外因论。

  外因论是从社会主义社会存在两种所有制之间的商品交换关系出发,来论述价值、价值规律的作用的,因而价值、价值规律对全民所有制生产关系来说,是从它与集体所有制的相互交换中引到内部来的。按照这种观点,价值规律的作用在社会主义社会是递减的,随着集体所有制过渡到全民所有制,特别是在实现了按需分配的共产主义社会以后,价值、价值规律就不存在了。外因论的创始者是斯大林,它是斯大林自然经济观的产物。斯大林对于生产关系的定义,就是把所有制从生产、分配关系中独立出来,而把交换(流通)从生产关系中排除出去。

  外因论给实际工作带来的祸害就是由于不承认全民所有制内部的交换(不是商品交换而是产品交换),而且不讲等价交换,不讲经济核算,反正"肉烂在锅里"。所以,不少国营企业亏本,靠财政补贴。补贴从哪里来?如果全民所有制企业都不赚钱,还不是从农民那里来,坑了农民吗?

  内因论认为价值、价值规律首先是全民所有制内部的产品交换关系的产物。按照马克思的观点,资本主义灭亡之后,消失的不是价值本身,不是价值实体,而是交换价值或价值形态。在全民所有制内部的产品交换关系中仍然存在着价值的实体——社会平均必要劳动时间,因而,价值、价值规律仍起作用。商品价值与产品价值的界限不在价值实体,而在价值形态上。商品

---

* 这是孙冶方同志在价值规律作用问题讨论会上所作报告的摘要。

价值是借助另一个商品来表现社会平均必要劳动量，是通过价格围绕价值的波动来反映的，而产品价值是通过成本会计、统计报表直接来表现的，它要求价格必须符合价值。因而，内因论强调要在价格符合价值的基础上，加强全民所有制企业的经济核算，搞好综合平衡。这种平衡不仅是使用价值的平衡，而且应是价值的平衡。当前的主要问题是工农业产品比价不合理，农产品的价格低于价值，这是造成我国农业生产发展缓慢的根本原因，也是我们的计划工作、综合平衡难于搞好的一个原因。

我不赞成价值规律和商品挂钩的外因论说法。有的同志问，这个问题与当前的实际工作有什么关系？我认为，外因论容易使人误解价值规律的作用范围，似乎价值规律仅仅是通过商品市场、价格对价值的背离、价格的波动来调节生产；仅在国家计划不能控制的范围内起作用。我认为，应该强调产品价值规律，这和商品价值规律不同，它正确反映了生产领域中物化劳动和活劳动的比例。

这次会议提出了计划与市场的关系问题，我认为这种提法本身就不精确。我主张要有严格的国民经济计划。全民所有制的产品和价值规律挂钩，就是要强调产品的价格要正确反映社会必要劳动时间的消耗，计划要正确反映社会需求。市场就代表需求，计划与市场结合就是计划要正确反映社会需求，以需定产。计划要正确安排人力、物力、财力的分配比例。

我强调产品的价值规律，产品的价格要反映价值。这也是针对工农业产品剪刀差的。我主张把现在通过价格杠杆从农民那里拿来的东西，变成所得税，由暗拿变成明拿。有人说这是自找麻烦。这不是自找麻烦，暗拿和明拿不一样。农产品按价值定价，超过公粮的交售部分，农民可以拿到它的全部价值。这样就会大大促进农民生产的积极性。现在一斤粮食，成本要7—8分钱，而它的活劳动的代价才2—3分钱。农民就一定要搞些副业。前一段批评农民弃农经商，所谓弃农经商，无非是帮助国营企业搞运输等，在北方叫"拉脚"。我们天天讲以粮为纲，讲粮食是宝中宝，可是粮食价格那么低，农业长期上不去。我始终强调等价交换，可是有人说我是挖财政部的墙脚。其实，我是财政部门的忠实的看门人。我所考虑的是如何调动农民的积极性，在发展生产的基础上，用明的办法（即直接税的办法）而不是用暗的办法（即苏联经济学家所说的价格杠杆的办法），从农民那里取得他们对国家的必要贡献。20多年来，用"剪刀差"的办法取得财政收入，把农民生产积极性挫伤了。1949年以前，中国共产党主要是搞农民工作，可是

1949 年以后的 30 年来没有把农业搞好。我讲产品的价值规律，产品价格反映价值，使农业生产也能尽快搞上去，当然说起来容易，做起来有很多困难。因此，就需要继续调查研究，深入讨论。

我讲过"千规律，万规律，价值规律第一条"，是过去在一次辩论中脱口而出的。其实社会主义的经济规律不应该一条一条的孤立地研究，并分出谁第一谁第二。苏联《政治经济学教科书》列出许多规律，但是一条规律也没讲清楚。马克思的《资本论》不是一条一条孤立地研究规律，而是把资本主义的生产、交换、分配、消费的客观经济过程作为研究的对象，讲明了整个资本主义的经济规律。那种把规律排队的观点是错误的。

有的同志认为我提出的产品价值规律是个计量的问题。我说不是，不光是量的概念，它反映着抽象劳动与具体劳动的关系，个别劳动与社会劳动的关系，费用与效用的关系。以最小的劳动耗费取得最大的经济效果，反映了生产关系的问题。

有的同志说，你讲的价值规律，不如就叫节约劳动的规律。我认为不如价值规律好。承认价值决定就要承认价值规律。

我再讲一个问题，我们 9 亿中国人民要实现四个现代化，从什么地方做起？

我们一定要改革复制古董的固定资产管理制度，为实现四个现代化扫清道路。否则这条冻结技术革新的制度压得我们翻不了身。这套制度不合理，首先在于折旧年限过长，我们的折旧年限一般是 25 年，现代资本主义国家的固定资本更新一般是 5 年。我们的设备更新一次，资本主义国家的技术设备已经是第五代了，而我们还是"老头子"当家。我们靠每年引进的有限的一些外国先进设备，怎么能实现四个现代化？只有加速现有企业的固定资产更新，才能改变我国工业技术的落后面貌。这个任务，只有按照技术设备更新的规律办事，才能完成。

（本文发表于《经济研究》1979 年第 S1 期）

关于经济体制改革问题的探讨

薛暮桥

一 计划调节和市场调节

过去我们国民经济管理体制的最大缺点，是用行政管理来代替经济管理，只有计划调节，缺少市场调节。党的十一届三中全会以后提出要计划调节和市场调节相结合。究竟什么是计划调节，什么是市场调节，两者如何结合，现在还在百家争鸣，我所说的只是一家之言。

市场调节是随着商品经济的发展而发展起来的。在封建社会里，基本上是自给自足的经济，虽然也有市场，但作用很小。到了资本主义社会，市场调节起了主要的作用。所谓市场调节，实际上就是依靠价值规律来调节，保持市场供求的相对的平衡。社会主义社会是从资本主义社会发展而来的，所以资本主义社会的许多东西，既要继承，又要改革，不能全盘否定。生产力（包括科学技术）主要是继承，生产关系要改革（如要建立生产资料公有制和实行国民经济的计划管理），但许多东西（包括企业管理的大部分和市场调节的一部分）也要继承。资本主义国家的企业管理经过两三百年，有一套成熟的经验，这些经验大部分要继承，当然不能继承资产阶级对无产阶级的剥削关系，但对工厂的组织管理的经验，我们还是要学习的。市场调节我们也要部分地继承，因为我们和资本主义社会一样是社会化的大生产，不是自给自足的自然经济。在社会化大生产中，各行各业、各企业间的相互关系非常复杂，不进行市场调节是不行的。当然资本主义的市场调节是搞自由竞争，我们是在计划指导下的市场调节。必须认识到只要存在商品生产和商品交换，市场调节就是不能取消的。马克思曾经设想在成熟的社会主义社会是可以取消商品货币关系的，实践证明现在还不行。苏联在建国初期实行过战时共产主义，曾经企图取消商品货币关系，后来发现，在小农经济还占优势的国家里，商品货币关系是必须利用的，是不能取消的。所以，列宁后来实行了新经济政策，这个政策就是要充分利用商品货币关系。在资本主义没有充分发展的我国，建立社会主义制度以后，商品经济不但不能消灭，还要大大发展。全国人口中，农民在中华人民共和国成立初期占 90%，现在还占 80% 左右，生产的粮食 3/4 以上是自己消费（用于口粮、种子、饲料等），国家收购的粮食只占 20% 左右。因此，在我国大部分地区，农民的半自给经济还占优势，生产还没有高度社会化，这种情况也使许多同志不大懂得怎样进行市场调节，但是在上海和若干大城市，过去资本主义相当发展，对市场调节是有丰富经验的。

怎样在国家计划控制下充分利用市场调节的作用，许多同志听了似乎是一个新问题，缺乏经验。其实我国在这方面是有丰富经验的，比苏联建国初期好得多。中华人民共和国初成立时，多种经济成分并存，1949 年冬，资本主义经济尚在市场上是优势，市场商品大部分还是靠资本主义工商业来供给。那时，我们同资本主义工商业斗争，第一场斗争是稳定物价。我们并没有采取行政办法（强迫命令），而是采用经济办法，利用客观经济规律，主要是在上海进行的。这一仗打得很激烈，结果打了一个大胜仗。接下来就是加工订货，统购包销，发展到全行业公私合营。同资本主义的这一场斗争，也主要不是依靠行政命令，而是利用价值规律、剩余价值规律，在市场上同资本主义工商业进行激烈的斗争，一步一步战胜他们，迫使他们不得不接受社会主义改造。我们通过加工订货、经销代销，使资本主义工商业不得不按照国家计划进行生产和经营。我们还通过供销合作社来控制农村市场，利用价格政策使个体农民按照国家计划进行生产，这样就为 1953 年后实行国民经济的计划管理奠定了巩固的基础。

第一个五年计划时期，国民经济的计划调节发挥越来越大的作用。但在三大改造完成以前和全行业公私合营初成立的时候（那时还有大量的自负盈亏的所谓"公私合营"商店和手工业合作社），市场调节仍然起相当大的作用。有的同志说，第一个五年计划是集中管理的，搞得很好，发展很快。实际上是以计划调节为主的计划调节和市场调节相结合。1956 年、1957 年虽然开始合作化了，但合作化程度很低。总之，那时并不是完全的计划调节，而是搞得比较灵活，没有搞死。从 1958 年起，在社会主义改造越快越好，越彻底越好的思想指导下，农村中普遍成立了人民公社，城市中把自负盈亏的"公私合营"商店和手工业合作社都取消了。如北京过去的东安市场是由许多小商店组成的，商店林立，各有特色，现改为东风市场，那就什么特色也没有了，成了第二个百货大楼。手工业合作社变成了合作工厂，不是自负盈亏，按劳分红，而是发固定工资，利润上缴，因此，大集体实际上变成了小全民。这就成了社会主义公有制一统天下。同时，由于我们采取苏联的一套计划管理办法，把企业、社队的自主权缩得很小，财政上统收统支，商业上统购包销，从此以后，就只强调计划调节，市场调节作用的范围越来越小，造成了经济管理日益僵化的局面。现在绝大多数同志看到现行经济管理体制非改不可，必须在国家计划控制下充分利用市场调节的作用。但是，还有一些同志认为计划调节和市场调节是互相矛盾的。在实行计划调节的地方，不可能有市场调节；在实行市场调节的地方，也就不存在计划调节。因此，他们常问，计划调节和市场调节如何划分范围，利用市场调节会不会破坏国民经济的计划管理？我认为这样的认识是不正确的。计划调节和市场调节可以并行不悖，相辅相成，而不是水火不相容的对立物。之所以会产生这种疑问，是因为我们对计划调节有一种错误的认识，认为社会主义的计划管理唯一正确的模式，就是 20 世纪 50 年代初期从苏联学来的那套统得很死的计划管理制度。

　　过去许多同志学习 20 世纪 50 年代初期苏联的计划管理制度，认为只有统收统支、统购包销才算计划管理。财政上由财政部统一核算，商业上由商业部独家经营，工业按计划生产，按计划销售，完全切断生产企业同市场和用户的联系。一切经济活动都由中央几个部门来统一安排，地方、企业、公社都按计划办事，用不着自己开动脑筋。我在江苏省调查时，省里有许多同志讲，把中央各部下达的计划加在一起就是我们省的计划，省里没办法调节，因此也不需要开动脑筋了。无锡市、常州市的同志反映，把省里各个局下达的计划加在一起，就是我们市的计划，没有什么调节的余地，也用不着自己开动脑筋，反正按国家计划办事就行了。这是不是计划管理呢？社会主义的计划管理是不是就是这样管法呢？我认为这是值得怀疑的。社会主义从理论上来说是全国人民当家作主，那就要大家开动脑筋，但实际上除中央几个主管部门外，都当不了家，作不了主，特别是企业和社队都没有自主权，只能按国家计划办事。至于劳动人民的管理权就更谈不上了。这究竟是不是符合马克思的社会主义原则呢？究竟是"上面多头多脑、下面无头无脑"好，还是让企业、社队都开动脑筋，劳动人民也来献计献策好呢？显然后者比前者好。问题是承认了企业和社队的自主权，又如何能保证国民经济的计划管理？办法是"大计划、小自由"和"大权独揽、小权分散"。中央管国民经济的综合平衡，安排好积累和消费的比例关系，也就是安排好基本建设规模，掌握好重大建设项目，安排好人民生活水平、农轻重的比例关系、工农业内部的比例关系等。只要做到财政收支平衡、信贷收支平衡、物资供求平衡、外汇收支平衡，其他工作放手让大家自己去办，出不了大乱子。现在我们出乱子，主要是没有做好综合平衡。国家计划应该抓综合平衡，而我们没有认真去做，而是抓一个一个具体项目的安排，没有抓积累和消费的比例关系。结果一方面大家都想大干快上，基本建设规模越大越好；另一方面重工业生产发展太快，挤了农业和轻工业生产。这样生产资料就留了很大缺口，市场供应也留了缺口，这就非搞乱不可。

党的十一届三中全会以后，中央注意到这个问题，提出要调整积累和消费的比例关系，缩小基本建设规模，提高人民生活水平。去年我们大幅度地提高了农副产品的收购价格，增加了农民的收入。同时，1977 年对 40% 的职工提了级。去年又决定对 40% 职工提级，还发了奖金。这些加在一起，消费的比重提高了。同时，减少了基本建设的投资。应该说，我们压缩基本建设规模，提高人民特别是农民的生活水平，增加农民收入，调整积累同消费的比例关系，这个方针是完全正确的。出现一些问题主要是工作执行中的问题，没有做好综合平衡。有些缺点是很难完全避免的。

有的同志提出调整工作对不对？调整得好不好？对形势好不好有疑问。我看，去年形势比前年好。第一，农村形势大大改善了，农民收入确实增加了。过去猪肉是定量供应，现在猪肉基本上敞开供应了。浙江省过去收购生猪非常困难，要派购，现在用不着派购了，农民向国家交售生猪的队伍排得很长。农村的形势，1978 年比 1977 年好，1979 年比 1978 年好。农民占全国人口的 80%，农民的收入增加了，生活改善了，这是形势好的一个主要标志。第二，城市职工增加了工资和奖金，虽然猪肉、鸡蛋都提了价，此外有些东西也提价了，但国家给了物价补贴，而且市场上的东西多了，猪肉敞开供应了，其他供应也比前丰富了。与三年自然灾害时期相比较，是大不相同了。城市里农副产品多了，说明形势好了。此外，银行里的存款增加很多，这是历年所没有的。地方存款多了，企业存款多了，本来社队年年要贷款，但去年存款多于贷款。城乡居民的储蓄也增加很多。去年国民收入是显著增加的，但分配发生了变化，这种变化哪些方面好，哪些方面有问题，应当研究。因此，不能就认为工作搞得不好，形势不好，这是不符合实际情况的。

历史上我们常常有收和放的争论，大家的经验是"一收就死，一放就乱，乱了就收，死了就放"，好像很难找到一条出路。依我看来，企业和社队的自主权，从1958年到1976年这20年，从来没有放过。1958年以后几年的放，扩大了地方一点权力。当时出现的乱，主要不是由于地方权力太大，而是由于中央提出要大干快上，没有掌握好综合平衡，盲目提高重工业的增长速度，扩大基本建设规模。那几年积累比例提高到40%上下，3年中重工业生产增长两倍半，而农业是下降了。在这思想指导下，地方又层层加码。国民经济严重比例失调，即使权力不下放也非乱不可。1976年以前国民经济严重混乱，不是放的结果，主要是"四人帮"的破坏造成的。由于比例失调至今没有完全调整过来，有些混乱状态仍未消灭。为着调整和整顿，有些方面还必须加强集中管理，使我们经济管理体制的改革不可能放手进行。为着调整和整顿，目前我们体制改革的步子只能走小一点，稳一点，先试点，取得经验然后推广。但是，能够改的还是要改，尤其是那些对调整和整顿有好处的改革。我们决不能动摇改革的信心和决心。大乱应当尽量避免，但小乱是不可避免的。小乱还有些好处，就是暴露矛盾，矛盾暴露了，能使我们开动脑筋，想办法去解决。过去财政上包收包支，工业上统购统销，似乎没有矛盾了，结果管死了。要改革就要准备出些乱子，但不能大乱。目前有些集中统一的措施是暂时的，为着拨乱反正，以便严格管理，但不能看作是永久的方针。

以目前相当乱的物价和工资为例。许多同志认为物价管理如果放松，必然纷纷涨价，无法控制。其实物价上涨是财政收支不平衡，货币发行超过市场流通需要所产生的结果，是社会购买力超过商品供应量的结果。现在我们物价管理权还没有下放，涨价与下放权力无关。集市贸易的管理放松一点，但集市价格并没有像1960年、1961年那样纷纷上涨，相反还略有下降，有些地方猪牛羊肉反而低于国家的牌价。1960年、1961年由于通货膨胀，物价上升。我们压缩基本建设投资、利用出售高价商品等办法回笼了几十亿元货币，集市价格就纷纷下落，高价商品也不断降价，改为平价供应。资本主义国家工商企业自定价格，只要不实行通货膨胀，价格也能够保持稳定。我们只要货币发行不超过市场流通需要，各种物价总是有升有降，物价总水平是可以保持稳定的。目前奖金搞得相当混乱，这同企业管理混乱和许多职工有十几年不增加工资有关。三中全会以来调整物价和改革工资制度对发展生产的积极作用远远多于消极作用，今后仍有必要随着生产的发展而进一步调整物价，改革工资制度，较好地实行等价交换和按劳分配原则。墨守目前情况是不可能提高农民和工人的生产积极性，不可能使生产高速度发展的。

当然，我们是社会主义国家，决不能像资本主义国家那样采取自由放任主义。我们必须实行国民经济的计划管理。计划管理的中心任务，是对国民经济实行综合平衡。我国过去 20 年经济工作方面发生几次失误，除林彪、"四人帮"的干扰破坏外，主要是没有做好国民经济的综合平衡工作，引起国民经济比例失调。中华人民共和国成立后，前 8 年，我国国民经济相对平衡，工农业生产发展很快，人民生活逐步有所改善，大家不会怀疑社会主义的优越性。接着 20 年，除林彪、"四人帮"的干扰破坏外，我们犯了两种失误，一个是有些年份制订了错误的计划，使国民经济比例失调；另一个是计划管理统得过死，从而使社会主义的优越性不能发挥出来。现在要把管理权力逐步下放，但综合平衡工作仍必须由中央来掌握。国家规定投资总额，所有比较大的建设项目，必须经中央决定或批准，纳入统一计划。至于地方中小型项目，特别是旧企业的挖潜革新改造，应当让地方和企业决定，但也应包括在积累基金总额内，由国家颁发控制数字，让地方自己掌握。如果毫无限制，地方和企业都想大于快上，就有可能冲破国家计划，使国民经济比例失调。劳动和工资总额也应当由国家规定，颁发控制数字，具体安排由地方和企业决定。多年来的经验是国家必须掌握好国家建设和人民生活的关系，使积累基金和消费基金合计不超过国民收入总额，这是计划调节需要解决的最重大的问题。

市场调节的关键是扩大流通渠道，打破目前生产资料由物资部门，城市消费品由商业部门，农副产品由供销合作社，对外贸易由外贸部独家包办的现象。随着生产的发展和产品供需的平衡，逐步缩小生产资料计划分配和市场消费品统购包销的范围。生产资料中除大宗物资（如成套设备、煤炭、石油等）按照国家计划由产需双方签订合同，直达供应外，一般物资由物资部门划分专业，广设网点经常供应，有些部局和大公司也可以专设自己的销售机构，中心大城市还可以设展销市场，采取多种形式互通有无。市场消费品除粮食、布匹、食油外逐步取消定量凭票供应，一般商品从统购包销变为合同订货和选购，商业部门不收购的商品允许工厂自销。供销合作社可以进城，社队也可以进城销售自己的产品。总之要增加流通渠道，减少流通环节，使产需双方容易互相衔接。采取这些办法，会不会破坏社会主义统一市场呢？不会。我国国营商业有雄厚的物质基础，在私营工商业完成改造以前，它已能够牢固地控制全国的市场。现在让部分国营工厂和社队销售自己的产品，它们只能成为国营商业的补充，决不可能动摇国营商业的领导地位，破坏社会主义统一市场。市场上有点竞争，对于破除官商作风，方便人民极为有利，且有利于提高产品质量，增加品种花色，增加农民收入和改善城市供应，我国城乡人民对此是会感到高兴的。

市场调节除扩大流通渠道外，还要充分利用价格、税率和信贷的作用。国家利用价格的涨落、税率的增减，来奖励企业（包括工厂和社队）增产某些短线产品，或影响企业减产某些长线产品，保持供求之间的平衡。此外还要适当利用银行的作用，通过贷款和利率来指引企业的发展方向。资本主义国家对国民经济的调节主要通过银行，它们通过放宽或紧缩货币发行数量，提高或降低利率，来鼓励或限制企业的投资；也可以通过信贷来扶助某些企业，打击某些企业。社会主义国家的投资主要由国家计划来安排，小额投资也可以用银行贷款来作补充。基本建设由财政拨款改为银行贷款，可以鼓励建设单位节约使用资金。流动资金全额付息，可以督促企业减少仓库积压。为着便利商品流通，应当考虑恢复若干种商业信用制度，如预付定金、银行押汇、期票贴现、私人汇款、机关企业有息存款等，以便利资金周转，保证商业信用，使银行不再成为财政部的出纳机关，更好地为社会主义经济发展服务。

二　怎样能把国民经济搞活

由于我们过去管得太死了，所以，现在要进行体制改革，要把国民经济搞活一点。总的来讲，有三种方案。第一种方案，就是基本上保持现在的境况，还是中央集中管理，把部分权力下放到地方，特别是扩大企业的自主权，还是小改。第二种方案，是把权力大部分下放给地方，以地方为主，同时也适当扩大企业的权力。第三种方案，主要采取经济办法，通过经济组织管理经济，在国家计划指导下把权力的相当大一部分下放给企业。当然，中央应该管的还是要管，地方应该管的地方管，但重点是扩大企业的管理权力。这些设想原来是有争论的，现在多数同志基本上同意第三种方案。我前年在江苏省调查，江苏省是地方包干的试点省，我想研究一下地方包干，扩大省的权力到底效果怎样，好处多还是坏处多。江苏省扩大地方管理权力，实行财政包干，可以说是基本上成功的，搞得很好的。但是我在无锡、常州、苏州征求意见的时候，他们也有不同意见。他们说，中央对江苏是包干了，省里对他们也应实行包干，要求扩大他们市、县的权力。后来我又找了8个企业来谈话，征求他们意见，他们说，中央管也好，地方管也好，总而言之，不让我们企业自己来管，关键应是企业的管理权问题。回去我想来想去，感到这个很有道理。企业如果没有自主权，像算盘珠那样"拨一拨、动一动"，那不论是中央管也好，地方管也好，都要管死。

但实际上，大家对第三种方案的理解也有不同。中央各部觉得，现在并不是所有权力都集中了，而是有的集中多了，有的集中少了。该集中的还是要更加集中，该下放的要坚决下放。譬如从计划部门讲，今年要把投资压缩；假如我们把权力下放给省，省里制订计划，很可能是增加投资；假如下放到企业，让企业制订计划，恐怕投资会增加更多。大家都要挖潜、革新、改造嘛！所以基本建设计划不集中还是不行。有人讲，物资管理太集中了，管得太死了。但物资部门说，它们实际掌握的物资只有百分之十几到二十，绝大部分是各部、各局、各企业分散积压在许多仓库里。你要把物资搞活，必须把大部分物资，像商业部门一样，集中到物资管理部门手里来，所以还要集中。这些意见都是有道理的，是中央各部的看法。所以他们的"第三种方案"是有点接近于第一种方案的"第三种方案"。

地方的看法，是主张扩大地方的自主权力，不但要二级财政、二级管理，而且对市、县来讲，他们还主张三级财政、三级管理。财政分级管理以后，会出现许多新的问题，必然引起企业也要分级管理。假使不把鞍钢、大庆等大企业拿到中央来管，把利润上缴到中央，而把大企业都放到地方，这样就很难保证中央的财政收入。但假使把鞍钢收到中央来，归冶金部管，那么辽宁为鞍钢服务的工厂有几百个，这几百个工厂是否跟着收上来，也归冶金部统一管理呢？当然不行。假如不交给冶金部，仍然归地方管，有些工厂就不去保证鞍钢的协作任务了，它另外安排计划，对地方什么有利，就搞什么东西，鞍钢的协作任务就很难保证了。那么，冶金部是否再搞上百个工厂来协作呢？当然也不行。

地方管还有这样的问题。我们中国（除香港、澳门和台湾地区以外）有29个省（市、自治区），假使都变成29块，29个计划，就很难保证不割断地区之间的经济联系，很难保证不画地为牢。假如画地为牢，经济肯定会搞死。人家欧洲 9 个国家要搞共同市场，我们一个国家不搞"共同市场"，搞单独市场，那肯定是不行的。这是违反经济发展规律，特别是违反现代化的经济发展规律的。例如，上海是东南地区和全国的经济中心。把上海同全国各地的联系切断了，那上海就活不下去了，不但对上海不利，对全国其他地区也不利。所以，第二种方案是肯定不行的。

财政上的分级管理，要求工业上也分级管理，因为工业利润是财政收入的重要来源。工业如果实行两级、三级管理，就可熊为组织专业化协作的专业公司带来障碍。比如组织全国性的（或跨省的）汽车公司，就要把分属于中央部、省、市、县的几百上千个工厂吸收进来。各级党政为抓利润，都不肯放手不管，就很难使工业从行政管理改为经济管理。这样实现经济体制改革的大方向就成问题。还有，现在的利润上缴制度有些归中央，有些归地方，引起工商之间、工贸（外贸）之间许多矛盾难于解决。在将来，可能要考虑改变利润上缴制度，征所得税。所得税多少归中央，多少归地方。这样会不会又产生新的矛盾，还很难说。总之，现在我们改革的方向也还没有完全弄清楚，还有许多问题需要进一步研究。

由于改革牵涉各地区、各部门、各企业的利益，所以中央各部门之间，它们与省、市、自治区之间，富省与穷省之间，省与所属地、市、县之间，以上各级同企业之间，富企业与穷企业之间，意见往往不容易完全一致。我们只能照顾全局，从有利于加速实现四个现代化出发，来正确处理这些矛盾。我看，现在进行体制改革，全国还不能采取一个办法，各地有各地的具体情况。体制改革到底抓什么？例如，四川对体制改革抓得很紧，成绩很大。从全国来讲，他们是中等发展地区，在全国有很大的代表性，他们的生产还没有高度社会化，还没有发展到专业公司、联合公司、托拉斯、辛迪加的水平，因此，他们的重点是抓企业自主权问题，以企业为单位来进行改革，逐渐走向联合而且主要在省的范围内独立进行。上海是先进地区，在旧中国上海是资本主义发展水平最高的，现在社会化发展程度也比较高，而且上海同全国有密切的联系。因此，上海体制改革的办法同四川就不一样了，它已经发展到托拉斯、辛迪加的程度，完全以企业为单位进行改革不行了，要以行业或公司为范围，公司、企业共同改革。上海具有在体制改革上先走一步的有利条件，事实上上海的有些改革（如生产资料展销市场、农副产品自由市场）已经扩大到其他省份去了。总的来说，这对把生产资料和消费品的流通渠道搞活，是大有好处的。但是由于吸收了人家的某些短线物资甚至计划收购的产品，因此，引起一些矛盾也是难于完全避免的，对此矛盾应当协商解决，不要互相封锁。去年上海用自己的资金、机器设备和技术力量到其他各省去办合营企业（补偿贸易），这对双方都有好处，我认为是可以提倡的。西欧许多国家组织共同市场，我们各省应当加强合作，打破地区之间的界限，画地为牢是违反改革的大方向的。当然，上海也应当多照顾其他地区，先进带动后进，这是可以做得到的。通过企业与企业、公社与公社、县与县、省与省的联合，全国形成一个经济上自然结合的统一市场，在统一市场中建立若干个经济中心或贸易中心。各经济中心的经济活动可以互相交叉，不受行政区划的限制。

现在对体制改革，要先做两件事情：第一，财政实行分级管理。这里问题很多，正在研究。第二，扩大企业自主权，主要抓企业的利润分成。

现在抓企业自主权还不是全面的，主要是抓利润分成。上海有两个行业（冶金、纺织），几百个企业进行利润分成的试点，取得了不少经验，也暴露了许多矛盾。最大的矛盾，是各企业之间苦乐不均。现在我们还没有完成国民经济的调整工作，有些企业由于外部原因生产不正常，各企业利润的多少，主要不决定于经营管理的好坏，而决定于价格、税率等。有些企业产品价高利大，有些企业产品价低利薄。同样产品价高利大的企业，有的（如烟、酒）税高利小，有的（如手表）利大于税。就在同一个行业，出产各种产品（如棉布与的确良）获利大不相同。如果采取同样的利润提成方法，就很不公平。许多地区采取了多种办法来进行调节，这样必然使分成办法搞得很复杂。今后有必要逐步调整价格和税率，使各企业的利润水平比较接近，突出经营管理的效果。此外，各企业的情况不同，新企业不需要更新机器设备，老企业需要更新，利润分成所分得的生产基金需要互相调剂。

上海市以局或公司为范围来进行试点，分得的利润局和公司掌握一部分，基层企业掌握一部分。采取这个办法公司可以利用所得利润来调节各基层企业之间的苦乐不均现象，帮助需要更新机器设备的企业。但基层企业分得太少，也不利于鼓励它们改善经营管理的积极性。

目前，扩大企业的自主权还仅仅限于利润提成，实际上还有许多重要问题需要解决，如劳动工资的管理权。现在许多企业已经有一些多余的职工无法处理，劳动部门又摊派一批职工子女要企业负责安排。有些工厂组织自负盈亏的集体所有制企业，广开生产门路，是收到良好效果的。但也有些工厂把自己能干的活分给"集体企业"去干，实际上等于增加职工人数。在有大量待业青年等待安排就业的情况下，看来，企业中只能进、不能出的"铁饭碗"制度，一时还难于改革。按上级规定的比例提级和发奖的制度，也使企业不能按自己的实际情况来改革工资制度，较好地实行按劳分配的原则。有些工厂提出在不超过工资总额的范围内，让企业自己决定提级发奖办法，这个建议值得考虑。

企业还应当有按国家规定，在一定范围内调整价格的自主权。目前，许多企业纷纷要求提价，国家必须严格控制。但对许多种积压产品，应当给企业以一定范围的削价处理的自主权，以免霉烂损失。有些生产资料价格显然不合理，长线产品价高利大，短线产品价低利小，业务主管部门和地方物价管理部门应当接受企业的要求，迅速调整价格，这对国计民生有利无弊，也不会减少财政收入，不应层层请示，拖延不决。

改革工作不但要扩大企业的自主权，同样重要的是扩大流通渠道，这样才能够把经济搞活。以前，我们的流通渠道只有一个——国营商业，流通渠道少了，流通环节就多，这样就使产销双方离得很远，造成生产和需要不相适应。一方面，有许多产品经常脱销；另一方面，又有许多产品大量积压。社会主义国家如果不解决这个问题，我们的经济就根本活不起来。所以，商业部门提出要改变统购包销的办法，主张选购、自销。去年上半年，商业部门部分实行选购制度，有些商品怕推销不了，收购数量减少了，因此发生轻工业生产吃不饱，增长速度下降的现象。下半年工业自销扩大一点，商品收购也扩大了一点，这样，轻工业生产就上去了。农副产品也要扩大自销权，要准许社队企业推销自己的产品。农村社队能否搞商业呢？有些同志还有疑问。我认为，社队不仅可以搞农业、工业，而且还可以搞商业。社队企业推销自己的产品，这不是投机倒把。过去把长途运销当作投机倒把是不对的，必须改变。光靠供销合作社是收购不了所有的农副产品的，它完成自己的收购任务已经很不容易，收购计划外的产品就管不了。公社收购生产队和社员的农副产品，可以卖给供销合作社，也可以自己销售，这样就可以把全部农副产品运销出去。

去年各地开放集市以后，价格基本上稳定而且略有下降。有些产品价格暂时高一点，只要销路好，生产多，价格是会自然下落的。这种农副产品的自由市场可以成为国营商业的重要的补充。供销合作社在农村集镇仍应保留，收购和运销社队所生产的农副土特产品。供销合作社本大腿长，仍然是农副产品长途运销的主要渠道，像城市中的国营商业一样，它们在市场上的领导地位是不会动摇的。

在国民经济调整工作完成以前，改革应当同调整配合着来进行。今年由于压缩基本建设投资，机械工业订货大大减少，有一部分职工和机器设备闲置起来。与此同时，长期以来，机械产品实行计划分配，许多工厂需要更新或者添置某些机器设备，因未列入分配计划，采购非常困难。近来中央号召老企业挖潜革新改造，为此所需要的产品，大部分没有列入国家计划。各机械工厂必须广开生产门路，承担这些计划外产品的生产任务。上海市召开订货会议，为各地各厂生产各种计划外的产品，有些工厂还派出工作组到老厂上门服务，修理和更新各种机器设备。这项工作看来大有可为。无锡市、县和社队机器制造工业，去年由于停产某些积压产品，生产任务大幅度下降，但靠生产计划外产品，实际产值仍然大幅度上升。全国各地破旧老厂很多，如果抓紧这件工作，不但机械工业可以吃饱，其他工业（特别是轻工业）也可能加快革新改造的速度，使今年的生产计划超额完成。

与上项工作配合，今年需要用大力来改革生产资料的分配制度。过去生产资料（特别是品种繁多的机械产品和钢材）统得过死。一方面产品分配严重不足，订货十分困难，采购人员满天飞；另一方面又有大量产品在仓库里积压，让它生锈，长期得不到利用。前几年由于基建战线过长，物资分配缺口很大，谁都不愿意把积压产品拿出来给物资部门分配。这两年缩短基本建设战线，情况显著变化，机械产品已从供不应求变为供过于求，许多长线产品可以敞开供应，短线产品也容易找到工厂承担生产任务。所以，今年我们完全有条件把机械产品的分配制度搞活，从采购转向推销。上海的生产资料服务公司和展销市场，把各局、公司、工厂多年积压的产品拿出来推销，收效很大。我看有必要建立永久性的生产资料交易大楼，让各地工业局、公司、大工厂派出采购推销小组常驻交易大楼，互通有无，作为物资部门计划分配（也要设立专业公司）的补充。

钢材过去是最紧张的产品，许多局、公司、工厂把自己不用的钢材积压起来，当"硬通货"去同别人交换。现在由于基本建设投资减少，钢材的需求量也随之减少，多数钢材实际上已成为长线产品。所以，今年也有可能把钢材的分配搞活，长线产品敞开供应，或者送到展销市场上去推销。这样有可能使许多当作"硬通货"的积压钢材从许多小仓库里涌现出来，流入物资管理部门的大仓库。过去长线产品也有人要，不能压缩生产。现在长线短线分清楚了，便于生产和分配部门调整品种规格，把分散积压的钢材集中起来，就有可能把钢材的流通渠道也搞活。当然，现在这还只是一种设想，能否实现还要作很大努力。只要把品种繁多的机械、钢材搞活了，品种很少的煤炭、木材等的分配就比较容易改进。多年来令人头痛的生产资料分配体制改革问题，希望从今年起能够大踏步前进。

多年来地方工业遍地开花，产生了许多重复浪费现象，分散兵力打消耗战。今年有必要把许多布局不合理的小厂合并改组，有些行业要按照专业化协作原则，进行合营、联营或者成立专业公司，提高生产的技术水平和管理水平。上海、北京、天津等大城市在这方面有些试点搞得很好，应该继续前进，总结经验，逐步推广。上海有许多里弄工厂，二三十年生产翻了几番，厂房无法扩充，甚至破旧了也难于改建。它们组织起来，除进行内部调整外，还同社办工业合作，实行联营，我认为这也是值得推广的好办法。山东省烟台市、江苏省常州市都有类似的经验，城乡结合，国营、大集体工业同社办工业结合，使工业城市附近的乡村也逐步地工业化，成为亦工亦农的社会主义新乡村。

总之，调整和改革要结合着来进行，现在，在这方面已经取得了初步的成就，但是问题很多，矛盾重重，需要认真调查研究，想法逐步解决。实行计划调节与市场调节相结合，工作就比单纯计划调节复杂得多。如果企图把工作简单化，就只能放弃市场调节，把经济统得很死。要把经济搞活，就必须加上市场调节，使经济复杂化。我们必须不怕困难，研究新的情况，及时解决新的问题，这是社会主义现代化所必须走的道路。

（本文发表于《经济研究》1980 年第 6 期）

对价值决定和价值规律的再探讨

谷书堂　杨玉川

一　问题的提出

在我们试图对价值规律在我国社会主义条件下的作用进行一次系统的分析研究时，首先碰到了长期以来两个悬而未决的理论问题。一个是第二种含义的社会必要劳动时间与价值决定的关系问题，一个是价值在社会主义条件下存不存在转化形态问题。这两个问题如得不到澄清，必将影响对其他具体问题的分析。本文所要探讨的是第一个问题，即对第二种含义的社会必要劳动时间进行再认识。

第二种含义的社会必要劳动时间与价值决定究竟有没有关系？有什么关系？在这个问题上主要分歧是：一种观点认为第二种含义的社会必要劳动时间与价值决定没有直接关系，而另外一种观点则认为二者有直接关系。① 与

---

① 关于这个问题的争论，首先是由魏埙、谷书堂二同志 1956 年合写的一篇著作引起的，这篇著作的题目是《价值规律在资本主义各个阶段中的作用及其表现形式》〔原为一篇论文，发表在《南开大学学报》（经济科学版）1955 年第 1 期，1956 年由上海人民出版社出版，1959 年再版，1961 年三版〕。该著作第一版初步提出了两种含义的社会必要劳动时间都参与商品价值决定的观点。接着，吴树青同志于 1956 年 10 月号的《读书月报》上发表书评，题目为《一本关于价值规律的著作——评介〈价值规律在资本主义各个阶段中的作用及其表现形式〉》，推荐该书，肯定了这种见解。1957 年，南冰、索真二同志继魏埙、谷书堂之后，在《经济研究》第 1 期发表题为《社会主义制度下生产资料的价值和价值规律的作用问题》的文章，从另一个角度也提出了相似的观点。1958 年，王章耀、萨公强二同志在《学术月刊》第 2 期上，发表题为《关于"社会必要劳动时间"问题——与魏埙、谷书堂、吴树青诸同志讨论》的文章，对魏埙、谷书堂、吴树青三同志的观点提出了质疑；魏埙、谷书堂二同志在同期《学术月刊》上发表《答王章耀、萨公强两同志》的答辩文章，进一步重申了 1956 年的观点；宋承先同志在同年《学术月刊》第 4 期上，发表《关于"社会必要劳动时间"问题——也与魏埙、谷书堂两同志商榷》的文章，支持王章耀、萨公强观点，不同意魏埙、谷书堂见解。这个问题的第一次争论到这里就告一段落。（转下页）

此有关的问题是，价值规律是否就是价值决定的规律？在这个问题上，一种意见认为，价值规律不仅仅是价值决定的规律，而且也是等价交换的规律；另一种意见则认为价值规律就是价值决定的规律。①

我们认为，价值决定以及它与价值规律的关系之所以成为疑难问题的症结，就在于过去没有把第二种含义的社会必要劳动时间的意义和作用弄清楚。因而，首先对第二种含义的社会必要劳动时间的意义和作用表示一下我们的看法，这也是本文所要探讨的主要内容。

二 第二种含义的社会必要劳动时间 在价值决定中具有直接的作用

决定商品价值的社会必要劳动时间究竟指的是什么意思呢？当分析单个商品时，考察的是这个商品必须具有使用价值和价值，并不涉及使用价值的数量，即假定供需平衡，这里并不存在问题。因而生产使用价值所耗费的必要劳动时间，就是决定这个商品价值的社会必要劳动时间。由此形成一种印象，似乎决定商品价值的社会必要劳动时间，只是指单个商品生产上所耗费

（接上页）20 世纪 60 年代初期，这个问题的争论进入了第二个回合。1961 年，魏埙、谷书堂二同志在他们合写的那本书的第三版中，进一步明确了第二种含义的社会必要劳动时间参与价值决定的观点。接着，在国内许多报刊上连续发表几十篇文章，进行讨论。这些文章主要发表在以下诸报刊上，《江汉学报》1962 年第 9、10、12 期和 1963 年第 1、4、5、8 期上；《光明日报》1962 年 1 月26 日、12 月 24 日，1963 年 1 月 14 日、7 月 29 日和 1964 年 1 月 27 日、5 月 4 日、11 日的《经济学》专刊上；《经济研究》1962 年第 12 期和 1963 年第 3、6、12 期上；《教学与研究》1963 年第 6期上；《学术月刊》1963 年第 8 期上。

近两年来，结合对价值规律的讨论，有些经济学者又重提社会必要劳动时间双重含义的问题，如 1979 年在无锡举行的全国经济学界价值规律问题讨论会上，以及《经济研究》1979 年第 3、7 期和 1980 年第 11 期上，分别刊载了霍俊超同志的《不能把"价值决定"直接等同于"价值规律"》、唐宗焜同志的《价值规律、市场机制和社会主义计划经济》、林子力同志的《社会主义经济调节理论探讨》的文章，都涉及两种含义的社会必要劳动时间问题，但尚未作专题讨论。

① 关于价值规律本身的不同理论，其主要观点可概括为如下几种：第一种，价值规律是价值决定的规律。于光远同志在《学习》1957 年第 10 期上的《社会主义制度下价值规律的作用问题》、《红旗》1959 年第 11 期的《价值规律和社会主义制度下价格决定的规律性》的文章，都持这种观点。第二种，价值规律是等价交换的规律。蒋学模同志在《经济研究》1959 年第 1 期上，发表的《关于价值规律对社会主义生产的"影响"作用和"调节"作用》的文章，就持有这种观点。第三种，价值规律是商品生产和商品交换的规律。许涤新同志以"论价值规律在我国过渡时期的作用"为题，在《学术月刊》1957 年第 7 期上发表的文章，提出了这种见解。第四种，价值规律是时间节约的规律。孙冶方同志在《光明日报》1978 年 10 月 28 日发表的《千规律，万规律，价值规律第一条》的文章，就是这种观点的代表。

的必要劳动时间。马克思就曾说过类似意思的话："只是社会必要劳动量，或生产使用价值的社会必要劳动时间，决定该使用价值的价值量。在这里，单个商品是当作该种商品的平均样品。因此，含有等量劳动或能在同样劳动时间内生产出来的商品，具有同样的价值量。"① 但是，马克思在《资本论》第一卷分析的仅仅是资本主义的生产过程，尚未对生产总过程进行考察。在这种情况下所论及的决定商品价值的必要劳动时间，当然只能是就生产某一个使用价值来说的，这就是通常所说的第一种含义的社会必要劳动时间。然而当把资本主义生产作为一个总过程来考察，马克思在《资本论》第三卷分析符合社会需要的商品总量时，便对决定商品价值的社会必要劳动时间又提出了进一步的规定："价值不是由某个生产者个人生产一定量商品或某个商品所必要的劳动时间决定，而是由社会必要的劳动时间，由当时社会平均生产条件下生产市场上这种商品的社会必需总量所必要的劳动时间决定。"② 这里讲的必要劳动时间，显然包括通常所称的第二种含义的社会必要劳动时间在内。这两种必要劳动时间的内容是不一样的。在理解决定商品价值的社会必要劳动时间这个问题时，不应仅就《资本论》第一卷的某段论述或仅就《资本论》第三卷的某段论述作为依据，而应像马克思那样，把这些不同的提法作为从不同角度引出的结论，进而把整体与个别统一起来，得出两种含义的社会必要劳动时间共同决定商品价值的结论，即既指单个商品生产上所耗费的社会必要劳动时间，又指从总体上看，符合某种社会需要的商品的总量所必要的劳动时间是价值决定的前提。

决定商品价值的生产条件和第二种含义的社会必要劳动时间是个什么关系，这是在明确了社会必要劳动时间的含义之后必须回答的问题。马克思在《资本论》第一卷指出："社会必要劳动时间是在现有的社会正常的生产条件下，在社会平均的劳动熟练程度和劳动强度下制造某种使用价值所需要的劳动时间。"③ 而到《资本论》第三卷，他把关于单个商品所说的话"应用到市场上现有的、构成某一整个部门的产品的商品总量上来"，因为"如果我们把商品总量，首先是把一个生产部门的商品总量，当作一个商品，并且

---

① 马克思：《资本论》第一卷，人民出版社 2004 年版，第 52—53 页。
② 马克思：《资本论》第三卷，人民出版社 2004 年版，第 722 页。
③ 马克思：《资本论》第一卷，人民出版社 2004 年版，第 52 页。

把许多同种商品的价格总额，当作一个总价格，那么问题就很容易说明了"。① 正是基于这种认识，他分析了决定商品价值的三种生产条件的情况。②

第一种，如果某种商品的很大数量是在大致相同的正常社会条件，即中等条件下生产出来，那么这种商品的社会价值便同这个很大数量的商品的个别价值相等。这时，如果这种商品中有一个较小的部分是由劣等生产条件生产出来，而另一个较小的部分是由优等生产条件生产出来，这些较小部分的个别价值就分别大于和小于大部分商品的中等价值，倘若这两端又是可以互相平衡的，在这种情况下，商品总量的市场价值或社会价值，即其中包含的必要劳动时间，就由中间的大量商品的价值来决定。

第二种，假定投到市场上的该商品的总量仍旧不变，但是在较坏条件下生产的商品价值，不能由较好条件下生产出来的商品价值来平衡，以致使较坏条件下生产出来的那部分商品，无论同中间的还是另一端的商品相比，都构成一个相当大的量，那么，社会价值就由较坏条件下生产的那大量的商品来调节。

第三种，假定高于中等条件下生产出来的商品量，大大超过了由较坏条件下生产出来的商品量，甚至同中等条件下生产的那部分商品量相比也构成一个相当大的量；那么，社会价值就由最好条件下生产出来的那部分商品来调节。

马克思关于决定商品价值的三种生产条件的论断告诉我们，在假定供需平衡的前提下，生产的商品总量不变，只是这个总量在不同条件下生产的各个组成部分的比例发生了变化，同样数量的商品的社会价值就要按不同的方法来调节，从而社会价值总量就会不同。在第一种情况下，主要由中等条件生产的商品所耗费的劳动时间来调节，这样，商品总量的社会价值，将等于它们的个别价值的总和；在第二种情况下，主要由劣等条件生产的商品所耗费的劳动时间来调节，这时，商品总量的社会价值，会高于它们的个别价值的总和；在第三种情况下，主要由优等条件生产的商品所耗费的劳动时间来调节，这样，商品总量的社会价值，会低于它们的个别价值的总和。同时，不管以哪一种生产条件的劳动时间为主要调节者，其结果都是以不同条件下

---

① 马克思：《资本论》第三卷，人民出版社 2004 年版，第 203 页。
② 同上书，第 204 页。

生产的商品所耗费的劳动时间的统计上的加权平均数，为调节社会价值的社会必要劳动时间。

　　然而这几种情况，都只是在商品供需平衡的假定下才能成立，否则，情况就会发生变化。这说明供给符合社会需要是这三种情况下价值决定存在的前提。既然如此，又怎么能说第二种含义的社会必要劳动时间与价值决定没有直接关系呢？不过，应该看到，在资本主义现实经济生活中，"供求实际上从来不会一致；如果它们达到一致，那也只是偶然现象，所以在科学上等于零，可以看作没有发生过的事情"①。因此，还必须分析供需不平衡条件下价值决定的情况。

　　在供需发生了一般的不平衡情况下，撇开各种生产条件所占的比重不同，商品的社会价值也是由两端生产条件中的一端来调节的。当需求大于供给时，劣等条件生产的商品也为社会所需要。缺少了这一部分，社会需要将无法充分满足，从而这种商品的个别价值不仅会参加社会价值的平均化，而且还会决定这种个别劳动耗费在社会必要劳动时间的形成中起调节作用，从而引起整个部门的平均劳动生产率降低，平均劳动耗费提高，社会价值也将相应提高。当供给大于需求时，优等生产条件将在社会必要劳动时间形成中起调节作用，又会引起整个部门的平均劳动生产率提高，平均劳动耗费降低，社会价值也将相应降低。但是，在需求大于供给或供给大于需求时，社会价值只是与劣等或优等条件下生产的商品的个别价值相接近，而绝不会完全一致。因为在供需发生一般的不平衡情况下，商品的社会价值仍由不同生产条件下的加权平均劳动耗费所决定，而不是仅仅由优等或劣等一种生产条件的劳动耗费来决定。只有当需求极大地超过供给或供给极大地超过需求的情况下，商品的社会价值才会与劣等或优等条件下生产的商品的个别价值相一致。因为当需求极大地超过供给时，商品供给量全部被吸收后仍不能满足需要，这时商品的社会价值就不再由不同生产条件下的加权平均劳动耗费所决定，而只能由劣等条件下生产的商品的个别劳动耗费所决定了。这时，商品的社会价值就会大大地高于平均价值，社会价值总和也会远远高出个别价值总和，里面包含着一个"虚假的社会价值"。当供给极大地超过需求时，发生的情况则恰好相反。供需不平衡的这种情况说明，一个部门的平均生产条件，既可以由优、中、劣三

---

　　① 马克思：《资本论》第三卷，人民出版社 2004 年版，第 211 页。

种不同生产条件的加权平均数来决定，也可以由两端中的一端的生产条件来决定，因而也可以说，社会必要劳动时间既可由优、中、劣三种条件下的个别劳动耗费的加权平均数来决定，也可以由两端中的一端的个别劳动耗费来决定。然而这些都是与供给和需要的状况分不开的，都是以它们的状况为前提的。既然如此，又怎么能说第二种含义的社会必要劳动时间与价值决定没有直接关系呢？可见，决定单个商品价值的必要劳动时间，是以该种生产符合社会需要的劳动总量为基础的。

承认第二种含义的社会必要劳动时间参与价值决定，是否就成了供求决定价值论呢？当然不是。为了回答这个问题，首先需要弄清什么是供求。马克思在《资本论》第三卷专门分析了这个问题。他区别了两种不同的需求，一种是处在市场上的商品供给和需求，另一种是处在生产中各个部门的实际需要量和供给量。对市场上商品的需求，从量的规定性来说，由于受货币价格的影响，是经常变化的。例如，生活资料的价格便宜了，或者货币工资普遍提高了，人们就会购买更多的生活资料，从而对这些商品会产生更大的社会需求；反之，需求则将会缩小。而在生产中对社会劳动的需要，虽然也有弹性，但在一定生产条件下则是一个常数。由于社会分工和生产社会化，在各个生产部门之间按照一定比例分配社会劳动，是一种客观需要，只要生产条件不变，这种比例就永远是一个固定的量。例如，棉纺织业每年按一定规模进行再生产，相应的就需要有相当于往年同等数量的棉花；如果由于资本积累生产每年在扩大，在生产条件不变的情况下，当然会产生追加相应数量棉花的需要，这是在生产中存在的客观比例，通过市场表现出来，由于受货币价格的影响，这个比例可能发生变化。因而，在生产中存在的社会需要与市场上出现的需求之间是有区别的，它们在数量上是不一致的。正如马克思指出的："市场上出现的对商品的需要，即需求，和实际的社会需要之间存在着数量上的差别，这种差别的界限，对不同的商品说来当然是极不相同的；我说的是下面二者之间的差额：一方面是所要求的商品量；另一方面是商品的货币价格发生变化时可能要求的商品量，或者，买者的货币条件或生活条件发生变化时可能要求的商品量。"① 马克思把实际需要的商品量和市场上出现的对商品的需求量严格区别开来，指明了同价值决定有直接关系的实际需要的商品

---

① 马克思：《资本论》第三卷，人民出版社 2004 年版，第 210 页。

量（即社会总劳动在各个生产部门之间的按比例分配量）与市场供求中的那个需求并不是一回事。当生产中投入某种商品生产上的社会劳动量过多，使这种商品的产量超过了社会需要，这时，所消耗的社会劳动时间中超过社会需要的部分就浪费掉了，这个商品在市场上所代表的社会劳动量将比它实际包含的社会劳动量要小，表现为其中一部分商品甚至根本卖不出去。如果用来生产某种商品的社会劳动的数量，同要由这种商品来满足的特殊的社会需要的规模相比太小，结果则会相反。这说明，第二种含义的社会必要劳动时间参与价值决定，而市场供求只决定市场价格与价值的差额，只决定价值实现，二者怎么可以混同呢？可见，认为承认第二种含义的社会必要劳动时间参与决定价值，就等于承认供求决定价值的观点，是把两种有联系而又不完全相同的需要混为一谈了，这当然是不正确的。

　　承认两种含义的社会必要劳动时间统一决定商品价值，是否违背劳动价值论呢？并不违背。大家知道，"劳动创造价值"的观点，并不是马克思的发现，也不是马克思劳动价值论的全部内容，早在马克思之前，古典政治经济学派就已提出了单纯的劳动创造价值的观点。对此，恩格斯评论说："结果古典政治经济学就发现了，商品的价值是由商品所包含的、为生产该商品所必需的劳动来决定的。作出这样的解释，古典政治经济学就认为满足了。我们也可以暂且到此为止。不过为了避免误会起见，我认为需要提醒一下，这种解释在今天已经完全不够了。马克思曾经第一个彻底研究了劳动所具有的创造价值的特性，并且发现，并非任何仿佛是或者甚至真正是生产某一商品所必需的劳动，都会在任何条件下使该商品具有与所消耗的劳动量相当的数量的价值。因此，如果我们现在还是同李嘉图这样的经济学家们一起简单地说，商品的价值是由生产该商品所必需的劳动决定的，那末我们在这里总是以马克思所作的那些附带条件为当然前提的。"① 这说明马克思并没有把劳动与价值简单地等同起来。马克思的重要"发现"恰恰在于，并非任何劳动都创造价值。这个发现使他彻底抓住了"劳动所具有的创造价值的特性"，即劳动只是价值的实体，而并非任何条件下的劳动都会创造价值，劳动和价值之间相通还须有一定的媒介，即只有通过特定社会历史条件这个媒介，劳动才能创造价值，也就是说，只有当劳动产品转化为商品时，包含在

---

　　① 恩格斯：《卡·马克思"雇佣劳动与资本"1891 年单行本导言》，《马克思恩格斯全集》（第二十二卷），人民出版社 1965 年版，第 236 页。

产品中的劳动才能形成价值。所以，价值反映的是特定社会历史形式下的生产关系。古典政治经济学派在劳动与价值的关系问题上的不科学性的表现之一，就在于他们把劳动简单地等同于价值，把任何劳动都说成能够创造价值。关于这一点，马克思本人曾经说过："商品的'价值'，只是以历史上发展的形式表现出那种在其他一切历史社会形式内也存在的、虽然是以另一种形式存在的东西，这就是作为社会劳动力的消耗而存在的劳动的社会性。"① 既然价值只是劳动的特定社会历史形式，是通过交换才能表现出来的社会劳动。因此它在量上也必定是符合社会需要的量，而不是任何一种个别的劳动量，并且首先不可能是社会所不需要的劳动量。社会不需要的劳动，就不是社会劳动，无论它的量多大，都不能形成任何价值。恩格斯在评论洛贝尔图的价值观念时曾指明这一点，他说："洛贝尔图虽然也用两句话提到一下劳动强度的差别，但劳动还是非常一般地当作'耗费的'东西，因而当作度量价值的东西提出来，而不问这个劳动究竟是不是在正常的社会平均条件下付出的。……他们的劳动时间是费在生产社会必需的产品和社会需要的数量上呢，还是费在根本不需要的东西上、或者虽然需要却在数量上比需要的过多或过少，——对于所有这一切，根本不提，却只是说：劳动就是劳动，等量劳动的产品必须同等量劳动的产品交换。"② 这也正是马克思所反对的观点。

马克思在分析劳动与价值的关系时，着重研究了供需平衡或不平衡这几种前提条件的作用。在供需平衡的假定前提下，对价值决定起调节作用的主要是生产相当大数量的商品的那种生产条件，但由于其他条件生产的少量商品也是社会所需要的，因此，它们所耗费的个别劳动时间也是社会必要劳动时间的组成部分，尽管在被承认的数量上会有所增减。在这种情况下，决定社会价值的实际上是由不同生产条件下的个别劳动时间的加权平均所构成的劳动时间。当需求极大地超过供给时，劣等甚至最劣等的条件下生产的商品也满足不了社会需要，这时商品的社会价值就要由劣等甚至最劣等的生产条件来决定，而它的市场价格则又会高出于它的社会价值之上，劣等条件的生产者也能获得利润；反之，当供给极大地超过需求时，情况将会相反。可

---

① 马克思：《评阿·瓦格纳的"政治经济学教科书"》，《马克思恩格斯全集》（第十九卷），人民出版社 1963 年版，第 419 页。

② 恩格斯：《德文版序言》，《哲学的贫困》，人民出版社 1961 年版，第 8 页。

见，正是由于社会需要对决定商品价值的生产条件具有调节作用，因而也就对价值决定有直接关系。

综上所述，马克思研究的劳动所具有的创造价值的特性，至少是指：第一，在质上，只有在特定社会历史形式下的劳动才能创造价值，才是价值的实体，而价值则是这种劳动的历史表现形式。第二，在量上，创造价值的劳动量，必须是社会所必要的，而且这里说的"社会必要"，又必须首先是从总量上看符合社会需要；只有符合社会需要的劳动总量，在这个基础上形成的加权平均数才能形成相应的价值量。我们认为，这就是马克思在古典政治经济学派的劳动价值观念上所加的"附带条件"，它既纠正了古典政治经济学派的劳动价值观念的不科学性，同时又奠定了马克思的科学的劳动价值论。坚持第二种含义的社会必要劳动时间与价值决定有直接关系的观点，不但不违背马克思的劳动价值论，而且恰恰坚持了马克思的劳动价值论，并避免了古典政治经济学派那种"今天已经完全不够了"的解释。

由此可见，第二种含义的社会必要劳动时间是整个社会必要劳动时间不可分割的组成部分，它在商品价值决定中具有直接的、基础的作用；只有坚持第二种含义的社会必要劳动时间直接参与价值决定的观点，才能维护马克思的劳动价值论。

三 价值决定即价值规律

在说明了两种含义的社会必要劳动时间同价值决定的关系之后，至于什么是价值规律的问题，也就比较容易弄清楚了。价值决定即价值规律的说法，我们认为是比较准确的。因为它揭示了事物的本质，而且也符合马克思主义经典著作的论述，其他提法虽然也能说明一些问题，但或多或少都没有抓住问题的核心，因而不如上述提法准确。

首先，价值决定即价值规律的表述符合马克思关于价值规律的论述。一个在我国经济学界长期流行的观点认为，马克思虽多次提到价值决定的规律，却并没有明确指出价值决定的规律就是价值规律。其实这是一种误解。这里摘引几段马克思的论述试加判别。

《资本论》第一卷说："我们知道，每一商品的价值，都是由它的使用价值中对象化的劳动的量，由它生产上社会必要的劳动时间决定。这个规律，在劳动过程当作结果得到的生产物为我们的资本家所有时，依然是适用的。"①

这段译文中的"这个规律"一语，在《马克思恩格斯全集》（第二十三卷）中被译为"这一点"。经查对德文版、俄文版和英文版，这样译也是正确的，两种译法均可，因为指的都是价值决定这个法则。法则者，规律也。

再请看另一段：

"事实上价值规律所影响的不是个别商品或物品，而总是各个特殊的因分工而互相独立的社会生产领域的总产品；因此，不仅在每个商品上只使用必要的劳动时间，而且在社会总劳动时间中，也只把必要的比例量使用在不同类的商品上，这是因为条件仍然是使用价值。但是，如果说个别商品的使用价值取决于该商品是否满足一种需要，那么，社会产品量的使用价值就取决于这个量是否符合社会对每种特殊产品的量上一定的需要，从而劳动是否根据这种量上一定的社会需要按比例地分配在不同的生产领域。……可见，只有当全部产品是按必要的比例进行生产时，它们才能卖出去。社会劳动时间可分别用在各个特殊生产领域的份额的这个数量界限，不过是价值规律本身进一步展开的表现，虽然必要劳动时间在这里包含着另一种意义。"②

在马克思的这段论述中，指明价值规律就是社会必要劳动时间决定价值的规律。而且这里讲的社会必要劳动时间又明确指出包括第二种含义的社会必要劳动时间在内。

马克思在致路·库格曼的信中有一段话，把第二种含义的社会必要劳动时间同价值规律的关系说得更明确，他说：

"人人都同样知道，要想得到和各种不同的需要量相适应的产品量，就要付出各种不同的和一定数量的社会总劳动量。这种按一定比例分配社会劳动的必要性，决不可能被社会生产的一定形式所取消，而可能改变的只是它的表现形式，这是不言而喻的。……而在社会劳动的联系体现为个人劳动的产品的私人交换的社会制度下，这种劳动按比例分配所借以实现的形式，正

---

① 马克思：《资本论》第一卷，人民出版社1953年版，第204页。另，该引文在《马克思恩格斯全集》（第二十三卷），人民出版社1972年版，第211页；1962年德文版，第201页；1960年俄文版，第198页；1889年英文版《资本论》第1卷，第166—167页。

② 马克思：《资本论》第三卷，人民出版社1975年版，第716、717页。

是这些产品的交换价值。""科学的任务正是在于阐明价值规律是如何实现的。"①

这段话肯定了包含第二种含义的社会必要劳动时间在内的价值决定就是价值规律，问题只是还需要研究它的实现的形式，或者说，研究按比例分配劳动的必然性实现的形式是经济科学的任务。

其次，价值决定即价值规律的表述也符合列宁关于价值是价格的规律的论断。列宁曾经指出："价格是价值规律的表现。价值是价格的规律，即价格现象的概括表现。"② 商品的价值是在生产中创造的，商品的价格是在交换中通过竞争形成的，价格经常处在高于价值或低于价值的变动之中，价格变动的背后是由社会必要劳动时间决定的价值量的变动，而决定价值量变动的则又是两种含义的社会必要劳动时间变化的结果。即是说，生产单个商品平均所需要的劳动时间和社会总劳动根据社会对每种商品的需要在不同生产部门内按比例的分配，是引起价格变动的基因，而这正是价值规律的核心内容，价格变动只是它的表现形式。但价值决定在资本主义私有制条件下，却只能通过价格波动才能得到贯彻。这是因为商品价格对商品价值的不断背离是一个必要的条件，只有在这个条件下并通过这个条件，商品价值才能存在。同时，只有通过竞争的波动从而通过商品价格的波动，商品生产的价值规律才能得到贯彻，社会必要劳动时间决定商品价值量这一点才能发生作用。

最后，大家经常引用的恩格斯关于等价交换就是价值规律的表述与前面说的是否矛盾呢？我们认为并不矛盾。恩格斯在这里并不是给价值规律下定义，而是澄清杜林的表达不确切的话，并赋予它以正确的内容。恩格斯的原话是："'劳动和劳动根据平等估价的原则相交换'（这是从杜林那里引来的话——引者），这句话如果有意义的话，那末就是说，等量社会劳动的产品可以相互交换，就是说，价值规律正是商品生产的基本规律，从而也就是商品生产的最高形式即资本主义生产的基本规律。"③ 综观上下文，恩格斯的

---

① 马克思：《马克思致路·库格曼》，《马克思恩格斯选集》（第四卷），人民出版社 1972 年版，第 368 页。

② 列宁：《又一次消灭社会主义》，《列宁全集》（第二十卷），人民出版社 1958 年版，第 194 页。

③ 恩格斯：《反杜林论》，《马克思恩格斯选集》（第三卷），人民出版社 1972 年版，第 351 页。

这段话，在批判了杜林把"劳动和劳动根据平等估价的原则相交换"运用到分配领域的错误之后，进而指出杜林使用的这个不准确的用语如果还有点意义的话，应该不是发生在分配领域，而是发生在商品交换领域。杜林在他设计的"经济公社"中，由于保留着商品，保留着金属货币，因而也就必然存在商品等价交换的规律，即价值规律，杜林把这个规律提升为他的"经济公社"的基本规律，从而必定导致"经济公社"的垮台，资本主义重新出现。在资本主义条件下，价值决定的规律只能在商品交换中贯彻和实现，表现为等价交换原则，等价交换事实上是价值规律在交换过程中的体现，二者是密不可分的。因此，通常把价值规律也叫作等价交换的规律并没有错，但是严格地说，等价交换并没有揭示出价值规律的核心内容，只是说明了价值规律的贯彻或表现形式。所以，不应把恩格斯的那段话作为否定价值决定就是价值规律的依据。

至于通常说的价值规律是商品生产和商品交换的规律，那无疑是正确的，它表明价值决定于生产，贯彻和实现于流通，二者不可分割，但是，严格地说，这种表述只是从一个外部侧面勾画了价值规律的轮廓，并没有正确地指出价值规律的核心内容。

（本文发表于《经济研究》1982 年第 1 期）

关于社会主义制度下我国
商品经济的再探索

马　洪

　　党的十一届三中全会以来，我们实行对内搞活经济、对外开放的方针，并在经济体制方面进行了一系列改革。在农村，采取多种形式的以家庭为经营单位的承包责任制，积极发展专业户和各种形式的经济联合体，支持农民积极扩大商品生产。在城市，实行多种经济形式和多种经营方式，对全民所有制企业，正确处理国家同企业的关系，扩大企业自主权，实行利改税，不仅集体经济和个体经济已经独立核算、自负盈亏，而且国营企业也逐步走向独立核算、自负盈亏。它们已经成为或正在成为独立的或相对独立的商品生产者和经营者。同时，积极发展对外经济技术交流，吸收和利用外资，引进先进技术，开辟经济特区，进一步开放一批沿海城市。采取这些政策，大大促进了商品生产和商品流通的发展。5年多来的实践证明，党中央的这些方针政策是完全正确的，是卓有成效的。我们正在按照邓小平同志提出的建设有中国特色的社会主义的要求，进行着非常有意义的探索。

　　中央的正确决策，是符合我国国情的，是对我国社会主义经济的性质有了更加全面、更加深刻的认识的结果。这里，很重要的一点，就是我们逐步抛弃了把社会主义计划经济看成是同商品经济不相容的自然经济或半自然经济的观点，越来越多的同志逐步认识到商品经济是社会主义经济的内在属性。党和政府的决议文件也不止一次地提出了要大力发展社会主义商品生产和商品交换的任务。

　　我在前几年写的报告和文章中，曾经试图对我国现阶段社会主义经济的性质作一些探索。我曾说明社会主义经济是有计划的商品经济，对此，有的同志提出过不同的意见，我自己的认识也有过一些反复。下面，我想根据近几年来执行党的十一届三中全会方针的实践，对商品经济的历史发展，以及人们关于商品经济在社会主义历史阶段的作用和命运的认识的发展，作一些剖析；并对这几年提出的否认社会主义经济是商品经济的观点，谈些不成熟的意见。

一　对商品经济在社会主义 阶段作用的认识的变化

社会主义经济之所以是大力发展商品生产和商品交换的计划经济，这是因为社会主义经济内涵地具有商品经济的属性。这一认识是对传统社会主义经济理论的重大突破。

商品交换产生于原始公社末期，商品生产在奴隶社会和封建社会曾替奴隶制度和封建制度服务过；而在资本主义社会，商品生产占统治地位，连劳动力也成了商品。那么，商品生产或商品经济到社会主义社会是不是就要退出历史舞台呢？社会主义计划经济能不能和发展商品经济并存？商品经济是不是排斥有计划的发展？一百多年来马克思主义者对这些问题的看法，一直在变化和发展着。

马克思在《资本论》中分析资本主义商品生产时，曾经预言，在公有制的条件下，鲁滨逊在孤岛上进行的那种为满足自己各种需要而进行的产品生产，将在社会的范围内重演，因而商品关系及商品拜物教将会消失。后来，他在《哥达纲领批判》中明确表示，在未来共产主义社会的初级阶段（即社会主义社会）里，"生产者并不交换自己的产品；耗费在产品生产上的劳动，在这里也不表现为这些产品的价值"[1]。虽然马克思和恩格斯都一再申明，他们只能从对他们所处时代的资本主义经济的分析中推论未来共产主义社会的情景，从这种分析中所能得出的唯一结论是生产资料的公有制必将代替资本主义的私有制，至于新社会组织方面的细节要留待实践去解决，他们不能给出什么"现成方案"或"最终规律"去束缚后世革命家的手脚。但是，在马克思、恩格斯逝世以后数十年中，由于还没有社会主义的实践，科学社会主义的理论家在论述社会主义社会的基本特征时，通常都把它看作

---

[1]　马克思：《哥达纲领批判》，《马克思恩格斯选集》（第三卷），人民出版社 1972 年版，第 10 页。

是一个没有商品生产和商品交换的社会。

正是在这样的思想基础上，列宁在《国家与革命》中提出了在社会主义条件下整个社会成为"一个辛迪加"，所有的社会成员都是这个"辛迪加的雇员"的设想。既然全社会是一个大公司，商品关系当然也就不再存在。列宁在革命前的这种设想，反映了当时社会主义者的共同认识。

十月革命胜利后，俄国共产党人开始按照这种无商品关系的社会主义模式建设社会主义。1919 年俄共在党纲里把迅速消除商品货币关系规定为自己的目标。但是列宁很快就发现，这样做是行不通的。1921 年起，列宁转而采取新经济政策，发展工农业之间的商品交换，给小农恢复贸易自由，"从国家资本主义转到国家调节商业和货币流通"①。国营企业也改为实行经济核算独立会计和自负盈亏，在市场环境中活动。这个政策很成功，促进了社会主义经济的迅速恢复和发展。

虽然新经济政策在实际生活中取得了很大成功，但是社会主义经济是不是商品经济的问题在理论上并没有得到解决。早在新经济政策时期，"左"派（托派）理论家就已经提出，在多种经济成分存在的条件下，只是在资本主义商品经济存在的范围内，价值规律才起调节作用，商品货币关系和价值规律作用的任何增强都意味着资本主义力量的增强，而社会主义改造的深入意味着另外一条经济规律——社会主义原始积累规律作用的加强。以后，随着斯大林在 1928 年转而采取"左"的经济政策，经济生活的实物化再次加强。虽然斯大林在实现农业集体化以后曾指出，有两种公有制即全民所有制和集体所有制并存，就存在工人和农民两个阶级，就需要有交换，但是当时苏联实际上采取的是剥夺农民的政策，因而也不可能明确回答两种公有制之间的交换是不是商品交换、价值规律起不起作用的问题。至于国营企业当时所采取的"经济核算制"，已经不是列宁讲的那种自负盈亏的经济核算制，价值、价格、成本等在斯大林时期的经济核算制中只当作计算工具。直到斯大林晚年，即 1952 年，他才在《苏联社会主义经济问题》一书中承认两种公有制之间存在着商品生产和商品交换关系，认为必须利用价值规律。与此同时，他又认为全民所有制内部流通的生产资料不是商品，"脱出了价

---

① 列宁：《莫斯科省第七次党代表会议》，《列宁全集》（第三十三卷），人民出版社 1957 年版，第 73 页。

值规律发生作用的范围"①，价值规律甚至对农业中的原料生产也不起调节作用。斯大林还一再强调要限制商品生产和价值规律的作用，力图尽快从商品交换过渡到产品交换。所以，可以说，斯大林从来没有认为社会主义经济是要大力发展社会主义商品生产和商品交换的计划经济，尽管他在主观上也许是要建设马克思、恩格斯所预言的产品经济（马克思的原话是"自由交换"经济），至少是半产品经济，在实际上却只能是自然经济或半自然经济。基于这个原因，斯大林时代所设计和实行的经济管理体制，就不是按照有计划地发展商品生产和商品交换的要求，而是基本上按照半产品经济的要求设计的，在实践上搞成了半自然经济；不是把产品当作商品，实行等价交换，而是实行单一的指令性计划，排除市场调节，并采用高度集中的、以行政手段为主的管理办法。这种办法，对于集中力量搞重工业，准备和支持卫国战争，以及医治战争创伤，是成功的。但是，在经济进入新的发展阶段以后，这种体制的弊病日益明显。结果，把经济搞得很死，发展速度减慢，技术进步停滞，经济效益不好，人民得到的实惠不多。

我们对社会主义经济的认识，也经历了一个曲折的过程。

开始，我们信奉斯大林的理论，并按他的社会主义模式和体制行事。1956 年，在全党总结第一个五年计划的过程中，大家开始认识到苏联那种决策权过分集中的体制的弊病。这种认识，反映在党的第八次全国代表大会的决议中，也反映在毛泽东同志的重要著作《论十大关系》中和陈云同志的有关著作中。可惜这些正确的主张未能很好贯彻，相反，从 1957 年毛泽东同志批评"反冒进"以后，"左"的错误思想日益盛行。

1957 年以后毛泽东同志的观点有过很多变化。一方面，他对在我国发展商品生产和商品交换提出过一些很好的意见。例如，他在 1959 年读斯大林的《苏联社会主义经济问题》时，就批评了斯大林关于生产资料不是商品、农业机器不能卖给农民的观点，指出：我们是商品生产还落后的国家，不如巴西、印度；商品生产要大发展；商品不限于个人消费品，有些生产资料也是要属于商品的；即使是完全社会主义全民所有制了，某些地方仍要通过商品来交换。1959 年 3 月，他又针对农村搞"一平二调"刮"共产风"的错误，明确指出：价值规律"是一个伟大的学校，只有利用它，才有可

---

① 斯大林：《苏联社会主义经济问题》，《斯大林选集》（下卷），人民出版社 1979 年版，第 578 页。

能教会我们的几千万干部和几万万人民，才有可能建设我们的社会主义和共产主义。否则一切都不可能"。另一方面，毛泽东同志晚年却提出了社会主义社会商品制度和货币交换跟旧社会没有多少差别，只能在无产阶级专政下加以限制的说法。

在我国理论界，孙冶方同志最早批评了苏联的经济模式和体制的弊端，指出它是在自然经济论影响下的产物。他还尖锐地批评了斯大林和苏联经济学界长期以来把价值和价值规律看成社会主义经济的异物的错误观点。但是，孙冶方同志不赞成说社会主义经济是商品经济。

现在，通过研究和总结国内外社会主义建设的经验教训，通过我们5年多实行对内搞活、对外开放方针取得成功的实践，我们对于社会主义经济的性质、对于发展社会主义商品经济的重要性和意义的认识，比以前无疑有了较大的提高，因而有条件对我国社会主义经济的性质和特征作更全面的分析和论证了。

二　社会主义经济是在公有制基础上的
有计划的商品经济

社会主义经济的一个特征是计划经济，这是必须肯定的。但是，肯定这一点并不一定就要否定社会主义经济同时也具有商品经济的属性。商品经济的对立物不是计划经济，而是自然经济。否定社会主义经济是商品经济的同志，实际上是把计划经济同商品经济对立起来，或者是把商品经济看成是社会主义经济中异己的力量。这几年我国经济体制改革的实践，已经证明上述认识是不切实际的。经济体制改革的重要内容之一，就是要求我们在坚持计划经济原则的同时，按照商品经济的要求来组织整个社会的经济活动，力求把大的方面管住，小的方面放开，在保证宏观经济协调发展的前提下，活跃城乡各方面的经济生活。这就要求我们在理论上承认计划经济的属性和商品经济在社会主义经济中是可以统一起来的，在实践中是能够找到它们之间的结合形式和结合点的，而不是回到过去二者择一、非此即彼的老路上去。

为什么社会主义经济还具有商品经济的属性呢？这里有两方面的原因。

一方面，社会主义存在商品经济产生和发展的重要基础与条件——社会分工。列宁曾经指出："社会分工是商品经济的基础。加工工业与采掘工业分离开来，它们各自再分为一些小的和更小的部门，这些部门以商品形式生产专门的产品，并用以同其他一切生产部门进行交换。这样，商品经济的发展使单独的和独立的生产部门的数量增加。"① 列宁在另一篇文章中还进一步强调，"商品经济随着社会分工的发展而发展"②。

当然，社会分工只是商品生产存在的一般前提。如果仅仅存在社会分工而不存在具有独立经济利益的不同经济主体，不存在社会劳动同局部劳动的矛盾，就只会有统一经济主体内部的交换，而不会有不同的商品生产者之间的商品交换。那么，在社会主义经济中是否存在具有独立经济利益的不同经济主体呢？答案是肯定的。

首先，社会主义条件下存在着全民所有制和集体所有制两种公有制形式，对于集体企业来说，它们无疑应当是独立的商品生产者，不论他们与国家之间，还是他们相互之间，在经济关系上，都应当是以等价交换为基础的商品经济关系。不承认这种商品经济关系，就会在实践中采取种种损害农民经济利益的政策，从而受到严厉惩罚。无论在国际共产主义运动中还是在我国，这方面的教训都是很多的。

其次，在社会主义历史阶段，由于生产力还没有发展到产品极大地丰裕、可以实现按需分配的程度，从而劳动仍然主要是谋生的手段，劳动能力是劳动者的"天然特权"，因此，即使在全民所有制的国营企业中，劳动者之间，仍然存在着根本利益一致前提下的物质利益的差别，这种利益上的差别必须由等量劳动相交换的原则来调节，这是马克思早已讲过的。实践证明，在由生产社会化过程所决定的分工体系中，由于单个劳动者只能完成一种产品的一道或几道工序，而不能独立地提供整个产品，产品是由劳动者们组织成的企业生产出来的，因而劳动者之间的等量劳动相交换的关系，首先必须通过国营企业之间产品的等价交换近似地表现出来，这就决定了每个国营企业都存在着不同于别个国营企业的相对独立的经济利益。这种相对独立的经济利益也体现着社会主义公有制条件下所有权同使用权、经营管理权的一定的分离。因此，国营企业不能不以相对独立的商品生产者来相互对待。他们之间的关系不能不遵守等价补偿和等价交换的原则，即商品经济的原则。也就是说，只能采取以等价交换为基本特征的商品货币关系来调节他们之间在经济利益上的矛盾。这样，社会主义仍然存在着广泛的商品关系，也

① 列宁：《俄国资本主义的发展》，《列宁全集》（第三卷），人民出版社 1984 年版，第 17 页。
② 列宁：《评经济浪漫主义》，《列宁全集》（第二卷），人民出版社 1984 年版，第 196 页。

就不足为奇了。

如果说生产资料的社会公有制带来人们之间的物质利益上的根本一致是实行计划经济的客观依据的话，那么，人们之间物质利益上的上述差别就是社会主义经济还内在地具有商品经济属性的直接原因。

总之，把商品关系看作社会主义经济的异己的东西是不正确的。正如邓小平同志在分析我国社会主义农村经济时所指出的："可以肯定，只要生产发展了，农村的社会分工和商品经济发展了，低水平的集体化就会发展到高水平的集体化。"① 这里，邓小平同志把社会分工和商品经济的发展同社会主义集体化程度的发展直接联系起来，肯定社会主义社会存在商品经济，强调必须发展商品经济，这对马克思主义的社会主义经济理论是一个重大的贡献。

有的同志不同意把社会主义经济看作商品经济，理由是：在社会主义社会，劳动力已经不是商品，土地、河流、矿藏等一般也不作为买卖对象了。是否可以根据社会主义社会劳动力不是商品，国有的土地、矿藏等不能买卖，就否定社会主义经济具有商品经济的属性呢？我认为是不可以的。劳动力是不是商品，土地、矿藏等是否可以买卖，并不是商品经济的标志。在简单商品经济中，劳动力并不是商品。劳动力作为商品，只是资本主义商品经济的特征。国有的土地、矿藏等不能买卖，只说明社会主义条件下商品关系受到一定的限制，但并没有因此否定社会经济活动的绝大部分仍然是通过商品货币关系进行的。因此，社会主义经济从总体上看仍然是一种商品经济。

有一种相当流行的观点是，只能提社会主义存在商品生产和商品交换，不能提社会主义经济也是一种商品经济，因为社会主义经济的主导部门——国营经济的生产和经营是不受价值规律调节的。这实际上仍然是坚持斯大林《苏联社会主义经济问题》一书的观点。在那里，肯定社会主义还存在商品生产和商品交换，但是不承认社会主义经济也是一种商品经济。原因在于，斯大林否认全民所有制内部流通的生产资料也是商品，不承认国营企业是相对独立的商品生产者。既然把社会主义商品生产和商品交换只限制在两种公有制之间的经济往来，以及居民向国营商店购买个人

---

① 邓小平：《关于农村政策问题》，《邓小平文选》（第二卷），人民出版社 1994 年版，第 315 页。

消费品的范围内，否认国营企业是相对独立的商品生产者，自然就谈不上社会主义经济是商品经济了。所以，这两年，伴随着否认社会主义经济是商品经济的观点，再次出现了否认全民所有制内部流通的生产资料也是商品的看法，出现了否认国营企业是相对独立的商品生产者，可以而且必须实行自主经营、自负盈亏的看法。这些看法同当前改革经济体制的形势和要求是不合拍的。当前，无论是农村还是城市，都要求大力发展社会主义商品生产和商品交换，缩小指令性产品生产和产品分配的范围，更多地利用经济手段和价值杠杆来实现国家计划的要求，逐步扩大市场调节的范围，打破部门分割和地区封锁，开展各种经济形式之间的和通过各种流通渠道的市场竞争，等等。这些重要的政策和措施，只能从社会主义经济也是一种商品经济得到科学的解释。

还有一种观点认为，如果把社会主义经济看成是一种商品经济，那么，国营企业就要以商品生产者的身份出现，成为一种独立的经济实体。这就意味着否定了全民所有制，否定了社会主义国家代表全体人民对生产资料行使所有权，否定了社会主义国家劳动者之间是共同占有、联合劳动的关系。这种看法也值得研究。

首先，应该划清社会主义商品经济同私有制基础上的商品经济的界限。的确，发展社会主义商品经济，意味着承认每个国营企业具有相对的独立性、成为相对独立的商品生产者。但是，这种"独立"，只是相对的，只是在经营上的相对独立性，而不同于私有制经济中商品生产者的完全独立性。所有权同使用权、经营管理权是可以分开的。国营企业对生产资料具有使用权和经营管理权，并不改变生产资料全民所有制的性质，也不影响代表全体人民利益的社会主义国家对生产资料行使所有权。因而，从根本上说，它没有也不可能否定社会主义国家劳动者的共同占有关系，也就是说，没有改变社会主义全民所有制的性质。

当然，承认社会主义经济具有商品经济的属性，要求各个国营企业具有相对独立的商品生产者的职能，就意味着要改变国营经济的经营方式，即从由国家直接支配和使用生产资料的高度集中统一的行政管理体制，转变为适应发展商品经济要求的，在国家法令允许的条件下，企业独立自主地进行经济活动的经营体制。只有这样，才能增强企业的活力，企业的积极性才能调动起来，整个国民经济也才能生气蓬勃地发展。过去，正是由于否定了社会主义经济的商品经济性质，从而否定了国营企业是相对独立的经济实体，由国家直接支配和使用生产资料，直接组织企业经济的产供销活动，使企业变成了国家行政机关的附属物。这样的经营和管理方式严重地束缚了生产力的发展。

实践经验告诉我们，离开大力发展社会主义商品经济，试图在自然经济基础上进行社会主义现代化建设，是不可能的。特别是发展中的社会主义国家，要想促进社会生产力的迅速发展，就要真正消除自然经济思想的影响，促进社会主义商品经济的大发展。在我国现阶段，社会主义商品经济的发展就意味着社会生产力的发展和社会主义建设的前进。

恩格斯在《反杜林论》中说："政治经济学不可能对一切国家和一切历史时代都是一样的。……政治经济学本质上是一门历史的科学。它所涉及的是历史性的即经常变化的材料。"[①] 恩格斯曾经批评一些人，他们总想到马克思的著作中找一些现成的、不变的、永远使用的定义和概念来套现实，而不是用实践去检验理论概念和定义，以多变的现实生活来丰富和补充概念和定义。他指出："不言而喻，在事物及其互相关系不是被看作固定的东西，而是被看作可变的东西的时候，它们在思想上的反映，概念，会同样发生变化和变形；它们不能被限定在僵硬的定义中，而是要在它们的历史的或逻辑的形成过程中来加以阐明。"[②] 马克思主义的这些历史唯物主义基本原理，应该成为我们探索社会主义经济性质的指导思想和方法论基础。

所以，根据社会主义国家建设的实践的经验，承认社会主义经济是一种商品经济，是对社会主义经济的客观发展作出实事求是的理论概括。

三 社会主义商品经济的特点

社会主义经济仍然是一种商品经济，但是，它既不同于小商品经济，也不同于资本主义商品经济，而是具有社会主义特征的商品经济。党的八届六中全会决议在谈到社会主义商品生产和商品交换时说："这种商品生产和商品交换不同于资本主义的商品生产和商品交换，因为它们是在社会主义公有制的基础上有计划地进行的，而不是在资本主义私有制的基础上无政府状态

---

① 恩格斯：《反杜林论》，《马克思恩格斯选集》（第三卷），人民出版社1972年版，第186页。

② 恩格斯：《序言》，《资本论》第三卷，人民出版社2004年版，第17页。

地进行的。"这是对社会主义商品经济特征的科学表述。据此,我们可以说,社会主义商品经济是建立在社会主义公有制基础上的有计划的商品经济。它的特点表现在以下两个方面。

第一,社会主义商品经济是建立在公有制基础上的、没有资本家参加的商品经济。① 它所体现的生产关系,是社会主义劳动者之间的互助合作和平等互利关系,而不再体现雇佣劳动制度下的剥削和被剥削的关系。由于剥削阶级不再存在,劳动人民当家作主,生产的目的又是为了全体人民物质文化生活的不断改善,而且由于社会主义商品经济是建立在公有制的基础上的,劳动者联合起来共同占有生产资料,劳动力已不是商品,土地、河流、矿藏等也不成为自由买卖的对象,人们能在全社会的规模上自觉地运用价值规律,因此,社会主义商品经济的发展不可能引向资本主义。社会主义商品经济不同于资本主义商品经济和小商品经济,但它仍具有商品经济一般的特点。因此,在社会主义商品生产中依然存在劳动两重性(具体劳动和抽象劳动)和商品两重性(使用价值和价值)。在社会主义商品经济关系中,除了基于生产资料公有制的根本利益一致,要强调生产者之间的互助合作,强调局部利益服从整体利益外,还必须在一切经济活动中考虑各方面的利益差别,贯彻等价交换的原则,体现平等互利的要求。

第二,社会主义商品经济是在全社会实行计划经济的前提下有计划地发展,而不是无政府状态的商品经济。在生产资料社会主义公有制为基础的社会主义经济中,有必要也有可能由代表全体劳动人民利益的国家对整个社会经济的发展进行有计划的调节。这是资本主义私有制的社会办不到的。正因为这样,社会主义商品经济才有可能避免资本主义商品经济那种生产和交换的无政府状态,有计划按比例地协调发展。

这样我们就可以看到,社会主义经济兼有计划经济和商品经济的性质,它是计划指导下的商品经济,或者说,是建立在商品经济基础上的计划经济。

在前一阶段的讨论中,有的同志不赞成"有计划的商品经济"的提法,他们说:"提社会主义是有计划的商品经济,落脚点仍然是商品经济,计划

---

① 当然,在我国社会主义社会的现实经济生活中,由于存在多种经济形式,包括引进了部分外资,在这种非社会主义的商品经济中,还有资本家参加,但是,这种国家资本主义性质的商品经济只是社会主义商品经济的补充,在整个国民经济中所占份额不大,从事这种商品经营的资本家也是在社会主义国家的管理和监督下活动。

经济被抽象掉了。"其实，计划经济是指在国民经济中有计划地分配社会劳动，或者说有计划地领导、组织和调节社会经济活动的一种社会经济制度。这里"有计划地领导、组织和调节"，必须落实到千千万万生产单位和经营单位的经济活动上。问题是这种经济活动是自然经济活动，还是商品经济活动。既然不论在国营和集体两种社会主义经济之间还是在社会主义国营经济内部，都存在着商品生产和商品交换，社会主义企业之间的经济联系要通过商品货币关系来进行，国家对国民经济的领导和调节，就必须落实为对整个社会商品经济活动的领导和调节。我国 30 多年来计划经济的实践已经表明，把社会主义国民经济当作一个大的自然经济来对待，不仅会把小的方面（企业的微观经济活动）管死，大的方面（国民经济的发展方向，主要的比例关系）也不可能真正管住和管好。正是自然经济论的错误认识和有害实践，造成了技术停滞、效益降低、比例关系失调的恶果。有些同志在主观上是想实行"不需'价值'插手其间"的共产主义高级阶段在产品经济的基础上实现的计划经济，但是实践已经证明，这种把社会主义经济当作未来共产主义社会那种不存在商品货币关系的产品经济来对待的想法是脱离实际的，在实践中，人们所企望的产品经济不可避免地要成为自然经济的某种变种。而只有落脚到商品经济活动上的计划经济，才能反映社会主义经济发展的客观要求和必然趋势。把"社会主义经济是有计划的商品经济"作为同"社会主义经济是存在着商品生产和商品交换条件下的计划经济"互相补充的命题提出来，不仅有助于划清社会主义商品经济与资本主义商品经济的界限，也有助于消除把我国社会主义计划经济与落后的自然经济条件下的计划经济以及未来产品经济条件下的计划经济混为一谈的误解。

理解社会主义商品经济同资本主义商品经济即完全由市场调节的市场经济的本质区别的关键，在于认识社会主义市场的可调节性质。在资本主义商品经济中，市场是至高无上的，不论宏观决策还是微观决策都完全由市场机制和市场原则支配，国家虽然可以利用价值规律的某些因素来影响经济发展，但是整个说来，资产阶级国家的经济决策，只能跟在市场波动的后面，受异己的、盲目的市场力量支配。承认社会主义经济的商品经济性质，当然也意味着发挥市场机制对于企业微观决策的调节作用。但是，社会主义商品经济中的市场同资本主义市场经济中的市场不同。由于社会主义国家是社会主义所有者——全体劳动人民的代表，是国营经济的主人，它拥有多种法律的、行政的和经济的手段（包括工资、利息、税收、价格等经济杠杆），对市场进行有效的调节。这样，就创造了实际的可能性，使市场机制受制约于国家的宏观调节，从而把企业的微观决策同国家的宏观决策联系起来，使企业的微观经济活动在国民经济计划划定的范围内进行。这也就是说，社会主义国家完全有可能自觉地利用价值规律来达到计划经济的目的。

划清以上两种界限，即计划经济同自然经济的界限、社会主义商品经济同资本主义商品经济的界限，一方面，将有利于我国经济和计划体制彻底摆脱自然经济论的影响，推进有利于商品生产和商品交换发展的改革；另一方面，有利于加强我国社会主义商品经济的计划性，防止商品经济发展中可能出现的无政府状态，真正把社会主义商品经济引导到有计划发展的轨道上来。

四　承认社会主义经济是有计划的商品经济，是进行经济体制改革和实行对内搞活、对外开放方针的理论依据

长期以来，我国社会主义经济活动，是在决策权高度集中于行政领导机关、按行政区划和行政层次组织起来、主要采用行政命令调节方法的经济体制中运行的。这种体制的特点是，在计划上大包大揽，在流通中统购统销，在劳动上统包统配，在财政上统收统支。"统"字是这种体制的一个基本特色。这种体制把整个国民经济管得很死，窒息了企业活力和劳动者的积极性，必不可免地阻碍技术的进步、生产的发展和经济效益的提高。

但是，为什么长期以来不能改变这种不合理的体制呢？这是与我们在理论上长期未能摆脱自然经济论的影响，不承认社会主义经济是有计划的商品经济，把计划经济与商品经济截然对立起来，有直接关系。不承认社会主义经济是有计划的商品经济，就只能按行政原则组织国民经济，用行政命令把企业的手脚捆得死死的，从而带来上述弊端。这就是为什么30多年来，每当我们发现某种产品短缺，而加强计划、控制的时候，这种产品就越控越死，越死越少；也就是说，我们越是强调加强所谓计划管理，严格限制商品经济发展的时候，计划经济碰到的困难就越多；而每当我们放宽对发展商品经济的限制的时候，计划经济的发展反而要顺利些。只有彻底克服自然经济的影响，肯定社会主义经济的商品经济属性，明确提出要大力发展社会主义商品经济，才能在国民经济计划的指导下，更好地利用市场机制，搞活经

济，推动社会生产力生机勃勃地向前发展。

为什么要把承认社会主义经济是有计划的商品经济作为搞活经济、推动社会生产力迅速发展的基础和前提呢？

第一，只有承认社会主义经济具有商品经济的属性，从而自觉地依据和运用价值规律的作用，才能把我们的经济工作真正转移到以提高经济效益为中心的轨道上来。

讲求经济效益是社会主义经济工作的一项基本要求。马克思曾经指出，在未来社会主义制度下，联合起来的生产者将合理地调节他们与自然之间的物质变换，用最少的劳动耗费取得最多的物质财富。然而，在我国社会主义建设实践中却常常出现经济活动效率低，浪费大，供需脱节，按总产值计算的增长速度虽然相当高，而可供消费的最终产品却增长很慢，人民得到的实惠不多，甚至有时发生国民经济比例失调，造成社会经济生活的严重动荡的被动局面。近年来党和政府一再强调把我们的经济工作转移到以提高经济效益为中心的轨道上来，然而收效还不十分显著。原因何在呢？应该说，问题的症结在于，在自然经济论影响下形成的行政集中管理体制严重阻碍了商品生产和商品交换的发展，违背了价值规律的要求。

社会主义建设的实践证明，在社会主义经济活动中，不论是提高微观经济效益，还是提高宏观经济效益，都必须承认社会主义经济的商品经济属性，尊重价值规律的作用。

所谓微观经济效益，主要是指社会主义企业经济活动的效益。提高企业经济效益的关键，在于改变旧体制下企业只是上级行政机关手里的"算盘珠""拨一拨、动一动"的状况，使之成为既有提高经济效益的内在动力，又有市场竞争的外部压力，具有高度活力的相对独立的经营主体。而这一切只有在把企业看成相对独立的商品生产者和经营者，造成价值规律对生产和交换起调节作用的适宜环境的条件下，打破地区和行业之间的封锁，消除垄断，开展竞争，才有可能实现。

承认社会主义经济具有商品经济的属性，就不仅要承认集体所有制企业是独立的商品经营者，而且要承认全民所有制企业也是相对独立的商品经营者，也应当成为实行自主经营、自负盈亏的经济实体，在人、财、物、产、供、销等方面有自主的经济权力，使企业从行政机构的附属地位中解脱出来，根据社会需要独立作出生产和交换决策，成为责、权、利统一，在计划指导下自主经营的经济实体。

承认社会主义经济具有商品经济的属性，从而承认企业的相对独立的商品经营者的地位，就可以解决企业吃国家的"大锅饭"的问题，使企业的经营成果同职工的物质利益挂上钩，也可以解决职工吃企业的"大锅饭"的问题，使企业职工能从切身的物质利益上关心企业的经营管理。这样，企业就有了发展生产、改善经营管理的内在动力。

承认社会主义经济具有商品经济的属性，就意味着承认社会主义竞争的必要性。竞争是商品经济特有的规律。在竞争中，一方面企业必须努力掌握市场信息，尽力做到适销对路，使自己生产的产品符合社会需要；另一方面，"生产这些产品的社会必要劳动时间作为起调节作用的自然规律"，即价值规律，必然要"强制地为自己开辟道路"①。这就迫使每个企业都要想方设法改善经营管理，降低成本，革新技术，开发新产品，使自己的个别劳动消耗尽可能地低于社会必要劳动消耗。这样，在社会主义国家计划的指导下，开展一定的市场竞争，可以成为一种对于企业的外部强制力，推动各个企业、部门和地区努力上进，永不停步。

承认企业是相对独立的商品生产者，尊重价值规律的作用，还可以促进每个企业更好地为社会需要生产，有助于产需的直接衔接，使企业在计划指导下努力根据市场的供求情况，具体确定哪些产品生产多少，以便使各种产品都能适销对路，符合社会需要。这正是取得宏观经济效益的基础。

第二，只有承认社会主义经济具有商品经济的属性，才能完满地实现中央关于经济改革的各项决策，完善社会主义的经济机制。

近年来，党中央在农村经济改革取得巨大成功、城市经济改革试点取得经验的基础上，采取了一系列措施推进城市特别是城市国营工商业的经济改革。采取这些措施所要达到的目的，是要逐步建立一个"大的方面管住管好，小的方面放开放活"的经济管理体制。换句话说，也就是实现由过去那种在自然经济论影响下形成的按行政区域、行政层次、行政原则组织，主要采取行政命令方式调节的经济模式，到社会主义的有计划的商品经济模式的转化。为了提高执行中央有关决策的自觉性，必须把目前局部性的改革措施同改革的总体规划联系起来，从经济改革目标模式的高度来认识各项具体措施的内容和意义。否则，就会对这些措施产生片面的认识，有时甚至会用在传统模式下形成的旧观念来理解和解释新的口号，结果这些新的措施和新

---

① 马克思：《资本论》第一卷，人民出版社 2004 年版，第 92 页。

的口号在执行中就会走样和变形，不但达不到预期的目的，还会产生新的混乱。

例如，"简政放权"的口号，本来是在承认企业是相对独立的商品经营者的前提下提出来的。作为相对独立的商品经营者，应当有经营上的自主权，即有权根据市场情况和国家的有关法令和规定作出微观经济决策。如果不是这样来理解，在执行"简政放权"的决定时，就可能出现两种情况。一种是把某些次要的权力下放给企业，而把主要的微观决策权（企业的日常生产经营决策权）紧紧抓在行政领导机关手里。由于各种权力是互相制约的，一环紧扣一环，主要的生产经营权不在企业手里，那些次要的、从属的权力也不可能真正放下去。另一种是确实把权力放下去了，却不善于按照建立有计划的商品经济的需要运用各种立法的、行政的，特别是经济的手段影响市场和调节企业的自主经济活动，把它们引导到有计划按比例发展的轨道上去，结果也会滋生混乱。

如何理解"打破条块分割，以中心城市为依托组织经济网络"的口号，也是一个显明的例子。我国国民经济中长期存在的"条块矛盾"，是由旧的行政集中管理体制产生的。在这种体制下，既然把整个社会看作如同一个大工厂，由国家行政机关指挥全社会的一切经济活动（包括宏观经济活动和微观经济活动），国民经济就只能按行政系统来组织，使全社会的数以十万计的国营企业分别隶属于国家的行政部门和地区行政机关，形成所谓"条条"和"块块"。而且不管是"条条"还是"块块"都想自成系统，形成所谓"完整的体系"。在社会化大生产中，企业之间供产销的横向联系千丝万缕，错综复杂。而按照行政隶属关系组织经济，却要以上下级之间的纵向联系为主，不仅相互分割，甚至相互封锁，这就人为地阻碍了企业之间的横向联系的实现，并且驱使企业搞"大而全""小而全"，于是"条块矛盾"就越来越严重。只要保持目前这样的行政集中管理体制不变，按行政部门组织经济，会割断属于不同"条条"企业的之间的经济联系，按地区原则组织经济，又会割断属于不同地区的企业之间的经济联系，条块矛盾怎样也不能得到解决。

以城市为依托组织经济网络，是以完全不同的经济体制为背景提出来的，这就是社会主义有计划的商品经济。在商品经济中，千千万万个商品生产者之间通过买卖实现横向联系，形成囊括全社会的有计划的统一市场和经济网络，这种经济网络的枢纽点便是中心城市。中心城市的影响，通过它的工商企业的经济活动，辐射到大片地区，直到全国以至世界许多地区。在社会主义社会以前，中心城市多少是自发地形成的，在社会主义有计划的商品经济中，国家却有可能自觉利用中心城市的上述作用，协调、带动和促进它辐射所及地区的经济发展。

但是，目前有的同志对于依托中心城市组织经济网络的口号理解得不完全正确。他们以为，所谓依托中心城市组织经济网络，就是把原来属于中央和省区的企业下放给中心城市，或者把经济区范围内的县、市划入中心城市的建制，而城市则因袭以前的老办法来管理企业，这样企业仍是城市行政机关的"附属物"或"算盘珠"。其实，这种理解违背了以某些大城市为中心建立经济区的原意，如果这样做，就会形成了新的块块，不但不能改善地区之间的经济联系，带动成片地区的发展，还会加剧中心城市同邻近兄弟地区的矛盾，加深各个块块都自成体系、互相封锁的弊病。

第三，承认社会主义计划经济具有商品经济的属性，有助于大大改善我国的计划工作，加强国家对整个国民经济的计划指导，取得更大的宏观经济效益。这个问题，可以从两方面来看：

首先，在社会主义经济活动中，发挥"价值决定"① 的支配作用，有计划按比例地在各部门分配社会劳动，是改进国民经济计划工作、提高宏观经济效益的基本前提。我国经济发展的历史经验告诉我们，每当国民经济发生重大比例失调时，我国国民经济的宏观经济效益都大大下降，如"大跃进"时期、"文化大革命"时期就是这样。而要保证社会主义经济能按比例发展，以提高宏观经济效益，在制订国民经济计划时，就不仅要以国民经济有计划的发展规律为根据，而且要以价值规律为根据，把二者有机地结合起来。这是因为，有计划发展规律要求有计划地对资金、物资和劳动力按比例分配，而"商品的价值规律决定社会在它所支配的全部劳动时间中能够用多少时间去生产每一种特殊商品"。② 由此可见，二者并不是对立和排斥的，而是有着共同的基础，可以统一起来的。有计划规律要求人们自觉地按比例安排社会生产，价值规律则除了要求人们合理分配社会劳动外，还要求通过经济机制实现社会生产的按比例发展。例如，对短线产品的生产者给予较多的利益，对长线产品的生产者则给予较少的利益，引导企业主动调整自己的

---

① 马克思：《资本论》第三卷，人民出版社 2004 年版，第 964 页。
② 马克思：《资本论》第一卷，人民出版社 2004 年版，第 412 页。

生产，以适合于社会的需要。只有把有计划发展规律和价值规律很好地结合起来，才能实现国民经济有计划按比例发展，从根本上保证宏观经济效益的不断提高。

其次，过去我们的国民经济计划不能把大的方面管住，有效地调节整个国民经济几十万个企业的活动，一个重要原因是单纯依靠行政命令、指令性计划来进行调节。企业的经济活动方面很多，事实上计划机关不可能统统用指令性指标把它们管住。这样，指令性指标体系不能不留下许多"空子"，在这个范围内，具有独立经济利益的企业就会根据自己的利益作出决定上的选择。而由于在行政集中管理模式上建立起来的计划机关不善于运用适合于商品经济的调节手段，主要是利用税收、利息、工资和奖金，以及价格和补贴等经济杠杆，去调节企业同企业、企业同社会之间的关系，把企业的生产经营控制在计划要求的范围内，引导到适合于社会需要的轨道上去，结果大的方面没有管住，供需脱节、比例失调经常发生；而对小的方面却管死了，使整个经济缺乏活力。

在有计划的商品经济的条件下，国家拥有雄厚的经济实力和最高的决策权，完全有能力在实行对整个国民经济的有计划领导时，不但运用立法的、行政的手段，而且运用各种经济杠杆，建立行政方法与经济手段相结合的强有力调节体系，来调节整个国民经济的各种经济活动，实现国民经济充满活力的有计划发展。

为了做到这些，我们的计划机关需要在思想上有一个大的转变，打破只有指令性计划调节的经济才是计划经济的陈旧观念，使计划工作由制订指令性计划为重点逐步转向以制定经济社会发展的战略方针、经济政策、调节措施为重点，努力学会运用各种经济政策、经济杠杆来调节整个国民经济，保证计划目标和计划任务的实现。这应该是今后计划管理体制改革的主要内容。就是对某些指令性的指标，也必须采取这种办法，才能保证其实现，否则就会落空。而做到这一切的前提，又是要认识社会主义是有计划的商品经济。

第四，承认社会主义经济的商品属性，是我国实行对外开放方针的一个理论依据，同时也是保证我国社会主义企业能够执行这一方针，参加国际竞争的一个理论前提。

一个社会、一个国家要不要发展对外经济技术交流，利用国外的市场、资金、资源和技术，这是由它的商品经济发展程度决定的，由生产力状况决定的。在前资本主义社会，生产力水平低下，商品经济很不发达，自然经济占统治地位，在这种情况下，国家间的经济技术交往是很少的。到了资本主义社会，商品经济大大发展了，这就必然带来了国家间经济技术交流的大发展。马克思、恩格斯在《共产党宣言》中谈到资产阶级开拓世界市场的经济根源时曾经指出："不断扩大产品销路的需要，驱使资产阶级奔走于全球各地。"① 社会主义国家发展商品经济、开拓世界市场的目的和性质，不同于资本主义国家。但是社会主义商品经济的发展，必然要挖掉民族经济的孤立性和闭塞性这一自然经济的根基，走向世界，从发达国家引进先进技术和管理方法，利用外资，并且挤进世界市场，有意识地利用世界市场，从中得到国际分工和国际商品交换的好处。这一历史趋势是客观事物发展的必然性。对于我们这样发展中的社会主义国家来说，尤为重要。我国对外开放的方针，正是根据马克思主义的理论和我国社会主义商品经济发展的客观要求而制定的。

我们还要看到，对外开放的正确方针并不是能够轻而易举地实现的。为了实现这一方针：（1）要投入相当数量的资金，首先是搞基础设施、"七通一平"的建设资金，建设对外开放的基地；（2）要有对外商外资有吸引力的投资环境和供销条件；（3）企业要对外国资本和外国技术有消化吸收的能力；（4）我国运用引入的资金和技术生产的产品，在国际市场上要有竞争能力。在旧的行政集中管理体制下，企业的成本高、效率低，资金积累的能力很差，而且技术进步和产品更新换代很慢；与此同时，行政机关机构重叠，办事拖拉，效率低，合同的签订和履行都存在许多问题。这些都妨碍对外开放政策的实行。因此，必须对这种笨重死板、缺乏活力的体制进行根本的改革，才能为对外开放方针的实现创造条件。而这一切，正如前面所说，都是以承认社会主义经济是有计划的商品经济为前提的。

为了适应对外开放的新形势，对于我们的经济工作干部有一个学会做生意，学会运用商品经济的原则同外国资本打交道，以便做到在互利的条件下为我所用的问题。我们的从事对外经济工作的干部，既要有坚定的无产阶级立场，又应当通晓国际市场上经济活动的规律，具备国际金融知识和有关的国际法知识。过去几十年来，由于照搬苏联的一套和"左"的思想的影响，

---

① 马克思、恩格斯：《共产党宣言》，《马克思恩格斯选集》（第一卷），人民出版社1972年版，第254页。

我们的经济学的路子也越走越窄，政治经济学社会主义部分往往只讲一些抽象的政治原则，很少给人以社会主义经济实际运行的知识，对于如何在市场环境中经营企业、调节经济，更是几乎没有触及。今后，我们应当在总结近年来贯彻"对外开放，对内搞活"方针的基础上，大力发展马克思主义经济学，用以武装我们的干部的头脑。资产阶级经济学在19世纪末以来的发展中，对于现代资本主义经济作了许多论述。从总体来说，现代资产阶级经济学是为资本主义制度辩护的，因而是庸俗的和反科学的。但是，其中反映了商品经济的某些共同规律，不能一概否定。无论是为了了解资本主义经济，还是为了发展社会主义经济学，我们都有必要对资产阶级经济理论认真对待，并批判地利用其中对分析社会主义商品经济有用的东西。

总之，承认社会主义经济是有计划的商品经济，在国家的宏观经济决策和企业的微观经济活动中都尊重价值规律的作用，就既能促使企业竞相提高经济效益，又能保证国民经济按比例地协调发展，避免资本主义那样的经济危机和无政府状态。这样，就能使我们的经济工作，更彻底地摆脱各种"左"的影响，保证我国社会主义国民经济更加生气蓬勃地发展。

（本文发表于《经济研究》1984年第12期）

社会主义初级阶段和社会主义初级阶段的生产关系

于光远

一

　　一个原先经济文化很落后的国家，由于某种历史条件和历史过程而取得了社会主义革命和社会主义改造的胜利，进入了社会主义社会之后，有可能进入类似我国当前所处的这样一个历史阶段——社会主义的初级阶段。社会主义初级阶段在不同国家不同的年代（如果这些国家存在这样的阶段的话）会有不同的特点。

　　明确我国处于社会主义初级阶段，是与邓小平同志提出的"把马克思主义的普遍真理同我国的具体实际结合起来，走自己的道路，建设有中国特色的社会主义"[①] 这一基本纲领密切相关的一个重大理论问题。它是对当前"我国的具体实际"作出的最简明的概括。对"建设有中国特色的社会主义"的认识，也可因这一理论研究的深入而更加明确，更加周密，有利于防止和克服"左"的和右的偏差。

　　首先一定要从本质上区分社会主义初级阶段和我国1956年前的"从新民主主义社会到社会主义社会的过渡时期"。1981年党的十一届六中全会《中国共产党中央委员会关于建国以来党的若干历史问题的决议》（以下简称《决议》）首次使用这个概念时所说的第一句话，就是"尽管我们的社会主义制度还是处于初级的阶段，但是毫无疑问，我国已经建立了社会主义制

---

　　① 邓小平：《中国共产党第十二次全国代表大会开幕词》，《邓小平文选》（第三卷），人民出版社1993年版，第3页。

度，进入了社会主义社会，任何否认这个基本事实的观点都是错误的"。①
《决议》讲得非常明确：社会主义初级阶段是我国过渡到了社会主义社会之
后的一个历史阶段。既然如此，就不能再说这个历史阶段还是"死亡着的
资本主义与生长着的共产主义彼此斗争时期"，不能再说在这个历史阶段资
本主义和社会主义谁战胜谁的问题仍然没有解决。那样的论断，对于"过
渡时期"来说是可以的，而对社会主义初级阶段来说，就明显地与历史事
实不相符合了。因此，我认为，如果在本质上混淆了社会主义初级阶段和已
经结束了的那个"过渡时期"、把今天国内经济上还存在资本主义经济成
分，和政治上还存在否定社会主义主张资本主义的错误认识的现象，夸大为
资本主义和社会主义谁战胜谁的问题尚未解决，那是不正确的。它是对我国
已经进入了社会主义社会这个基本事实的否认。用这样的思想来指导实践，
就会使从党的十一届三中全会以来一直很明确的"党和国家工作的重点必
须转移到以经济建设为中心的社会主义现代化建设上来"的"战略转移"
重新模糊起来，使经济和文化建设的发展受到冲击，导致阶级斗争的扩
大化。

　　社会主义初级阶段既然是"社会主义的"一个阶段，就必须坚持社会
主义的基本制度，在经济上坚持经济发展的社会主义方向，坚持社会主义经
济在国民经济中的主导地位和这个主导地位不断加强，一句话说，就是坚持
社会主义道路。这一点，在理论上一直有明确结论，无须再作什么论证。同
时实践也表明社会主义的基本经济制度适合我国社会生产力的发展。从
1958 年到 1978 年 20 年间，社会生产力没有多大发展，并不证明社会主义
基本制度没有优越性。科学的分析可以告诉我们，这是由于社会主义基本制
度遭到歪曲和破坏而造成的，一旦我们纠正了这样的失误，社会主义制度的
优越性就会显示出来。

　　同时也一定要明确，社会主义初级阶段不只是属于社会主义的一个历史
阶段，而且是社会主义的"一个特定的"历史阶段。社会主义是一个很长
的历史时期。它的早期、中期和后期，社会经济的状况会有极大的差别。为
了指导某一个时期的社会主义建设，确定某一个时期的任务、方针和政策，
如果只是笼统地说我国已经进入了社会主义社会，而不对那个时期特别的质

---

① 《中国共产党中央委员会关于建国以来党的若干历史问题的决议》，人民出版社 1981 年版，
第 53 页。

的规定性有清楚的认识，那是不行的。

按照历史唯物主义的观点，研究任何社会发展阶段的历史规定性，都必须高度重视社会生产力水平。在研究我国社会主义的发展时也应该如此。党的十二大报告中说"我国的社会主义社会现在还处在初级发展阶段，物质文明还不发达"①，指出了社会主义初级阶段的最根本的特征。从这个根本的特征出发，在社会主义初级阶段，就要求一个与这样的社会生产力水平相适应的能够促进社会生产力发展的生产关系。这就要求有力地坚持社会主义的基本经济制度和经济发展的社会主义方向。为了做到这一点，我们要做的事是积极推行改革和开放，并进行正确的、有效的宣传教育和组织工作。现在我们在理论上需要探讨和解决的问题是：社会主义初级阶段在社会生产关系方面（比较具体地说来）究竟有一些怎样的特点？当我们对上面这个问题的研究得出明确的结论，并根据当前具体的条件对已经形成的社会主义的体制（它是现存的社会主义具体经济制度）进行改革时，究竟要改变其中哪些不符合当前我国社会主义初级阶段的东西？我们究竟要建设怎样的新的社会主义经济体制？为此我们究竟要求发展怎样的能够帮助新的社会主义经济体制形成和巩固的政治和法的上层建筑和社会意识形态？

二

对社会主义初级阶段生产关系的基本特征，党的十二届六中全会的《决议》中有这样的一段论述："我国还处在社会主义的初级阶段，不但必须实行按劳分配，发展社会主义的商品经济和竞争，而且在相当长的历史时期内，还要在公有制为主体的前提下发展多种经济成份，在共同富裕的目标下鼓励一部分人先富裕起来。"② 这里讲的公有制和按劳分配与社会主义的商品经济，就是包括初级阶段在内的整个社会主义阶段的经济制度的基本特征，③ 而以公有制为主体的多种经济成分并存和一部分人先富裕起来则是我国社会主义初级阶段特有的现象。《决议》在这里用的虽然是规定我们主观

---

① 《中国共产党第十二次全国代表大会文件汇编》，人民出版社 1982 年版，第 34 页。

② 《中共中央关于社会主义精神文明建设指导方针的决议》，人民出版社 1986 年版，第 11 页。

③ 用数学公式来表示就是社会主义＝生产资料归社会所有＋（按劳分配＋社会主义的商品经济）。

上要实行的方针的语言，但是应该说它实质上也就简明地阐述了客观上我国当前社会主义初级阶段生产关系的特征。《决议》作出的这样的论述是十分确切的。在进一步研究社会主义初级阶段生产关系时，决不应该从这样的观点后退，而只应该在这个基础上作进一步的探讨，把道理说得更透彻些，把问题解决得更具体些。

在这里我想讲以下几个理论问题。

第一个问题是：在社会主义初级阶段中，始终居于主导地位的社会主义生产关系与社会主义的其他阶段中的相比，是否也有自己的特点？这是上面写的"社会主义初级阶段在社会生产关系方面究竟有一些怎样的特点"这个问题得以提出的前提。我对这个问题的回答是肯定的。理由是在整个社会主义制度下都实行生产资料公有制这个事实，不但不排除在社会主义各历史阶段生产资料公有制具有与社会主义这一历史阶段相适应的特殊的形式和这种形式的多样性，不排除因时因地而异的由多种社会主义公有制形式按照某种比重和某种关系结合而成的"社会主义所有制形式结构"这样的概念，反而以此为前提。党的十一届三中全会以来我国广大群众、广大干部在适合于当前我国社会主义初级阶段的社会主义所有制形式方面，不论在农村中或是在城市中，都有重大的创造。我国经济学家在这方面也做了大量研究。但是由于这方面的问题非常重要，也非常复杂，还有待于进一步创造和进一步研究。

按劳分配与社会主义商品经济在整个社会主义阶段也是贯彻始终的。但是社会主义制度下的按劳分配和商品经济也是具体的，也有其具体形式和具体形式的多样性。在社会主义初级阶段，按劳分配与社会主义商品经济也会有它的特点。对于这一点，在理论上应该肯定，在实践中也应该有成功的创造，在科学中应该对之进行系统的研究。

总之，没有抽象的真理，真理是具体的，这个辩证法原理，不仅适用于对现实事物的掌握，也适用于对将要或者可能成为现实的事物的理解。我们一定要深刻理解列宁的教导："马克思主义的真髓和活的灵魂：对具体情况的具体分析。"[①]

在研究我国社会主义初级阶段中生产关系时，有一个值得讲一讲的问题，那就是我们上面说的生产关系要与社会生产力水平相适应中的"社会

---

① 列宁：《"共产主义"》，《列宁全集》（第三十一卷），人民出版社1958年版，第144页。

生产力"，不只是全国总的生产力状况，还要考虑各地区各部门间生产力水平的不平衡。中国是一个经济社会发展很不平衡的国家，我国既有很先进的生产力，也有很落后乃至原始的生产力。当然还要考虑随着时间推移而发生的社会生产力水平的变化。

生产资料归社会所有具体形式的多样化，就是由具体的生产力状况决定的。抽象的真理是不存在的。哪一种形式最适合于社会主义初级阶段这个具体实际，要依靠经验，要倾听实践的呼声。例如各种形式的承包经营责任制、租赁制、股份制等，很可能就是社会主义初级阶段生产资料归社会所有中可以采取的一些形式。

对"社会主义初级阶段的"社会主义经济体制这个问题，现在学术界从马克思主义理论上研究得还很少。现在可以看得更清楚的是，社会主义所有制形式方面的改革在今天是最为重要的，进行这方面的改革所需要的物质条件是容易具备的，而效果又很显著。但是对社会主义经济运行体制（其中包括社会主义国家对国民经济的管理体制）的研究也应该继续重视。

第二个问题是：允不允许非社会主义经济成分，特别是允不允许资本主义经济成分在一定范围内的存在和一定范围内的发展？这是研究社会主义初级阶段经济问题时遇到的一个重大问题。党的十二届六中全会的决议肯定了这一点，但是人们至今还有不同的认识。对这样的重大问题有不同的认识是很自然的。但是，（1）既然党的中央委员会全体会议已经作由了决定，那么在行动上就要和党中央保持政治上的一致；（2）在理论上应该根据历史经验进行实事求是的合乎逻辑的讨论。马克思主义的基本原理在讨论中起着指导作用。

我认为在讨论这样的问题的时候，这几条马克思主义的原理是应该遵守的。

第一，社会主义的基本任务就是发展生产力。马克思主义者之所以成为社会主义者，就只是因为他们接受马克思主义创始人从对当代社会的科学研究中得出的这个结论。只是因为在社会主义取代资本主义之后社会生产力才可以得到解放，我们才为社会主义的胜利奋斗。我们马克思主义者是以发展社会生产力为基本任务的一元主义者。我国的实践也证明，把另外的某个原则，如把"一大二公"这样的原则与发展社会生产力的原则并列，就给我国生产力发展带来了很大的危害。这样的历史教训要很好地吸取。根据邓小平同志的提示，党的十二届三中全会作出了把社会主义的基本任务是发展社会生产力提到衡量检验经济体制改革成败得失的标准的论断。这个论断对于研究社会主义初级阶段的生产关系具有最重要的指导意义。

第二，社会主义和资本主义的对立不应该抽象地把握。这个道理是列宁强调的。① 社会主义和资本主义是对立的两极，这是绝对的真理。但是在实际生活中如何来把握，这就要看怎样具体地来处理这种对立对于社会主义事业的发展有利。列宁在十月革命后就曾经强调过在俄国建立国家资本主义的意义。他在 1918 年的一篇文章中写道："国家资本主义较之我们苏维埃共和国目前的情况，是一个进步。如果国家资本主义在半年左右能在我国建立起来，那就是一个很大的胜利，那就真正能够保证社会主义一年以后在我国最终巩固起来，立于不败之地。"② 我引用这段话，并不是想把 1918 年列宁针对俄国当时的情况而提出的意见作为我国在今天也要建立国家资本主义的根据，而只是想用它来说明，列宁运用的辩证法认为可以这样具体地来把握社会主义与资本主义之间的对立。而这样的辩证法正是我们今天应该很好地领会的。

在这里会遇到一个容易使人迷茫的问题：多种经济成分并存不就是新民主主义社会和"过渡时期"的特征吗？允许多种经济成分并存，不就是退回到新民主主义社会或者"过渡时期"去了吗？在这里又可以有两种不正确的看法。一种看法是在 1958—1978 年的 20 年中已经实现了单一的社会主义经济，就不应该允许多种经济成分并存的现象重新发生。另一种看法是既然现在已经存在着多种经济成分并存的局面，那就是说已经退到了"过渡时期"，就要回过头来去干"过渡时期"曾经实行过的那样的事情。这两种

---

① 列宁《论"左派"幼稚性和小资产阶级性》一文中有这样一段话："在俄国目前占优势的正是小资产阶级资本主义，从这种资本主义无论走向国家大资本主义或者走向社会主义，都是经过同一条道路，都是经过同一中间站，即所谓'对产品的生产和分配实行全民计算和监督'。谁不懂得这一点，谁就会在经济上犯不可饶恕的错误，这或者是因为他不知道具体事实，看不见现存事物，不会辨别真理，或者是因为他只把'资本主义'和'社会主义'抽象地对立起来，而未注意研究我国目前这一过渡的一些具体形式和阶段。"请注意文中所批评的"只把'资本主义'和'社会主义'抽象地对立起来"这句话。接着列宁还说："新社会仍然是一种抽象东西，只有经过一些想建立某种社会主义国家的各种各样的尚不完善的具体尝试，这种抽象的东西才会在实际生活中体现出来。"参见列宁《列宁选集》（第三卷），人民出版社 1972 年版，第 546 页。

② 列宁：《论"左派"幼稚性和小资产阶级性》，《列宁选集》（第三卷），人民出版社 1972 年版，第 540 页。

看法虽然不是完全一样，但在实践中基本的路子是相同的，即在现阶段就要设法消除已经存在着的非社会主义的经济成分，尽快地恢复到单一的社会主义经济的局面。

进入社会主义社会的标志是单一的社会主义经济，这是以往马克思主义著作中的一个论断。我认为这一论断应该根据历史经验有所突破，承认在社会主义初级阶段也可以允许多种经济成分并存，而把"死亡着的资本主义与生长着的共产主义彼此斗争""资本主义经济与社会主义经济谁战胜谁的问题尚未解决"看作是"过渡时期"与社会主义初级阶段之间的原则区别。

多种经济成分中既包括社会主义的经济成分，也包括非社会主义的经济成分。非社会主义的经济成分中既包括个体经济的成分，也包括资本主义的经济成分。在今天我国既存在外国人在中国经营的资本主义，也存在本国人经营的资本主义。这些资本主义都是受社会主义国家管理，受社会主义国家限制的资本主义，按照列宁的定义就是社会主义制度下的国家资本主义。这种国家资本主义，我认为可以称作社会主义建设时期的国家资本主义，也可称作社会主义社会初级阶段的国家资本主义。在今天我国需要国家资本主义的原因，当然不是 1918 年列宁提出的利用它来在俄国建立对社会生产分配的统计和监督，也不是我国 1953—1956 年利用它作为改造资本主义工商业的形式，而是在我国社会主义建设时期可以利用它来发展社会生产力，对我国实现社会主义现代化起积极作用的一种手段。外国人在中国经营的国家资本主义和本国人经营的国家资本主义，两者所起的作用虽然很不相同，因而各自之所以被允许其在一定范围存在和发展的根据也不相同。但是基本的原则只有一个，那就是看它对我国社会生产力的发展是否起积极作用和在什么条件下起积极作用。总之，在如何看待社会主义建设时期的国家资本主义的问题上，也只有按照"马克思主义的真髓和活的灵魂——对具体事物作具体分析"的辩证法来解决。

社会主义建设时期的国家资本主义和"过渡时期"的资本主义还有一个区别。"过渡时期"中的资本主义是旧社会遗留下来的。它一开始是不受限制的，是一个同社会主义经济较量的力量。因此，我们夺取政权后第一件要做的事就是去建立对它们的限制，然后改造它们。在"过渡时期"，资本主义和社会主义有一个"消"和"长"的关系——资本主义不"消"，社会主义不能很好地"长"起来。而社会主义建设时期的国家资本主义，是根据社会主义建设需要，有意识地让它们从无到有地重新发展起来的资本主义。它们一开头就在我们社会主义国家管理之下，就受到社会主义国家的限制（我讲的是一般的道理，如果事实上在某些地方我们没有很好地去限制和管理，那是另外一回事）。而且由于从"过渡时期"到社会主义建设时期又经过了许多年，我国的社会主义经济的力量已经强大了许多，而这时候的国家资本主义又是刚刚允许其存在和发展，两者间的力量很悬殊，它已不再具有足以与社会主义经济进行较量的力量。就其发展趋势来说，社会主义经济也要快得多，长远来看，国家资本主义的比重不会上升。因此，只要我们方针正确，就不会重新发生资本主义和社会主义谁战胜谁尚未解决的问题，而且它与社会主义间的关系不是资本主义经济不"消"，社会主义经济就不能很好地"长"起来的关系。

当然，社会主义建设时期的国家资本主义也总有一天是会消亡的。但它存在的时间会很长。没有理由认为在比较短的时间内可以不需要它。它同社会主义初级阶段的时间的长短很可能是一致的。它将经历的可能是一种自然消亡的过程。至于它的消亡的过程具体地会是什么样子的，现在对之进行讨论为时过早。但有一条可以肯定，在社会主义初级阶段不会像在"过渡时期"那样把国家资本主义的消灭作为定期必须完成的一项任务，而只能在社会主义经济的发展中通过适当的方式来实现。

应该附带讲一下，在"过渡时期"结束后的社会主义社会中，有可能长期存在国家资本主义这样的事实，并不是在中国首先出现的。东欧国家在其社会主义建设时期早就有引进外国资本与外国资本家合资经营的事情。这就是说，在那些国家也存在社会主义建设时期的国家资本主义。不过我没有听说过在什么书本或文章中使用过"社会主义建设时期的国家资本主义"这个概念。这个概念是我在 1984 年纪念列宁逝世六十周年时写的一篇题为《列宁关于无产阶级专政条件下国家资本主义的论述和由此而引起的一些思考》[①] 一文中提出的。因此这个提法的正确与否，应由我负责。

第三个问题是：在社会主义初级阶段允许一部分人先富起来会不会导致两极分化？允许一部分人先富起来，是邓小平同志提出的一个重要的指

① 此文发表在《马克思主义研究》1984 年第 2 期，收入人民出版社 1985 年出版的拙作《政治经济学社会主义部分探索（三）》。

导思想。一部分人先富裕起来是有客观根据的：（1）在社会主义初级阶段如果认真贯彻按劳分配原则，有一部分人就会比现在要富得多。（2）在社会主义初级阶段，事实上存在着超出于按劳分配的若干分配原则，它们也会导致一部分人先富裕起来。在超出于按劳分配的分配原则中，一部分同多种经济成分并存有关，一部分无关。① 在主观方面，我国平均主义思想很严重，由于种种原因，在居民中也存在一种不敢致富特别是怕冒尖的思想。一部分人先富裕起来的提法对改变这些不利于经济发展的思想起了极其重要的作用。

当然，社会主义的目标是共同富裕。允许一部分人先富裕起来与共同富裕这个目标不但不相互排斥，而且相互促进。一部分人先富起来可以解除广大群众不敢致富的顾虑，使他们生产与经营的积极性得以发挥，也可以把一部分人先富裕起来的致富经验向广大群众普及，帮助大家共同致富。同时，共同富裕则提高了整个社会富裕的水平，也为一部分人先富起来提出了更高的标准，创造了更好的条件。

那么，一部分人先富裕起来和共同富裕有没有矛盾呢？从矛盾的普遍性的意义上来说，既然不是同一个东西，就会有某种矛盾。在实际工作中也可能发生这样的事：银行有一定数额的货币可以贷给一个乡的农民，就会发生应该怎样发放这些贷款、应该贷给谁的问题。我们既要考虑扶植更多的农民使他们致富，又要考虑扶植经营能力强、可以取得更好经济效益、归还贷款更有保证的农户。于是就会发生些矛盾。我们要正确地、恰当地处理这样的矛盾。党的十二届六中全会决议规定"在共同富裕的目标下鼓励一部分人先富裕起来"，就是解决两者间矛盾的总原则。

允许一部分人先富裕起来会不会导致"两极分化"呢？整个说来是不会的。这个"不会"是初级阶段的社会主义本质决定的，也是由于我们实行的是"在共同富裕的目标下鼓励一部分人先富裕起来"这个方针决定的。不能把社会上发生的个别的情况夸大为已经发生了"两极分化"。在这里存在一个如何科学地理解"两极分化"的问题。现在有一些人把收入、财产和生活水平上较大的差别理解为"两极分化"，这是不对的。在整个社会主义阶段，这种差别总是有的。而且在社会主义制度下这种差别能够被允许大

---

① 在《中国社会科学》1987 年第 3 期，我发表了一篇题为《社会主义初级阶段的经济》的文章。我在该文中对社会主义初级阶段的分配原则作了比较具体一些的说明。

到什么程度，也很难说清楚，持不同看法的人会对这作出不同的回答。解决这个问题需要作非常认真的研究，随随便便地回答是不够负责的。尤其不能把"两极分化"理解为收入、财产和生活水平较大的差别，"两极分化"有其特定的含义，它是资本主义社会中的一个现象。它指的是这样两种情况：一是小商品经济在向资本主义经济转变中，一极上升为资本家，一极破产为无产者；二是马克思在《资本论》中所说的在资本主义经济生活中工人阶级的"相对贫困化"和"绝对贫困化"。总的说来，在"两极分化"的含义中，一定有一极在"贫困化"。所以只要在我们社会中大家都在富裕，没有"贫困化"那一"极"，就不应该说是发生了"两极分化"。所以只要实行的是以共同富裕为目标的一部分人先富裕起来，就不会发生"两极分化"。社会主义初级阶段的经济不是"两极分化"的经济。

三

在研究社会主义初级阶段经济时，还应该研究在这一阶段生产力建设方面的问题。在我国提出"现代化"的任务，就是因为我国社会生产力和文化落后，同现代发达国家相比有一个很大差距，要通过现代化建设，使我们的国家在工业上、农业上、国防上和科学技术文化上"化"到同发达国家差距不那么远的程度。因此，现代化就是由于我国仍处在社会主义初级阶段而提出的建设任务。在社会主义现代化建设中，产业结构将发生重大的变化：由农业劳动生产率很低、用很大比重的劳动力去从事农业生产而农产品仍不富裕的那种局面，转变到只要用比较少的劳动力从事农业就能够生产出更充裕的农产品而工业得到迅速发展、工业产品大大增加、工业在整个产业结构中的地位大大增长的局面，同时运输业、通信业、商业、金融业以及各项服务事业将大大发展。在现代化建设中，我国生产力配置将更加合理，资源得到更好的开发，我国各地经济文化发展不平衡的状况得以克服，落后地区的面貌得以改变。在现代化建设中，我国科学教育文化事业将有很大的发展，技术将有很大的进步。当然，考虑到我国社会生产力的低下，在现代化过程中又不得不同时采用世界上的先进技术和适合于中国落后条件的"适用技术"，以及"运用现代科学的穷办法"，我国社会主义初级阶段的生产力建设方面有不少问题需要研究。

社会主义初级阶段也不会是一个很短的时间。比如实现我国现代化的时间要有 50 年、70 年，那么社会主义初级阶段也可以设想要有 50 年、70 年。如果社会主义初级阶段有那么长，在这个长的时间中，社会经济的状况就会有很大的变化。在这篇文章中我们讨论的，应该说主要还只是社会主义初级阶段开始的情况和问题。本来，从我国社会主义改造基本完成后就应该开始社会主义初级阶段的建设，但是在 1978 年前 20 年中我们缺乏这种自觉性，因此这样的建设的真正的开始，应该说是在党的十一届三中全会之后。在党中央文件中提出社会主义初级阶段这个概念，并且多次阐述之后，我们在这方面的自觉性就大大提高了。对社会主义初级阶段的理论和实际研究得越深刻，我们对这一阶段的建设也就越自觉，建设的成果就会越大，社会的进步就会越快。当然，我们的研究不应限于经济，还要研究社会主义初级阶段的政治和文化。在这篇文章中我仍然只讨论关于我国社会主义初级阶段的经济，而且只讨论了其中的一部分问题。

（本文发表于《经济研究》1987 年第 7 期）

灰市场理论

樊　纲

　　"灰市场"一词来源于一些有关苏联经济的报道。据称，国营商业为"红市场"，自由市场为"黑市场"，而那种靠关系或"后门"购到商品的交易方式为"灰市场"。

　　本文将"灰市场"或"灰市关系"作为通常所谓"走后门"等一类经济关系的经济学"学名"加以使用，并赋予其特定的理论含义。在分析、揭示灰市场在运行方式及经济后果方面的特点之前，在此先对其下一个"否定式"的描述性定义，以明确考察的范围。所谓"灰市场"，是指现实中存在的那一类既不是按照国营商业流通的原则和方式进行的（比如，就短缺消费品而言，不是以排队方式或按定量购买），也不是按照竞争市场的原则和方式进行的物品交易关系。

　　"灰市场"形成的基本前提显然是相对于国家固定计划价格（以下通称"牌价"）的市场短缺。这个条件中既包含物质条件（短缺），也包含制度条件（牌价）；而在"牌价"这一条件的背后包含着的更具体的内容是，由于短缺商品在一定范围内（甚至全部）可以出售给任何消费者，因此就存在着掌握商品销售权的个人得以在销售过程中给予特定的消费者以购物优惠的客观可能性。

　　"灰市场"概念的一个优点，就在于"灰色"这个修饰词在这里颇为适用。从客观上说，灰市关系本身是"合法"还是"非法"，在一定程度上是"不青不白"的：既然把商品批给谁或卖给谁都可以，就很难说批给或卖给某一特定买者就是不合法。另一方面，从主观上说，"灰市场"一词较少"定性"色彩，它是中性的，因而可以使我们首先避免价值判断而集中于实证分析。不过，在使用"灰市场"概念的同时，我们并不采用"红市场"

和"黑市场"的概念（这些概念显然是特定历史条件下的产物），而仍使用经济学已有明确界定的概念：国营商业和竞争市场（广义地说，竞争市场包括垄断市场，非垄断市场则称为完全竞争市场）。

迄今经济学理论已经为我们提供了：（1）国营商业或计划流通的理论，包括现代非均衡理论中关于计划市场的理论；（2）竞争市场理论，即现代一般均衡理论；（3）二元经济理论，即关于计划市场与竞争市场同时存在的经济理论。但至今我们尚未见到对灰市场这种既不属于国营商业又不属于竞争市场，也不是二者并存，但又与二者有一定联系的特殊经济关系进行分析的经济理论。本文的任务便是将"走后门"一类交易行为当作与国营商业和竞争市场一样的一种客观存在的经济关系来进行实证性研究。它在目前已是一种不断重复发生的。在全部"交易额"中占有相当大比重的客观存在——大量商品就是按照这种方式实际流通的，因而在整个经济中有其特殊的经济后果，许多重大的宏观经济问题都与之有直接的联系。经济学必须建立起相应的理论对其进行实证性的分析，才能科学地说明相关的经济问题。

一　互惠式灰市关系：市场分割与短缺集聚

（一）互惠关系

假定甲、乙两人，甲可以搞到在国营商店柜台上买不到的"平价云烟"，乙可以搞到同样在国营商店买不到的"平价汾酒"。二者相识后，双方根据对方的需要量，甲为乙搞云烟，乙为甲搞汾酒，我们称此为"互惠关系"。这种互惠关系是灰市场的一个具体形式。它的特点是不涉及供给方面的问题，因此对它的分析有利于我们首先说明灰市场的某些性质和它在需求方面的经济后果。

（二）"灰市交易权"

并不是随便什么人都能进入灰市关系。这在互惠关系中表现得最为明显——一个人必须能够"搞到点什么"，这是他进入这种特殊关系的前提。因此，对国营紧缺商品（既包括消费品，也包括生产资料产品）的批售权构成了"灰市交易权"，或者说构成灰市关系的"入场券"。当然，批售权本身只是一种潜在的或可能的灰市交易权，只在有人利用它从事灰市交易时才构成实际的灰市交易权。

在非互惠的场合（这是下一节的分析对象），有一方不能为对方提供什么紧缺商品。这时，对他来说，能进入灰市关系是由于他与对方"认识"。也就是说，"与能搞到紧缺商品的人有个人关系"构成了另一种灰市交易权。对仅拥有这种交易权的人来说，他或许要为对方"送礼"。但这是他对对方给予的优惠所支付的代价，而"送礼"本身并不构成交易权——"送礼也要有门"，若不认识对方，礼再多也不能进入灰市，可见关键在于"认识"。一个人花费时间精力去"找后门"、拉关系，或者为介绍自己与某人相识的第三者送礼，可以认为是为"购买入场券"的付费，但这显然是另一回事（本文中我们对这种付费及其收入效应和替代效应，不予考察）。在互惠的场合，实际仍有上述两种灰市交易权的存在，只不过是"双边的"：甲、乙双方既都能提供某种紧缺商品，又相互认识。

我们称在灰市交易中提供商品的一方为"灰市卖方"，称购得商品的一方为"灰市买方"。

（三）互惠无须加价

一般地说，灰市卖方为买方搞到了紧俏商品，是对买方的一种特殊优惠或照顾；作为回报，买方或是要事前送礼，或是要事后还情。从买方来看，所送的"礼"（无论是实物形式的还悬货币形式的）是他的收入中的一部分扣除，亦是他为购得一物而多支出的一个价值量。因此，无论形式如何，理论上可将这"礼物"视为购买一物时的一种"加价"，我们将其称为"灰市加价"。

然而，在互惠情况下，送礼这项额外支出一般说来却是不必要的。投桃报李，互济互利，所欠"人情"在交易全过程中相互抵销；即使双方相互送礼，也是有得有失，对双方不产生任何收入效应。无需加价，可视为互惠式灰市关系的一个主要特征。

（四）均衡局部与市场分割

由互惠无需加价可以立刻引出两点结论：第一，在这种互惠交易中，对这特定的甲、乙双方来说，国家计划牌价就是交换的均衡价格；第二，在此交换过程中，非均衡理论中所说的"理想的需求"与供给相等，对交易中任何一方来说，短缺并没有使他们对有关商品的需求发生任何减少或限制，也不发生任何"外溢效应"。

这样，在互惠条件下，我们例子中的甲、乙二人，在整体上短缺的经济体系中，构成了一个均衡交换部分，我们称其为非均衡体系中的"均衡局部"。由于所涉及的至少有两种商品，这种均衡具有一般交换均衡的性质；但它又仅是整个经济中的一个部分，因此，我们称这种均衡为"局部一般均衡"[①]。相应地，这时的国家牌价具有"局部均衡价格"的性质。

于是，在互惠式灰市场存在情况下，整个经济被分割为两个部分：由灰市场构成的均衡局部和由经济其他部分构成的非均衡局部。

关于这种在非均衡体系中存在均衡局部以及市场分割的情况，尚未有与之相适应的经济理论加以分析。这是灰市场理论与一般的非均衡理论的一个区别。

（五）短缺集聚

我们主要关心的问题在于：均衡局部的存在对经济其他部分的经济影响如何？

假定正常商品的个人需求函数 $d_i(P)$ 满足 $d_i(P) < 0$（i 表示第 i 个消费者，$i = 1,2\cdots n$），某种商品的总市场需求为：

$$D(P) = \sum_{i=1}^{n} d_i(p) \tag{1}$$

灰市场的存在使总需求分成两部分。假定在经济中全部 n 个购买者中，有 m 人（$m < n$）处在灰市关系中，则有：

$$D(P) = \sum_{j=1}^{m} d(p) + \sum_{i=m+1}^{n} d_i(p) \tag{2}$$

同时，总供给 S 也因此可以分为两个部分：

$$S = S_g + S_o \tag{3}$$

其中 S_g 表示灰市场上的供给，S_o 则为经济其他部分的供给。

根据灰市场存在的一般条件——短缺，则有：

$$D(\bar{P}) - S = E(\bar{P}) > 0 \tag{4}$$

其中：$\bar{P}$ 为国家牌价，$D(\bar{P})$ 为"理想需求"。$E(\bar{P})$ 为超额需求。

而在灰市场中供求是均衡的，理想的需求得到满足，即：

$$S_g = \sum_{j=1}^{m} d_j \bar{P} \tag{5}$$

---

① 我们用这个概念来与一般归于单个产品市场分析的"局部均衡"概念相区别，此外，这里的"一般均衡"都应理解为交换一般均衡。

从总需求中减去灰市场需求，总供给中减去灰市场供给，由于减数相同，差 $E(\bar{P})$ 不变，即：

$$[D(\bar{P}) - \sum_{j=1}^{m} d_j(\bar{P})] - [S - \sum_{j=1}^{m} d^j(\bar{P})] = \sum_{i=m+1}^{n} d_i(\bar{P}) - S_o = E(\bar{P}) \quad (6)$$

这表明，总超额需求即短缺这时被全部"挤到了"经济的其他部分中去，原来由全部 n 个人共同承受的短缺，现在只由较少的 $n-m$ 人来承受，在经济的非均衡部分，短缺相对说来加重了。我们称此现象为"短缺集聚"——它全部集聚到灰市场之外的经济其他部分中去。进入灰市场的人"享受"均衡，社会上其他人则承受全部短缺。

（六）短缺集聚的两种表现形式

在不同的经济机制下，短缺集聚有不同的表现形式。我们仅分析两种典型情况。

第一，国营商业门市脱销，购买机会进一步减少。这是在国家控制商品流通和价格时短缺集聚的表现。由于在灰市交易中每个人得到的是理想的需求量，大于人均供给量，于是剩下的能拿到门市上出售的就更少，甚至完全没有，其他人再也不可能买到。如果实行定量限购。则会表现为限购定额减少。在我国这种情况过去经常可见。

第二，竞争市场上的竞争价格升高。这是在国营商业仅控制一部分（牌价）商品，其余部分允许在竞争市场上买卖时发生的情况（即所谓"双轨价格制"）。由于部分平价商品满足了少数人相对于牌价的较高的理想需求，国营商店平价供应减少，更多的需求转向自由市场，使竞争价格比不存在灰市场情况下要高。

以上两种情况可由图 1 表示。为简化分析和较清楚地说明问题，我们假定：（1）存在 n 个同质消费者，对某商品的个人需求函数完全相同；（2）线性需求函数；（3）灰市场购物人数 $m = \dfrac{n}{2}$。这样，在图中的两条需求曲线，D 为总需求线，d 则既可看成灰市场上的需求线，又可看成经济其他部分的需求曲线。我们分别在图 1 的（a）和（b）中表示两种情况。

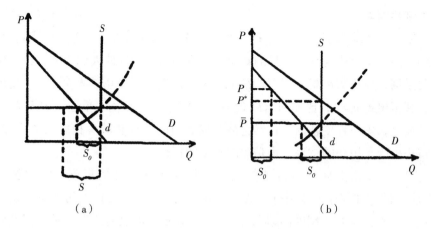

图1 短缺集聚的两种典型表现形式

图1中表明，在灰市中 m 人的理想需求得到满足条件下，价格线 $\bar{P}$ 与需求线 d 的切点即为灰市均衡点；而灰市场外，供给量只剩下 S_0，小于不存在灰市场情况下的供给量 S ［见图1（a）］；若这部分 S_0 在竞争市场上买卖，竞争价格 P' 高于不存在灰市场时的竞争价格 P^* ［见图1（b）］。

以上结论是我们在互惠无加价，灰市需求完全满足的特殊假定下得出的。但即使放松上述假定，比如假定存在一定的加价（但总价格仍低于竞争价格），灰市需求也不能完全满足，"灰市交易的存在使得经济其他部分的短缺加重"这个一般性结论，仍是能够成立的。

（七）灰市规模及其决定因素

我们称灰市交易量占社会总交易量[①]的比重为"灰市相对规模"，可简称"灰市规模"，因为有意义的仅仅是相对量，绝对规模可以不提。它可定义为：

$$g \equiv \frac{\sum_{i=1}^{m} d_g(\bar{P})}{S} \qquad\qquad 0 \leqslant g \leqslant 1$$

比率 g 不妨称为"灰色系数"。如果我们可以观察，测通到这个系数值，对于宏观经济分析将大有益处。但我们这里要先研究这个系数的大小取

---

① 在短缺条件下，根据"短边规则"，总交易量等于总供给量 S。

决于哪些因素。

第一，短缺程度，由 $E(\bar{P})$ 表示，为一内生变量。按牌价可随意购到的商品，不会成为灰市交易的对象。严重的短缺会促使人们千方百计去建立关系网，导致灰市规模扩大；给定供给量，进入灰市场的人多了，g 便增大，甚至出现 $g=1$，比如国营副食店中一定量的瘦猪肉可能全部从后门溜掉。反之，短缺程度越低，自然会减弱找后门的动机和减少找后门的人数。灰市规模既是短缺的结果，也是短缺程度的指标。[①]

第二，灰市交易行为被当前社会、制度所能接受的程度，它被视为"非法"的标准和作为非法行为被"查处"的频率及查处的严厉程度。这可以说是一些具体的"制度因素"，统一以 i 表示，可视为外生变量。据经验可知，i 的大小在不同的年代以至在一年中的不同时期都是不同的。

第三，前期灰市规模，即 g_{-1}。这种关系是由几方面的因素决定的。（1）人的"关系网"是逐步扩展的，前期甲与乙相识，下一期才能通过乙认识丙，等等。（2）根据前面的分析，既存的灰市规模会导致经济其他部分的短缺程度提高，这会使那些被排挤在灰市圈外的人努力在下一期中进入灰市。（3）灰市关系具有"传染性"：一方面，偶然尝到"甜头"，以后便可能会去自觉地扩大关系网；另一方面，看到大家都在于，原来的犹豫不决者或鄙夷不屑者会改变态度，加入进去，如此等等。总之，灰市关系本身具有自我加强，累积扩大的趋势。

g 与上述诸因素之间的关系可总括地表示为下列函数形式：

$$g = g(E(\bar{P}), i, g_{-1})$$

此函数具有如下性质：$\frac{\partial g}{\partial E} > 0$，$\frac{\partial g}{\partial i} < 0$，$\frac{\partial g}{\partial g_{-1}} > 0$。

二 灰市加价：灰市供给刚性与消费者剩余转移

在非互惠的场合，灰市交易一般要伴随有灰市加价。普遍的现象是"不送礼办不成事"。

---

① 科尔奈将"排队的人数和时间"，"寻找的次数和时间"等作为"短缺指标"。而若存在灰市场，且 $g=1$，门市上会完全无货，人们也根本不再去寻找，从而以上两个指标全为 0，但这恰恰不表明短缺消失，而是表明短缺严重。因此，加上一个灰市规模作为短缺指标是很有必要的。

（一）灰市加价与加价区间

首先，灰市加价来源于买者为获得一定量的某种商品所愿支付的价格 P_d（需求价格）与国家牌价 $\bar{P}$ 之间的差额。这个差额在理论上正是相对于国家牌价的"消费者剩余"。因此，一个直接而简单的结论就是：灰市加价来源于相对于国家牌价的消费者剩余。[①]

然而，灰市加价却并不一定等于这个消费者剩余。事实上，消费者剩余在这里的量的意义仅在于它构成了灰市加价的一个界限：超过这一点，购买有关商品对消费者来说是不合算的，他就不会去走后门，送礼等，以从事灰市交易。这个界限可一般地以下式表示：

$$\Delta P \leqslant P^d - \bar{P}$$

ΔP 表示灰市加价。这里，$\bar{P}$ 和 P_d 构成了一个闭区间，$[\ \bar{P}\ ,P_d\ ]$。灰市价格就落在这个区间内；相应的一个闭区间 $[\ O\ ,P_d - \bar{P}\ ]$，我们称之为"灰市加价区间"。

灰市加价的一个重要特点是，它究竟落在上述区间的哪一点上，在理论上是不确定的，在实践中是不统一的。这是因为，在灰市交易过程中，加价的多少往往取决于一些特殊的、具体的因素。比如它可能取决于"人情关系"的远近，亲朋好友不送礼也行，间接相识则一般要送"厚礼"。另一个因素是"批条子"者本身的"贪欲"大小。再一个因素是灰市交易被视为非法而受到查处的"风险"，但这个因素的作用往往是很模糊的，比如有人会因怕加价太高容易被视为非法而只收少量礼物，有的人却会因考虑到风险损失而提高加价。而灰市交易的另一个特点，即它的不公开性，则导致人们往往相互保守"交易秘密"，阻碍统一价格的形成。事实上，灰市场从本质上说并不是一个统一的整体，而是由无数个别的、一对一的交易关系构成的集合，尽管在它的较为发展的形态上（我们在第三节分析）可能会形成某种"行市"。

总之，灰市场关系的分散性、个别性决定了灰市加价取值的不确定性，

---

① "消费者剩余"的概念最初由马歇尔定义为一定量的"效用"，后来一般只在货币价值量的意义上使用，简单地说就是指消费者为获得一件商品最多所愿支付的价格与市场实际价格之间的差额；在图形内，市场上所有消费者的消费者剩余，表现为需求曲线以下、价格线以上的一块面积。

从而我们在理论上只能首先以一个确定的区间对其加以描述。在存在灰市加价的场合，价格无论落在这一区间的哪一点上，都具有灰市均衡（至少是暂时均衡）价格的性质。

（二）灰市加价与供给刚性

无论灰市加价取值如何，有一点是相同的，即灰市加价都不构成生产者收入。[①] 灰市加价是消费者价格的组成部分，但并不构成生产者价格的组成部分。

生产者价格与消费者价格相分离本身并不是灰市交易的特殊现象。在国营商业的场合，两种价格也是可以分离的，其差额为国家的利税收入（或价格补贴）。但在国有制经济中，由于企业本身是国有的，国家对其生产规模扩大、更新改建等负有一定责任，因此，无论从原则上说还是从实践上说，生产者价格与消费者价格之间的差额并未归第三者所有。而在灰市交易的场合，获得加价的既不是生产者，也不是国家；消费者支付的价格提高了，但生产者的收入却没有改变：生产者仍然只得到国家牌价。在价格提高的场合，提高的部分是否构成生产者（或国家）收入，可以作为判别灰市关系存在与否的一个基本标准。加价归属的差别是灰市关系与其他经济关系的一个本质差别。

由此产生的最重要的结果是：消费者支付了较高的价格，却不能起到引导生产行为的作用，不产生任何扩大生产或改变社会生产结构、改变资源配置状况的直接效应。在竞争市场上，较高的价格使生产者获得超额利润，这会产生两种效应：一方面，较高的生产者收入使生产者积累能力提高，亦即扩大生产的能力提高；另一方面，较高的利润率诱使原生产者和其他生产者投资于该种商品的生产，从而使生产扩大，供给增加。而在灰市场情况下，这种机制、这样的过程是不存在的。尽管消费者支付的价格高了，但生产者收入不变，生产不会扩大，从而灰市上的供给具有"刚性"（即对灰市价格无反应），短缺被维持在原有水平；对于竞争市场来说是"暂时均衡"或短期均衡的状态，对于灰市场来说

---

① 灰市加价也不是商业加价，不是对商业性活动或服务的付费。在本文中，商业加价一般是被抽象掉而不予考察的。

就是"长期均衡"①,因为生产供给在长期内并不会发生变化,短缺仍作为"常态"存在。灰市场的这种特点可由图 2 表明。

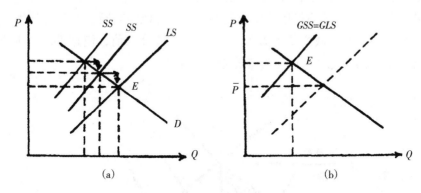

图 2　灰市场的均衡及其特点

注:①(a) 竞争市场上短期供给线向长期供给线过渡;(b) 灰市场稳定的短期供给线等于长期供给线,点 E 即为短缺均衡点。

②图中 SS 表示短期供给线,LS 表示长期供给线;GSS 和 GLS 表示灰市场上的供给线。

短缺在灰市场机制下得以维持,作为常态存在;反过来,灰市场关系也就因维持了短缺而使自身得以维持——只要有关的制度条件存在,灰市场不仅自我扩张,而且自我维系——这就是消费者价格上涨而生产结构却长期得不到调整,短缺仍然持续存在的一个重要原因。

(三) 消费者剩余的转移

灰市加价来源于消费者剩余,又不构成生产者的收入。在灰市中一部分人失去的消费者剩余构成了另一部分非生产者的收入。这里发生的不是消费者剩余减少使生产者利润增加,而只是消费者之间的一种收入再分配。我们把这种现象称为"消费者剩余转移"。这是经济理论尚未分析过的一个现象。

在一般的市场理论中,抽象掉政府之后,生产者与消费者在市场上相互对立;消费者剩余减少时,伴随着生产者利润增大(不一定成比例);二者

---

①　这里均衡的含义就在于:灰市上消费者不具有改变购买量的意向,而生产者也不具有改变产量的动机。这是满足最大化意义上的均衡条件的;但作为灰市场均衡,同时又包含着短缺,因而是一种"短缺均衡"。

的相互作用导致市场趋于均衡和资源最佳配置。但这种理论显然不适用于灰市场关系的分析。在灰市场关系中，消费者与生产者之间还存在着商品批售者，他们与生产过程无关，也不提供商业性服务（商业性服务仍由国营商业机构提供），并未垫付任何商业资本，但正是他们割断了消费者与生产者的直接联系，并且截留了消费者多支出的一部分价值，使这部分"加价"不能对供给的变化产生任何直接的影响（见图3）。

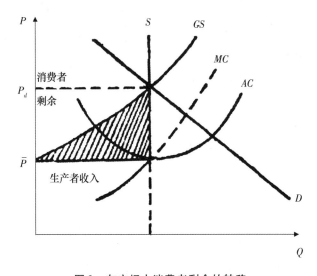

图3　灰市场中消费者剩余的转移

　　注：图中阴影部分即为灰市交易中转移的相对于 $\bar{P}$ 的消费者剩余，GS 为灰市供给线，它应根据第二章第（一）节的分析加以理解。

　　消费者剩余转移，作为一种收入再分配，就意味着"购买力转移"——一部分消费者实际收入的降低只是导致另一部分人实际收入的提高，因此有支付能力的社会总需求并不因消费者价格提高而减少。对灰市交易的分析，为我们解释现实中一方面消费者价格提高，另一方面社会消费需求规模并不减少而且扩大（这会进一步拉动价格）的情况，提供了一个重要理论依据。

　　在灰市交易中聚集起的财富，有一部分也可能（不一定）在以后被用于生产性投资，从而一方面减少消费需求，另一方面扩大生产供给。这种生产积累在灰市场的发展形态中（见后）是可以观察到的。但这种积累与一般经济理论中的积累具有不同的性质，它不是利润的积累，也不是劳动者为了明天的消费而进行的收入储蓄，而是（被转移并集中了的）"消费者剩余的积累"。这是积累的一种新的形态。

三　灰市关系的发展形态

（一）灰市中间人

在以上关于灰市关系的分析中暗含的一个假定是灰市卖方直接将有关商品批给消费者（包括生产资料的消费者），但现实中往往不是这样。比如消费者丙需要甲所掌握的商品，但不认识甲，只能要求认识甲的乙从中帮忙。在这种扩展了的灰市关系中，乙处在中间人的地位。我们称乙为"灰市中间人"，在初级形态上，其经济职能仅为"搭桥"。

灰市中间人由于与灰市卖方认识，从而拥有牌价商品的间接批售权，在与消费者的关系中，也就处于灰市卖方的地位，消费者也要对他所提供的间接优惠支付一定的灰市加价。于是，在扩展了的灰市关系中，总加价由灰市中间人和最终灰市卖方所收取的两部分加价的总和构成。理论上，这笔总加价不超过消费者需求价格与牌价之差，即：

$$\triangle P = \sum_{i=1}^{k+1} \triangle P_i \leqslant P_d - \bar{P}$$

其中 k 为中间商人数。上式表明，各 $\triangle P_i$ 的取值和 k 的取值越大，便越是只有需求较高（从而 P_d 较高）的消费者才能成为灰市买者，否则他就不会绕那么多弯，多付那么多加价去获得那种商品。同时，反过来我们也就可以说明，短缺越严重。P_d 与 $\bar{P}$ 的差额越大，不仅各笔加价 $\triangle P_i$ 可以越大，而且灰市场所能容纳的中间人也能越多。

（二）灰市中间商

从灰市中间人过渡到灰市中间商，经济关系的发展演变在于两个方面：第一，中间商从灰市最终卖方手中批发出大量牌价商品，或是经过下一级中间商，或是直接"零售"给各消费者，其经济职能已是典型的"炒卖"；第二，处在交易最后阶段即零售阶段的中间商面对大量的买者，由于买者之间的竞争，导致形成统一灰市价格，并且等于竞争市场上的需求价格（不再是"小于、等于"）。这里比较典型的例子是当前名牌香烟市场的情况。

灰市中间商在经营方式上也会与灰市中间人有所差别：他需要将批量商

品一次买下，因此需要垫付流动资本。在实践中，大笔资金的过户必须用"公司"的名义，在银行开有公司账户。因此，灰市中间商必须或是自己登记开公司，或是必须有公司账户为依托。事实上，现实中的许多"公司"是典型的"灰市公司"，就是说，它们主要从事灰市交易。

（三）市场上灰市关系的辨识

在灰市关系的发展形态上，它在两个方面变得容易与一般竞争市场关系相混淆：（1）商品的灰市售价等于竞争价格；（2）在某些阶段，特别是零售阶段，灰市交易过程中也包含着一般商业性服务，在此阶段中的加价可能包含着一般商业加价，甚至全部是商业加价。事实上，零售活动既可是灰市关系的最后环节，也是一般竞争市场关系的最后环节。

不过，抽象的分析已经为我们提供了在复杂的市场现象中辨识不同经济关系的理论和方法，最主要的就是要运用前面已经提到的一个判别方法，即考察市场价格与生产者收入的关系，考察市场价格变化与生产供给变化的关系。比如对于钢材市场，同样按市价出售的钢材，由厂家自己"计划外"销售的，由于收入归生产者所有，市场价格提高导致利润提高，便属于竞争市场关系；而通过物资计划部门的内部关系批条子搞出牌价钢材，再按市价"倒卖"，不会使生产者收入有任何增加，也不会促使生产供给增长，便属于灰市关系。在同样的市场销售价格背后的是完全不同的经济关系、不同的经济机制。

四　小结

（一）方法论的小结

在结束本文的时候，我们要再次强调理论实证方法对经济学的重要意义。经济学要研究的是客观存在的经济关系，即不是从观念出发推论出"应该"存在怎样的关系，也不是只研究那些"合法"的关系。现实中存在怎样的经济关系和经济行为，就需要经济学建立起相应的理论对其加以分析，针对新的现象提出新的理论，然后才可能对各种经济问题作出科学的、全面的解答，并针对问题的症结提出有效的对策。对待灰市场关系应该是这样，对于其他种种经济关系也同样应是这样。

（二）政策含义

本文的理论分析表明，当前经济中的一些重要问题，如在物价上涨的同时社会经济结构长期得不到根本的调整、短缺持续存在等，都是与灰市关系的存在有直接联系的（但绝不可认为灰市关系是这些问题的唯一原因）。而无论是灰市关系本身还是"短缺集聚""供给刚性"等灰市产生的经济后果，都是以低于竞争价格的牌价的存在为前提的。可见，如果我们认为灰市场应该取消的话，那么就要从根本上取消牌价本身——不仅仅是取消一种价格或一种价差，而是革除这种价格所体现的一整套经济机制。"后门"堵了多少年，却越堵越大，原因就在于后门赖以存在的客观经济条件仍然存在，并且在某些环节上还有所发展。

（本文发表于《经济研究》1988 年第 8 期，获第四届孙冶方奖）

价格双轨制的历史地位与命运

我国价格改革中争论最大的问题莫过于生产资料价格双轨制问题。这种争论到目前为止，大体可划分三个阶段。第一阶段，主要争论双轨制的出现是政策的失误还是历史的必然；第二阶段，主要争论双轨制是利大于弊还是弊大于利；第三阶段，主要争论双轨制能不能立即消灭以及向何处去，是回到传统的旧体制还是迈向有计划的市场价格体制。当然，这些争论又互相渗透，互相交叉，难以截然划分。本文将进一步探讨这些问题。

一　双轨制：历史的选择

双轨价格在我国40年的经济生活中一直存在，并逐渐扩展，目前几乎渗透到国民经济所有领域。这并不是偶然的，而有其深刻的社会经济根源。追溯它的渊源，探求它的合理内核，发挥它的应有作用，仍然是我们面临的任务。

生产资料价格双轨制首先是一种体制现象。因此，必须从经济体制入手去说明它的形成。各国的经济体制，依其主要运行机制区分，大体有计划经济体制与市场经济体制两大类型。前者的运行主要依靠各级行政机关制订的指令性计划，因而又称行政协调的命令式体制，后者的运行主要依靠市场机制。因而又称市场体制。几十年的实践反复证明，在计划经济的国度里，单纯依靠计划协调经济是不成功的，必须引入市场机制，把计划与市场结合起来；反之，在市场经济的国家，单纯依靠市场机制去协调经济也不行，必须引入计划机制，把市场与计划结合起来。历史的发展一再证实，计划与市场的结合，实际上是"看得见的手"与"看不见的手"相结合。这是世界各国经济运行的共同趋势和共同规律。问题在于，如何将计划与市场结合好？改革开放以来，我国经济学界提出了计划与市场相结合的三种模式，即"板块式结合""渗透式结合""有机式结合"。目前正在探索各种不同所有制经济中，不同行业、不同环节、不同区域中计划与市场结合的具体形式。

在生产资料价格领域中，如何将计划与市场有机地结合起来，并行不悖，发挥出各自的优势，弱化各自的缺陷，现在和今后都是我们面临的重要课题。我们的任务不是取消计划价格，单纯实行市场价格；更不是取消市场价格，单纯实行计划价格；而是多方寻求计划价格与市场价格最优结合的范围、方式、数量界限以及可操作形式。在这方面，近 10 年来，我们取得了显著成绩。其中之一就是找到了生产资料价格双轨制。现在看来，双轨制虽然不是计划与市场相结合的最佳模式，但也是一种既有利又有弊的过渡模式。在我们没有找到更好模式替代它之前，它又是不可不用的东西。弃之不用，如何将计划与市场结合得更好？有人主张，干脆切块，划分两种市场和两种价格。一部分产品实行计划价格，另一部分产品实行市场价格，不允许一种生产资料兼有计划价格与市场价格，这在目前难以行得通。在两种价格差距体现的经济利益面前，谁愿退回到计划价格？限于国家财力，又难以把计划价格调整到市场价格。如果强制实行，必然把明的地上的"比例"双轨变成地下的暗的"比例"双轨。计划价格基本合理前，切块的方法绝对行不通。

有些人认为，1985 年使生产资料价格双轨制合法化犯了历史性的错误。事实并非如此。当时，在改革浪潮冲击下，如何把市场机制引入生产资料价格领域，不外这样几种选择：（1）仍然坚持计划价格一统天下，把市场机制拒之门外；（2）放弃计划价格，全部实行市场价格；（3）一部分产品实行计划价格，另一部分产品实行市场价格；（4）一种产品的计划部分实行计划价格，而超计划部分实行市场价格。前两种选择根本不行，无须多言。问题在于是选择第三种方案，还是第四种方案更好？如果选择第三种方案，那就必须使计划价格大体符合价值或生产价格，不能背离太远，供求状况也应良好，缺口不能太大。这两个条件当时不具备，限于国家财力，又不可能把计划价格又调整到合理水平。在这样的条件下选择第三种方案，不仅使企业间苦乐不均，而且生产资料价格水平必然大幅度上升。为了使价格改革稳步前进，选择第四种方案，把市场机制引向各种生产资料，使各个企业和各种产品都享受到市场机制带来的利益，都尝到改革的甜头，这可能是合理的必然的。历史的选择就是这样。

生产资料价格双轨制不仅根源于经济体制尤其是价格体制的巨大变革之中，还深深地扎根于社会生产力的土壤里，生产力水平对双轨制的制约作用，集中表现在商品的供求矛盾促成双轨制形成。一种商品的运动，为什么要受计划与市场两种机制调节，呈现出计划价格与市场价格？原因是复杂的。从表面上看，这是渐进式价格改革引起的体制现象，是计划价格模式转向市场价格模式必然采取的过渡形式；从深层看，这是生产力水平较低，商品不够丰富、存在着短缺，不得已采取的一种办法。如果生产力水平很高、商品丰富，存在着买方市场，完全可以放开价格。不必实行漏洞尚多手续又繁的双轨价格制度。人们的思想不能超越客观现实，任何经济制度尤其是价格制度的合理性都扎根于物质条件之中。我国的现实条件是，商品不仅不丰富，还短缺得很。虽然个别品种供过于求，但多数商品都供不应求，总需求大于总供给。在这种条件下如果放弃计划价格，全部实行市场价格，必然出现价格总水平的，全面持续大幅度上升，价格改革就无法进行下去，整个国民经济将陷于混乱。限于经济条件，在不能全面放开价格的条件下，只能逐步放开。而逐步放开价格的方式不外两种，一是按商品品种一批一批地放开价格；二是在每种商品内部，一部分一部分地放开价格。实行前一种方式的结果，将形成"板块"式的价格双轨制，而实行后一种方式的结果，将形成"比例"式的价格双轨制。这两种双轨形式都是商品供求矛盾的结果，都是短缺经济中计划价格转向市场价格必然采取的转化形式。20世纪80年代中期急风暴雨式的改革催人前进，没有时间把千百万种工业生产资料加以区分，哪种该实行"板块"双轨，哪种宜于实行"比例"双轨，而采取了"一刀切"的办法，使几乎所有的生产资料都采取了"比例"双轨。现在回头冷静分析，如果把各种生产资料加以区分，根据各自的特点，分别实行"板块"双轨和"比例"双轨，可能更好一点。事实上，治理经济环境、整顿经济秩序以来，对某些供求矛盾尖锐的生产资料实行专营，开始形成"板块"双轨。不过，在生产资料普遍短缺的条件下，既要保证重点生产建设，又要搞活经济，在今后相当长时间内必然以"比例"双轨为主要形式。双轨制虽然是一种体制现象和生产力现象，根源于经济体制和社会生产力之中，但要变为现实，成为国家经济生活中均一项制度，没有党和政府的政策允许是不可能的。政策的作用表现在，把体制改革和生产力发展对价格双轨制的客观要求，变成人们的自觉行动。政策的导向至关重要，正确者，促进生产力发展和体制改革的深化；错误者，阻碍生产力发展和体制改革的深化。现在的问题是，根据5年来的实践加以判断，双轨价格政策究竟是正确的还是错误的？

从双轨制问世以后，有些人认为这是政策一大失误，是利用价格抑制计划需求，对同一种产品实行两种定价规则即计划价和市场价，对计划分配的部分实行低价，对市场选购的部分实行高价，即所谓的双轨制，这就从根本上破坏了计划分配和市场选购的原则。

与上述观点不同，我认为双轨价格政策是适应中国国情的，适应中国的生产力水平和经济体制现状的，因而是正确的。尽管在执行中发生过这样或那样的偏差，甚至出现过一定程度的混乱，但是，双轨价格政策从总体上看是可行的。它促进了我国生产力发展，促进了经济体制尤其是价格体制改革的深化。只要看一看我国主要生产资料在"七五"期间的大幅度增长，看一看乡镇工业和地方工业的蓬勃发展，看一看传统的生产资料价格体制的被冲破，看一看市场机制在生产资料价格领域中的生机盎然，就不会怀疑双轨价格政策的巨大的历史进步性。关于这一点，下面要详细分析。

二　双轨制的历史功绩与局限性

双轨价格制度的最大历史功绩在于，它开辟了在紧张经济环境下进行生产资料价格改革的道路，推动了价格形成机制的转换，把市场机制引入了国营大中型企业的生产与交换中。大家知道，我国的价格改革是从农产品价格开始的，从1979年至1985年，农产品价格改革取得了重大进展。价格形成机制发生了根本性的变化。这种情况要求工业品价格改革尤其工业生产资料价格改革紧紧跟上，与之相配合。而工业生产资料价格改革如何突破呢？如何使国营大中型企业的价格改革跟上全国改革的步伐呢？这在当时是非常紧迫的问题。解决这个问题的出路不外两条，一条是放开部分工业生产资料价格，实行市场价格，其余部分暂时坚持计划价格，也就是说，只把市场机制引入一部分生产资料价格中，或者说，只把市场机制引入一部分企业中；另一条路是，把市场机制引入各个企业中，引入各种生产资料价格中，使市场机制先引入企业自销和超计划部分，然后再逐步向计划部分渗透，扩大市场价格比重，缩小计划价格比重，最后达到价格形成机制的根本转换。实施前一种方案，形成"板块"双轨，实施后一种方案形成"比例"双轨。在当时难以大幅度提高计划价格的条件下，"比例"双轨比"板块"双轨更优越，它能调动各个企业改革的积极性。否则，实行"板块"双轨，可能排斥一部分"计划圈"之内的企业，不利于调动它们改革的积极性。权衡利弊，可以认为"比例"双轨是一条正确的生产资料价格改革的道路。事实已经证明，这种价格双轨制已经把所有企业都吸引到价格改革的洪流中了。当然，各个企业的市场价格比重不同，市场机制的作用程度不一样。因而，各企业对价格改革的积极性也不尽相同。

双轨价格制度的再一个历史功绩是它促进了我国主要工业生产资料生产的大发展。判断价格双轨制是否成功，只能根据生产力标准。大家知道，双轨制合法化以来的 5 年间，正是"七五"计划时期。在这个时期，我国主要的工业生产资料生产都有长足的进展。据国家统计局提供的最新资料，列入"七五"计划的 60 种重要工农业产品指标大多数能够"如愿以偿"。这样巨大的成就，当然是改革其中包括价格改革的结果。我们并不把那样巨大成就都归功于双轨制，但也不可否认，其中也有双轨制的功劳。冶金部门的一位负责人曾经表示说，如果没有价格双轨制，钢产量不可能突破 6000 万吨大关。这就一语道破了天机。在煤炭、石油、电力等行业中，哪一个行业不是这种情况呢！在计划价格偏低，而又不能大幅度提高的条件下，通过价格双轨制给予各个企业一定的经济利益，大大调动了它们发展生产的积极性。越是短缺的部门和行业，牌市差价就越大，企业从增产中获得的经济利益就越多，因而企业发展生产的积极性就越高。正是通过这种逻辑的和现实的道路，双轨制促进了生产的发展。

双轨价格制度的另一个历史功绩在于它哺育了几百万乡镇工业企业。乡镇工业在改革开放时期发展最为迅速，原因当然很多，其中不可忽视价格双轨制的作用。众所周知，乡镇工业的产品与原材料一般都不进计划圈，而靠市场生活。改革前，它们在缝隙中求生存求发展。而改革后，市场扩大了，因而它们活动的天地也大了，生命力也更强了。这是乡镇工业近年来发展迅速的体制原因。它们从双轨制中的"市场"轨取得原材料和动力，又把产品投入市场。市场是乡镇工业的命根子，如果取消双轨，关闭生产资料市场，乡镇工业将无立足之地。我们的计划不管怎样完善，都不可能把乡镇工业的产供销计划进去。过去发展乡镇工业靠市场，靠双轨，今后仍将如此。

尽管双轨制有上述的历史进步性，它仍有历史的局限性。这种局限性主要在于，它仅仅是价格改革中的一种过渡模式，是由行政—计划价格体制走向有计划的市场价格体制的一座桥梁或一艘航船。从价格改革的此岸达到价格改革的彼岸，没有桥或船，是不行的。没有桥或船，过河不过是一句空话；没有价格双轨制，中国价格改革的任务很难完成。但是，桥或船不过是过河的工具，价格双轨制不过是价格改革中的一种过渡形式。从根本上说，双轨价格不适应社会主义有计划商品经济的要求，不是价格改革的理想模式。众所周知，根据社会主义有计划商品经济的客观要求，具有中国特色的价格模式应当是有计划的（有控制的）市场价格模式。在这种模式中，除少数重要的关系国民经济命脉的商品和劳务由国家定价，国家管理外，其余绝大多数商品和劳务的价格都由买卖双方在市场上协商议定，即实行市场价格。在这种模式中，商品和劳务的价格，或者是政府定的计划价格，或者是企业定的市场价格，二者必居其一，一种商品和劳务不能有两种价格。

价格双轨制的另一个局限性在于两轨之间的比例关系易受主观意志的左右，缺乏客观的标准。由于这个缺陷，在一种产品内部，计划价与市场价各自所占比重，多是企业与主管部门之间讨价还价形成的。当企业自认为市场价比重小、不足以满足自身利益要求时，就自行改变经过讨价还价形成的比例关系，降低计划价的比重，不兑现合同规定。另外，双轨的缺陷也是形成"倒爷"的条件之一。

将双轨制的历史进步性与局限性放在一起综合考察，可以得出这样的结论：它是一条有中国特色的生产资料价格改革的道路，是我们由行政—计划价格模式达到有控制的市场价格模式的必经之路。

三　双轨制的历史归宿

对于生产资料价格的"并轨"问题，前两年已经有所议论，近来又成为价格界的热门话题，有的部门或地区还采取了并轨的行动。在这个过程中，有的人提出立即并轨，取消双轨制越快越好；也有的人主张 3 年小解决，5 年大解决，力争早日消灭双轨制。这样的急切心情在某种程度上可以理解。但是，这可能把问题看得过于简单，有操之过急的问题。如果认真地思考一番；不难发现，除个别品种的生产资料价格具备了"并轨"的条件外，绝大多数生产资料价格都缺乏"并轨"的社会经济环境。能不能"并轨"，能不能取消价格双轨制，主要不取决于我们的主观愿望，而取决于双轨制内部要素的组合方式与外部的社会经济环境。

从双轨制内部要素组合方式上考察，它不过是计划机制与市场机制在生产资料价格上相结合的一种形式。形式当然是反映内容的，双轨制反映着生产资料价格中计划机制与市场机制的相互关系。改革前，生产资料价格领域是计划的一统天下，没有双轨制，当然没有计划与市场的矛盾。改革以来，市场机制被引入几乎所有的生产资料价格中，于是出现了市场价格与计划价格并行的双轨制。市场机制引入生产资料价格领域中，必然与计划机制发生矛盾、进行斗争，引起各种难以想象的问题。对于这些问题怎么解决？能不能把市场机制再逐出生产资料价格领域？肯定不行。唯一的办法是把市场机制留下，使它与计划机制更好地结合起来。这种结合，是当今世界上最难最难的经济课题之一，至今还没有十分成功的经验。如果没有找到计划与市场相结合的更佳形式，不管主观愿望如何，双轨制都不会退出历史舞台。现在看来，短期内很难找到理想的计划与市场结合的形式。因此，生产资料价格双轨制将会在我国长期存在，至少是整个社会主义初级阶段的历史现象。

再从双轨制的外部社会经济环境分析，当前也不具备取消双轨制的条件。双轨制不是某个人的臆造，也不是政策的失误，而是一定社会经济条件的必然产物。只要这些条件还存在，它不会因为某些人的反对，就销声匿迹。生产资料价格双轨制是一种体制现象，这种现象只有通过体制改革逐渐深化才会日趋"消亡"。生产资料价格体制的改革，与计划体制、物资体制、财政体制、金融体制的改革密切相关。没有其他体制的相应改革，单纯搞什么生产资料价格的"并轨"问题，不过是一厢情愿。现在看来，短期内体制改革很难有大的突破，所以"并轨"问题只能小打小闹，不可能有惊人的进展，这就决定了三五年内甚至十年、二十年内不可能取消双轨制。"并轨"还要求有一个相对宽松的经济环境。形成这种环境，也是说起来容易，办起来难。在我们这样一个人口众多、底子又薄的大国里，短期内很难形成这种环境。如果没有这种环境，"并轨"可能成为价格水平大幅度上升的强力推进者。从长远看，乡镇企业和地方企业的原材料很难靠计划分配，只能靠市场调节，而这部分市场调节的原材料价格与、国家实行计划分配的那部分原材料价格必然继续保留双轨制形式。

从价格改革本身看，大家都承认双轨制是一种过渡形式。现在要问，这种过渡是否完成了？若没有结束、过早地把这种过渡的桥或船——"双轨制"拆掉了，今后如何再过渡？中国的条件不允许一步到位式的改革，只能通过双轨制，逐步扩大实行市场价格的品种，或逐步扩大一种商品的市场价格的比重。双轨制是渐进式价格改革的重要手段。没有完成价格改革之前，难以取消双轨制。

当前并不具备普遍取消双轨制的条件，而创造这种条件决非一朝一夕的易事。在条件不具备时勉强"并轨"。很可能由"明双轨"变成"暗双轨"。不仅如此，"并轨"还可能会出现反复。现在条件具备了，实现了"并轨"；随着条件的变化，将来还可能出现双轨。这种双轨又会随着条件变化而演变成单轨。由单轨到双轨，再由双轨到单轨，曲折前进，可能是我国社会主义初级阶段生产资料价格运动的一条规律。

"并轨"是一个随着条件成熟而发生的自然过程，非人为地强制而实现。基于这种认识，建议采用双轨"消亡"这种提法，以代替目前广泛流传的"并轨"这种说法。这不是玩弄文字游戏，而是力图使主观符合客观。

除了认识"并轨"的艰巨性、长期性、曲折性和反复性外，还要正确解决"并轨"的方向问题，也就是价格双轨制的历史归宿问题。

"并轨"向哪个方向前进？有一种观点认为，"并轨"是一个向计划价格（或政府定价）靠拢的过程，通过"并轨"，大部分生产资料将实行计划价格或由政府定价，只有次要的少数生产资料实行市场价格；另一种观点认为，"并轨"是一个向市场轨（或市场价格）靠拢的过程，通过"并轨"，大部分生产资料将实行市场价格，只有少数的关系国民经济命脉的重要生产资料实行计划价格；还有一种观点认为，通过"并轨"，先把大部分生产资料定价权集中起来，实行计划价格，然后再视条件分期分批逐步放开，最终达到大部分生产资料实行市场价格。以上三种意见代表着三种不同的"并轨"方向。这些不同的方向，关系着"并轨"的成败，更关系着生产资料价格改革的成败，很有必要澄清是非。

"并轨"往哪里走，主要取决于我国的经济性质和类型、生产资料价格的目标模式以及改革已达到的阶段性。经过 40 年的变化，我国的经济已经不是自然经济，也不是产品经济，而纳入了商品经济的轨道。虽然目前商品经济还不够发达，但是我们已决定大力发展商品经济。可以坚信，不久的将来我国必有发达的商品经济，有商品必有市场，发达的商品经济必然有繁荣的市场。如果这个大前提能够成立，那么可以肯定，生产资料价格"并轨"的方向，应当是向市场轨（或市场价格）靠拢，通过"并

轨"，使大多数生产资料实行市场价格。这并不排斥在"并轨"中个别品
种的生产资料价格向计划价格靠拢。有的生产资料根本不应实行市场价
格，也不应实行"双轨制"价格，只能实行计划价格，可是，过去几年
却实行了双轨价格。对于这个问题，应通过"并轨"，逐步取消市场价
格，向计划价格靠拢。这种少数的或个别的情况，绝不能否定"并轨"
的市场方向。这里的市场方向与自由化中的"市场化"有本质的区别，
不能用后者去反对或否定前者。现在发达国家的经验证明，多数商品实行
市场价格，少数商品实行政府定价或计划价格，是可行的，有成效的。这
种经验值得借鉴。限于条件，虽然目前我们尚未达到这个阶段，但向这个
目标逐步靠拢，则是应该的。

党的十三大已经肯定了我国价格改革的目标模式，这就是大多数商品实
行市场价，少数重要商品实行计划价。现在离这个目标还有不小的距离。目
前，在生产资料价格总额中，市场价和半市场价的比重不过 40% 左右，而
计划价的比重大约为 60%。要达到改革的目标，尚需继续前进！这就要求
今后生产资料价格"并轨"，必须是一个向市场价格靠拢的过程，而不是相
反。如果我们把"并轨"方向理解为向计划价格靠拢，那就永远达不到十
三大肯定的我国价格改革的目标模式。

生产资料价格改革前，在这个领域里几乎没有市场价格。通过改革，市
场价格的比重已达 40% 左右。这个数字标志着生产资料价格改革取得了重
大成就。在这个基础上，应继续前进，深化改革，真正实现党的十三大肯定
的目标。否则，通过"并轨"，向计划价格靠拢，逐步缩小市场价格，不仅
与党的十三大指出的方向背道而驰，而且会从根本上否定 10 年来生产资料
价格改革的成就。可见，"并轨"问题决不是个小问题，而是关系着整个价
格改革的方向和成败问题。如果"并轨"的结果使多数生产资料实行计划
价格，而少数次要的生产资料实行市场价格，那就等于宣告价格改革的
失败。

近来有的同志表面上肯定价格改革的市场取向，实际上否定这种方向。
他们在"多数"与"少数"问题上作文章。按照他们的观点，实行计划价
格或由政府定价的生产资料在国家物价部门是少数，在中央各部门是少数，
在各省物价部门是少数，在省直各部门是少数，甚至在省辖市的物价部门也
是个少数。表面上看，他们似乎主张少数生产资料实行计划价格，实际上把
各级政府部门掌握的众多少数汇总起来那就是绝大多数了。如果从中央到地

方五级物价部门分别掌握 20% 的生产资料的定价权，那么我国的生产资料将全部实行计划价格或由政府定价，根本没有市场价格存在的余地。鉴于这种情况，为了准确地表明我国生产资料价格改革的方向和目标模式，很有必要界定党的十三大肯定的价格改革目标模式中的"多数"与"少数"的具体内涵与外延。我个人理解，所谓"多数"是指 70% 或 80% 的生产资料定价权放给企业，由企业根据供求状况定价，即实行市场价格；所谓"少数"是指 20% 或 30% 的生产资料定价权仍留在各级物价部门，实行政府定价或计划价格。至于 20% 或 30% 的定价权在物价系统内各级之间如何分配或配置，尚需进一步研究。这样，从总体上将形成多数生产资料实行市场价、少数生产资料实行计划价，这就是有计划的市场价格模式。向着这种模式前进，应当是今后生产资料价格改革的方向。

（本文发表于《经济研究》1991 年第 4 期）

市场调节经济　政府管理市场

厉以宁

　　市场经济与商品经济并没有什么区别。在 1988 年出版的一本书中，我曾写道；"人们通常认为，市场经济只存在于资本主义条件下，或者只存在于私有制条件下。这种看法是不妥的。难道不通过市场，能有商品生产和交换么？没有市场，商品经济能成为事实么？无论在资本主义社会还是在社会主义社会，无论是在私有制条件下还是在公有制条件下，商品生产和交换都以市场的存在为前提。至于我们究竟称之为商品经济还是称之为市场经济，那是另一回事。……商品经济与市场经济二者在含义上是没有区别的"。①

　　自由放任的市场经济只是理论上的假设。在实际生活中，市场经济总是兼用市场调节与政府调节两种调节手段的经济。市场经济的实质在于市场经济规律发挥资源配置的作用。在市场经济体制下，着重的是竞争，而不是指令；着重的是选择，而不是配额。而在传统的计划经济体制下，与此恰恰相反：指令排斥了竞争，配额取代了选择。

　　在市场经济体制之下，区分第一次调节和第二次调节是十分重要的。市场调节被称为第一次调节或基础性调节。第一次调节可以表述为市场对经济的调节，即市场调节经济。第一次调节时时刻刻存在，处处存在。而政府调节则被称为第二次调节或高层次调节。第二次调节可以表述为政府制定竞赛规则，对市场进行管理，对经济进行再调节。凡是市场能够做到的，政府就不必代劳，政府只做市场做不到的事情。这就把第一次调节和第二次调节的要点突出了。市场经济体制是社会主义条件下有待于实现的经济体制。这种有待于实现的经济体制就是"市场调节经济，政府管理市场"的体制。"市

---

　　① 《国民经济管理学》，河北人民出版社 1988 年版，第 47—48 页。

场调节经济"和"政府管理市场"二者是统一的。按照我的看法,"市场调节经济"就是发挥第一次调节的作用,"政府管理市场"就是政府发挥第二次调节的作用,也就是政府对调节经济的市场的管理与再调节。

为什么说市场经济体制仍是社会主义社会中"有待于实现的经济体制"呢?"有待于实现"这几个字,应当怎样理解呢?

首先,"有待于实现"是一个实证经济学的用语。这说明迄今为止,在我国的经济中还不存在这样的经济体制。这是符合我国经济实际情况的。我们可以把社会主义经济体制区分为传统的计划经济体制、双轨的经济体制和市场经济体制。在传统的计划经济体制之下,即使商品生产和商品交换仍然存在,但范围非常有限,仅限于消费品生产和交换领域以及所谓两种公有制(全民的和集体的所有制)之间的生产资料的互通有无,这时根本不存在市场对经济的调节,而政府的指令性计划和配额制则把经济管得死死的,毫无生机。在双轨的经济体制之下,商品生产和商品交换的范围扩大了,市场对经济的调节的作用加强了,政府对市场的调节无论从范围上、意义上,还是功能上说都开始发生了变化,但由于这时是从传统经济体制到新经济体制的过渡阶段,传统经济体制只是逐步退出经济活动的舞台但并未消失,指令性计划和配额制继续保留,市场机制只是刚刚进入经济活动的舞台但未能充分发挥作用,所以,经济中既不存在让市场承担第一次调节者的任务的客观经济环境,又不存在让政府承担第二次调节者的任务的条件。"市场调节经济"和"政府管理市场"依然是有待于实现的经济体制。可见,只有在双轨经济体制被市场经济体制取代以后,"市场调节经济,政府调节市场"的经济环境才能形成,新的经济体制才能成为支配社会主义经济活动的经济体制。

其次,"有待于实现"也是一个规范经济学的用语。这就是说,姑且不论"市场调节经济""政府管理市场"迄今为止是否实现了,也不论要实现这样的经济体制需要有什么样条件,如何才能创造出这些条件,仅从规范的角度来看,"有待于实现"几个字反映了"市场调节经济""政府管理市场"是一种值得争取实现和应当使之成为事实的目标体制。"有待于实现"说明了我们的努力方向。理由是很清楚的,"市场调节经济""政府管理市场"既能充分发挥参加经济活动的一切微观经济单位的主动性、积极性,又能使政府起着第二次调节者的作用,使资源配置循着合理化的方向进行。

"有待于实现"的经济体制是社会主义市场经济体制,实际上也就是

"小政府，大市场"的新体制。这里所说的"小政府"，是指有一个精干的、高效率的政府。由于政府只做自己应当做的事情，而把一切可以让市场去做的事情交给市场去做，这样，政府也就用不着去管理企业，用不着干预企业的生产经营，也用不着具体安排一般产品（包括生产资料和消费品）的供给与需求。过去，无论是在传统计划经济体制之下，还是在双轨经济体制之下，由于政府把本来可以由市场去做的事情揽到自己的身上，政府机构必然是庞大的，政府的效率也难以提高。在新经济体制下，"小政府"不仅是指一个精干的政府，而且指一个高效率的政府。在"市场调节经济""政府管理市场"的新体制中，政府机构不会很多，但政府工作却完全可以有条不紊地进行。

这里所说的"大市场"，是指一个完整的市场体系，包括商品市场、资金市场、劳务市场、技术市场、信息市场、产权交易市场、房地产市场等在内的市场体系。在转向市场经济体制后，尽管资源供给缺口或需求缺口不可能立即消失而只会逐渐缩小，市场也不会立即完善，而只是不完善的程度逐渐降低，但由于经济中形成了一个完整的市场体系，所以有关商品的供求、资金的供求、劳动力的供求等，都可以分别由一定的市场来调节。"大市场"的含义不在于市场已经完善到可以使经济处于完全竞争的状态的程度，而在于一切可以由市场来进行调节的供求关系已经由市场来承担，政府只是作为第二次调节者起作用。

"小政府"与"大市场"是统一的。没有"大市场"，就不可能有"小政府"；反之，没有"小政府"，也就不可能有"大市场"。假定要维持一个"大政府"，即政府把许许多多本来可以不由政府去做的事硬揽到自己身上，市场必定是萎缩的、受到严格限制的。

总之，市场经济就是市场经济，它本身没有姓"社"还是姓"资"的问题。资本主义与市场经济不是同义语，社会主义与市场经济也不是同义语。社会主义市场经济指的是社会主义社会中的市场经济或社会主义条件下的市场经济，资本主义市场经济指的是资本主义社会中的市场经济或资本主义条件下的市场经济。只要是市场经济，那就都是按市场经济规律配置资源，以竞争和选择作为特征的经济，这在资本主义社会中与在社会主义社会中都一样。如果要有区别，区别在于：一是在社会主义社会中或社会主义条件下按市场经济规律配置资源，另一是在资本主义社会中或资本主义条件下按市场经济规律配置资源。

用"市场调节经济，政府管理市场"来扼要地表述市场经济体制，或用"小政府，大市场"来扼要地表述市场经济体制，都可以看出社会主义市场经济与资本主义市场经济的区别究竟何在。

"市场调节经济"，就是市场发挥第一次调节的作用。这里所说的市场调节的"经济"，在社会主义条件下，是指以公有制为主的经济，而在资本主义条件下，则是指资本主义私有制经济。"政府管理市场"，就是政府发挥第二次调节的作用。这里所说的对市场进行管理的"政府"，在社会主义社会中，是无产阶级政党领导的政府；而在资本主义条件下，则是指资产阶级政党领导的政府。

"小政府"，就是精干的、高效率的政府。同样，在社会主义社会中，这是指无产阶级政党领导的政府；而在资本主义社会中，则是指资产阶级政党领导的政府。"大市场"，就是完整的市场体系。在社会主义条件下，市场体系建立在公有制为主的基础之上；而在资本主义条件下，市场体系则建立在资本主义私有制基础之上。

了解了这一切，就可以进一步懂得，社会主义经济由传统的计划经济体制过渡到新的市场经济体制，是社会主义经济体制本身的发展与完善，根本不涉及是否转轨到资本主义道路上去的问题。

（本文发表于《经济研究》1992 年第 11 期）

从计划经济体制向社会主义市场经济体制的大跨越

张卓元

1992 年邓小平同志南方讲话和党的十四大以来，中国从传统计划经济体制向社会主义市场经济体制的转轨进入了崭新的加速阶段。公有制为主体、多种所有制经济共同发展的格局已初步形成；正在逐步形成和进一步探索同市场经济相结合的公有制的实现形式；市场机制在经济运行中开始起主导作用；全方位对外开放在有条不紊地推进；一系列改革的成果已由立法巩固下来，改革的进一步深化更多地由立法予以推动；等等。

第一，1992 年秋党的十四大，根据邓小平同志年初南方讲话的精神，确定以社会主义市场经济体制作为我国经济体制改革的目标模式，实现了对改革目标认识的重大飞跃。

确认向社会主义市场经济体制转轨，意味着要发挥市场在资源配置中的基础性作用，以提高经济运行的效率；国家的宏观经济调控要在充分发挥市场机制作用的基础上进行，主要是纠正市场的缺陷和保证国家发展战略目标的实现；努力探索社会主义与市场经济结合的途径，使市场经济的发展同社会主义最终实现共同富裕的目标联系起来；进一步扩大对外开放，积极参与国际市场竞争，加入经济全球化进程；等等。

认识的飞跃促进了改革迈出新的更大的步伐。首先，国民经济的市场化进程明显加快。

各类市场包括消费品市场、生产资料市场、生产要素市场迅速发展，生产资料价格双轨制在 1992 年、1993 年基本上实现了向市场单轨价过渡，实物商品价格形成机制率先实现向市场价格体制转轨，从而为市场发挥其在资源配置中的基础性作用创造了有利条件。

其次,所有制结构调整步伐加速,非公有制经济发展迈大步。1993 年以来,我国个体经济、私营经济发展进入快车道,情况如表 1 和表 2 所示。

表 1   1993—1996 年个体经济发展统计

年份	户数（万户）	人数（万人）	营业额（亿元）
1993	1766. 99	2939. 3	3309. 2
1994	2186. 6	3775. 9	4211. 4
1995	2528. 5	4613. 9	8972. 5
1996	2703. 7	5017. 1	11554. 2
1997	2850. 9	5441. 0	

表 2   1993—1996 年私营经济发展统计

年份	户数（万户）	投资者数（万人）	雇工人数（万人）	注册资本金（亿元）
1993	23. 8	51. 4	321. 2	680. 5
1994	43. 2	从业人员共 559	1447. 8	
1995	65. 45	133. 96	822. 01	2621. 71
1996	81. 93	170. 45	1000. 68	3572. 37
1997	96. 07	从业人员共 1349. 3	5140. 12	

最后,对外开放迅猛扩大,逐步形成全方位对外开放局面,有力地推动改革的深化和发展。从 1993 年起,我国连续 4 年成为吸收外商直接投资最多的发展中国家,并居世界第二位,仅次于美国。1997 年,我国实际利用外资达 620 亿美元,比上年增长 13% 。1992 年以来,我国对外贸易获得较快发展,进出口总额(按美元计算)从 1991 年的 1356. 3 亿元增长到 1997 年的 3250. 6 亿元,增长 1. 397 倍,年均增长 15. 7% 。在世界贸易中的排序已上升到第 10 位。

第二,1993 年 11 月党的十四届三中全会通过的《关于建立社会主义市场经济体制若干问题的决定》,在我国从计划经济体制向社会主义市场经济体制转轨中,有两方面的突出贡献。

其一,提出了社会主义市场经济体制的基本框架。

1992 年党的十四大确定了我国经济体制改革的目标是建立社会主义市场经济体制,但是还来不及对这一崭新的体制结构作出具体的描绘。这需要积累更加丰富的经验,需要对改革以来的大量实践经验进行科学的分析与概括，需要充分借鉴和吸收国外有益的经验和做法。1993 年 11 月，党的十四届三中全会，对此作出了有开创意义的回答。全会决定提出，社会主义市场经济体制的基本框架包括：坚持以公有制为主体、多种经济成分共同发展的方针，进一步转换国有企业经营机制，建立适应市场经济要求，产权清晰、权责明确、政企分开、管理科学的现代企业制度；建立全国统一开放的市场体系，实现城乡市场紧密结合，国内市场与国际市场相互衔接，促进资源优化配置；转变政府管理经济的职能，建立以间接手段为主的完善的宏观调控体系，保证国民经济的健康运行；建立以按劳分配为主体，效率优先、兼顾公平的收入分配制度，鼓励一部分地区一部分人先富起来，走共同富裕的道路；建立多层次的社会保障制度，为城乡居民提供同我国国情相适应的社会保障，促进经济发展和社会稳定。

其二，明确企业改革的方向是建立现代企业制度，逐步摒弃从 1987 年以来沿袭多年的企业承包制形式。

我国的经济体制改革，是沿着所有制改革和经济运行机制改革两条主线展开的。到 20 世纪 90 年代初，以价格改革为中心的经济运行机制改革已取得了实质性进展，市场机制在经济运行中已逐步起主导作用。与此同时，所有制改革，特别是国有企业改革，却进展相对缓慢。其中一个原因，是因为从 80 年代末到 90 年代初国有企业一直维持不利于制度创新的落后的承包制形式，使企业的经营机制不能很好转换，仍然是只负盈不负亏，大锅饭体制没有彻底打破。深化企业改革特别是国有企业改革，要求改革思路有重大转变。三中全会的决定根据江泽民同志几次讲话的精神，明确提出企业改革的方向是建立现代企业制度。现代企业制度的特征是产权清晰、权责明确、政企分开、管理科学。国有企业实行公司制，是建立现代企业制度的有益探索。这意味着我国国有企业改革，真正沿着发展社会主义市场经济的要求向前推进，标志着我国国有企业改革进入崭新的阶段。

在三中全会决定指引下，1994 年我国经济体制改革有两大突出进展。一是大步推进财税、金融、外汇等宏观经济管理体制的改革，开始建立与社会主义市场经济相适应的宏观经济管理体系。这一改革的成功，有利于我国经济从 1993 年以来的过热状态逐步恢复平衡与稳定，并于 1996 年顺利实现"软着陆"。二是进行现代企业制度试点，其中由国务院直接抓的有 100 家，为国有企业改革积累经验，为以后推行规范的公司制改革创造条件。

第三，1997 年党的十五大，是在世纪之交，承前启后，继往开来，保证全党在邓小平同志逝世后高举邓小平理论伟大旗帜，把建设有中国特色社会主义事业全面推向 21 世纪的大会。江泽民同志作的十五大报告，对我国改革开放和社会主义现代化建设跨世纪的发展作出了全面部署，是党和国家面向新世纪的政治宣言和行动纲领。

十五大报告对社会主义经济理论和经济改革思路有新的重大贡献。下面只举最突出的两点。

一是十五大报告从调整和完善所有制结构入手，阐述深化国企改革。这是具有重要意义的战略部署。国企改革涉及两方面问题，一是要对国有经济进行战略性改组。既然在社会主义市场经济中国有经济定位为控制关系国民经济命脉的重要行业和关键领域，那么，其他非重要行业和非关键领域，国有经济就可以逐步退出，以加强对关系国民经济命脉的重要行业和关键领域的控制，这就要收缩国有经济战线，对国有经济进行战略性改组。二是对国有大中型企业进行规范的公司制改革。这方面 1994 年起已开始试点，正在逐步推进。当前碰到的突出问题，即国有经济究竟要在哪些重要行业和关键领域进行控制的问题。1995 年，党和政府已提出"抓大放小"的方针，但因各方面认识不一致，执行得不是很好。十五大报告从调整和完善所有制结构的角度，从明确国有经济的主导作用在于控制关系国民经济命脉的重要行业和关键领域的角度，进一步阐发了"抓大放小"的方针，使大家更加明确哪些需要保留国有或国家控股、参股，哪些国有部分可以逐步退出，这样就进一步明确了国企改革的方向和步骤，并在实践中易于操作。十五大后，各地加快了国企改革的步伐，特别是加快了放开搞活国有中小企业的步伐，说明从调整和完善所有制结构的角度，来加快推进国企改革，是很高明的一着棋。

二是建立社会主义市场经济体制，关键是要解决公有制同市场经济的结合问题。十五大报告提出：公有制实现形式可以而且应当多样化，要努力寻找能够极大促进生产力发展的公有制实现形式，社会主义可以利用股份制等。这些都具有开创性意义。随着改革的深化，人们正在十五大报告精神指引下，积极探索和寻找能够更好地同市场经济相结合的社会主义国有资本和其他公有财产的经营管理形式，提高公有制的运作效率，以便较好地实现从计划经济体制向社会主义市场经济体制的大跨越，实现一些经济学家断言无法做到的社会主义公有制同市场经济的有效结合。

（本文发表于《经济研究》1998 年第 11 期）

宏观经济管理

财政、信贷平衡与国民经济的综合平衡

李成瑞

党的十一届三中全会以来，我国在经济方面实行调整、改革、整顿、提高的方针，取得了显著的成就。当前经济形势总的是很好的。1980 年，在农业方面，由于贯彻执行党的农村政策，提高农产品收购价格，调动了广大农民的生产积极性，虽然遇到严重的自然灾害，仍然取得了中华人民共和国成立以来的第二个高产年。工业总产值比上年增长 8.4%，其中轻工业增长 17.4%。职工和农民的收入有所增加，生活有所改善。但是，也要看到，在国民经济中潜伏着一定的危险，表现在：财政发生赤字，货币发行过多，物价相继上涨。中共中央和国务院明确指出：当前的任务，就是进一步抓好调整，稳定经济。为了把国民经济调整好，首先必须达到三条要求：财政收支基本平衡；信贷收支基本平衡；物价基本稳定。在这三条中，前两条决定后一条。只有财政、信贷平衡了，市场物价才能真正稳定下来。我想就财政、信贷的统一平衡与国民经济的综合平衡问题，谈谈个人的看法。

一 搞好财政、信贷的平衡，是搞好国民经济综合平衡的一个极为重要的问题

早在 1957 年 1 月，陈云同志总结国民经济恢复时期和第一个五年计划前四年的经验时，就曾说过："只要财政收支和信贷是平衡的，社会购买力和物资供应之间，就全部来说也是平衡的。"不久又说："如果我们的财政收支不能平衡，社会购买力和商品供应量之间不能大体平衡，物价就会乱涨，市场就会混乱，这对于经济的发展和人民生活的稳定都会带来十分不利

的影响。"经过 20 多年实践的检验，证明这个论断是正确的。

在我国，国家通过预算和信贷集中起来的资金（代表相应的产品），在社会总产品中所占的比重，相对说来是一个较小的部分。但是，它在国民经济发展中具有关键性的作用。这是由于，国家通过财政渠道，动员和集中了社会纯收入（m）的大部分；通过信贷渠道，又动员和集中了补偿生产资料消耗的产品价值（c）、归个人消费的产品价值（v）和社会纯收入（m）的一个部分。经济决定财政信贷，财政信贷也能动地反作用于经济。按照什么方向和比例来分配和运用财政和信贷资金，对于整个国民经济的各个部门的发展是否协调，积累与消费比例是否恰当，市场供求是否平衡，物价是否稳定，经济效果能否提高，人民生活能否改善等，都有着非常重要的作用。从中华人民共和国成立以来的事实看，财政、信贷平衡，资金分配运用合理的时候，也正是我国经济的发展顺利，速度比较快的时候；财政、信贷严重不平衡，资金分配运用不合理的时候，也正是国民经济出现波折发展缓慢的时候。

但是，对于财政、信贷平衡在国民经济综合平衡中非常重要的作用的观点，近两年来却发生了争论。在 1979 年财政发生 170 亿元的赤字、多发相当数量的货币之后，有人认为："170 亿赤字没有什么了不起，日子过得不错"，"财政信贷不平衡，对国民经济的综合平衡没有多大影响"，甚至出现所谓"赤字无害论""赤字有益论"，认为"搞点赤字可以使经济发展快些"。对此，有辩明之必要。

为什么 1979 年国家财政出现巨大赤字，而表面上日子还"过得不错"呢？这里有以下三个因素：（1）在外汇收支不平衡的情况下，从国外进口了一部分粮食、食油、食糖、棉花和轻工业品，增加了市场商品供应，这些外债以后是要加上利息偿还的。（2）居民储蓄猛增 70 亿元（过去一般年份增十几亿元），起了暂时的缓冲作用，但居民储蓄以后是要拿来购买商品的。（3）少有的农业丰收年，而这种条件不是每年都有的。尽管有这些暂时缓冲的因素，我们仍然可以看到，财政赤字正在或已经对国民经济带来不利的影响：它加剧了积累与消费的失调，加剧了社会购买力与商品供应的差距，引起了物价的上涨和货币的贬值。1979 年 12 月零售物价已比上年同期上涨 5.8%，1980 年全年平均零售物价又比上年上涨，这就实际上抵消了人民增加的一部分货币收入。如果任其发展下去，使财政赤字继续存在和扩大，物价继续上涨，那就可能使几年来我们在经济调整改革上得到的成就和工人农民得到的生活改善化为乌有。这不仅会形成经济上的再次折腾，而且会影响安定团结，成为政治问题。怎能说"赤字无害""赤字有益"呢？

还有的同志用西方国家预算常常有赤字而经济仍然能够发展的例子，来推论我国也可以靠赤字进行建设。我认为这种看法是不对的。因为资本主义国家的经济结构和财政职能与我国有根本的区别。在资本主义国家，工商业的投资、生产和流通的经营，基本上是资本家私人的事。企业的利润，相当大的部分留在资本家手里，国家财政只集中一部分。在那里，社会的经济危机总的说是生产过剩，供过于求。资产阶级政府实行凯恩斯主义，有意地搞点财政赤字，经过发行公债，吸收过剩资本，投入公共事业，用来提高社会购买力，对生产起一定程度的刺激作用。而我们的国家，企业利润大部分集中到国家财政中来。我们所遇到的经济问题，多数是供不应求，而不是生产过剩。如果再去搞财政赤字，那岂不是火上浇油，加重国民经济的不平衡吗？还必须看到，资本主义国家用财政赤字、通货膨胀来刺激经济的效果是很有限的。这个办法已经越来越不灵了。周期性的经济危机没有也不可能被制止，而通货膨胀越来越严重，失业人数有增无减，少数资本家发财，广大人民受害。我们是社会主义国家，发展生产的目的是满足人民不断增长的物质和文化生活的需要。我们完全有条件通过国民经济有计划按比例的发展，搞好财政、信贷的平衡，在物价稳定的条件下进行建设，而事实上我们在中华人民共和国成立以来的好多年份确实做到了这一点。现在，为什么反而要采用那种资本主义国家十分不得人心的办法呢？

二 从历史经验和当前情况看财政、信贷平衡与国民经济的综合平衡问题

中华人民共和国成立以来，在财政、信贷平衡与国民经济的综合平衡问题上，有丰富的正反两方面经验。以下谈谈 1958—1960 年"大跃进"时期和从"文化大革命"到最近两年财政、信贷不平衡的一些情况。

先说三年"大跃进"时期。当时提出"以钢为纲"，片面发展重工业，国民经济重大比例关系严重失调，生产大起大落，经济效果大幅度降低，财政、信贷亏空很大，最后直接核销的财政资金达几百亿元；货币发行量增长一倍多（延续到 1961 年），物价高涨，货币贬值，人民生活十分困难，经

过五年调整才基本上恢复正常。当时的问题出在哪里？

第一，积累率过高，基建战线过长。1958 年积累率由上年的 24.9%，猛增到 33.9%，1959 年再增到 43.8%，1960 年仍高达 39.6%。积累额中主要是基本建设投资。基建投资占财政支出的比重，1958 年由上年的 40.7% 猛增到 56%，1959 年和 1960 年仍占 54.7% 和 54.2%。

第二，生产指标动不动就翻一番，片面追求高速度，主要是重工业的高速度。大量产品不合格、不对路，而企业上报了产值，上缴了税收和利润，产生了虚假收入。许多企业"虚盈实亏"，当时表面盈利，最后盘亏核销。国家财政"虚收实支"，从账面上看，1958 年结余 33 亿元，1959 年结余 25 亿元，实际都是赤字。1960 年账面赤字 19 亿元，实际的赤字远不止此数。对农民实行"一平二调"，挫伤了农民的积极性，最后由国家财政退赔近 300 亿元。

第三，在"左"的错误影响下，认为信贷工作中放款就是支持生产，收款就是不支持生产，重放轻收，甚至提出"需要多少，就贷多少；什么时候需要，就什么时候贷给"等口号（当时商业部门提出"生产多少，收购多少；什么时候生产出来，什么时候收购"的口号）。

第四，实行"全额信贷"。定额流动资金（原来由财政无偿拨给企业的自有流动资金）和超定额流动资金，全部由银行贷款，有偿使用；同时规定：定额流动资金部分由财政拨给银行，由银行贷放。这在原则上本来是对的，但是，实际上财政一紧张，就减少了流动资金拨款，结果，财政收支表面上平衡了，实际挤了银行，只好多发票子。在产品大量不合格、严重积压的情况下，企业流动资金大量增加，并未因全部付息而有所减少。

第五，商业信用扩大。不少地方的商业部门在计划外大搞赊销商品，预付货款；甚者"指山买矿""指河买鱼"，实际是变相发放基本建设贷款。

第六，许多地方和企业用银行短期周转性的贷款搞基本建设，把贷款长期占压起来。有人认为："方向对头，不怕杀头。"破除迷信，把合理的财政、信贷制度也破除了。

那次是财政表面上有钱，银行日子不好过。危险的信号首先是银行发出来的。

从 1961 年起，在中共中央、国务院领导下，坚决执行"调整、巩固、充实、提高"的方针，第一，大幅度压缩基本建设。1961 年预算内基本建设拨款比上年减少了 2/3，1962 年又进一步压缩了一半。第二，整顿企业，实行关停并转，动员 2000 万职工回乡，参加农业生产。第三，中央发布关于财政工作和银行工作的两个六条决定；大力节约开支，紧缩通货，禁止未经批准的商业信用。此外，还采取一些临时的高价措施，增加货币回笼等。这样使国民经济中的重大比例关系逐步趋于正常，财政、信贷恢复平衡，物价重新稳定，经济效果显著提高了。现在我们常说的各项经济技术指标的历史最好水平，大多数是 1965 年的水平。

"文化大革命"期间，国民经济受到严重破坏。从账面上看，十年财政收支，六年结余，四年赤字。实际上，这六年是在财政收入中有虚假、财政支出的安排上压低人民消费的情况下，勉强保持平衡的。由于"文化大革命"造成的恶果，加上粉碎"四人帮"以后头两年经济工作中的失误，1979 年财政发生 170 亿元的赤字；1980 年原定预算赤字 80 亿元，实际超过了这个数字。财政大量向银行透支，引起货币的过多发行，物价上涨。这一次同三年"大跃进"以后的困难时期相比有很大不同：农业情况比较好，工业生产有所增长，市场供应情况也比较好，但调整的任务更为复杂、艰巨。这两年问题主要表现在哪里？

第一，积累率过高，基建战线过长，同时，为了归还长期以来的"欠账"，提高了人民消费水平。在资金的分配上，积累和消费需求的总和超过了国民收入；财政支出超过了财政收入。积累占国民收入的比重，1970 年以来，一直为 31%—34%，1978 年积累率达 36.5%，1979 年仍有 3.6%。原来计划：1979 年的基本建设压缩 90 亿元；提高农产品收购价格，部分职工增加工资，增加开支 100 亿元，增减大体可以相抵。但实际上农产品提价、增加工资和奖金大大超过 10 亿元，而基本建设并没有压下来。

第二，仍有片面追求速度的问题，产品大量积压，经济效果很低。目前钢材库存 2000 万吨，机电产品 600 多亿元，商业外贸库存 1000 多亿元，其中都有相当一部分不合格、不对路的产品。这就过多地占用了流动资金，同时造成财政的虚假收入和银行虚假存款。这些不合格、不对路产品所造成的损失，至今还未完全暴露。

第三，银行有虚假存款。在财政发生大量赤字的情况下，用赤字拨出的基建投资、购销倒挂补贴拨款等资金，暂时闲置的部分存入银行。银行出现了"虚存实放"。银行办理挖潜、革新、改造的中短期设备贷款，受到贷款单位的欢迎，从具体单位看收到了较好的效果，但有一部分没有相应的资金来源，助长了全局的信用膨胀和通货膨胀。

第四，在破除"老框框"的口号下，有些地方的银行用地方财政存款发放了一部分基本建设贷款；有些地方财政、税收等部门也办起了投资公司，发放基建贷款，实际是办起了银行业务。财政、银行的分工管理发生某些混乱。

第五，经济管理体制初步改革，企业利润留成增加，企业存款随之增长；提高农产品收购价格和增加工资之后，城乡居民储蓄大量增加。存款和储蓄的增长，增加了银行资金的来源。但整个看来，由于财政透支和银行贷款增加得更多，银行资金仍然是支大于收。

第六，借用外债，进口一部分农产品和轻工产品，从当年看，增加了商品供应，回笼了货币，但为以后年度造成了困难。

这次银行表面上有钱，财政日子不好过。危险的信号首先是从财政部门发出来的。

自从 1978 年年底党的十一届三中全会以来，特别是 1980 年年底中央工作会议以来，中央和国务院提出并贯彻执行了调整、改革、整顿、提高的方针，强调调整是关键。目前正采取若干重大措施，并已开始收到效果。但完全达到调整的要求，还需要一个过程。

从以上两次财政、信贷发生不平衡的情况中，可以看出它们之间有若干不同之处，但具有如下根本性的共同点。

第一，这两次都是在"左"的错误思想支配或影响下造成的后果。不批判"左"的错误，财政、信贷平衡问题和整个国民经济综合平衡问题就不可能根本解决。

第二，这两次财政、信贷不平衡，都是整个国民经济重大比例失调的集中反映。在"左"的错误思想支配下，片面强调发展重工业，片面强调增加积累，脱离国情国力，结果，破坏了财政、信贷平衡的基础，形成"基建挤财政，财政挤银行，银行发票子，最终是压低人民消费"的局面。

第三，这两次在财政收支上，除了账面的赤字以外，都还有一些隐蔽的赤字。这种隐蔽的赤字表现在：收入有虚假（不合格、不对路产品按正常产品上缴税收利润，用银行贷款弥补企业亏损等）；支出没有列足（应拨的流动资金没有核实拨足，压低应当用于人民物质文化生活的支出等）。

第四，这两次都存在信用膨胀问题。银行用短期周转性存款的来源，作了长期占用性的基本建设贷款，或者过多地用于呆滞物资的贷款，以及商业部门搞计划外的商业信用，都扩大了信贷差额，这实际是变相的财政赤字。

第五，这两次都说明财政与银行是休戚与共、祸福同当的兄弟。三年"大跃进"，表面上看似乎是"财政富了，银行穷了"，实际财政富是假的；这一次表面上看似乎是"财政穷了，银行富了"，实际银行富也是假的。对财政、信贷应当作为一个整体统一观察，全面分析。财政、银行应当在各自领域内做好工作；同时互相支持，统一平衡。财政赤字，势必使银行多发票子；信用膨胀，势必变相增加财政赤字。反之，财政有结余，支持了银行贷款；银行多吸收存款，合理控制贷款，也支持了财政。财政、银行的分口管理与统一平衡都是客观要求。

三　从理论上探讨财政、信贷平衡 与国民经济综合平衡问题

（一）关于国民经济综合平衡与财政、信贷平衡的关系

国民经济的综合平衡，最重要的是按照马克思关于再生产过程中 I、II 部类和 c、v、m 关系的公式，处理好各个经济部门之间、积累与消费之间的比例关系。经济结构决定分配结构，而分配结构对于经济结构具有积极的反作用。财政信贷资金的分配运用，对分配结构即积累与消费的比例，具有决定性的作用；对于经济结构，也具有重要的调节作用。

财政、信贷资金的分配运用，必须遵守以下两条客观要求：第一，资金的分配运用的总量，必须同资金的来源相适应，就是说，不能搞过头分配。财政不能搞赤字，银行不能在经济发展正常需要之外多发票子。没有相应物资的票子，既不能用来建设工厂矿山，也不能用来改善人民生活。多发票子，只能引起货币贬值，造成强制的再分配，破坏正常的经济秩序，挫伤广大人民的生产积极性。第二，资金的分配运用，必须有正确的方向和合理的比例。要合理地安排积累与消费的比例，积累中生产性建设和非生产性建设的比例，生产性建设中农业、轻工业、重工业、建筑业、运输业、商业的比例。多年来在"左"的错误思想指导下，片面强调生产资料的生产，忽视生活资料的生产；片面强调积累，忽视消费的作法，是违背客观规律的。在这里，有必要重温马克思关于扩大再生产的公式。

马克思不仅指出，要扩大再生产，第一部类创造的新价值，必须大于第二部类转移（即补偿生产资料消耗）的价值：Ⅰ $(v+m)$ > Ⅱ c；马克思同时还指出了扩大再生产，必须以第二部类的相应扩大作为保证，也就是两部类必须协调发展的公式。第一部类原来的工资量加追加的工资量，加利润中用于公共消费的量，等于第二部类补偿的和追加的生产资料价值量：Ⅰ $(v+\dfrac{m}{z}+\dfrac{m}{x})$ = Ⅱ $(c+\dfrac{m}{y})$。过去我们一再违背了这个公式，破坏了国民经济的合理比例，形成第一部类"腿长"，第二部类"腿短"，想要跑得快，反而跑得慢，有时甚至跌了跤子，造成国民经济的停滞和倒退，财政、信贷也发生严重的不平衡。现在调整国民经济，降低积累比重，提高消费比重，必须以降低第一部类生产的比重，提高第二部类生产的比重为基础。否则，工人农民有了钱买不到东西，造成生产资料的积压，消费品供不应求，市场紧张，物价上升，财政收入减少。只有按客观规律办事，按马克思主义的科学理论办事，安排好经济结构和分配结构，才能搞好财政、信贷的统一平衡和整个国民经济的综合平衡。

（二）关于财政、信贷两种资金渠道的界限和必要的交叉

不论财政资金、信贷资金，都是社会产品的价值表现。财政资金，是通过无偿的财政手段动员的一部分社会产品的价值表现。它包括：（1）企业上交的税金和利润，来自 m 的大部分；（2）居民和非物质生产部门上交的税金，来自 v 和 m 的一小部分。

信贷资金，主要是通过有借有还的信贷手段动员的一部分社会产品的价值表现。它包括：（1）企业、事业单位存款，主要来自销售货款，即 c、v、m 的各一小部分；（2）居民储蓄，来自 v 和 m 的一小部分；（3）国家金库的存款和机关、团体、学校从预算中领来暂时未用的存款，主要来自 m 部分，也有一小部分来自 v。此外，还有：（1）银行根据经济发展需要发行的货币，也是信贷资金的一个来源，流通中的货币，主要是居民手存现金，来自 v 和 m 的一小部分，企业库存现金则是来自销货收入即 c、v、m 的一小部分；（2）银行经营利润的留用部分（应扣除呆账损失），来自 m 的一小部分；（3）国家预算对银行的拨款，主要来自 m，这部分资金同预算资金是重复的。现用假定的一个年度内的数字表示如表 1 所示。

表1　　　　　　　　**财政资金和信贷资金之间的关系**

社会总产品的价值			经过分配、再分配形成的财政、信贷资金	
			财政资金	信贷资金
c	250	$\begin{cases} c_1 & 50 \\ c_2 & 200 \end{cases}$	— —	10 30
v	125		10	15
m	125		90	15
合计	500		100	70

注：①表中信贷资金是本年末余额比上年末余额增减变动的部分（一般是增加的）。这种列法，是同本年度社会总产品价值中通过信贷动员的部分相对应的。至于上年度转入本年度的余额则代表上年度转入本年度的产品，未予计入。本年度财政对银行的拨款，与财政资金重复，也未列入。

②c_1是折旧，c_2是在一个生产周期中消耗掉的生产资料。

③表中有关国际收支问题，一概舍而不论。

上面的分析和表1可以说明财政资金、银行信贷资金，都是代表一定产品的，都是有客观限度的。在实际工作中，银行的同志有个苦恼：财政可以说没有钱，银行不能说没有钱。有的地方的负责同志总认为，"财政资金有一定的限度，银行资金没有一定的限度"。在经济调整，压缩财政开支的情况下，往往要求银行多拿钱，这是不符合客观规律的，其结果，使银行发放没有相应物资的贷款，助长信用膨胀和通货膨胀。

上面的分析和表式还可以说明信贷资金的来源，从性质上看，主要来自c、v，这都是补偿性的，不能退出周转、挪作他用；只有很小一部分来自企业利润留成部分即m的部分，可以长期占用。

社会资金的动员，分为财政、信贷两种渠道；资金的运用也分为财政、信贷两个渠道。那么，资金来源与运用的渠道是否可以有所交叉呢？

回答是：无偿与有偿两个渠道，必须划清界限，分口管理；同时，应当有一部分必要的交叉。混淆财政与银行的分工是不对的，不允许有必要的交叉也是不对的。

如上所述，从信贷资金的来源主要的、基本的部分看，在性质上属于补偿性的、短期周转性的。如果把这种资金挪用于基本建设，长期占用，或者用于其他财政性开支，把它消耗掉，那就要么造成生产周转的中断，要么造成信用膨胀，而信用膨胀等于变相的财政赤字。这两种情况都是不能容许的。所以说，必须坚持分口管理的原则。那种要求"财政赤字信贷补"的观点和做法是危险的、有害的。

　　另一方面，又要允许两种渠道必要的交叉。原因是：资金的动员，是通过财政的无偿方式还是银行的有偿方式，决定于资金的性质和动员方式的合理性；而资金的使用，是通过财政的无偿方式还是银行的信贷方式，则决定于国家需要在多大程度上运用银行信贷杠杆。例如，原来由国家财政拨付的基本建设拨款和企业自有流动资金，其来源，基本上是企业上缴的税金和利润，是通过无偿渠道动员来的，但在运用上，根据过去的经验，这些资金完全由财政拨款，无偿使用，建设单位和企业不直接承担经济责任，不利于节约资金，提高经济效果。为了发挥银行信贷的杠杆作用，基本建设投资要通过建设银行，大部分改为有偿使用；企业流动资金在条件成熟时要通过人民银行恢复"全额信贷"。

　　当然，这里也要说到，对于国营企业来说，"有偿"与"无偿"的区别是相对的。因为"有偿"的本息，是国营企业从上交国家的新增利润中支付的。尤其在目前国家尚未制定企业法、银行法，"经济责任"的法律含义很不明确的情况下，更是如此。有的同志认为财政拨款绝对的坏（"肉包子打狗"），银行拨款绝对的好（"一元顶几十元"），有点言过其实。通过银行贷款，在一定意义上，对提高经济效果是有好处的，但这种效果要有多种条件的配合，才能发挥出来。没有一定的条件，银行贷款也会成为呆账，造成损失。

（三）关于财政、信贷的统一平衡

　　财政、信贷统一平衡的主要问题，是流动资金与基本建设投资的安排问题。马克思说过，固定资产的投资，即基本建设投资，是一种"在较长时间内不断从社会取走劳动力和生产资料，而在这个时间内却不向社会提供任何可以再转化为货币的产品"① 的生产活动。马克思关于商品的库存（长期占用性流动资金），曾说过："没有商品储备，就没有商品流通。""商品停滞要看作是商品出售的必要条件。"② 这两种长期占用性的贷款，都是把钱贷出去，在相当时期内不会得到任何商品的。因此，这部分资金需要主要由国家财政用社会的纯收入来支持（它处于生产周转过程以外），才能使信贷收支达到平衡。当然，除此以外，还有：（1）银行经营利润的留用部分（m）；（2）银行

---

① 马克思：《资本论》第二卷，人民出版社 2004 年版，第 397 页。
② 同上书，第 163、164 页。

吸收的企业折旧金存款（c_l）；（3）其他存款、居民储蓄中一小部分可以长期占用的最低余额（c_2、v、m）。现在用假定的数字表示如表2和表3所示。

表2 财政资金的来源与运用

企业上交的税金利润	m	85	非生产性支出	52
银行利润上交部分	m	5	基本建设支出	40
			其中：拨交投资银行贷放	（30）
居民税收和事业单位上交	vm	10	流动资金支出	8
			其中：拨交短期信贷银行贷放	（50）
总计		100		100（拨银行35）

表3 银行长期和中期占用性贷款的资金来源与运用①

财政委托贷放的基本建设投资	m	30	长期占用性流动资金贷款	20
财政拨长期占用性流动资金	m	5	长期和中期固定资金贷款	40
银行利润留用部分	m	5		
企业折旧存款	c_1	10		
短期存款和居民储蓄中可以长期占用部分	c_2、v、m	10		
合计		60		60

这里所说的银行，既包括短期信贷银行，也包括投资银行（建设银行）。

表2和表3中，扣除财政资金和银行资金重复的部分，则：财政收入为100，银行收入为25，共计收入125；财政支出为65（52 + 10 + 3），银行支出为60，共支出125，收支相平。财政、信贷是统一平衡的。

表2和表3中，如果财政、信贷的资金来源中任何一项减少（或虚假）；或者资金运用一方不合理地增多，就会导致财政、信贷的不平衡，过

① 表3没有列入短期周转性的信贷资金。这是因为在短期周转的范围内，来源与需要在理论上是可以自行平衡的。一方面，企业收购物资时需要从银行取得贷款；另一方面，企业出卖物资时又要向银行存款（或归还贷款）和保留必要的货币流通量（留在社会上的货币）。银行放款的数量，同贷款和货币流通量加在一起的数量是平衡的。当然，在实际工作中，有时发放了没有物资保证的贷款，有些企业不按期归还贷款，仍要发生一定差额，为简明计，在表中没有列入这一差额。此外，还要说明，表3数字是按目前经济管理体制设定的，将来经济管理体制有了大的改变，企业支配的利润大量增加后，情况会有改变。

多地发行货币。例一：财政收入中，企业上缴利润和税金中，有5是产品不合格、不对路使价值不能实现的部分，则财政收入实际上是95，但账面上收入仍为100，这就产生了5的隐蔽赤字，最后要多发票子。例二：信贷支出中，长期和中期贷款由40增加到43，则信贷支出为63，使信贷发生逆差，这也变相增加财政支出，形成变相的财政赤字。例三：财政支出中，基本建设支出由40增加为44，流动资金由8减为4，其中拨给银行部分由5减为2，则财政收支表面上仍然可以平衡；但信贷资金来源中"财政拨付的长期占用性流动资金"由5减为2，整个信贷收支发生逆差，这个−3只得用增发货币来弥补，所有这些情况，都是应当避免的。

四 几点建议和想法

第一，计划部门要编制综合财政计划，把它作为国民经济综合平衡的重要组成部分（有的同志认为"综合财政计划"这一名词不科学，主张改为"综合财政信贷计划"，也可以）。有了这个计划，可以对预算内资金、预算外资金、信贷资金、企业专用资金等作全面的合理安排，有利于做到财政、信贷、物资的综合平衡，有利于对国民经济重要比例关系的合理安排。20世纪60年代初，曾经编制过综合财政计划，以后被"左"的思想冲掉了。现在纠正了"左"的思想，应当加以恢复。鉴于经济体制初步改革后企业利润留成增加，地方财政比重增大，更有必要建立综合财政，加强对整个资金运用的计划指导。最近压缩基本建设投资，有些项目的投资，往往从预算内转到预算外，从财政转到信贷，从基建转到挖潜革新改造。诸如此类的问题，都需要通过综合财政计划来检查和指导。当然，综合财政计划是领导机关进行综合平衡的一种重要工具，不是直接下达的指令性计划指标。此外，建议计划部门编制国际收支平衡表（不只是当年外汇收支平衡表），这是与财政、信贷的国内平衡密切相关，不可分割的。

第二，财政、银行工作为国民经济调整服务。坚决贯彻执行国务院最近颁发的"财政八条"和"银行八条"。1962年国务院颁发的财政、银行两个六条，在紧缩通货、稳定物价、促进调整工作中发挥了重大作用。要吸取这一成功经验，结合当前情况加以运用。财政要把预算真正打平，不留赤字；一经确定，就一毛不拔。银行要坚持"放款必须有物资保证"和"借了钱要还"的根本原则（基建贷款和挖潜革新改造贷款，只能从运用贷款创造的利润中偿还，不能挪用应上缴财政的利润）。到期不还的，收回贷款，由此引起停产，发不出工资等问题，由企业自行负责（对此，国家应制定必要的法律法令，使企业有所遵循）。这把"尚方宝剑"要交给银行。否则，银行可能还是"资金供给制"，能还就还，还不了就拖。当然这把"尚方宝剑"在具体运用上，还要结合调整工作来做。对于应当关、停、并、转的企业，由政府制定出恰当的处理办法，以免影响安定团结。

第三，财政要拨足应拨的流动资金。这件事不容易做到。这并不是由于财政部主观上不愿拨足，而是由于财政收入有限，需用很多，挤来挤去，往往挤了流动资金拨款，最后是多发了票子。因此需要研究一个恰当的比例，作为一条"硬杠子"定下来。根据"文化大革命"前正常年份的经验，财政每年拨付流动资金（包括拨给企业的自有资金和拨给银行的信贷资金），应当占预算支出的8%，或者说，基本建设投资（固定资产投资）与流动资金应是5∶1。建议结合当前初步实行体制改革后的实际情况，经过研究，定出一个恰当的比例来。

第四，目前流动资金占用过多，应当认真地加以清理和压缩。这不仅可以减少流动资金的占用，而且可以增加市场的商品供应量。在目前财政有赤字、信贷有差额的情况下，压下来的资金，应当归银行，用以回笼货币，稳定物价，不宜用于扩大基本建设。

第五，要坚持财政资金和信贷资金的分口管理；相互交叉要有必要的条件。发放基本建设贷款，应以财政能拨款多少给银行为条件。发放挖潜革新改造贷款，也要以有相应的资金来源为条件。如果一面发放基本建设贷款，一面过多地发票子，那就是变相扩大财政赤字，拉长基建战线。我认为凡属投资性的贷款，似应全部由投资银行（建设银行）办理为好。这样，对基本建设总规模比较容易控制，比较容易作到财政、信贷的平衡和国民经济的综合平衡。

第六，建议加强统计工作。统计是拟订国民经济计划的基础。目前统计工作相当薄弱。为了把统计数字进一步搞准确，使统计指标体系更加完整，以利于认识我国国情国力，搞好财政、信贷、物资、外汇的平衡以及整个国民经济的综合平衡，急需建立和健全集中统一的强有力的统计系统。在当前国民经济调整中，统计工作应当加强，不应削弱。

第七，建议及早颁布企业法、银行法（或信贷法）。这些法律除了规定原则以外，还要对实际问题如何解决作出明确规定。例如，只规定银行贷款必须到期偿还的原则还不够，要规定企业还不了怎么办？你提高利息，他就增加成本、少交利润，无限期拖欠，怎么办？如果银行收回贷款（至少是不发新贷款），企业没钱买原料，没钱发工资，怎么办？是否可以让企业倒闭？倒闭企业的人、财、物如何处理？没有这些规定，所谓"偿还原则"，所谓"银行要承担贷款的风险"都难以落实。又比如，只规定贷款的企业要"直接担负经济责任"还不够，还要规定谁来担负责任（企业，还是企业负责人？）银行是否可以处理企业的财产，等等。我个人认为：既然承认价值规律，就必然要承认竞争；既然承认竞争，就必然要承认淘汰。如果每年淘汰1%的企业（全国35万个工业企业，每年淘汰3500个），可能比隔十年淘汰10%的办法要好些；主要用经济办法（包括银行到期强制收回贷款或不发放新贷款）淘汰（也要经政府同意），可能比主要用行政办法淘汰（下令关停并转）要好些。与此相适应，建议制定企业关停法，并在国家财力许可的条件下，考虑制定社会救济法。建议充分利用关停企业的人力、房屋、设备、技术，办一批技工学校和中专学校职业学校。除原企业工人带工资学习（年老体弱者另行安排）外，招收一部分待业青年加以培训。学习期满，考核及格的，一律分配到现有企业中工作，同时把未受过技术训练的工人抽出来轮流加以培训。如此落实"全员培训"和"正规培训"的方针，提高工人技术水平。要逐步改变我国城市人口中在业人员过多，效率很低（实际上能源和原材料不足，许多企业不能经常开工，是很大浪费），受教育人员过少、技术水平太低的状况。

第八，财政、信贷平衡，最根本的，还是依靠发展生产、提高经济效果。国营工业企业每百元销售额提供的税金和利润，1965年是30元，1979年降到25元，降低了16%；另据冶金、电力、煤炭、石油、化学、机械、建材、纺织、轻工等部门统计，46项可比产品质量指标，1980年1—11月平均数尚未达到历史最好水平的有18项，占39.1%；61项能源和原材料消耗指标，1980年1—11月平均数尚未达到历史最好水平的有31项，占50.8%，可见潜力是很大的。只有生产发展了，经济效果提高了，"财源茂盛"，财政、信贷、物资、外汇的平衡才有良好的基础，才能在市场物价稳定的条件下，稳步地增加生产，增加积累基金和消费基金，一步一个脚印地向现代化的宏伟目标前进。

（本文发表于《经济研究》1981年第3期，获第一届孙冶方奖）

再论保持经济改革的良好经济环境

吴敬琏

我在《经济改革初战阶段的发展方针和宏观控制问题》（载 1985 年 2 月 11 日《人民日报》）一文中，讨论了如何通过执行正确的经济发展方针和加强对国民经济的宏观控制来保证我国的经济改革有一个良好的经济环境的问题。限于文章的篇幅，对有些问题语焉不详，看来还有进一步申论的必要。

一　为什么经济改革需要一个宽松的经济环境

我在那篇文章里提到，为了保证经济改革能够平稳地进行，首先需要有一个宏观经济关系比较协调，市场不太紧张，国家的财政、物资后备比较宽裕的良好经济环境。

为什么需要这样的经济环境呢？从根本上说，这是因为经济改革的总方向在于改变过去那种排斥商品货币关系和价值规律作用的经济模式，建立有计划的商品经济体制，使市场机制发挥更大的作用；而市场机制发挥积极作用的必要前提，又是存在一个总供给大于总需求的买方市场。

研究东欧社会主义国家经济体制改革的经济学家首先论述了这个问题。布鲁斯在系统阐述他所提出的"含有可调节的市场机制的计划经济"模式时指出，保证这种模式中"市场机制有效地发挥作用的基本条件"，是"造成一个有限的买方市场"。[①] 锡克在《民主的社会主义经济》

---

① 弗·布鲁斯：《社会主义经济的运行问题》，中国社会科学出版社 1984 年版，第 191、151—152 页。

一书中提出了市场机制发挥积极作用的七个条件，其中第一个条件就
是：一个供给总量比有效需求总量有不太大的超前增长的"买方市场的
存在"①。

这种意见是有道理的。在商品经济中，市场机制从两方面对企业的经营
决策起积极作用。一方面，促使生产者努力改进微观生产结构，以适应市场
需要。另一方面，促使生产者努力降低成本，节约资源，以适应市场竞争的
环境。这样，既能增加企业的收益，也符合消费者和整个社会的利益。然
而，市场机制要能起这样的作用，必须以生产者（卖者）之间竞争为前提，
因而需要有一个买方市场。如果存在着供不应求的卖方市场，生产者就不会
感到竞争的压力，因而也就不会调动起自己的全部力量去改善经营管理和适
应社会的需要。

我国经济学界是在 1979 年党中央制定"调整、改革、整顿、提高"的
八字方针以后，在讨论调整与改革的关系问题时接触到这个问题的。当时，
一些同志吸收了国外研究的成果，指出经济体制的全面改革要以国民经济的
调整工作收到一定的成效为前提。这是因为，"在经济紧张的情况下，分权
化的体制改革是不能实现的"。"使社会生产大于社会的直接需要，使商品
的供给大于有支付能力的需求，从而建立一个消费者或买者的市场，是正常
开展市场调节的一个前提条件。"② 虽然"建立社会主义的买方市场"的提
议引起了争论，但是到了后来，特别是在 1980 年年底确定对国民经济进行
进一步调整以后，绝大多数人都同意，在执行"八字方针"的初期，应当
采取以调整为重点，并在有利于调整的条件下进行局部改革的战略；待到主
要比例关系大体协调，比较宽松的经济环境开始出现，才有可能开展经济体
制的全面改革。

1984 年夏季以来，有的经济学家从什么是适宜的货币供应量的角度对
上述分析提出了另一种看法。他们同国外商品经济相比拟，认为货币供应的
超前增长是经济发展本身的要求；在我国经济的目前发展阶段，货币超前发
行所提供的旺盛购买力是促进生产发展的强大动力。换句话说，如果采取增

---

① 奥·锡克：《民主的社会主义经济》，荣敬本等编《社会主义经济模式论著选辑》，人民出
版社 1983 年版，第 244 页。

② 刘国光：《略论计划调节和市场调节的几个问题》，《经济研究》1980 年第 10 期。参见吴敬
琏《经济体制改革与经济结构调整的关系》，马洪、孙尚清主编《中国经济结构问题研究》，人民出
版社 1981 年版，第 798—803 页。

发货币的办法，创造较现有商品供给量更大的有效需求，就能刺激生产的高速发展。

用增加货币供应的办法创造有效需求，以防止发展的停滞。促进经济的繁荣，这种理论主张，是同二次大战后西方经济学的主流派——凯恩斯主义的主张相类似的。凯恩斯的主张以及相应的政策，曾经为不少西方国家所采纳，成为占统治地位的意见。而且，货币供应量，从而有效需求的扩大，的确也在一段时间里推迟了资本主义经济危机的爆发，或者促成了经济的较快复苏，从而有利于经济增长总趋势的保持。

但是，这种理论对我国是不适用的。

第一，对于西方有效需求不足的经济来说，货币的超经济发行可以起到增加有效需求的作用，因而往往可以作为反萧条的有效措施，阻滞危机出现或刺激经济回升。然而我国市场经常存在的是需求大于供给的状况。对于这种如匈牙利经济学家雅·柯尔奈所说的"短缺经济"，货币的过多供应只能加剧经济的紧张程度，并使长期存在的卖方市场难于向买方市场转化，不利于能够保证市场机制有效地发挥作用的经济环境的形成。

第二，即使在西方国家，货币过量供应带来的停滞膨胀和效率下降的弊病也已使许多人认识到，用通货膨胀维持繁荣是一种饮鸩止渴的办法。因此，越来越多的国家转而采取了控制货币供应量的政策。率先采用这种办法的是联邦德国。1948年，在当时负责经济事务的艾哈德主持下进行的货币改革和有关政策的实施，使联邦德国只用了短短几年就从第二次世界大战后的绝境中恢复过来，并在往后20余年中实现了持续发展。这在西方被称为"经济奇迹"。按照另一位凯恩斯的批评者弗里德曼的说法："所谓艾哈德的经济奇迹，其实非常简单，就是取消了物价和工资的限制，允许市场自由活动，同时严格限制货币的总量。"[①] 日本在1955—1973年经济高速发展的所谓"起飞时期"，也采取了通过控制货币供应量保持物价稳定的政策。整个时期日本批发物价的年平均上升率始终保持在1.5%以内。日本中央银行金融研究所所长铃木淑夫指出：市场物价总水平在起飞阶段的基本稳定，是实现经济高速度发展的重要条件，如果像有些国家那样实行通货膨胀政策，物价总水平上升，就会因为企业不能根据准确的价格信号

---

① 米·弗里德曼：《论通货膨胀》，中国社会科学出版社1982年版，第33页。参见路·艾哈德《来自竞争的繁荣》，商务印书馆1984年版。

作出最优的资源配置决策而导致国民经济整体效益降低，从而无法实现持续的增长。[①] 显然，我们应当从中得到借鉴。

二 改革的初战阶段尤其需要注意保持宽松的经济环境

1984 年 10 月党的十二届三中全会作出《关于经济体制改革的决定》以后，以城市为重点的经济体制改革全面展开。在这种条件下，有的同志开始认为，既然发挥我国社会主义经济的活力的主要障碍——封闭僵化的旧体制已被打破，新的充满生机和活力的新体制正在建立，我们就已经有实际的可能在全面展开经济改革的同时，大大加快工农业和其他各项事业的发展，大量增加固定资产投资，大幅度提高人民的消费水平。我以为，这种看法有一定的片面性。

毫无疑义，从长远来看，经济改革必将大大完善我国社会主义生产关系，使生产力得到大解放。但是，从开始改革到改革显著收效，有一个相当长的时间差。在改革的初始阶段，一方面，改革在提高经济效益、增加收入方面的效果还没有充分显现出来；另一方面，经济改革的实施却需要立即支付一定数量的资金，主要因为改革意味着大规模调整人们之间的利益关系，为了保证在这种调整中绝大多数人受益，国家不能不支出相当数量的资金。这两方面的因素加在一起，就容易在改革起步时出现有购买力的需求大幅度增加，大大超过商品供应的增加的情况。如果发生这种情况，就会使刚刚出现的有限的买方市场得而复失，对新经济机制的有效运

---

① 铃木淑夫在北京讲学的提纲：《日本经济起飞时期适量控制货币供应的经验和理论》，1985年 3 月。铃木在讲演中指出，在商品经济中，相对价格（比价）体系的变化是企业选择效益最佳的生产活动的路标。通过产品比价变动，市场向企业传递两种有决定意义的信息：第一，告诉企业供求变化的情况。企业抓住时机扩大紧俏商品的生产，收益就能提高。同时，从国民经济整体看，资源转向最紧缺的产品的生产，也使宏观经济效益提高。第二，告诉企业采用什么原材料和设备可以保持较低的成本水平。企业选用由于供应充裕或技术进步降低了成本因而价格较低的投入，就能迅速提高收益。同时，从国民经济整体看，那些来源丰盛和成本较低的资源得到更广泛的利用，也使宏观经济效益提高。但是，以上这些信息的取得，只有在价格总水平稳定的条件下才有可能。这是因为，个别企业只能从单项商品的价格的涨落观察价格的变化，而影响单项商品价格变动的，有两个因素：（1）价格总水平的变动，（2）比价关系的变动。在价格总水平稳定的条件下，单项商品价格的变动意味着该商品的比价变动。企业可以据此作出对于企业和社会都最为有利的决策。否则，企业就会由于价格信号失真作出错误决策。

行造成困难。面对这种局势，我们有两种可能的选择：或者是在改革之初就把经济发展的速度搞得很高，基本建设战线拉得很长，人民的消费水平提高得很猛；或者是在改革开始时采取适当紧缩的政策，保留比较多的财政和物资后备来支持改革。采取前一种作法会使改革遇到困难，采取后一种作法则使改革能够比较平稳地进行。这个道理，是社会主义各国经济体制改革的实践所反复证明了的。

有的国家从改革的准备阶段就注意了为改革创造和保持良好的经济环境。例如，匈牙利1968年的改革就是这样。1966年5月匈牙利社会主义工人党中央委员会通过的《关于经济体制改革的指导原则》中，设有专章论述如何在改革的准备时期和改革初期为改革创造良好的经济条件，如何保证生产、流通经营条件的连续性和稳定性，如何保持国民经济的平衡，并作出了一系列具体的规定。文件指出，新机制的积极影响只能逐渐地展现出来，因此，"为了渡过转变时期的大小难关，在1966年和1967年就要积累起开始的储备"。与此同时，"在改行新经济机制的阶段，应该努力使对提高投资的需求保持在与生产能力相适应的水平上。所以，1967年就应该限制新投资项目的开工，应该帮助正在进行的投资项目尽快地竣工，并且要增加现代化的、技术更新的、资金回收快的投资"。"在新经济机制全面实行的时候，国家预算在投资支出方面，应该厉行节约，投资的银行贷款总额则需要更严格地保持在平衡所要求的限度内。"此外还指出，"在新经济机制全面推行的时期，最重要的问题是保证消费的市场的平衡，这主要是要避免形成通货膨胀式的物价—工资的螺旋式上升"。实践证明，以上这些规定，对保证匈牙利1968年改革的健康进行和改革初期的经济稳定起了很好的作用。

波兰1973—1975年改革的经验，也很值得我们注意。波兰的这次改革是在1971—1975年的五年计划期间进行的。这次改革未能取得成功，而在那以后，波兰经济逐步陷入"深刻的危机状态"[①]。据波兰政府的一个正式报告分析，在经济政策方面造成危机的首要原因，是从该五年计划第一年（1971年）就实行了所谓"高速发展战略"。"根据这一战略，当局设想通过更广泛地利用外国贷款来加紧投资的方法，克服20世纪60年代后期出现的停滞。"与此同时，"消费，尤其是实际工资显著增长。1971—1975年实

[①] 参见《波兰政府关于经济状况的报告（1981年6月）》，以下有关事实，都引自这一报告。

际工资的增长在第二次世界大战后的整个时期中是最高的。结果是多年来投资和居民收入同时以极快的速度增长，超过了创造出来的国民收入提供的可能"。在五年计划的头几年，由于连年风调雨顺促成的农业丰收，加上因国际上的有利条件，经济发展得相当顺利。但是，由于连年高速发展，在开始改革的当年（1973 年）已经出现某些比例失调和紧张的迹象。虽然专家已经对此提出过警告，而且当时失调和紧张程度还不太大，还有可能通过放慢投资、居民收入和外债的增长速度来保持平衡，而不必作绝对的削减，但当局却没有采取任何紧缩措施，"相反却在 1974 年作出了保持极高的投资速度的补充决定和提前实行原拟在下一个五年计划实行的提高工资计划"。"这样，两年之后，在 1975 年和 1976 年之交，一切病症都显露无遗。"在这种情况下，"改革了的体制实际上被废止，又重新回到高度集中的旧体制"，而这种具有严重弊端的旧体制反过来又成为"对经济形势恶化产生根本影响的因素"。这两种因素交互作用，恶性循环，结果使"物质生产减少，生产性资产使用率降低，劳动生产率、劳动纪律以及一般经营效益下降"，终至陷入危机。

有鉴于这些国家的经验，国外不少研究经济体制改革的经济学家主张在改革开始的几年要有意识地放慢生产增长速度，减少基本建设投资，避免立即大幅度地提高工资和奖金，以便腾出足够的资金来搞经济改革，保证改革有良好的经济环境。

我国的经济改革是在全国人民正在为争取财政经济情况的根本好转而奋斗的过程中进行的。现在我国的经济情况已经有了很大的改善。但是，我国人口多、底子薄，目前国民经济的产业结构和产品结构还有不少问题，能源、交通和原材料供应仍然紧张，财政还有赤字，需要向银行透支，因此，不能说争取全国财政经济情况根本好转的任务已经完成。由于财政经济上存在问题的总根源在于经济效益太低，而经济效益低又是由过去僵化和封闭的经济体制造成的，因此，为了争取财政经济情况的根本好转，治本的办法是实现经济体制改革。然而，要使经济改革的步子迈得较大，国家需要拿出较多的资金。而在当前国家手头的财政、物资和外汇后备并不宽裕的情况下，如果各方面的支出增加过多、过猛，就会使财政经济情况不但不能继续好转，还有可能恶化。面对着这样一个似乎封闭的环，我们只能采取如下的策略来打开一条走向良性循环的通道，这就是：在一切其他方面尽可能地紧缩，全力保证经济改革的资金需要。国家的财政后备越宽裕，经济改革的步子越有可能迈得比较大，各方面的经济关系也就能够比较快地理顺，使财政经济情况加速好转，早日进入良性循环。这样，在开始时好像经济发展慢了一点，群众的消费水平提高得也不那么快，但是，由于保证了经济改革的顺利进行，到头来还是快了，从长期看，人民也可以得到更多的实惠。

从这个观点看来，去年下半年特别是第四季度固定资产投资规模偏大，消费基金增加过猛，行政经费浪费严重，信贷失控和货币过量发行，对于经济改革的进行是相当不利的。虽然在今年年初中央采取一系列措施控制投放，加强回笼，反对新的不正之风，强化宏观控制以后，情况已经有了好转，但是，市场关系紧张已给当前的经济体制改革特别是价格改革造成了某些困难，使我们不可能采用步子较大的价格"调""放"方案，而只能小步前进。

投资膨胀，基本建设规模超过国力，是一种难以在短期内根治的"旧症"，每当经济形势好转，就容易旧病复发。而在"松绑放权"对企业消费基金的行政控制已经有所放宽，企业财政自理、自负盈亏的制度又还很不完善的情况下，消费基金膨胀，工资奖金的增长超过国力的"新病"又极可能蔓延。从1979年开始经济改革试点以来，我们已经经历过几次积累基金和消费基金程度不等的膨胀。这种情况说明，任何时候都不能放松对积累基金和消费基金的控制，都要密切注视经济形势的发展，一旦发现异常，就要立即采取措施加以克服。

三　把经济增长速度控制在适当范围内

为了把积累基金和消费基金控制在适度的规模上，一个重要问题是把增长速度控制在适当的范围内。在我国社会主义建设历史上曾经一再出现的投资失控、消费失控或两者同时失控的现象，几乎都是由于追求生产增长的高指标引起的。现在，如果不解决这个问题，保持经济改革的良好经济环境的任务就很难实现。

柯尔奈在他的名著《短缺经济学》中对基本建设投资战线过长、积累基金膨胀的现象作过鞭辟入里的解剖。根据他的分析，这种状况大体上由两个方面的原因造成：一方面是各级领导都有扩张自己所主持的事业的欲望，存在着"扩张冲动"，因而增加投资成为难以餍足的欲求；另一方面是由于"软预算约束"，投资当事人对扩张带来的风险并不承担物质责任，因而没有自我抑制投资欲求的愿望。于是，"投资饥渴"就成为旧体制下难以治愈的痼疾。[①] 与"投资饥渴"相伴随，由于投资的相当一部分要转化为基本建设工人的工资（在我国，工资性支出大约占固定资产投资的 40%），由于社会主义社会里职工改善生活的正当愿望和互相攀比的"示范效应"，还由于企业领导人在"软预算约束"下并不反对工资的迅猛增长，在传统体制下往往存在着"消费饥渴"的通病。目前在我国，经济改革刚刚起步，"软预算约束"的资金"大锅饭"局面还没有根本改变，如果各级领导和社会舆论片面倡导"高速度"，这种"扩张冲动"和随之而来的"投资饥渴"和"消费饥渴"就会猛烈地发展起来，甚至一发而不可收，使国民经济的发展重新回到高指标、低效益的老路上去。走这一条道路，是很难实现国民经济的良性循环和持续稳定的发展，保持经济改革所需要的良好经济环境的。

近年来，我国工农业生产的发展速度逐渐加快。工农业总产值的增长速度由 1981 年的 4.6%，1982 年的 8.7%，提高到 1983 年的 10.2% 和 1984 年的 14.2%，今年第一季度比去年同期增长 23% 左右。应当怎样看待目前这种高速增长呢？

一种意见是，这种发展速度是正常的、健康的，我们应当采取有力措施从各方面支持这种发展的势头。另一种意见则是，近年来我国经济发展速度提高是一件好事，它意味着我国的经济调整和改革工作已经收到某些成效；但在另一方面，当前这样高的增长速度又是国民经济中已经出现"过热"的征兆，应当采取适当的措施加以抑制。笔者是持后一种意见的。

持前一种意见的同志通常从以下几方面立论：（1）目前农业、轻工业、重工业同步增长，说明了国民经济主要部门之间的比例协调；（2）绝大多数产品购销两旺，库存积压减少，不存在过去那种"工业报喜，商业报忧"的情况，说明了国民经济的供需关系协调；（3）产值增长同企业实现税利增长大体同步，说明经济效益提高，国家财力能够支持目前的超高速发展。

上述有关事实是确实存在的，它们也的确表明我国国民经济中的各种关

---

① 雅·柯尔奈：《短缺经济学》，北荷兰出版公司 1980 年版，第 207—210 页。

系有了改善。但是，如果根据这些情况就得结论，认为当前的这种增长势头应当持续地发展下去，却是片面的。

第一，1984年我国农业、轻工业、重工业之间的关系比较协调。这同1981年以前的情况相比较，是极可喜的进步。但是，我们要看到，农、轻、重之间的比例关系固然是国民经济部门间比例关系的重要组成部分，终究还不是这种比例关系的全部。（1）它并不包括工农业生产部门同交通、邮电、服务等现代生产所不可缺少的基础设施之间的比例关系。（2）它也并不能反映工农业内部的工业生产与能源特别是电力生产，加工工业与原材料工业之间的比例关系是否正常。我国交通、邮电等先行部门历来落后，虽然它们在党的"十二大"决议中被列为战略重点，但近年来起色还不大。1981—1984年工农业生产增长43.1%，而交通部门的货物周转量只增长26%，通信状况的改善更为有限。同一时期，发电量只增长24.6%。这就造成了近年来能源、交通、通信等方面的紧张状态，全国经常有积压待运货物几千万吨，经常缺电10%以上。同期以机械、电子工业为代表的加工工业增长63%—97%，而以冶金、化工为代表的原材料工业只增长30%—40%，因而原材料的供应紧张，某些原材料如钢材奇缺，只能靠大量进口来维持。

由于目前我国价格不合理，加工工业产品价高利大，追求过高速度，就会使投资的部门结构继续向加工工业倾斜，因而如不对目前的超高速度加以控制，原材料、电力、交通等方面的缺口还会继续扩大。此外，还要考虑到我国是一个人均资源并不丰裕的国家，生态环境已经有不小的问题。单纯追求产值的增长而不顾及其他，将加剧资源的浪费和环境的破坏。总之，这种超高速增长是我们的国力所无法长期承受的。如果任其发展，超越能源、交通、原材料、外汇等的承受能力，发展速度就会被迫猛降：我们必须避免这种情况出现。

第二，目前我国市场商品销势很好，无论消费品还是生产资料都几乎没有滞销的产品。但要由此得出国民经济供需协调，产品适销对路，经济效益良好的结论，根据也嫌不足。目前市场商品畅销，连一些质次价高和长年积压的商品也一售而空，并不是一种正常现象。出现这种现象的主要原因，是由于去年下半年以后货币过量发行，创造了极为旺盛的购买力。货币供应过量，有效需求超前到一定程度，消费者就会产生抢购和囤积的心理，而不考虑商品是否适用和价格是否过高。

　　还必须指出，去年有些地方工业发展的高速度是靠加工工业的粗放（外延）增长和高度的资金和资源投入取得的。在近年来发展起来的大量公司、企业中，有不少利用本地资源和闲散劳动力进行符合社会需要的商品生产，对于经济的繁荣和市场的兴旺作出了贡献。然而也有一部分公司、企业是在错误的价格信号引导下被虚假的社会需求刺激出来的。于是，某些效益低，成本高，产品质量差，从长远来看并无发展前途的企业，也在银行贷款或地方拨款的支撑下大量兴办起来。这就使去年以来预算外投资增长很快。投资的猛增反过来又加剧了生产资料市场的紧张程度，使某些几十年前就已落后的机电产品畅销，而且远期订货十分饱满。实际上，这部分新增生产能力已经脱离了社会真实需求的轨道，一旦虚假的购买力消失，或者高速增长受到资源、能源等"短线"的限制而不能再维持下去，这部分在虚假需求刺激下形成的生产力就会被逐出生产领域，停产闲置甚至报废。这将造成社会资金的巨大浪费。

　　特别值得注意的是，这种过旺的购买力的出现，使形成买方市场的势头发生逆转。卖方市场的重新出现，对于经济效益的提高和经济体制改革的全面开展都会带来不利的影响。

　　第三，去年我国工农业总产值增长 14.2%，国内财政收入按可比口径计算较前年增长 12%，大体实现了产值和财政收入的同步增长。今年 1 月和 2 月预算内全民所有制企业的产值和实现税利的增长率也大体接近。有些同志认为，这说明我国的财力是能够支持当前这种超高速增长的。这种说法也值得商榷。

　　首先，总产值是按不变价格计算的，而税利只能用现价计算。在价格上涨的条件下，税基增大，税金和利润自然也会有所增长。但是，相对于原来的价格水平，这是一种"虚收"。如果根据这种虚收的增长追加支出，更会形成"虚收实支"，扩大财政赤字。1984 年财政超收达 159 亿元，但由于超支更多，反使赤字有所扩大，这是一个重要原因。

　　其次，即使剔除上述不可比因素之后产值与财政收入仍然同步增长，在一段时间里表现出财源茂盛、财力雄厚的景象，也不能据此推断产值和投资的超高速增长是健康和正常的。在资本主义的市场经济中，存在着投资的乘数效应和消费—投资变动的加速现象。前者说明投资对收入和消费产生的倍增作用；后者说明收入和消费对投资产生的加速作用。这两种因素的共同作用是形成经济的周期性波动的原因之一。其实，投资和收入相互促进的状况并不仅仅发生在资本主义经济中。在我国国民经济发展的历史上，也曾多次发生过类似的情况。在出现这种情况时，如果采取"水多加面，面多加水"的传统方法，在信贷的支持下增加投资和消费，就可能发生控制论所说的"正反馈"作用，使信号不断增强，终至造成系统的振荡甚至灾变。这种投资同收入相互影响造成的经济的螺旋形上升，是不可能无限制地进行下去的。经济增长的上限取决于生产资源提供的可能。一旦超过这种可能，加速上升的经济又会以递增的负速度从波峰向波谷滑去。这种大起大落是我们必须预先加以防止的。

综上所述，我们有必要采取措施，抑制目前经济生活中出现的"过热"倾向。

第一，在全体干部特别是领导干部中树立实事求是、稳步前进的思想，制止盲目追求和互相攀比增长速度的做法，切实地把注意力转移到提高经济效益方面来。总产值这个指标有很大的缺点，既不利于全面反映企业的经济效益，又不能反映工农业生产以外的各项事业的发展情况，而且容易有较大的"水分"。用它来考核各地区、各部门和企业的经济发展情况，容易形成一种翻番的精神压力，助长追求高指标和讲假话的浮夸风，乱"集资"、搞"摊派"的平调风，也不利于发展对于提高经济效益至关重要的基础设施建设和各种服务行业。因此，推广对上海市的做法，把国民生产总值的增长情况作为主要的考核指标，是十分正确的。

第二，从控制消费基金的增长入手，使工业生产增长的超高速在有购买力的需求渐趋疲软的情况下逐步放慢。紧缩宜采取"慢踩刹车"的办法。过猛的紧缩会由于已经形成的生产力难于向紧缺部门转移而造成浪费；同时也会使供求缺口变大，不利于回笼货币。目前正在施行的抽紧银根的措施，既要坚决贯彻，也要防止发生"一刀切"的偏差，要对不同部门有别地采取限制或支持的方针。压缩固定资产投资，也要分别不同情况采取不同的办法。除那些并不急需的和投资巨大、经济效益不好或可行性未经切实论证的项目一概不要上马外，对于为加强电力、交通、邮电等"短线"部门所必需的重点项目，还应当力保。问题是压缩预算外固定资产投资，任务不小，难度很高，除继续采取行政手段外，还应当有新的招数。要加强税收、利率等经济手段的运用，把地方、企业和居民的投资引向加强"短线"的正确方向。

第三，尽可能加快改革配套的进程，完善新的经济机制。如前所述，

"扩张冲动""投资饥渴"和"消费饥渴",无一不和旧体制的"软预算约束",即"大锅饭"相联系。目前出现的加工工业片面发展,原材料工业、基础设施和服务行业相对落后,更是不合理的价格体系造成的。克服"过热"的倾向,根本出路还在于把改革健康地向前推进。例如,实现金融体制的进一步改革和调整利率,进一步完善税制,改变小企业的经营方式,进行比价和差价的调整和其他方面的价格改革,调整房租和实现住宅商品化,等等,都是向这个方面作出的努力。这些措施将有助于完善经济机制和提高预算约束的"硬度",因而有利于抑制"扩张冲动"和"投资饥渴"。

四 双重体制并存状况下的宏观控制

国民经济是一个由许多互相作用、互相依赖的组成部分有机地结合起来并具有特定功能的大系统。同任何其他系统一样,要使它的各个组成部分协调运转以实现其总体功能,每个经济系统都要有自己的调控体系。只有这一体系能够正常地发挥调节作用时,经济系统才能顺畅地运行。各种不同的经济体系,调控机制也不相同。在传统的社会主义经济模式下,各级领导机关通过行政命令对整个国民经济实行宏观调节。在有计划的商品经济中则是运用经济的、立法的以及行政的手段,通过市场进行宏观调节。在经济改革过程中,为保证从旧模式到新体制的转变,如何实现宏观调节机制的平稳过渡,保证不致出现经济生活的紊乱,始终是各国经济改革方案设计者注意的中心问题之一。

在我国,由于经济体制改革采取逐步过渡的方式,实现对国民经济的宏观控制,就更加艰巨和复杂。我们知道,经济体制改革的实施,可以采取不同的方式。粗略地说,一种是经济系统的主要环节同时实现变革的"一揽子"方式;另外一种是各个主要环节的改革有先有后的逐步改革方式。这两种方式的长短利弊,各国学者历来有不同的看法。一般地说,单纯从国民经济的运行着眼,最好是采取"一揽子"方式,这是因为经济系统的各个环节是互相联系、互相制约的,只有各个主要环节配合起来协调地变动,才能保证新系统平稳地、有效地运转。因此,多数经济学家认为,只有"一揽子"改革才能成功。但是,"一揽子"的全面改革往往震动比较大,因为它容易超越社会的承受能力而使改革遇到困难。为了避免这种困难,有些论者从政治、经济的全局着眼,主张采取逐步改革的方式,以求化大震为小震，使改革比较容易为人们所接受。我国的城市经济改革，大体上就是采取后一种办法。

然而，后一种办法也有它的问题。这就是由于改革是逐步进行的，因而不能避免在相当长的时期中存在着"双重体制"和"双重交通规则"的问题。① 两种不同的体制的混杂，会在运行中发生摩擦，从而增加宏观控制的难度。在"双重体制"下，必然存在一物多价的"多重价格"（包括商品价格、外汇价格即汇率、资金价格即利息率等）。在多重价格体系下，如果缺乏有效的控制，套汇、套利、低进高出、投机倒卖等非法牟取暴利的活动就会猖獗起来。利用职权"批条子"，从差价中取利，也会成为以权谋私的新的不正之风的重要形式。

鉴于这种双重体制并存的状况还会持续一段时间，在这种复杂的情况下，单纯靠一种手段将难以完全防止宏观经济失控，因此，我们在加强宏观控制时，要充分运用多种有效手段。

第一，实行微观放活与宏观管好同步进行的原则。无论哪一方面的改革，都要在放活对微观经济活动的管理的同时，制定并实施在宏观上管住的办法。就宏观管理来说，则要实行"先立后破"的原则，决不能容许出现宏观调节的真空状态。

第二，及时制定有关经济法规，完善各项规章制度。我们的各级管理部门都必须把明确政策界限，完善法规的工作抓起来，使各种经济活动有法可循，在制度上无空子可钻。

第三，维护政令的有效性和纪律的严肃性。从改革的整个过程看，行政指令的作用将逐步缩小，经济手段的作用将逐步扩大。然而，目前国民经济中还有相当部分是采取行政指令管理的。而且，即使在经济改革完成以后，也不能完全取消行政手段的运用。因此，我们还需要有区别地保持行政指令调节手段的有效性。目前截留税利、坐支现金等违反财经纪律的现象相当普遍，有法不依、有令不遵的情况时有发生。针对这种情况，必须在明确界限的基础上严肃法纪，做到言出法随，令行禁止，决不能听任违法乱纪分子逍遥法外而不受到惩罚。

---

① 一位波兰学者写道："在进行局部改革的情况下，总是会存在双重的即二元的经济体制。……在这种条件下，经济领域的一部分就根据一种制度规定行事，经济领域的其他部分则根据另一种制度规定行事。"参见耶·克莱尔《社会主义国家六十年代的经济改革》，［美］《东欧经济学家杂志》1974—1975 年冬季号。

　　第四，尽可能完善有调节的市场机制，使已建立的新经济体制能够正常运行。目前新的有计划商品经济体制已经部分地建立起来，但是，对商品经济的社会调控机制还很不配套，主要是：企业财务自理、自负盈亏的制度规定上还存在不少的漏洞；既能反映劳动耗费，又能反映供求的价格体系还没有形成；禁止封锁、垄断和各种妨碍公平竞争行为的较为完善的市场还有待建立；金融体系等有计划商品经济中的调节组织也还很不健全；如此等等。解决办法不是收回已经下放的微观决策权，重新回到用行政命令控制一切的老框框，而是把改革推向前进，努力填平补齐，使改革措施配套成龙，确保在既富有弹性，又保持重大比例关系协调的宏观计划规定的范围内，微观经济活动龙腾虎跃，生动活泼地进行。

　　第五，加强参数调节，学会综合运用各种经济杠杆来控制经济活动。在有计划的商品经济中，宏观调节的主要手段，或者说，宏观经济的计划决策同微观经济的市场决策之间的联结枢纽，是税收、利息、价格等经济参数。目前我们的领导机关还不善于配套地运用这些经济杠杆，通过税收政策、货币和信贷政策、工资政策、价格政策、外贸和外汇政策等的综合作用来调节市场，从而经过这个有调节的市场把企业微观经济活动纳入宏观计划的轨道。这方面的工作亟待改善。看来，有必要建立国家的调节中心以及各个部门和地方领导机关的调节机构，组成社会的调节网络，加强经济杠杆的综合运用。

　　宏观经济调节系统是有计划商品经济这个大系统的一个子系统，它是由许多元素有机地组成的。加之如同前面所说，在我国当前情况下，进行宏观调节要采取多种调节方式。因此，不论对哪方面经济活动的调节，都有赖于多种措施的复合作用。我们必须注意这些措施之间的配套性。就拿货币流通量的控制来说，要使宏观控制有效，需要做到：（1）明确货币发行权限属于国家立法或行政机关，它们规定的发行和信贷限额不得突破；（2）严格划分财政和银行的职权范围，财政不能任意向银行透支；（3）赋予中央银行通过调节专业银行货币经营活动，保持市场头寸松紧适度的职权和责任；（4）赋予银行根据信贷计划独立开展信贷业务，以及监督企业各项基金形成和使用的职权和责任。以上这些，加上生产部门、商业部门、外贸部门以及监察统计部门的积极配合，就可望把国民经济中的货币流通量控制在适度的规模上。

五　对改革目标和实施步骤作出
　　总体规划的必要性

从以上分析可以看到，目前出现的一些问题，同经济措施的配套不够有关。因此，制定经济体制改革目标体制和实施步骤的总体规划的问题，已经提到议事日程上来了。

经济改革是一项建设新型的社会主义经济体系的巨大系统工程，需要及早地设计出这一工程建筑物——新经济系统的蓝图。经济改革目标体制的蓝图越清楚，我们的改革工作就越能做到目标明确，先后有序，防止工作中的盲目性。同时，这个总体设计对系统的结构安排得越妥当，各个子系统之间的配合考虑得越周到，我们就越有把握把各个部件装配成契合良好、能够协调运转的国民经济大机器，发挥良好的总体功能。在近年来的改革过程，包括去年下半年以来的全面改革过程中，的确出现了一些问题。这些问题与其说是改革本身带来的，毋宁说是由于改革措施不配套、不系统产生的。当然，经济体制改革是一项新的事业，大家都缺乏经验。我们不能要求在改革开始进行以前，就设计好巨细无遗、精确完善的图纸。但是，尽快地作出一个哪怕是比较粗略的总体设计，然后在实践中逐步加以完善，是很有好处的。目前，党的十二届三中全会已经对我国经济体制改革的目标模式作出了原则规定，我们又在过去五年改革试点工作中积累了正反两方面经验，应当说，集中一批理论工作和实际工作专家，研究和提出比较具体的目标体制的总体设计方案的条件已经具备。这项工作宜于早日着手。

为了保证改革的顺利进行，我们还应当有一个改革实施步骤的战略计划。由于我国的经济体制改革是逐步进行的，为了保持各个步骤之间的前后衔接和实施每一步骤时经济系统各主要环节之间的同步配套，这样一个战略性的计划就尤其重要。否则，就容易出现改革的措施前后矛盾，各种措施互相掣肘的混乱状态。制订这样一个计划的时机现在也已经成熟了。

（本文发表于《经济研究》1985 年第 5 期，获第二届孙冶方奖）

中国推行产业政策中的
公共选择问题

江小涓

　　中国是一个推行较多产业政策的国家，产业政策以各种理由广泛地存在于许多领域中。然而，长期以来产业政策的实际效果远远不如预期效果，表明在这两者之间有某些尚未被充分考虑的因素在发挥作用。多年的实践经验使人们有理由认为，在研究产业政策问题时，政府决策层和执行系统的行为是一种受多种因素制约。对政策效果有重要影响、有待于进一步分析的因素，不应被假设为"全局利益的代表"置于前提之中。不过，问题的难点在于，政府决策层和行政执行系统在产业政策制定与执行中的行为，是一种典型的非市场决策问题，不太适合用以市场行为作为研究对象的传统经济理论进行分析。

　　公共选择理论用经济学的方法研究非市场决策问题，能够为我们研究产业政策中的政府行为提供有益的思路和方法。公共选择理论所关注的问题如非市场决策的原因，决策者的理性和利益取向，行政系统运作的效率和成本，公共利益的显示与判断等问题，都典型地呈现在产业政策的制定与执行过程中。

　　一旦政府在制定，执行产业政策中的行为具有了可分析性，人们就有可能：第一，对产业政策的作用作出切合实际的预期，认识到存在产业结构失衡问题，并不等于一定需要制定产业政策来解决问题；第二，通过研究影响政府行为的因素的变化，预测未来产业政策的可能变动，减少"政策变量"的不确定性；第三，通过改变影响政府行为的某些因素，改变政府在政策制定与执行中的行为方式，增强那些有充足理由存在的产业政策的实际效果。

一　前提、约束条件与政策的双重性质问题

我国以往对产业政策问题的研究，较多地着眼于市场机制存在缺陷这个问题。显然，从这个角度论述产业政策问题，可以为产业政策勾画出一个很宽的存在空间，凡是市场机制不完善或出现"市场失效"问题的地方，就需要产业政策发挥作用。中国的市场经济尚处在较低的发育阶段，没有哪种市场称得上基本完善，不完善的市场引致的弊端处处可见。基于对产业政策必要性和中国市场经济发育状况的上述认识，最近 10 多年中国制定过许多产业政策，政策涉及领域的广泛性远远超过了以推行产业政策而著称的日本。①

显然，如此重视产业政策的作用，隐含着如下一些前提：（1）政府的决策层有愿望和有能力制定出合理的产业政策；（2）政府的行政执行系统有愿望和有能力有效地推行产业政策；（3）通过产业政策解决问题比通过市场机制解决问题的成本更低。然而，中国制定与执行产业政策的实践没有能够为接受这些前提提供充分的证据。②

看来，为了更好地分析产业政策制定与执行中的问题，有必要从修改有关前提开始讨论问题。对实际问题的观察与分析使我们感到，在我国的经济学研究越来越普遍地接受西方经济理论关于"经济人"的前提的同时，研究政府行为也可以接受公共选择理论有关非市场决策行为的一些基本假设。公共选择理论认为，即使在非市场决策中，人也是有理性和关心个人利益的，与"经济人"不同的是他们在政治舞台上活动。因此，可以认为政府中的决策者和执行人员的行为同市场上经济人的行为相似，他们像经济人追求自己的经济利益那样追求自己的政治利益。"公众利益"可能会影响政府的政治利益，因此是政府所考虑的因素，但只是被考虑的许多因素之一。③

中国的政治体制与西方不同，影响我国政府行为的具体因素与西方国家相比有很大差别。例如在实行直接选举或代议制的西方国家中，"竞选取胜"

---

① 例如，1989 年 3 月颁布的"国家产业政策"，涉及工业和农业中的全部行业，堪称世界产业政策之"最"。

② 江小涓：《论我国产业结构政策的实效及调整机制的转变》，《经济研究》1991 年第 2 期。

③ A. Breton 曾提出过一个政府目标函数，参见 Brelon, A., 1974, *The Economic Theory of Representative Government*, Chicago：Aldine publishing Co.。

或"连任获胜"是政党或政府政治利益中最重要的因素。显然，这不适合于中国的政治体制。不过，这不等于说类似的考虑不会影响我国政府的决策，诸如"政局稳定""受人民群众拥护和支持""在群众中享有威信"等因素。同样是我国政府所考虑的重要因素，尤其当社会安定大局受到威胁或存在着某些影响安定大局的潜在因素时，上述考虑就被放在首要地位。①

从上述前提出发，在决定采用产业政策解决产业结构问题之前，需要考虑以下几个方面的问题。

1. 政府有没有足够的愿望制定和实施合理的产业政策

我们暂时假定政府可以判断产业政策的"合理性"问题（例如"全局利益"），那么政府是不是愿意制定和执行合理的产业政策？从以往的实践看，产业政策的制定者和执行者在考虑"全局利益"的同时，还有其相对独立的利益取向。这种利益至少包括：政府的权力及相关的物质利益、地方利益，部门利益及其他集团利益、个人升迁机会、政府受拥护程度和政局的稳定性，等等。

2. 政府有没有能力制定和实施合理的产业政策

这个问题有两层含义，（1）"合理"的产业政策的标准是什么？如果是"全局利益"，则"全局利益"又是如何判断的。这一点在以往的产业政策研究中很少涉及，看上去似乎不存在问题，但后面我们要谈到，某些产业政策本身的合理性问题很值得考虑。（2）即使存在着衡量"合理"的产业政策的客观标准，由于政府与企业之间、政府内部各部门，各地方政府之间利益取向的不一致，必然导致有关信息传递的不完全、失真和扭曲，政府决策层很可能掌握不了正确判断所必需的有关信息。

3. 产业政策解决结构问题是不是比市场解决问题的成本更低

这是一个与"政府失效"有关的问题。"政府失效"是指那些其结果劣于自由竞争条件下出现的结果的政府行为。在产业政策问题中，当政府由于动机或能力方面存在的原因作出不合理的决策时，产业政策就不但不能引导产业结构更合理地解决市场问题，而且还要付出抑制市场竞争积极作用的代价。进一步讲，即使产业政策目标的合理性没有争议，产业政策也不见得能以比市场机制更低的成本解决问题，政府推行产业政策的成本可能很高。当

---

① 例如，紧缩时期本是调整结构的好时机，但因顾虑由此引起的社会震动，并没有很好地利用这些时机，而是宁愿以财政支出维持一些从经济角度看没有理由存在下去的经济活动。

超过某个界线时，政策成本就可能超过政策收益，这时如果寻找不到以更低成本解决问题的手段，与其用产业政策来解决问题，还不如对其置之不理。

4. 产业政策是一种配置性政策还是再分配政策

这个问题应归入对产业政策合理性问题的讨论中，我国以往对这个问题很少研究，但实际上对产业政策效果的影响很广泛，因此有必要单独进行讨论。公共选择理论将政府的财政支出分为配置性支出和再分配性支出，[①] 产业政策也可以作出相应的划分。配置性产业政策是指那些为了在全社会范围内更合理配置资源的政策，例如在某些外部性明显的基础行业中，政府如果不直接投资或鼓励私人部门投资，这些"公共产品"就会供应不足，从而影响整个经济的发展。但与此同时，由于在大多数情形下，这类靠税收支持的配置性政策的收益不是平均地由全体纳税者享受，而是有些人受益明显，有些人受益较少，还可能有人基本不受益。这时，产业政策就有了再分配性政策的含义，即通过为了实行产业政策而向全体人民征税的过程，将一部分人的收入转移给了另一部分人。我国实行产业政策的范围远远超出了与"公共物品"有关的领域，在这个领域之外的产业政策具有更明显的再分配性质，往往有明确的受益者和受损者。产业政策的再分配性质，使产业政策引起的变化具有"非帕累托"改变的性质：在一些人受益的同时，另外一些人受到损害。产业政策的这种性质对政策制定过程来讲，引起了政策合理性的问题，对政策执行过程来讲，引起了执行阻力的问题，尤其当这种性质能够被有关经济主体察觉时，产业政策的实施就不可避免地要碰到较强的阻力。在某些情况下，如果能给受损者以补偿，就有可能减弱或消除阻力，但在更多的情形下，这种补偿是不可行或不完全的。[②]

提出上面 4 个问题是为了说明，那种认为产业结构存在问题的领域就需要政府的产业政策的观点，对政府产业政策的期望可能过高。这与公共选择理论的核心观点是一致的："市场存在缺陷并不是将问题交给政府去处理的充分理由。"本文以下部分将沿循上述思路，对我国最近十多年产业政策的制定与执行过程中存在的若干典型问题进行具体分析。

---

① Musgrave，A.，1959，*The Theory of Public Finance*，New York，Mc Graw-Hill.

② 例如，可以考虑制定援助"退出"企业的政策，以减少压缩"长线"政策碰到的阻力。但是，在执行"限制进入"的政策时，就很难给予那些潜在进入者以补偿的方式来使其放弃进入的打算。

二　政策制定过程：诱因、压力和目标的确定

产业政策这个概念的提出在中国大约有 10 年的时间。[①] 无论对这 10 年当中产业政策的实际作用如何评价，这个概念的提出和运用对中国的体制改革有过明显的推动作用。由于人们相信在逐步减少和取消指令性计划之后，政府仍然能靠产业政策指导，调控经济活动，从而减少了人们对市场化取向改革的疑虑和由此产生的阻力。

然而，我国产业政策这种特殊的"出身背景"，使其在开始阶段在某种程度上成为指令性计划的替代物，担负起保证国民经济"按比例协调发展"的任务。这种状况与其他一些奉行市场经济的国家实行产业政策的动因有很大差别，在这些国家，产业政策一般只用于与公共物品、外部性，公平竞争，对外贸易、科技开发等问题有关的领域。[②]

不过，尽管人们赋予产业政策很强的功能，然而在改革开放的较早时期，产业政策并没有涉及很多领域，这与当时的经济状况有关。在 20 世纪 70 年代末期和 80 年代初期，国民经济中的结构问题主要表现为存在某些明显的"短线"行业和产品，产业政策的重点是促进"短线"的发展。虽然从理论上讲，"短缺"并不是一种必须由政府采取行动的充分条件，因为如果"短缺"这个数量信号能够转变为价格信号，生产者和消费者能够根据信号进行调整，就无须政府的干预也能达到新的均衡。不过，考虑到第一，当时中国的市场条件尚不能保证上述信号转变和调整过程能顺利进行；第二，某些行业的短缺程度严重，需要进行大幅度的急剧调整而不是边际量的逐渐调整，市场的作用显得过于缓慢，因此人们较为一致地认为，当时在一些严重短缺的行业中，政府需要制定鼓励性政策以促进其尽快发展。

20 世纪 80 年代初期以来，我国产业政策所涉及的范围不断扩展，制定产业政策的依据和产业政策的目标变得较为复杂，出现了较多值得研究的问题。

---

① 1985 年中共中央关于"七五"计划的建议中列入了产业政策的内容，这是官方文件首次使用这个概念，学术界对这个问题的研讨还要早一些。

② Crant，A.，1989，*Government and Industry*，England：Gower publishing Company，Chapter 2.

（一）不同层次的政府在制定产业政策中发挥什么作用，考虑哪些因素

人们在论证产业政策的必要性时，经常提到的论据是，市场具有盲目性，具有引导人们追求短期利益和局部利益的弊端；政府的决策有较多的信息和公正的态度，能够代表全局利益。但是，多年的实践表明，"政府"不是一个抽象的概念，它由不同层次的地方政府和中央各部门组成，在产业政策的制定过程中，地方政府和中央部门并没有呈现出主要从"全局利益"出发考虑问题的特征，而是作为本地区本部门利益的代言人出现。例如，自20世纪80年代初期以来，各部门各地区竞相提出理由，要求成为中央优惠政策的对象，表1是各个部门和地方政府提出的有利于本部门本地区的政策建议和要求。

表1 　　　　　　　　各部门各地区对优惠政策的要求

行业或地区	要求成为重点的理由	政策要求
冶金工业、煤炭工业、石油工业、电力工业、核工业、化学工业、农业、林业、交通运输业、邮电通信业等	"瓶颈"行业，基础行业	给予优惠政策优先发展
微电子工业、航空工业、航天工业、某些机械工业、某些化学工业、核工业等	高新技术行业	
纺织工业、轻工业、电子工业、船舶工业等	劳动密集行业或技术密集行业	
纺织工业、轻工业、船舶工业等	出口创汇行业	
机械工业、微电子工业、汽车工业、建材工业、建筑业、化学工业等	支柱产业，带头产业	
东部地区	对外开放，资金收益率高，劳动生产率高，新产品新技术比率高	
中部地区	老工业基地，工业基础雄厚，技术力量强，大中型国有企业多，地理位置适中	
西部地区	资源产区，为中、东部长期做贡献，能源充裕，沿边地区，少数民族地区	

在针对某些"长线"行业制定限制性政策时，部门、地区利益之争也表现得很明显。我国几乎所有的加工工业部门都提出过要求，希望制定政策，限制新投资者尤其是其他部门涉及本部门所属行业和产品。加工工业集中的地区也希望限制其他地区发展相应的加工工业。防止重复生产重复建设，是这些政策要求的主要依据。但是，换一种角度又能发现，几乎所有的

部门都鼓励部门内企业进入其他部门中前景看好的行业和产品，如在机械工业内部某些生产能力大量闲置的同时，其他的工业部门内部又都建立起供本部门使用的机器设备制造业，各个加工工业地区也在交叉发展，导致了所谓的"地区结构趋同"问题。

　　各个部门和地区在产业结构问题上的"双重标准"现象，如果撇开维护本部门本地区利益的动机和受到来自本部门内部企业的压力这两个方面的因素，就很难找出满意的答案。从本文所给的前提出发，部门和地区维护集团利益的行为很好理解，这是它们的"政治利益"以及与"政治利益"相联系的物质利益所决定的。从各个部门和地区政府所处的地位来看，它们对其内部企业的状况负有责任，如果听任大量的新投资者挤占其市场，又不能帮助企业开辟新的市场，就会致使本部门本地区内的企业陷入困境，如亏损，积压、停产等，这些企业自然会对主管部门表示不满，还会要求主管部门给予援助。如果事态严重，还有可能会引起更高层领导、新闻界和社会舆论的指责，收拾这种局面显然是件麻烦事。相比之下，说服中央综合管理部门制定一些保护本部门本地区企业的政策，或自己制定一些类似的政策，所付出的代价要小得多。

　　有些学者对部门，地区利益之争对产业政策的不良影响提出过批评，认为全国性产业政策应由中央政府不受部门和地区利益干扰地统一制定。这个建议实行起来的难点首先在于它的不易操作性。近些年来，按大类划分的工业行业中仍然属于普遍"短缺"的行业不断减少，产业结构失衡的问题已深入到行业内部甚至企业，产品层次。此外，产业政策所涉及的范围也超出了"短线"之外，行业和内容不断扩大，如选择支柱行业和产品，选择高新技术行业和产品、选择创汇行业和产品等目标，都要考虑许多因素，牵扯到许多专业技术问题。上述这些方面的变化，都使得中央政府不可能不参考、吸收各个部门和地区的意见，因而不可能不受其倾向性的影响。

　　各个部门和地区制定其内部产业政策时，也同样要考虑类似的因素，受到类似的压力。例如，轻工业部在 20 世纪 80 年代初中期制定过有关电冰箱、洗衣机的产业组织政策，尽管最初的想法是想淘汰一批基础差的生产厂，控制上新厂，使生产集中于少数基础好的定点厂，达到经济规模，但是在政策制定过程中，受到了"来自各方面"的压力，最后作出的布点规划，是按"一个部门、一个省区、一个直辖市原则上有一家"的平均照顾的原则形成的。这个由政府部门制定的产业组织政策，没有显示出能纠正重复建设重复生产问题的明显作用。[①]

除部门和地区利益之外，政府机构本身还有某些独立的利益取向。我国产业政策中属于政府直接干预型的政策范围很广，内容较多，除其他因素外，政府机构尚未改变在长期计划体制中形成的"控制偏好"和不愿放弃由控制权产生的利益，也是一个重要因素。这个因素对政府决策的影响程度较难把握，因为它总是隐藏在其他更"正当"的理由背后。不过，有许多其他事实可以证明，政府机构及其工作人员的利益对其行为确有影响，如源于政府机构的"三乱"问题、"翻牌公司"问题等。没有理由认为在产业政策的制定过程中，政府自身利益的影响可以微弱到"忽略不计"的程度。

上面的分析说明，随着时间的推移，我国产业结构问题本身不断变化，与产业政策制定过程有关的各种主体的独立利益意识也在不断增强。这些因素交织在一起，使我国产业政策在近十多年来呈现出发散而不是收敛的趋势，表现出一种在各个部门，各个地区之间循环分布和平均分布的倾向。例如，1989 年 3 月公布的"国家产业政策"。所列举的支持发展的行业、限制发展的行业和禁止发展的行业，平均地分布在各个部门之间，颇似各个部门政策要求的汇总。

（二）更"科学"的程序和方法能不能保证产业政策的制定更合理？

在分析产业政策制定过程中存在的问题时，人们经常指出，由于没有采用科学的方法和按照科学的程序，导致了对问题判断和对未来预测的失误，致使政府制定出不合理的产业政策。的确，事后来看，这种批评的确击中了某些问题的要害，尽管同时也有许多问题不宜以此来解释。然而，从有利于政策制定过程的角度看，需要解决的难题是，如何在政策制定出来之前就能判断所采用的程序和方法是否"科学"和能否保证政策基本合理，可惜的是这种一般的标准尚不清楚。

在以往的产业政策制定过程中，有过比较重视科学的程序与方法、却仍然出现"失误"的例子。20 世纪 80 年代初期，鉴于当时电风扇生产"一哄而上"的局面，机电部有关机构邀请了若干国内有名的生产技术、市场分

---

① 感谢轻工业部郑柏峪同志在这方面提供的情况。

析和经济管理方面的专家，商讨对策。在大量调研和分析的基础上，专家们认为，我国电风扇行业的年生产能力在今后若干年保持在1000万台左右为宜，主张选择若干实力雄厚的企业"定点"生产。主管部门据此制定了相应的政策。然而实践证明，专家们的预测与实际状况有很大差距，电风扇的市场容量和生产规模不断迅速扩张，80年代初、中期的实际产销量与预测就有1倍以上的差异。到80年代后期，电风扇的年产量和销售量均达到5000万台左右，仅出口就达1000万台。在数年激烈竞争、优胜劣汰的过程中，电风扇行业的组织结构也趋于合理，生产集中于几个名牌企业集团，但并不是原来设想的布局模式。这种使用了"科学"的程序与方法却没有得到"科学结论"的情形，在许多产业政策的制定过程中都出现过。

鉴于上述经验教训，人们自然期望"更科学"的决策方式能解决这类问题，如收集更多的信息，进行更多的调查研究、更广泛地征求意见、采用更先进的研究手段，由政府部门之外的专家学者不受行政干预地进行独立研究，等等。这些方法的改进在有些场合可能是有效的，但是仍然有两个方面的问题没有解决，第一，为寻求"科学"答案或最佳方案而进行详尽无遗的探索，会使研究费用急剧增加，同时要付出时间上的损失；第二，投入大量的智力资源及其他费用，在有些时候并不能显著提高研究的质量，颇似在研究领域进行"重复建设"，投入的总效益并不高。我国大部分重要的产业政策出台前后，来自学术界、专业界的分析建议往往数以百计甚至数以千计。但是，即使那些学术界权威人士意见比较一致的研究结果，也有出现误差的时候。[1]

更使决策者感到为难的是，在各个方面意见不一致时，如果采用收集更多的信息，扩大研究范围、吸收更多人员参与研究、更广泛地听取意见等方法，有时并不能消除分歧，使人们观点趋于一致，反而致使争论升级，意见趋于分散。例如，在关于选择主导产业的研讨过程中，随着时间的推移，学术界提出的选择标准从二基准、四基准到八基准乃至更多，[2] 还不断地有学者给予补充或提出新的标准。[3] 学术界的意见差异有时会导致完全相反的政

---

① 例如，浏览一下20世纪80年代初期的经济学核心报刊就能发现，专家学者比较一致地认为，我国基础产业的落后状况只能支持我国80年代工业增长速度保持在7%—8%甚至更低，但实践表明，更高的速度是可以达到的。

② 朱争鸣、王忠民：《产业结构成长论》，浙江人民出版社1988年版。

③ 周振华：《产业政策的经济理论系统分析》，中国人民大学出版社1991年版。

策建议，而且不同意见都有一套标准的"科学分析"程序和方法。① 在这种情形下，"非专家学者"的决策者们如何鉴别和选择专家的意见？不同研究成果的说服力、对专家的不同信任程度、决策者本身的倾向性、专家学者意见之外的舆论倾向以及更多的因素，都可能影响决策者的选择，至于哪种意见更"科学"，的确超出了一般决策者的辨别能力。

这里需要特别说明的是，笔者决不是认为专家学者的研究、论证不重要或不能帮助决策更合理，相反，在那些以信息和知识为主要限制因素的决策领域，专家学者的参与必不可少。例如，对能源前景的研究，对环境保护重要性的研究、对科学技术进步的影响的研究、对各种相关经济关系的研究、对其他国家经验的研究等，都是作出正确决策时不可或缺的因素。但是，影响经济发展和结构变动的另一类关键问题，是人们对未来的预期和对预期的反应方式，这种预期和反应方式受许多经济和非经济因素的影响，处在不断变化之中，尤其对处在剧烈变动时期的中国来说，情形就更为复杂。显然，对于学术研究和专业分析而言，它们是相当困难的领域，是一些以预测为基础的决策出现失误的重要原因。因此，即使最优秀的学者专家，也要受认知能力和分析技术的限制。在这些客观限制因素之外，还有一些导致学者专家分析失误的主观因素。例如对课题委托者意图的迁就，华而不实、敷衍了事的工作态度，接受力所不能及的任务，等等。

（三）产业政策的合理性是如何判断的？

产业政策的合理性应该包括目标合理性和过程合理性两层含义。这里先讨论目标合理性问题。

以有益于"全局利益"为理由表述产业政策的必要性，重要性或合理性，是我国制定各种产业政策时都要提到的观点。然而稍加考察就可以看出，"全局利益"是一个不大清楚的概念，至少有以下两种情形：第一，指符合全体人民的利益；第二，指符合大多数人的利益，或者能增加社会的总福利。

以"符合全体人民利益"为理由提出产业政策，从经济学的含义看是一个很苛刻的条件，它要求产业政策引致的变化必须具有"帕累托改变"

---

① 三峡工程中某些问题的决策就碰到这种情形，赞同与反对的意见都是专家进行"科学论证"的结果。

的性质，即有人从产业政策中受益，同时没有人从中受损。但是，产业政策是一种选择性的政策，这种性质决定了它不可能满足这个条件。无论是支持某些行业发展的政策，还是限制某些行业发展的政策，都会使经济活动中某些部分受益的同时，另外一些部分受到损害。例如，支持某个行业发展的政策，实际上是将在没有产业政策的状况下本应进入其他行业的部分资源通过强制性或诱致性手段转移给了选定的行业；限制进入某个行业的政策，实际上保护了这个行业中已有生产者的利益，损害了那些希望进入该行业并有可能在竞争中取胜的潜在生产者的利益，也损害了那些能够从生产者之间竞争中获益的消费者的利益。

如果放宽条件，以第二种含义理解"全局利益"，即当受益者多于受损者，社会福利的净增加量是一个正值的话，就认为产业政策是合理的，则产业政策就有了一个较宽的可能合理区间。不过，这其中仍有一些有待解决的问题，这里暂且不提"符合多数人的利益就是合理的"这个前提可能引起的不同观点和争议，[①] 只考虑这样一个由中国经济和政治体制引起的问题：一项产业政策符合多大比例人民的利益是如何得知的？在西方国家，对这个问题的分析经常与"投票过程"的分析联系在一起，持有某些政策主张的政党如能赢得多数人的拥护，就视这些政策符合多数人的利益。[②] 中国的政治体制不同，从中可借鉴处不多。在中国现实的经济与政治体制中，"多数利益"的显示，计算和判断问题，似乎是国内学术界迄今为止涉足不多的领域。

从我国多年的实践来看，政府决策层在制定产业政策时对"全局利益"的判断，似乎受决策者的直接感受、学术界与专业人员的观点，社会舆论倾向，对决策者有较强影响力的社会集团的意见等因素的影响。通过这些方式，政府的确制定出了一些较普遍地被认为是合理的产业政策，但是，我国实行的诸多产业政策中，属于这种状况的是少数，在更多的场合中，不同地区、不同行业和不同企业由于所处地位不同，对相同问题的感受、分析和意见相去甚远，哪种意见代表"全局利益"不易判断。

如果考虑到产业政策的再分配性质，问题还要复杂一些，因为出现了性

---

① 例如，当大多数人吸烟时，是不是不顾少数不吸烟者的抗议、允许在公共场合吸烟就是"合理的"政策。

② 丹尼斯·缪勒对一些有代表性的观点做过综述，参见丹尼斯·缪勒《公共选择》，商务印书馆1992年版，第3章。

质不同的判断标准。产业政策的配置性功能与再分配功能往往是冲突的，因为前者所要求的"科学性"与后者所要求的"民主性"往往是冲突的。决策的"民主性"问题和决策的再分配性质本身都是涉及面很广的领域，这里不可能详细论述，① 只考虑从再分配性质出发研究产业政策问题会导致的变化。第一，合理的产业政策可能变得不合理。一些从配置性原则即更有效地在全社会范围内配置资源的角度出发理由充足的产业政策，如果从其再分配性质考虑，合理性可能被削弱甚至显得不合理。例如，基础行业大型项目的建设，哪怕使全体人民都能受益，但不同部分的受益程度不会相同，然而受益程度不同的人们却要通过纳税平均地分担这些项目的建设费用。再例如，修建一条铁路干线，铁路沿线地区和远离铁路线的地区都要为其纳税，结果是使用铁路较少的地区的收入转移给了使用铁路较多的地区享用。如果让远离铁路线地区的人们自主选择，他们可能宁愿用为修铁路所纳的税款修几条地方公路。这也许可以部分解释为什么人们普遍希望政府加快基础设施建设，但又不肯增加上缴财政的数额，因为他们不知道财政收入的增加是否用于他们所希望的具体项目。这种思路也提示了增强地方政府决策、投资能力的重要性，因为增加地方财政收入的益处对纳税企业和个人来说更容易了解。第二，"不合理"的产业政策可能变得合理。有的产业政策从"符合全局利益"这种配置性政策的判断标准看是不合理的，但是如果按再分配政策的合理标准即"有利于社会公平"的标准看，又可能是合理的。例如援助落后地区发展的政策、援助某些衰退行业的政策等。总之，配置性功能与分配性功能同时考虑，会使产业政策的合理性更不易辨别。

判断产业政策的合理性还需要考虑收益与成本的比较问题。在某些存在结构"不合理"问题的领域内，如果制定产业政策来改善、解决这些问题，可能要付出较高的代价，甚至实行政策的成本可能高出政策带来的收益，在这种状况下，尽管确实存在问题，采取政策也不见得合理。例如，若是为了消除改革以来出现的重复生产重复建设问题，而采取由政府直接控制较大比例投资能力或政府严格审批项目的政策，可以肯定地说，由此带来的弊端会强于它所产生的收益。再如在一些竞争性行业中，如果为了"达到经济规模"这个目标而实行抑制中小企业进入的政策，要付出较高的成本，包括

---

① 对这两方面问题感兴趣的读者可参见丹尼斯·缪勒《公共选择》，商务印书馆 1992 年版，作者对决策的配置性质和再分配性质的区分贯穿于全书中。

动员的经济主体少、筹资渠道少、建设速度慢、缺乏竞争压力等，规模经济的效益能否抵销上述成本，并没有一般性的答案。

既然"科学研究"能够提供的帮助有限，政策目标合理性的判断又存在不清楚的地方，政府的决策者是如何制定出许多产业政策的呢？决策者对问题的直观感受、长期形成的"约定俗成"的观点，学术界和社会舆论的倾向，来自不同利益集团的压力，其他国家的经验、决策层的知识结构和本身利益取向等，都在不同程度地产生影响。

表 2 以工业方面实行过的主要产业政策为例，列举出影响产业政策决策的主要因素以及随时间的推移各种因素影响程度的变化。表 2 中"数量或价格信号"及"学术界专业界意见"是"客观性"较强的因素，"部门、地区利益""社会稳定性"和"政府控制愿望"较多地具有"政府利益取向"的因素。表中"＋＋＋"表示影响程度最强，"＋＋"表示影响程度较强，"＋"表示影响程度一般，空白则表示影响较弱或基本没有影响。

表 2   **影响产业政策决策的主要因素**

时期	政策内容	影响政策的因素				
		数量信号或价格信号	学术界专业界意见	部门地区利益	社会稳定性	政府控制愿望
1978—1980 年	促进轻纺工业发展	＋＋＋	＋＋	＋	＋	
	促进"短线"基础行业发展	＋＋＋	＋＋＋	＋		
	促进出口	＋＋＋	＋＋＋	＋		
	吸引外资	＋＋＋	＋＋＋	＋		
	各种因素影响程度排序①	1	2	3	4	5
1981—1989 年上半年	促进"短线"基础行业发展	＋＋＋	＋＋＋	＋＋		＋
	抑制"长线"加工业	＋＋＋	＋＋	＋＋	＋	＋＋
	选择"主导产业"		＋＋	＋＋＋		＋＋
	企业改组		＋＋	＋＋＋		＋＋
	促进出口	＋＋＋	＋＋＋	＋＋		＋
	地区倾斜		＋	＋＋＋		＋
	吸引外资	＋＋	＋＋	＋＋		
	各种因素影响程度排序	3	2	1	5	4

① 排序为"1"时影响最大，为"2"时影响次之，依次类推。计算方法是将"＋＋＋"定值为 3，"＋＋"定值为 2，"＋"定值为 1，然后比较各种因素得分。

续表

时期	政策内容	影响政策的因素				
		数量信号或价格信号	学术界专业界意见	部门地区利益	社会稳定性	政府控制愿望
1989 年下半年—1991 年上半年	促进"短线"基础行业发展	+	+ + +	+ + +		+
	抑制"长线"加工业	+ + +	+ +	+ + +	+	+ +
	企业改组		+	+ + +		+ + +
	促进出口	+	+ +	+ +		+
	地区倾斜			+ + +		
	搞活国有企业		+	+ + +	+ + +	+ + +
	吸收外资		+ +	+ + +		
	各种因素影响程度排序	4	2	1	5	3
1991 年下半年至今	促进"短线"基础行业发展	+ + +	+ + +			+ +
	抑制"长线"行业	+ +	+	+ + +	+	+ +
	选择"主导产业"		+ +	+ + +		+ + +
	搞活国有企业		+	+ + +	+ + +	+ + +
	吸引外资		+	+ + +		
	各种因素影响程度排序	4	3	1	5	2

注：有关因素及其影响程度的判断是根据：①广泛地询问调查和查阅有关文献、资料；②各地区、各部门向中央提出的政策要求；③地方政府和中央部门的实际行为；④中央制定政策时阐述的理由。显然，这些方法不能够得到很精确的结论，但是在更准确的方法找到之前，笔者认为上述结果有一定的参考价值。

通过本部分的分析我们可以得到以下两点看法。

第一，随着普遍短缺行业的明显减少和市场调节作用的增强，制定产业政策的客观标准显著缩减，影响政策制定的因素增多，政策制定的难度增加。在 20 世纪 70 年代末期和 80 年代初期，我国处在经济体制模式和增长模式发生剧烈变动的时期，长期以来形成的结构畸形问题很严重，若干行业处在普遍供不应求的状态，需要有急速、大幅度的变化，当时的市场调节能力又较弱。在这种状况下，政府制定产业政策干预结构调整过程的理由比较充分，制定政策的依据明确，标准统一，各个方面容易形成一致的意见。当产业政策的目标扩展至"抑制长线""选择主导行业""选择定点企业""地区倾斜"等方面时，就会碰到依据不明确、标准不统一甚至相互冲突的问题。尤其当市场调节作用显著增强、中国的问题与市场经济国家的问题有了可比性时，就需要考虑通过政策解决问题和通过市场解决问题两种选择。

第二，随着时间的推移，与政府自身利益有关的因素在产业政策制定中的影响有显著增加的趋势。一方面，"数量信号或价格信号""学者专家意见"这两个客观性较强的因素，在 20 世纪 70 年代末期到 80 年代初期的产业政策制定中占据主要地位，但到 80 年代末期，"部门、地区利益"和"政府控制愿望"已在产业政策制定中占主要地位。另一方面即使是同一种产业政策，不同时期的制定动机也会发生变化。例如"企业改组"的政策，在 80 年代初期制定是政府对当时新出现的生产过于分散状况的反应，但从 80 年代中后期以来，这项政策在很大程度上反映出政府以组织企业集团等手段加强对企业控制的愿望。

三　产业政策执行过程：动力、阻力及选择的重要性

产业政策的执行之所以要与产业政策的制定问题区别开来研究，主要有以下三个方面的原因。第一，多年的实践表明，政府的决策层和行政执行系统有不同的行为方式，两者在动机、压力、利益导向等方面均有较大差异，因此制定出来的产业政策不一定能被有效地执行。第二，产业政策的有效执行不仅涉及政府行政系统，而且涉及产业政策作用对象的反应，前者像政策制定问题一样是非市场决策问题，后者却是市场决策问题，影响的因素不同。第三，产业政策的制定涉及目标合理性的判断问题，这是一个比较困难的领域。产业政策的执行基本上是一个过程合理性问题，相对容易一些，因为它的判断标准明确，只要达到预定目标，就可以看作是一个"合理"的执行过程。同时，有没有合适的产业政策手段，也是检验政策目标合理性的一个标准，如果仅仅提出某项目标，却找不到能达到这个目标的政策手段，或有政策手段但其成本高于收益，那么即使能列举若干理由证明目标的合理性，从政策的角度讲也是不合理的。由于上述几方面的原因，产业政策的执行是一个值得单独研究的领域。

产业政策虽然没有"专用"的手段，但有很多可以采用的手段供选择。这些手段可以分为政府直接干预型和通过市场引导型两大类。这两类政策手段发挥作用各自需要一些客观条件，直接干预型产业政策发挥作用的客观条件，是政府掌握有较多的资源和对企业行为有较强的约束力；市场引导型政

策手段发挥作用的客观条件，是存在一个基本"正常"的市场和能对市场信号作出基本"正常"反应的企业界。在以往产业政策的执行过程中，上述两种客观条件都不太好，这是我国以往产业政策执行效果不够理想的重要原因之一。

不过，这方面的原因只适合用于解释那些政府行政系统或政策所涉及对象主观上愿意执行，只因客观条件不具备不能有效执行的产业政策，从这个角度分析产业政策执行效果的论著较多。[①] 本文将重点分析另外一种情形，即当政府行政系统和产业政策对象都有能力执行产业政策时，产业政策仍然得不到有效执行的问题。例如，政府掌握的投资能力不足和企业缺乏大型项目投资能力，可以作为解释优先发展基础产业的政策执行不力的客观因素，但是，政府所掌握的资金不能比较集中地用于应由政府投资的项目和有筹资能力的企业不愿进入基础产业，就不能用上述客观条件限制来解释。

下面我们要提出的主要观点是，当客观环境一定时，产业政策的执行状况取决于政府行政系统和产业政策对象根据自身利益对已制定出来的产业政策所采取的反应方式。一般而言，直接干预型政策的执行效果受政府行政系统行为的影响较多，市场引导型政策受政策有关对象行为的影响较多。无论是政府行政系统还是产业政策所涉及的对象，只有当执行政策的收益大于执行政策的成本，或者当不执行政策受到的处罚大于不执行政策得到的收益时，产业政策才能被有效地执行。根据我国以往执行产业政策的经验，影响政府行政系统执行产业政策态度的因素可归纳在表3中，影响产业政策所涉及对象执行产业政策态度的因素可归纳在表4中。

表3　　　　　　　　**执行产业政策对政府行政系统的可能影响**

执行政策的收益	执行政策的成本
执行有力受到的表扬、奖励	执行不力受到的批评、惩罚
为本部门、本地区带来利益	损害本部门、本地区利益
行政管理部门威信增加	行政管理部门威信下降
增加权力及其连带利益	减弱权力及各种连带利益
增拨行政费用	增加行政费支出
减少工作量	增加工作量
与自己观点一致	与自己观点冲突

---

① 江小涓：《论我国产业结构政策的实效及调整机制的转变》，《经济研究》1991 年第 2 期。

表4 执行产业政策对政策所涉及对象的可能影响

执行政策的收益	执行政策的成本
执行时受到的表扬、奖励	不执行时受到的批评、惩罚
增加企业家个人威望	降低企业家个人威望
增加企业净收入	减少企业净收入

　　政府部门是一个等级组织，决策层和上级部门的表扬和奖励、批评和处罚应该对执行者是一种强有力的约束。但是，在产业政策问题上尤其在中国这样一个处在剧烈变动时期的国家，由于下面种种原因，这项因素对政府行政系统的约束力比较松弛。

　　第一，与其他政策的冲突。产业政策没有专门的执行系统，执行产业政策只是政府行政系统的任务之一，而且往往不是排在首位的任务。在过去的十多年中，当处在较平稳的经济与政治环境中时，推行各项改革措施和保持较高的增长率是各级政府行政系统首先要保证的任务，但这些任务的执行与产业政策有冲突之处，例如导致各个行业齐头并进，产业结构原样放大的普遍承包制，与产业政策的要求就有明显的冲突。当处在经济紧缩或政治上有不安定因素的时期，维持社会的安定大局的要求，又使产业结构调整失去了有利的时期。

　　第二，产业政策内部的冲突。近些年来，我国产业政策的覆盖面越来越广，从大类行业上看，第一、第二和第三产业都是政府宣布支持发展的行业，从具体行业上看，所有行业内都各有一部分受支持和受限制的子行业。[①] 但是，政府行政系统能够用来执行产业政策的资金、时间、精力及管理技术能力都是有限的。这些产业政策相互之间有冲突，执行某些政策会冲击另外一些政策，例如促进出口政策和吸引外资政策的执行结果，是加工工业优先得到发展，与优先发展基础产业的政策有冲突之处。

　　第三，缺乏必要的手段。除了缺乏资金和行政管理资源外，行政系统执行产业政策还经常碰到另外一些限制因素。一是决策层在下达政策指令的同时，没有授予行政系统执行政策必要的权力，如要求采用行政手段控制"长线"的发展，行政系统却并没有得到项目审批权，也没有对违反产业政策的行为进行处罚的有效手段。二是行政执行系统无力控制其他相关部门的

---

　　① 可参见 1989 年 3 月颁布的"国家产业政策"。

行为，尤其当某个部门作为某项产业政策的主要执行系统时，问题就更为突出。例如电子工业部执行彩色电视机定点政策，轻工部执行电冰箱、洗衣机定点政策，汽车工业总公司执行汽车生产布点政策等，得不到其他部门以及银行、外贸、海关、技术监督检测、公安交通等职能部门的配合，是政策不能有效执行的重要原因。

第四，政府内部的激励、约束机制失效。产业结构的调整一般需要较长时期的持续努力才能见效，然而自改革开放以来，政府机构本身就处在不断的变化之中，对产业政策来说，制定政策和执行政策的机构变过许多次，具体部门时而分解时而合并，人员和职责变动频繁。在这种状况下，新的政策制定者不一定有兴趣考察其前任制定的政策的执行情况，新的政策执行部门也不必对以往产业政策的执行状况负责。这样的现实状况使"政绩考核"这个等级组织内部重要的激励、约束手段效果不明显。

"执行时受到表扬、奖励"和"不执行受到的批评、惩罚"这种约束对产业政策涉及对象的影响较之对政府行政系统的影响还要弱。大批非国有经济主体基本上处在市场组织而不是等级组织之中，主要受市场规则的约束；大中型国有企业虽然还受到政府部门的某些约束，企业领导层也还有接受政府指示的意愿和压力，但是，在政府主管部门衡量国有企业业绩时，完成生产计划和上缴税利任务的状况远比执行产业政策的状况的分量重得多，因此企业领导人不可能不顾企业生产经营状况首先考虑产业政策的要求。

当决策层和上级部门的态度及奖惩不足以对政府行政系统和产业政策对象形成较强约束力时，表3和表4中所列举的其他因素就能明显地影响产业政策的执行效果。这些因素都与政府行政系统及产业政策对象的自身利益密切相关，它们发挥明显作用就等于政府行政系统和产业政策对象的自身利益在相当程度上决定着产业政策的执行状况。因此，当一项产业政策的执行能为行政系统和产业政策对象带来明显的利益时，产业政策就能执行的比较顺利，反之，政策的执行就比较困难。例如，20世纪70年代末80年代初优先发展轻纺工业的政策，是政府行政系统和产业政策对象从自身利益出发很愿意执行的政策：从政府行政系统来说，发展轻纺工业能增加本部门本地区的收入，增加就业，增加所管辖范围的实力，增加政府的威信，增加上级的好感，执行这个政策只需取消以往的一些限制措施和加强对企业的激励，既不增加行政费用的支出，也不增加多少工作量；对企业来说，轻纺工业是投资少、利润高、见效快的行业，执行政策能为企业带来明显的收益，因此，这项政策执行得很顺利。相反的例子是抑制长线加工工业发展的政策，对政府行政系统来说，执行这项政策意味着本部门本地区收入减少、失业增加和潜在发展机会的丧失，会招致企业和群众的抱怨，降低政府的威信，执行这个政策得到上级表扬的益处，可能抵消不了由于影响当前生产和今后发展而遭受责难带来的损失。要有效地执行这个政策，还需要进行大量的核查、协商、说服、讨价还价等工作，既增加了工作量又增加了行政支出。从企业来讲，主动从"长线"行业退出的损失显而易见。因此，这项政策的执行状况很不理想。在大部分时候，一项政策的执行对政府行政系统和产业政策对象来说有利有弊，不同机构、不同企业对政策的执行态度不一，导致政策经常处在一种不完全甚至扭曲的执行状态中。

下面要讨论的问题是关于产业政策执行过程合理性的研究中最有实践意义和操作性的部分，即通过选择政策手段改善产业政策执行状况的可能性。为了达到某种结构调整目标，一般情况下总有若干不同的政策手段可供选择，政府行政系统和产业政策对象对指向同一目标的不同政策手段有可能作出不同反应，因此不同手段的运用和配合方式，能够对政策执行状况产生重要甚至决定性的影响。对中国这样一个政策大国来说，决策层和执行系统如何通过具体手段的设计和管理改善政策执行效果，是一个颇有理论价值和实践意义的问题。

表5和表6根据我国十多年来产业政策执行过程的实践经验，列举出若干对执行效果有明显影响的因素。

表5　　　　　　　　**政策手段特征对政府行政系统的影响**

有利于行政系统执行政策的因素		不利于行政系统执行政策的因素	
政策手段特点	实例	政策手段特点	实例
行政系统有明显利益和较少损失	各种审批权	行政系统利益不明显和有较多损失	放权
决策层对执行状况有较强的监督控制力	重大项目	决策层对执行状况的监督控制力较弱	作用面分散的政策，如落后小企业的淘汰
合作部门和协调工作量少	人民币贬值	合作部门和协调工作量大	控制非定点企业的发展
需要较少的专业技术知识和行政管理资源	以单项指标为标准的政策，如以出口额决策是否给予外贸自主权	需要较多的专业技术知识和行政管理资源	需要综合考虑多项因素的政策，如选择主导行业和产品
社会震动较轻	各种扶植政策	社会震动较重	落后企业衰退行业的淘汰
见效时间短	促进轻纺工业发展	见效时间长	促进基础产业发展

表6   政策手段特征对产业政策对象的影响

有利于行政系统执行政策的因素		不利于行政系统执行政策的因素	
政策手段特点	实例	政策手段特点	实例
受益者面广、利益直接、受损者分散、损害间接	各种优惠政策	受损者集中、损害直接、受益者分散、利益间接	压缩在建项目
执行中环节较少或有固定程序	出口退税	执行中多环节	
需要谋求批准	企业改组		
技术和规模壁垒低	促进轻纺工业发展	技术和规模壁垒高	促进基础产业、高技术产业发展

通过表5和表6中的分析，也许能为产业政策手段的选择提供一些参考标准，即在同样有助于产业政策目标实现的前提下，尽量选择与行政系统和产业政策对象自身利益一致或至少较少冲突的政策手段。例如，为了促进出口行业的发展，有许多政策手段可以选择，如给予人民币奖励和外汇留成、给予各种优先权，出口所需的进口物资减免关税、出口退税，人民币贬值等。前三种手段从政府行政系统的角度看，需要进行核实、批准，请求有关部门配合等工作；从企业的角度看，需要申请批准，讨价还价、通过多个环节等工作，因此双方都感到执行起来费时间费精力，积极性受到限制；后两种手段则较易执行，出口退税形成制度后，只要有出口发生，就按固定比率和固定程序退税，贬值则更加简单易行，政策一旦宣布就自动执行，不受政府行政系统和企业意愿的干扰，不增加任何额外工作量，见效迅速，效果明显。

我们将本文分析中得到的主要观点总结如下。

1. 政府在产业政策制定中的行为需要进一步研究

本文的分析旨在说明，从中国十多年的经验来看，在研究、考虑产业结构调整和产业政策问题时，将政府视为"全局利益"的代表、认为政府能"公正客观"地制定政策的前提有一些经不住检验之处。但是问题也不应被推至另一极端，认为政府只是根据自身利益制定政策。政府的行为介乎于两者之间。由于我国经济体制、政治体制和社会环境均处在明显变动时期，政府面临的问题，政府内部的组合以及政府的利益取向也随之不断变化，因此寻找能分析政府决策行为的一般模型碰到较多的难点。不过，随着市场经济的发展，我国政府在决策中面对的问题、诱因和压力，会向市场经济国家政府的处境趋近，因此，以市场经济国家为背景发展起来的有关政府行为的理论和分析工具，能够为我们的研究提供有益的启示和可借鉴之处。

2. 存在产业结构失衡问题不一定是实行相应产业政策的充足理由

中国的市场经济处在初期发展阶段，市场机制尚不能分。高效地发挥作用，因此，除了发达的市场经济国家通常使用产业政策的领域外，产业政策在我围的适用范围可能更宽一些。但是，仅仅以"结构失衡"为理由，认为凡是存在短缺或过剩、规模不经济、技术进步慢等问题的领域，都需要制定相应的产业政策解决问题，就过高地估计了政府的作用，过低地估计了市场机制的作用。对产业结构目标的合理性问题可以提出许多标准和观点，但在现实中实行产业政策时，至少要满足这样一个条件，即要能找到一种可行的政策手段，在纠正原有问题的同时，不至于引起更严重的新问题，我国现有的许多结构问题中，有一些尚不能说找到了能满足上述条件的产业政策。在这种状况下，将问题交给市场去处理，可能反而是相对较优的办法。

3. 产业政策既可以解决产业结构问题，也可以引起产业结构问题

对产业政策问题处置失当，除了不能解决存在的结构问题外，还可能引起新的问题或成为通过市场机制解决问题的障碍。例如，为了解决短缺问题，将短线行业置于政府直接管理，控制之下，很有可能阻碍了竞争性高效率经济活动的进入，反而延缓了短缺行业的发展。再例如，为了解决生产过于分散的问题，采用行政手段改组企业，反而阻碍了通过竞争可能达到生产集中过程。尤其在一些竞争性行业中采取会明显干扰市场机制正常发挥作用的产业政策时，其代价可能超出了结构变动的范围，需要特别慎重。

4. 产业政策手段的设计、选择和配合是一个值得专门研究的问题

本文的分析表明，产业政策目标合理性与产业政策执行过程合理性是两个相互影响但又有显著差别的问题。产业政策执行者所面对的诱因和压力与政策制定者不同，他们有选择地执行政策，产业政策的实际效果部分地由他们的行为决定。如果影响产业政策执行者的主要因素可以确定，又存在可供选择、对执行者行为有不同影响的政策手段，则产业政策执行过程就有可能纳入一种可分析的形式中，这是改善政策执行效果的一种有希望的途径。

（本文发表于《经济研究》1993 年第 6 期，获第六届孙冶方奖）

中国的货币供求与通货膨胀

易　纲

货币学派的代表人物弗里德曼教授讲"通货膨胀无论何时何地都是一种货币现象"。这一著名论断只是研究通货膨胀的起点。此论断有两点意义：第一，它强调了货币学派重视货币作用的倾向性（轻视财政作用）；第二，它重申通货膨胀的根本原因是货币的供给与需求的相互作用的结果。假定货币需求是相对稳定的，这里讲的是通货膨胀是由货币的超量供给而造成的。弗里德曼的这一论断中既没有讲货币超发行的原因，也没讲通货膨胀的传导机制。而货币超发行的原因及从货币发出到发生通货膨胀的传导机制应该是我们研究的重点。

本文将从中国的货币供给机制、货币化过程、货币需求、对物价水平的预期等方面讨论通货膨胀的原因及其传导机制，然后介绍几个关于中国通货膨胀的模型。本文是笔者准备研究中国通货膨胀的提纲，在此向读者求教。

一　中国货币供给机制的特点

目前中国的货币供给机制兼有计划经济和市场经济的特点。在计划经济下，货币供给机制是内生的，即货币供给是由实物生产与流通的需要而定的。笔者对中国改革以前（1952—1977 年）的数字进行了统计分析，其结果表明货币变量与经济变量没有显著的超前关系，进一步验证了货币在计划经济下是被动的内生变量。

自 1984 年中央银行开始运作以来，中国的货币供给机制有了质的变化。首先，中国逐步形成了以基础货币和乘数为特征的货币供给机制。笔者在《中国的货币、银行和金融市场》一书中计算了 1985 年第四季度到 1989 年第四季度的乘数，发现基础货币和乘数的模型能较好地解释这一时期的货币变化情况，周正庆先生在《中国货币政策研究》一书中指出："根据中国1985 至 1991 年实际数测算，中国货币乘数值约为 2.5。"其次，中国经济中的货币量也由改革前的被动变量变为一个对经济起落有重要影响的变量。货币供给和外生性越来越明显。笔者对 1985—1992 年的数字进行了计量分析，其结果表明货币量与经济活动变量之间存在着明显的超前关系。在货币量增加大约两个季度后，工业产出（需求）开始上升；反之亦然。请注意，这里讲的超前关系（granger causal）是指货币供给与工业产业在时间上的前后关系，并不能因此得出货币增长引起工业产出增长的结论。一般说来，货币量对产出的这种超前关系在计划经济下是极少见到的。这些结果表明：中国的货币供给机制开始呈现出市场经济的特征。

　　与此同时，中国的货币供给机制中仍保留着许多计划经济的特征（内生性）。货币供给量等于基础货币乘以货币乘数。货币供应内生性主要表现为基础货币发出过程的内生性。基础货币的变化是中央银行资产运动的结果，中央银行的资产增长之后，或是流通中的现金量增长，或是商业银行在中央银行的存款准备金上升，或是两者同时变化，从而引起基础货币的增加。一般说来，引起我国中央银行资产变化的因素有三个：一是中央银行的一再贷款，包括各种专项贷款、对专业银行和其他金融机构的贷款，1991 年年底，这三项贷款余额为 6389 亿元，占中央银行基础货币总量的 72.8%；二是外汇金银占款，1991 年年底余额为 1215 亿元，占基础货币总量的 13.8%；三是财政透支与借款，1991 年年底余额为 1174 亿元，占基础货币总量的 13.4%。[1]表 1 给出 1985 年、1990 年和 1993 年中央银行主要资产的情况。

表 1	中国人民银行的主要资产		亿元人民币
	1985 年	1990 年	1993 年
外汇占款	93.1	599.5	875.5
财政借款	275.1	801.1	1582.1
对金融机构贷款	2248.6	5554.4	9860.2

　　资料来源：《中国人民银行年报》（1993）；Yi, Gang, 1994, *Money, Banking and Financial Markets in China*, Westview Press, USA。

---

　　[1]　周正庆：《中国货币政策研究》，中国金融出版社 1993 年版。

比较1991年的数字和表1,我们发现中央银行的再贷款是基础货币的最主要的发行渠道,外汇占款和财政借款两项所占的比重较小,但是1994年是个例外。1994年的广义货币 M_2 增加额为12013亿元,比1993年增加了34.4%（1993年年底 M_2 = 34921亿元,1994年年底 M_2 为46933亿元）。1994年中央银行的外汇占款比上一年增加2843.3亿元（《金融时报》1995年1月27日）。如果按货币乘数为2.5计算,1994年广义货币 M_2 的增量中有7108亿元是由中央银行外汇占款的增加而发出的,占1994年 M_2 总增加量的59%。

显而易见,外汇占款和财政借款的内生性都非常强。在经济转轨过程中,中央银行很难控制住这两个渠道。以1994年为例,本来在年初中央银行制定了一个综合的货币目标,但在执行过程中逐步变为以稳定汇率为核心的货币政策。新通过的《中国人民银行法》为中央银行以稳定币值为目标制定其货币政策提供了法律依据,但是要消除外汇占款和财政借款的内生性还需要一个过程。中央银行对金融机构的再贷款的内生性也是明显的,这些贷款多用于国家重点建设、农副产品收购、国有工商企业流动资金、安定团结等非贷不可的项目,中央银行控制再贷款的余地比较小。总之,经过多年的改革,中国的货币供给机制已具备许多市场经济的属性,但也还保留着不少原来计划体制的特征。研究中国货币供给机制的双重性可以解释为什么理性的中央银行要多发货币;基础货币是通过什么渠道被逼出来的。

二 中国的货币化过程

宏观经济分析中常用著名的交换恒等式为框架:

$$MV = Py \qquad (1)$$

其中 M 表示货币供给量, V 表示货币流通速度, P 是物价水平, y 是以实物量计算的国民生产总值。

研究通货膨胀必须考虑货币流通速度。假定货币供给量 M 和国民生产总值的实物量是给定的,货币流通速度 V 越高意味着物价水平 P 越高。表2总结了从1978年到1994年中国货币增长率的情况。

表2   中国货币增长率与相关宏观经济指标（1979—1994 年）

年份	货币量年增长率		年末货币余额/GNP		通货膨胀率	GNP 年增长率
	M_0	M_2	M_0/GNP	M_2/GNP		
1979	26.3	25.8	6.7	36.5	2.0	7.6
1980	29.3	26.4	7.7	41.2	6.0	7.9
1981	14.5	21.2	8.3	46.8	2.4	4.4
1982	10.8	15.9	8.5	49.9	1.9	8.8
1983	20.7	18.7	9.1	52.9	1.5	10.4
1984	49.5	34.8	11.4	59.6	2.8	14.7
1985	24.71	17.03	11.54	60.75	8.8	12.8
1986	23.34	29.27	15.57	69.32	6.0	8.1
1987	19.38	24.22	12.87	73.88	7.3	10.9
1988	46.72	22.38	15.22	72.05	18.5	11.0
1989	9.84	18.32	14.73	75.08	17.8	4.0
1990	12.81	27.99	14.95	86.47	2.1	5.2
1991	20.2	26.52	16.01	97.46	2.9	7.7
1992	36.45	31.28	18.08	105.90	5.4	13.0
1993	35.3	24.0	18.69	100.39	13.0	13.4
1994	24.3	34.4	16.64	107.15	21.7	11.8

资料来源：《中国人民银行年报》，1991 年、1993 年；谢平：《中国转型经济中的通货膨胀和货币控制》，《天津金融月刊》1994 年第 9 期；易纲：《对中国货币需求的估计》，《社会科学季刊》（香港）1994 年夏季卷。

对 $MV = Py$ 这一公式取自然对数，然后微分我们得到：

$$\dot{M} + \dot{V} = \dot{P} + \dot{y} \tag{2}$$

式（2）中的变量上方的一点表示该变量的增长率。在经济学分析中，经常假定货币流通速度不变，即 $\dot{V} = 0$，那么货币发行的增长率就应该等于国民生产总值的增长率和通货膨胀率之和。从表 2 可见，在过去 16 年的经济改革中，中国货币增长率经常大于物价上涨率与国民生产总值增长率之和。

从 1979 年到 1984 年，中国货币增长率远远大于通货膨胀率与 GNP 增长率之和。货币流通速度逐年减慢，大量的货币沉淀在经济中。西方经济学界为解释这一现象提出了三种假说。第一种假说认为中国的官方通货膨胀率人为的低估了，真实的通货膨胀率加 GNP 增长率应该大致等于货币增长率。第二种假说认为中国存在着强迫储蓄和压抑性的通货膨胀，[1] 也就是说老百姓由于买不到想买的东西而非自愿的持币待购。

第三种假说认为中国的货币流通速度逐年减慢，大量的货币增量被经济消化了，没有变成通货膨胀释放出来主要应该由货币化过程来解释。[2] 按照货币化的思路，我们的国民生产总值中有一部分是自产自销、自给自足、没有进入市场的产出。这部分产品不需要以货币为媒介进入市场。因此应把国民生产总值分为两部分：货币化部分和非货币化部分。

$$y = \lambda y + (1 - \lambda) y \tag{3}$$

其中 λ 是货币化部分在 GNP 中的比例。引入货币化概念后，交换公式变为：

$$MV = \lambda yP \tag{4}$$

对式（4）取自然对数，然后微分，我们有：

$$\dot{M} = -\dot{V} + \dot{\lambda} + \dot{Y} + \dot{P} \tag{5}$$

从式（5）中可见，货币增长率可能被以下四个因素来解释：货币流通速度的下降，货币化程度的提高，GNP 的增长和通货膨胀，或这四个因素的组合。

货币化的过程是指以货币为媒介的经济活动的比例不断增长。当经济发展时，不仅总产值增加，而且货币化经济的比例也会增加。货币供应不仅要随经济正常增长而有比例地增加，而且由于新的货币化部门的增加，货币供应还要相应地增加。货币化进程基本上取决于两个因素，即经济发展程度和经济体制或结构的变化。

有一种说法认为多发的货币虽然没有造成当年的通货膨胀，但造成了下一年的通货膨胀的压力。如果单看一年的数字这种说法完全正确。但是，如果将改革 16 年作为一个整体看，确实有大量的货币沉淀下来以适合超常的货币需求。这部分因体制变化而引起对货币的超常需求，即货币化过程。在

① Feltenstein, A. and Jiming Ha, 1991, "Measurement of Repressed Inflation in China", *Journal of Development Economics*, Vol. 36, pp. 279 – 294.

② Yi, Gang, 1991, "The Monetigation Process in China during the Economic Reform", *China Economic Review*, Vol. 2, No. 1, pp. 75 – 95.

货币化过程中被吸收的货币，基本上说没有成为压抑性通货膨胀，也没有强迫储蓄。以农村为例，1978 年改革以前，和国家进行商品交换的是生产队，一般来说，国家和生产队一年只有二次现金来往，一次是生产队向国家卖夏粮以后，一次是卖秋粮以后。农民见现金也是一年两次，一次预分，一次年终分红。在许多地方，生产队向国家卖粮，国家向生产队提供生产资料。国家给生产队的现金只是这种商品交换在价值上相抵后的余额。这样就使农业这块所用的现金最小化了。而改革以后，国家面对的是众多的农户，卖粮的时候，国家要支付给每个农户以现金，与人民公社相比，包产到户的制度安排在农产品生产、流通、销售过程中所需的现金要多得多。改革中出现的个体经济、乡镇企业、其他各种形式的非国营企业都加快了中国货币化的进程。

货币化的过程给中央财政带来巨大的好处。基础货币的发行收入等于中央银行每年基础货币的增加额减掉其中的通货膨胀税。由于货币化的过程，大量货币发行的增加额被经济吸收掉。中央政府从中得到了巨额发行收入，又没有造成恶性通货膨胀。1986—1993 年，中央政府每年从货币发行中得到的收入平均相当于当年 GNP 的 5.4%，[1] 中央政府的发行收入对于摆平各种利益关系，对改革中受损的方方面面进行补贴，维持经济稳定转轨起了非常重要的作用。谈中国渐进改革成功，不可不谈中国的货币化过程。

1985 年以来中国的货币化过程慢了下来，主要表现在中国经济吸收超量货币发行的潜力在下降。超量的货币发行较多地转变成通货膨胀而释放出来了。在 1985—1994 年这 10 年中，有 5 年（1985、1988、1989、1993、1994）的货币（M_2）增长率小于通货膨胀率与 GNP 增长率之和。然而总的说来，这 10 年的货币增长率还是大于通货膨胀率与 GNP 增长率之和。这 10 年 M_2 的平均增长率为 25.5%，平均通货膨胀率为 10.35%，平均 GNP 增长率为 9.79%。

现在有些文章认为中国货币化的过程已完成，其根据是 1992 年中国广义货币与国民生产总值之比已超过 1.05，更确切地说，在比较了发达国家和发展中国家的数字后，认为我国 1992 年广义货币与国民生产总值之比已超过某些成熟的市场经济。中国在过去改革的 15 年中，这比率确实以非常快的速度增长，从 1978 年的 0.32 增到 1985 年的 0.60，又增到 1992 年的

---

① 谢平：《中国转型经济中的通货膨胀和货币控制》，《天津金融月刊》1994 年第 9 期。

1.05。然而，是否能根据此比率而认为中国的货币化过程已结束了呢？请看下列数字：在 1990 年印度的广义货币与国民生产总值之比为 0.47（印度在 1978 年时为 0.37），1990 年美国为 0.67，韩国为 0.57，台湾为 1.48，日本为 1.89。此比率非常重要，它是经济制度的函数。我国的这一比率虽比美国、韩国高，但还是比中国台湾地区、日本低很多。货币化是否已完成需要进一步考证。

与货币化直接相连的是货币的流通速度，中国货币化过程也是货币流通速度逐年减慢的过程。流通速度是制度的函数，是政策的函数。1990—1992 年物价上涨率低的原因之一是流通速度低。邓小平南方谈话后，货币的流通速度明显提高，这是我国多年来货币流通速度一直下降的一个转折点。这可能也是有些朋友认为我国货币化过程已完成的另一个根据。同样我们也应注意货币乘数的变化规律。流通速度反映了货币供给与国民生产总值之间比例关系，货币乘数反映基础货币与货币总量之间的关系。在我国转轨期间，货币乘数与流通速度都在变化，无疑增加了我们研究的难度。找出它们变化的规律对解释通货膨胀的原因有重要的意义。

三　对货币需求的估计

通货膨胀的根本原因是因为货币发多了，"多"是相对货币需求而言的。这里我们来讨论影响货币需求的各种因素。

货币需求是由老百姓、企业自愿持币的数量决定的。在经济生活中，每个家庭、每个企业都有资产。他们可以以各种形式持有资产，如现金、活期存款、定期存款、国库券、股票、房地产、各种投资项目等。在家庭和企业有各种各样的选择来安排他们的资产的前提下，他们自愿地把自己资产的一部分以货币的形式来持有，这便是对货币的需求。

影响货币需求的因素较多，为了简单起见，我们不妨先分析下面这五个因素：

$$m^d = f\ (y,\ r,\ \lambda,\ \pi,\ b) \tag{6}$$

其中 m^d 是对货币的真实需求，即名义货币量除以物价水平；y 是以实物量计算的国民生产总值；r 是利息率；λ 是货币化指数；π 是对通货膨胀的预期；b 是国际收支余额。式（6）将货币需求表示成五个自变量的函数。

首先，几乎所有的货币需求函数都含有收入和利率这两个自变量。一般说来，对货币的交易需求主要反映在收入上。收入越高，对货币的交易需求亦越大。利息率则反映持币的机会成本。中国的利率情况比较特殊，利率不能自由浮动。在经济中同时存在着官方利率和市场利率，这些给用利率作为自变量解释对货币的需求带来一定的难度。利息率是资金的价格，是一种最重要的价格。某种商品的价格扭曲所造成的影响是局部的。而利率的扭曲会带来全局性的资源配置的浪费。改革开放过程中，中央银行对利率的控制在逐步放松，大大改善我国资金流向的效率。但是目前中国的利率还远不是市场均衡利率。

其次，货币需求是货币化指数的函数。货币化是平抑物价上涨的福音。在货币化的过程中，由于经济体制的变化产生了超常的货币需求。把货币化过程作为一个自变量放在货币需求函数中的困难在于货币化是一个难以测量的过程。在经济发展过程中，货币化经济所占的比重会增加。随着分工的发达和市场的细化，货币化的深度也在发展。因此，很难找出一个能全面反映货币化过程的变量。在已发表的文献中，对货币化变量主要有两种处理。一是按照经济各部门的分类分别去估计每个部门的货币化比例，然后经过加权算出整个经济的货币化比例。二是找一个与货币化过程（至少在理论上）高度相关的工具变量来代替，如城市人口占人口总数的比例、农产品的商品率等。

第三，对通货膨胀的预期是解释货币需求的一个重要变量。中国在改革开放以前，物价基本上是冻结的，那时也没有什么对通货膨胀的预期。20世纪80年代开始，中国有了通货膨胀，自然人们也就有了对通货膨胀的预期。那么，怎样估计社会公众对通货膨胀的预期呢？经济学家们提出过许多模型，首先是一些任意的经验公式：

$$P_t^* = P_{t-1} \tag{7}$$

$$P_t^* = P_{t-1} + \theta \left(P_{t-1} - P_{t-2} \right) \tag{8}$$

$$P_t^* = P_{t-1}^* + \gamma \left(P_{t-1} - P_{t-1}^* \right) \tag{9}$$

式（7）叫作静态预期，它认为人们用上期物价上涨率作为对本期通货膨胀的预期。式（8）叫作外推预期，它认为人们的预期等于上期的物价上涨率加上对前期通货膨胀趋势的一个修正值。如果 $\theta > 0$，那么过去的趋势将继续；如果 $\theta < 0$，过去的趋势将反向：如果 $\theta = 0$，那么式（8）就变成式（7）。式（9）叫作随时调整预期，它认为人们对本期通货膨胀的预期等于对前期预期加上对前期预测误差的一个比例。

用这些任意的经验公式做预测都有系统误差。为克服这一缺点，经济学家们提出理性预期。理性预期的模型有许多，也可以用各种各样的模型选择标准来决定用什么样的模型更合适。

通货膨胀对社会的最大危害是它的不确定性，这种不确定性使社会经济中的各个主体承担的风险增加了，并且要花费时间和资源去尽力减少由不确定性所带来的风险。因此通货膨胀造成社会资源的浪费。实际的通货膨胀率在很大程度上取决于人们对通货膨胀的预期。通货膨胀的真正危机在于它可能使整个经济秩序崩溃，而导致崩溃原因也在预期。不难证明，当人们的预期低于实际通货膨胀率时，日子比较好过（即其解是收敛的）。当人们的预期高于实际通货膨胀率时可能导致经济的崩溃（即其解是发散的）。当通货膨胀发生时，老百姓会想方设法为自己的资产保值。

最后，国际收支状况也影响货币需求，随着我国的对外开放，贸易依存度的提高和世界经济的整合，国际收支变量成为解释货币需求的重要因素。

四 通货膨胀的模型

关于通货膨胀国内外学者做了许多模型，有微观的，有部门的，有部分均衡的，也有一般均衡模型。这里只介绍几个海外学者的模型。

王一江做了一个微观模型来解释通货膨胀。[1] 他定义了一个生产函数，假定企业和地方政府都追求收益的最大化。我们知道在投资中，固定资金与流动资金有一个最佳比例。企业和地方政府有积极性把固定资产投资搞得非常大，然后向银行要流动资金的贷款。国家看到固定资产已经投下去，只要贷上流动资金，项目就能创造经济效益，也不得不贷。国家这时也有办法，即用通货膨胀的办法使企业、地方投到固定资产的金额的实际值缩小，然后贷给流动资金，从而使得固定资金与流动资金之比例接近最优点。

Barry Naughton 做过一个一般均衡模型。[2] 他的分析认为中国的通货膨胀主要是由于政府的赤字财政，他分析中国中央政府在改革期间对资源的控制在比例上逐年下降，而政府在投资、社会福利、改革补贴上的承诺却降不

① Wang, Yijiang, 1991, "Economic Reform, Fixed Capital Investment Expansion and Inflation", *China Economic Review*, Vol. 2, No. 1, pp. 3 – 27.

② Naughton, B., 1991, "Why has Economic Reform Led to Inflation?", *American Economic Review*, May, pp. 139 – 162.

下来。其结果是政府不得不用发行货币的方法来弥补赤字，造成通货膨胀。请注意，Naughtan 教授用的赤字口径与我们官方统计不一样。他把银行的政策性贷款的一部分也算为赤字。他计算政府赤字在 20 世纪 80 年代大约为 GNP 的 8%，而我们官方统计的赤字大约为 GNP 的 2%—3%。

笔者做过一个部分均衡的模型来讨论价格改革与通货膨胀之关系。我们知道只有持续性的物价上涨才是通货膨胀，一次性的调价不应该造成通货膨胀。我的模型讨论在什么条件下一次性的调价能造成通货膨胀。在一定的生产函数下，假如有寻租、攀比、软企业约束、软财政约束和企业不能破产的存在，一次性的物价上涨可能造成补贴→成本上升→再补贴的物价轮番上涨，即通货膨胀。

下面介绍一次笔者和毕井泉先生在进行的关于通货膨胀的研究。通货膨胀是一种货币现象，我们想找出货币超发行的原因及从货币发行到形成通货膨胀的传导机制。

我们的模型分两大板块，第一块是货币流，第二块是实物流和传导机制。

第一块货币流包括现金流、信贷流、存储流、非银行金融机构流、民间流和外汇流。这一块主要研究货币是怎样发出来的，货币的流通渠道，各个渠道的流通速度，基础货币与货币供给的关系，系数的稳定性等。

第二块是实物流和通货膨胀的传导机制。实物流也分若干部分。主要分国营企业、非国营企业、农业、外贸与外资和政府等部门。这里只介绍一下实物流中的农业块。我们发现用零售物价指数衡量的中国通货膨胀与农业的周期密切相关。如果我们把中国的经济波动与通货膨胀画出来，从 1980 年到现在已有三个周期。第一周期是 1980—1986 年，通货膨胀在 1985 年达到高峰；第二个周期是 1986—1990 年，通货膨胀在 1988 年达到高峰；第三个周期从 1990 年开始，估计通货膨胀在 1994 年达到高峰。

我们知道零售物价指数中有 50% 强是由食品组成的（按权数算）。改革开放以来三次通货膨胀的高峰都与食品价格的上涨密切相关。而食品价格的上涨是由农产品的供求关系决定。研究农产品的供求关系必须研究农业周期。影响农业周期的因素众多，有体制上的，有气候上的，有国际市场上的。这里我们集中讨论工农产品比价在农业周期中的作用和影响。

1979 年我国大幅度提高了粮价，缩小了工农产品之剪刀差，加上农业的承包制的推行，使农业连续好了 6 年。农业形势好，政府松一口气，集中力量搞城市改革和经济建设，放松了对工农产品比价的不断调整。到 1984 年时农民生产农产品得到的收入远不如 1979 年和 20 世纪 80 年代初。其结果是影响农民生产农产品的积极性，农产品的要素投入的下降，使下一年的农产品的供给减少。与此同时，其他部门都在大干快上，投资过热，经济高速增长，大量农村劳动力涌进城市，对食品的需求大大增加。农产品供给的减少和需求的增加导致农产品价格上涨，从而使零售物价指数上涨。

1985 年以后农业几年徘徊不前，政府又抓了一下。但到 1988 年时，经济过热，在农产品供给基本上停滞不前的情况下，对农产品的需求大大增加，又一次使食品价格大幅度上涨，成为 1988 年、1989 年两年通货膨胀的重要组成部分。

1989—1991 年的三年治理整顿是挖农业非常狠的 3 年，农民的人均收入在这 3 年中基本上没有增长。比较幸运的是气候风调雨顺，加上那 3 年全国经济疲软，没有什么机会，生产农产品机会成本低。所以农产品的供给良好，而需求却继续不景气。粮食价格在 1990—1993 年一直趋于平稳。某些地方甚至出现供过于求、卖粮难、米贱伤农的情况。

我这里讲工农产品的比价可以推广为生产农产品的机会成本。机会成本上升使对农业的投入减少造成减产。举个例子，稻谷减产是我国南方农产品的减产，南方是经济发达地区，这正说明在那里生产农产品的机会成本增加较快，使得农民没有种粮的积极性。机会成本之比较是我们这一模型的核心。

（本文发表于《经济研究》1995 年第 5 期）

国际资本流动与我国宏观经济稳定

李 扬

1994 年，以外汇体制改革为标志，我国经济的对外开放又前进了一大步。但是，外汇体制改革也对我国的宏观经济调控提出了新的挑战。能够被直接感觉到的是，外汇储备的动态变化对国内货币供应从而物价产生了较大的影响；更进一步的影响是，人民币同外汇在经常项目下的有条件可兑换，使得中国经济与世界经济有了更多和更紧密的联系。如果说，中国的宏观调控，过去主要只需考虑"对内"平衡的话，那么，在进一步对外开放的今天，已经必须同时考虑"对内"和"对外"两个平衡的问题了。这些影响意味着，国际资本流动已经成为影响我国宏观经济平衡和宏观经济稳定的重要因素。为此，我们对宏观金融调控机制的改进、利用外资的安排、国内金融体制的改革等，都须有新的战略考虑。

一 外汇储备增加对物价的影响

在严格的结售汇制下，外汇储备增加，将使得人民银行通过购买外汇而投放的基础货币增多，这是没有疑问的。1994 年新增的 4024 亿基础货币，有 70% 以上是由外汇储备增加造成的。但是，货币供应的总量是否适当，还要看货币政策的总体安排。我们注意到，针对外汇储备迅速增加的特殊因素，人民银行自觉不自觉地对可能导致基础货币投放的其他渠道施行了比较严格的控制。比如，它基本停止了对国家财政的透支和贷款，大规模收缩了对金融机构的再贷款，削减了部分专项贷款，开办了对各个金融机构的特种人民币存款，等等。

从表 1 可见，在去年前三个季度，基础货币的增加，几乎全都是由外汇储备增加造成的，而同期对政府和国内金融机构的债权则呈负增长，只是到了第四季度，对国内金融机构债权的增加才构成基础货币增长的重要因素。也就是说，人民银行采取了一些措施，在相当程度上"冲销"了外汇储备增加对基础货币供应的压力。统计资料显示，去年全年，我国现金（M_0）供应量增加了 24.3%，基本实现了原定增长 20%—25% 的目标，M_1 增长了 26.8%，广义货币 M_2 增长了 34.4%，均比上年略有下降。1994 年我国物价上涨率达 24.1%，国内生产总值比上年增长 11.8%。综合这些指标来看，应当认为，与过去几年相比较，去年的货币供应量并没有对物价上涨施加过大的新的压力。这意味着，去年的外汇体制改革对我国货币供应所产生的影响，主要是改变了中央银行基础货币的来源结构；外汇储备的增加，以及与之密切联系的货币供应，对于去年物价上涨的责任，可能没有人们想象的那么大。

表1	1994 年基础货币增长			季度增长率,%
	第一季度	第二季度	第三季度	第四季度
基础货币	3.00	3.76	7.03	11.78
其中：				
流通中现金	0.16	− 0.36	3.73	6.17
金融机构准备金	2.90	3.30	1.55	4.85
来源：				
净国外资产	9.86	4.65	4.95	2.85
对金融机构债权	− 2.22	0.73	1.01	5.29
对政府债权	− 1.19	− 1.69	− 0.25	1.07
其他（净值）	− 3.46	0.08	1.32	2.57

资料来源：中国人民银行总行调查材料。

然而，外汇储备增加对国内总供求以及物价水平的影响，并不只通过货币供应一条途径。要得到综合的结论，还要全面分析外汇储备的增加究竟主要归因于经常项目还是归因于资本项目，同时，还应当分析这两个项目之间的关系。假如我国国际收支的经常项目，特别是贸易项目基本平衡，或者出现逆差，那么，我国的储蓄与投资，从而总供应与总需求，就应该基本平衡，或者是供大于求的。反之，如果经常项目存在顺差，那么，我国的储蓄与投资就是不平衡的，而且是储蓄大于投资；这种状况反映在商品市场上，就是总需求大于总供给。发生这种情况，外汇储备的增加，显然会成为造成通货膨胀压力的来源之一。我们注意到，去年我国外汇储备的增加正是在国际收支的经常项目和资本项目都出现盈余的情况下产生的，这意味着，对于我国去年的物价上涨，外汇储备的增加有着一定的影响。

总起来看，外汇储备的增加，的确对去年的物价水平产生了上涨的压力，但是，这种压力，可能主要不是通过货币供应渠道即增加总需求而产生的，更重要的原因，在于它相对减少了国内市场的总供给。

二 引进外资与国内储蓄利用不足

外资的进入就是国外储蓄的流入和形成。在开放经济体系下，当一个国家和地区的经济发展受到国内储蓄不足、外汇短缺、投资品稀缺的约束时，就可以而且应当通过利用外资来消除这些约束。这种平衡储蓄和投资的经济过程反映在国际收支上，就应当是在国际收支资本项目出现顺差时，贸易项目同时出现逆差。所以，如果一国的国内储蓄不足，则当国外资本净额流入时，由于有贸易项目的逆差相抵消，其外汇储备不应有较大规模的变化。

去年我国的情况是，贸易项目和资本项目同时出现了顺差。就是说，我国外汇储备的增加是由贸易和资本两个因素共同造成的。撇开资源互换和互补等结构性因素不论，仅仅是贸易出现顺差并导致外汇储备增加这一现象就说明，从总量上看，国内储蓄在支持国民投资时，已经有了剩余。在这种情况下，外资的大量净额流入，就应当引起高度警惕。因为，据此我们可以有把握地推断：在流入的外资中，一定有一部分被用于非生产性用途。

因外资流入而致外汇储备增加的进一步影响，就是它可能产生替代国内储蓄的负作用。从短期看，它可能使国内储蓄被闲置不用，或者被用于消费性用途；从长期看，国内的储蓄率有可能降低，进而从根本上削弱经济增长的基础。在墨西哥金融危机中，国外资本的流入产生了替代国内储蓄的效果，是最具根本性和最具破坏力的因素。

我们现在还没有全面而细致的分析来准确证明，国外资本的流入究竟在多大程度上对国内储蓄的动员和利用产生了影响，但是，有若干迹象表明，外资替代国内储蓄的现象可能已经在我国部分地发生了。

迹象之一，国内银行存差的出现。去年我国利用外资的规模达到了创纪录的水平。但是，同期我国国家银行存款增加 7957 亿元，而银行贷款却只增加 5734 亿元；两相比较，竟有 2223 亿元的银行存款被闲置在银行之中。银行的存款增量大于贷款增量，直接的原因是我们对银行贷款实行了严格的规模控制，它或许对抑制通货膨胀有某种作用，但是，外资大量引入和国内银行用高成本吸收的存款却被闲置不用这两种现象的同时并存，不仅会增加我们未来对外还本付息的负担，而且会使已经处于困境中的国内金融机构"雪上加霜"。从抑制通货膨胀方面看，在紧缩国内金融机构创造货币供应能力的同时，却敞开利用外汇买卖创造货币供应的渠道，其反通货膨胀的综合效果如何，是十分值得怀疑的。

表2			国家银行存贷款比较		亿元
年份	存款	（比上年增）	贷款	（比上年增）	存贷增量差
	（1）	（2）	（3）	（4）	（5）＝（2）－（4）
1978	1135	（71）	1850	（187）	－ 116
1980	1661	（322）	2414	（374）	－ 52
1985	4265	（681）	5906	（1140）	－ 459
1986	5355	（1090）	7591	（1685）	－ 595
1987	6572	（1162）	9032	（1441）	－ 279
1988	7425	（853）	10551	（1519）	－ 666
1989	9014	（1589）	12409	（1858）	－ 269
1990	11645	（2631）	15166	（2757）	－ 126
1991	14864	（3219）	18044	（2878）	＋311
1992	18891	（4027）	21615	（3571）	＋456
1993	21400	（2509）	25869	（4254）	＋1745
1994	29357	（7957）	31603	（5734）	＋2223

资料来源：《中国金融年鉴》（1993、1994）、《中国统计年鉴》（1994）。

注："－"为存款增量大于贷款增量；"＋"为存款增量大于贷款增量。

对于国内银行存款增量大于国内贷款增量的现象，还有必要做进一步分析。回顾我国国家银行信贷收支状况就可看到，在 1990 年之前，国内贷款的增量大于国内存款增量是一种经常性现象，其差额大致等于全社会的现金发行。在这 40 年间，相反的情况，即存款增量大于贷款增量发生过 7 次。

与之相对应的，则是现金的净回笼或少量发行，国民经济也处于调整或低速增长时期。但是，自1991年开始，除了信贷高度膨胀的1993年，国内存款增量已经开始转而大于国内贷款增量（见表2），而这几年恰正是我国现金发行呈几何级数增长，投资规模呈跳跃性膨胀，而且国民经济以10%以上的年率高速增长的时期。这种转变如果是一种趋势，肯定具有多方面值得深入分析的含义。就此处讨论的问题来说，它告诉我们，一味地强调国内储蓄不足，并用之来说明引进外资的必要性，肯定是过于简单的。

迹象之二，外资的本币化。近年来，我国引进外资的一个重要用途是开发土地和建设社会基础设施，这在地方表现得尤为明显。当我们肯定加速基础设施建设对于我国经济发展的重要作用时，应当注意到这样的事实，由于土地开发和基础设施建设所使用的资源大都是本国的，利用外资来从事这些活动，可能有违引进外资的本来意义。引进外资的经济意义绝不只是吸引外国的"钱"，而是通过借用国外的"钱"来引进国外的产品、设备、原料和技术等经济资源；质言之，引进外资是要使用国外的"东西"来进行国内建设。这种经济活动表现在国际收支账上，就是在资本项目有净流入的同时，贸易项下应有价值大致相等的净进口。但是，运用外资来进行土地开发和基础设施建设，尤其是进行诸如公路、桥梁、铁路等基础设施建设时，它们实际使用的资源大都是国内的。显然，如果建设项目所使用的经济资源主要是国内的，在该项目上引进外资，便只是一种筹资手段：外资在这里所起的作用，实际只是"推动"一下国内资源；使之进入生产过程之中。这就是我们说的外资本币化的意思。按照这种界说来分析我国的外资项目就能看到，近年来，外资本币化的现象并不是可以忽略的。调查表明，在去年我国引进的外资中，有相当大的部分纯粹是为了绕过国内贷款规模限制而利用银行间外汇市场来换取人民币资金的，更有一些是以套利和套汇为目的的短期国际"游资"。当然，近年来究竟有多少国外资金被用于换取人民币的用途，还须仔细分析，但是，从流入的外资确有一部分形成了我国的国际储备的事实上，我们可以确凿无疑地判定这种现象是存在的。

从微观层次上分析，外资本币化似乎无可厚非，这是因为，在目前的宏观环境下，借用国外的钱，确实比借用国内的钱更容易一些。但是，从宏观上分析，这种活动就很不合理。因为，如果问题主要并不是资源短缺，而只是缺少资金来"推动"它，那么，从道理上说，运用国内资金替代外资来"推动"国内经济资源，就应是完全可能的。联系到银行系统开始出现存差的事实,这种可能性则更具有现实性。最近几年来,国内建筑材料、施工设备以及各种投资品闲置很多,以至于很多研究者呼吁要加大投资力度。在通货膨胀十分严重的宏观环境下,我们对此建议不敢苟同;但是,我们相信,如果利用国内资金来推动目前很多主要运用国内资源的外资项目,不仅建设规模不致萎缩,而且通货膨胀的压力肯定会弱得多。

迹象之三,国内游资的形成。1995年第一季度,国内发生了在国债交易上过度投机的现象。在投机最甚的几天里,每天都有数百亿资金在"炒"国债及其衍生品。如果把"游资"定义为没有固定的投资领域、以追求高额短期暴利为主要目的、可以随时动用的资金的话,我们可以说,在中国,规模很大的一批游资已经形成。简单回顾一下经济改革以来我国市场上发生的一些事件就不难看到游资的影子。10年间,生产资料市场、股票市场、房地产市场、债券市场、期货市场都曾顺次成为社会投资的热点。在这些市场崛起之速、高涨之奇、衰退之烈的变化中,我们可以清楚地看到游资的推波助澜的作用。游资存在的另一佐证就是,最近几年来,虽然社会上资金短缺的呼声不绝于耳,但是,在很多地方、很多领域和很多企业中,资金却一直是相对充裕的。这一现象已经逐渐被人们感觉到了。例如,货币当局就在最近承认,虽然货币政策已连续三年紧缩,今年第一季度,资金短缺和资金充裕却仍然同时并存。[①] 游资的形成,或许是金融深化过程中较难避免的现象。但是,在国内资金从总体上说仍然短缺,同时外资又在大规模引进的条件下,我们显然应对游资形成的原因认真分析,并采取适当对策。

归纳如上分析,我们倾向于作出这样的结论:在坚定不移地实施对外开放,引进国外资金的战略中,我们现在更应当在制定全面的综合资金运用规划上花很大气力,在保证充分动员和利用国内储蓄的前提下,更有效地将国外资金用于国内的资本形成。

三 思考之一:货币调控机制的转换

外汇市场的动态成为影响人民银行基础货币供应的重要因素,使得我国货币供应的机制发生了十分重要的变化。过去,我国货币供应的机制,基本上是从中央银行到专业银行,再由专业银行分配到全社会。去年的情况,则

---

① 《金融时报》1995年4月29日。

是从中央银行到外汇持有者，再由外汇持有者流转到全社会。这种变化，使得传统的以控制现金和信贷规模为主的货币调控机制，已经很难实现金融宏观调控的目标。据估算，1994年，在全社会金融机构发放的全部信贷中，能够被信贷计划控制的部分仅为71.5%，同时，国家银行的信贷占全社会金融资产的比重也已降至不到50%。这种状况的集中反映就是，近年来，虽然信贷规模可能被控制在计划之内，但货币供应总量M_1却总是增长过快，M_2的增长也总是超过预计的水平。毫无疑问，这种状况，是由多种因素在长期内共同作用的综合结果。但是，1994年外汇部门发生的事情，无疑使我国货币调控机制的改革具有了更大的迫切性。

如果各国对资本的国际流动都不加任何约束，那么，国际游资实际上就会支配各个国家的货币供应量。从国际经验来看，这种情况并非仅仅是理论的推理：它在第一次世界大战之前和20世纪60年代，就在资本主义世界中发生过。鉴于此，一些国家在开放本国经济的过程中，对外汇的流动都曾实行过各种各样的限制。例如，联邦德国自1972年开始便对外汇的流入进行严格限制，直到1981年，该国经济已充分发展，国内已经建立了一套可以抵御外来冲击的有效的调控机制之后，对外汇流入的限制方始放松。考察日本的经历，我们也可看到类似情况。这些国家的经验对我们的启示是，在今后一段时期中，我国对外汇的自由流动，还应当施以一定的控制。

然而，对外汇的自由流动实行某种控制，固然会弱化那些完全以套取金融利益为导向的游资者对国内经济产生的不利冲击，但并不能消除通过国际收支差额而产生的来自外部的影响。在一个开放型的经济中，如果中央银行被动地接受国际收支差额（顺差或逆差），那就意味着，国际收支差额就会像国内银行的准备金一样，对国内货币供应量产生直接的影响。可以说，我国去年就面临这种局面。

在现代银行制度下，银行体系能够部分或全部"抵消"国际收支的不平衡，从而使国内的货币供应量免受国际收支的不利影响。这种抵消措施，可以由中央银行来执行，也可以由商业银行来实施。如果我们不希望国内的货币供应因外汇储备的过量增加而增加，中央银行可以通过提高商业银行的法定准备率、提高再贴现率以及在公开市场上卖出政府债券等削减商业银行贷款能力的方法来实现其目标；在商业银行一方，则可以通过相应减少其对国内借款人的贷款来实现同样的目标。

另外，为了使外汇市场中的变化不那么直接且一对一地对中央银行的基础货币供应产生影响，在中央银行和外汇市场之间设置某种缓冲屏障，显然是必要的。这种缓冲屏障就是外汇经营机构和有一定容量的外汇资产交易市场。当然，要想使金融机构发挥缓冲作用，就必须允许他们积累外汇以及以外汇定值的资产，必须允许它们建立短期外国投资储备。也就是说，我们对于外汇经营机构经营外汇业务的某些限制，必须进行修改。

除了这些"防卫性"措施之外，中央银行还可以直接针对外汇本身，采取一些"缓释"措施来维持国内货币供应的适当水平。例如，它可以进行外汇掉期交易来"对冲"外汇储备增加的影响。在这种交易中，中央银行在公开市场上向国内或国外的机构卖出即期外汇，同时买入远期外汇，用以达到既保留外汇储备又在一定时期内减少货币供应压力的目的。

中央银行还可以同商业银行安排回购交易：中央银行只是暂时将外汇的所有权在有限的时间内转移给商业银行；这些资产仍然属中央银行所有。在这种业务中，中央银行将即期外汇卖给了商业银行，使得后者在中央银行的存款减少，从而，在回购安排的期间，商业银行的放款能力也是可以减弱的。

总之，为了应付类似今年所出现的因对外进一步开放而导致的不利情况，可以采取的措施大致有四：（1）允许一部分金融机构从事范围较广的外汇经营业务，以便中央银行同外汇市场拉开一定的距离；（2）中央银行根据控制货币供应的目标，在外汇市场上进行相应的外汇掉期操作；（3）中央银行同国内金融机构进行回购交易，达到既保持一定数量的外汇储备，又影响金融机构贷款能力的目的；（4）中央银行如果需要保持和增加其外汇储备，便应根据控制货币供应量的目标，运用公开市场操作手段，相应地减少通过其他渠道投放的基础货币供应。这些措施集中起来说就是，为了使我国的货币政策更有效力，我们应当对宏观金融调控的机制进行根本性改革。

四 思考之二：循序渐进、更加稳妥地对外开放

我国今年对经常项目实行了有条件的可兑换。按照一般的理解，在今后的几年中，我们首先应实行全部经营项目的自由兑换，继之扩展至资本项目的自由兑换，然后走向人民币的完全可兑换。我们以为，人民币的自由兑换固然是我国努力的目标，但在实现这一目标的过程中，我们应审时度势，循

序渐进。

"货币自由兑换"是国际货币基金组织对其成员国的要求。但是，根据《国际货币基金组织章程》第8条，所谓"货币自由兑换"，指的只是对经常项目之下的货币兑换不得加以限制，它并不排斥对资本流动，尤其是短期资本流动进行管理；至少，这种管理目前还未被认为是违反了自由兑换的原则。此外，货币自由兑换，也不意味着普通居民都可以自由地持本币去兑换外币。这就是说，即便根据国际货币基金组织章程，对于货币自由兑换问题，也不应做绝对化的理解。

我国在向人民币可兑换的目标迈进时，不能轻易放弃对资本项目的管制。保留对资本项目的某种管制，是从防止资本过度流动以至损害国内经济发展的目的出发的。由于担心实行货币可兑换会给宏观经济稳定以及国内经济的供给方面带来风险，大多数国家都是逐步在经常项目下实施可兑换，并限制多种类型的资本流动的可兑换性，直到发展后期才取消这种限制的。即便是西方发达国家，在取消所有外汇管制的过程中，也不是一步到位的，而且，一旦出现货币危机之类可能危及国内经济的情况，她们也总是毫不犹豫地操起管制的法宝；最先被想到的行动对象，也一定是资本项目。

对资本项目实施管理，直接联系着我国利用外资的战略。在前文中我们已经指出，当前利用外资的最主要的问题，一是要综合考虑利用国外资源和国内资源的问题，二是要尽可能地保证外资被用于国内的资本形成。尽管目前我们还不能判断外资流入和国内储蓄利用不足同时并存的现象究竟在多大程度上存在着，我们也还没有充分研究的根据来推断这种现象是否会长期继续下去，但是，这一现象的发生，已足以令我们认真考虑：在利用国外资金的同时，我们应当如何首先充分动员并运用好国内的储蓄。这就是说，经过十余年的改革开放，我们或许已经到了反思我国利用国外资金的战略的某种转折时期。

虽然利用国外资金是一种世界性的现象，但是，对处于不同经济发展阶段的国家来说，引进外资的目的，以及相应的引进外资的格局肯定是不相同的。一般说来，不发达国家引进外资的基本原因，在于国内储蓄不足、外汇短缺和投资品稀缺，因此，这些国家在资本的国际流动中，基本上处于净流入国的地位上。我们认为，如果说在过去，中国在参与国际资本市场活动的过程中的主要倾向是资本流入的话，那么，经过十余年的改革开放，中国的经济实力已有迅速增长，对外依赖度已达很高水平，资本跨国流动已有相当的规模，中国的引进外资战略，可能已经进入了从单方向净额引进外资的阶段，向全面参与国际资本流动的阶段转变的过程之中。当然，由于缺乏细致的分析，我们不敢高估这一论断，但是，从现在起就密切注视这方面的问题，则肯定是绝对必要的。

五 思考之三：国内金融市场和金融机构体系须尽快完善

随着中国经济的进一步对外开放，国外因素将对中国经济产生越来越大的影响。1994 年国内发生的各种情况表明，我们应付这种新的局面，在国内金融市场的建设和金融机构体系的配套发展方面准备不足。

在传统体制下，我国基本上不存在金融市场。那时，以统收统支的财政制度为基础，全社会的储蓄主要集中在政府手中，再由政府以拨款的形式分配给各个企业使用。这样一种运筹资金的方式，可以说是一种特殊形式的内源融资。经济体制改革以来，随着国民收入初次分配结构的调整，在社会总储蓄的结构中，政府集中的储蓄逐渐减少（其净储蓄近年来已为负数），分散的企业储蓄和居民储蓄则逐渐增加。在这种分配格局下，建立有效的融资机制，动员储蓄并引导储蓄向投资转化，对于我国经济的增长和发展显然至关重要。

政府在储蓄—投资领域中大规模退出之后，它所留下的空缺，是由金融机构贷款、自筹投资、其他投资和利用外资填充的。由表 3 可见，在全社会固定资产投资来源中，金融机构贷款的份额从 1978 年的 5.2% 提高到 1993 年的 23.5%；同期，自筹投资和其他投资则从 47.7% 提高到 1993 年的 65.5%，都增加了 18 个百分点左右。外商投资则从无到有，1993 年已达 7.3%。这种融资格局，在 20 世纪 90 年代已经大致稳定了下来。在上述五种投资资金来源中，预算内投资、金融机构贷款和外商投资都有明确的界定和相对制度化的融资机制，而"自筹投资"和"其他投资"则十分复杂，尤以"其他投资"为甚。大致说来，"自筹投资"和"其他投资"的资金来源包括：预算外资金、企业税后利润和折旧基金、城乡居民个人投资、集体单位的自筹资金、股份制企业发行股票和债券收入、"定向募集公司"发行股票收入、借用外资，以及各种摊派和集资等。从融资机制上看，在上述各种来源中，有一些是制度化的，如各种内源融资、预算外资金和城乡居民个人投资；有一些是非制度化的，如摊派和集资；还有一些可以说是"准"制度化的，如定向募集公司发行股票。根据《中国统计年鉴》有关资料估算，这些非制度化和准制度化的投资，最高曾达到占全社会投资规模 20% 左右的水平。

表3 　　　　　　　　　　全社会固定资产投资来源 　　　　　　　　　　亿元

	1978 年	1980 年	1985 年	1990 年	1991 年	1992 年	1993 年
国家预算内投资	463 (47.1)	356 (30.8)	408 (16.0)	388 (8.7)	373 (6.8)	334 (4.3)	464 (3.7)
国内贷款	51 (5.2)	146 (12.6)	510 (20.1)	871 (19.6)	1292 (23.5)	2152 (27.4)	2926 (23.5)
利用外资	—	—	91 (3.6)	278 (6.2)	316 (5.7)	457 (5.8)	907 (7.3)
自筹投资	—	—	—	2329 (52.3)	2879 (52.3)	4025 (51.2)	6219 (49.9)
其他投资	468 (47.7)	604 (52.2)	1534 (60.3)	583 (13.1)	649 (11.8)	887 (11.3)	1942 (15.6)
投资总额	982	1157	2543	4449	5509	7855	12458

　　资料来源：《中国统计年鉴》（1979、1994）。

　　这些非制度化和准制度化的融资安排，构成中国经济最不透明、最不规范也是最不稳定的部分。可以说，中国金融制度的混乱，主要发生在这一领域之中。从制度上分析，造成这种状况的基本原因在于，我们在金融上，仍然实行以国家信贷资金分配为主的融资机制，而这种机制已经不能满足经济增长和发展的需要。

　　经济改革以来，随着体制的转型，我国经济的增长机制已经发生了重大变化。这十余年来的经济增长，从经济主体来说，主要得益于非国有企业的迅速发展；从产业来说，主要归因于第三产业的扩张；从地域上看，则主要依赖沿海地区的高速增长。然而，在国家信贷计划安排中，这样一些经济主体和产业占据不了什么位置；而经济发达地区之所得，相对于其需求来说，则显然不足。这就产生了一个深刻的矛盾：一方面，经济的发展在很大程度上要依靠非国有企业和第三产业，要依靠沿海地区的增长；另一方面，在国家的正规信贷计划和融资安排中，这些企业、产业和地区的资金需求又得不到满足。由于资金的供应结构和资金的需求结构不相吻合，所以，将资金从国家银行拆借到非国有银行、非银行金融机构、非国有企业、第三产业和经济发达地区，便成为一个不可避免的趋势。在直接融资方面，情况也颇相类似：很多有效益的企业和市场的投资项目由于得不到正规制度化渠道的资金供应，借引进国外资金之名行获取人民币资金之实的现象，不经管理当局批准便自行集资、摊派、发行股票和债券的现象，便也就普遍发生了。我们认为，近年来外资本币化现象的发生以及金融秩序的混乱，固然可归因于不正之风和旧体制的惯性，但是，在相当程度上，它也正是市场经济力量努力冲破僵化的国内金融体制的一种自发反应。如果不对种种因素作出恰当的分析并采取相应的对策，不仅利用外资的战略和整顿秩序的目标难有预期的效果，我国经济的进一步增长都可能遇到障碍。

进一步分析，目前这种融资机制，也不利于现代企业制度的建立。经济改革以来，由于财政投资迅速减少，我国企业的生产和发展都已严重依赖于外部资金。据调查，除了企业的流动资金几乎完全依赖银行贷款之外，它们的投资资金来源中，内源融资率也不足25%，而且，在高达75%的外源资金中，银行贷款要占去90%以上。在市场经济国家中，企业的内源融资率一般为50%—80%，而且，其外源融资的50%左右来自证券市场。相比之下，我国企业的资金来源结构显然是扭曲的。这种扭曲的结构使得我国企业大都处于对银行高负债的境地，从而，货币政策尤其是利率政策的微小变动，都会对企业的经营造成严重影响；而且，利率长期高悬，可能吸收掉企业相当一部分经营利润，致使其自我积累的目标难以实现。与此相对应，我国金融机构的资产结构中，以信用贷款形式存在的风险资产的比重也远高于一般国家。这种资产格局，严重制约了金融部门信用政策的实施，使得它在采取任何政策措施时，都不仅要从宏观考虑国民经济总体的需要，而且要在微观上考虑成千上万家企业的要求和"承受能力"。更有甚者，由于宏观经济的要求和微观经济主体的需要常常不一致，为了照顾企业的需要，金融部门的宏观经济调控政策常常难以到位；有时，经济整的利益还不得不有所牺牲。这种不正常的关系以及由之造成的恶性循环，对于我国的企业改革、金融改革，乃至社会主义市场经济体制的发展，显然是不利的。

拓宽融资渠道，当然不能只限于直接融资，间接融资机制的改革和发展也是十分重要的。发展间接融资的关键是建立多样化的金融机构。在这方面，改造现有的专业银行，促其尽快走上商业银行的轨道肯定是必要的。但是，一方面，仅仅依赖国有商业银行，肯定难以满足多样化经济主体的多样化资金需求；另一方面，依靠商业银行提供长期资金，不仅不能满足日益增长的投资资金需求，在一定程度上还有很大的风险。这是因为，商业银行的负债主要来自期限较短、流动性较高的居民和企业的储蓄存款，而且，这些负债还构成货币供应的主体部分，依托这种负债结构来支持长期性投资支出，极易导致支付危机。货币当局所以要求商业银行对其存款保持准备金和备付金，所以对其自有资本率有严格的要求，所以要对其实行资产负债比率管理，所以要对其资产业务实行较严格的监督和控制，根本的原因就在这里。从市场经济国家的情况来看，通过间接融资渠道供应的长期资金，主要来自非银行金融机构。这些金融机构的共同特点，就是拥有长期且稳定的资金来源。正是在这样一种负债结构下，它们才能在资本市场上发挥主要作用。如果说我国的金融机构很不发达的话，那么，我国的非银行金融机构则更处于起步阶段。所以，从建立有效的金融市场的要求出发，大力发展股份制的商业银行，大力发展非银行金融机构，应成为我国金融制度创新的重点之一。

（本文发表于《经济研究》1995 年第 6 期，获第七届孙冶方奖）

议财政、金融和国有企业资金的
宏观配置格局

黄　达

一

改革开放 15 年来，财政改革、金融改革、国有企业财务改革，成绩巨大，功不可没，没有这些方面的改革，不会有今天经济改革的成就；否定这些方面的改革，经济改革的现有成就则无法说明。这是肯定无疑的。

但另一方面，从资金总量对比的宏观角度，或者说从资金宏观配置的角度来看，目前财政、金融和国有企业相互之间存在着的却是一种畸形的格局。

二

财政越来越"相对贫困化"，岁入占 GDP 的比重一年比一年小，从 1979 年的 26.7% 降到 1994 年的 11.9%，岁入加债务收入则从 31.9% 降到 14.6%，1995 年制定预算时，预计还要有所下降，债务依存度（债务占总支出的比重）从"既无内债，又无外债"一步步发展到 1994 年的 18.4%。同时，中央财政支配的比重越来越小，而赤字的弥补完全由中央财政负担（见表1）。

表 1   世界主要国家财政收入情况

国家	年份	岁入占 GDP 比值的波动区间	岁入加债务收入占 GDP 比值的波动区间
美国	1982—1991	32.7—34.9	36.3—39.4
英国	1980—1991	41.2—45.3	41.4—48.0
法国	1981—1992	44.0—47.3	47.1—50.9
德国	1981—1991	43.5—48.2	43.9—51.4
日本	1983—1989	—	24.4—29.7
印度	1981—1986	17.8—20.5	24.8—31.1
韩国	1981—1992	16.0—18.9	16.3—21.5
泰国	1982—1990	16.0—21.6	16.5—23.0

资料来源：除日本外，均来自 IMF 的 1991 年度和 1993 年度的政府财政统计年鉴；日本的材料来自日本大藏省的统计，是对 GNP 的比值；各国数字包括中央财政和地方财政；韩国只包括中央财政。

在计划经济体制下，国家财政是国民收入分配的主要形式，不仅行政国防文教卫生靠财政拨款，发展国有经济和支援农业的资金也主要来自财政。所以，财政在经济中的地位最为重要。无论是经济增长的速度，基本建设和更新改造的规模，工资和价格水平的调整等，财政的态度对于如何安排均有决定的分量，20 世纪 50 年代提出的"三平理论"，第一句就是"财政收支平衡是关键"。

改革开放一开始，不少人认为财政分配权过分集中，从而它对经济的干预力量过强，不利于搞活经济，应作调整极端的意见是：财政应该只是"吃饭财政"，要尽速从经济领域退出。要求财政从经济领域全部退出的主张不是现代经济学的理论，也不符合现代经济生活的实际，很多人不赞同，现在实际发展的结果是：（1）财政对经济领域的投入，即建设性支出仍保持一定的比例，如 1994 年这部分支出为 1585.42 亿元，占支出总额的 22.67%。比重虽然不低，但如果考虑到财政收支占 GDP 的比重，这一千五百多亿元，也仅仅是 GDP 的 3.62%。（2）就"吃饭"财政来看，也捉襟见肘，极为拮据，例如政府公务人员由财政支付的"档案"工薪不足以养廉；教育文化艺术体育等方面的投入极其不足；国防支出和国防现代化的要求差距甚大；各项开支标准严重脱离现实生活，实际无法执行；等等。（3）财政的日子如此窘迫，本身已无扩张和紧缩的余地，这就很难承担它在现代市场经济中本应承担的宏观调控任务。

有一种看法，财政并不穷，还有很大一块钱作为预算外资金，预算外资金是计划经济的范畴，按照当时的观念，凡政府各部门收取而未列入预算之内的和国有企事业留在本单位而未上缴预算的都算预算外。"文化大革命"前预算外收入不到预算内收入的 10%，财政部门管得也很严格。改革后，财权不断下放，观念却依然故我，按老概念的预算外资金，改革开放以来迅速增长，前两年，其收入的规模已逼近预算内收入的规模。要是把预算内和预算外加起来，财政收入水平倒也是不低的，然而，这样的思路不能成立。其一，预算外的观念早就应该改变了。比如，企业的留利就是企业的，财政管不了，更不应该管，叫个预算外有什么意义？还好，1993 年已把预算外的范围作了调整。按调整后的口径，当年预算外收入只相当预算内收入的 30%，即使把它全部纳入预算内，也改变不了财政收入低水平的状况。其二，财政部门对预算外资金的控制极大地削弱了，就是那些的确属于财政性的预算外资金也往往成为财政政策的逆向和干扰力量。简言之，分散的财力不论如何多，也改变不了财政系统集中财力的窘困矛盾。

三

与财政状况形成鲜明对比的，是银行系统集中的财力，其增长速度令人刮目以视。以 1979 年国家银行贷款余额与农村信用合作社贷款余额之和为基数（那时只有一家中国人民银行和众多的农村信用社），到 1994 年，国内信贷，包括各种金融机构的信贷，其总的余额增长到 20 余倍，平均每年递增 22.37%，同一期间，财政收入增长不到 5 倍，平均每年递增仅 10.86%。

同期，GDP 名义值增长到近 11 倍，平均每年递增 17.30%；按不变价格计，平均每年递增 9.67%。据此换算的平减指数为 6.96%。以这个平减指数进行调整，信贷平均每年递增 14.41%；财政平均每年只递增 3.65%。相对于 GDP 的递增率，信贷的增速大大超过，而财政则大大落后。

如果从支持经济建设的角度看，1979 年，财政的经济建设费支出为 761.59 亿元，各种贷款余额（包括中国人民银行和农村信用社）当年增长额 192.03 亿元，即前者为后者的 4 倍；而 1994 年，建设性财政支出总额，如前指出，为 1585.42 亿元，国内各种金融机构的各种贷款余额增长了 7952.11 亿元，倒转过来，后者反为前者的 5 倍。

如果把年度的财政收入额和信贷余额的增长额加以对比，1979 年财政岁入为 1068.0 亿元，加债务收入为 1273.9 亿元。当年，信贷增长，如上指出为 192.03 亿元，与财政收入比，分别为 18.0% 和 15.1%。1994 年财政岁入 5218.1 亿元，加债务收入为 6293.4 亿元，而 7952.11 亿元的信贷增长额较这两个数都大。

有人说，市场经济中的银行力量就得大，经典作家早就指出，银行是万能垄断者。没有数量、没有与环境对比的概念推论没有什么价值。表 2 引一些国外最简单的数字可用以比较。

表2　　　　　　　　　　**国内信用增长额相当于财政收入的百分值**

国家		年份	最高值	年份	最低值
美国	与中央岁入比	1971—1975	44.8	1986—1989	19.7
英国	与中央岁入比	1986—1989	64.8	1966—1970	7.8
法国	与中央岁入比	1976—1980	40.1	1962—1965	17.0
德国	与中央岁入比	1962—1965	53.3	1986—1989	17.6
日本	与总税收岁入比	1988	81.4	1986	63.6
印度	与中央岁入比	1984	46.0	1987	35.4

注：日本和印度只有 20 世纪 80 年代的数据。

资料来源：据 IMF1991 年《国际金融统计年鉴》和《政府财政统计年鉴》数据整理。

数据说明，没有一个国家的信用增长额超过同期财政岁入。其中日本的比值较高；美国在 30 年间最高的 5 年平均值还没有超过 10%，而美国的银行事业不能说是不发达的。

无论如何，我们的金融事业是过分突出了，以致在经济生活中形成了独木撑天的局面。甚至在我们的党政文件和理论论述中也多所反映。如往往在讨论金融问题中提出完善宏观调控体系的思路和措施；如在论证完善宏观调控体系时往往把目光只集中在金融领域等，似乎金融和宏观调控天生就是一而二、二而一的事物，最近像是觉察到了这种偏颇，当谈到适当从紧的货币政策时，也配上适当从紧的财政政策这么一句话，但内容却使人有空泛之感。

自从 20 世纪 30 年代宏观经济理论行时以来，在发达的市场经济国家中，都是双木——财政和信贷——撑天，侧重点虽然交替有所变化，但双木撑天的格局一直不变。独木撑天，局面倒是容易使人"春风得意"，可是众目睽睽，聚焦于一身，就是本来不应由你承担的任务也要硬摊在你的肩上，那就高兴不起来了。比如，安定团结贷款，从银行经营准则上是很难论证的。可是现在只有你有钱，任务不压在你的身上压在谁的身上？于是，金融近些年，地位倒是越来越高，作用确是越来越大，不过矛盾越来越多，日子越来越不好过。勉强为之，虽可维持于一时，但扭曲变形，会种下种种病根。能否长期维持下去，已日益从不同角度提出质疑。

四

再看看国有企业的财务状况。"资金紧"的呼声一直是极其强烈的。

"一五"时期，商业流动资金靠银行贷款，工业流动资金却有百分之七八十是自有的。现在国有企业的日常流动资金则几乎全靠银行贷款支撑。固定资产投资，包括新建、扩建、更新改造，过去主要是财政拨款，现在拨款只占极小部分。1994 年的统计，国有单位固定资产投资额 1.1 万多亿元，其中，预算内投资 55.8 亿元，占 4.9%；国内贷款 2877.4 亿元，占 25.3%；利用外资 1183.3 亿元，占 10.4%；自筹投资 519.7 亿元，占 48.6%；其他投资 1218.3 亿，占 10.7%。表面看，自筹近 50%，颇为合理，但人所共知，其中相当部分是通过挤占流动资金等途经占用银行贷款。所以"资金紧"的另一个说法就是办什么事都得靠贷款：基本建设靠贷款，更新改造靠贷款，日常经营靠贷款，甚至有的企业发工资、缴税款、付利息也要靠贷款。

从国民经济发展的角度，从国有经济发展的角度，不少同志指出，国有大中型骨干企业生死攸关的问题是缺更新改造投资。当今，企业只有在世界生产力发展的潮流中，及时提高技术装备水平以及工程技术人员和工人的水平，生产出符合现代经济要求的产品，才有立足之地。否则，不只参与不了国际市场的竞争，在我国进口总额已超过万亿人民币而且今后还会增长的情况下，就连国内市场也保不住。道理本不复杂，而且过去我们讲社会主义经济规律，一开口就是在高度技术的基础上，问题在于不论是认识方面还是行动方面都不落实。在闭关锁国的氛围之中，建一座工厂，这座工厂就像是万古长青的；生产一种产品，这种产品也像是万古长青的。产业结构的调整，产品的升级换代，专业技术人员自然会有所考虑，领导层面也常提到应对这样的问题加以重视。但缺乏国际比较和激烈竞争，除极少的产品和产业外，现实的压力不大。总的来说思想上并不会重视，实际的规章制度也有明显反映。按那时的财务管理体制，企业除纳税外，利润全部上缴，折旧基金全部上缴，如果想更新改造和试制新产品，还要申请专门拨款。要是摆在市场经济中，不让有折旧和未分配利润的积累，不认为从下厂经建设、现有产品一经投产即必须时时考虑技术更新、产品更新，这无疑置企业于死地。应该说，这本质上是生产力问题，不是社会制度问题。其实，在改革开放前这一矛盾已然明显；改革开放后让国有企业立即到市场经济中去锻炼，矛盾焉能不突出到首位？

不只缺更改资金，也缺基本建设投资，分别就各个企业说，往往需要扩建；从整体来说，需要新建。基本建设投资过去由财政拨款，国有经济由财政投资，道理堂堂正正，没有问题，不料想我们自己创造了一个"拨改贷"，说有这样那样的好处。实实在在的好处恐怕不多，理论上大概留下一个笑话。现在已往回改，这很好，给企业解除了一道人为的、全无必要的负担。但财政的投资能力在推行拨改贷时就越来越小。形势迫使人们突破了银行不能从事长期信贷的错误理论束缚，迅速开办了长期信贷业务。如果没有这一决策，这些年的建设成就不能想象。

再是缺流动资金。在综合部门中，一直关心流动资金的当然首属银行。财政则变化较大：在1952—1978年的27年间，每年有关流动资金的支出占财政总支出的比例，平均为7.28%，但波幅极大，最高为15.7%，最低为3.3%，颇有不是看客观需要，而是收支宽松时多给点，紧巴时少给点的味道。不过，那时财政有结余，实际是信贷基金，20世纪60年代初大幅度降低银行利润上缴的比例也实质是增补信贷基金的措施，等等。这说明财政总还得把流动资金问题放在自己的考虑之内，改革开放最初的几年，财政天天叫紧，银行却讲"存贷两旺"，于是流动资金的供给，顺理成章，请银行一家承担。现在看来银行揽下的这个包袱是过沉了。按理说，我们搞计划经济，重大问题都要讲计划，但在流动资金这个问题上却最不讲计划。比如，一个几亿、几十亿元的项目，论证中找不到流动资金如何解决的内容，并不罕见。真的上了马，银行就得供给。而且更严重的是，流动资金这个口袋事实上是一个无底的口袋。银行注入这个口袋的资金无疑要用以补充流动资金，但是否合理，是否有效益则出入极大。而且通过这个口袋用来弥补基建和更改资金的缺口，可说是轻车熟路；这些年的安定团结贷款也是记入这一贷款科目。在大发展之中，整个国有经济这种大敞口的需求，甚至连扭亏无望的企业也要支持，金融的实力再大也难以承担。

人们常讲，财政的放权让利给国有企业留下多少亿元。这是事实。但可以在多大程度上解决企业在更新改造和补充流动资金方面的需要？这里先要算一算，通过基金、认购国债等各种方式财政又征收回去多少；不是财政而是其他有权有势的部门通过摊派又拿走多少。剩下的够不够用以支付退休职工的养老金，用以保持隐性失业状态而支付的实质性的失业救济金，用以在极其有限的范围内解决职工住宅，用以保证公费医疗和其他最必要的劳动保护开支，等等。如此算下来，可以真正用在"自我发展"方面的还能有多少剩余恐怕不会有乐观的回答。

当然，也有一个相当部分的国有企业颇有效益而且手中有线。然而这个相当部分中的相当部分的决策人或者他们的婆婆们，被杂七杂八的说客搅昏了头脑，或投资于房地产，或搞各种投机炒作，以及诸如此类，资金套死，送掉了企业的大好形势。这应该说，只能怨自己，但如果作总体分析，也应估计到改革过程中发生这类问题的一定概率。

简单说来，我们的国有企业过去财政注入资金的大渠道现在变成了涓涓细流；市场经济中企业部门拥有大量未分配利润，对我们来说，还是将来的目标；最为现实的像是只留下了一条路——依靠融资。

进一步的问题是，得心应手的融资方式主要是通过银行的间接融资——从专业银行借，从政策银行借，通过国际金融市场向海外银团借，通过财政、金融、经贸等部门取得国际金融组织的贷款，等等。国际金融组织的贷款，还有外国政府的贷款，或利率低，或有优惠条件，自应争取利用。至于各种商业性贷款，都要求按期支付利息和归还本金。无论是新建、是扩建、是更新改造，一上来就穿上这件紧身衣是极不轻松的。改革开放以来"负债经营"是一个很行时的词儿。经常看到借钱上项目没过几年本利就已还清的报道。应该说，的确有这样的项目，决策对头，负债经营有利。但并非任何项目都可走这个路子。还有的报道计算就有问题：把利税和折旧总额与本息总额简单对比就下判断。殊不知，税是要上缴财政的；利润有必须由它保证的多方面开支，并非都能用于还本付息；折旧如果全都拿来还债，也就没有了更新改造的自我资金来源。所以听来的本息业已偿清往往并非事实——借款单位实际上还在背着并不轻松的债务营运。特别是基础工业和基础设施，从整体上说，主要靠借债上项目是不成立的，至于流动资金全靠贷款，利息负担也不得了。企业很有意见："全厂上下，辛苦一年，都是给银行干了"，矛盾极尖锐。

理想的一个融资形式应是直接融资中的股票发行。股票作为投资的对象，长期投资者对它的期望主要不在于短期的收入，而在于股票市场价格的增值，在于公司资产增值后的配股等收益。因而对于办实业来说，解决开业资本和大宗追加长期投资，发行股票是最为适宜的。改革前我们这里没有股票；改革后最初的股票或是变相的职工福利，或是不规范的集资；当一二级股市逐步建立之后，在"投资"和"投机"这两个必然扭结在一起的功能之中，活跃的是后者而非前者。所以，广大公众并不把股票投资看作与银行储蓄、与购买公债有同等选择价值的对象。

国有企业资金紧和单靠银行间接融资一条道的矛盾已翻转过来制约着金融改革。如商业银行化改革所碰到的不良债权这个关键难题已经议论很久了。而更严重的问题还在于，不只还不了本，进而还付不了息。在这种形势下，如果迫使银行不得不用发放新贷款的手段支持债务人向自己付息，那将是一种有可能引发金融震荡的恶性循环。

五

财政的力量越来越弱，国有企业被资金紧箍得喘不过气来，金融也日益迫切体验到难以独木撑天。这种格局计划经济中没有，市场经济中，不讲发达的市场经济国家没有，就是经济运行比较正常的发展中国家也没有。别人没有的，不见得是不好的。问题是我们自己也越来越感受到这种格局下的日子不太好过。它不仅扭曲了经济游戏规则，并且也为不良行为提供了温床。因而说这种格局是畸形的，并非言过其实。事实上，人们早已从不同角度对于如何扭转这一畸形格局进行着探索。

先从微观基础看，一般说来，企业要发展，资金"紧"是自然而然的事情。市场经济国家有时苦于缺少投资机会，我们这里十年、八年恐怕不会大量出现这种资金"松"得难过的矛盾。要发展,从银行借钱也顺理成章,不负债的观念不会再成为自我设置的桎梏。问题的核心在于国有企业缺乏必要的自有资金。不同的产业部门、不同的经济环境、不同的历史传统对自有资本金和借入资金的搭配有不同的要求。不遵守搭配比例要求,自有资本金的比例过低,企业经营陷入困境自然难以避免,"自我发展"也就成了空话。如何改变这种状况,当然首先寄希望于国有企业的总体改革。"九五"计划建议要求把国有企业的改革真正作为整个经济体制改革的中心环节是极其正确的决策。在资金方面,就减轻企业债务负担也有了一些安排。是否还可作如下一些考虑:(1)在市场经济体制下,国有企业自有资本金比例的增大,不可能靠国家财政的大量注入,也不可能要求进一步减税让利,但必须加快实现公平税负,改变国有经济大大超出自己在国民经济中的比重负担财税的现状。(2)在推进转变政府职能和实行政企分开的改革中,切实清理实质是以政府权威从国有企业以各种名目征集的那些本不应征集的预算外资金,使企业真正能把这部分资金保持在自己手里。(3)大力培育能发挥投资功能的直接融资市场,吸引广大公众把部分储蓄转向直接投资,为国有大中型企业拓宽汇集股份资本的渠道。(4)更重要的,有关部门应研究制定充实国有企业自有资本金的五年、十年规划——有具体数量指标和有落实可能的措施的规划。这也许已经或正在研究、规划,应唤起各方面的高度重视。

对于财政,有个很值得注意的现象:人们极其重视赤字和公债发行而不怎么关心财政收入占 GDP 或 GNP 的比重。其实只要这个比值继续下滑,无论如何撙节开支,赤字和发债就是不可避免的。"九五"计划建议把提高财政收入占国民生产总值的比重列入其中至为重要。

现在的问题是怎样增加财政收入以及何时可以阻止这一比值的继续下滑并进而使之回升。1995 年财政收入的形势不坏,似乎预示着近期停止下滑的可能。但也有预测,这一比值的低谷还要持续几年。对此必须作冷静的、实事求是的分析,不能凭主观愿望决策。只要方向明确,剖析和测算有根据并坚定地组织其实现,从下滑到回升的拐点是早出现一两年还是晚出现一两年,无关大局,至于增加财政收入的具体途径似很难设想出奇妙的招数。(1)在计划经济体制下,财政收入主要的途径是利润上缴,而保证财政收入水平的还有那时的价格制度,税不占主要地位。现在的市场经济体制,税在财政收入中则独挑大梁,是一百八十度的变化。然而那些年我们总宣传轻税是优越性。把这样的观念绝对化,对于现在建立纳税意识,不止在群众中，也在干部中，仍然是颇大的阻力。对此必须有充分的估计。（2）1994年的税制改革对保证财政收入有关键意义，现在从立法上继续使之改善、完善极为必要。（3）把减免税收作为推进改革开放措施的阶段已经过去，除限定的领域之外，逐步取消税收减免的方针已定。只要公平税负真正贯彻，税收就可以有大幅度的增长。（4）税收征管是方针政策赖以落实的最后环节。这一环节不加强，一切都是空的。这涉及税务部门的制度建设、组织建设、人员的补充和素质的提高，更涉及廉政建设——不只是税务部门，而是涉及所有经济部门的廉政建设。（5）预算外资金也是一个问题。但它包含的范围一定要慎重推敲。的确应该重新纳入财政的必须收权；的确应该财政监管的必须强化监管。需要警惕的是，不要轻率地扩大范围和操之过急。

从计划经济体制向市场经济体制过渡，金融大发展是题中之意。其所以单兵突出，是财政收入下滑和国有企业资金紧张衬托出来的。财政状况改善，会使金融解脱本来不应承揽下来的财政负担；国有企业资金状况改善，银行才能按照金融企业的经营准则开展业务，自主发展。也就是说，财政和企业财务改善了，金融的发展会更大、更健康。所以，要扭转资金宏观配置格局现有的不合理状况，从金融角度，首先必须把重构微观基础，即推进国有企业改革和促进国有企业资金状况改善作为决策思考的起点；同时在配合改善财政的进程中提高财政金融在共同实施宏观调控中的协调水平。解决不好这两方面的问题，金融就不会给自己开拓出必要的回旋余地。至于金融自身在进一步的发展和改革中还有很多问题需要解决。如金融市场、金融机构、金融业务形式如何建设和开拓才能满足市场经济体制改革不断深入的要求；如金融事业的迅速发展之中怎样使之尽速规范化。灵活和规范是金融领域中的一对矛盾。失去了灵活性，金融将不成其为金融；没有规范的约束，投机炒作将会极大地抵消金融的积极作用并造成危害。

"九五"计划建议中还有许多建议有利于资金宏观配置格局的合理调整，建设和改革一直快速地发展，综合国力的不断增强，则是支持合理调整的经济基础。

六

财政、金融和国有企业相互之间的资金宏观配置形成当前这样的格局，应该说，是始料之所不及。分别各个领域的一项项具体改革措施，虽然有些是缺乏广泛听取不同意见而想当然地作出决断，但大多是从改革出发，针对当时的客观要求而采取的。问题是，就具体时间、条件、地点来说是合理的，对改革也的确起了积极作用，但积累起来却形成了不合理的结果，这个结果对进一步的改革竟成了必须排除的窒碍。如果说"交学费"，这也是一笔学费——没有考虑（或就当时条件难以充分考虑）长远效应的自觉行为包含着不自觉的一面。

现有的这个资金宏观配置格局，其逐步形成是经过了十几年的积累，要调整到比较合理的状态显然也非一朝一夕之功。但有前车之鉴，使我们认识到对此必须作出长期的规划，并在今后分别处理财政、金融、国有企业资金时，时时注意把它们放在相互联系的总体配置格局的背景之下进行考虑，而且不只考虑当前，也考虑长远效应。这就是说，格局的形成虽然是不自觉的，但向合理格局的调整则必须是也有可能是自觉的过程。

（本文发表于《经济研究》1995 年第 12 期）

论通货紧缩时期货币政策的有效性

范从来

自从通货紧缩发生以来，我国在宏观经济政策的选择上就有着一种倾向：治理通货紧缩的主要政策工具是财政政策，货币政策主要是配合财政政策。这种政策思路是以凯恩斯的政策理论为依据的，其基本点是，通货紧缩时期，受流动性陷阱的影响，货币政策无效。通货紧缩导致流动性陷阱是人们判断货币政策无效的主要依据。货币主义和理性预期学派也都从不同的角度，提出了相应的货币政策的有效性理论。通货紧缩时期，货币政策究竟是有效还是无效，是我们选择货币政策之前必须考虑的一个重大问题。我们认为，我国并没有陷入流动性陷阱，投资和消费的利率弹性是存在的，货币政策发挥作用的条件是具备的，通货紧缩时期货币政策仍然可以有所作为。

一 货币政策的无效性

在通货紧缩时期，人们较多地使用凯恩斯宏观经济模型来进行货币政策分析。凯恩斯从货币供给对利率的影响，以及利率变动对总需求的影响出发，论证了货币政策对通货紧缩时期无效的结论。

凯恩斯认为，利率的高低为货币的供给和需求所决定，在货币需求不变的情况下，货币供给的增加势必导致利率的下降。而投资又是利率的函数，在资本的边际效率不变的情况下，利率的下降势必刺激投资，推动总需求和社会产出的增长。货币供给的减少则相应引起利率的上升，投资的成本相应上升，在资本边际效率不变的情况下，总需求和社会产出也相应下降。

既然 M 与利率有直接关系，凯恩斯学派认为金融管理当局完全可以通过改变货币量来控制市场利率，进而对投资、就业和国民收入产生影响。其传导过程表现为，货币当局以降低准备金比率的方式增加银行系统的超额准备，这将导致商业银行增加债券和贷款的持有，并以新创造的存款货币来支付，此过程将导致债券价格的提高和贷款利率的下降。随着利率的下降，资本品的投资者向资本品的生产者增加订单，扩大投资支出，货币供给就此影响经济中的产出和收入。而且，最终的收入效应还要按一定的乘数大于初始的投资规模，因为投资产品的生产者也要消费，此消费势必带动新的投资，此过程将持续至全部资本品和消费品的需求都得到满足。该传导过程完成之后，货币供给增长的净效应是利率的下降和收入水平的提高。正因为如此，凯恩斯主义认为货币政策的传导机制表现为：

$$M\uparrow \rightarrow i\downarrow \rightarrow I\uparrow \rightarrow Y\uparrow$$

在这里，货币政策的传递主要有两个途径，一是货币与利率的关系；二是利率与投资的关系，即投资的利率弹性途径。

凯恩斯认为，在经济周期的非危机阶段，由于利率没有降至最低点，国债价格也没有达到最高点，此时增加货币供给将促使利率下降，并将增加货币供给的相当部分转化为货币的投机需求，从而推动总需求的增长。在经济危机时期，资本的边际效率极低，利率降到很低的程度，国债价格也相应达到顶点。此时的国债买入随时可能面临利率的回升，而造成国债价格下跌的损失。所以，人们宁可持有货币，而不愿买入国债，货币的投机需求无穷大，货币供给的增加将流入这个流动性陷阱。此时，利率不会进一步下降，投资和消费都不会相应增加，货币供给的增加无助于经济走出萧条。这就是说，按照凯恩斯的理论，货币政策在危机时期无效，而在其他非危机时期则不同程度地有效。

早在 20 世纪 30 年代，凯恩斯就提出了"流动性陷阱"的问题，但长期以来，一般都认为"流动性陷阱"只是一种极端的特例，在西方发达市场经济国家中也未出现过，没有什么实际的分析意义，在一些新版的经济学教科书（如斯蒂格利茨的《经济学》、多恩布什和费希尔的《宏观经济学》）中，已不再介绍和讨论。1998 年 5 月，美国著名经济学家、麻省理工学院的教授保罗·克鲁格曼在其个人网页上发表了一篇题为"日本陷阱"（"Japan Trap"）的论文。[①] 在这篇论文中，克鲁格曼教授运用凯恩斯主义"流动性陷阱"的理论框架，分析了当前日本经济的种种问题。克鲁格曼教

---

① Krugman Paul, 1998, "Japan Trap".

授认为由于总需求的增长因种种因素赶不上总供给的快速增长，使全球的物价水平有下降的趋势；加之，日本开始进入老龄化的社会、劳动力供给增长缓慢，导致潜在经济增长率下降，日本经历了长达 7 年的经济增长率的下降，公众产生了未来收入下降的预期。公众减少当前需求，延迟当前的消费和投资，使储蓄率提高和投资率下降。根据凯恩斯的投资需求理论，降低利率可以提高投资率，降低储蓄率，增加当前需求，但是由于公众对未来的预期太差了，公众对未来收入的贴现值大于当期值，这样就会出现利率趋于零，利率已经无法继续下降，但投资仍然小于储蓄的情况。克鲁格曼教授认为日本经济已经步入"流动性陷阱"。

克鲁格曼教授的分析使人们认识到"流动性陷阱"理论的现实分析价值，很多学者纷纷运用"流动性陷阱"理论，分析中国的通货紧缩问题。学者们对中国是否陷入"流动性陷阱"有着差异很大的结论。刘宪法认为，近年来，中央银行根据宏观经济形势的变化，作出了重大的政策调整，货币政策由适度从紧，转向适度放松。但其总体效果并不明显，经济增长乏力、物价持续下降的态势，没有得到根本的改变。[①] 更为严重的是，自 1998 年下半年以来，出现了货币供应量持续回升，物价继续走低的情况。种种迹象表明，目前中国经济也陷入了与日本经济相类似的"流动性陷阱"的困境。我们认为，我国并没有陷入流动性陷阱，投资和消费的利率弹性是存在的，货币政策发挥作用的条件是具备的，通货紧缩时期货币政策仍然可以有所作为。

二　我国没有陷入流动性陷阱

从凯恩斯和克鲁格曼的分析可以看出，分析一个国家的经济运行是否步入流动性陷阱，主要应从利率水平、货币的需求弹性以及投资的利率弹性等方面进行判断。而从这几个方面来看，我国并没有陷入流动性陷阱。

（一）利率水平并没有低到无法进一步降低的水平

凯恩斯之所以提出"流动性陷阱"的假说，主要是因为，凯恩斯认为人们的货币需求是利率的函数，中央银行在一般情况下可以通过增加货币供

---

① 刘宪法：《"日本陷阱"与当前中国宏观经济现实》，《经济研究》1999 年第 8 期。

给的方法，降低利率水平，促进投资需求和消费需求，从而影响国民产出。但在紧缩时期，由于公众的货币需求（投机需求）对利率的弹性变得无穷大，中央银行增加货币供给，已无法使利率降低。利率水平是判断经济运行是否陷入流动性陷阱的一个重要标准。当利率水平已经很低的情况下，货币政策显然难以发挥作用。因为从理论上来看，储蓄作为现在消费的推迟，其代价不可能为负，零成为利率水平的政策底线。保罗·克鲁格曼之所以认为日本已经陷入流动性陷阱，其理由是多方面的，但有一个最基本的判断：即日本的利率水平已经接近底线。日本 1 年期存款的利率水平（见表 1）1993 年为 2.14%，1994 年降到 1.7%，1995 年降低到 0.9%，1996 年再降 67%，利率水平仅为 0.3%，到 1998 年，日本的利率水平仅为 0.27%。再进一步下降的可能性很小，即使下降，其幅度也很有限。如果货币政策的传导机制正如凯恩斯主义所说的，是以利率为主要媒介的话，确实货币政策对日本经济的影响已经很小了，故此保罗·克鲁格曼认为日本陷入了流动性陷阱。

表1   世界主要国家（地区）一年期存款的利率水平   %

国家（地区） \ 年份	1993	1994	1995	1996	1997	1998
美国	3.17	4.63	5.92	5.39	5.62	5.47
加拿大	4.92	5.59	7.15	4.33	3.59	5.03
日本	2.14	1.7	0.9	0.3	0.3	0.27
意大利	7.79	6.21	6.45	6.49	—	3.16
英国	3.97	3.66	4.11	3.05	3.63	4.48
中国香港	2.25	3.54	5.63	4.64	5.98	6.62
韩国	8.58	8.5	8.83	7.5	10.81	13.29
新加坡	2.3	3	3.5	3.41	3.47	4.6
泰国	8.63	8.46	11.58	10.33	10.52	10.65
阿根廷	11.34	8.08	11.9	7.36	6.97	7.56
巴西	3293.5	5175.24	52.25	26.45	24.35	28
墨西哥	15.06	13.32	38.12	24.7	14.66	13.75
中国	10.98	10.98	10.98	7.47	5.67	3.78

资料来源：通货紧缩及对策研究课题组《关于反通货紧缩的货币政策》，《金融研究》1999 年第 10 期。

利率水平是判断一个国家是否陷入流动性陷阱的重要指标。在对利率水平作出评估的时候，有一个利率种类的选择问题：是名义利率还是实际利率。不少学者在分析中国是否陷入流动性陷阱的时候，采用的是实际利率水平。① 我认为应该通过名义利率水平对流动性陷阱状态作出判断。因为，货币政策直接作用的是名义利率，而不是实际利率。实际利率反映的是货币政策的效应，即在货币政策的作用下物价水平的相应变动，以及由物价水平相应变动所确定的实际利率水平。而且，只有名义利率下降到比较低的水平，才可能使中央银行无法进一步下降利率，因为名义利率在一般情况下不可能为负值。而实际利率受市场物价和名义利率水平的共同制约，有可能在很低的水平时仍进一步下降。我国在前几年，实际利率一直是负值，且不断下降，就证明了这一点。因此，判断我国是否处于流动性陷阱，应该看名义利率是否已经接近零，而不能看实际利率水平。

从名义利率水平来看（见表 2），我国商品零售物价指数从 1997 年 10 月起表现为负值，同期的名义利率（1 年期存款利率）为 5.67%，1998 年 12 月 7 日下降到 3.78%，名义利率虽然下降了 33%，但其绝对值仍然高于名义利率的政策底线，货币政策仍有调控的空间。从贷款利率来看，同期的名义利率从 8.64% 下调到 6.39%，幅度为 26%。日本为了反通货紧缩，1998 年的利率水平比 1993 年下降了 87%，其降幅远远大于我国，而且日本降低利率的初始水平比中国还要低。因此，虽然我国从 1996 年 5 月 1 日到 1999 年 6 月 10 日已经连续 7 次下调利率，但应该说我国目前的利率水平还没有低到不能再低的程度，相应地我们也不能简单地认为中国已经陷入了流动性陷阱。

表 2　　　　　　　　　我国金融机构法定存贷款利率（1 年期）　　　　　　　%

年份	1991	1993		1996		1997	1998			1999
日期	4.21	5.15	7.11	5.1	8.23	10.23	3.25	7.1	12.7	6.10
存款	7.56	9.18	10.98	9.18	7.47	5.67	5.22	4.77	3.78	2.25
贷款*	8.64	9.36	10.98	10.98	10.08	8.64	7.92	6.93	6.93	5.85

注：* 贷款利率为一年期流动资金贷款利率。

资料来源：《中国统计年鉴》（1995、1996、1998）；《中国证券报》1999 年 6 月 12 日。

---

① 赵晓雷：《通货紧缩、流动性陷阱及中国宏观经济政策整合研究》，《金融研究》1999 年第 10 期。

（二）人们的流动性需求没有达到完全弹性

用利率水平判断一个国家是否陷入流动性陷阱，是以利率市场化为前提的。在市场化机制下，利率由货币市场的供求关系决定，货币供给的增加，导致利率水平下降。当利率降到一定水平时，中央银行增加的货币被人们的货币需求所完全吸收，货币供给不再成为利率水平下降的压力，利率水平无法进一步下降，流动性陷阱形成。流动性陷阱是利率由市场形成的过程中自发出现的一种状况。我国利率是由中央银行直接管理的，中央银行直接改变着商业银行的存、贷款利率（调高或调低），而不是通过变动货币量间接改变利率。所以，也就不存在通过增加货币供应量而降低利率，利率却又不能降低的这种情况。或者说，我国目前的利率水平是不是已经低到产生流动性陷阱的程度，只能由市场化利率来检验，只有在市场化利率体制下，中央银行增加货币供给能不能使利率进一步降低才能得到证实。我国商业银行存、贷款利率还没有市场化，也就无法证明中央银行增加货币供给已不能使我国当前的利率水平进一步降低，用利率水平对流动性陷阱作出判断是有其局限性的。

在利率没有市场化的情况下，判断流动性陷阱的关键点在于人们的流动性偏好。当利率处于下降阶段时，人们选择流动偏好（手持现金），货币既不进入银行系统，也不进入证券市场。手持现金冲减货币供给增加所形成的降低利率的市场力量，降低货币乘数，降低货币流通速度，最终使货币供给量的增加无法降低利率水平，从而出现流动性陷阱。

在货币市场处于流动性陷阱时，公众有完全弹性的需求对象是现金加支票存款，不包括定期存款和储蓄存款。定期存款、储蓄存款增长的加快，不表明公众对流动性需求的增强，而只表明公众对流动性需求的减弱。要说明流动性陷阱的存在，不能以储蓄存款、定期存款的增长为依据，而要以现金和支票存款的增长为依据。流动性偏好可以表现为手持现金，也可以表现为支票存款。

进一步而言，活期存款与手持现金对货币供给而言也是有区别的，活期存款进入银行系统流通，而手持现金是一种"现金漏损"，也成为流通中的通货，两者对货币乘数和货币流通速度、进而对货币供给发生不同的作用。这种不同的作用使得货币经济学家往往运用通货比率，对居民和企业流动性偏好的货币供给效应进行分析。这里的通货比率即通货占支票存款的比重。

在其他变量不变时，通货比率上升意味着存款人将部分支票存款转化为通货，货币供给中发生多倍扩张的部分转变为不发生多倍扩张的部分，存款扩张的倍数下降，货币乘数下降。货币供给量与通货比率成负向相关。

由于我国银行支付结算手段比较落后，私人支票账户使用甚少，所以支票存款只有单位活期存款这一部分，而没有个人储蓄存款的那一块，因此我们在统计货币供应量时只能用单位活期存款代替支票存款。这样，西方国家 M_1 = 流通中现金 + 支票存款，我国却改变为 M_1 = 流通中现金 + 单位活期存款，就是说，我国的货币供应量统计与西方国家有些不同。这样，我国的通货比率表现为流通中现金与单位活期存款之比。通货比率之所以影响货币供应量，是由于通货本身没有多倍存款创造的功能，而支票存款却存在多倍存款创造的能力，即货币乘数作用。这样，如果通货比率上升，即意味着整体多倍扩张减少，货币供应量 M_1 相应缩小；如果通货比率下降，则意味着整体多倍扩张增加，M_1 增多。但由于我们的单位活期存款并不包括个人需经常花费的存款部分（即相当于西方国家个人支票账户），所以货币供应量 M_1 的统计并不完全，通货比率对流动性偏好的分析存在一定的缺陷，此时通货（即分子）的增加，既可以是由单位活期存款（即分母）转化而来，也可能是由个人活期储蓄存款转化而来。两者虽然都可以增加通货数量，但对通货比率的影响却不尽相同，对货币供给量的影响也不同。因此，对流动性偏好的分析既要分析通货比率，又要分析 M_1 与 M_2 的比重，后者一般称为货币的流动性指标。M_1 占 M_2 的比重越高，居民和企业对现金和支票存款的需求越强，流动性偏好越接近完全弹性；通货比率越高，人们手持现金的比重越高，流动性偏好越强，货币乘数越小，实际货币供给量也相应减少，经济运行就有可能陷入流动性陷阱。

那么，我国近年来现金和支票存款（单位活期存款）的增长情况如何呢？表 3 反映的是我国近年来的通货比率和货币的流动性比率。

表 3 显示，如果以 1993 年第 1 季度为基数，截至 1999 年第 2 季度，我国的通货比率和货币的流动性指标分别从 0.48 降至 0.42 和 0.35，通货比率下降了 12.5%，货币的流动性指标则下降了 27.08%。如果以通货紧缩全面发生的 1998 年第 1 季度为基数，通货比率和货币的流动性指标大致稳定在 0.42 和 0.35 的水平。也就是说从一个比较长的期限来看，我国的通货比率和货币的流动性都是下降的，即使在通货紧缩发生以后，通货比率和货币的流动性也没有发生类似于流动性陷阱那样的大幅上升，而是维持了一种比较

稳定的状态。因此，我们没有理由认为，我国已经陷入了流动性陷阱的困境。

表 3　　　　　　　　　1993 年以来的通货比率和货币的流动性指标

时间	M_2	M_1	M_0	活期存款	通货比率	M_1/M_2
1993 年 3 月	29565.2	14113.1	4590.9	9521.8	0.48	0.48
1993 年 6 月	31039.4	14915.3	5160.7	9731.1	0.53	0.48
1993 年 9 月	31986.4	14611.1	5290.6	9341.5	0.57	0.46
1993 年 12 月	34539	15847	5559.1	10272	0.54	0.46
1994 年 3 月	37034.4	16566.5	5856.2	10695.8	0.55	0.45
1994 年 6 月	40255.5	17995.2	6132.5	11825	0.52	0.45
1994 年 9 月	43883.7	19386	6690	12714.4	0.53	0.44
1994 年 12 月	46433.9	20117.7	6927.9	13152	0.53	0.43
1995 年 3 月	50311.1	21170.7	7282.2	13853.5	0.53	0.42
1995 年 6 月	53417.8	21780.1	7424.8	14307.1	0.52	0.41
1995 年 9 月	57303.3	22953.2	7684.9	15283.9	0.50	0.40
1995 年 12 月	60118.9	23482	7503.5	15937.3	0.47	0.39
1996 年 3 月	64551.7	24055.5	8164.4	15885.6	0.51	0.37
1996 年 6 月	68447.6	24972.4	8133.7	16818	0.48	0.36
1996 年 9 月	72069.3	26359.3	8545.7	17846	0.48	0.37
1996 年 12 月	75632	27707.1	8367.4	19357.8	0.43	0.37
1997 年 3 月	79674.7	29166.3	9092.8	20136.4	0.45	0.37
1997 年 6 月	83043.6	31499.4	9585.3	21803.3	0.44	0.38
1997 年 9 月	85865.4	32332.2	9554.3	22761.8	0.42	0.38
1997 年 12 月	90625.4	33941.3	9807	24025.5	0.41	0.37
1998 年 3 月	91791.6	33352	9929.2	23624.7	0.42	0.36
1998 年 6 月	94921.4	34205.9	10138.1	24000.9	0.42	0.36
1998 年 9 月	99963.2	36613.9	10866.6	25635.7	0.42	0.37
1998 年 12 月	103961.8	37838.1	10988.9	26714.2	0.41	0.36
1999 年 3 月	108334.1	38404.8	11301.5	27343.8	0.41	0.35
1999 年 6 月	112022.3	39442.1	11607.1	27725.6	0.42	0.35

　　资料来源：根据 1999 年第 3 季度《中国人民银行统计季报》"消除季节因素的主要金融指标"计算。

（三）投资的利率弹性和流动性陷阱

刘宪法作出中国已经陷入流动性陷阱的判断的主要理由是，我国利率下降刺激投资的效应没有明显的效果。[①] 确实我国 1996 年以来已经连续 7 次下调利率，但投资增长率并没有相应上升。1991—1998 年集体经济和个体经济的固定资产投资平均增长率分别为 29.5% 和 17.9%（见表 4），1997 年两大经济主体的投资增长率仅为 5.5% 和 6.8%，比上年的增长速度下降了 51.3% 和 73.2%，比 1991—1998 年的平均增长速度分别下降了 81.4% 和 62%，1998 年集体经济和个体经济的固定资产投资增长率分别为 8.9% 和 9.2%，比 1991—1998 年的平均增长速度分别下降了 69.8% 和 48.6%。在利率水平下降的同时，固定资产的投资尤其是非国有经济的投资确实没有能明显上升。

表4　　　　　　　　　近年来我国的投资增长情况　　　　　　　　%

年份	全社会固定资产投资增长	国有经济投资增长	集体经济投资增长	个体经济投资增长
1991—1998	25.8	22.7	29.5	17.9
1995	17.5	13.3	19.2	29.9
1996	14.8	10.6	11.3	25.4
1997	8.8	9.0	5.5	6.8
1998	13.9	17.4	8.9	9.2

资料来源：《中国统计年鉴》（1999）。

现在的问题是影响投资支出的是名义利率还是实际利率？影响投资支出的是名义利率还是实际利率这个问题，在早期的凯恩斯学派和货币主义之间就争论过。早期凯恩斯学派的实证研究发现，名义利率与投资支出的变动并不相关。他们对工商企业者的调查也表明，企业的投资决策并不受利率的影响。据此，早期的凯恩斯学派提出，货币供给的变化并不影响总需求，货币政策无关紧要。货币政策虽然只能直接影响名义利率，但是影响企业投资的应该是剔除价格总水平影响的实际利率水平，实际利率构成企业投资的资金

[①]　刘宪法：《"日本陷阱"与当前中国宏观经济现实》，《经济研究》1999 年第 8 期。

成本。

很多研究表明，投资对名义利率不相关，但对实际利率是相关的。张帆使用1980—1998年的年度资料，运用三阶段最小二乘法对中国的 IS – LM 模型进行了估算。[①] 估算结果是，在模型涵盖的时期内，收入对（民间）投资的影响为正，利率对投资的影响为负，前者的系数在1%水平上显著，后者在5%的水平上显著。这说明民间投资对利率是有反应的。消费对本年和上年收入的反应都为正，且显著；利率对消费的影响为负。李焰运用1978—1998年的数据分别实证检验了名义利率和实际利率对居民储蓄的影响。[②] 检验结果表明，名义利率对储蓄率的影响系数仅为0.00638，而且显著性很低，T检验值只有0.932，名义利率与储蓄率之间不存在确定的影响关系。实际利率对城镇居民储蓄率的影响系数为0.249，而且显著性很高，T检验值达到2.098。实际利率对我国的投资和储蓄有着相当大的影响。

我国1997以来的实际利率情况见表5和表6。

表5显示，1999年初我国居民存款的名义利率从1997年3月的7.47%下降到2.25%，下降了5个多百分点，下降的幅度达70%；但从实际利率来看，实际利率Ⅰ和实际利率Ⅱ不仅没有相应下降，反而分别上升了16.7个和23.4个百分点。从贷款利率来看，贷款的名义利率同期下降了39.2%，而实际利率Ⅰ和实际利率Ⅱ分别上升了25.8%和33.1%。贷款的实际利率水平在7%和8%之间。这种水平是高了还是低了，应该和同期的投资回报率相比。1997年我国所有上市公司的净资产收益率为7.69%，[③]低于同期贷款的实际利率。1998年由于企业的经营环境更加恶化，其收益率估计只会下降不会上升。在这样的情况下，贷款的实际利率几乎等于甚至高于净资产收益率，贷款的实际利率显然处于一种高水平状态，对投资产生一定的抑制作用应该说是正常的。另外，我们必须承认影响企业投资的因素很多，即使投资需求没有能随着利率水平下降而增加，也不能就一定认为是利率对投资需求没有作用。

---

① 张帆：《央行的行为、利率的作用与中国的 IS – LM 模型》，《管理世界》1999年第4期。
② 李焰：《关于利率与我国居民储蓄关系的探讨》，《经济研究》1999年第11期。
③ 朱江：《我国上市公司的多元化战略和经营业绩》，《经济研究》1999年第11期。

表5　　　　　　　　　　居民 1 年期存款实际利率表　　　　　　　　　　%

时间	名义利率	价格水平	实际利率Ⅰ	实际利率Ⅱ
1997 年 3 月	7.47	4	3.47	3.34
1997 年 6 月	7.47	2.8	4.67	4.54
1997 年 9 月	7.47	1.8	5.67	5.57
1997 年 12 月	5.67	0.4	5.27	5.25
1998 年 3 月	5.22	0.7	4.52	4.49
1998 年 6 月	5.22	−1.3	6.52	6.61
1998 年 9 月	4.77	−1.5	6.27	6.37
1998 年 12 月	3.78	−1	4.78	4.83
1999 年 3 月	3.78	−1.8	5.58	5.68
1999 年 6 月	2.25	−1.8	4.05	4.12

注：①名义利率我们选取的是居民 1 年期存款利率；②价格总水平选取的是居民消费价格指数；③实际利率Ⅰ = 名义利率 − 价格指数；④实际利率Ⅱ = $\dfrac{名义利率 - 价格指数}{1 + 价格指数} \times 100\%$ 。

资料来源：根据《中国人民银行统计季报》1999 年第 2 期的数据计算。

表6　　　　　　　　　　企业 1 年期投资贷款实际利率表　　　　　　　　　　%

时间	名义利率	价格水平	实际利率Ⅰ	实际利率Ⅱ
1997 年 3 月	10.08	4	6.08	5.85
1997 年 6 月	10.08	2.8	7.28	7.08
1997 年 9 月	10.08	1.8	8.28	8.13
1997 年 12 月	8.64	0.4	8.24	8.21
1998 年 3 月	7.92	0.7	7.22	7.17
1998 年 6 月	7.92	−1.3	9.22	9.34
1998 年 9 月	6.93	−1.5	8.43	8.56
1998 年 12 月	6.39	−1	7.39	7.46
1999 年 3 月	6.39	−1.8	8.19	8.34
1999 年 6 月	5.85	−1.8	7.65	7.79

资料来源：根据《中国人民银行统计季报》1999 年第 2 期的数据计算。

综上所述，现阶段投资需求萎缩并不表明投资对利率无弹性，更不能说明我国已经陷入流动性陷阱，我国现阶段通货紧缩时期货币政策是有效的。

三　积极主动的货币政策

既然我国当前并没有陷入流动性陷阱，货币政策对反通货紧缩应该是可以有所作为的，那么选择怎样的货币政策呢？我们认为通货紧缩时期应该实施积极主动的货币政策。这里的积极主动性是指适度扩张货币的供给，一方面避免经济衰退阶段信用恶化、货币流通量过度紧缩，经济衰退情况进一步恶化；另一方面是为了积极配合其他政策（扩张财政政策）的实施，刺激经济回升。

经济衰退时期为何要扩张信用，实施积极主动性货币政策，马克思在《资本论》中对此也有过论述。马克思认为，货币经济发展到信用经济形式，不但加大了产生危机的可能性，还可能使危机产生后，情况进一步恶化。这就是马克思所讲的，信用制度是"生产过剩和商业过度投机的主要杠杆"[①]。它能把可以伸缩的再生产过程强化到极限。在资本积累过程中，"信用每当遇到特殊刺激会在转眼之间把这种财富的非常大的部分作为追加资本交给生产支配"[②]。

马克思在分析市场货币流通量时区分了作为收入的流通和作为资本的流通。在经济周期的不同阶段上，对流通手段的需求是不一样的。在经济繁荣阶段，用在收入花费上的流通手段量，就会增加。而资本流通所需要的通货，"绝对地说，它可以增加；但相对地说，和再生产过程的扩大相比来说，它在所有情况下都会减少"[③]，其主要原因是因为这个时期是信用最伸缩自如和最易获得的时期。支付结算，甚至现金购买所需要的通货，会相应减少。而在危机时期，情形正好相反。第一种流通缩小，物价下降，就业下降，交易的总额减少。而在第二种流通上，信用紧缩，相应地对贷款的需要增加。由此，马克思的结论是："在信用活跃的时期，货币流通的速度比商品价格增加得快，而在信用紧缩的时期，商品价格比流通速度降低得慢。"[④]正是信用制度在繁荣时期的惊人发展，"造成了停滞时期的信用紧迫"[⑤]。

---

① 马克思：《资本论》第三卷，人民出版社 2004 年版，第 499 页。
② 马克思：《资本论》第一卷，人民出版社 2004 年版，第 729 页。
③ 马克思：《资本论》第三卷，人民出版社 2004 年版，第 507 页。
④ 同上书，第 508 页。
⑤ 同上书，第 510 页。

在信用紧缩时期，不是闲置的寻找出路的资本，而是滞留在再生产过程中的资本数量最大。这恰恰说明，在危机和停滞时期，生产资本也是过剩的。就是说，危机时不是资本不足，而是信用不足。"在支付锁链被激烈破坏时，货币对商品说来，由价值的单纯观念的形式变成价值的实物的同时又是绝对的形式。""信用动摇以及随之而来的"是"市场商品过剩、商品贬值、生产中断等等的结果"①。在信用收缩或完全停止的紧迫时期，货币将会突然作为唯一的支付手段和真正的价值存在，绝对地和商品相对立。"因此，商品会全面跌价，并且难于甚至不可能转化为货币。"② 根据以上分析，马克思得出结论：在再生产过程的全部联系都是以信用为基础的生产制度中，只要信用突然停止，只有现金支付才有效，危机显然就会发生。所以，生产过剩的危机往往会表现为信用危机和货币危机。面对危机，马克思认为："只要一个银行的信用没有动摇，这个银行在这样的情况下通过增加信用货币就会缓和恐慌，但通过收缩信用货币就会加剧恐慌。"③

在此，马克思明确指出，经济衰退时期必须增加货币的投放，实施积极主动的货币政策，否则会导致经济的恐慌，加剧经济的衰退和恶化。而且马克思还指出，"在危机期间，接受贷款是为了支付，而不是为了购买，是为了结束旧的交易，而不是为了开始新的交易。"④

正因为如此，我们说，通货紧缩时期，货币政策应该是积极主动的，但它主要是为了防止经济的恐慌，货币政策的导向是要增强经济的流动性。信用紧缩时期，不是资本不足，而是滞留在再生产过程中的资本数量最大，生产资本也是过剩的。这种过剩主要的是私人资本的过剩，在私人资本过剩的情况下，通过信用扩张，刺激投资，实现经济的复苏，显然是无法实现的。投资的扩张只能来自政府投资的替代，也就是说，实现经济复苏主要依赖国家的财政政策，货币政策主要是解决经济运行所需要的流通手段。

（本文发表于《经济研究》2000 年第 7 期，获第十届孙冶方奖）

---

① 马克思：《资本论》第三卷，人民出版社 2004 年版，第 521 页。
② 同上书，第 584 页。
③ 同上书，第 585 页。
④ 同上书，第 520 页。

县乡财政解困与财政体制创新

贾　康　白景明

一　引言

中国在经历了 20 余年改革开放的转轨——经济管理模式和经济增长模式的"两个转变"之后，正在合乎逻辑地进入一个更为深刻的社会变革时期。毫无疑问，这种转轨给中国人民带来了巨大的物质福利。然而同样不能忽视的是，转轨又逐渐地引发了一系列新的压力。近年显得非常突出的一个现象，就是"三农"（农村、农业、农民）问题的尖锐化和以此为背景而凸显的县、乡基层政权财政困难问题。

现在一种可观察到的传导关系是：在外部竞争和生产过剩压力下，原体制空间内农业的创收功能越益降低→农村人口收入增长明显降低→基层政权财源捉襟见肘、财政困难→财政困难压力未能促成政府真正精简机构提高效能，却刺激了基层政府的乱收费→脱开正轨的乱收费愈演愈烈而"民怨沸腾"→决策层不得不下决心实施税费改革→税费改革试点暴露的矛盾问题"牵一发动全身"地引出了系统性、全方位实施制度创新的客观要求。在上面这个一环接一环的链式关系中所反映出的实质内容，主要是我国经济社会结构转型中，其过程本身必然要求制度转型的呼应与配套，而目前来自制度创新方面的有效支持明显不足。换言之，制度的创新和转型是在"治本"的深层次上解决结构变迁中的重大矛盾问题（如基层财政困难问题）的关键要素。

1994 年财政体制改革之后，中国地方财政收入快速增长，年均递增 18.5%。2000 年地方财政收入为 6406 亿元，是 1993 年的 1.89 倍。但与此同时，许多地方县乡两级政府的财政困难却与日俱增，工资欠发普遍化、赤字规模不断扩大、实际债务负担沉重，财政风险日渐膨胀，如此等等，已引起各方关注，概括为一句话：基层政权的财政收支矛盾相当尖锐。有必要指出：这种地方财政困难已经危及部分地方的社会稳定和政府权威，任其发展势必会导致地方财政危机而最终拖曳中央财政步入险境。

对此，我们的基本判断是：中国的地方财政困难主要源于制度缺陷，因而解困的治本之策也在于制度创新。"三农问题"、县乡财政困难问题和政府体制（特别是省以下体制）问题的相互交织，是当前地方财政局面复杂性的突出表现。面对这种社会深刻结构转型从县乡财政困难角度反映出的难题，必须着眼于省以下财政体制和政府体制全局来求解。我们亟须尽早确立一个具备前瞻性思维的清醒认识，通过分析问题成因及其中的关键要素，寻求中长期的根本出路。

二 县乡财政困难的财政体制性诱因

1994 年建立的以分税制为基础的分级财政管理体制，带有强烈的制度创新性质，初步理顺了中央与地方之间（主要是中央与省级之间）的财力分配关系，又在政府与企业的关系方面大大淡化了条块分割的行政隶属关系控制，为政府适应市场经济发展、正确发挥调节经济和社会生活的职能作用创造了条件。然而必须看到，该体制为种种条件所制约，仍然带有强烈的过渡色彩，难免留下不少问题。随着时间推移，这些问题趋于明朗化，对地方财政运转的不良影响日渐突出。概括起来，现行财政体制对县乡财政困难的影响主要有如下三点。

（一）财权划分模式与"事权"（职责）划分模式不对称

1994 年建立的财政管理体制重新界定了中央、地方政府之间的财权和事权范围，着眼点是增强中央政府的宏观调控能力，明确各级政府的责、权、钱。当时尚做不到配套确定省以下政府之间财力分配框架，原本寄希望于通过逐步深化省以下体制改革，在动态中解决此问题。但由于省以下体制改革的深化近年并未取得明显进展，财权划分模式与事权划分模式出现了两相背离格局。这在很大程度上加剧了基层政府财政困难。

在实行分税分级财政体制的国家里，中央适当集中财权是普遍的做法。

但省以下政府之间的财权划分模式并不尽然，具体格局要依职责划分结构而定。我国实行分税制的主要意图之一是扭转过去中央财政收入占全部财政收入比重过低的局面（到 2000 年，中央财政收入占全部财政收入的比重为 52.2%），这符合分级财政体制正常运行的基本要求。并且客观地说，与较充分发挥中央自上而下转移支付调节功能的要求相比，目前中央财力集中程度还不够，仍有待逐步提高。然而现在的问题是这种趋向被盲目推广和延伸，在省、市形成了上级政府都应集中资金的思维逻辑。1994 年以来，中央的资金集中度实际在下降（从 1994 年的 55.7% 下降到 2000 年的 52.2%），而省级政府的集中程度不断加大，年均提高 2%（从 1994 年的 16.8% 提高到 2000 年的 28.8%）。市一级政府同样在想方设法增加集中程度。2000 年地方财政净结余 134 亿元，而县、乡财政赤字增加。这些说明实际上财力在向省、市集中。

省以下政府层层向上集中资金，基本事权却有所下移，特别是县、乡两级政府，履行事权所需财力与其可用财力高度不对称，成为现在的突出矛盾。按照事权划分规则，区域性公共物品由地方相应级次的政府提供。近年我国省级政府向上集中资金的过程中，县、乡两级政府仍一直要提供义务教育、本区域内基础设施、社会治安、环境保护、行政管理等多种地方公共物品，同时还要在一定程度上支持地方经济发展（而且往往尚未有效排除介入一般竞争性投资项目的"政绩"压力与内在冲动），而且县、乡两级政府所要履行的事权，大都刚性强、欠账多，所需支出基数大、增长也快，无法压缩。比如 9 年制义务教育，该项支出有法律依据，而且由于人口规模扩大较快和相关支出因素价格上升较快，所需资金膨胀更快，主要发生在县、乡两级财政。再比如基础设施建设，县级行政区域内长期以来农村各类基础设施严重不足，欠账累累，而农村工业化、城市化进程又要求配套完善基础设施，对县级政府来说这是非常沉重的负担，经济发达地区同样如此。我们在调查中了解到，浙江省温岭市属于财政收入较充足地区，但该市的县城公用事业改造所需资金就远超过全市年财政支出总额。又比如财政供养人口，我国有 2000 多个县级行政区域，如果按每个县财政供养人口为 7000 人、每人年工资为 7000 元计算，所需财政支出就达 1000 亿元规模。事实上，省以下地方政府还要承担一些没有事前界定清楚的事权。比如社会保障，1994 年推出分税制时，该项事权没有界定在多大程度上由省以下政府特别是县级政府来承担，现在实际上要求地方政府负责，对原本就"四面漏风"的县"吃饭财政"来说，又增加了一笔没米下锅的饭债。①

很显然，转轨时期，工业化、城镇化推进和社会进步所需要的大量物质条件和社会条件是要由省以下地方政府来提供的，特别是县、乡两级政府，承担着宽广、具体的政治责任和经济责任。在这种背景条件下，亟须在明确各级政府合理职能分工和建立科学有效的转移支付制度的配套条件下，使基层政权的事权、财权在合理化、法治化框架下协调，职责与财力对称。这本是"分税分级"财政体制的"精神实质"所在，一旦不能落实，则成为基层财政困难的重要原因。

(二) 政府层级过多，大大降低了分税制收入划分的可行性

实行分税制财政管理体制，则要求政府间的财政资金分配安排，采用税种划分方法。我国目前有五级政府，是世界上主要国家中政府层级最多的国家。从国际经验看，政府层级多的国家，税种也比较多，这样有利于收入划分。但在任何一个国家里，税种数量都不可能过多，因为税种不应随意设置，那样势必扰乱市场经济运行并约束社会进步、损害社会效率与公平。而且市场经济近几十年发展中，简并税种是主流趋势。也就是说，不论政府层级有多少，税种设置的科学性不能违背。我国现行税种有 28 个，和其他国家比，为数不算少。然而问题的焦点在于，这 28 种税要在五级政府之间划分，是世界上其他国家未曾遇到的难题。

很显然，五级政府与 28 种税的对比状态，使得中国不可能像国外那样主要是完整地按税种划分收入，而只能走加大共享收入的道路。如果硬要完整地按税种划分收入，势必形成政府间收入分配高度不均衡，这是由各个税种收入的高度不均衡所决定的。然而必须看到，一味扩大共享部分又会反过来影响分税分级财政基本框架的稳定。近年我国共享部分的比重一增再增，下一步如把企业所得税和个人所得税也改为共享税，则数得着的大税种已全部共享，这在过渡状态下是一种策略性的选择，但从长远发展着眼作战略性考虑，还是要在将来创造条件把若干共享税分解、融合于国税和地方税之中，进而使分税制得到贯彻并真正加以稳固。

---

① 调查中曾有县、乡领导发感慨说，我们基层政府实际承担着无限责任，××乡长或××县长就像一个"××无限责任公司总经理"。

那么从长远考虑，具体而突出的矛盾马上表现在，设立了五级政府也就是需要把税源切成 5 个层次，而从税收的属性和各税种的不同特点看，分成三个层次相对容易，分成 5 个层次难上加难。依美国的经验，三级政府财源支柱的概况是：个人所得税和工薪税归联邦（中央）；销售税和公司所得税归州（相当于我国省级）；财产税归地方（基层政府）。这样的划分符合各税种的具体特点，也符合分税分级财政的内在要求，如以联邦为主掌握个人所得税，符合使劳动力在全国统一市场内自由流动、不出现地区阻碍的要求，也符合使该税成为经济"稳定器"的宏观调控要求；地方掌握财产税，既具有信息和管理优势，又符合使地方政府以关注和改善本地投资环境为重点的职能定位。但是很难设想，在我国以一个"地方政府"概念囊括省以下四级政府的特殊情况下，这些税种该怎么切分？不论怎样设计，看来都无法把"分税种形成不同层级政府收入"的分税制基本规定性，贯彻到一个五级政府的架构内去。换言之，这一架构使分税制在收入划分方面得不到最低限度的可行性。我国省以下体制的现状是五花八门，各地不一，有的安排了复杂易变的分享，有的则对县乡干脆实行包干制，总体而言，"讨价还价"色彩浓重，与分税制的距离还相当大，并且看不清缩小这种距离的前景与具体路径。与此同时，大环境中市场的发育和政府职能与管理规则的转变也未步调一致，这使各层次财源不对位，财力分配紊乱、低效，矛盾不断积累。这样看来，可知五级政府架构与分税分级财政的逐渐到位之间，存在不相容性质，近年地方财政困难的加剧，在一定程度上正是由于这种不相容性日渐明朗和突出所致。

（三）财政支出标准决策权过度集中与规则紊乱并存

作为一个行政管理规则确定权高度集中的国家，中央对财政支出标准的决策，无疑会有较大程度的集中控制，但在分税分级体制建立过程中，集中程度需要随体制的逐步到位而适当调低，给地方各级一定的"因地制宜"的弹性空间。事实上，多年来我国某些统一的支出控制标准（如公职人员差旅费）近乎一纸空文，形似集中，实则紊乱。根据实际的制度安排，财政支出标准很多不是由财政部门来决定的，中央政府级次确定支出标准，有些已经具体化为中央各部门随机和相互攀比地确定支出标准和要求。因此，下级政府的财政支出，往往要实行多个上级部门提出来的支出标准和要求。在形成了实际的紊乱情况的同时，我国现存的突出矛盾是，基层政府事权重、收入筹措功能弱、区域差异悬殊，却又被要求实行上级政府规定为一律却由上级部门多头下达的财政支出标准。这样，经济相对发达地区尚可维持，经济落后地区就常常无法度日。转轨期间县、乡两级公职人员工资欠发问题长期得不到解决，原因很多且复杂，但其中之一是由于工资标准按统一安排不断提高，加大了基层财政支出压力。近两年来调升工资时中央加大了专项转移支付，应当能使欠发工资压力有所缓解，但由工资推及其他事项，说明类似问题除中央应提供必要的转移支付之外，普遍的具体事务需区别对待，不宜包揽过多。总之，有必要给地方留出支出标准上的一定弹性空间。特别要防止"王爷"和"皇帝"分不清，部门有权出台多种政策，在支出要求上各部门相互攀比地全要"大干快上、一年一变样"等。处理不好，上级的集中控制加上"上级"内部的政出多门，便是形成基层财政困难的原因。

三　调整政府体制和省以下财政体制的基本构想

显然，县乡财政解困应从财政体制创新入手。这种制度创新是一个复杂的系统工程，必须寻求和树立标本兼治、治本为上的思路。为此，现提出如下基本构想。

（一）减少政府层级和财政层级

考察一下搞市场经济的国家，尚找不出一个五级架构的政府。虽然我国宪法明确规定是五级政府，但是按这样的架构，各级政府如都要求有自己稳定的税基，都能够按照分税分级的框架来形成财力分配，至少在基层看不到出路，乡一级没有大宗稳定收入来源来形成分税体制。因此有必要考虑修宪以减少政府的层级，把乡一级政府变成县一级政府的派出机构。这样一来，乡一级的人大主席团、政协联络组、政法委书记和其他七站八所等机构，都可以大大简化，把政府的职能到位、效率提高、精简机构和转变作风结合起来，做到系统合理化。虽然前些年我们曾作过建设乡财政的努力，但从实践情况看，乡级金库的建立在大部分地区不具备可行性，乡财政一直是很不完备的。而且，发展趋势是近年税务、金融、工商等管理系统都已按经济区域而非按行政区划在基层设所，财政系统如仍坚持按乡、镇行政区划建立乡财政机构，已丧失了基本的配套环境。占乡级支出大半的乡镇教师工资由县级统一发放后，乡财政的内容就更"虚"了，确实已称不上一级财政。在上述这种四级政府加乡镇派出机构的简化之后，进而还可以考虑把地市一级政府虚化。原来地级就是规定为省级的派出机构，近年地市合并后，已经实化了，很多市级政府是由地区行署转化而来的。但像浙江、安徽等地，省和县之间的体制联系是很实的，而市是一种过渡的形式，浙江的市和县都对省政府"说话"来搭财力分配框架。如果能把政府缩到实三级加两个半级（地市和乡作为派出机构层级），就非常接近市场经济国家的通常情况了，这种情况下的分税分级体制和现在省以下理不清的体制难题，就有望得到一个相对好处理的方案。从中国的历史看，自秦朝行郡县制两千多年以来，不论朝代如何兴替、政府体系如何变化，县级政府始终是最稳定的一个层级，另外省级亦是相当稳定的层级，中央之下有了这两级实的，挂上两级派出机构，当可解决好既减少层次，又维护政府体系有效运转的任务。当然，实际的推进必须审时度势，建议先考虑乡镇层级的简化。总之，现在的改革已牵一发动全身，处处要求通盘考虑，我们要改变过渡色彩浓厚的财政体制，越来越需要政府体制全局的优化设计。

（二）合理形成推进地方财政体制改革的大思路

我们认为，这个大思路应是在适当简化政府层级的前提下，按照"一级政权，一级事权，一级财权，一级税基，一级预算，一级产权，一级举债权"的原则，配之以自上而下转移支付制度的健全，来完善以分税制为基础的分级财政。

"一级事权"，就是要解决政府职能合理设置的问题。中央一级和省以下各级政府事权应怎样规定，难点在于投资权的问题。其他的事权相对好办，比如气象预报工作部门，既向全国提供了服务，又向地方提供了服务，中央和地方在气象预报系统上，形成配合关系，财力分配如何处理，技术上相对容易。我国几十年最扯不清的事权，就是企业投资权，特别是在兴办一般竞争性投资项目方面。在 1994 年的体制里，这方面是"知难而退"的，体制文件里的措辞实际上是说各级政府都可以举办投资项目，没有明确一般竞争性领域政府怎样退出。我们认为，从方向上说，地方政府应该退出一般竞争性领域，使其投资收缩在公共工程、基础设施、公益性投资项目上，有别于经营性的投资；而中央对于一些大型、长周期、跨地区、对于优化生产力布局和增加国民经济发展后劲有突出意义、带有战略性质的投资项目，虽项目自身有一定竞争性，但也要参与（如京九、三峡、宝钢这样的大项目）。当然应该是有限参与，中央政府并不一定采取把资金百分之百地拨过去的方式，而是采取控股、参股以及其他的经济手段，牵头把项目做起来。这样事权上的纠葛可以得到理清，使政府职责按照市场经济客观规律的要求，结合中国的国情，得到理清以后，公共财政中的财权就能顺理成章搭好框架。进而，在界定好政府职能基础之上，可逐步形成详细的事权明细单，并分清哪些事权由哪级政府独立承担，哪些事权由哪几级政府共同承担。

"一级财权"最根本的问题，是分税制里的税基问题，各级政府都应该有自己大宗、稳定的税源。现在省以下政府大宗收入是营业税，而从前景来看，应该发展不动产税，在省级以营业税为财源支柱的同时，县级以财产税为财源支柱。不动产税是最适合基层地方政府掌握的税种。这类不动产税可形成非常稳定的税源，"跑得了和尚跑不了庙"，只要地方政府一心一意优化投资环境，自己地界上的不动产就会不断升值，每隔3—5年重新评估一次税基，地方政府的财源就会随着投资环境的改善不断扩大，地方政府职能的重点和它财源的培养，便非常吻合了，正好适应政府职能和财政职能调整的导向。现在我国税收盘子中间不动产税还是一个很小的部分，对于外资企业征收统一的房地产税，对于内资企业是房产、地产分开的，而且没有充分考虑地段的因素，没有几年重评一次税基的规定。市场经济国家的经验我们可以借鉴，应逐渐把不动产税调整为统一的房地产税来征收，同时考虑不同地段的因素并几年一次重评税基。这样，不动产税就会逐渐随市场经济发展而成为地方政府的一个支柱性的重要税源。面积和造价差不多的一处不动产，坐落于繁华的闹市区和坐落于边远的郊区，在税基的体现上可以相差几倍、十几倍，甚至几十倍、上百倍。在市场经济条件下，地方政府应该看重的是优化投资环境，使辖区里的繁荣程度提升，房地产不断升值，同时便扩大自己的税源，而形成稳定的大宗的财政收入来源。这是"一级税基"原则用于基层政府层次所应该探讨的一个非常重要的方面。

分税制的另一个题中应有之义，就是地方政府从长远发展来看，势必应该具有必要的税种选择权、税率调整权，甚至一定条件下的设税权。1994年体制里，只开了一个小口子，有两个税种即筵席税和屠宰税，允许地方政府选择是否开征。在 2000 年以后，农村税费改革的方案里，屠宰税已被取消，筵席税在绝大多数地方也没有开征。这种地方政府很小的选税权，显然还不能适应今后分税分级体制的要求，所以在进一步深化财税体制改革的过程中，怎样扩大地方政府税收方面的选择权、税率调整权、一定条件下的设税权，在中央必要约束条件下通过地方的人大和立法形式来建立地方自己的税种，这也是一个值得研究的大方向。

"一级预算"，是适应社会主义市场经济间接调控所要求的规范化的政府收支管理形式。应当坚决推进统一预算的进程。1997 年之后我国对预算外资金的整顿和管理逐步强化，成效显著。通过深化财政体制改革和预算管理改革，应把全部政府收入统统纳入预算管理，以规范的公共收入形式明确政府可分配资金规模并全程监督其运用。现在我国已经加入世贸组织，不合理的行政审批手续将取消，乘此东风，可进一步把收费和基金纳入预算内，像管税一样管理起来，并大力推进支出管理的改革。如果公共财政框架下的预算支出管理初具形态了，即可考虑在加强科学化信息监控的同时，逐步适度下放支出标准确定上的决策权，使人员工资和公务费标准等在各地有"因地制宜"的必要弹性。

接下来还有"一级产权"。"国有资产"现在仍是一个很笼统的概念，过去国有资产管理在无法形成人格化代表的情况下，产生了产权的虚置和悬空，说起来谁都对国有资产有责任，但出了问题谁都可以不负责任。全民的财产，原则上人人都有份，但这一份怎么体现，怎样保值增值，得不到有效的贯彻，国有资产的损失、流失，大家都无可奈何。解决这样一个深刻的问题，必须配合国有经济战略性重组，探索如何建立国有资产管理体系，使这个体系把明确产权的原则落实到各级政府。庞大的国有资产到底归属哪级政府，要在一级政府后面有一级产权，形成有效的保值增值的管理体制，这个事情在我国现在还远没有见到眉目。20 世纪 80 年代后期，我们组建了国有资产管理局，要求把保值增值作为单一目标来追求，其他政策性的目标都交给别的行政部门，而在运作中，实际上该它管的事情到不了位，又产生了很多矛盾、牵制、扯皮。现在中央层次的国有资产管理局取消了，大多数地方国管局也相应取消。但上海、深圳等地在这方面继续着具有自己独特性的探索，建立了国有资产管理委员会或投资控股公司，目的仍是要解决国有资产人格化代表的问题。在具体的体系构建里面，看来还要解决一个中间层次的问题。"人格化"的政府管理机构，不可能"一竿子插到底"去管微观企业国有资产的经营。要组建控股公司，不按照行政隶属关系设置，相互之间开展竞争，不具体做微观的生产经营，主要做资本运营即价值形态的保值增值运作。国有资产管理体系如何搭建和合理运作需要进一步探讨，但无疑必须纳入深化省以下体制改革的通盘考虑。

在"一级产权"以后，省以下财政体制回避不开的，是一级政府怎样解决"一级举债权"的问题。《中华人民共和国预算法》规定地方政府不许发债，但地方通过各种变通的形式，实际上已经在发债。这几年，积极财政政策执行以后，每年1000亿元以上规模的国债，差不多都有一半左右由中央转借给地方政府来使用，地方承担还本付息的职责，实际也就是地方债。从经济关系本身来说，地方政府作为一级政权，有一级财政，在接受中央级协调制约的前提下，应该有一级举债权。但是，在中国市场发育很不充分、信用关系还相当不规范的情况下，要附加更多制约条件。从以后的发展方向来看，这个一级举债权的确立，似应不是太遥远的事情。在这几年实行积极财政政策的框架下，再进一步规范化，就没有必要再沿用中央政府代地方政府举债的形式，可把它逐渐处理成规范的地方政府借债（首先可在省级明确起来），同时接受宏观上必要的约束。从国际经验来看，澳大利亚有高水平的转移支付均等化制度，也有一个全联邦的债务规模协调委员会，发挥对州以下政府举债的约束功能。这对我们有借鉴意义。

总之，我国从发展方向来看，应该在"一级政权、一级事权、一级财权、一级税基、一级预算、一级产权、一级举债权"的框架下，寻求地方财政体制改革的深化，同时，积极健全中央自上而下的"因素法"转移支付的配套，做好分税分级财政良性运转的通盘考虑，一言以蔽之，从体制创新入手完善以分税制为基础的分级财政。

（三）要处理好深化省以下财政体制改革与相关改革的配套关系

财政改革在现阶段已不可能单兵推进，解决好省以下体制问题，化解基层财政困境，在治本层次上离不开与"三农"问题密切相关的一些重大配套改革事项，其中核心的、实质的问题是如何按市场经济原则考虑农村区域和基层政府眼界下（辖区）生产要素流动的制度安排。这必须涉及以下几点。

1. 农村土地使用权的流转制度。这种要素流动是市场化的内在要求、题中应有之义，并关联着农村经济的"产业化"转型和今后地方层级财产税（不动产税）的发展和地方税体系的构建。现实生活中土地流转早已在发生，但远未使其相关制度明朗化、规范化，极有必要加强试验和引导。

2. 资金的流动、融通制度。农村的融资体系和信用体系是农村市场发育不可缺少的组成部分。城镇化、工业化大潮中业已形成的融资迫切需求与滞后的融资制度建设两者之间的尖锐矛盾，表现为农村区域高利贷、乱集资等问题的层出不穷。"堵不如疏"，应积极考虑结合"贷款式扶贫"和"小企业融资支持"等政策，探索和推进农村区域的"金融深化"和融资制度的现代化，并促使政策性金融的潜力得到必要发挥。

3. 与市场化资源配置机制相适应的农业与农村区域税制建设。农业税如何改革，在农村税费改革试点之后，已成为各界更为广泛关注和研讨的大问题，并紧密关联着基层政府在"分税制"下的财源格局。现农村税费改革试点方案体现"摊丁入亩"导向的措施，看来并不能适应市场化客观要求，必须按市场机制的规定性来理顺农村的租（地租，即土地所有权收益）、税（政府的"正税"）、费（政府规费和准公共产品"使用者付费"）及集资（一次性项目建设公共筹资）的相互关系，使之分流归位。按此思路，农村区域税制的发展方向应是渐进到普遍化、城乡一律的增值税、营业税、不动产税等构成的复合税制（开始阶段某些税种的税率上可在城、乡有区别对待），并最终也包括被城乡统一的个人所得税所覆盖。

4. 人口的流动制度。居民出生于农村便成为"天生的第二等级"的城乡分隔户籍制度，近来已日见松动，各省、市纷纷出台新的放松控制的管理制度，足以证明打破城乡分隔是大势所趋、人心所向。当然，在此过程中要掌握好稳定原则和渐进安排，但总体上应当十分积极地推进。

5. 与建立统一市场、推进工业化和城镇化相呼应的农村区域社会保障制度建设。多年城乡分隔的户籍制度等，使市场经济所要求的社会保障制度只能首先于城市区域寻求"一体化"的形式，但随着前面所述各项所论及的我国诸种生产要素和经济资源的市场化配置渐成气候、统一市场日见眉目，则势必要解决农村人口如何进入社会保障"一体化"系统的问题。近年一浪高过一浪的"民工潮"和越益显露的农村人口与社保体系建设隔绝的矛盾，必须从建立和完善统一市场（首先涉及劳动力统一市场）的思路来考虑其解决方案。似可首先试验在过去农村"合作医疗"等形式上生长起来的加入县级统筹因素的单项农村社保改革方案（江苏铜山县等地数年前已有这样的试验），再逐步形成和推开较全面的农村社保体系，并与城市社保体系打通，最终达到"一体化"。届时政府基本社保资金筹集的形式，理应归位于"社会保障税"，并纳入分税分级财政框架作协调合理的安排。

总之，我们认为，只有在正确解决"三农"问题、使农村区域经济与财源的互动得到市场化制度创新有效支持的情况下，才能真正推进分税分级财政改革，走活基层财政这步棋。

（本文发表于《经济研究》2002 年第 2 期，获第十届孙冶方奖）

通过加总推出的总供给曲线

余永定

　　总供给曲线是宏观经济分析的一个重要组成部分。总需求曲线和总供给曲线构成了宏观经济学的最基本理论框架。任何不考虑总供给曲线的宏观经济分析都是不完整的。在西方经济学中，最标准的做法是从劳动力市场均衡推导出总供给曲线。然而，这种方法存在至少两个重要问题。第一，从劳动力市场均衡推出的总供给曲线是一条垂直线。换言之，无论物价水平发生何种变化，产出（总供给）量是不变的。为了推出一条向右上方倾斜的曲线（即物价水平越高，产出量越大这样一种关系），经济学家必须作出各种各样的辅助性假设。比较典型的做法是，假设工资刚性和货币幻觉的存在。但是，所有这些假设都存在很大任意性，缺乏简明性。这种做法很像在坚持地心说的情况下，托罗玫不得不加上越来越多的本轮以便解释行星运行规律。第二，在推导总供给曲线的时候，经济学家都假设自己所分析的居民和企业是所谓的代表性居民和企业。因而，分析代表性居民和企业行为的结果可以简单地推而广之，代表作为总体的居民和企业的行为。简言之，经济学家事先假定有关加总（aggregation）的里昂惕夫条件可以得到满足。但是，很少有经济学家认真考察一下，这一条件是否真正能够得到满足。推导总供给曲线的另一种常见方法是理性预期学派的"意外供给曲线"（surprise supply curve），这种总供给曲线同样存在上述两种问题。

　　本文所提出的总供给曲线的最大特点是，放弃代表性企业的概念，假设所有企业是不相同的。为简化分析，我们仅假设企业在劳动生产率上的高低是不同的。假设有 M 个企业，这些企业的劳动生产率按由低到高的顺序排列，而服从某种概率分布。在分析了每个企业的价格和产出的关系之后，我们按事先设定的分布概率，对应于给定的物价水平，把所有企业的产出加总起来，由此看是否能推出一条斜率为正的总供给曲线，并考察如此推出的总供给曲线具有何种与按常规方法推出的总供给曲线不同的性质。

一　居民行为

总供给曲线不但涉及企业对劳动的需求而且涉及家庭对劳动的供给。在正式进入企业对劳动的需求的讨论之前，我们先对以家庭为单位的居民的劳动供给做一简短讨论。[1] 由于居民的劳动供给决策是与居民的闲暇需求决策同时作出的，前者只不过是后者的镜像反映，我们可以从消费需求理论出发来研究劳动供给问题。

根据选择—理论方法（The Choice-theoretic Approach），假设居民的即时效用函数 u（t）可表示为：

$$u(t) = u(c(t), l(t)) \tag{1.1}$$

其中 c（t）和 l（t）分别为对应于时刻 t 的消费量和休闲时间。在给出效用函数之后，居民的最大化行为的数学表述是：在一定的预算约束条件下，通过在消费 c（t）与休闲 l（t）之间的选择，以使自己在某一时段（0，n）上的效用 u：

$$u = \int_0^n u(t)\, dt \tag{1.2}$$

达到最大。[2]

在离散时间模型里，一种普遍的做法是，假定典型居民在当期开始时（at the beginning of the current period），以当前有关价格、工资率和收入等信息以及对未来相应变量的主观点预期（point expectations）为基础制定其余生（remainder of the lifetime）的消费计划。一般的离散时间效用函数只考虑两个时期："现在"和"将来"。居民在以后所有时期中的效用，往往用在"将来"这个时期结束时居民所拥有的货币余额来代表。[3]

---

① 对于居民行为的详细讨论参见余永定、李军《中国消费函数》，《中国社会科学》2000 年第 1 期。本节内容采自上文。

② Barro, R. J. and Grossman H. I. , 1976, *Money, Employment and Inflation*, Cambridge University Press, Cambridge.

③ Neary, R. and Stiglitz, J. E. , 1983, "Toward a Reconstruction of Keynesian Economics", *Quarterly Journal of Economics*, Vol. 98 (supplement), pp. 199 – 227; King, M. , 1985, "Economics of Saving", in Arrow, K. J. and Honkapohja, S. (eds.), *Frontiers of Economics*, Blackwell, Oxford.

在构造中国的消费需求模型时，我们也同样假设典型居民的目标是使形如式（1.1）的效用函数达到最大。为了简化分析，我们假设适用于中国经济的居民效用函数有如下具体形式：

$$u = \alpha_1 \log c_1 + \beta_1 \log l_1 + \varphi(\alpha_2 \log c_2 + \beta_2 \log l_2) \qquad (1.3)$$

其中 u 表示居民的效用，c 表示对消费品的消费，l 表示对休闲的消费，$\varphi \equiv 1/(1 + \delta)$（其中的 δ 是时间偏好率①）是对数线性效用函数中的折现因子，其余的希腊字母均代表相应变量在总效用中的权数。下标 1 和 2 分别代表当前与未来两个不同时期。在式（1.3）中，我们假定所给出的效用函数具有可分性（separable）和可加性（additive）。

对应于一个在给定企业工作的典型居民的两期消费模型，居民的预算约束为：

$$P_1 c_1 + s_1 = w_1 + \theta_1 \frac{\pi_1}{n_1} + (1 + i_0) s_0$$

$$P_2 c_2 + s^* = w_2 + \theta_2 \frac{\pi_2}{n_2} + (1 + i_1) s_1 \qquad (1.4)$$

这里 P 为价格水平，w 是居民的固定工资收入，θ 是利润分成比例（企业留利中工人所占的份额）。π 是企业留利，n 是企业的雇员数，s_0 和 s_1 分别表示储蓄的初始值及第 1 期结束时的储蓄余额，i_0 及 i_1 分别表示对应于 s_0 和 s_1 的储蓄存款利息率，s^* 是在第 2 期末要实现的储蓄（余额）目标。

在式（1.4）中，所有带下标 2 的变量都是在第 1 期开始时就已形成的预期（即"现在"已有的预期）。我们假定所有预期都是外生的。根据习惯做法，我们假定 P_1 与 P_2 对单个居民来说都是给定的。消去 s_1，可以把式（1.4）中的两个预算约束条件变为一个包含两个时期的预算约束条件：

$$P_1 c_1 + \frac{P_2 c_2}{1 + i_1} + \frac{s^*}{1 + i_1} = w_1 + \frac{w_2}{1 + i_1} + \theta_1 \frac{\pi_1}{n_1} + \theta_2 \frac{\pi_2}{(1 + i_1) n_2} + (1 + i_0) s_0$$

$$(1.5)$$

在中国经济中，只要居民在职，他的工资就被外生地决定了，而与他的表现及他所在企业的状况都没有关系。结果是，在我们的模型中，工资率，即休闲的"价格"对休闲的需求和劳动量的供给是不起作用的。在条件约

---

① 时间偏好率（the rate of time preference）越大意味着居民对现在的效用越重视，而未来的效用对居民来说价值越少，因而未来效用在居民消费函数中的权数也就越小。未来效用折现因子 $\varphi = 1/(1 + \delta)$ 的推导可参阅其他文献和教科书。

束中所包含的利润分成率是这个模型最重要的特点。给定利润总量，$\theta\pi$ 就是工人的奖金，$(1-\theta)\pi$ 则是企业留利。我们假设企业留利将全部用于非消费的用途。θ 的决定与企业的利润最大化决策和发展战略有关。为简化分析，我们假定 θ 是外生决定的，$\theta\pi$ 在工人中按人头分配。也就是说，每个工人所分享的利润额均为 $\theta\pi/n$。

在效用函数（1.3）中，我们选择的变量有 c_1、c_2、l_1、l_2。而在约束条件（1.5）中却并不含有 l_1、l_2。因而，我们还不能解决效用最大化问题。为了把 li 引入约束条件（1.5），我们可以设法用含 l_i 的表达式来消掉 π_i。

为了简化分析，我们定义利润是产出与工资成本的差。为了用含 l_i 的表达式来消掉 π_i，我们选择下述固定系数生产函数作为典型企业的生产函数：

$$Y_i = \min\left\{\frac{N_i}{u_i}, \frac{K_i}{v_i}\right\} \quad (i = 1, 2) \tag{1.6}$$

根据传统经济理论，我们假设在短期内资本存量是给定的。因而在上式中 N_i 是唯一的变量。在短期内可以不考虑资本存量的"短边约束"问题，式（1.6）可以改成：

$$Y_i = \frac{N_i}{u_i} \quad (i = 1, 2) \tag{1.7}$$

与传统理论不同的是，我们并不简单地把 N_i 定义为一定的人—时数，而是将其定义为：

$$N_i = (L_0 - l_i) n_i \quad (i = 1, 2) \tag{1.8}$$

其中 L_0 代表一个典型居民的工作时间，l_i 为在 i 期该居民在工作时间内的休闲（偷懒）时间，n_i 为企业在 i 期的雇员数。

需要指出的是，在传统的消费理论中，L_0 代表居民每天的时间禀赋（time endowment），即 24 小时减去必要的休息时间。[①] 在中国经济中，一般而言，居民不能随意增加工作时间来增加他们的工资收入。在不考虑兼职的情况下，政府规定的工作时间就是居民能取得收入的最长的工作时间。因此，这里我们把居民给定的工作时间定义为时间禀赋 L_0。在中国由于企业管理不严格，休闲可以分为在工作时间以外与在工作时间以内的休闲。[②] 如

---

① Deaton A. and Muellbauer J., 1980, "An Almost Ideal Demand System", *American Economic Review*, Vol. 70, No. 3, pp. 312–326.

② 在中国国有企业中，上班时间喝茶、看报、打扑克和出工不出力等是普遍现象。

果没有有效的激励制度，居民将尽可能增加其在工作时间内的休闲时间。在存在奖金制度的情况下，在给定工作时间内，居民则必须在奖金与休闲之间作出选择。[①] 在我们的模型中，l_i 被定义为在给定的工作时间里，居民偷懒（shirk）的时间，或劳动强度比在正常情况下低所折合的偷懒时间。因而，$L_0 - l_i$ 所代表的是一个典型居民的有效劳动供给（以时间单位来衡量），企业的利润函数亦可以表示为：

$$\pi_i = p_i \Big(\frac{L_0 - l_i}{u_i} n_i \Big) - w_i n_i \qquad (i = 1,2) \qquad (1.9)$$

把式（1.9）代入式（1.5）可得：

$$P_1 c_1 + \frac{P_2 c_2}{1 + i_1} + \frac{\theta_1 P_1 l_1}{u_1} + \frac{\theta_2 P_2 l_2}{(1 + i_1) u_2} = (1 - \theta_1) w_1 + \frac{(1 - \theta_2) w_2}{1 + i_1} + \frac{\theta_1 P_1 L_0}{u_1} +$$

$$\frac{\theta_2 P_2 L_0}{(1 + i_1) u_2} + (1 + i_0) s_0 - \frac{s^*}{1 + i_1}$$

$$(1.10)$$

从式（1.10）可以看出，$\dfrac{\theta_1 P_1}{u_1}$ 和 $\dfrac{\theta_2 P_2}{(1 + i_1) u_2}$ 是闲暇的"价格"。例如，θ 越大（利润分成比重越大），闲暇的代价就越高，工人有效劳动的供给就越大。在新的预算约束条件（1.10）中，只有两组四个变量 c_1、c_2、l_1、l_2，其他都是给定的参数。利用这个新的预算约束条件，我们就可以开始着手解前述两期效用函数的最大化问题了：

$$\max \ u = \alpha_1 \log c_1 + \beta_1 \log l_1 + \varphi (\alpha_2 \log c_2 + \beta_2 \log l_2)$$

$$subject \ to \ 式（1.10）$$

利用拉格朗日定理，我们不难得到下述结果：

$$c_1 = \frac{\alpha_1}{\Omega} \frac{1}{P_1} \Big[(1 - \theta_1) w_1 + \frac{1 - \theta_2}{1 + i_1} w_2 + \frac{\theta_1 L_0}{u_1} P_1 + \frac{\theta_2 L_0}{u_2 (1 + i_1)} P_2 + (1 + i_0)$$

$$s_0 - \frac{s^*}{1 + i_1} \Big]$$

$$l_1 = \frac{\beta_1}{\Omega} \frac{u_1}{\theta_1} \frac{1}{P_1} \Big[(1 - \theta_1) w_1 + \frac{1 - \theta_2}{1 + i_1} w_2 + \frac{\theta_1 L_0}{u_1} P_1 + \frac{\theta_1 L_0}{u_2 (1 + i_1)} P_2 + (1 +$$

[①] 这仅是一种简化的假设。根据有效工资理论，即便工资给定，对应于不同的工资率，工人的努力程度应是有所不同的。

$$i_0) s_0 - \frac{s^*}{1 + i_1}\Big]$$

$$c_2 = \frac{\alpha_2 \varphi}{\Omega}(1 + i_1) \frac{1}{P_2}\Big[(1 - \theta_1) w_1 + \frac{1 - \theta_2}{1 + i_1} + \frac{\theta_1 L_0}{u_1}P_1 + \frac{\theta_2 L_0}{u_2(1 + i_1)}P_2 +$$

$$(1 + i_0) s_0 - \frac{s^*}{1 + i_1}\Big]$$

$$l_2 = \frac{\beta_2 \varphi (1 + i_1)}{\Omega} \frac{u_2}{\theta_2} \frac{1}{P_2}\Big[(1 - \theta_1) w_1 + \frac{1 - \theta_2}{1 + i_1}w_2 + \frac{\theta_1 L_0}{u_1}P_1 + \frac{\theta_2 L_0}{u_2(1 + i_1)}P_2 +$$

$$(1 + i_0) s_0 - \frac{s^*}{1 + i_1}\Big] \tag{1.11}$$

其中 $\Omega = \alpha_1 + \beta_1 + \varphi(\alpha_2 + \beta_2)$。

这样，我们便同时解出了典型居民对当期和未来的消费和休闲（因而有效劳动供给）以及当期结束时的储蓄余额的需求。在后面的推导中，我们将用到式（1.11）的结果，特别是 l_1 的表达式。

二 企业行为

为简化分析，本文所讨论的企业主要是指国有企业。研究企业行为是为了确定企业的劳动需求和产品供给。传统做法是假定厂商目标是货币利润（monetary profits）最大化，即：

$$\Pi(t) = P(t)F(K(t),L(t)) - w(t)L(t) - c(t)K(t) \tag{2.1}$$

或者，收入流的现值（present value of the income stream）最大化，即：

$$V = \int_0^\infty [P(t)F(K(t),L(t)) - w(t)L(t) - q(t)I(t)]e^{-rt}dt$$

其中 Π，V，$P(t)$，$K(t)$，$L(t)$，$w(t)$，$c(t)$，$q(t)$，$I(t)$，r 分别代表货币利润、收入流现值、价格、资本存量、劳动量、工资率、租金、投资品价格、投资量和贴现因子，t 是时间变量。

建立中国企业行为模型过程中，首先要解决的是企业的目标函数问题。一方面，中国的企业，尤其是国有企业在不同程度上受制于政府的各种控制；另一方面，由于经济改革（经营权与所有权分离，厂长责任制、利润分成以及合同责任制等），从总体上来看，中国企业行为的目标已可以被设定为追求利润最大化。本文假定中国企业的目标是当期利润和未来利润贴现值的最大化。为了简化分析，我们进一步假定单个企业的价格是外生给定的，企业是价格接受者。在上一节讨论的基础上，我们给出一个典型中国企业的两时期利润函数：

$$\pi_1 + \frac{\pi_2}{1+r_1} = P_1 \frac{L_0 - l_1}{u_1} n_1 - w_1 n_1 + P_2 \frac{L_0 - l_2}{u_2(1+r_1)} n_2 - \frac{w_2 n_2}{1+r_1} \quad (2.2)$$

为最大化 $\pi_1 + \dfrac{\pi_2}{1+r_1}$，企业需要选择最优的 n_1 和 n_2。但是，由于各种制度性约束，中国企业不能完全自主决定就业量。企业对于 n_1 和 n_2 的选择受到以下限制：$n_1 \geq n_{01}$；$n_2 \geq n_{02}$。n_{01} 和 n_{02} 分别代表企业必须雇佣的最低限度的工人数量。将会看到，这一约束将对中国总供给曲线的推导产生重要影响。根据我们所给出的假设，不同时期的利润最大化可以分开研究。为简化分析，我们将把注意力放在现期，并去掉所有变量的时间下标。下面，下标 i 将用于代表企业 i 和标示与企业 i 相关的变量，而不再代表不同的时期。

为了判断单个中国企业对劳动力的需求，我们必须考虑中国劳动力配置的特点。其中，最重要的特点是中国经济中企业部门的工人可以分为"正式"和"非正式"两种。正式工人来自城市部门，非正式工人则来自农村。一般来说，正式工人由企业按照国家人事劳动部统一部署，地方劳动局分配的"招工指标"进行录用。正式工人的工作有法律保障。除非极端情况，企业尤其是国有企业不能解聘工人。另外，作为对正式工人的补充，企业也会从农村雇佣一些"临时"工人。和正式工人不同，经济不景气时"临时"工人可以被迅速解聘。

由于我们模型中的生产函数是线性的，不难发现如果产品价格过低，以致每个工人创造的价值小于其所得到的工资

$$P \frac{L_0 - l_i}{u_i} \leq w \quad (2.3)$$

则一般来说企业会停止生产。但是在中国经济中，亏损国有企业通常不会被关闭，政府会尽量使企业继续维持生产。因此，企业对于劳动的"需求"等于 n_0，即企业依然要雇佣一定数量的工人。如果产品价格很高，

$$P \frac{L_0 - l_i}{u_i} \geq w \quad (2.4)$$

企业将通过增加"临时"工人雇佣尽可能多的劳动力，以提高产量，直至达到企业的最高生产能力。企业雇佣工人的最大数量（n_i^*）等于最大生产

能力除以劳动生产率。而生产能力又取决于以往的投资：

$$n_i^* = \frac{u_i K_i}{(L_0 - l_i) v_i} \qquad (2.5)$$

总而言之，中国经济当中的劳动需求可以描述为：

$$n_i^d = \begin{cases} n_0 \ \text{if} \ P \dfrac{L_0 - l_i}{u_i} \leqslant w \\[3mm] n_i^* \ \text{if} \ P \dfrac{L_0 - l_i}{u_i} > w \end{cases} \qquad (2.6)$$

三 单个企业的供给函数

为决定单个企业的产出供给，按照传统方法，我们必须首先确定企业以工人数量衡量的实际劳动雇佣量（或人小时），而它又取决于劳动市场的均衡。确定劳动雇佣量后，可以通过生产函数把劳动就业与产出联系起来进而得出产出。在判断中国企业的产出供给时，我们必须考虑到中国经济的两个特点。第一，中国以工人数量衡量的劳动供给是无穷大的。实际上，你可以在任何工资水平上找到任何数量的工人。因此，中国的劳动供给是由需求制约的。第二，单靠工人数量难以衡量产出供给。由于激励问题，同等数量工人相同的劳动时间往往表现为不同的有效劳动供给。因此，给定劳动—产出比率 u_i，产出不仅取决于雇佣的劳动数量（人—时数），也取决于每个工人的工作努力状况。因此，单个企业的产出供给可以表示为：

$$n_i^s = \begin{cases} y_i^0 = \dfrac{L_0 - l_i}{u_i} n_0 \ \ \text{if} \ \ P \dfrac{L_0 - l_i}{u_i} \leqslant w \\[3mm] y_i^* = \dfrac{K_i}{v_i} \ \ \text{if} \ \ P \dfrac{L_0 - l_i}{u_i} > w \end{cases} \qquad (3.1)$$

这里 l_0 代表最大休闲，y_i^0 和 y_i^* 分别代表企业最小和最大的产出水平。以上式子表明如果企业 i 是亏损企业，它会保留正式工人（n_0），解雇临时工人。由于亏损企业没有利润分成（$\theta = 0$），这些企业的工人会尽力在工作时间内扩大他们的休闲时间（l_0），于是，企业 i 仅生产最小产出 y_i^0。与此相反，如果企业能够赚取利润，它会雇佣足够的临时工人，保证生产能力充分运行。最大产出自然就取决于企业的生产能力（$\dfrac{K_i}{v_i}$）。

以上分析表明，单个中国企业（主要是指国有企业）的供给曲线是包括两条垂线的折线（见图1）。

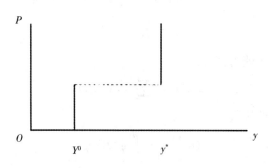

图1　单个企业的供给曲线

在模型中，工人在工作时间享受的休闲（l_i）是价格水平的函数。然而，这一事实并不影响以上供给曲线的形状。相反，它反而会增强图形形状的理论依据。以后我们会进一步讨论价格水平和 l_i 的关系。

四　加总问题的效率分布方法

在大部分宏观经济模型中，总供给被假定为许多单个企业供给的简单相加之和（或代表性企业的某个倍数）。事实上，如果所有企业除规模以外在其他方面都一样，是可以通过把微观生产函数相加得到总量生产函数，并进而得到总供给函数的。但是，在现实中这种严格的相加条件是无法满足的。[1] 这里，我们假定所有企业有相同的资本存量、资本—产出率和初始的劳动雇佣量，但是企业的劳动—产出率（劳动生产率）不同。这样，我们就不得不明确处理加总问题。在以下部分，我们将采用由霍撒克[2]首创，约翰森[3]和佐藤[4]发展起来的效率分布方法推导中国经济的总供给曲线。

为把单个生产单位（比如厂商或机器）的技术可能集加总为一个单位群

---

[1]　Sato, K., 1975, *Production Functions and Aggregation*, Amsterdam：North-Holland.

[2]　Houthakker, H. S., 1955 – 1956, "The Pareto Distribution and the Cobb-Douglas Production Function in Activity Analysis", *Review of Economic Studies*, No. 23 – 23, pp. 27 – 311.

[3]　Johansen, H. G. et al, 1972, *Production Functions*, Amsterdam：North-Holland.

[4]　Sato, K., 1975, *Production Functions and Aggregation*, Amsterdam：North-Holland.

（如行业）的生产函数，霍撒克研究了微观生产函数固定系数的加总问题：[1]

$$q_i = \alpha_i k_i = \beta_i l_i \tag{4.1}$$

给定实际工资 w/P，企业在准租金非负情况下满负荷运转：

$$q_i - \frac{w}{P} l_i \geq 0 \tag{4.2}$$

霍撒克定义了生产能力密度函数：

$$\varphi(\beta) = \sum_a ak(a,\beta) \tag{4.3}$$

因此，行业的总产出为：

$$Q(\frac{w}{p}) = \int_{\frac{w}{p}}^{\beta_0} \varphi(\beta) d\beta \tag{4.4}$$

总就业为：

$$L(\frac{w}{p}) = \int_{\frac{w}{p}}^{\beta_0} \frac{\varphi(\beta)}{\beta} d\beta \tag{4.5}$$

其中 β_0 是 β 的上界。

霍撒克方法中的关键概念是生产能力分布（或生产能力密度函数），它给出了给定投入参数 β 下行业的总生产能力。为应用这种方法，我们必须假定生产单位很小且数量众多，它们之间的生产可能集是不同的，除去固定要素外，没有不可分性。对于一个细胞（生产单位）来说，有两个或两个以上获取同等利润的机会是很少发生的，因而可以忽略不计。[2] 换句话说，我们假设生产单位是连续的，生产可能集是连续分布的，因而得到商品空间的生产可能集是一个连续曲面。

五　中国总供给曲线的推导

为推导中国经济的总供给曲线，关键是明确劳动—产出率参数在企业部门中的分布情况。在我们简单的模型中，面对给定的 w/P，经济中的企业被划分成两种类型：获利型和亏损型。在获利型企业中，所有企业生产最大产

---

① Houthakker, H. S., 1955 – 1956, "The Pareto Distribution and the Cobb-Douglass Production Function in Activity Analysis", *Review of Economic Studies*, No. 23 – 23, pp. 27 – 311；Sato, K., 1975, *Production Functions and Aggregation*, Amsterdam：North-Holland.

② Houthakker, H. S., 1955 – 1956, "The Pareto Distribution and the Cobb-Douglass Production Function in Activity Analysis", *Review of Economic Studies*, No. 23 – 23, p. 28.

出量 K/v；在亏损型企业中，所有企业生产最小产出。由于劳动—产出率的差异，每个亏损型企业（尽管它们规模相同）的产出是不同的。现在的问题是如何加总两种类型企业的产出，进而得出经济中的总供给函数。

第一步，我们可以根据劳动—产出率排列企业，并给出这个劳动—产出率集合的离散分布函数，表示为 u，$u = (u_1, u_2, \cdots u_i, \cdots u_M)$。为使问题更加简单，我们假定 u 服从均匀分布。因为中国企业的数量 M 非常大，单个企业相对来说很小，可以把劳动—产出率分布 u 近似成一个连续均匀分布。我们假定均匀分布的形式为：

$$\omega = \mu u - \lambda \tag{5.1}$$

这里 ω 代表劳动—产出率低于给定 u 的企业在企业总数中所占的比例，μ 和 λ 是给定系数。依据定义，我们有 $0 \leqslant \omega \leqslant 1$。现在，我们可以把企业部门的劳动—产出率分布函数描绘为图 2。

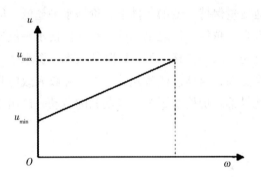

图 2　企业部门的劳动—产出率分布函数

这种分布曲线表明劳动—产出率 u 越高，低于 u 的企业的比例 ω 越高。例如，没有企业的劳动—产出率比 u_{min} 更低，也没有企业的劳动—产出率比 u_{max} 更高。换言之，与 u_{min} 和 u_{max} 对应，分别有 $\omega = 0$ 和 $\omega = 1$。

第二步，建立价格水平 P 和能保证企业可以获得利润的 u 值之间的边界条件。我们知道，劳动—产出率 u 越高（劳动生产率越低），价格水平 P 就必须越高，否则企业就无法盈利。在不考虑利润分成等因素的情况下，这一边界条件可表述为：

$$\frac{L}{u_i} = \frac{w}{P} \text{ 或} u_i = \frac{L}{w}P$$

如果考虑企业的利润分成和居民效用最大化等因素，则正如式（1.11）居民效用函数最大化的解所表明的，家庭的休闲消费（因而家庭的有效劳动供给）是价格水平的函数。考虑到这一点，利用式（1.11）并经适当化简（如省略"第2期"的某些项）后，我们可得一个更为复杂的边界条件：[①]

$$\frac{L_0 - l_i}{u_i} = A\frac{1}{u_1} - B\frac{w_1}{P_1} - C\frac{s_0}{P_1} - D \qquad (5.2)$$

相应的可获得利润的条件（2.4）变为

$$A\frac{1}{u_1} - B\frac{w_1}{P_1} - C\frac{s_0}{P_1} - D > \frac{w_1}{P_1} \qquad (5.3)$$

由"生产单位的连续性"和"生产可能集连续分布"的假设，我们省略下标1，并解出对应于给定 P，处于获利边界上的劳动—产出率 u 为：

$$u = \frac{AP}{(1+B)w + Cs_0 + DP} \qquad (5.4)$$

这就是说，其他变量保持不变的条件下，价格水平越低，能确保获取利润的劳动—产出率就必须越低，反之则相反。高的价格水平能通过两种渠道提高企业的利润：首先，高的价格水平可以降低实际工资水平，进而降低劳动成本；其次，价格提高，对休闲的替代效应、实际收入效应和财富效应可增加工人的有效劳动供给。价格水平 P 和可获利的劳动—产出率 u 的关系表示在图3中。

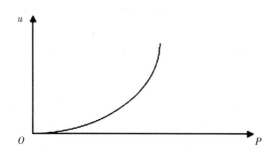

图3　价格水平和可获利的劳动—产出率的关系

---

① 式（5.2）中的A、B、C、D的值为：$A = L_0 - L_0\frac{\beta_1}{\Omega}$；$B = \frac{\beta_1}{\Omega}\left(\frac{1-\theta_1}{\theta_1}\right)$；$C = \frac{\beta_1}{\Omega}\frac{(1+i_0)}{\theta_1}$；$D = \frac{\beta_1}{\Omega}\frac{L_0}{\theta_1}\frac{P^e+1}{1+i_1}$。其中，含 θ_2、ω_2、S^* 的项省略，含 P_2 的项只省略 θ_2、ω_2。

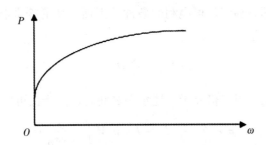

图4 价格水平和满负荷生产的企业比例之间的关系

作为第三步，结合图2和图3，我们可以获得如图4之关系。这条曲线显示出：价格水平越高，满负荷生产的企业的比例越大。通过式（5.1）消掉式（5.2）和式（5.4）中的 u，我们可以得到与此相应的数学表达式：

$$\omega = \frac{\mu A}{(B+1)\dfrac{w}{P} + C\dfrac{s_0}{P} + D} - \lambda \qquad (5.5)$$

如果价格水平过低，即：

$$P \leqslant \frac{(1+\lambda)\left[(B+1)w + C s_0\right]}{\mu A - (1+\lambda)D} \qquad (5.6)$$

此时，所有企业不得不在亏损状态下运作，并且保持最小生产水平。相应地，整个经济的最小总供给为：

$$Y\text{min} = \int_0^1 \frac{L_0 - l_0}{u} n_0 d(\omega M)$$

$$= (L_0 - l_0)\, n_0 M \int_0^1 \frac{\mu}{\omega + \lambda} d\omega$$

$$= (L_0 - l_0)\, n_0 M \mu \ln \frac{1+\lambda}{\lambda} \qquad (5.7)$$

在式（5.7）中 l_0 代表每个工人的工作时间中的最大闲暇值。由于所有企业都处于亏损状态，不存在利润分成的可能性。为简单计，这里假定所有工人所要求的最大闲暇值是相同的（即最低有效劳动供给是相同的）。此外，应注意式（5.7）中的 u 是通过代入由式（5.1）所定义的密度变量 ω 而消掉的。

如果价格水平很高，则有：

$$P > \frac{(1+\lambda)\left[(B+1)w + C s_0\right]}{\mu A - (1+\lambda)D} \qquad (5.8)$$

此时，所有企业都能够满足可赢利的条件。因而，所有企业将满负荷生产，整个经济的总产出是：

$$Y^F = \frac{K}{v} M \tag{5.9}$$

作为一般情况，当价格介于上述水平之间时，总产出可以写为：

$$Y^S = \omega F^F + (L_0 - l_0) n_0 M \int_{\omega}^{1} \frac{\mu}{r + \lambda} dr$$

$$= \omega Y^F + (L_0 - l_0) n_0 M \mu \ln \frac{1 + \lambda}{\omega + \lambda} \tag{5.10}$$

通过式（5.5）消去 ω，总供给函数最终能够表示为：

$$Y^s = \left[\frac{\mu A}{(B+1) \dfrac{w}{p} + C \dfrac{s_0}{P} + D} - \lambda \right] Y^F + (L_0 - l_0) n_0 M \ln$$

$$\frac{(B+1) \dfrac{w}{p} + C \dfrac{s_0}{P} + D(1 + \lambda)}{\mu A} \tag{5.11}$$

它表明：

$$\frac{dY^S}{dP} = \mu A \left[Y^F - \frac{(L_0 - l_0) n_0 \mu}{u} \right] \left\{ \frac{[(B+1)w + C s_0]}{[(B+1)w + C s_0 + DP]^2} \right\} > 0$$

这里 μ 的含义同式（5.4）：

$$\frac{d^2 Y^S}{dP^2} > 0 \tag{5.12}$$

更一般地，总供给函数能够被表示为：

$$Y^S = Y^S \left(\frac{w}{P}, \frac{s_0}{P}, i, P^e \right) \tag{5.13}$$

总供给函数曲线的形状如图 5。

图 5 表明：其他条件保持不变，价格水平越高，总供给越多。这样，我们便推出了与传统总供给曲线大体一致的总供给曲线。式（5.12）表明：我们的总供给函数有正的二阶导数值，因而总供给函数的反函数是凹函数。但是，我们只要对劳动—产出率分布曲线做不同的假设，我们就可以得出凸凹性不同的总供给曲线。尽管凸凹性（即弯曲形状）会有所变化，但是这些总供给函数的解释变量及其影响方向是相同的，所以总供给函数的一般形式（5.13）依然成立。

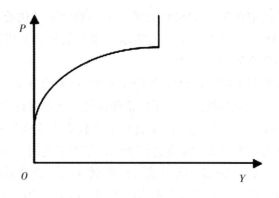

图 5　总供给函数曲线

六　小结

尽管我们从本节中得到的总供给曲线的形状和传统模型很相似，但是它背后的经济机制是很不同的。

第一，在我们的模型中，向上倾斜的总供给曲线的推导与传统经济学中总供给曲线的推导有原则上的不同。在传统经济学中，劳动力市场的供求均衡点决定了一条垂直的总供给曲线。为了得到一条斜率为正的总供给曲线，各个不同流派的经济学家提出了各种不同的附加假设，使得总供给曲线的推导缺乏逻辑简明性。由于使用"代表性企业"的概念而忽视了加总问题，许多在实际经济中有重要作用的因素被抽象掉。这就使得总供给曲线成为西方经济理论中最为空洞的概念之一。我们以加总为基础的推导方法在很大程度上克服了传统理论的上述缺陷。

第二，产出供给不仅仅是以工人数量（或人小时）衡量的劳动供给的函数，它还是有效劳动供给的函数，有效劳动供给是工作努力程度和所雇佣工人数量的结合。一个高的价格水平通过两种渠道带来高的供给：（1）价格越高劳动成本越低，进而满负荷生产企业的比例越大；（2）价格越高，对休闲的替代效应、实际收入效应和财富效应越大，每个被雇佣工人的有效劳动供给也就越大。由于居民效用最大化在总供给曲线推导中所起到的重要作用，根据我们的模型，凡能影响需求方的政策对供给方都有影响。从式（5.13）可以看出，实际工资、实际财富、利息率和通货膨胀预期等决定总需求的解释变量同样是总供给的解释变量。与此形成鲜明对照的是，在大多数传统模型里，政府政策（如税收政策）不影响经济的供给方。我们的模型为应用 AD – AS 模型（总供给—总需求模型）的框架分析经济形势和政府政策提供了许多全新的可能性。[①]

第三，产业部门不同生产单位的不同劳动生产率的分布状况对总供给也有重要的影响。总供给曲线的形状不仅依赖居民和企业的行为，而且依赖不同企业劳动生产率的分布状况。由于放弃了"代表性企业"的简单加总方法，我们的模型为研究产业和企业的结构问题留下了空间。如果我们假设企业劳动生产率服从其他分布，我们就可以得到其他形状的总供给曲线。同时，我们还可以假设企业在其他方面有所不同。如果从这些不同方面出发进行加总，我们还会得出另外一些有意义的结果。事实上，在微观单位企业和宏观总量之间还有着一块十分广大的中观领域。对这一中间地带的研究必将大大丰富现有的宏观经济理论。我国一些年轻学者在这方面已经做了一些非常有意义的尝试，我们期待他们作出更多的新成果。

（本文发表于《经济研究》2002 年第 9 期，获第十一届孙冶方奖）

---

① 余永定：《打破通货收缩的恶性循环》，《经济研究》1999 年第 7 期。

改革开放以来我国宏观调控的
实践和理论创新

谢伏瞻

党的十一届三中全会开启了我国改革开放的伟大历史进程。经过 30 多年探索和实践，我国初步建立了充满活力的社会主义市场经济体制。在传统的计划经济体制向社会主义市场经济体制转换的过程中，发挥市场在资源配置中的基础性作用，与加强和改善宏观调控，一直是相辅相成的两个重要方面。

一 宏观调控与市场经济相伴而生

在传统计划经济体制下，政府对经济的管理主要靠行政手段和指令性计划，不分宏观与微观，也就谈不上宏观调控。"宏观调控"这一概念是党的十三届三中全会首次明确提出来的。报告指出："治理经济环境，整顿经济秩序，必须同加强和改善新旧体制转换时期的宏观调控结合起来"，"必须综合运用经济的、行政的、法律的、纪律的和思想政治工作的手段，五管齐下，进行宏观调控"。此前，中央文件多次采用的比较相近的概念是"宏观调节"和"宏观控制"。

党的十一届三中全会后到党的十四大之前，我国宏观调控的理论已经取得了一些重要突破。1984 年，党的十二届三中全会通过的《关于经济体制改革的决定》就明确指出："越是搞活经济，越要重视宏观调节，越要善于在及时掌握经济动态的基础上综合运用价格、税收、信贷等经济杠杆，以利于调节社会供应总量和需求总量、积累和消费等重大比例关系，调节财力、物力和人力的流向，调节产业结构和生产力布局，调节市场供求，调节对外经济往来，等等。"这些表述既是我国经济体制改革的指导原则，也是建立宏观调控体系的重要理论基础。其中"宏观调节"与"宏观调控"只有一字之差，从其内涵来看，已经包含了对宏观调控手段、任务、主体以及宏观调控与微观搞活关系的全面系统阐述。1989年，党的十三届五中全会通过的《关于进一步治理整顿和深化改革的决定》明确提出："进一步深化和完善各项改革措施，逐步建立符合计划经济与市场调节相结合原则的，经济、行政、法律手段综合运用的宏观调控体系。""向地方、企业放权让利，以利于搞活经济，是改革；合理协调各方面的利益关系，健全宏观调控体系，也是改革，而且是更加艰巨的改革。"中央关于经济体制改革的重要思想，反映了我国宏观调控理论的一系列重大创新。最主要的创新有三点：一是明确提出要运用经济杠杆调节经济运行。这反映了政府管理经济的方式必须从直接的行政性的计划控制向间接的经济手段调控转变的重要认识。二是明确提出越是搞活经济，越要重视宏观调节。这是对市场机制和宏观调控的辩证关系的重要认识。三是明确提出放权让利、搞活经济是改革，健全宏观调控体系也是改革。这反映了从制度层面对建设宏观调控体系的思考。

二 社会主义市场经济条件下 宏观调控不断成熟

我国确立社会主义市场经济体制改革目标后，中央准确把握社会主义市场经济的本质要求，正确处理市场与政府、市场调节与宏观调控的关系，逐步建立起与我国社会主义市场经济相适应的宏观调控体系。

党的十四大以来，中央对宏观调控认识和理论的升华主要表现在两个方面：

第一个方面是明确了宏观调控是社会主义市场经济体制内在的质的规定性。这是最为关键的。党的十四大指出："我们要建立的社会主义市场经济体制，就是要使市场在社会主义国家宏观调控下对资源配置起基础性作用。"这就从根本上提出了社会主义市场经济体制的两个不可分割的内在要求：一个是市场对资源配置的基础性作用，这是社会主义市场经济体制与计划经济体制的根本区别；另一个是国家对经济的宏观调控，这是社会主义市场经济与自由放任市场经济的根本区别。党的十四届三中全会进一步指出："国家宏观调控和市场机制的作用，都是社会主义市场经济的本质要求，二者是统一的，是相辅相成的、相互促进的。"党的十五大提出"坚持和完善社会主义市场经济体制，使市场在国家宏观调控下对资源配置起基础性作用"；党的十六大提出"在更大程度上发挥市场在资源配置中的基础性作用"，"加强和完善宏观调控"；党的十七大提出"深化对社会主义市场经济规律的认识，从制度上更好发挥市场在资源配置中的基础性作用，形成有利于科学发展的宏观调控体系"。这些说明，我们在建立和完善社会主义市场经济体制过程中，始终准确地把握了社会主义市场经济体制两个方面的本质要求，把建立健全宏观调控体系作为改革的重要内容。

第二个方面是对宏观调控内涵的阐述日益完备和清晰。一是明确了宏观调控的目标和任务。党的十四届三中全会提出宏观调控的主要任务是，"保持经济总量的基本平衡，促进经济结构的优化，引导国民经济持续、快速、健康发展，推动社会全面进步"。党的十六大进一步提出，"要把促进经济增长，增加就业，稳定物价，保持国际收支平衡作为宏观调控的主要目标"。二是明确了宏观调控的手段和方式。党的十四届三中全会以来，中央始终强调，宏观调控主要运用经济手段和法律手段，并辅之以必要的行政手段。三是明确了宏观调控的政策体系。党的十四届三中全会提出，"要在财税、金融、投资和计划体制的改革方面迈出重大步伐，建立计划、金融、财政之间相互配合和制约的机制，加强对经济运行的综合协调"。党的十五大、党的十六大都提出，要完善国家计划和财政政策、货币政策等相互配合的宏观调控体系。党的十七大提出，要发挥国家发展规划、计划、产业政策在宏观调控中的导向作用，综合运用财政、货币政策，提高宏观调控水平。从上述思想中，可以看出我国宏观调控的重要特征：第一，目标和任务是多元的，既有总量平衡，也有结构优化，还有其他方面；第二，强调主要运用经济手段、法律手段，但并不排斥必要的行政手段；第三，宏观调控的政策工具日益丰富。

我国在社会主义市场经济体制下已经先后完成了四轮宏观调控。一是1993—1997年。针对1992年后出现的经济过热、严重通货膨胀，实行"适度从紧"的财政政策和"从紧""适度从紧"的货币政策。既有效抑制了通货膨胀，又保持了经济的较快增长，较好地实现了"软着陆"。二是1998—2003年。针对亚洲金融危机冲击下的增长减速和通货紧缩，实施"积极的财政政策与稳健的货币政策"，实际上是实施扩张性的财政货币政策。这是改革开放后我国第一次治理经济偏冷和通货紧缩，把扩大内需作为重要目标，政策力度大、针对性强、实施时间长，注重运用多种手段，逐步实现了预期目标。三是 2004—2007 年。为防止经济增长出现偏快或过热，及时将积极的财政政策转为稳健的财政政策，逐步将稳健的货币政策转为从紧的货币政策。这次调控强调前瞻性，坚持区别对待、有保有压，注重预调、微调，不搞"一刀切"和"急刹车"，有效防止了苗头性问题演变成趋势性问题、局部性问题演变成全局性问题，使我国经济在较长时期呈现高增长、低通胀的良好格局。四是 2008—2010 年。应对国际金融危机的冲击，实行积极的财政政策和适度宽松的货币政策，实施一揽子计划，包括大规模增加政府支出和实行结构性减税，大范围实施重点产业调整振兴规划，大力推进自主创新和加强科技支撑，大幅度提高社会保障水平和保障改善民生。这次调控的鲜明特点是，政策力度大，兼顾当前和长远，把保增长和调结构紧密结合起来，把促进经济发展与增加就业和改善民生紧密结合起来，收到了较好的效果。社会上有人把宏观调控作为治理经济过热的代名词，有人认为宏观调控应该只调节总量，有人认为宏观调控过多采取了行政手段，这些都是不准确的。从我国这些年的实践看，宏观调控是既防"过热"，也防"过冷"，既解决增长问题，也解决结构问题，主要运用经济手段熨平大幅周期波动，促进经济平稳健康发展。

三 应对国际金融危机深化了对宏观调控和市场机制关系的认识

这次面对百年罕见的国际金融危机冲击，各国政府普遍采用了扩张性财政货币政策。我国从 2008 年年中开始，就前瞻性地把宏观调控的首要任务从"两防"调整为"一保一控"，四季度果断实施积极的财政政策和适度宽松的货币政策，全面实施并不断完善应对国际金融危机的一揽子计划。由于及时采取一系列强有力、有针对性的措施，我国在较短时间内扭转经济增速下滑趋势，在世界率先实现回升向好，既战胜了特殊困难、有力地保障和改善了民生，又为长远发展奠定了坚实基础，还为全球经济复苏提供了强劲动力。

应对国际金融危机的实践再次证明，推动我国经济又好又快发展，必须坚持宏观调控与市场机制有机统一。既要充分发挥市场在资源配置中的基础性作用，又要充分发挥宏观调控的作用，弥补市场缺陷，纠正市场失灵。市场作用多一些还是宏观调控作用多一些，必须相机抉择。经济环境发生重大变化、经济发展出现重大起伏时，应采取强有力的宏观调控，保持经济平稳较快发展。

四　新形势下加强和改善宏观调控需要重点解决的问题

当前我国经济运行中不平衡、不协调、不可持续的问题十分突出，宏观调控面临的"两难"问题越来越多，任务越来越重。一是必须尽快理顺投资消费关系，解决经济增长过度依赖投资、过度依赖能源资源消耗，投资率偏高、消费率偏低的问题，使经济增长的持久动力建立在最终消费的基础上。二是必须尽快扭转城乡、区域发展不平衡和居民收入差距扩大的问题，使经济增长建立在合理分配的基础上。三是必须着力促进国内发展与对外开放均衡协调，更好地利用两个市场、两种资源，牢牢把握经济全球化的机遇，全面提高国家整体竞争力。

这就要求我们进一步深化改革，理顺政府和市场的关系。要坚持市场取向的改革，按市场经济规律办事，更大程度地发挥市场在资源配置中的基础性作用，加快形成统一开放竞争有序的现代市场体系，提高国民经济活力和效率。要深化财税、金融、投资体制改革，健全财力与事权相匹配的财税体制，完善转移支付制度，扩大增值税征收范围，全面推进资源税改革，构建逆周期的金融宏观审慎管理框架，稳步推进利率市场化改革，完善以市场供求为基础的有管理的浮动汇率制度，逐步实现人民币资本项目可兑换，更好地发挥政府调节经济运行的作用。要加快收入分配制度改革，规范分配秩序，努力实现居民收入增长和经济发展同步、劳动报酬增长和劳动生产率提高同步，逐步提高居民收入在国民收入分配中的比重，提高劳动报酬在初步分配中的比重，促进社会公平正义。

（本文发表于《经济研究》2011 年第 6 期）

经济增长与发展

我国固定资产投资周期性初探

刘树成

30 多年来，我国固定资产投资规模一再出现失控局面。尽管每次失控的程度和具体背景有所不同，但都对国民经济稳定、协调发展带来了危害。特别是当前，我国正在深入开展以城市为重点的整个经济体制改革，认识和掌握我国固定资产投资的规律性，有效地控制固定资产投资规模，对于保持国民经济的健康发展，保证改革的顺利进行，使改革与建设互相适应、互相促进，具有十分重要的意义。

我国固定资产投资有没有周期性？如果有，它又具有什么特点？形成这种周期性的原因何在？怎样把握这种周期性，以取得控制投资规模和驾驭整个国民经济发展的主动权？这些问题，目前在我国经济学界尚未展开深入的研究，本文试对这些问题作一初步探讨。

一 我国固定资产投资的周期性及其特点

现把 1952—1984 年我国历年固定资产投资总额（全民所有制范围）① 及其增长速度的统计资料列于表 1，并把固定资产投资增长速度在座标上画为一条曲线（见图 1）。从表 1 "增长速度" 一栏和图 1 增长速度曲线可以看到，32 年来，我国固定资产投资每增长三四年（正号），就下降一二年（负号），明显地呈现出周期性。

---

① 1952—1983 年数据取自《中国统计年鉴》（1984），第 301 页；1984 年数据取自《中华人民共和国国家统计局关于 1984 年国民经济和社会发展的统计公报》，《人民日报》1985 年 3 月 10 日。均按当年价格计算。

表1 我国固定资产投资总额及其增长速度

年份	投资总额（亿元）	增长速度（%）	周期序号
1952	43.56		
1953	91.59	+110.26	
1954	102.68	+12.11	
1955	105.24	+2.49	第1个周期
1956	160.84	+52.83	
1957	151.23	−5.97	
1958	279.06	+84.53	
1959	368.02	+31.88	
1960	416.58	+13.19	第2个周期
1961	156.06	−62.54	
1962	87.28	−44.07	
1963	116.66	+33.66	
1964	165.89	+42.20	
1965	216.90	+30.75	
1966	254.80	+17.47	第3个周期
1967	187.72	−26.33	
1968	151.57	−19.26	
1969	246.92	+62.91	
1970	368.08	+49.07	
1971	417.31	+13.37	第4个周期
1972	412.81	−1.08	
1973	438.12	+6.13	
1974	463.19	+5.72	
1975	544.94	+17.65	第5个周期
1976	523.94	−3.85	
1977	548.30	+4.65	
1978	668.72	+21.96	
1979	699.36	+4.58	第6个周期
1980	745.90	+6.65	
1981	667.51	−10.51	
1982	845.31	+26.64	
1983	951.96	+12.62	第7个周期
1984	1160.00	+21.85	

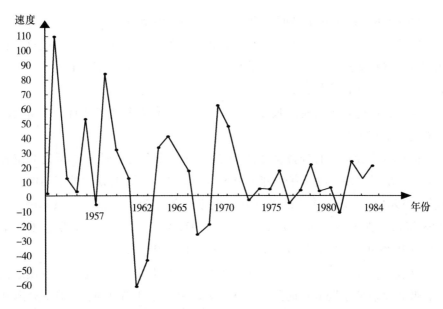

图 1　中国固定资产投资增长速度

这种周期性具有如下几个特点。

第一，每个周期的持续时间一般为4—5年。

从每年固定资产投资总额开始比上一年增加，即投资增长速度开始为正的年份算起，到固定资产投资总额比上一年减少，即投资增长速度为负的年份结束为止，作为一个周期。32年来，我国固定资产投资共经历了7个周期。第1个周期：1953—1957年，持续5年；第2个周期：1958—1962年，持续5年；第3个周期：1963—1968年，持续6年；第4个周期：1969—1972年，持续4年；第5个周期：1973—1976年，持续4年；第6个周期：1977—1981年，持续5年：第7个周期：1982—1984年，已持续3年，尚未完成。

从已经完成的几个周期看，除第3个周期持续6年外，其余均为4—5年。

第二，每个周期内固定资产投资增长速度的升降振幅渐趋缓和。

我们把每个周期内固定资产投资增长速度的最高峰与最低谷的数据相加，其距离作为振幅。每个周期的振幅为：第1个周期：116.23（110.26 + 5.97）；第2个周期：147.07（84.53 + 62.54）；第3个周期：68.53（42.20 + 26.33）；第4个周期：63.99（62.91 + 1.08）；第5个周期：21.50

（17.65 + 3.85）；第 6 个周期：32.47（21.96 + 10.51）。

投资的大起大落，对整个国民经济的影响很大。我国固定资产投资增长速度的升降振幅逐渐变小，表明我国已经从过去的大起大落中取得了一定的教训，情况正在逐步好转。

第三，固定资产投资增长速度为负的低谷年份在每个五年计划中所处的位置逐步前移。

固定资产投资增长速度为负的低谷年份在每个五年计划中所处的位置是："一五"时期，处于第五年（1957 年）；"二五"时期，处于第四、第五年（1961 年、1962 年）；"三五"时期，处于第二、第三年（1967 年、1968 年）；"四五"时期，处于第二年（1972 年）；"五五"时期，处于第一年（1976 年）；"六五"时期，处于第一年（1981 年）。

这表明，在第一、第二个五年计划时期，开头几年即可进行大规模的投资，低谷年份处于期末；而到了第五、第六个五年计划时期，一开头就遇到了低谷年份，使五年计划的开端处于压缩和调整的被动局面。

二 形成周期性的原因

形成我国固定资产投资周期性的原因究竟是什么？是纯属主观失误，还是纯属客观必然，或是二者兼而有之？它与资本主义制度下的经济危机和固定资本投资的周期性有何不同？

在资本主义制度下，经济危机的周期性带来固定资本大规模更新和投资的周期性；同时，后者又成为前者的物质基础。马克思指出："这种由一些互相连结的周转组成的长达若干年的周期（资本被它的固定组成部分束缚在这种周期之内），为周期性的危机造成了物质基础。在周期性的危机中，营业要依次通过松弛、中等活跃、急剧上升和危机这几个时期。虽然资本投入的那段时期是极不相同和极不一致的，但危机总是大规模新投资的起点。"[1] 经济危机和固定资本投资的周期性，根源于资本主义生产方式本身所固有的基本矛盾，即生产的高度社会化与生产资料的资本主义私人占有之间的矛盾。这种周期性建立在资本主义商品生产

---

[1] 马克思：《资本论》第二卷，人民出版社 2004 年版，第 207 页。

相对过剩的基础上。

世界上一切事物的运动都有波，都是波浪式前进、不平衡发展的。从这一哲学道理上讲，我国固定资产投资也存在着高高低低的运动波，这并不奇怪。但具体讲，在我国条件下，固定资产投资的周期性运动，情况又与资本主义不同。

第一，我国是社会主义国家，生产资料公有制及与之相应的国民经济有计划管理占主导地位。我们可以通过有计划地管理和运用各种手段，采取相应的措施，来控制和调节固定资产投资的规模。所以，从根本上说，我国固定资产投资的周期性不是根源于社会主义制度本身。

第二，我国是发展中的社会主义国家，从客观条件上说，我们不是商品生产的相对过剩，而是物质力量的相对不足。我国社会的主要矛盾是人民日益增长的物质文化需要同落后的社会生产力之间的矛盾。这个矛盾反映在固定资产投资上则是大规模经济建设的需要与物质力量不足之间的矛盾。物质力量的不足表现为大规模的经济建设要受到几个方面的重大比例关系的制约。第一个方面，农、轻、重之间的比例关系。固定资产投资要有相应的生产资料的供给作保证，这主要由重工业来承担。大规模的投资要求重工业的快速发展。如果重工业发展过快，就要挤压农业和轻工业，引起农、轻、重之间比例关系的失调。第二个方面，积累与消费之间的比例关系。固定资产投资的大部分属于国民收入最终使用中的积累部分。在一定时期内，国民收入总额是一定的。积累过多，积累率升高，就要挤压消费，包括个人消费和社会消费。当投资规模过大，积累率过高，对消费挤压过重，就会引起积累与消费之间比例关系的失调。第三个方面，建设与生产之间的比例关系。固定资产投资要在一个较长时间内占用社会的人力、物力、财力，而不能提供有效用的产品。如果它所占用的物质力量过多，就要挤压当前的正常生产，激化能源、交通和原材料方面的紧张，并影响有用产品的形成，引起建设与生产之间比例关系的失调。中华人民共和国成立以来，为了使我国在原有十分薄弱的基础上富强起来，客观上需要进行大规模经济建设，但随着每次投资规模持续扩大，物质力量不足的矛盾就越来越突出，逐步引起国民经济各方面重大比例关系的严重失调，造成整个社会经济生活的紧张和混乱，这时，就要进行调整。经过调整，国民经济重大比例关系趋于合理，又可以重新开始下一次的大规模投资。从这个角度看，我国固定资产投资的周期性具有一定的客观性。

第三，我国是发展中的社会主义国家，社会主义制度本身还有待于进一步完善，特别是在经济管理体制和管理水平方面，我们还缺乏足够的经验。从主观条件上说，在进行大规模投资的时候，我们在指导思想上应该保持清醒的头脑，避免盲目冒进，在宏观管理上应该实施有效的控制，避免大上大下。然而，我们没有能够很好地做到这一点。从这个角度看，我国固定资产投资周期性中的大起大落包含着工作的失误，又具有一定的主观性。

三　把握固定资产投资的周期性

目前，我国正在进行以城市为重点的整个经济体制改革，经济生活必然会出现一系列的新情况，这会对固定资产投资的周期性及其特点带来新的影响，从而需要我们随着时间的推移和各种情况的变化，审时度势，在实践中继续探索，不断丰富和校正我们的认识，更好地把握投资的周期性变化。

但是，总的来说，前述我国固定资产投资以四五年为一周期的情况，今后还不容易一下子改变，还可能持续一段时间。这主要是因为，第一，要实现到 20 世纪末我国国民经济发展的宏伟目标，还必须不断地进行大规模的投资；第二，我国虽然经过了几个五年计划的建设，但物质力量不足的问题尚不能一下子解决，大规模的投资还必然要受到国民经济各项重大比例关系的制约；第三，在以城市为重点的整个经济体制改革的进行中，要发挥各种手段和各种经济杠杆的作用，实施有效的宏观调节与控制，尚需一个过程。

在今后几年内，如果不出现其他重大变动，按照前述周期性，固定资产投资的低谷年份大体上将出现于 1986 年和 1991 年左右。这只是一个粗略的预测。只要我们不断地认识和把握固定资产投资的周期性，就会在这种周期性的运动波面前减少盲目性，增强自觉性，主动去驾驭它，并利用它来为我们服务。具体说就是：其一，当着正号年份，即可以比上一年增加投资的年份开始的时候，不要一下子上得过猛而失去后劲。其二，当着正号年份持续的时候，每年都应适当地留有余地，使投资高峰不要过于陡峭，以减小振幅，使正号年份持续时间延长，以扩展周期。其三，当着负号年份，即比上一年减少投资的低谷年份将要到来的时候，应及时地收缩，主动地使投资波下降。其四，当处于低谷年份的时候，要有效地进行控制和调整，不要一下子降得过猛，即使低谷不过度下垂，又使调整期尽量缩短。其五，推进经济体制改革和各项改革，提高经济计划、管理、预测、决策的科学水平，充分发挥各种手段和各种经济杠杆的作用，实现有效的宏观调节和控制。

（本文发表于《经济研究》1986 年第 2 期）

改革十年间中国对外贸易的实证分析

刘　鹤

一　外贸规模和结构的变化及其
贸易功能和动因分析

改革前 30 年，在高度集中的经济体制下，中国实行了高积累、低消费、优先发展重工业、力求以高增长速度赶超发达国家的战略。在这种发展战略指导下，对外贸易处于一种十分矛盾的地位。一方面，关闭自守的发展方式使外贸只能起到"调剂余缺"的作用，对外贸易总额占国民生产总值的份额一直不足 10%；另一方面，满足高速度增长目标所需要的技术基础又必须依赖于外部，由于封闭体制排斥外部直接投资的可能性，因此只能通过贸易交换获得先进的技术装备。为进而出，量入为出，或者说以进口规模强制出口，是这一时期外贸的动因特征。在当时的体制背景下，特殊的外贸动因结构又反过来制约贸易规模的扩大。因为出口的产品并不是国内市场的剩余，而是在需求严重得不到满足、供给十分短缺的前提下出口的。同时，低水平的经济发展和强烈的保护主义倾向阻止处于饥渴状况的进口倾向盲目抬头。

改革开放之后，对外贸易在中国经济增长中的地位发生了决定性的变化。1978—1988 年，对外贸易总额每年平均递增 17.4%，占国民生产总值的比重由 9.89% 上升为 27.27%，其中进口依存度由 5.2% 上升为 14.66%，出口依存度由 4.6% 上升为 12.61%。1990 年的贸易总额已达到 1154 亿美元，出口总额为 620.6 亿美元，出口在世界贸易中的位次，由 1985 年的第 16 位上升为 1989 年的第 14 位。外贸对中国经济增长已经起到了可以说是至关重要的作用。在贸易规模扩大的同时，贸易结构也发生了深刻的变化。

如表 1 所示，20 世纪 80 年代后期与 60 年代中期相比，在进口结构中，机电设备和其他工业制成品逐步取代了初级产品的地位，在出口结构中，工业制成品，特别是中低档工业制成品的比重大幅度的上升。表 2 是根据国内统计资料整理的。它进一步表明了进入 80 年代之后中国外贸格局的特征和发生变化的顺序。其基本特征是：从初始年份开始，出口结构中的初级产品比重逐步下降，加工制成品的比重逐步上升；进口结构的主体是工业原料、资本货物特别是机电设备。同样可以发现，贸易结构的转化发生于 1984 年和 1985 年。在这两个年份中，进口机电设备和原材料的比重有了大幅度上升。而出口中的初级产品比重也达到顶点，在以后的年份里，初级产品出口比重逐年下降。

表 1　　　　　　　　　　　进出口结构的比较　　　　　　　　　　　　%

年份	进口					出口				
	初级产品			工业制成品		初级产品		工业制成品		
	食品	燃料	其他	设备	其他	矿产品和燃料	其他初级产品	设备	其他工业制成品	其中：纺织品
1965	36	0	25	12	27	6	48	3	43	11
1988	2	2	6	41	49	10	17	4	69	24

　　资料来源：世界银行：《1990 年世界发展报告》，中国财政经济出版社 1990 年版。

表 2　　　　　　　　　　中国进出口结构的变化　　　　　　　　　　　%

	1980 年			1985 年			1988 年		
	进口	出口	差额	进口	出口	差额	进口	出口	差额
初级产品	30.8	50.3	+19.5	12.5	50.6	+38.1	18.2	34.4	+16.2
工业制成品	63.2	49.7	-13.5	87.5	49.4	-38.1	81.8	69.6	-12.2
其中：									
中间产品	51.1	56.6	+2.5	44.2	34.4	-9.8	43.3	51.5	+8.2
资本品	39.2	9.3	-29.9	44	5.7	-38.3	37	8.4	-28.8
消费品	6.7	33.8	+27.1	11.7	51	+39.3	19.7	40.2	+20.5

　　资料来源：根据《中国经济建设 40 年》中的数据推算。

　　那么，外贸规模的扩大和外贸结构的转化是怎样发生的？在这个过程中，外贸的动因结构有了什么样的改变？造成这种转变的客观经济条件又是什么？从中能引出哪些具有普遍意义的结论？我们认为这一系列问题与 20 世纪 80 年代中国产业结构的变化有关。

20 世纪 80 年代初期，面对潜力巨大的温饱型国内市场，在重工业生产加工能力和农业基础设施雄厚，而农业和消费品工业相对萎缩的条件下，中国开始了结构转换，资源配置方向摆脱了旧的积累模式，向农业和消费品工业倾斜，同时，资源配置机制大胆地使用了市场手段，结构转换取得了出乎意料的实绩。农业丰收和居民收入提高，从供求两方面拉动着消费品工业的快速增长，后者又导致潜力巨大但长期缺乏市场的重工业走出谷底。以满足温饱型消费需求为主导，以中低档工业制成品为最终产品的产业良性循环开始轮动。国内学者把这次产业良性循环描述为潜能释放型经济增长。

产业良性循环并未能长久地延续下去。主要原因是：巨大的生产潜能使中低档主导产品具有相对无限供给的条件，人均收入的快速提高使国内低档产品市场相对迅速饱和。在这种情况下，中低档加工制成品虽然仍存在巨大的需求，但已丧失其主导地位，消费需求的偏好已经转向新的主导产品，包括产业关联链条长、技术密集的耐用消费品、新的交通通信设备和新的服务。同时，持续几年的高额投资和快速的城市化，以及农业劳动力非农业化进程，对社会资本派生出了巨大的需求压力。简而言之，新型耐用消费品及其专用设备和原材料，形成社会资本实物形态的大型成套技术装备，成为低水平经济景气过后的需求主导性产品。具体包括彩色电视机、电冰箱、洗衣机、录像机、电话及通信设备、薄钢板、锡钢片、铝型材、光纤电缆、包装机械、新食品机械、电力、成套设备等。

十分明显，随着人均收入提高到一定阶段，中国经济的供求体系出现了明显的"断裂"现象。一方面，在国内产业结构中处于长线地位的中低档产品加工产业和不断进入的劳动力特别是从农村中游离出的劳动力，组合在一起为自己的产品寻找市场，但国内市场已经出现了饱和的迹象；另一方面，需求偏好的产品恰恰是缺乏国内技术贮备的新型产品和即便国内有生产能力，但还不能满足工业化加速之后巨大需求的基础产品。正是这种结构性的偏差，把国际贸易推到至关重要的地位，使它抛弃了拾遗补阙的从属角色，第一次成为沟通国内供给体系与需求体系的桥梁，促进中国经济在更大的范围内实现高水平的良性循环。

这表明中国对外贸易的动因结构已经发生根本性的变化。在进口方面，虽然进口总额和方向仍然由计划指导，但进口的冲动已经不是由少数决策者的"赶超"愿意引起，而是产生于中国产业结构变化的客观需要和各个利益主体的直接愿望；在出口方面，强制出口的特征逐步被以市场和利润为导向的自愿出口所取代，出口的产品（不能说是全部，但有相当部分）是由国内市场有效需求不足引起的，其直接原因是改革后国内供求体系变动的速度差异，这是经济发展过程中人均收入提高到一定程度后出现的普遍性现象。综合分析进口和出口两方面因素，对外贸易新的动因结构已显现的特征是：第一，贸易规模和格局更多地取决于微观比较利益和国际比较利益的重合；第二，出口的产品将是国内成熟产品，出口已经不仅是一个纯"创汇"行为，而且具有直接的就业和谋利效果；第三，进口的刚性仍然很强，这使进口要受到国家产业政策的引导。

尽管中国的产业结构已经具有新的贸易动因基础，但外贸体制改革的滞后仍然使强制出口得以延续。在结构变革加速的 1985 年，为进而出的强迫性贸易动因，把初级产品出口的份额推到了顶点。强制性出口面临的挑战是：不出口就无法维持国内产业结构的正常循环，而强制出口又受到国内财力和物力的制约。因为中国并不是初级产品资源（如石油）绝对富集的国家。初级产品出口既是在汇率高估而需要巨额财政补贴的背景下进行的，又是在国内对初级产品需求旺盛的条件下扩大的。这必然难以为继。特别是1985 年之后，随着总量失控和结构性短缺加剧，通货膨胀日益严重。财政赤字支持国内短线物资出口被视为拉动物价上扬的主要原因之一。

正是在这样的背景下，传统的贸易动因结构已经难以维持，新的贸易动因结构正在逐步形成，外贸改革大步推进，中国的贸易格局也开始发生巨大的变化。有足够例证说明，中国贸易动因结构变化的客观基础是：第一，人均收入提高的跨越温饱型需求阶段引起的消费口味变化。第二，需求体系的变化速度超过供给体系调整的可能及技术贮备的有效供给。第三，随结构转换而发生的，具有自然垄断性质的初级产品的相对短缺。第四，宏观经济格局的恶化。一旦这些条件具备，中央高度集权的外贸运行体制必将解体。

二　中国出口的地较优势

国际贸易理论和实践告诉我们，贸易发生的原因在于生产要素禀赋的差异。正是由于这种差异引起的产品价格差别及其与此关联的比较利益，使国际交换得以发生。分析中国前十年的出口结构变化，可发现进行国际交换的优势产品无疑越来越多地集中在劳动密集型产品上。

　　表 3 是 1989 年我国出口的部分大宗产品与 1985 年同类产品在出口增长率和出口弹性方面的比较。可以看到，大部分农产品的出口增长弹性均小于 1（只有水产品除外）。初级工业品的出口增长速度都很低，出口弹性也远离均值。但劳动密集型制成品和资本含量高的制成品的出口情况则与之形成鲜明的对照，增长速度一直很高，出口弹性明显富有生机。

　　中国出口结构的变化发生在 1985 年之后。1982—1985 年，工业制成品出口的比重有所下跌，1985 年跌至谷底。主要原因是如我们在前面所说明的，20 世纪 80 年代初期国内经济景气的出现，一方面扩大了国内对本国工业制成品的市场容量，内需导向的经济增长阻止了产品的外流；另一方面，进口的刚性加重了国际收支压力，推动着初级产品出口的强制性扩张。1986 年是出口结构变化的历史性转折点，工业制成品出口的比重由 1985 年的 49.44% 一跃升为 63.57%，达到有史以来的最高水平，从这以后，加工制成品出口的份额持续上升，这得益于国内需求体系与供给体系的错位和分离以及外贸体制的变化。

表 3　　　　　　　　　　亿元以上出口产品的增长率和增长弹性

	农产品			工业能源和原料			中低档制成品			
	活猪	水产品	粮食	原油	成品油	煤	服装	鞋类	玩具	地毯
增长率	1.35	27.18	0.91	0.51	0.99	1.76	2.26	6.55	3.55	1.98
增长弹性	0.7	14.15	0.47	0.27	0.52	0.92	1.18	3.42	1.74	1.03

	农产品		工业能源和原料		中低档制成品		
	蔬菜	水果	棉纱	棉布	机床	轴承	医疗器械
增长率	1.91	1.37	1.44	1.21	16.54	10.17	5.4
增长弹性	0.99	0.72	0.72	0.63	13.79	5.3	2.31

　　资料来源：《中国统计年鉴》（1986、1990）。

　　出口结构变化伴随着以下三个特点。一是乡镇企业的出口扩张。低劳动成本、强烈的市场意识、相对成熟的工艺技术、方便的技术获得和扩散条件，使这支力量在中国外贸出口中发挥着越来越重要的作用。据测算，到 1989 年为止，国内出口交货总额中，有 24% 的份额是由乡镇企业提供的。其在大宗产品出口的份额方面也占有举足轻重的地位，如占服装出口的份额为 72%，工艺品占 40%，日用品占 28.5%，丝织品占 24.3%。一批具有国际专业化分工效应的出口基地已经出现，如广东顺德的家用电器组装、东莞的玩具制造、江苏吴县的丝织品、北京顺义和辽宁大连的服装、福建莆田的制鞋等。二是纺织品出口份额的上升。在出口的加工制成品中，纺织品是一个主导产品。据统计，1978—1989 年 12 年间，包括服装在内的纺织品（不含棉花和来料加工）出口 630 亿美元，为同期全国出口额的 21%，1989 年纺织品和服装出口额达到 131.2 亿美元，比 1983 年增长 1.0 倍，平均每年增长 25.50%。在出口总额中的比重由 1985 年的 19.4% 上升为 25%。与此同时，纺织品出口占国际市场的比例也逐年上升。纺织品和服装专业化指数，由 70 年代的 3.9% 上升到 1987 年的 6.5%；对工业发达国家的市场渗透率，也由 70 年代的 0.3% 上升为 1986 年的 1.6%。可以说，国际专业化分工效应在纺织品中得到了集中的体现。三是机电类中级加工制成品出口比重逐步上升。据测算，机电产品出口额由 1985 年的 16.78 亿美元上升为 1989 年的 83.12 亿美元，平均每年增长 49.4%，占中国外贸出口额的比重由 1985 年的 6.13% 上升为 1989 年的 15.85%。机电产品出口的主体有两类，一类是劳动密集型的电子组装产品，另一类是中国传统的初级和中级机电产品。后一类产品出口增加的结构性背景，与纺织品出口有相似之处，但却有着更加强大的结构关联效果。而前一类产品的出口，则是进口之后再出口的典型情况，体现了同一部门内不同行业之间的国际专业化分工效应，它的优点不止在于出口，而且在于逐步向下游工艺扩散新技术。

最近以来，中国政府部门及其学术界对高附加价值的机电产品出口开始重视，这无疑是正确的。因为这类产品出口的意义并不在于创汇本身作用的大小，而在于它的关联效应。一旦这类产品进入国际市场，它的生产工艺、质量标准、服务和销售方式及其包装都必须国际化，其作用与其说是创汇，不如说是为整个工业水平的国际化打下了基础。但也需清醒地看到，机电产品在目前还远远不是中国的比较优势产品。高亏损出口和负竞争性系数［（出口－进口）总值；（出口＋进口）总值］，使这个产业的出口仍然面临艰难的历程。虽然近年来机电产品出口有大幅度的增加，但竞争性系数较高的只有金属制品（0.84），摄影器材、光学化及钟表（0.80）和杂项制品（0.83）三个大项目，其他类别的机电产品出口的竞争性系数则均为负值。也就是说，在中国高附加价值产品的出口仍然处于起步阶段，它是一个方向，但要走的路还很长。国际比较证明，中国出口贸易的变化是符合经济发展一般规律的。日本、中国香港、韩国、中国台湾和中国大陆有着共同特点：发展初期人均收入低，人口密集度高，自然资源相对贫乏。它们似乎在经历相似的贸易周期，随着人均收入增加初级产品出口比重逐年下降，工业制成品中的纺织品出口份额先是上升，然后逐步下降。日本已经走完了整个过程，先后共用了一个世纪。韩国、中国台湾和中国香港在近 40 年的时间内，已经经历了纺织制成品出口份额由上升转为下降，而中国的纺织制成品出口份额尚未达到顶点。由于第一达到顶点的时间取决于比较成本优势存在的长短。而这又取决于国内的宏观消费政策（国民收入分配政策），以及同类产品生产国的竞争力变化。第二，达到顶点之前的收益取决于国内出口产品的质量和成本。而正是这两个方面，使中国的工业制成品出口面临着挑战。

三 进口结构和进口代替的分析

1978 年特别是 1984 年以来，进口对中国经济的作用越来越重要，成为产业结构良性循环，国民经济正常增长不可缺少的组成部分，也成为吸纳新技术的重要源泉。在充分认识到进口作用的前提下，本部分拟进一步分析两个与中国结构转换有关的问题。

（一）进口结构的变化趋势

统计分析表明：（1）初级产品进口份额逐步上升。1989 年与 1985 年相比，其份额上升了 7.35%。上升幅度较大的产品分别是：谷物（+3.42%），石油（+2.36%），糖料及蜂蜜（+2.72%），纺织纤维（+1.22%）。这些重要初级产品进口比重的增加，绝不是短期贸易政策的结果，而是反映了中国初级产品在国内比较利益下降和重要资源储量不足的结构性特征，也是工业化过程中产业结构向高加工度进化的标志。（2）工业原料进口两个组成部分的比重呈逆向变动，具有新兴产业特征的化学工业的原料进口比重均有上升。与 1988 年相比，1989 年中国的紧缩政策抑制了国内投资需求，使部分产品的进口量相应下降，尽管如此，进口的刚性仍然十分明朗。而具有传统产业性质的钢铁、有色原料的进口份额急剧下降，其中钢铁进口份额下跌了 7.29%。引人深思的长期性问题是：在这两类工业原料中，中国是走全面替代的道路还是扬长避短？如果仅从现实的需求角度看，二者都很重要，但现实的需求远不是长期性决策的全部依据。（3）资本性设备进口比重在表面上有所下降，与 1985 年相比，1989 年下降了 7.65%。但若仔细分析，这并不能反映真实的需求。下降幅度最大的两类分别是汽车（-5.14%）和办公设备（-2.94%），两者下降幅度之和已经超过了总下降幅度。但众所周知，这是宏观政策和行政干预的结果。1989 年专用机械设备的比重比 1985 年进口冲动阶段有所下降，但比 1988 年国内经济过热时期甚至上升了一个百分点，电子元器件和电力机械进口的比重也逐步上升，进口的刚性很高。像许多国家一样，机电产品进口的刚性可能在中国还会持续一个相当长的时期，这是发展中国家工业化过程中面临的真正挑战。

（二）对进口替代的分析

这里进行的分析，不是把进口替代作为一种发展战略来对待，而是作为一种工业化的阶段性现象来对待，或作为一种新技术吸纳和扩散现象来分析。对发展中国家来说，工业中的结构转换现象，实质是对现代化的外来技术在特定产业部门的吸纳和扩散。大国国内市场的拉动力量和由此派生的规模效益，是对某些产品实行替代进口的微观动力，这个动力对企业家发生作用；而大国国际收支平衡的压力，最终要转化为对某些产品实行进口替代的压力，这个压力对政策人员发生作用，这几乎是工业化的规律。在 1984—1985 年中国的供求体系发生脱节从而导致大量进口之后，进口替代作为扩大出口的补充，在中国引起了充分重视。

进口替代的过程是从耐用消费品向中间投入品产业逐步推进的。一度大量进口的耐用消费品的进口替代进展较快，由零件到关键件向整机替代逐步推进。值得重视的是，耐用消费品出现了进口—出口的"雁行"曲线，这说明了替代进口的实绩。中间投入原料的替代进口情况不一，整体上进口依存度呈下降趋势，但个别产品有所上升。钢材、纯碱、化肥、乙烯、纤维和纸板的进口依存度（进口依存度 = $\dfrac{\text{进口量}}{\text{进口} + \text{国产量}}$）分别下降了 18.9%、10.6%、10.7%、7.9%、13.2% 和 5.0%，而农药则有较大幅度的上升。在产量替代进口的同时，品种质量的调整也取得一定成效，钢材中板管比由 1985 年的 20% 上升到 1988 年的 37%，纸和纸板、合成纤维、农药的质量正在不断改善。进展最为缓慢的是资本品的替代速度，如机床依存度仍在上升。这类产品的生产，受到设计、工艺、技术、管理、社会协作化程度，交货期、成本及资金体制等多种因素的制约，反映了一个国家综合经济水平，推进替代进口显然需要一段时间。但从中国目前的情况看，关键资本品进口替代速度缓慢，是一种价格现象和过度保护的结果。国内工程界专家和经济学家比较一致的看法是，进口替代的阻滞在于基础机电产品如零部件、元器件、基础量具和刃具等性能达不到国际标准。这使得中国生产的最终资本品质量和性能"靠不住"。而在"靠不住"的背后，是不合理的价格机制和竞争行为在起作用。国内旺盛的需求和高进口关税，使资源更多地流向生产整机的企业，但对基础机械品的低关税和低国内价格则使这类产品很难发展。最明显的例子是轿车行业。1989年整车关税税率为150%（普通税率），而零件进口的关税税率由3%—60%不等。十分明显，在国内需求拉力和高关税壁垒之下，经营较差的整车企业可以轻而易举地获得暴利，而生产零件、配件的企业很难生存。目前中国竟有200多家整车厂，但生产批量小、消耗高、产品质量差，基本不具备真正经济意义上的竞争力，因此。有选择地放开进口，可以在关键产业，形成市场竞争压力，抑制价格上涨和增加供给，促进出口结构的转变。过度的进口保护则抑制了竞争，保护了垄断。近年来，中国的贸易顺差正在扩大，有选择地放开进口已不可避免。

四 几点简要的结论

第一，贸易结构的分析表明，中国经济结构的转换是在更为广阔的国际背景下进行的，这种转换已经取得重大进展。对中国经济发展的设计，必须立足于国际市场和国际交换，充分考虑国际分工。

第二，由于出口的强制性特征已经消失，出口专业化分工效应已在劳动密集型产品和部分技术密集产品上显现，需要更多地发挥市场机制对出口的导向作用。在中国部分生产能力出现结构性过剩的阶段，这一点更显重要。完善出口的市场环境，是出口政策的中心环节。

第三，政府外贸政策的重点，应从扩大出口的鼓励政策转向有节制地放开进口，把它作为提高国内制造业竞争能力，促进出口产品升级换代和结识贸易伙伴的重要途径。同时，也把它作为调整国内总供求平衡的重要手段。

第四，无论如何，贸易政策是国内结构转换政策的延伸，把产业政策与外贸政策融为一体，已经具有重大的战略意义。

（本文发表于《经济研究》1991年第9期）

世界银行对中国官方 GDP 数据的
调整和重新认可

许宪春

1994 年以前，世界银行（以下简称世行）在计算中国人均 GNP 时，都直接采用中国官方国内生产总值（GDP）数据。[①] 1994 年，世行改变了以往的做法，在计算中国 1992 年人均 GNP 时，先对中国同年官方 GDP 数据向上调整。此后，世行每年都以其调整后的中国 1992 年 GDP 总量及中国统计公报公布的经济增长速度数据为基础计算中国人均 GNP。1998 年，我国有关部门向世行正式提出了取消这种调整的要求，并阐述了相应的理由。世行对这一要求作出了积极的反应。双方就这一问题进行了充分的磋商，并取得了共识。世行接受了中方的意见，并明确表示，它将根据正常做法，在其出版物上公布中国人均 GNP 时直接利用中国官方 GDP 数据计算，不再进行调整。

一　世界银行对中国官方 GDP 数据的
调整方法和调整结果

20 世纪 90 年代初，世界银行派代表团对中国统计体系进行考察之后发表了一篇考察报告：《转换中的中国统计体系》。报告认为，中国统计体系虽然进行了深入的改革，但其在基本概念、调整范围、调查方法等方面仍存在着很大缺陷：基本概念仍深深扎根于传统的物质产品平衡表体系（MPS），调查范围仍主要限于物质生产领域，调查方法仍以传统的全面行政报表为主；中国价格体制虽然进行了许多重大改革，但仍保留着传统价格体制的许

[①]　由于中国 GNP 数据与 GDP 数据比较接近，世界银行以 GDP 数据代替 GNP 数据。

多本质特征，许多产品的价格仍然处于政府控制之中。这些情况导致了对中国官方国内生产总值（GDP）总量数据的低估和速度的高估。

世行在 1994 年发表了一篇专题报告：《中国人均 GNP》。它以《转换中的中国统计体系》为依据，对中国官方 1992 年 GDP 数据进行了大幅度的向上调整。调整内容包括三个方面：一致性调整、范围调整和估价调整，综合调整比率为 34.3%。其中一致性调整和范围调整是关于统计体系的不完善所做的调整，估价调整是关于价格体制的影响所做的调整。

（一）一致性调整

一致性调整是针对中国统计体系关于某些交易处理的不一致性所进行的调整。这种调整主要包括以下几个方面。

1. 自产自用的粮食。报告认为，中国统计体系以低于市场的价格估价农民自己生产自己消费的粮食。它假定对这部分粮食进行一致性估价将使其价值增加 20%，这种调整使住户消费增加 1.6%，使 GDP 增加 0.8%。

2. 存货增加。报告认为，中国对不能销售或不能按计算产出时所采用的价格销售的产出存货增加的计算存在严重的不一致性。报告认为，一般来说，如果这些存货结转另一年，并最终被废弃或按大打折扣的价格销售，中国没有对 GDP 中的存货增加做相应的调整。因此，存货增加大于采用一致性估价所应有的价值量。报告因此将中国的存货增加调低 1/3，相应地，GDP 下调 1.6%。

3. 福利服务的市场化。报告认为，中国企业改革的最重要组成部分之一，是将目前企业对职工提供的诸如住房、医疗等福利性服务市场化。这种改革的结果将导致 GDP 上升。报告假定有 10% 的劳动力从事相应的服务，并假定这些服务转向市场化。通过投入产出计算，这种假定使 GDP 上升 1.6%。

4. 折旧费的低估。报告认为，中国计算固定资本折旧费主要依据实物磨损，而没有考虑时间因素，因此假定固定资产的使用寿命较长，从而采用了较低的折旧率。报告据此将中国的折旧费调高 31%。但报告认为，折旧费的调整不影响 GDP，因为折旧费的增加是成本的增加，只冲减利润，而不改变增加值，从支出的角度来看，总投资也不受折旧费变化的影响。

5. 政府对企业的亏损补贴。中国统计规定，企业亏损补贴作为 GDP 的负项。报告认为，在许多情况下，企业亏损是政府价格政策的结果。从经济观点来看，这种补贴是对以优惠价格提供货物和服务的补偿，统计上应当处理为政府的货物和服务购买和政府对相应接受者的分配，即不应当作为 GDP 的负项，而应当作为正项包括在政府最终支出中。报告把中国 1987 年投入产出表中 10 个部门的亏损冲减为 0，则政府支出增加 7%，导致 GDP 上升 0.8%。

综合上述结果，报告将中国 GDP 数据上调 1.6%。

（二）范围调整

报告就中国统计范围方面的缺陷采取了两种调整方式：总产出范围的调整和最终支出范围的调整。它运用投入产出方法把总产出范围的调整结果转换为最终支出，然后把它与最终支出范围的调整结果相比较，就每一行业取两种最终支出调整的较大者，作为对该行业最终支出的调整量，将这些调整量相合并，得到对 GDP 数据的调整。

报告关于统计范围调整的重点是农村统计。它指出，随着公社的解体和向家庭经营的转换，粮食和蔬菜产出低估的现象较突出。农村产出低估的另一方面是公社解体后迅速发展起来的农村企业的产出。农村企业产出的低估在运输等服务领域表现得尤为突出，因为这些服务具有家庭性、发展迅速等特点。同时，国家统计局有关统计调查网络没有得到相应的发展。

1. 总产出范围的调整

报告关于总产出范围的调整包括以下几个方面。

（1）粮食产出低估的调整。报告认为，中国的耕地面积被低估了 1/10 到 1/3（与卫星测量的耕地面积相比）；同时，样本产量可能被高估了，综合两方面因素，将中国的粮食产出调高 10%。

（2）蔬菜产出低估的调整。报告认为，中国蔬菜产出价值的计算没有反映单位面积的蔬菜实物产量随时间和收获周期而变化以及市场力量正在鼓励蔬菜的非旺季生产（此时价格较高）情况，同时，蔬菜耕地面积的测算也是不准确的。考虑以上各方面因素，将中国的蔬菜产出价值调高 30%。

（3）农村工业产出低估的调整。报告认为，村及村以下工业的产出被低估，因为相应企业通常没有完整的财务报表和不属于国家统计局直接管理的统计调查系统。农村工业的迅速发展和一定程度的偷漏税情况影响到产出的低估。某些迅速增长的农村工业，如建筑材料工业，高价格和高利润鼓励了产出的低估。利润低的行业，如煤炭开采业，也有低报的刺激，因为煤炭的自由市场价格较高。另外，报告也指出，为了夸大地方官员的政绩，农村工业也出现了高估产出的现象。综合上述因素，报告将中国农村工业产出调高10%—15%。

（4）农村服务业产出低估的调整。报告认为，农村服务业，例如农村卡车和拖拉机运输服务发展得非常迅速，但是中国没有一套系统的测算方案；农村服务统计基本上没有包括临时生活和工作在城市的农村人从事的服务活动，如大量的个体维修店的修理人员、小贩、餐馆老板、理发师和家庭佣人等。考虑上述因素，报告将农村服务产出调高50%—60%。

2. 最终支出范围的调整

世行报告关于最终支出范围的调整包括以下两部分。

（1）住房服务。报告把住房服务作为中国 GDP 数据低估的最主要来源。报告认为，中国住房服务的低估包括范围和估价两方面因素。城市和农村住房统计都存在范围问题。中国通过不同类型住房面积和每平方米租金计算GDP 中的住房服务价值，其中每平方米的租金是根据原始建筑成本计算的折旧估算的。一般来说，建筑成本的估计和折旧率都很低，住房面积调查资料没有包括居住在城市里的农村居民住房。最突出的问题是农村住房面积调查范围不完整。报告假定国家统计调查网络覆盖了中国所有住房的2/3 到3/4，进而把中国的住房服务调高40%，相应地，最终消费支出调高173亿元。

（2）农村服务。报告认为，由于农村地区监督样本数据收集、保证对被调查者进行适当的鼓励和资料加工等方面资源的短缺，农村服务支出调查数据只反映了农村住户实际服务交易的2/3。根据这一假定，报告将人文服务（教育、医疗和社会服务）上调50%，将其他服务（运输、商业、文娱等）上调60%。

综合上述两个方面的范围调整，报告将中国 GDP 上调1348 亿元，上调率为11.7%。

（三）估价调整

报告认为，由于扭曲的价格体制和生产率方面的差异，改革时期，中国工业的土地和资本回报率远高于其他行业，消费品制造业的回报率最高，服务业和煤炭行业的回报率最低，农业的回报率也比较低，中国进一步的价格改革将改变行业的盈利状况。报告试图将各行业的土地和资本回报率调整到全国的平均水平。由于纺织行业在中国对外贸易中很重要，报告在估价调整过程中，保持该行业的价格不变，将住房和其他房地产业的价格提高，纺织业以外的消费者制造业的价格降低。报告利用 1987 年投入产出表对 GDP 进行了调整，结果使 GDP 上调 18.3%。

综合上述三个方面的调整，世行报告将中国 1992 年 GDP 数据上调了 34.3%。

1994 年以后，世行依据调整后的中国 1992 年 GDP 总量和中国统计公报公布的经济增长率推算中国历年 GDP 数据，在此基础上计算并公布中国历年人均 GNP 数据。世行公布的中国 1992—1997 年人均 GNP 数据如表 1 所示。

表 1 世行公布的中国人均 GNP 数据

年度	1992	1993	1994	1995	1996	1997
人均 GNP（美元）	470	490	540	620	750	860

除 1993 年外，世行公布的数据均大于中国官方同期人均 GNP（人民币）按当年汇率折成的美元数，1997 年差额高达 100 多美元。

二 世界银行对中国官方 GDP 数据的调整存在的问题

世行关于中国官方 GDP 数据的调整是建立在它对 20 世纪 80 年代末 90 年代初中国统计体系和价格体制的了解和判断基础上的。站在今天的角度来看，这种调整法存在两个方面问题，一方面是对中国当时的情况了解的不全面而引起的判断问题；另一方面是对中国当时情况的判断具有一定的合理性，但已经与中国目前的实际情况相背离。90 年代初以来，中国统计体系和价格体制改革取得了巨大进步。就统计体系来说，随着国民经济核算制度的改革，基本概念和基本框架已经基本上实现了向国民经济核算最新国际标准——联合国 1993 年 SNA 的转换；统计调查范围已经由传统的物质生产领域扩展到非物质生产领域；全面行政报表的统计调查方法已经被以普查为基础、抽样调查为主体的调查方法体系所取代；开展了多项普查，包括农业普查、工业普查、第三产业普查、基本单位普查等；许多专业统计采用了抽样调查方法，如农产品产量调查、农村和城市住户调查、价格调查、规模以下的工业调查、限额以下批发零售贸易、餐饮业调查等。这一系列统计改革，使中国统计体系得到不断完善。就价格体制来说，中国进行了广泛而深入的改革，目前，市场价格已经成为中国价格体系的主体。

具体地说，世行对中国官方 GDP 数据的调整至少存在以下若干方面的问题。

（一）一致性调整问题

1. 农民自产自用粮食的估价。中国农业统计 1995 年规定，农民自产自用粮食的价值，按出售的综合平均价格计算。所谓综合平均价格即一年中国家收购和在市场上出售的所有品种的粮食价格，按不同质量进行综合平均得到的价格。显然，这种综合平均价格综合了国家收购价格与市场价格两种因素。近些年来，中国粮食连续获得丰收，为了保护农民种粮的积极性，国家的粮食收购价格已经高于而不是低于市场价格，因此，上述综合平均价格不会低于市场价格。世行关于中国统计体系以低于市场的价格估价农民自产自用的粮食的判断，已经不符合中国目前的实际情况，再将农民自产自用的粮食价值调高 20%，势必导致 GDP 数据的高估。

2. 存货增加。20 世纪 80 年代末 90 年代初，受传统的计划经济体制的影响，还有相当一部分企业只考虑生产不考虑市场需求和盈利情况。这些企业生产出来的部分产品可能根本就销售不了，只能被废弃或按大打折扣的价格处理。因此，就当时的情况来说，世行报告把中国的存货增加调低 1/3，可能是不过分的。但是，自从党的十四大把中国经济体制的改革目标确定为市场经济体制以来，情况发生了很大的变化，市场需求和盈利状况已经逐步成为企业生产决策的主要考虑。因此，企业生产的产品被废弃或按打折扣的价格处理的情况明显减少。所以，世行的调整比率不再适合中国目前的存货产品销售的实际情况。

3. 企业内部的福利性服务。近些年来，中国进行的一系列企业制度改革，正在推动企业的福利性服务逐步走向市场化，企业从事福利性服务人员的比例正在逐步下降。因此，至少对于中国目前的企业情况来说，世行假定企业有 10% 的劳动力从事福利性服务的比例太高了，相应地对 GDP 的调整比例也就不合适了。

4. 折旧费。对于企业和企业化管理的事业单位来说，折旧费的增加是成本的增加，只冲减利润，不改变增加值。因此，折旧费的调整不影响 GDP，世行的说法是正确的。但是，对于行政单位和非企业化管理的事业单位来说，世行的说法就不正确了。因为这种类型单位没有利润，增加值完全是从成本角度计算的，作为成本的组成部分，折旧费的增加直接导致增加值的增加，因而折旧费的调整必然会对 GDP 产生影响。

（二）范围调整问题

1. 粮食产出。中国官方统计的耕地面积数据确实低于卫星测量数据，但是，卫星测量出来的耕地面积包括 25 度以上的坡地、河滩地、轮休地、沟渠和田间道路等。这些地不能视同正常的耕地。所以，中国官方的耕地面积数据与实际耕地面积之间的差距不像世行估计的那么大。另外，除了农业统计包括粮食产量调查外，农村住户调查还编制农村住户农业生产情况表和农村住户粮食收支平衡表，[①] 分别反映农村住户粮食生产情况和年初粮食结存、年内粮食收入、年内粮食支出、年末粮食结存情况。这些不同类型调查能够对粮食产量统计起到校对作用。根据以上情况，中国的粮食产出数据与实际情况应当是比较吻合的，世行将其调高 10%，必将导致 GDP 数据的高估。

2. 牧业产出。世行断定中国统计数据低估了农业产出，事实上，中国的经常性农业统计还存在高估的成分。全国农业普查结果表明，1996 年统计年报中的肉类产量高估了 22%，猪、牛、羊存栏头数分别高估了 20.7%、21.1% 和 21.8%。[②] 因此农业总产出和农业增加值被高估了。针对这种情况，GDP 应当相应地向下调整。这是世界银行所没有预料到的。

3. 农村工业。全国第三次工业普查结果表明：来自农业部乡镇企业局经常性统计中的农村工业（包括乡属、村属、农村合作经营、农村私营和农村个体工业）总产值数据高估了 18000 亿元（1995 年），占全部农村工业

---

① 参见国家统计局 1998 年制定的《农村住户调查方案》中的农村住户农业生产情况表和农村住户粮食收支平衡表。

② 根据《中国统计年鉴》（1997、1998）的"牧畜饲养情况"表和"畜产品产量"表计算。

总产值的40%。显然，与世界银行的判断恰好相反，农村工业产出应当向下调整，而不应当向上调整，世行的调整进一步加大了这部分工业产出的水分，从而导致 GDP 数据的高估。

4. 农村服务业。世行关于中国农村服务业统计不完善的判断和数据调整对于 20 世纪 80 年代末 90 年代初的中国统计状况来说，是不过分的。但是，中国在 1993 年至 1995 年开展了首次第三产业普查，对包括农村服务业在内的全部服务行业进行了全面调查，同时，根据普查资料对 GDP 历史数据进行了较大幅度的调整（见表2）。

表2　　　　　　　第三产业普查关于服务业增加值和 GDP 数据的调整比率　　　　　　　%

年度	GDP	第三产业	运输邮电业	商业	非物质服务业
1978	1.0	4.4	0.0	0.0	9.3
1980	1.1	5.2	0.0	0.0	9.6
1985	5.1	20.6	0.0	52.2	11.9
1986	5.3	21.2	0.0	58.1	12.4
1987	5.8	23.0	0.0	62.3	13.2
1988	6.1	23.4	0.0	65.1	10.7
1989	5.7	20.3	0.0	66.7	8.8
1990	4.8	17.2	2.7	67.6	8.5
1991	7.1	24.7	10.4	67.6	13.9
1992	9.3	33.1	9.5	88.7	21.7
1993	10.0	32.0	11.7	73.4	24.8

资料来源：根据《中国统计年鉴》（1994、1995）计算。

事实上，这种调整已经大大超过世行对农村服务业的调整。例如，世行对农村服务业数据的调整导致 1992 年 GDP 数据上升 6.5%，而根据首次第三产业普查资料中国对同年 GDP 数据的上调比例达 9.3%。这一比例也高于世行在统计范围调整部分对全部服务业数据进行调整所引起的 GDP 数据的上升比例（8%）。[①] 因此世行对中国农村服务业统计的判断和数据调整已经不再适应中国目前的实际情况。

———————

① 在统计范围调整部分，世行对服务业数据的调整包括农村服务业和城乡居民住房服务业两部分，其中农村服务业不包括农村居民住房服务业。对农村服务业数据的调整导致 GDP 数据上升 6.5%，对城乡居民住房服务业数据的调整导致 GDP 数据上升 1.5%。

（三）估价调整问题

20 世纪 90 年代初以来，中国确立了建立社会主义市场价格体制的目标模式，价格改革取得了突破性进展，严重扭曲的价格结构得到明显改善。例如，从 1990 年到 1997 年，世行认为土地和资本回报率最低的服务业和煤炭工业价格分别上涨了 222% 和 206%，而属于土地和资本回报率最高的消费品制造业的食品工业和纺织工业价格仅分别上涨 96.8% 和 60.3%。特别重要的是，目前，市场机制在中国货物和服务价格形成中已经起了主导作用。货物的价格基本上由市场决定，除部分服务业，如居民福利性住房服务业仍偏离市场价格外，绝大多数服务业的价格也由市场决定。即使那些偏离市场价格的服务业也正在迅速向市场价格过渡。例如，随着住房制度的改革，住房服务将市场化，福利性住房服务不久将不复存在。

另外，有关部门在对 33 种具有代表性的商品进行国内外价格比较时发现，1998 年 11 月，国内价格高于国际价格的有 22 种，占 69%，其中包括小麦、玉米、大豆、豆油等农产品，硫酸、盐酸、尿素等化工产品，汽油、柴油等能源产品，铝锭、生铁等冶金产品，等等。[①]

总之，在中国的价格形成机制、价格规模和价格结构发生重大变化的情况下，如果世行仍然依据 1987 年投入产出表对各行业进行价格方面的调整，也势必导致对我国 GDP 数据的高估。

三　与世界银行磋商的结果

1998 年 1 月下旬，由国家统计局和财政部组成的代表团访问了世界银行，向世行正式提出了取消对中国官方 GDP 数据进行调整的要求，并阐明了相应的理由。经过相互交流，世行专家认为，总的来讲，中国代表团所陈述的理由是有说服力的，世行将在对有关情况实地考察之后决定如何对其现行做法进行调整。

1999 年 3 月 8—18 日，由世行数据开发组顾问、总统计师罗宾·林迟（Robin Lynch）先生率领的世界银行代表团来华访问，全面考察了中国的

---

① 《十一月份国际市场主要商品价格变动情况及因素分析》，《价格监测与分析》1998 年第22 期。

GDP 核算和相关的统计工作以及价格体制等方面的情况，就中国代表团提出的取消对中国官方 GDP 数据进行调整的理由进行核实。关于 GDP 核算和相关的统计工作，代表团考察了中国 GDP 核算的资料来源、计算和估价方法，中国 GDP 核算与 1993 年 SNA 之间的区别，中国的统计行政管理体系、统计调查制度和调查方法，统计工作者的文化背景和专业水平，统计业务知识的培训方式和方法，统计数据的质量控制和法律保障，等等。重点考察了农民自产自用粮食的估价、居民住房服务、企业内部的福利服务、财政补贴、固定资产折旧、存货变化的核算方法，耕地面积、粮食和蔬菜产量统计调查方法，农业普查、工业普查、第三产业普查数据与年报数据间的差异状况及其对 GDP 数据的影响，等等。关于价格体制，代表团考察了 20 世纪 90 年代初以来的改革情况、市场价格的覆盖面等。

代表团还考察了河南省及其洛宁县的统计工作，了解了地方统计工作人员的学历、专业等文化背景，统计业务知识的培训方式和方法，国家统计制度、统计法规的贯彻执行情况，耕地面积、粮食和蔬菜产量、规模以下的工业、流动性强的个体商业和建筑施工单位的统计和调查方法，统计调查与税收的关系，等等。代表团考察了河南省的国家级贫困县——洛宁县的一所乡医院、两所学校和两户居民，实地感受了中国贫困地区的卫生、教育和居民生活的实际状况。

通过广泛而深入的交流，双方达成了共识，世行代表团接受了中方的建议。代表团认为，中国具有高标准统计体系，世行对中国官方 GDP 数据进行调整的基础已不复存在。代表团表示，世行将根据正常做法，在其出版物上公布中国人均 GNP 时直接利用中国官方数据进行计算，不再进行调整；同时，利用中国官方数据修订世行以前年度的中国人均 GNP 数据；世行今后每年在公布中国人均 GNP 之前，均将与中国政府进行充分磋商。双方就此签署了备忘录。

这次磋商所取得的成果具有重要的意义。首先，中国现行的统计制度得到了世界银行的认可和赞赏，确立了中国统计体系在世行的地位，解决了中国统计数据与世行数据之间存在的分歧问题。其次，维护了我国的实际利益，避免了因世行高估人均 GNP 数据使我国承担超过我国经济实力的国际义务和不能享受本应享受的优惠待遇。

（本文发表于《经济研究》1999 年第 6 期，获第九届孙冶方奖）

中国养老金隐性债务、转轨成本、改革方式及其影响

——可计算一般均衡分析

王　燕　徐滇庆　王　直　翟　凡

一　引言

中国正逐步迈入老龄化社会，中国经济改革的一个严重障碍就是缺少有效的和可持续的国家养老金体系。世界银行 1997 年的报告指出了中国现行养老金体系的两个主要问题：近期的国有企业养老金负担和长期的由人口快速老龄化而引起的问题。① 今天，这两个问题由于以下各种原因变得比 4 年前更为严重：经济增长减缓，许多国企无法支付养老金缴费，导致一些城市的养老基金陷入赤字，从而可能威胁到中央和地方政府的财政稳定。改革现行的养老金体系已迫在眉睫。

本文分析了中国养老金改革中最为紧迫的问题，即如何支付没有资金积累的养老金债务。许多研究已对中国过去以城市和企业为基础的现收现付体系进行了分析，并推荐采用以社会统筹、个人账户和自愿储蓄相结合的多支柱体系。其中一些研究采用精算模型模拟了不同养老金改革方式的影响。我们的研究则借助于一个新开发的可计算一般均衡（CGE）模型，估计中国养老金改革以及用不同方式为养老金隐性债务和转轨成本筹资的影响。我们考察了各种改革方案对养老金体系的可持续性和整体经济增长的影响。

本文所研究的问题对中国的财政稳定、公共部门改革和管理以及减少贫困和不平等具有重要的意义。没有资金积累的养老金债务在（地方和中央）

---

① 世界银行：《防止老年危机》，世界银行政策研究报告，华盛顿特区，1994 年。

政府直接和隐性的债务中占有显著份额。如果不对其进行认真的监督和控制，将威胁到中央政府的财政稳定。而养老金体系的改革也与国有部门和金融部门的改革紧密相连。由于养老金体系的改革涉及税收和其他可能的融资方式，各种改革方案在带来好处的同时也会带来一定成本。本研究旨在通过对各种改革方案的定量分析帮助决策机构进行较科学的选择。

本文的第二、第三节在综合以往研究的基础上，讨论了养老金隐性债务和转轨成本、其可能的筹资方式以及中国养老金体系面临的主要挑战；第四节介绍了 CGE 模型的一般方法和本研究所使用的中国 CGE 模型的重要特点；第五节讨论模型基准方案的标定和主要政策模拟方案的设计；最后两节给出了模拟结果和主要结论。

二 中国的养老金改革

在未来的 35 年内，世界人口中 60 岁以上人口的比重将从 9% 上升到 16% 。由于预期寿命延长和生育率的降低，发展中国家的人口比工业化国家的人口老龄化得更快。在中国，大于 60 岁的人口的比例将迅速从 1990 年的 9% 上升到 2030 年的 22% 。[①] 人口的老龄化给世界各国的养老金体系造成了巨大的压力，并推动了许多国家的养老金体系改革。

养老金体系可根据以下三个准则区分：如何计算养老保险金福利水平（以收定支或以支定收）以及是否由政府担保；如何筹资，积累式的还是非积累式的；由谁来管理，公共部门还是私营部门？大多数正式的养老金体系是由公共部门管理，采取以一定公式计算的以支定收方式，并在现收现付基础上以工资税支付。这意味着今天的工人的缴费被用以支付现有退休人员的养老金。目前人们普遍认识到这一体系会带来许多问题，如不断上升的工资税率、因激励机制问题引起的逃税和提早退休、公共资源的错误配置、长期储蓄的减少、不合理的代际转移（通常高收入者的寿命更长），以及在人口老龄化情况下隐性债务和资金缺口的增加等。

为解决这些问题，一些机构建议向多支柱体系的方向过渡。这些体系包括：（1）强制性、以税收支付的、由政府管理的支柱，其目的在于再分配和共同保险；（2）强制性、完全基金积累式的、以收定支和私营管理的支

---

① 世界银行：《防止老年危机》，世界银行政策研究报告，华盛顿特区，1994 年。

柱（个人账户），其目的在于储蓄；（3）为希望晚年生活更有保障的人们设计的、自愿的、通过个人储蓄和商业保险而完成基金积累的支柱。

中国过去实行着一套以城市和企业为基础的现收现付体系，仅覆盖国有部门和一些大型集体企业。正式的改革从 1986 年国务院第 77 号文件开始。这一文件鼓励国有企业在地市水平上实行有限基础的养老金统筹，个人对养老金的缴费仅针对合同工。1991 年的国务院第 33 号文件提出建立三层次的养老金体系：即基本养老金，企业提供的补充性养老金和基于个人储蓄的养老金。

国务院 1997 年 26 号文件进一步明确了改革的方向：在 2000 年建立社会统筹和个人账户相结合的多层次的养老金体系。养老金将在省级统筹，缴费来自企业（不超过工资总额的 20%）和职工个人（其工资的 4% 并逐渐增至 8%）。支柱 1 将全额由企业所缴纳的工资的 13% 支付，提供平均工资的 20% 的替代率。个人账户，即支柱 2 将由个人缴费外加 7% 的企业缴费支付。

这一处于过渡之中的混合型体制主要存在如下问题：（1）养老金体系在各级被分割。尽管按照文件，27 个省已在 1999 年实现了省级基金统筹，但实际上 27 省中只有 4 个直辖市和海南省完全实现了统筹或省级统一，另外 17 个省以市级统筹所缴费用的 1%—2% 建立了小规模的省级调剂基金；其他 5 个省未能建立此类基金。（2）社会统筹在许多方面都不完善。养老金的收缴和支出没有如国务院文件所要求的由不同的部门分别管理。由于实行差额拨缴制，企业向地方统筹上缴净额，以该企业的总缴费减去其退休人员所领取的退休金额。缴费率在各省市之间，甚至在企业之间都有很大的差异。（3）养老金体系覆盖面窄，且在地区间不平衡。截至 1998 年年底，基本养老保险体系只覆盖了国有企业职工的 78.4%，集体企业职工的 16.2% 和其他城市企业职工的 5.4%。[1]（4）个人账户很大程度上是名义性的，即空账。由于政府一直没有明确如何支付转轨成本，过去 5 年中，这些账户上所积累的资金积累已被用来支付当前退休职工的退休金，这使得个人账户变成空账。（5）筹资问题严峻。因遵缴率低且不断下降，以及支付转轨成本的问题未解决，许多地方的养老金统筹已陷入财务上破产的境地。由于养老

---

[1] Hang, Feng, 1999, "The Situation of Development of China's Basic Pension Insurance Undertaking".

金债务没有支付来源，所以地方政府一直在用支柱2的积累来支付目前退休人员的养老金。即使如此，资金仍旧不足，当出现赤字时，地方的税收被用来弥补缺口。事实上，地方和中央政府正在挽救许多已处于破产境地的地方养老金统筹。这种趋势如得不到遏制，将会威胁中央财政的可持续性。

三 养老金隐性债务和体制转轨

养老金隐性债务（IPD）指一个养老金计划向职工和退休人员提供养老保险金的承诺，等于如果该计划在今天即终止的情况下，所有必须付给当前退休人员的养老金的现值加上在职职工已积累、并必须予以偿付的养老金权利的现值。IPD作为一个存量概念代表了政府能够明确预计到，并必须列入财政计划的直接和隐性的债务。

转轨成本的概念产生于即使在部分缴费已分流到个人账户，但仍要继续向养老金领取者（和未来的退休人员）支付退休金而出现的融资缺口，它是一个流量的概念。转轨成本的产生是由于仍需要在一定时期内偿还旧体系的债务。该融资缺口源于IPD，但并不等于IPD，因为部分支出用于保留部分旧体制而每天新增长的债务，一些当前债务则是由继续的缴费所覆盖。

世界银行测算中国的IPD为1994年GDP的46%—69%。[①] 而他们最近的一项测算则认为在1998年中国的IPD占到GDP的94%。[②]

中国政府一直没有明确承认养老金债务，并在寻求其他减少转轨成本的办法。实际上，政府已尝试着使用3种组合来减少隐性养老金债务和支付转轨成本：第一，中国保持着缴费率为13%、替代率为20%的小规模现收现付支柱（国务院26号文件）。缴费的约4个百分点被用于转轨目的。第二，老职工被保留在老体系中，这将在一定程度上减少转轨成本。第三，政府没有削减养老金，而是希望扩大养老金覆盖范围能提供一些额外的资金。但这些方法都未能提供足够的资金来支付转轨成本。1998年，22个省级养老金统筹出现42亿元的赤字，1999年中央政府不得不介入，为25个省提供支付养老金的资金。很显然，必须为支付转轨成本寻找额外的资金来源。

---

① 世界银行：《防止老年危机》，世界银行政策研究报告，华盛顿特区，1994年。

② Dorfman, Mark C. and Yvonne Sin, 2000, *China: Social Security Reform, Technical Analysis of Strategic Options, Human Development Network*, The World Bank, Washington, DC.

基于国际经验，通常以下几个选择可供政策制订者考虑：（1）通过缩小现行体系、延长退休年龄和减少福利水平来减少养老金隐性债务；（2）在对国有企业公司化和私有化的过程中实行债务和资产的转换；（3）使用一般的税收或发行债券。

本文着重研究用各种税收支付转轨成本所产生的影响。不过，使用公司化和私有化的资金收益仍是可行的：智利在养老金改革中使用由私有化产生的资金支付转轨成本。玻利维亚政府用其6个最大的国有企业私有化所产生的资金，并通过委托国际性资产管理公司进行投资运作，为全社会每个人建立起金额相同的最低养老金。尽管养老金水平低，但这些国家中最穷和最脆弱的群体，即那些无法为退休而储蓄的老年穷人，都可享受到。

四　可计算一般均衡（CGE）模型

学术界一直对定量分析和评估养老金改革政策怀有极大兴趣。本文采用可计算一般均衡（CGE）模型模拟分析养老金改革的影响。CGE模型反映了在生产、需求和各类居民组之间的基本的一般均衡联系，它已被广泛地运用于经济政策分析。本研究所使用的CGE模型区分三种所有制形式（国有、私营和个体、其他非国有）的生产和就业，将劳动力投入分为22个年龄/性别组，并且组成一个简单的人口预测和劳动力供给模型。该模型包括10个生产行业和8组按城乡和相对收入水平区分的居民家庭。

模型用两个针对国有企业的养老金机制来描述中国目前实际的养老金体系，即目前养老金社会统筹体系的支柱1和支柱2。支柱1通常被称为基本养老统筹基金，它由企业缴费并提供职工退休时工资的20%的替代率，其缴费率是13%。支柱2是强制性的个人账户，由企业和职工个人共同为其提供职工工资11%的缴费。由于个人账户的基金与支柱1的基金统一管理多数个人账户已成空账，支柱2的个人账户仅是名义性的。由于多支柱的养老金体系仅是在近年来才逐步实施，目前的退休人员在其个人账户没有积累，退休金也不是根据其对个人账户的贡献决定。因此，模型采用以收定支的现收现付体制来描述支柱2，并假设其替代率为40%。这两个支柱的养老金收入都源于工资税，其中职工个人从其工资收入中支出，而企业部分则从其利润中支出。支柱1和支柱2的养老金年余额或赤字积累起来形成养老金储备或债务，其相应的利息收入或支出都是支柱1的收入或支出。假设在基年的利率是 5% ，以后各年的利率则与平均资本回报率同步变化。

模型用隐性债务和转轨成本来反映养老金体系的过渡。这里的转轨成本仅是指将支柱 2 由名义性的空账变成完全积累的个人账户的财务负担。假设自 2001 年开始改革后，名义个人账户仅为改革前的退休人员和已向该名义个人账户缴过费的职工（中人）保留。这一过渡性账户将随着老人和中人的逐步消失而被淘汰。财政资源将注入这一账户中以弥补赤字。这一模型可以描述未来 50 年养老金账户的资金流量，估计不同时期政府财务负担的情况。

模型的均衡数据集是一个以 1995 年为基年的中国经济社会核算矩阵。社会核算矩阵以投入产出表（1995 年）为基础，它为组织相关的各种流量统计指标，满足 CGE 建模所需的基期数据集的要求提供了一个完整的框架。

五　基准方案的标定和模拟设计

（一）基准情景中的主要假设

为了标定模型的基准情景，模型中引入了两个区别所有制的（国有和非国有的）全要素生产率（TFP）变量。根据外生设定的实际 GDP 增长率和国有部门就业水平，它们在基准情景标定中被内生求解。外生设定的 GDP 增长率在 1996—1999 年与实际数据相同。此后，增长率从 2000 年的 7.5% 线性下降到 2050 年的 3%。表 1 总结了基准情景中对人口参数和养老金体系特征等所做的假设。

表1　　　　　　　　　　　　　标定基准情景中的主要假设

类别	描述
宏观变量	实质 GDP 外生
	国有部门劳动力在 2020 年下降到 0.517 亿人，此后固定
	分不同所有制的 TFP 增长率内生
	总投资率从 1995 年的 39.7% 下降到 2050 年的 32%
人口参数	根据世界银行的预测，预期寿命和总生育率将分别从 1996 年的 70.3 岁和 1.9 增加到 2050 年的 76.9 岁和 2.13
	男子 45 岁以上人口的劳动参与率在 1995—2050 年增加 3 个百分点，妇女增加 5 个百分点

类别	描述
养老金 体系特征	国有部门养老金体系覆盖率从 1995—2000 年逐渐扩展到 100%，其他部门的覆盖率则固定在基年水平
	替代率在 2000 年降到 60%（支柱 1：20%，支柱 2：40%），然后保持稳定
	缴费率在 2000 年增至 26 号文件所规定水平（24%），然后保持稳定
	职工和雇主缴费比率在 2005 年逐渐增至 26 号文件所规定水平，然后保持稳定
	遵缴率：85%
	养老金支出由工资税和政府储蓄/赤字支付
财政封口	政府消费、转移和储蓄（不含养老金的储蓄赤字）均外生
	企业所得税率内生，以满足政府预算平衡
	所有其他税率均固定在基年水平

（二）模拟设计

模拟 1：当前养老金体系下的有限政策调整。

由于中国目前的养老金体系不能持续，那么能否在不对现行体系作根本改变的前提下，而只是通过提高退休年龄（降低系统赡养率）和扩大养老体系的覆盖面（增加缴纳资金的统筹规模）解决这一问题？第一套政策模拟将扩大养老金体系覆盖面和提高退休年龄结合起来。模拟试验 1.1 假设在 1996—2005 年覆盖面将逐步扩大到全部城市非国有和非个体部门；模拟试验 1.2 在 1.1 的基础上，将妇女职工的退休年龄在 2011—2015 年每年提高 1 岁；模拟试验 1.3 则在 1.2 的基础上，进一步在 2021—2025 年将所有职工退休年龄每年再提高 1 岁。

如果以上模拟说明扩大现收现付养老金计划的覆盖面和提高退休年龄都不能根本改善目前体制的财务可持续性，那么采用完全积累的个人账户能否有助于解决中国的养老金危机呢？由此引出了两个紧密相关的问题：第一，逐步淘汰现行体制的成本有多大？从政府的角度出发，采用什么方式为转轨成本筹资最合适？第二，所建议的新体制在财务上比当前的体制优越吗？第二套和第三套模拟分别回答以上两个问题。

模拟 2：改革现行体系和支付转轨成本。

第二套模拟假定现行的现收现付体系将在 2001 年后逐步取消。它将被一个新的较小的公共统筹的现收现付账户（支柱 1）和一个完全积累的个人账户（支柱2）所替代。在2001年前参加现行体系的职工和退休人员将仍由过渡性现收现付体系覆盖，而其他职工和新参加工作的职工则不向老体系支付工资税，在其退休时也不从养老体系那里领取养老金。他们将参加较小规模的公共统筹的现收现付支柱和完全积累的个人账户。而保留的过渡性现收现付体系将由其所覆盖的职工缴纳的工资税及其他税收来支付。在此模拟中，养老金体系的覆盖面和退休年龄将保持不变。换言之，在建立一个新的完全积累的个人退休账户以替代当前名义性个人账户，并且通过税收收入或其他方式为旧体制注入财政资源之后，中国养老金的债务危机将在转轨期逐步得以解决。这套模拟还估计了转轨所需的资金强度，并考虑用什么税种或其他财政手段来筹集所需资金。模拟试验2.1—2.4分别假设2001年后的过渡账户赤字以企业所得税、增值税、个人所得税和销售税支付的情况。

模拟3：改革后的社会统筹现收现付体系的财务可持续性。

这套模拟假设支柱2——新的个人账户——是完全积累的，政府不再对其负有财务上的责任①。政府将只对支柱1——社会统筹的现收现付体系——负责。因此，该套模拟将不考虑完全积累的支柱2的缴费和养老保险福利，这些都直接被纳入总的私人储蓄之中。支柱1的工资税将只由企业支付。根据国务院（97）26号文件，替代率假设为20%。我们用这套模拟检验在注入了财政资金支付转轨成本和使个人账户充足之后，中国的公共养老金体系是否能变得财务上可持续。模拟试验3.1在模拟2.2的基础上假设从2001—2005年，支柱1逐步扩大覆盖面到全部城市非国有和非个体部门，而模拟试验3.2则在3.1的基础上假设从2006—2010年，支柱1逐步扩大覆盖面到50%的乡村集体企业。

此外，政府正在考虑实行一项新的社会保障税，这一社会保障税不仅覆盖养老金，也将包括其他社会保障。为使本研究与政策更为相关，我们进行了一套关于社会保障税的模拟（仅考虑养老金部分）。在模拟试验3.3中假设社会保障税的征税对象为正规部门中的所有企业和工人，包括全部国有部门，城乡集体企业和城镇个体私营企业。税率为工资的12%，由工人和企

---

① 新的完全积累的个人账户完全由个人所有，由个人缴费为主，以收定支。账户可以由商业银行、资产管理公司或养老基金管理公司管理，而不宜由政府管理。参见 Wang, Yan, 1997: "Managing and Funding the Three Pillars", In *Old Age Security*: *Pension Reform in China*, World Bank, Washington D. C. 。

业共同负担。在 2000 年企业和工人分别负担 8% 和 4%，并逐步在 2001—2010 年过渡为各负担 6%。

六　模拟结果

（一）目前养老金体系的赤字

基准情景的结果由表 2 给出。它提供了未来 50 年中国经济和人口变化的总体画面。基于对未来的一些基本假设，这一基准情景提供了与后文各模拟情景相比较的基础。基准情景表明中国未来人口增长速度逐步下降，劳动力在 2020—2025 年停止增长，并在此后下降。但是，65 岁及以上的人口仍继续增长。老人赡养率将从 11% 上升到 2030 年的 25% 和 2050 年的 36%。系统赡养率不低于目前的 30%，即 3 个工人供养 1 个退休人员，该比率将在 2030 年迅速达到 69% 并在 2050 年达到 79%。现收现付制在起初能有很少的盈余，但由于养老金收支缺口的迅速扩大，在以后的几年内，积累的养老金储备将变为负数，并在 2050 年达到 −102730 亿元（见表 2）。很显然，不断扩大的养老金赤字对财政稳定构成了威胁，并给中国未来的经济发展带来不稳定因素。

表 2　　　　　　基准情景下的模拟结果，2000—2050 年

年份		1996—2000	2001—2010	2011—2020	2021—2030	2031—2040	2041—2050
GDP		8.2	7.0	6.1	5.2	4.3	3.4
劳动力		1.1	1.1	0.1	0.0	−0.3	−0.2
资本		10.1	9.1	7.5	6.1	4.9	4.0
TFP		2.2	1.7	2.0	2.0	1.8	1.4
年份	1995	2000	2010	2020	2030	2040	2050
65 岁以上人口比重（%）	6.7	7.7	8.9	12.3	16.3	20.7	21.9
老龄抚养率（%）	10.0	11.3	12.7	18.3	24.8	33.8	36.0
养老金替代率（%）	65.8	60	60	60	60	60	60
系统赡养率（%）	25.6	28.3	43.7	64	68.7	74.2	79.2
养老金（10 亿元，1995 价格）							
收入	85	179	205	211	291	408	537
支出	85	173	273	381	523	747	1090

年份	1996—2000	2001—2010	2011—2020	2021—2030	2031—2040	2041—2050
年余额	0	6	-68	-170	-232	-340	-553
养老基金积累	0	33	-206	-1318	-3284	-5987	-10273
平衡缴费率（%）*	25.0	23.3	31.2	37.7	34.3	33.4	35.1
养老金隐性债务 IPD						
10 亿元，1995 价格	2937	6328	8705	11118	17314	26166	37139
占 GDP 的百分比（%）	48.8	71.1	49.7	35.1	32.9	32.6	33.1

注：* 假设遵缴率为 85%。

　　要维持养老金体系的财务运转，必须提高工资税率。但是，平衡缴费率（即能使收入与支出平衡所要求的缴费率）将从 2000 年的 23.3% 上升到 2020 年的 37.7%。在此高峰之后，缴费率虽会略微下降，但仍保持在 35% 左右。毫无疑问，高水平的养老金缴费率将严重地抑制投资和降低经济增长率。因此，基准情景的模拟表明，现行的现收现付体制在财务上不可能持续。

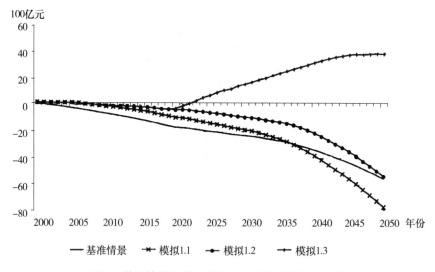

图 1　基准情景和第一套模拟中的养老基金年余额

　　如果现行体系在 2000 年终结，由于假设旧体制的覆盖面在 2000 年扩大到全部城市国有部门，IPD 将高达 GDP 的 71%。此后，由于工资增长率低于 GDP 增长率，所以尽管 IPD 的绝对值会继续增加并达到很高的水平，但其占 GDP 的比重会逐步下降。

（二）现行养老金体系下的政策变化

在试验 1.1 中，现收现付制对所有国企、城市非国有和非个体部门的覆盖率将在 1995—2005 年逐步扩大到 100%。在基准情景和试验 1.1 中的养老基金年余额由图 1 中的最下面两条曲线给出。由于养老金体系的缴费基础扩大，所以在起初养老基金余额会略有盈余。养老金体系的财务状况在 2000—2035 年有所改善。但由于老年人口增长非常迅速，扩大覆盖面将使现收现付体系的财务状况在长期更加恶化。养老金体系在 2050 年将有 7662 亿元的赤字，沉重的财务负担将无法承受。

在试验 1.2 中，2010—2015 年女工的退休年龄将逐步提高 5 岁。在试验 1.3 中，男女工人的退休年龄都在 2020—2025 年再提高 5 岁。从图 1 可以看出，提高退休年龄将降低赡养率，并有助于减少养老基金年余额的赤字。但养老金体系的资金短缺仍是严重的问题，其赤字在 2050 年不低于 5360 亿元。如果所有工人的退休年龄在 2020 年都提高到 65 岁，则根据试验 1.3，养老金体系将保持盈余。

然而，提高退休年龄的可行性是个问题。美国用了 12 年的时间才将退休年龄提高了 2 岁。而且，即使提高了退休年龄，增加的劳动力供给也未必能全部为经济所吸收。事实上，如果退休年龄明显提高，劳动力的边际生产率会降低，已有大量剩余劳动力的社会可能无法为老年工人提供足够的就业岗位。因此，通过大幅度提高退休年龄减少养老金体系赤字的方法在现实上可能是不可行的。

图 2 给出了第一套模拟对 GDP 的影响。扩大目前现收现付养老金体系的覆盖面可以在中短期提高总储蓄水平，从而促进投资和经济的增长。但随着人口年龄结构的变化，老龄退休人口的养老金支出迅速上升，养老金逐步会由剩余变为赤字，导致总储蓄和投资增长的放慢。图 2 表明虽然扩大覆盖面可以使 GDP 在 2000—2040 年高于基准情景 0.2%—0.3%，但在 2040 年以后，GDP 将低于基准情景。如果女职工的退休年龄在 2010 年从 55 岁提高到 60 岁，由于劳动力总量的增加，GDP 与基准情景相比可在 2020 年增加 1%。然而，提高退休年龄对经济增长的推动是一次性的，它随人口结构的改变将逐渐消失。在 2030 年后，GDP 增长率将保持基准情景下的水平。在

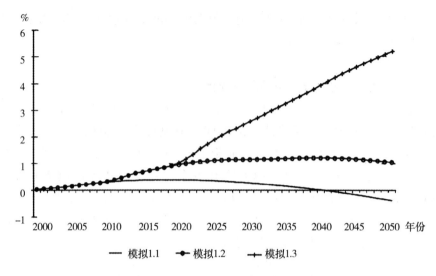

图2 第一套模拟下 GDP 相对于基准情景的变化百分比

试验 1.3 中，所有职工的退休年龄均大幅度提高，如果这一改变可行的话，将在较长时期促进经济的增长。

从以上模拟可以看出，在可能的提高退休年龄和扩大覆盖面到城市非国有部门的情景下，现行的现收现付制在财务上也是不可持续的。需要对现行养老金体系进行更根本的改革。

（三）改革现行养老金体系和支付转轨成本

我们模拟了通过各种税收支付 2001 年后养老金赤字和转轨成本的情景。在试验 2.1、2.2、2.3 和 2.4 中，养老金赤字分别由企业所得税、增值税、个人所得税和销售税支付。图 3 给出了将目前的名义性个人账户过渡为小规模的公共统筹现收现付支柱外加完全积累的个人账户的转轨成本。它表明这一支出负担是可以承受的，在 2000—2035 年它约占 GDP 的 0.6%，到 2050 年将降至 GDP 的 0.3%。

图 4 给出了用不同税种为养老金转轨成本筹资的假设下 GDP 的变化情况。从结果可以看出，无论用哪一种税收来弥补过渡账户的赤字，采用新的小规模现收现付支柱以替代现行的养老金体制都会促进经济的增长，因为养老金账户赤字的削减保证了总投资的增长。但不同税收的影响大小不同。使用个人所得税来弥补养老金体系的赤字对经济增长是最有利的，而销售税次

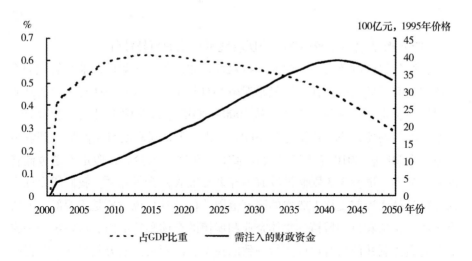

图3 建立完全积累的个人账户的转轨成本

之，增值税再次之，企业所得税最不利于经济增长。如 Varian 所指出的那样，即使两者能产生相同水平的税收，社会从个人所得税得到的效用也比对产品征收的商品税更高。[1]

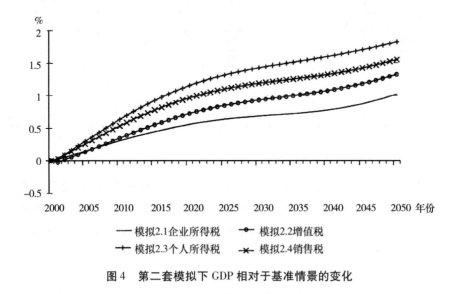

图4 第二套模拟下 GDP 相对于基准情景的变化

---

[1] Varian, H, 1984, *Microeconomic Analysis*, W. W. Norton & Company.

（四）改革之后：较小规模的现收现付体系的可持续性

在所建议的改革之后，政府不再对新建立的完全积累的商业化管理的个人账户负有财务上的责任，而只是对较小规模的支柱 1——社会统筹的现收现付体系负责。在试验 3.1 中，从 2000—2005 年，支柱 1 对城市非国有和非个体部门的覆盖率将逐渐达到 100%。试验 3.2 则假设覆盖面扩大到农村企业，在 2005—2010 年逐渐扩大到 50%。在这一试验中，假定养老金储备的利率为零。试验 3.3 则假设政府为养老金征收社会保障税。我们假设社会保障税是替代当前支柱 1 缴费的国家范围的税，其征税对象是正规部门的所有企业，包括农村和城镇的集体企业和城镇的个体私营部门。这将统一国家的养老金体制并使所有地区实行一致的税率，改变目前的分割局面，并提高工人的可流动性。社会保障税的税率假设是工资的 12%，并由工人和企业各付一半，即各负担 6%。

表3	养老金年余额			10 亿元，1995 年价格
试验 ＼ 年份	基准情景	模拟 3.1	模拟 3.2	模拟 3.3
2000	6	6	5	5
2010	−68	28	28	16
2020	−170	27	28	3
2030	−232	72	77	32
2040	−340	125	121	50
2050	−553	146	110	−12

数据来源：模拟结果。

表 3 给出的养老金年余额的模拟结果表明，在所建议的改革之后，养老金体系的可持续性是有保障的。在不提高退休年龄的条件下，无论扩大覆盖面与否，支柱 1 都能保持盈余。如果征收新的社会保障税，原先的分割的体制将变为全国统一的，即使税率比国务院 26 号文件所规定的费率低，改革后的支柱 1 在财务上也可持续。

第三套模拟下的平衡缴费率连同作为比较的第一、第二套模拟之下的平衡缴费率都在表 4 中给出。它表明，如果现行的现收现付体系不改变，那么即使在扩大覆盖面和提高退休年龄后，平衡缴费率也会高达工资总额的

25%—35%。在试验 2.2 中，在结构改革和以税收支付转轨成本之后，支柱 1 的平衡缴费率保持在相当低的水平，在 2005—2050 年介于 9%—12.5%。这意味着，只要有 11%—12% 的工资税，这个小规模的现收现付支柱 1（20% 的替代率）就能处于财务平衡。在第三套模拟试验中，平衡缴费率保持在 10%—12% 的范围，这与我们对社会保障税率的假设相一致。

由于不同所有制企业劳动力的年龄结构差异会逐步缩小，扩大支柱 1 的覆盖面在获得更多缴费的同时，其对新覆盖的退休人员的养老金支出也将增加。因此扩大覆盖面对于支柱 1 的养老金余额和平衡缴费率影响很小。但扩大覆盖面由于会增加养老金支出和总体的缴费负担，可能会对经济增长产生轻微的负面影响。考虑到一个覆盖面广泛的小规模社会统筹现收现付支柱会为全社会提供基本的养老保障，有利于收入的平等和劳动力的流动，它对经济增长的轻微负面影响将是可以接受的。

表4　　　　　　　　　　　　　平衡缴费率　　　　　　　　　　　　　　　%

模拟 ＼ 年份	基准情景	模拟 1.1	模拟 1.2	模拟 1.3	模拟 2.2	模拟 3.1	模拟 3.2	模拟 3.3
1995	25	25	25	25	8.3	8.3	8.3	8.3
2000	23.3	22.1	22.1	22.1	7.8	7.8	7.8	7.8
2010	31.2	25.3	25.1	25.1	10.4	11.1	10.5	10.7
2020	37.7	29.2	26.3	25.6	12.5	12.2	11.4	11.9
2030	34.3	29.6	27	18.8	11.4	11	10.7	11.3
2040	33.4	31.5	28.2	17.7	11.1	10.9	10.7	11.4
2050	35.1	34.7	31.9	19.5	11.7	11.6	11.6	12.1

　　数据来源：模拟结果。

七　结论

本研究的目的在于考察各种改革设计方案对养老金体系本身的可持续性和对整体经济增长的影响。在考察了相关的国际经验后，我们利用一个 CGE 模型定量分析了中国养老金的改革方式。模拟结果表明中国养老金体制的改革是富有希望的。

模拟情景 1 假定目前的体制（现收现付和名义的个人账户）保持不变。模拟结果表明目前的现收现付体系是不可持续的。扩大现行体系的覆盖面在短期可以改善养老金体制的财务状况，但长期却会导致财务状况更加恶化。

模拟情景 2 假定用各种税收来支付转轨成本，在 2001 年建立起一个新的完全积累的商业化管理的个人账户，并逐步取消个人空账户。我们考虑用不同税收收入来支付转轨成本：增值税、企业所得税、个人所得税和销售税，并比较了不同方案的影响。转轨成本在 2000—2010 年将达到 GDP 的 0.6% 左右，并在 2050 年下降到 0.3%。使用个人所得税支付转轨成本能最好地促进经济增长和减轻收入的不平等。

模拟情景 3 分析在注入财政资金支付转轨成本后的公共养老金体系。它表明改革后较小规模的公共养老金体系在财务上将变得可持续。如果支付占平均工资 20% 的养老金，则只需 10%—12.5% 的缴费率就可使基本养老体系达到当年平衡。如果采用一种新的社会保障税替代当前对支柱 1 的缴费，养老金体制将是在全国范围统一的和财务可持续的。

本文的模拟结果为中国养老金体系的改革提供了有用的参考，然而，有几个重要的局限必须提到。首先，模型没有包含一个明确描述的金融市场。总的国民储蓄，包括养老金储备，根据假定自动地变成总投资。这意味着存在着一个完善的资本市场，而这与中国的现实相去甚远。其次，由于没有考虑税收成本，模拟结果可能高估以税收方式筹资的实际作用。最后，模型假定充分就业，据此，提高退休年龄而增加的劳动力供给能被市场完全吸收，而这是不现实的。由于数据和时间所限，我们没区分公务员和工人的养老金体系，也未能考察城乡人口流动的影响。因此，所得到的模拟结果必须谨慎诠释。

（本文发表于《经济研究》2001 年第 5 期，获第十届孙冶方奖）

经济增长、结构调整的累积效应与资本形成

——当前经济增长态势分析

中国社会科学院经济研究所经济增长前沿课题组

中国经济尽管受到"非典"冲击，但 GDP 高速增长的趋势依然没有改变，今年将一举突破"七上八下"的格局，这预示着整个经济进入了新一轮增长的景气周期。

1998 年以来，国家通过积极财政政策及相配套的银行贷款大规模投资于基础设施，使经济增长稳定在"七上八下"的格局上，可谓世界经济增长的一枝独秀。5 年来的发展使中国的经济结构发生了重大调整，基础设施的投入奠定了城市化的基础，工业化在消费和出口的拉动下逐步升级。2003 年，人均 GDP 达到 1000 美元，中国经济进入了世界上比较公认的一个"增长加速"[1] 的时期。增长的加速器表现在两大引擎上，即工业化和城市化。同时，伴随着资金流程和资本形成的改变、经济增长的加速，经济结构和资金配置结构调整的累积效应产生了明显的效果。

中国 2003 年强劲增长的第一动力仍是"投资推动"，这是中国经济加速增长所具有的共同特征，但理论上的解释和提出的政策却是差异很大的。从理论上看：（1）中国经济增长"不具备持续的动态改进的力量"[2]，以全要素生产率（TFP）衡量的持续改进在 1992 年后就不显著了，中国存在着通过投入推动的"过度工业化"，这与克鲁格曼对东南亚经济发展的评价

---

① 增长加速时期是指人均 GDP 超过 1000 美元后，中等收入国家经济增长速度加快，进入"增长加速"，参见钱纳里等《工业化和经济增长的比较研究》，上海三联书店 1989 年版，第 320 页。

② 张军：《资本形成、工业化与经济增长：中国转轨的特征》，《经济研究》2002 年第 6 期。

"东亚无奇迹"（增长主要靠投入支撑）是相一致的。（2）以中国社会科学院经济所宏观课题组的系列文章为代表的观点认为，高增长依然是合理的，但由于制度障碍导致了两大问题：一是制度性的投资饥渴使"经济过热"导致波动；二是转轨时期体制对经济发展政策执行的障碍，如体系性紧缩。（3）中国高速经济增长中存在着巨大的结构性变革和技术改进，代表作《中国经济增长的可持续性——跨世纪的回顾与展望》强调了"高储蓄和高投资是推动经济增长的重要因素"，同时指出了"资本形成效率的提高对增长有重要贡献"，分析了资本形成和形成效率对增长的贡献；[①]《大调整：一个共同的主题和必然的选择》[②]《中国经济走势分析（1998—2002）》[③]《2020年的中国经济》[④]也都强调了结构变革的贡献和结构变革的方向。从发展经济学的理论渊源来看，资本形成一直是经济增长的核心，发展经济学早期的"大推动""低水平陷阱""非均衡增长""结构性变革""金融深化"等研究，都强调通过一切手段提高资本形成以推动经济发展。

传统的发展经济学强调了资本对经济发展的启动作用，而后的发展经济理论强调了公平、社会进步、市场机制和制度等。现代经济增长理论针对发达国家提出了内生增长的"持续"理论，但缺少对中国这样一个已经启动起来、要继续前行的大国的发展的理论表述。从全球发展的历程看，结构变革，特别是伴随着非农就业增加的变革始终是发展的主线，资本形成是引擎，资本的配置效率是关键。

中国经济在高资本形成的推动下不断增长，其能持续的原因是经济结构的变革和市场化的推进提高了资本形成的效率。本课题从结构调整的累积效果入手，分析资本形成的持续性和效率性，特别分析其形成方式和配置方式中的制度障碍；再试图探讨中国经济的结构变革、可持续增长与宏观政策的选择基准。

① 王小鲁、樊纲主编：《中国经济增长的可持续性——跨世纪的回顾与展望》，经济科学出版社2002年版。
② 中国社会科学院经济所宏观课题组：《大调整：一个共同的主题和必然的选择》，《经济研究》1998年第9期。
③ 刘树成等：《中国经济走势分析（1998—2002）》，《经济研究》2002年第4期。
④ 世界银行：《2020年的中国经济》，财政出版社1997年版。

一 结构调整的累积效应：低价工业化和高价城市化双引擎

自 1998 年以来，政府大规模投资对经济结构调整产生了累积效应，最明显的标志是工业化这一经济增长的单引擎发展成为工业化与城市化的双引擎。2003 年中国经济出现了自主增长。

（一）低价工业化

工业化始终是中国经济现代化的一条主线。随着改革开放，中国乡镇企业的崛起开创了一条全新的农村工业化道路。上亿农民以低成本的方式进入了工业部门，成为中国经济增长的第一推动力。相关研究表明，农村劳动力向工业部门的转移导致劳动力配置对 GDP 增长的贡献平均在 1.5 个百分点，这还不包括其对产业结构调整效益的贡献。中国的工业化道路，如果说 20 世纪 80 年代基本靠"老农"（即乡镇企业的发展以及大量农村劳动力的转移），那么 20 世纪 90 年代基本靠"老外"（即大量外国直接投资企业的发展以及沿海地区外向型产业模式的基本形成）。

低成本是工业化的核心竞争力，这包括劳动力成本低、土地价格低以及实际税收低。"离土不离乡"的政策大大推动了低价工业化。农民工成本仅仅按"剩余劳动力"定价，并且不需要住房、社会保障等所有城市居民所需要的工资外成本，农民工的这一切都可以在乡村土地上得到解决。乡镇里土地征用是"无偿"或低价的，并且没有城市社会保障、城市土地与基建开发、基础设施的营运以及城市里许多高税收的项目。农村的"廉价"土地和剩余劳动力把工业化的成本节约下来，早期"离土不离乡"的乡镇工业上造就了低成本，而后农村劳动力的转移则使中国产业继续保持了这一低成本优势，吸引了全球的产业转移和采购，这些使中国正逐步成为世界的"大工厂"。

工业化进程产生了两个结果：其一是推动了非农就业，把农村劳动力从土地的束缚中解放出来，先是"离土不离乡"的乡镇工业，然后是劳动力流动到发达的地区去就业；其二是长期工业化的发展，积累了大量的产能和资金。在人们收入水平提高、消费结构升级的情况下，因工业结构本身的调整尚未完成而出现的结构性产能过剩、工业增长速度放慢就是必然的了。在这种情况下，必须要寻找新的增长引擎。城市化可以说正是上述工业化发展和累积的一个结果。

（二）高价城市化

中国 1992 年进行了土地要素和资金要素的体制改革，特别是土地要素从无价变为有价，开启了城市化进程。由于"要素价格双轨制"（即土地和资金价格双轨制）以及微观主体的"软预算约束"，刚开启的城市化导致了"房地产热""开发区热"等经济泡沫，形成巨额不良资产，国家又开始调控、软着陆。同时土地要素的价格改革得以初步完成，奠定了城市化的基础。1997 年亚洲金融危机以来，国家通过积极财政政策、发行国债，投资于基础设施启动内需，城市化进程因此有了基本构架。1998 年以来，国家一方面大规模地投资于基础设施以推动城市化进程；另一方面启动住房消费信贷，将消费者与城市化进程对接，作为城市化最重要标志的房地产业成为支撑经济的重要因素。

2001 年，中国人均 GDP 约为 1000 美元，城市人均 GDP 估计在 2000 美元以上；城市化率为 37%。也就是说，有近 5 亿人口处在人均 2000 美元的城市化高速起飞点上。2002 年中国城市化率达到 39.1%，城市居民的消费结构升级和城市化引致的投资，特别是住房、汽车、电子类耐用消费品，娱乐、金融、交通通信等服务的升级将决定未来中国的发展。从 2002 年开始，中国经济进入一个城市化高速发展的阶段。2003 年城市化的主流将逐步从中央积极财政的推动转向地方政府的推动。中央政府积极推进了基础设施的建设，形成了城市化的基本构架。随着中央财政赤字的加大和财政支出逐步转向再分配，城市化的基础设施将主要由地方政府推动。地方四级政府——省、地市、县、镇，积极通过"土地批租"融资、实施基础设施政府担保贷款等，加大城市化的投资活动。城市化引致的投资仍然是今年投资启动的重要部分。

与工业化相比，城市化是高成本的，这包括：（1）基础设施的高投入，如水电、燃气、公路和绿地等都是高投入，需要政府的推动；（2）社会保障的高投入，一旦农民变为市民，社会保障就是必需的。大量的公共支出如教育、环保和城市运营等都需要政府财政支持，因此城市化的另一个特征就是为公共支出而征税——较高税收不可避免。高价的城市化直接表现在：高土地价格、高劳动力成本（增加社会保障）和高税收。城市化的第一阶段是基础设施投资；第二阶段，随着城市化过程，大量的农民变为市民，核心支出就是社会保障。目前中国总体上的城市化处在第一阶段，但也开始遇到第二阶段的问题了。社会保障支出、农民土地征用费用还比较低，城市化的社会保障支出占财政支出的比重也非常低。但从国际经验看，社会保障支出是城市化后的最大支出。

中国今年的经济增长得益于自20世纪90年代中后期进行的产业结构调整的累积效应，政府推动的城市化和出口导向的工业化是经济发展的两大主推动力。双引擎的含义不仅是投资配置，更重要的是非农就业的双重配置，即工业化过程的农村劳动力转移和城市化过程中的服务就业。当前的非农就业中服务业就业比重远高于工业就业，因此，工业化和城市化的双重非农就业是迈向现代化的关键。

二 资金流程变化与资本形成

结构调整的成功源于资源配置的变革。与上述"从工业化到城市化"的结构变化相对应，中国的资源配置（主要是资金流程以及资本形成）方式也发生了相应的变化。

（一）银行资金流程的变化

改革开放以来，中国企业的资金来源主要是银行（此前主要是财政）。20世纪90年代后，随着产品市场竞争的加剧，企业开始破产，银行坏账问题凸显出来；加上1992年、1993年形成的房地产泡沫，银行坏账问题非常严重。1997年后国家四大商业银行开始了严格的贷款管理，出现了"惜贷"现象。资金向国家集中，商业银行把存款放到央行和购买国债，货币政策尽管通过连降利率来扩张，但实质上是紧缩的，即政策上扩张和体制上收缩，[①] 货币放不出去。

1998年国家加大了对经济的刺激，银行放款有了新的渠道。而这些新渠道都与城市化进程密切相关。一方面是城市基础设施建设，中央发行国债，银行则提供国债配套资金投向基础设施领域；另一方面是与城市化消费

---

① 中国社会科学院经济所宏观课题组：《投资、周期波动与制度性紧缩效应》，《经济研究》1999年第3期。

相关的个人消费信贷的发展。这样调整的结果是，银行中长期贷款逐步从工商企业贷款转向与城市化相关的个人消费贷款与基础设施贷款。

我国商业银行开办个人住房贷款业务始于 20 世纪 80 年代中期，但当时消费信贷发展缓慢，到 1997 年年底，全国消费信贷规模仅为 172 亿元。1998 年以来，消费信贷步入了快速增长轨道，特别是个人住房信贷成为消费信贷发展的重点，个人住房贷款占个人消费贷款的比重高达 80%—97%。1998—2001 年个人住房贷款余额分别为 426.16 亿元、1357.71 亿元、3376.92 亿元、5597.95 亿元。2001 年与 1997 年相比，增加了 5425.95 亿元，增长了 32.55 倍（见表 1）。2002 年，住房信贷增加的同时，汽车贷款也迅速增加，新增额超过了住房贷款。个人消费信贷随着居民消费的升级，还会有一个较大的增长。对比 1992 年的房地产热，这次是由居民真实的消费需求带动的，是一个良性的循环。

表 1　　　　　　　　1998 年以来个人消费贷款和个人住房贷款增长

年份	个人消费贷款（亿元）	同比增长（%）	个人住房贷款（亿元）	同比增长（%）	个人住房贷款占个人消费贷款的比重（%）
1998	456.17		426.16		93.42
1999	1396.40	206.12	1357.71	218.60	97.23
2000	4265.12	205.44	3376.92	148.72	79.18
2001	6990.26	63.89	5597.95	65.77	80.08

资料来源：中国人民银行：《2002 年第二季度货币政策执行报告》，2002 年。

国家为了扩大内需，通过国债投资带动贷款投向基础设施与技改领域。

目前，个人消费信贷与基础设施建设贷款在新增中长期贷款中已绝对占"大头"。数据显示，2002 年的新增贷款中，个人贷款加基本建设贷款约占中长期贷款的 80%，其中主要是个人贷款。

银行资金流程的这一变化（即向个人消费信贷与基础设施领域倾斜）实际上是对银行贷款结构的一个良性调整。银行现在除了配套国债、技术改造外，基本上不提供工商企业的中长期贷款；而在中长期贷款中，占主要部分的个人消费信贷与基础设施贷款，都比国有企业贷款质量高。这是由于：个人的信誉比处于软预算约束状态下的国有企业要高（尽管不排除个人消费信贷也会产生坏账的可能）；基础设施建设往往是由地方政府财政担保的，特别是发达地区城市基础设施投资都有政府的担保，是一种准地方债。这两种贷款从现在看坏账率很低。也正是由于银行资金流程的变化，我国商业银行的坏账率出现了下降。据《2002 年货币政策执行报告》，贷款按四类分级，坏账下降了 4.98%；按五类分级，坏账下降了 4.4%。

（二）资本形成路径和结构的变化

银行资金流程的变化也影响到资本形成的路径与结构。

中国工业化的资本形成路径在传统体制下和改革后的 20 世纪 80 年代初，主要从财政来，通过财政投资到工业；20 世纪 80 年代中期到 90 年代，银行贷款成为产业投资的最主要来源；到 20 世纪 90 年代后期，随着金融资源配置的重心由工业化转向城市化，尽管财政担保和以短期贷款进行长期投资的行为依然有，但工业化资本形成则更多地表现在以直接投资为主，如自有资金、外资、资本市场等，中长期的工业贷款实际上下降了。

从资本形成的结构看，呈现出两大趋势（见表 2）。

第一，制造业投资占固定资产投资的比重下降，制造业为主的资本形成格局彻底发生了变化。制造业投资占基建和更新改造投资的比重从 1980 年的 50% 下降到 2001 年的 20%；制造业投资占全社会固定资产投资的比重也从 1980 年的 38% 下降到 2001 年的不足 11%。特别是 1998 年启动住房个人消费信贷以来，制造业的比例一直保持在 20% 以内，非常低。

第二，基础设施和房地产投资大幅提高。2001 年，基础设施中的电力、煤气和水的生产和供应、交通运输和邮电通信占基建和更新改造投资中的 42%，占全社会固定资产投资的 23.5%，加上房地产的 17%，全社会固定资产投资的 40.5% 直接转向于城市化建设。

从资本形成结构可以看出，制造业所占比重在下降，而第三产业（主要是服务业）所占比重明显上升。这既与一般的产业结构调整相关，但更主要的是与城市化的推进及与之相关的第三产业的发展有关。由于出现了资本形成结构的变化，仅仅用资本—产出效率讨论是不够的。以最简单的计算，第三产业的增加值—资本比率比工业低得多，现在资本投入结构越来越向第三产业集中，因此产出—资本比例会下降，这可以解释为第三产业增加值低估，且有滞后期。但不论何种原因，持续的产出—资本比例下降和不断增加的投资供给（储蓄上升），将出现长期低资金价格的情况，这对加速城市化和产业升级具有重大意义。但资金过密的倾向，对于工业部门中资金替代劳动则是一个严重挑战。从产业结构转向来看，由制造业转向服务业，是经济发展到一定阶段的必然产物。但是目前阶段，中国还不能只重视服务业发展而忽视制造业，美国因制造业的衰落而反思其"非工业化"（deindustrialization）路线，[①] 对于我们就是很好的警示。因而，现阶段的正确做法是双管齐下，既重视工业化带来非农就业的增加，同时也重视城市服务业的发展对解决非农就业的贡献。

表2　　　　　　　　　全社会固定资产投资比例变化　　　　　　　　　%

年份	房地产开发占总投资的比例	基建和更新改造占总投资的比例	制造业占基建和更新改造投资的比例	电力、煤气及水的生产和供应业占基建和更新改造投资的比例	交通运输仓储和邮电通信业占基建和更新改造投资的比例
1980		0.76	0.50	0.01	0.11
1985		0.60	0.34	0.09	0.14
1990	0.06	0.56	0.36	0.16	0.12
1991	0.06	0.56	0.36	0.15	0.14
1992	0.09	0.55	0.34	0.14	0.15
1993	0.15	0.52	0.32	0.13	0.19
1994	0.15	0.55	0.30	0.14	0.21
1995	0.16	0.53	0.31	0.14	0.21
1996	0.14	0.53	0.29	0.15	0.22
1997	0.13	0.55	0.25	0.16	0.23
1998	0.13	0.58	0.20	0.15	0.29
1999	0.14	0.57	0.18	0.16	0.29
2000	0.15	0.56	0.18	0.16	0.28
2001	0.17	0.56	0.20	0.13	0.29

资料来源：《中国统计年鉴》（2002）。

三　未来增长中的挑战：高价城市化和资本形成效率

大规模的资本配置到城市化上，加速了城市化发展，使城市化成为中国新一轮经济增长的引擎。有学者认为，"能够把中国广大农民整合到大工业化发展进程中来的城市化发展战略才是正确的"……从而旗帜鲜明地指出

---

① Hersh, Adam and Christian Weller, 2003, "Does Manufacturing Matter?", *Challenge*, March-April.

了大城市化发展的道路。① 一些学者指出中国城市化发展滞后，因而发展大城市具有规模效益。② 当然也有学者提出，中国已经出现了隐形的超大城市，城市化水平非常高。③ 更为中性和科学的分析认为，按照国际经验分类，中国城市化水平与经济发展水平相当。工业化和城市化呈现明显的两个阶段：第一阶段，工业化带动城市化；第二阶段，工业化稳定或下降，城市化率的提高完全由经济服务化导致非农就业的比重上升所带动，未来发展的关键仍然是非农就业（见表3）。④

表3　　　　　　　　不同收入国家工业化与城市化关系的变动趋势

不同收入水平国家（地区）		GDP 结构变化（%）			就业结构变化（%）		城市化率变化（%）
		制造业	工业	非农产业	工业 **	非农产业 **	
低收入国家 *	1965 年	10	18	57	8	21	13
	1980 年	16	25	64	10	28	22
	1997 年	17	28	72	13	34	28
下中等收入国家	1965 年	15	25	70	12	35	27
	1980 年	28	41	75	19	59	31
	1997 年	29	41	85	19	68	42
上中等收入国家	1965 年	21	37	82	23	55	49
	1980 年	26	43	90	28	69	42
	1997 年	21	34	92	26	75	74
高收入国家	1965 年	29	40	95	38	86	70
	1980 年	25	37	96	35	93	75
	1997 年	21	31	98	27	95	76

注：* 为中国和印度之外的低收入国家；** 1997 年数据为各国 1990—1997 年最近年份的数据。

资料来源：世界银行：《世界发展报告》相关年份及《1999 年世界发展指标》。当同一年份的指标在不同年份的《世界发展指标》中的统计数据有差别时，经比较后一般使用最近年份的《世界发展指标》的数据。

---

① 华民：《长江边的中国（纲要）》，《参阅文稿》2003 年 2 月 21 日。

② 王小鲁、樊纲主编：《中国经济增长的可持续性——跨世纪的回顾与展望》，经济科学出版社 2002 年版。

③ 邓宇鹏：《中国的隐性超城市化》，《当代财经》1999 年第 1 期。

④ 郭克莎：《工业化与城市化关系的分析》，《中国宏观经济政策选择》，社会科学文献出版社 2003 年版。

从中国经济发展的主题看，在未来发展中一定要抓住城市化发展带来的经济服务化机遇，加大非农就业。非农就业始终是中国发展过程中唯一重要的目标和进步的标志，非农就业不仅包含了工业化就业，更有城市中服务业就业。中国的体制改革并没有完成，投融资体制没有理顺，政府行为中依然存在着强烈的"投资冲动"，这会严重扭曲"资本—劳动"等要素的价格，也会使城市化的推进变得与非农就业目标背道而驰，从而对未来发展形成挑战。这体现在：（1）"过度"城市化的问题，即城市化会导致高成本，损害中国的比较优势，降低就业能力；（2）政府干预下的要素价格扭曲，特别是资金成本低，短期内会对于促进城市化、消费和产业升级具有重大的促进作用，但资金价格的扭曲也会导致产业向资金过密化发展，损害就业；（3）城市居民消费结构升级一方面能带动产业高级化，但也可能高端直接向外需求，而低端反而扩充了中国产业中需要调整的传统产能，再次导致低水平的重复建设。

2003 年第一季度固定资产投资增长最快的是"圈地"的投资，增长高达 3 位数，并出现了地方政府大规模建镇和造市的运动，拉开了未来挑战的序幕。

（一）城市化中的高成本挑战

1. 高价的房地产批发和廉价工业用地

城市化带动的是城市居民的住房购买和政府配套的基础设施投入，土地是城市化最为核心的要素。当前，土地批租成为地方政府"筹资"的本钱。政府通过房地产土地的出让，获得城市化的资金，土地价格居高不下。与之相对的，是廉价工业化用地。一些地方政府仍然一味强调低价工业化，即通过低价征用农地进而扩大手上的资源，更重要的是通过土地征用进行工业用地建设，在到处引资的压力下，工业用地只能廉价化，而廉价工业用地的代价是地方政府进行土地开发补贴，削弱了地方的财政实力。

地方政府强调低价工业化的做法实际上是没有意识到从工业化到城市化这样一个发展规律，特别是忽视了城市化本身就能提供巨大的非农就业。在财政不富裕的情况下，不致力于发展城市服务化功能和城市的就业，而过度开发工业区，这对于很多地区来说都是不合理的。尤其是沿海地区中心城市发展到一定阶段应该重新规划发展的道路，逐步从工业化带动城市化转向服务带动城市化，实现中国加工产业从沿海向内地的转移和沿海城市的服务业发展，实现劳动力在工业化和城市服务业中的双重配置。

2. 城市劳动力福利的"高成本"和运营中的高税收

城市化过程中，城市运营的公共支出不断加大，提高税收是必然的，同时需要附加在劳动力的成本上。在我国，社会保险包括养老保险、医疗保险、工伤保险等。根据国家统计局统计，全国保险福利费用总额相当于工资总额的比重，1984 年（社会保险制度改革前）为 22.7%，1986 年（社会保险制度改革中）为 25.3%，1994 年为 29.4%。按现在基本医疗保障改革和养老保障改革来看，社会福利已经达到了 40% 强（见表 4）。从发展趋势看，企业的社会保险福利负担将进一步加重，而且项目也将越来越多，现在又在准备征收全部企业的失业保险。另外将社会保险纳入税收体系上征收，基数也要逐年提高，福利成本提高是必然的。

表4 　　　　　　　　　　　**中国社会保障费用占工资的比率**　　　　　　　　　　　%

	企业缴纳相当于企业工资总额比例	个人缴纳相当于个人工资总额的比例
医疗保险	10	2% 加上 3 元钱
失业保险	1	0.5
工伤保险	1	
生育保险	1	
养老保险	19	5—8
住房公积金	10	10
总计	42	≈20

资料来源：有关社会保障政策资料，转引自张平《增长与分享：居民收入分配理论和实证》，社会科学文献出版社 2003 年版。

城市运营的税收随着城市化的步伐将不断提高，这也是近年来税收增长快于 GDP 增长的原因之一。中国的名义税率一直是很高的，但由于农村工业化发展时，乡镇政府不需要庞大的税收，税收优惠是普遍现象，实际税率很低。但近 10 年的发展，特别是城市化的发展，使公共支出比重越来越大，不仅税收收入增长快于 GDP，而且准税收的社会福利保障费用正式开征。

企业的税收和福利负担加重将影响工业竞争力，并必然引起中国资源的重新分配，发达省份的工业化将面临再次的转移。尽管发达省份的中心城市通过"廉价工业用地"和"税收返还"等方式，希望继续保住和继续拓展其工业，但实质上，从进一步发展的经验看，效率是很低的。欠发达和次发达地区的政府也为卖土地所动，加大了城市化的发展力度，炒高地价，无形中损耗了其低价的竞争优势，影响了产业的吸收。

城市化贯穿的主线是非农就业，城市以更为集中的土地开发、由服务扩大的就业以及城市功能的发挥将城市化高成本的挑战转化为进一步发展的动力。中国城市化发展由于缺少自我发展格局的调整，过度强调低价工业化竞争，导致区域发展不协调和大量资源损耗。

（二）资本形成来源与渠道的挑战

我们利用央行提供的资金流量表，对资本形成的不同部门来源和渠道进行分析。

从央行公布的资金流量表可以看出（见表5），1997年后融资比重一直在下降，主要是企业的融资热情很低，经济增长乏力。2001年企业融资开始止跌，2002年开始持续回升，投资活跃。资金流程伴随经济流程的调整也有重大变化。从融资主体看，（1）政府融资比重加大，这是积极财政政策进行国债融资的结果；（2）个人融资比重迅速上升。从融资渠道看，直接融资（包括外资）已超过了40%，但由于受到品种和市场容量的限制，加上股指波动的影响，证券市场的融资一直比较弱，使得直接融资，特别是证券市场融资的比例始终在20%左右徘徊，2002年则更低。中国居民储蓄不断高增长，而国内直接融资基本上都比外资弱（在1996—2001年的6个年份中，外资超过直接融资的年份就有4年），这是非常不合理的。

表5　　　　　　　　　　融资主体结构与融资渠道　　　　　　　　　　%

年份	1996	1997	1998	1999	2000	2001
融资主体结构						
企业	90	89	69	77	70	68
政府	10	10	27	16	16	15
住户	0	1	5	7	14	17

续表

年份	1996	1997	1998	1999	2000	2001
融资渠道结构						
间接融资	63	59	66	55	54	63
直接融资	10	15	19	21	22	19
引进外资	27	26	15	24	24	17

资料来源：1996—2001 年的央行资金流量表。

中国的企业投资越来越依赖于直接投资，而间接投资中的中长期投资基本上是投向有抵押品的个人消费和基础设施，再通过现金流进行资本化。中国经过 1/4 世纪的经济高速增长，产能过剩，市场竞争激烈，结构调整、配置优化和技术创新成为这一时期最重要的增长源泉，而这三个源泉又都需要通过证券市场才能更好地发挥作用。对经济中的资源进行跨期配置是金融市场的重要功能。通过资本市场发现机会并优化结构配置，是经济持续增长的重要保证。经过 20 多年的增长，中国经济积累了大量财富，也积累了不少问题（特别是一些结构性问题），现在到了一个优化结构配置的阶段，"投入—投入"的模式必须伴随结构性配置效率的提高，否则会成为"泡沫"。

当前影响中国资本市场融资—配置功能发挥的最大障碍仍然是政府行为，主要表现在两个方面：（1）非流通股。非流通股问题的讨论已经比较多了，类似于"所有制改革"，难度很大，需要采取渐进方式，克服政府以及市场的既得利益，逐步与国际接轨。（2）金融工具不发达。解决这一问题的途径是进行"市场改革"。在资本市场上推行品种和工具创新，即在承认现有市场价格的基础上，开发更多的金融品种，如政府债、企业债。另外加大股市服务的分层建设，开设小型股票市场和柜台交易市场，工具中加入避险的指数工具，等等。扩大机构投资者的进入，使证券市场成为多层次的金融服务体系，并以此带动银行中间业务的发展，从根本上改变银行的服务结构，使之有竞争力。

现有的银行业务完成了第一次转型，从生产型贷款逐步转向个人贷款、基础设施贷款和企业贷款，但过于集中在个人和基础设施贷款可能导致风险集中，于是需要银行业务再次转型，积极开展中间业务，形成新的收入来源，再次降低坏账比例。但这一转型取决于证券市场的发展，特别是在国家逐步淡出积极财政政策的时候，留下来的融资缺口需要新的融资弥补。加大企业的直接融资安排、提高结构效率十分重要，但从当前证券市场的发展状况看实现这一目标会有很大挑战。

从中国居民储蓄增长、金融资产分配和意愿上看，基本的事实是：（1）高速增长的储蓄总量，2003 年第一季度储蓄为 10.86 亿元，每年增长 20%；（2）金融资产分配有极大差异，2001 年收入最高的 20% 的城市居民家庭占金融资产的 66.4%，而最低的 20% 只占 1.3%，富裕家庭对资产选择多样化的要求非常强烈;① （3）居民的金融资产希望获得中长期的保障和收益。在中国产能过剩，大量资金从产业部门析出，同时资金供应多，并逐步开放外国资金渠道的条件下，如果不能更广泛地开拓资金运用渠道，"在限制下供应的金融资产"的价格必然更快增长（这既包括股票价格的上涨也包括房地产价格的上涨)。② 中国还是发展中国家，还需要大量资金搞建设，拓宽资源配置渠道和居民选择渠道才能合理分流现有的银行储蓄。

中国资金受到渠道配给限制，不能按资源—利润最大化的角度去配置，导致了资本—价值创造能力的下降，资金价格不能真实地反映需求，特别是政府过度参与配置资源，扭曲了资源的需求和价格，这是中国经济发展的巨大挑战。

四　保证持续增长的政策选择

城市化的推进以及与之相应的资源配置方式的变化将中国经济带入了新一轮的景气周期，但高价城市化以及资本形成过程中政府过度参与所导致的种种问题（价格扭曲、结构、效率等问题）也给经济的持续增长带来挑战。此外，从增长必须伴随结构调整，而贯穿结构调整的主旨是"非农就业"来看，如何有效地扩大"非农就业"将是未来的更大挑战。为了应对这些挑战（即高价城市化、资本形成及非农就业的挑战，它们之间实际上是相互关联的），保证经济的持续增长，中长期的政策选择应考虑以下几个方面的内容。

---

① 国家统计局：《首次中国城市居民家庭财产调查报告》，2002 年。
② 刘霞辉：《资产价格波动与宏观经济稳定》，《经济研究》2002 年第 4 期。

（一）国土规划和地方政府改革，寻求降低城市化高成本的道路

当前城市化高成本的最直接原因是多层次的政府体制，导致土地、基础设施和福利制度的不规模运营。寻求降低成本的城市化政策已经时不我待，重要的一条就是土地规划和地方政府改革，配合实现的手段就是集中、撤并乡镇，进而消减乡镇一级地方政府，形成中央、省和市三级。这不但对于城市化有利，对地方、农村的财政改革也都具有战略意义。

地方政府改革，特别是县以下地方政府的全面改革将是城市化进程中的重要一步。传统体制下设立的公社，和后来形成的乡镇一级政府，主要是与统购统销联系在一起的，现在职能基本上已经消失，随着市场经济和城市化步伐的加快，乡镇政府的历史功能应该结束，这样有利于节约土地和创造有规模经济的城市；另一方面也能解决好农民负担问题、基层人满为患和财政破产问题。事实上，不撤销乡镇一级政府，农民问题、土地较大范围规划问题和基层财政破产问题是难于解决的。中国正面临着城市化发展的高潮期，解决好与城市化相适应的政府体制是十分重要的。

（二）大力发展第三产业，扩大非农就业

中国现代化的过程就是农村人口向城市不断转移的过程。这一过程如果伴随着非农就业就是良性的，否则会出现"人口漂移"，即人口从农村漂移到城市，形成城市中的农村和"贫民窟"。非农就业不仅要依靠工业化的发展，更要依靠城市化进程中服务业的发展。国际经验表明，城市发展的规律是独立于工业发展的，城市发展的道路是服务，只有通过深化服务才能提高城市的整体竞争力，否则随着地价上升，企业的营运成本上升，产业转移是必然的。中国当前很多发达的中心城市仍然拼命地通过补贴发展"工业园区"，对提升服务业品质投入不足，这是需要扭转的问题。

国家这几年放松了对第三产业的管制，大量非公企业的投资热潮，极大促进了服务业的发展，这是非常正确的。服务业向高附加值的深化发展与人力资本的提高是密不可分的，教育是服务业深化发展的关键。城市发展应加大城市发展规律的探索，而不应重复"同构的工业化"。

（三）完善金融体系，通过间接杠杆调整货币政策

配合中国工业化与城市化进程，金融体系需要进一步改革和发展，因为正如前述分析，金融体系是提高资本形成规模和效率的关键元素。

金融体系的完善包括三个方面。一是发展资本市场，将其居于企业和地方政府投融资的最主要渠道，这包括股权和债券融资以及资金配置。在证券市场中，债券市场是发展的重要部分，特别是企业和地方政府债券是发展的核心。二是体制改革，推进四大国有商业银行的所有权多元化的改革，将坏账逐步剥离后上市，改变银行体制，同时加大利率市场化的改革；而股票市场的问题是"国有股"的体制改革，增量改革是比较可取的方法。三是建立多层次金融服务体系，不仅仅是银行体制，证券市场也应该建立起多层次的服务体系。只有金融体制的改革和结构的调整才能提高资本形成的效率，资金的价格才能合理地反映出其稀缺程度，否则要素价格的扭曲，会导致资源的误配置（misallocation）。

在货币操作上注意运用间接手段，目前运用间接杠杆的条件基本成熟。1998 年后中长期贷款均开始抵押，如个人抵押贷款、房地产开发的抵押贷款和基础设施的收费权抵押贷款，这是中国金融体制改革非常成功的方面，形成了贷款抵押比例调节的手段，其调整是非常迅速和有效的。另一个就是利率市场化的改革和公开市场操作的改革。通过这些市场方式调控货币政策，对经济的影响将比较平稳。

（四）实行税制改革，促进资本形成与产业升级

出口退税制一直是中国刺激出口、扩大外需的一个成功手段。不过，出口退税也带来一定的财政负担。今年出口退税的欠款已达到 2500 亿元左右，负担过重。去年以来美元贬值，提高了中国的出口竞争力，现在应该是逐步减少出口退税的好时机。

另一方面，随着经济增长进入以城市化为引擎的景气周期，以消费带动的产业升级具有了机会，特别是机械装备工业的升级。从现阶段发展看，重振中国内需，特别是装备工业产业升级，需要税收上的激励；另外，现阶段出口主要是制成品的出口，加工工业的升级也需要增值税的改革。

因此，刺激经济的财政政策应逐步从"出口退税"激励，转向"生产型增值税改为消费型增值税"的减税方案。当前的生产型增值税，投资品

不能抵税，而采用消费型增值税，就只对增值部分征税，所有购进价值（包括投资品）都可以抵税。这种由生产型增值税向消费型增值税的转化，将直接刺激国内企业的更新改造，扩大投资，从而促进资本形成，带动工业产业的全面发展。[①] 从财政改革看，由于所得税的不断提高，创造了流转税的改革时机。从生产型增值税转到消费型增值税，尽管国家每年会减少税收500 亿—600 亿元，但这是可以接受的。因为从长远看，这样的税制改革，可以促进资本形成与产业结构升级，从而为结构变革与长期增长提供了可能。

当前中国经济增长处在一个增长周期中，城市化和工业化是其发展的两大引擎，资金流程的变化是有利于增长的，政府、金融体系和财税体制的进一步改革，必将继续推动中国经济的增长。

（本文发表于《经济研究》2003 年第 8 期，获第十一届孙冶方奖）

[①] 中国社会科学院经济所宏观课题组：《寻求更有效的财政政策》，《经济研究》2000 年 3 期。

中国省际物质资本存量估算：
1952—2000

张　军　吴桂英　张吉鹏

一　引　言

正如许多利用总量数据计算经济增长率或全要素生产率的研究已经指出的，计算经济增长率或全要素生产率的关键是对产出与投入数据的科学计量，特别是资本数据的计量尤其重要。而对于那些直接考察投资相关问题的研究来说，资本数据更是不可或缺。已经有一些研究试图对中国的总量资本存量进行估算，在这方面比较有代表性的研究按时间顺序依次包括张军扩[1]、贺菊煌[2]、Chow[3]、谢千里等[4]、任若恩和刘晓生[5]、Hu 和 Khan[6]、王小鲁和樊纲[7]、

---

[1]　张军扩：《"七五"期间经济效益的综合分析——各要素对经济增长贡献率的测算》，《经济研究》1991 年第 4 期。

[2]　贺菊煌：《我国资产的估算》，《数量经济与技术经济研究》1992 年第 8 期。

[3]　Chow G. C., 1993, "Capital Formation and Economic Growth in China", *Quarterly Journal of Economics*, Vol. 114, pp. 243 – 266.

[4]　Jefferson, G., J. Rawski, and Y. Zheng, 1996, "Chinese Industrial Productivity: Trends, Measurement and Recent Development", *Journal of Comparative Economics*, Vol. 23, pp. 146 – 180.

[5]　任若恩、刘晓生：《关于中国资本存量估计的一些问题》，《数量经济技术研究》1997 年第 1 期。

[6]　Hu, Zuliu and Mohsin S. Khan, 1997, "Why is China Growing So Fast?", IMF Staff Papers, The International Monetary Fund, Washington, DC.

[7]　王小鲁、樊纲：《中国经济增长的可持续性——跨世纪的回顾与展望》，经济科学出版社 2000 年版。

Young[1]、Wang 和 Yao[2]、张军[3]、黄勇峰等[4]、宋海岩等[5]、李治国和唐国兴[6]、何枫等[7]、张军和章元[8]、张军等[9]、龚六堂和谢丹阳[10]。

中国国内生产总值核算历史上，发生过两次历史数据的重大补充和一次历史数据的重大调整。第一次是对改革开放后的 1978—1984 年数据的补充，这项工作是在 1986—1988 年进行的；第二次是对改革开放以前的 1952—1977 年数据的补充，这项工作是在 1988—1997 年进行的。而第一次重大调整是在中国进行首次第三产业普查后的 1994 年和 1995 年进行的。这两次补充数据和一次调整数据的详细资料主要发表在国家统计局经济核算司出版的《中国国内生产总值核算历史资料（1952—1995）》一书上。[11] 由于这本年鉴以及 1999 年中国统计出版社出版的《新中国五十年统计资料汇编》都包含了分省数据，并首次公布了一些重要的经济指标，所以为估计省际资本存量提供了客观条件。[12] 我们希望本文是对已有中国资本存量估算研究的补充和延续，并为今后相关研究提供比较全面和准确的数据支持。

---

① Young, Alwyn, 2000, "Gold into Base Metals: Productivity Growth in the People's Republic of China during the Reform Period", NBRE working paper 7856.

② Wang, Yan and Yudong Yao, 2001, "Sources of China's Economic Growth, 1952–99: Incorporating Human Capital Accumulation", World Bank working paper.

③ 张军：《解释中国经济增长下降的长期因素》，《经济学》（季刊）2002 年第 2 期。

④ 黄勇峰、任若恩、刘晓生：《中国制造业资本存量永续盘存法估计》，《经济学》（季刊）2002 年第 2 期。

⑤ 宋海岩、刘淄楠、蒋萍：《改革时期中国总投资决定因素的分析》，《世界经济文汇》2003 年第 1 期。

⑥ 李治国、唐国兴：《资本形成路径与资本存量调整模型——基于中国转型时期的分析》，《经济研究》2003 年第 2 期。

⑦ 何枫、陈荣、何林：《我国资本存量的估算及其相关分析》，《经济学家》2003 年第 5 期。

⑧ 张军、章元：《再论中国资本存量的估计方法》，《经济研究》2003 年第 7 期。

⑨ 张军、施少华、陈诗一：《中国的工业改革与效率变化》，《经济学》（季刊）2003 年第1 期。

⑩ 从龚六堂和谢丹阳使用的数据和指标说明来看，其资本数据可能直接来源于北京大学中国经济研究中心"林毅夫发展论坛"提供的《1952—1999 中国经济增长数据》。所以本文对龚六堂和谢丹阳中资本数据的评论也适用于《1952—1999 中国经济增长数据》。参见龚六堂、谢丹阳《我国省份之间的要素流动和边际生产率的差异分析》，《经济研究》2004 年第 1 期。

⑪ 国家统计局国民经济核算司：《中国国内生产总值核算历史资料：1952—1995》，东北财经大学出版社 1997 年版；许宪春：《中国国内生产总值核算》，《经济学》（季刊）2002 年第 1 期。

⑫ 国外的研究者在进行同类研究时，最重要的数据来自于 Hsueh 等的研究成果，参见 Hsueh Tien-tung, Qiang Li and Shucheng Liu, eds, 1993, *China's Provincial Statistics*: 1949—1989, Boulder: Westview Press; Hsueh Tien-tung, Qiang Li, eds, 1999, *China's National Income*: 1952—1995, Boulder: Westview Press. 前者包括 1949—1989 年中国的分省统计数据，后者包括 1952—1995 年的相应数据。虽然我们对这两本年鉴的确切内容不得而知，但是从已有研究中采用的数据来看，可以判断，这两本年鉴很有可能正是包含了两次补充和一次调整数据的详细资料，从而采用《中国国内生产总值核算历史资料（1952—1995）》和《新中国五十年统计资料汇编》所进行的研究与采用 Hsueh 等进行的相关研究应该具有可比性和相互参考的价值。

目前已被普遍采用的测算资本存量的方法是戈登史密斯（Goldsmith）在 1951 年开创的永续盘存法。由于中国没有过大规模的资产普查，所以我们在本文中所采用的方法是在估计一个基准年后运用永续盘存法按不变价格计算各省区市的资本存量。这一方法可以写作：

$$K_{it} = K_{it-1}\ (1-\delta_{it})\ + I_{it} \tag{1}$$

其中 i 指第 i 个省区市，t 指第 t 年。式（1）一共涉及四个变量，a. 当年投资 I 的选取；b. 投资品价格指数的构造，以折算到不变价格；c. 经济折旧率 δ 的确定；d. 基年资本存量 K 的确定。对于部分数据缺失的省份，还必须考虑第五个问题：e. 数据缺失的处理。

本文其余部分将分别对以上五个问题进行讨论。然后，汇报我们所测算的 1952—2000 年各年末的中国大陆 30 个省区市的物质资本存量。最后对估算数据进行比较和检验。

二　当年投资 I 的选取

已有研究对当年投资的选取主要分为三种，第一种是采用所谓"积累"（accumulation）的概念及其相应的统计口径。如早期的研究张军扩[1]、Chow[2]、贺菊煌[3]，沿用贺菊煌方法的张军[4]以及张军和章元[5]。第二种是采用全社会固定资本投资（total social fixed asset investment）。[6] 第三种是大部分近期研究采用的资本形成总额（gross capital formation）或固定资本形成总额（gross fixed capital formation）。

积累是在物质产品平衡体系（MPS）下核算国民收入时度量投资的指标。但是从 1993 年起，新的联合国国民经济核算体系（SNA）体系不再公布积累数据，也没有相应的价格指数，所以我们无法沿用此法。

---

① 张军扩：《"七五"期间经济效益的综合分析——各要素对经济增长贡献率的测算》，《经济研究》1991 年第 4 期。

② Chow G. C. , 1993, "Capital Formation and Economic Growth in China", *Quarterly Journal of Economics*, Vol. 114, pp. 243 – 266.

③ 贺菊煌：《我国资产的估算》，《数量经济与技术经济研究》1992 年第 8 期。

④ 张军：《解释中国经济增长下降的长期因素》，《经济学》（季刊）2002 年第 2 期。

⑤ 张军、章元：《再论中国资本存量的估计方法》，《经济研究》2003 年第 7 期。

⑥ 王小鲁、樊纲：《中国经济增长的可持续性——跨世纪的回顾与展望》，经济科学出版社 2000 年版。

　　根据在中国国内生产总值核算历史上有过两次历史数据的重大补充和一次重大调整，"固定资本形成净额"是与"固定资产积累"等价的概念，而1993 年以后统计年鉴上公布的"固定资本形成总额"可以被视作未扣除折旧的投资指标。全社会固定资产投资额存在的主要问题是与 SNA 的统计体系不相容，是中国投资统计特有的指标。因此，我们在本文中采用的当年投资指标是固定资本形成总额，并且认为它是衡量当年投资 I 的合理指标。

三　投资品价格指数的构造

　　正如张军等指出的，《中国统计年鉴》在 1993 年才开始每年公布这一指数，而且只有 1991 年之后的时间序列数据。[①] 虽然有省际细分数据，但此前的数据在《中国统计年鉴》上不可得，其他可能的相关年鉴，如《中国物价年鉴》《中国固定资产投资年鉴》也都没有这一信息。这也正是导致很多早期研究纷纷构造一些相应的指数来平减投资的原因。总的来说，对于1952—1977 年，大部分研究都借用 Chow[②] 估计的积累隐含平减指数（the implicit deflator for accumulation），或者并不考虑这一时期的价格变动因素。在 1978 年之后，Hu 和 Khan[③] 以及宋海岩等[④]用全国建筑材料价格指数来代替；谢千里等采用建筑安装平减指数和设备安装购置平减指数的加权平均来计算；[⑤] Young 构造了一个隐含的固定资本形成指数，把它作为 GDP 平减指数和其他构成 GDP 各部分的平减指数的一个残差；[⑥] 黄勇峰等直接利用零售物价指数替代；[⑦] 李治国和唐国兴用《上海统计年鉴》中可以得到的上海市

---

　　① 张军、施少华、陈诗一：《中国的工业改革与效率变化——方法、数据、文献和现有的结果》，《经济学》（季刊）2003 年第 1 期。

　　② Chow G. C. , 1993, "Capital Formation and Economic Growth in China", *Quarterly Journal of Economics*, Vol. 114, pp. 243 – 266.

　　③ Hu, Zuliu and Mohsin S. Khan, 1997, "Why is China Growing So Fast?" IMF Staff Papers, The International Monetary Fund, Washington, DC.

　　④ 宋海岩、刘淄楠、蒋萍：《改革时期中国总投资决定因素的分析》，《世界经济文汇》2003 年第 1 期。

　　⑤ Jefferson, G. , J. Rawski, and Y. Zheng, 1996, "Chinese Industrial Productivity: Trends, Measurement and Recent Development", *Journal of Comparative Economics*, Vol. 23, pp. 146 – 180.

　　⑥ Young, Alwyn, 2000, "Gold into Base Metals: Productivity Growth in the People's Republic of China during the Reform Period", NBRE working paper 7856.

　　⑦ 黄勇峰、任若恩、刘晓生：《中国制造业资本存量永续盘存法估计》，《经济学》（季刊）2002 年第 2 期。

固定资本形成总额及其指数计算出上海市的固定资产投资价格指数，然后用它回归出全国的固定资产投资价格指数；[1] 张军和章元则直接采用上海市的这一指数作为全国的相应指数。[2]

必须承认，在直接的统计数据不可得的情况下，这些早期的研究通过某些符合经济学原理的假设构造的相应指数都具有一定的合理性。不过随着两次历史数据的重大补充和一次历史数据的重大调整，中国的统计体系正在不断完善，《中国国内生产总值核算历史资料（1952—1995）》以及 Hsueh 等[3]都提供了 1952—1995 年全国和各个省历年的固定资本形成总额及其指数。何枫等[4]、龚六堂和谢丹阳[5]以及 Wang 和 Yao[6] 就是分别根据这两本年鉴中的这一信息计算了 1952—1995 年的固定资产投资价格指数。但是，这些文献对于利用固定资本形成总额及其指数计算固定资产投资价格指数的合理性和具体计算方法没有给予说明，而《中国国内生产总值核算历史资料（1952—1995）》一书中也没有对固定资本形成总额及其指数之间的关系给予说明。

事实上，我们可以假设《中国国内生产总值核算历史资料（1952—1995）》提供的以不变价格衡量的固定资本形成总额指数的计算方法如下，以 1985 年的固定资本形成指数为例：

1985 年的固定资本形成总额指数（1952 = 1）=

$$\frac{1985\ 年的固定资本形成总额（当年价格）/1985\ 年的投资隐含平减指数（1952\ 年 = 1）}{1952\ 年的固定资本形成总额（当年价格）}$$

$$(2)$$

1985 年的固定资本形成总额指数（上一年 = 1）=

$$\frac{1985\ 年的固定资本形成总额（当年价格）/1985\ 年的投资隐含平减指数（上一年 = 1）}{1984\ 年的固定资本形成总额（当年价格）}$$

$$(3)$$

---

① 李治国、唐国兴：《资本形成路径与资本存量调整模型——基于中国转型时期的分析》，《经济研究》2003 年第 2 期。

② 张军、章元：《再论中国资本存量的估计方法》，《经济研究》2003 年第 7 期。

③ Hsueh Tien-tung, Qiang Li, eds, 1999, *China's National Income*：1952—1995, Boulder：Westview Press.

④ 何枫、陈荣、何林：《我国资本存量的估算及其相关分析》，《经济学家》2003 年第 5 期。

⑤ 龚六堂、谢丹阳：《我国省份之间的要素流动和边际生产率的差异分析》，《经济研究》2004 年第 1 期。

⑥ Wang, Yan and Yudong Yao, 2001, "Sources of China's Economic Growth, 1952 – 99：Incorporating Human Capital Accumulation", World Bank working paper.

固定资产投资价格指数

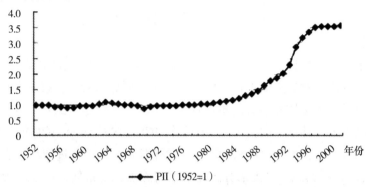

图1　中国的固定资产投资价格指数（1952 = 1）

　　那么利用该书中提供的各年固定资本形成总额（当年价格），以1952年为1和以上一年为1的固定资本形成总额指数这三列数据，我们就可以计算出各省各年的以1952年为1和以上一年为1的投资隐含平减指数（the implicit investment deflator）。[①] 我们把用该方法计算出来的各省1991—1995年的这一指数与《中国统计年鉴》上公布的这一时期的各省固定资本投资价格指数对比，发现它们基本一致。所以我们认为，用式（2）或式（3）计算而得到各省投资隐含平减指数可以视作各省的固定资本投资价格指数的代替，对于1995年以后的数据则直接采用《中国统计年鉴》公布的固定资产投资价格指数，然后用这一指数序列平减各年投资，将其折算成以基年不变价格表示的实际值。

　　通过计算我们有两个主要发现：第一，大部分省份的固定资产投资价格指数仅在1978年后才出现明显的变动，所以我们认为，部分估计全国固定资本存量的早期研究忽略1952—1977年投资品价格变动因素是可以接受的假设。图1给出了用式（2）计算的全国固定资产投资价格指数。

　　第二，不同省份固定资产投资价格上涨的幅度和趋势有较大差异，特别突出的是：三大直辖市尤其是北京的价格上涨幅度在改革前后都比较小；辽宁、云南等省份在改革前后的价格上涨幅度都很大。这种差异也表明，在估算各个省份的资本存量时，采用各自不同的价格指数而非统一的价格指数是必要的。

　　───────────

　　① 对式（2）和式（3）进行的数学推导限于篇幅略去，需要者可以与作者联系。

四　经济折旧率 δ 的确定

由于国家统计部门在 1994 年之前一直没有公布各省的固定资产折旧序列，已有研究对折旧的进行了处理，方法主要分为两类：第一类是利用国民收入关系式间接核算各省的折旧序列，如 Chow 使用公式："折旧额 = GDP － 国民收入 + 补贴 － 间接税"，来计算 1978—1993 年全国的折旧额，[①] 李治国和唐国兴在计算 1994 年之后的全国折旧额时，是通过加总各省的折旧额而进行的；[②] 第二类是大部分研究采用的方法，就是估计一个合理的折旧率（depreciation rate），对历年资本存量进行扣减。

但是在折旧率的选择上，各个研究有较大的出入。Perkins[③]、胡永泰[④]、王小鲁和樊纲[⑤]以及 Wang 和 Yao[⑥]均假定折旧率为 5%；Young[⑦]则假定 6% 的折旧率，这也是 Hall 和 Jones[⑧]研究 127 个国家资本存量时采用的通用折旧率；龚六堂和谢丹阳对全国各省都假定了 10% 的折旧率。[⑨] 宋海岩等则假定各省每年的折旧率为全国折旧率加上各省该年的经济增长率，其理由是各省资本实际使用情况不同，那些经济增长较快的省必然会比增长较慢的省更快地使用资本，从而更

---

① Chow G. C. , 1993 , "Capital Formation and Economic Growth in China", *Quarterly Journal of Economics*, Vol. 114 , pp. 243 – 266.

② 李治国、唐国兴：《资本形成路径与资本存量调整模型——基于中国转型时期的分析》，《经济研究》2003 年第 2 期。

③ Perkins, D. H. , 1998 , "Reforming China's Economic System", *Journal of Economic Literature*, Vol. 26 , No. 2 , pp. 601 – 645.

④ 胡永泰：《中国全要素生产率：来自农业部门劳动力再配置的首要作用》，《经济研究》1998 年第 3 期。

⑤ 王小鲁、樊纲：《中国经济增长的可持续性——跨世纪的回顾与展望》，经济科学出版社2000 年版。

⑥ Wang, Yan and Yudong Yao, 2001 , "Sources of China's Economic Growth, 1952 – 99 : Incorporating Human Capital Accumulation", World Bank working paper.

⑦ Young, Alwyn, 2000 , "Gold into Base Metals: Productivity Growth in the People's Republic of China during the Reform Period", NBER working paper 7856.

⑧ Hall, R. E. , and C. I. Jones, 1999 , "Why do Some Countries Produce So Much More Output Per Worker Than Others", *Quarterly Journal of Economics*, Vol. 114 , No. 1 , pp. 83 – 116.

⑨ 龚六堂、谢丹阳：《我国省份之间的要素流动和边际生产率的差异分析》，《经济研究》2004 年第 1 期。

多的折旧。① 黄勇峰等对在一项中国制造业资本存量的研究中，估算出设备的经济折旧率为17%，建筑为8%。②

从理论上说，第一，利用在永续盘存法估算资本存量时，式（1）中出现的 δ 应该是重置率（replacement rate）而非折旧率。因为，重置是指生产能力的维持或恢复，只有在资本品的相对效率是按照几何方式递减的时候，折旧率和重置率才会是相等的。③ 而已有研究虽然普遍采用本文中的式（1）作为永续盘存法的基本公式，但是除了任若恩和刘晓生④以及黄勇峰等⑤之外，绝大部分研究并没有对重置率和折旧率加以区分。

第二，永续盘存法考虑资本品效率下降主要有三种方式："单驾马车"法（one-hoss-shay）、直线型法和余额递减折旧法，分别代表资本品效率在服役期的最后一期完全下降、在各期直线下降和几何下降。⑥

为了与永续盘存法的内在含义相一致，在资本品的相对效率按照几何方式递减的假定下，我们在本文中相应地采用代表几何效率递减的余额折旧法：

$$d_\tau = (1-\delta)^\tau, \ \tau = 0, \ 1, \ \cdots \tag{4}$$

其中 d_τ 代表资本品的相对效率，即旧资本品相对于新资本品的边际生产效率；δ 代表重置率或者折旧率，因为它们在此时是相等的；τ 代表时期。在相对效率几何递减模式下，重置率在各年的分布是不变的。

参考黄勇峰等⑦的研究，我们也采用我国法定残值率代替资本品的相对效率 d_τ，其值为3%—5%，我们在本文中采用中间值4%，它表示资本品在

---

① 宋海岩、刘淄楠、蒋萍：《改革时期中国总投资决定因素的分析》，《世界经济文汇》2003年第1期。

② 黄勇峰、任若恩、刘晓生：《中国制造业资本存量永续盘存法估计》，《经济学》（季刊）2002年第2期。

③ 见乔根森、任若恩和刘晓生对此的详细讨论以及黄勇峰等给出的证明。参见乔根森《生产率（第一卷：战后美国经济增长）》，中国发展出版社2001年版；任若恩、刘晓生《关于中国资本存量估计的一些问题》，《数量经济与技术经济研究》1997年第1期；黄勇峰、任若恩、刘晓生《中国制造业资本存量永续盘存法估计》，《经济学》（季刊）2002年第2期。

④ 任若恩、刘晓生：《关于中国资本存量估计的一些问题》，《数量经济与技术经济研究》1997年第1期。

⑤ 黄勇峰、任若恩、刘晓生：《中国制造业资本存量永续盘存法估计》，《经济学》（季刊）2002年第2期。

⑥ 乔根森：《生产率（第一卷：战后美国经济增长）》，中国发展出版社2001年版。

⑦ 黄勇峰、任若恩、刘晓生：《中国制造业资本存量永续盘存法估计》，《经济学》（季刊）2002年第2期。

寿命终了时，相对效率为新资本品的 4%。就固定资本的使用寿命而言，由于全社会固定资产投资可以分为建筑安装工程、设备工器具购置和其他费用三个部分，而这三类资产存在明显的寿命差异，所以我们分别就它们各自的寿命期计算折旧率然后加权平均。

对于使用寿命，黄勇峰等参考比较了各类方法，最后估计中国制造业的建筑和设备的寿命期分别是 40 年和 16 年。[①] 考虑到我们在本文中试图估计的是各个省全部的资本品，并且制造业中的资本品通常折旧最快，所以我们假定各省全部建筑和设备的平均寿命期分别是 45 年和 20 年，其他类型的投资假定为 25 年，从而三者的折旧率分别是 6.9%、14.9% 和 12.1%。关于三类资本品在总固定资产中的比重，我们计算了 1952—2000 年各年三类资本品比重的几何平均数和算术平均数，发现两个平均数值非常接近，说明这一比例本身比较稳定，它们分别是：建筑安装工程 63%，设备工器具购置 29%，其他费用 8%。基于这个权重，在相对效率呈几何递减的模式下，我们计算得到了各省固定资本形成总额的经济折旧率 δ 是 9.6%。[②]

五 对基年物质资本存量 K 的确定

已有研究对基年的选择一般分为 1952 年或 1978 年两类。由于在永续盘存法的意义下，如果基年的选择越早，那么基年资本存量估计的误差对后续年份的影响就会越小，所以考虑到数据的可得性及与同类研究的可比性，我们在本文中采用的基年是 1952 年。

这些研究对基年的资本存量估算方法也各不相同：张军扩[③]以及何枫等[④]接受帕金斯对中国 1953 年资本产出比为 3 的假设，利用 1953 年中国的

① 黄勇峰、任若恩、刘晓生：《中国制造业资本存量永续盘存法估计》，《经济学》（季刊）2002 年第 2 期。

② 我们的这一做法确实忽略了各省因为三类资产比重不同而总体折旧率不同的可能性。但是《中国统计年鉴》仅在最近几年才公布各省固定资产投资按建筑安装工程、设备工器具购置和其他费用细分的数据，所以我们无法获得各省这三类资产比重的稳定数值，从而只能用全国的数值作为近似。

③ 张军扩：《"七五"期间经济效益的综合分析——各要素对经济增长贡献率的测算》，《经济研究》1991 年第 4 期。

④ 何枫、陈荣、何林：《我国资本存量的估算及其相关分析》，《经济学家》2003 年第 5 期。

国民收入倒推 *1952* 年的资本存量为 *2000* 亿元左右（1952 年价格）。Chow[①]
利用一些私人可得的数据推算了 1952 年中国非农业部门的资本存量为
582.67 亿元，并估计农业资本存量为 450 亿元，土地的价值为 720 亿元，
从而合计的资本存量为 1750 亿元（1952 年价格），如果除以中国 1952 年的
GDP 679 亿元，那么邹估计的资本产出比为 2.58；许多后续研究都采用了
邹的这一数值，如 Wang 和 Yao[②]、李治国和唐国兴[③]。贺菊煌则假设生产性
资本在 1964—1971 年的平均增长率等于它在 1971—1978 年的平均增长率用
迭代法推导 1964 年我国的资本存量，再假定非生产性资本是生产性资本的
一个比例，计算出 1952 年的资本存量为 946 亿元（1990 年价格），用图 1
中的固定资产投资价格指数换算成 1952 年不变价约为 508 亿元。[④] Hu 和
Khan[⑤] 以及宋海岩等[⑥]估计中国 1958 年的资本存量为 2352 亿元（1978 年价
格）。利用全国固定资本形成总额指数和固定资产投资价格指数，可以推
知，他们估计的 1952 年资本存量为 509 亿元（1952 年价格），然后假定初
始年份各省的资本存量相同。

在许多国际研究中估计初始资本存量时还有另一种通用的方法，如 Hall
和 Jones[⑦] 在估计各国 1960 年的资本存量时，就是采用 1960 年的投资比上
1960—1970 年各国投资增长的几何平均数加上折旧率后的比值。Young[⑧] 用
类似的方法估计 1952 年中国固定资本存量约为 815 亿元（1952 年价格），
这与张军和章元[⑨]利用上海市数据和工业企业数据推算的全国资本存量 800

① Chow G. C., 1993, "Capital Formation and Economic Growth in China", *Quarterly Journal of Economics*, Vol. 114, pp. 243 – 266.

② Wang, Yan and Yudong Yao, 2001, "Sources of China's Economic Growth, 1952 – 99: Incorporating Human Capital Accumulation", World Bank working paper.

③ 李治国、唐国兴：《资本形成路径与资本存量调整模型——基于中国转型时期的分析》，《经济研究》2003 年第 2 期。

④ 贺菊煌：《我国资产的估算》，《数量经济与技术经济研究》1992 年第 8 期。

⑤ Hu, Zuliu and Mohsin S. Khan, 1997, "Why is China Growing So Fast?" IMF Staff Papers, The International Monetary Fund, Washington, DC.

⑥ 宋海岩、刘淄楠、蒋萍：《改革时期中国总投资决定因素的分析》，《世界经济文汇》2003 年第 1 期。

⑦ Hall, R. E., and C. I. Jones, 1999, "Why do Some Countries Produce So Much More Output Per Worker Than Others", *Quarterly Journal of Economics*, Vol. 114, No. 1, pp. 83 – 116.

⑧ Young, Alwyn, 2000, "Gold into Base Metals: Productivity Growth in the People's Republic of China during the Reform Period", NBRE working paper 7856.

⑨ 张军、章元：《再论中国资本存量的估计方法》，《经济研究》2003 年第 7 期。

亿元（1952 年价格）较为接近。由于中国 1952 年的固定资本形成总额为 80.7 亿元，可以推测杨格采用了 10% 的比例作为分母，去除初始年份的投资数据。

考虑到我们的这项研究需要估计的是各个省区市的初始资本存量，而已有研究又缺乏一个相对统一的估计值，以及将这一值分配到各个省的合理方法，我们在本文中采用的估计方法和杨格相同，即用各省区市 1952 年的固定资本形成除以 10% 作为该省区市的初始资本存量。[①]

六 缺失数据的处理

虽然《中国国内生产总值核算历史资料（1952—1995）》一书公布了 1952—1995 年历年的分省数据，《新中国五十年统计资料汇编》则提供了 1952—1998 年各省的经济数据，此后的《中国统计年鉴》也提供了 1998 年以后的相应数据，但是有些省份的历史数据在各类统计资料中都是缺失的。

第一，《中国国内生产总值核算历史资料（1952—1995）》仅提供 1989 年以后天津市的固定资本形成总额指数，从而无法计算天津市 1952—1988 年的固定资产投资价格指数（以下简称 IPI）。龚六堂和谢丹阳主要依据天津市区的商品零售价格指数（以下简称 RPI）估计其 IPI，但未说明具体方法。[②] 我们用 1989—2000 年北京市的 IPI，河北省的 IPI 和天津市的 RPI 分别对这些年份天津市的 IPI 进行 OLS 回归，发现天津市的 RPI 的拟合度最高（Ajusted – R_2 = 99.88%，不包含截距项）。所以在 1952—1988 年，我们采用天津市的 RPI 代替天津市的 IPI，其中 1978 年以前采用的是 0.985 × RPI，理由是这一时期政府对资本产品的价格控制可能比零售商品更为严格，1979—1988 年直接采用 RPI 的数值。我们的估计结果显示，天津市的 IPI 变动趋势与同样作为直辖市的上海比较相似，与同样在华北地区的其他省份的趋势也很接近。

---

① Young 甚至认为，如果我们重点关注的是 1978 年以后的各省资本存量，而基年是 1952 年，那么 26 年的时间跨度使得初始年份的资本存量的数据都显得不太重要了，任何一种假设的方法都是可取的。参见 Young, Alwyn, 2000, "Gold into Base Metals: Productivity Growth in the People's Republic of China during the Reform Period", NBRE working paper 7856。

② 龚六堂、谢丹阳：《我国省份之间的要素流动和边际生产率的差异分析》，《经济研究》2004 年第 1 期。

第二，江西缺乏所有 1952—1978 年的固定资本形成数据，但并不缺少指数。广东缺少 1952—1977 年的投资数据及其指数，《中国统计年鉴》也未能提供 1996—2000 年广东的 IPI。龚六堂和谢丹阳的做法是"按照积累占国民收入的比例，乘以 1.3，即资本形成占 GDP 支出的比重高于前者的程度，再乘以江西每年的 GDP，以得到资本形成的估计值。假定固定资产投资占固定资本形成的比例一定，则 1978—1980 年的比例为 0.86，以此值乘以 1952—1977 年的资本形成估计值，得到固定资产投资的估计值。广东按照江西的做法估算投资数据，且按照商品零售价格指数进行平减"①。我们认为这一做法具有一定的合理性，但是考虑到资本形成占 GDP 支出的比重和固定资产投资占固定资本形成的比例在不同年份可能会有较大变动，所以我们采用的估计方法是，用江西 1979—2000 年和广东 1978—2000 年各自的基本建设投资对其固定资本形成总额做不包含截距项的 OLS 回归，拟合度分别为 99.44% 和 99.03%。然后利用回归得到的系数和 1952—1977 年两省各自的基本建设投资数值估算这些年份它们各自的固定资本形成总额。这样做的理由是，基本建设投资是企业、事业、行政单位以扩大生产能力或工程效益为主要目的的新建、扩建工程及有关活动（《中国统计年鉴》），它是构成全社会固定资产投资的主要部分。我们认为固定资本形成总额和基本建设投资之间的关系更多体现的是物理因素而非经济因素，从而尽量避免了不同时期经济结构的变动对估计带来的影响。对于 1952—1977 年广东的 IPI，我们直接采用广东自己的 RPI 代替，1996—2000 年的 IPI 用地理和经济水平都较为接近的福建的 IPI 代替。

第三，海南缺少 1952—1977 年的固定资本形成总额数据和 1952—1992 年的指数，西藏则缺少 1952—1990 年的固定资本形成总额和除 1991—1995 年以外的其他年份的指数。所以大部分研究在估算资本存量时都会忽略这两个省。不过在本文中，我们仍试图进行估算。具体的做法是，对于海南的固定资本形成总额，用 1952—1977 年的基本建设投资直接代替，理由是基本建设投资是海南省各个投资数据中最长的一列，而且直到 20 世纪 80 年代中期，它和固定资本形成总额在数值上非常接近。对于海南的固定资本投资价格指数，由于各类价格指数在 1952—1977 年均不可得，所以这些年份直接

---

① 龚六堂、谢丹阳：《我国省份之间的要素流动和边际生产率的差异分析》，《经济研究》2004 年第 1 期。

采用 1，1978—2000 年直接采用海南的 RPI 代替，这样得到的价格上涨趋势和全国的趋势接近。对于西藏的固定资本形成总额，1978—1991 年直接采用西藏的全社会固定资产投资，因为这列数据在此后年份中与同年的固定资本形成总额非常接近；1959—1977 年没有全社会固定资产投资，直接采用西藏的基本建设投资，因为西藏的基本建设投资几乎占到其全社会固定资产投资的 90% 以上，1952—1958 年每年的固定资本形成总额直接采用 1959 年的数值。我们的这一尝试，一方面是因为，包括大陆 30 个省区市的数据可以加总得到全国的数据，从而和已有研究进行对比。另一方面是因为，随着今后统计序列的延长，对海南和西藏的资本存量的估计可以延续，所以"早日"把海南和西藏纳入经验研究的范围可能是有意义的。

七　估计结果及其比较

表 2 给出了用上文讨论后确定的各个指标和方法而计算的中国省际资本存量，以及全国的资本存量总量。总的来说，按照全国固定资本形成总额和固定资产投资价格指数计算得到的全国数值和把各省数值加总后得到的全国数值差异不大，即 2000 年中国的物质资本存量以 1952 年不变价格衡量在 5 万亿元以上。

和已有几个主要研究比较可以发现，本文估计的资本存量在数值上相对较低。主要原因是，第一，大部分早期研究因缺乏固定资产投资价格指数而作出各种估计，但是就本文对这一指数的探讨来看，中国的固定资产价格上涨很快，有些估计仍然低估了这一数值。比如张军和章元[1]采用上海的固定资产投资价格指数代替全国的，但是正如表 1 揭示的，三大直辖市的价格指数恰是全国各省区市中最低的，所以导致他们估计的数值偏高。

第二，贺菊煌[2]采用积累，Chow[3] 以及张军和章元[4]都采用生产性积累作为当年投资。采用积累或生产性积累作为每年净投资额虽然符合国民经济账户核算意义上的净投资的概念，但是与永续盘存法下资本品相对效率呈几

① 张军、章元：《再论中国资本存量的估计方法》，《经济研究》2003 年第 7 期。
② 贺菊煌：《我国资产的估算》，《数量经济与技术经济研究》1992 年第 8 期。
③ Chow G. C. , 1993, "Capital Formation and Economic Growth in China", *Quarterly Journal of Economics*, Vol. 114, pp. 243 – 266.
④ 张军、章元：《再论中国资本存量的估计方法》，《经济研究》2003 年第 7 期。

何方式递减所要求的经济折旧率仍有差距。比如，张军和章元估计的各年生产性积累相当于对全社会固定资产投资进行 6%—10% 的扣减，[①] 而我们计算的经济折旧率是 9.6%。此外，积累数据中还包括了存货增加，但本文并不考虑存货。而从存货增加与固定资本形成的比例上看，1952—2000 年，以当年价计算的两者平均比例达到 1:6.5。所以，由于较低的折旧率和包含存货，这些估计的结果也都高于本文。

第三，我们的估计从数值上看与王小鲁和樊纲[②]比较接近。王小鲁和樊纲也同样采用了固定资本投资价格指数来平减各年投资，但是具体采用的指标和来源没有说明。[③] 其次，该研究中采用的是 5% 的折旧率，之所以得到的资本存量也较低，可能是因为其对 1980—1998 年投资数据乘以当年固定资产交付使用率，以扣除投资中的浪费。所以尽管两文的估算在数值上较为接近，但是内在的机制并不相同。

第四，就初始资本存量来看，给定足够长的投资序列，其对后续估计的影响的确微乎其微。

就分省的估算结果来看，各省区市的资本存量有很大差异。为了区分这种差异多大程度上是因为各省资本品价格上涨不同而导致的，我们分别给出了以 1952 年不变价格和 2000 年当年价格衡量的各省区市 2000 年的固定资本存量，分别见表 2 中的 2000a 列和 2000b 列。从数值上看，2000b 列似乎与我们的直觉更为相符，不过，考虑到我们生活在现价衡量的世界中，这种直觉可能是可以理解的。这也同时说明了，为了准确反映资本存量的数量，一个合理可信的固定资产投资价格指数是重要的。其次，我们还给出了以 1952 年不变价衡量的一些代表性年份各省区市的资本存量，它能够反映在不同年份区间，各省区市实际资本存量增长的情况。比如，在中华人民共和国成立后的 8 年中，北京的资本积累最为迅速；"文化大革命"期间，上海则是全国固定资本形成最快的地区；在 1990—1995 年，广东和江苏的资本形成不论在数量上还是速度上都居全国之最；而另一些省份，资本存量则长期很低。这些具体的数字，似乎又从一个侧面生动地反映了中华人民共和国成立 50 年来的发展历史。

---

① 张军、章元：《再论中国资本存量的估计方法》，《经济研究》2003 年第 7 期。

② 王小鲁、樊纲：《中国经济增长的可持续性——跨世纪的回顾与展望》，经济科学出版社 2000 年版。

③ 同上。

表1　　　　　　　1978 年和 2000 年中国各省区市固定资产投资价格指数

省份	1978/1952	2000/1952	2000/1978	比较列	省份	1978/1952	2000/1952	2000/1978	比较列
华北					华南				
北京	0.761	1.430	1.879	1.864	河南	0.942	3.106	3.297	3.211
天津	0.748	2.720	3.636	1.685	湖北	1.315	4.680	3.559	3.710
河北	1.113	3.181	2.858	2.834	湖南	0.812	4.567	5.624	5.512
山西	1.012	2.030	2.006	1.964	广东	1.081	3.824	3.537	3.639
内蒙古	1.005	2.591	2.578	2.531	广西	1.067	3.734	3.499	3.442
东北					海南	1.000	4.569	4.569	—
辽宁	2.873	9.472	3.297	3.801	西南				
吉林	1.093	3.949	3.613	3.552	四川	0.721	3.248	4.504	4.302
黑龙江	0.963	4.784	4.968	4.898	贵州	0.978	4.414	4.513	4.355
华东					云南	7.239	32.683	4.515	4.443
上海	0.692	2.451	3.542	3.552	西藏	1.000	2.078	2.078	—
江苏	1.328	3.022	2.276	2.247	西北				
浙江	1.119	3.591	3.209	3.196	陕西	0.764	3.391	4.438	4.13
安徽	1.721	8.925	5.185	5.143	甘肃	0.732	1.606	2.194	2.129
福建	1.005	5.909	5.880	5.839	青海	1.394	4.104	2.944	2.906
江西	1.682	4.239	2.520	1.897	宁夏	1.223	4.714	3.854	3.704
山东	0.875	2.714	3.102	3.046	新疆	0.864	3.752	4.343	4.211

　　注：1978/1952 和 2000/1952 分别指本文以 1952 年价格为 1 而计算的 1978 年和 2000 年的固定资产投资价格指数，2000/1978 指以 1978 年为 1 而计算的 2000 年的固定资产投资价格指数。"比较列"是"林毅夫发展论坛"提供的《1952—1999 中国经济增长数据》中给出的他们计算的以 1978 年为基年的 2000 年或 1999 年各省的投资平减指数。对于大部分省份来说，我们估算的 2000/1978 和"比较列"这两列数据的差异在 10% 以内。

表2　　　　　　　　　　代表性年份中国省际物质资本存量估计　　　　　　　　　亿元[①]

年份 省份	1952	1960	1970	1978	1985	1990	1995	1998	2000a	2000b
北京	18	72	83	148	443	1296	2522	3884	4924	7041
天津	13	36	45	147	324	494	812	1161	1414	3846
河北	52	114	120	255	424	664	1345	2253	2982	9486

---

　　① 限于篇幅，我们在文中仅给出若干代表性年份的数据，读者如有需要，可以向作者索要 1952—2000 年全部年份的估算结果。

续表

年份\省份	1952	1960	1970	1978	1985	1990	1995	1998	2000a	2000b
山西	22	96	96	185	301	444	792	1202	1579	3205
内蒙古	9	50	53	82	188	303	600	792	950	2461
辽宁	86	194	136	125	178	303	532	683	802	7597
吉林	19	51	58	99	189	305	538	701	854	3372
黑龙江	42	96	93	159	398	600	803	1033	1203	5755
上海	23	79	94	242	641	1184	2305	3618	4410	10809
江苏	51	76	88	163	501	1157	2618	4016	5176	15642
浙江	30	59	79	139	294	590	1392	2298	3007	10798
安徽	24	49	41	66	142	254	362	507	604	5391
福建	9	40	37	68	159	273	494	818	1063	6281
江西	19	45	56	91	168	253	433	626	774	3281
山东	57	122	152	348	766	1336	2646	4070	5414	14694
河南	49	119	143	268	522	859	1458	2191	2777	8625
湖北	12	45	58	131	197	295	534	843	1108	5185
湖南	12	65	96	190	328	492	723	1007	1253	5722
广东	20	84	93	204	470	855	2156	3269	4206	16084
广西	20	54	73	130	172	220	460	708	912	3405
海南	2	7	10	17	41	78	201	243	279	1275
四川	63	177	293	558	919	1210	1742	2502	3157	10254
贵州	3	27	58	104	175	238	303	404	517	2282
云南	8	17	22	25	30	37	71	103	126	4133
西藏	3	4	4	9	22	39	71	87	106	220
陕西	7	49	80	197	347	612	820	1026	1253	4249
甘肃	48	139	162	228	277	414	597	822	1046	1680
青海	3	19	20	31	50	71	96	138	180	739
宁夏	4	9	18	41	58	80	112	140	174	820
新疆	20	41	48	77	181	296	614	818	979	3673
合计	748	2035	2409	4527	8905	15252	28152	41963	53209	189318
全国	807	2091	3159	6267	11088	17224	29680	46223	51056	181658

　　注：本表中给出的资本存量为各年末数据。前面 9 列数据均指以 1952 年不变价格计算的资本存量，最后一列 2000b 指以当前价格计算的资本存量。"合计"指把各省各年资本存量数值加总后得到的全国数值；"全国"指按照全国固定资本形成总额和固定资产投资价格指数计算得到的全国数值。为保持数据一致性，1996 年后重庆的数据并入四川。个别省份少数年份数值缺失，采用相关指标前后年份的数值滑动平均代替。

资本存量

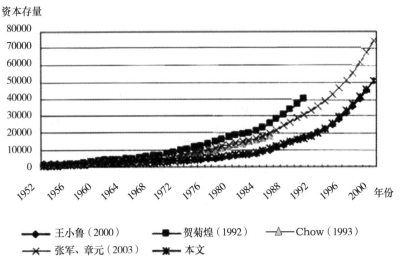

图2　与其他关于固定资本存量已有研究结果的比较

（本文发表于《经济研究》2004 年第 10 期）

中国税收持续高速增长之谜

高培勇

一　引言

2006 年 1—9 月，全国共入库税款 28420 亿元，比去年同期增长 22.5%。[①] 照此推算，预计 2006 年全国税收收入的增长规模，至少会突破 7000 亿元。从而，在 2004 年和 2005 年税收收入增幅连续两年超过 5000 亿元的基础上，再创新高。"十一五"开局之年税收收入增长轨迹的逐步凸显，一再地向人们揭示了一个重要事实：如果不在税收政策、税收制度等方面作出重大的调整，持续了 12 年之久的税收收入高速增长现象，仍将在"十一五"时期延续，甚至表现出更加强劲的态势。随着这种影响向宏观层面的其他区域或领域传递，中国的宏观税负水平、税收征管机制、资源配置格局、预算法制建设和公共政策走向等各个方面，都将因此而呈现联动效应，在宏观经济运行以及整个经济社会发展进程中激起更大的波澜。

税收收入的持续高速增长，并非是一个新问题。进入 21 世纪特别是近两三年以来，它一直属于人们议论的热门话题。然而，颇为有趣的是，尽管相关著述不少，但由于观察角度、思维路径以及研究方法等方面的差异，人们所得到的结论却往往大相径庭。总体说来，无论在官方还是学界，迄今都尚未发现能够在较大范围内达成共识并具有足够说服力的研究成果。即便深谙税收运行机理、熟悉现行税制格局的专业人士，也常会在有关税收收入增长预期、税收收入增长因素解析等问题上显得力不从

[①]　转引自《京华时报》2006 年 10 月 11 日。

心。中国税收收入的持续高速增长，似乎确实是一个不易破解的"世纪之谜"。

作为"十一五"规划的重要议题，新一轮税制改革的全面启动在即。税收政策目标的选择、税收制度模式的设计以及两者的传导机制和有效性，在很大程度上取决于我们对中国税收运行规律的认识。所以，对税收收入持续高速增长现象以及相关问题的分析，不仅不容回避，而且变得极其紧迫。笔者以为，只有脱出表面现象的局限，而深入到那些形成现实税收收入的要素、环境和条件的制度框架以及政策体系之中，并分析税收收入、税收制度和税收政策之间复杂的生成、制约、适应和促进关系，方能清楚认识问题的实质所在，从而找到一些可行的应对方略。

基于这样一种认识，本文的分析拟由税收收入同现行税制的关联分析入手，在税收收入增长轨迹同现行税制变动轨迹的联系中，捕捉支撑税收收入持续高速增长的"特殊"因素。以此为基础，采用特殊视角，逐一聚焦由税收收入持续高速增长所引致的若干重大问题，从而得到种种政策判断，提出相关政策建议。

进入本文视野的税收收入，除特别提及的之外，均以由税务部门征收入库的全国税收收入数字为统计口径，不含关税和农业五税（农业税、牧业税、农业特产税、耕地占用税、契税），[①] 亦未计入出口退税因素。[②]

二 罕见而特殊的增长轨迹（1994—2005 年）

中国税收收入的持续高速增长，是从 1994 年开始的。在此之前的很长一段时间，则是另外一番景象——税收收入增长缓慢，占 GDP 的比重逐年下降。因此，我们将考察区间锁定在 1994—2005 年的 12 年间。

从图 1 可以清晰地看到，1993 年的时候，全国税收收入不过 4118 亿元。1994—1997 年，年均增长 1000 亿元上下。1998 年情况特殊，在严峻通货紧缩形势的挤压中，很不容易勉强实现了 1000 亿元的增长任务。但是，

---

① 从 2006 年起，随着农业税、牧业税和农业特产税的取消，原有的"五税"减为"两税"（耕地占用税和契税）。

② 很显然，完全意义的全国税收收入，应当在此基础上加上关税和农业税收，并减去出口退税。但出于统计数字来源方便以及现行处理方法并不统一等方面的考虑，本文选择了这一口径。但这并不妨碍分析结论的正确性。

在 1999 年之后，税收收入便进入了快车道，当年跨越 10000 亿元大关。接下来，几乎是每隔两年便跃上一个高台。2001 年突破 15000 亿元，2003 年突破 20000 亿元，2005 年突破 30000 亿元。12 年间，税收收入的年均增长率保持在 18.35%。①

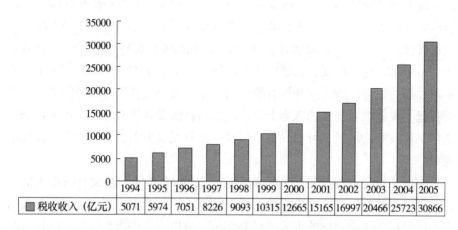

图1　中国税收收入的持续高速增长轨迹（1994—2005 年）

资料来源：中国税务年鉴编辑委员会：《中国税务年鉴》（2005），中国税务出版社 2005 年版；国家统计局：《中国统计年鉴》（2006），中国统计出版社 2006 年版。

注意到这种增长轨迹的形成同现行税制的诞生同步发生，一个显而易见的分析线索便是，将税收收入的增长轨迹同现行税制的变动轨迹联系起来，从 12 年间现行税制的变动中捕捉支撑税收收入持续高速增长的缘由。然而，当我们循着这一线索，反观过去 12 年间中国税制格局发生的变化时，却不无惊讶地发现，能够称得上具有增税意义的税制调整事项只有两个：1999年，对居民个人存款利息所得恢复课征个人所得税；2002 年，将车辆购置费改为车辆购置税。但是，且不说同期亦有若干具有减税意义并可产生抵消效应的税制调整事项出台，即便将这两个调整事项所带来的税收收入增量加总求和，在 2005 年，也只不过 500 亿元上下。采用如此的边际效应，显然难以解释当年高达 5143 亿元的税收收入增量和 30866 亿元的税收收入总量。

---

①　这 12 年的增长速度分别为：23.1%（1994）、17.8%（1995）、18.0%（1996）、16.7%（1997）、10.5%（1998）、13.4%（1999）、22.8%（2000）、19.7%（2001）、12.1%（2002）、20.4%（2003）、25.7%（2004）和 20.0%（2005）。

我们是在现行税制格局基本未作大的调整的背景之下，取得了长达 12 年的税收高速增长。

纵观几千年的世界税收发展史，尽管也不乏某些国度、在某些历史区间的税收收入呈现跳跃式增长的先例，但是，透过税收跳跃式增长的现象，至少可以发现其背后的两个支撑要素：一是这些国度、在这些历史区间，一定有重大的历史事件发生。或是战争的爆发导致军费开支激增，或是严峻的自然灾害导致抗灾、社会救济开支激增，从而推动了政府支出规模的急剧扩张。另一是，这些国度、在这些历史区间，一定有重大的税制变革发生。或是增设新的税种，或是提升原有税种的税率，或是拓宽原有税种的税基，从而托起了税收收入规模的急剧上升。由支出扩张带动税制变革，再由税制变革带动税收收入增长，可以说是整个世界税收发展史上的一个具有规律性的现象。

中国的情况显然没有那么简单。在过去的 12 年间，既没有因重大的历史事件所引致的政府支出规模的激增，又没有因政府支出规模急剧扩张而带来的以增税为主要意图的重大的税制变革。可以说，中国税收收入的持续高速增长，是一个难以采用一般规律加以解释的罕见而特殊的经济现象。

三 因素分解：三因素→多因素→特殊因素

对于税收收入的持续高速增长，特别是税收收入增长持续高于同期 GDP 增长，人们曾经用经济增长、政策调整和加强征管即所谓"三因素"论来解释。甚至，在此基础上，将三因素所带来的支撑效应做了相应分解。即经济增长因素占 50%，政策调整和加强征管因素各占 25%。[1]

随着 2004 年的税收收入增幅升至 5000 亿元，"三因素论"的解释显得相对粗糙了。作为"三因素论"的替代，"多因素论"应运而生。在多因素论下，税收收入的持续高速增长被归结为经济增长、物价上涨、GDP 与税收的结构差异、累进税率制度、加强税收征管和外贸进出口对 GDP 与税收增长的影响差异六种因素交互作用的结果。[2]

---

[1] 金人庆：《中国当代税收要论》，人民出版社 2002 年版。

[2] 李方旺：《2000—2005 年我国税收收入增长的数量特征与新一轮税制改革》，《税务研究》2006 年第 8 期。比较详尽的解释可参见谢旭人《谢旭人答记者问》，《中国财经报》2006 年 6 月 13 日。

相对于三因素论来说，多因素论的分析显然向前跨进了一步，更全面、更细致、更贴近现实。然而，问题在于，持续十几年且在税制基本未变条件下实现的税收收入持续高速增长，毕竟是发生在中国的一个奇迹。要透视这个特殊的现象，只能采用特殊视角，以特殊的思维、特殊的方法、特殊的线索，去描述、归结这一轨迹背后的特殊缘由。

那么，究竟什么是支撑中国税收持续高速增长的特殊因素？

将上述的因素逐一过滤并反复比较之后，可以发现，它们都不能归之于中国的特殊因素之列。无论经济增长同税收收入之间的相关性，还是物价上涨同税收收入之间的相关性，抑或 GDP 与税收结构差异、累进税率制度、加强税收征管等因素同税收收入之间的相关性，在世界上都是普遍存在的，均属于一般性而非特殊性的因素。

不过，上述因素对于税收收入持续高速增长的支撑效应，并非是等量的。一旦聚焦于诸种因素的效应差异并由此入手，真正可以依赖、真正有点特殊的因素便可一下子浮出水面：中国税务机关的"征管空间"巨大。

为此引入一对概念可能是必要的。这就是，法定税负和实征税负。[①] 所谓法定税负，就是现行税制所规定的、理论上应当达到的税负水平。所谓实征税负，则是税务部门的征管能力能够实现的、实际达到的税负水平。两者之间的距离，决定于税收征收率。故而，不同于"法定"的税负水平——税基和税率两个因素的乘积，"实征"的税负水平，则是税基、税率和税收征收率三个因素的乘积。[②]

分别以法定税负和实征税负作为计算税收征收率的分母和分子，来自国家税务总局的分析报告表明，[③] 在 1994 年，中国税收的综合征收率只有 50% 上下。而到了 2003 年，综合征收率已提升至 70% 以上。换言之，在 10 年间，中国税收的综合征收率提升了 20 个百分点。在如此巨大的征管空间内，税收征收率的迅速提升，自然意味着税收跑冒滴漏的迅速减少和税收收入的迅速增长。

国家税务总局的另一份分析报告《增值税征收率变动与金税工程二期

---

① 亦可称作名义税负和实际税负。参见钱冠林《税收分析是税收管理的眼睛》，《中国税务报》2006 年 8 月 21 日。

② 高培勇：《关于减税问题的四个基本判断》，《光明日报》2002 年 7 月 2 日。

③ 许善达：《在中国税收高层论坛 2004 上的演讲》，2004 年，http：www. finance. sina. com. cn roll/20040424/1551737。

效果宏观分析》进一步印证了上述判断。如图 2 所示，增值税的征收率，在 1994—2004 年的 11 年间，经历了一个先少许下降，转而迅速提升的过程。从 1994 年的 57.45%，到 1998 年的 51.75%。以 1997 年为转折点，开始迅速提升，至 2004 年，已达 85.73%。

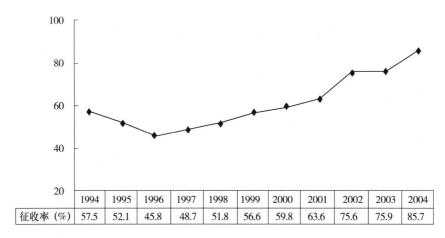

	1994	1995	1996	1997	1998	1999	2000	2001	2002	2003	2004
征收率 (%)	57.5	52.1	45.8	48.7	51.8	56.6	59.8	63.6	75.6	75.9	85.7

图 2　中国增值税征收率的变化轨迹（1994—2004 年）

资料来源：转引自国家税务总局计划统计司《增值税征收率变动与金税工程二期效果宏观分析》。

　　增值税征收率提升的直接影响，便是增值税收入的相应增长。从表 1 可以清楚地看到，在增值税征收率迅速提升的作用下，增值税收入一路上扬。举 2004 年为例，依环比计算，较之 2003 年，增值税征收率提升了 9.79 个百分点，由此带来的增值税增收额为 1269.76 亿元。以 1994 年为基期计算，增值税征收率提升了 28 个百分点，可以归入该因素项下的增值税增收额为 3668.12 亿元。若以 1997 年为基期计算，增值税征收率提升了 37 个百分点，相应地，4805.63 亿元的增值税增收额可以归入该因素项下。

　　作为中国的第一大税种，增值税收入在全部税收收入中占据近半壁江山。[①] 增值税征收率的提升及其增收效应，对于作为一个整体的税收综合征收率和全国税收收入增长额无疑具有决定性作用。税收征收率提升对于税收

---

　　① 以 2005 年为例，在全国税收收入 30866 亿元的总盘子中，来自增值税的收入为 14876 亿元，占 48.2%。

收入增长的影响，由此可见一斑。

将这些年来我国在税收信息化建设方面走过的历程引入视野，并同税收征收率的提升和税收收入的增长轨迹联系起来分析，可以进一步支持上述的认识。

表 1　　　　　增值税征收率变动对增值税收入的影响状况（1994—2004 年）

年份	增值税征收率（％）	征收率变动（环比）	征收率变动影响税收（亿元）	征收率变动（1994 年为基期）	征收率变动影响税收（亿元）	征收变动（1997 年为基期）	征收率变动影响税收（亿元）
1994	57.45	—	—	—	—	—	—
1995	52.07	−5.38	−282.89	−5.38	−282.89	—	—
1996	45.83	−6.24	−381.49	−11.62	−710.53	—	—
1997	48.68	2.85	189.34	−8.77	−582.00	—	—
1998	51.75	3.07	216.05	−5.70	−401.29	3.07	216.05
1999	56.58	4.83	368.22	−0.87	−66.71	7.90	602.38
2000	59.78	3.21	274.91	2.33	199.95	11.10	951.82
2001	63.55	3.77	348.04	6.10	563.22	14.87	1372.37
2002	75.59	12.04	1200.81	18.14	1809.73	26.91	2684.55
2003	75.94	0.35	39.90	18.49	2117.63	27.26	3122.00
2004	85.73	9.79	1269.76	28.28	3668.12	37.05	4805.63

资料来源：转引自国家税务总局计划统计司《增值税征收率变动与金税工程二期效果宏观分析》。

粗略划分，迄今中国的税收信息化建设大致走过了两个阶段。[①] 1994—1998 年，可视为前一阶段。1994 年以增值税为主体的税制改革，把依托计算机网络的增值税专用发票管理提上了议事日程。计算机开始取代手工操作而担负起文字处理、表格设计、数据录入和信息存储等方面的工作，并从1994 年 7 月开始在 50 个大中城市启动了增值税交叉稽核系统即金税工程一期建设试点。这一阶段的突出特征是，税收信息化建设渐成气候，税收征收率有所攀升。但对信息化的理解比较表面化，满足于技术手段的升级和管理

---

① 金人庆：《中国当代税收要论》，人民出版社 2002 年版；谢旭人：《加强执政能力建设，推进税收事业发展》，《中国税务》2005 年第 1 期。

效率的提高。1998—2003 年，可视为后一阶段。从 1998 年 8 月起，在总结金税工程一期的基础上，金税工程二期建设应运而生。它以"一个平台"（信息平台）和"四个系统"（包括防伪税控开票系统、防伪税控认证系统、增值税计算机交叉稽核系统和发票协查系统）为内容，构成了增值税管理的生命线和同涉税犯罪斗争的撒手锏。不仅增值税的防伪税控开票系统覆盖到所有一般纳税人，而且，全社会税收监控网络逐步形成。2600 万户纳税人进入征管信息系统，计算机处理纳税额占到全国税收收入额的 80% 以上。在这一阶段，对信息化的理解上升至网络化、系统化的层面，在提升税收征收率等方面的作用初见成效。

与此相呼应，以 1999 年为分水岭，过去 12 年间的税收收入增长可以大致区分为两个不同的区间。前 5 年的增长势头相对平缓，每年 1000 亿元上下的增收规模，颇费周折，需严盯死守，得来不易。后 6 年的增长态势则迅速而猛烈，2000 亿—5000 亿元的增长规模，特别是近两三年的增长势头，并不似以往那样费尽气力，而颇有点儿始料不及、水到渠成的味道。

我们可以发现这样的规律：税收信息化建设每前进一步，税收征管水平每提升一分，税收收入便可相应增长一块。三者之间的变化，高度相关。

四 背景追溯：巨大"征管空间"的来历

常识告诉我们，法定和实征税负之间存有距离，并非中国独有。在当今的世界上，还找不到税收征收率达到 100% 的国度。但是，现行税制实施之初的中国税收征收率如此之低，以至于将近 50% 的空间有待拓展，绝对是非常罕见的。由此提出的问题是，中国税务机关何以会拥有如此之大的"征管空间"？

税收机关的征管空间同其赖以运行的税制基础密切相关。税收制度的孕育和诞生，总要打上时代的烙印。追溯一下现行税制的孕育和诞生背景，便可发现，在 1993 年后期，来自三个方面的因素可能左右了现行税制的设计过程。其一，严峻的通货膨胀。为应对当时高达 20% 以上的通胀率，要调动包括税制设计在内的几乎所有可能的手段。其二，严峻的财政拮据。为扭转当时财政收入占 GDP 比重的持续下滑势头，不仅要保证原有税负不减，而且要实现略有甚至较大幅度增长。其三，偏低的税收征收率。为保证既定税收收入目标的实现，要在现行税制中植入具有抵充偏低的税收征收率效应的因素。

诸多方面的因素相交融，现行税制的格局也就大体奠定：既要着眼于"抑热"，现行税制的设计就必须融入反通胀因素。比如增值税的税基界定，就不宜于实行符合增值税本来意义的、口径相对狭窄的消费型，而要采用有助于抑制企业投资冲动、口径相对较宽的生产型税基；既要着眼于"增收"，现行税制的设计就必须在税制设计中渗入增收的因子，把拿到既定规模的税收收入作为重要目标。既然税收的征收率偏低，现行税制的设计就必须留有余地，"宽打窄用"。[①] 以"宽打"的税制架构，确保"窄用"的税收收入规模。这意味着，在当时的背景下，即便只着眼于 5000 亿元的税收收入目标，考虑到"抑热""增收"以及"征收率偏低"等方面的实情，也需事先建构一个可征收 10000 亿元的税制架子。

换言之，中国的现行税制在其孕育和诞生之时，预留了很大的"征管空间"，从而也为法定税负和实征税负水平之间的巨大反差埋下了伏笔。现行税制所具有的巨大的"征管空间"，可能是支撑中国税收持续高速增长的最重要的源泉。

五　几个相关问题的判断

如果上述的认识大致不错，那么，围绕税收持续高速增长现象而引发的如下几个问题的判断，也就有了相应的基础。

第一，现实中国的税负水平重不重？

在中国，对于税负水平高低的判定历来说法不一。每当问到企业或者居民中国的税负重不重时，回答往往是重或者很重。每当政府部门出面来论证中国的税负水平时，结论又往往是不重或者偏轻。随着税收收入持续高速增长势头的逐年加大，这一原本就令人费解的话题变得更加复杂了：企业和居民抱怨税负在加重，而政府部门又一再解释没有采取任何增税的行动。

将支撑中国税收增长源泉的分析应用于此，可能比较容易找到回答问题

① 高培勇：《财税形势·财税政策·财税改革——面向"十一五"的若干重大财税问题盘点》，《财贸经济》2006 年第 1、2 期。

的思路。

企业或居民之所以咬定中国的税负重，其论据无非是，现行税制的规定
如何如何。比如，个人所得税的最高边际税率是45%，企业所得税的税率
是33%，增值税的税率是17%，等等。以这些税种的税负水平同其他国家
的相关税制规定比起来，中国的税负显然不能说是轻的。

政府部门之所以认定中国的税负轻，其论据在于，实征税收收入额占
GDP的多少多少（见图3）。比如，在2005年，将全国税收收入加总求和并
同当年的GDP求比，只不过为16.9%。① 以这样的宏观税负水平同其他国
家的情形比起来，中国的税负绝对不能说是重的。

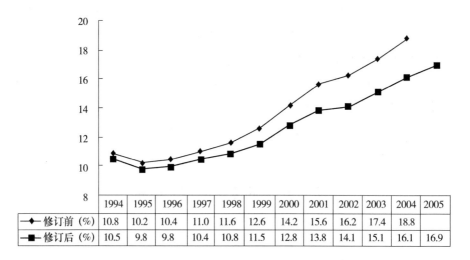

	1994	1995	1996	1997	1998	1999	2000	2001	2002	2003	2004	2005
◆ 修订前 (%)	10.8	10.2	10.4	11.0	11.6	12.6	14.2	15.6	16.2	17.4	18.8	
■ 修订后 (%)	10.5	9.8	9.8	10.4	10.8	11.5	12.8	13.8	14.1	15.1	16.1	16.9

图3　中国实征税负水平的稳步提升（1994—2005年）

注：——◆——：GDP统计口径修订之前的实征税负水平，——■——：GDP统计口径修订之后的实
征税负水平。

资料来源：国家统计局：《中国统计年鉴》（2006），中国统计出版社2006年版；中国税务年
鉴编辑委员会：《中国税务年鉴》（2005），中国税务出版社2005年版。

注意到支撑两种说法的论据差异，可以捕捉到如下的信息：衡量现实中
国的税负水平，必须采用"法定税负"和"实证税负"两把尺子。企业或
居民同政府之间在税负水平问题上的认识矛盾之所以会产生，其根本的原因
无非在于，现实中国的法定和实证税负水平之间的距离甚远。

---

① 在2005年，全国税收收入为30866亿元，GDP为182321亿元，两者之比为16.9%。

企业或居民拿法定税负作为判定税负水平的参照系，并非不正常。政府部门以实证税负作为论证税负水平的参照系，也并非新鲜事。但是，如前所述，虽然世界上没有任何国家能够实现法定和实证税负的统一，但像中国这样的两者之间距离甚远，以至于在税负水平问题的判断呈现如此之大反差的情形，可能是一个罕见的特例。因此，如下的解释可能是成立的：尽管政府没有采取任何旨在增税的行动，凭借着税务部门加强征管的努力和税收征收率的稳步提升，不仅税收收入呈现了持续高速增长的态势，而且，法定税负和实证税负之间的差距已经在一步步拉近。由此，企业和居民实际感受到的税负水平也在一步步加重中。

更重要的事实在于，税务机关的工作目标之一，就是不断加强征管，以求挖潜增收。往前看，一个基本图景是，税务部门的人员素质和技术装备水平将会越来越高，税收征管工作的力度将会越来越大，法定税负和实证税负之间的距离将会越来越拉近。从而，由此而引发的诸方面矛盾也会越来越尖锐。

第二，税收的持续高速增长是否正常？

每当税务机关公布税收收入增长数字的时候，在社会上总会掀起不小的波澜。人们经常发问的一个问题是，如此的增长，特别是持续以高于 GDP 增长速度的速率增长，到底正常不正常？

同前者的情形类似，在这一问题上，采用不同的标准或参照系，人们得到的答案往往迥然相异。如以现行税制作为判定标准，那么，它就是正常的。因为，在既有税制的框架内依法征税，把该收的税如数收上来，是税务机关的天职所在，是税务机关必须倾力追求的目标。放着该收的税不收，听凭偷漏税的现象蔓延而不采取积极的行动加以阻止，或者跳出既有税制的框架，随意给予企业和居民"变通"的照顾，在中国的市场经济已经有了长足的发展、税制运行格局经过 1994 年的改革已经逐步趋于规范的今天，无论如何，决不能是或不再能是税务机关的所作所为。抱怨税务机关加大征管力度、提高征收效率，或者指责税务机关办事不够灵活，因而加重了企业和居民的税收负担，无疑既片面，又不合时宜。恰恰相反，税务机关还应当继续采取一切可以采取的行动，进一步加大征收管理的力度，力争实现税收的"应收尽收"。这是必须加以肯定、在任何时候或任何情况下都不能动摇的一条。

然而，倘若换一个角度，以现行税制运行赖以依存的经济社会环境作为判定标准，则很难说是正常的了。如前所述，现行税制孕育并诞生于 1993—1994 年，不可避免地要打上那个时代的烙印。如果说诞生之初的现行税制同当时的经济社会环境是相匹配的，那么，在 13 年后的今天，基本格局保持不变的现行税制同已经发生了翻天覆地变化的经济社会环境之间，就好像已经长大成人的孩子仍然脚穿孩提时代所购的鞋子，肯定要发生碰撞，甚至是十分激烈的碰撞。关于现实中国税负水平问题的判定就是一例。如果说现行税制诞生之时"宽打"的法定税负虽然偏高，但在加入税收征收率的因素之后，"窄用"的实证税负是一种比较适当的税负水平，那么，在 13 年后税收征收率已经获得较大提升的今天，企业和居民所承受的实证税负绝对不在适当的税负水平之列。

进一步看，任何一个国家的税收制度，总要植根于一定的经济社会环境并随着经济社会环境的变化而做相应调整。而且，在我们所面临的所有的经济制度中，税收制度又属于与时俱进性最强的一种。经济社会环境变化了而现行税制未变，是围绕税收收入的持续高速增长而牵动种种矛盾现象的根本原因。事情表现在税收收入的"超常"增长上，其深刻的根源存在于现行税制同现实经济社会环境的不相匹配中。

第三，连年的税收收入"超收"有无特殊缘由？

对于历年税收收入增长规模的测度，可以有两种不同的标尺。以上一年的实际数字为标尺，得到的是"增收"额。以当年的计划或预算数字为标尺，得到的是"超收"额。两者之间的意义，具有很大的差异。鉴于统计数字来源上的方便，这里不妨以财政收入增长规模的测度为例加以说明。[①] 在 2005 年，全国财政收入 31649.29 亿元。这个数字，同 2004 年的财政收入（26396.47 亿元）相比，增收 5253.29 亿元。同当年的预算收入（29255.03 亿元）相比，超收 2394.26 亿元。

这便意味着，中国税收收入的增长规模，可以区分为意义截然不同的两部分：计划内的"增收"和计划外的"超收"。就字面意义理解，前者系意料之中的、事先计划好的且处于人民代表大会授权范围内的增长，后者则系意料之外的、未纳入计划的且突破了人民代表大会授权范围的增长。所以，

---

① 税收收入和财政收入的区别，仅在于统计口径。列在财政收入项下的，除了各项税收（税收收入＋关税＋农业税收－出口退税）之外，还包括教育费附加以及其他杂项收入。其中，各项税收是主体收入。在 2005 年，它占到整个财政收入的 91%。

相对于前者来讲，后者的影响更为深刻，更值得关注。

一旦专注于"超收"并以此为标尺审视过去12年来的税收收入增长历程，便会发现，巨额的"超收"，并非2005年所特有的现象，而已演化为一种常态。图4即揭示了这一持续多年的"超收"轨迹。从中至少可以得到两个清晰的印象：其一，从1994年改写了税收收入持续下降的历史之后，我国每年都会有为数不小的"超收"。少则几百亿元，多则上千亿元。其二，进入21世纪后，"超收"额一再上扬，到2004年，"超收"额越过2000亿元大关，达到了2826亿元。继而，在2005年，又保持在2394.26亿元的高位。① 如此的"超收"额，大大提升了它的"地位"——在当年财政增收额和全部财政收入额中所占的比重，由1994年的8.8%和6.2%分别提升至2005年的45.6%和7.6%。这表明，"超收"已经成为财政收支平衡中的一个不可或缺的重要因素。

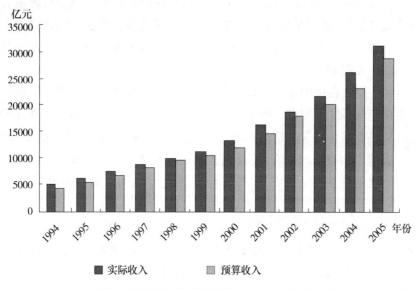

图4 持续多年的"超收"（1994—2005年）

资料来源：中国财政编辑委员会：《中国财政年鉴》（2004），中国财政杂志社2004年版；国家统计局：《中国统计年鉴》（2006），中国统计出版社2006年版。

---

① 事实上，如果按照规范化的口径，将这两年基于特殊考虑而分别用于解决出口退税陈欠的1288亿元和584亿元的支出还原，列在这两年"超收"项下的数额，则要分别改写为4114亿元和2978.26亿元。

细究起来，之所以会有规模如此之大、持续如此之久的税收收入"超收"，可能主要出于两个环节的原因：一是计划的制定环节，迄今，历年税收收入计划规模的确定，基本都是以 GDP 的计划增幅为基础外加 2—3 个百分点。如在 2005 年，GDP 的计划增幅为 8%，据此测定的税收收入增幅便为 10.5%（=8%+2.5%）。注意到以往 12 年实际高达 18.35% 的税收收入年均增幅，可以立刻意识到，无论出于怎样的考虑，在税收收入计划的制定环节，事实上预留了"超收"的空间。

另一是计划的执行环节。在现行税收管理体制下，作为征税人的税务机关，其日常工作要在两条线索上进行：税收计划和现行税制。一方面，作为指令性的税收计划，经过层层分解并下达到各级税务机关之后，便成为必须完成的任务"底线"。另一方面，作为征税基础的现行税制，在依法治税的旗帜下，把该征的税如数征上来，又是税务机关必须履行的天职。既要依计划治税，又须依法治税。前者很"硬"，没有讨价还价的余地。后者虽表面上不那么"硬"，也可依征管能力的状况而有所伸缩，但在法制建设的驱动下也容不得人为的调节。在计划和税法之间的现实距离，又为税务机关打下了"超收"的基础。

再深一层，在中国现行的预算管理体制下，"超收"收入的动用和决策基本上在行政系统内完成，而未纳入人民代表大会的审批视野。即便在形式上要走某些程序，通常的情形也是，先支用，后通报。故而基本的情形是，每年形成的"超收"，都要不打任何折扣地转化为当年的"超支"。而且超收多少，就超支多少。在"超收"与"超支"之间，是一列高度相关的"直通车"。

正是在如此的格局条件下，"超收"的意义变了味。随之，人们对于"超收"的态度也走了样：由被动接受"超收"的结果演化为主动追求"超收"的目标。自然地，巨额的税收收入"超收"也就滚滚而来。

第四，税收收入的增长与财政支出的膨胀有无相关性？

税收终归是作为政府支出的财源而取得的。当我们将视野由税收而转至支出时，立刻会发现，两者之间的变动轨迹有着惊人的相似。

在过去的 12 年间，中国财政支出规模亦经历了一个迅速膨胀的过程。1994 年，全国财政支出不过 5792.62 亿元，1998 年突破 10000 亿元。此后，两年上一个台阶。2000 年突破 15000 亿元，2002 年突破 22000 亿元，2004 年突破 28000 亿元。到 2005 年，已经达到 33930.28 亿元。12 年间，年均增长 18.08%。

将财政支出规模的年均增速（18.08%）与同期 GDP 的年均增速（9.57%）联系起来，不难发现，前者几乎是后者的两倍。作为一个必然结果，GDP 的分割格局越来越向政府一方倾斜。至 2005 年，财政支出占 GDP 的比重，已经由 1994 年的 12.0% 提升至 18.53%。

必须注意到，财政支出规模在过去 12 年间的迅速膨胀，是以税收收入的迅速增长为基础并在税收收入迅速增长的支撑下发生的。正是由于税收收入的迅速增长弱化了政府扩张支出的约束条件，才使得财政支出的迅速膨胀成为可能。也正是在这样一种背景下，政府扩张支出的偏好才变得越来越强烈。

税收收入增长与财政支出膨胀相互推动、交相攀升的现象，把如下的严峻问题提到了我们面前：在改革之初，我们曾将降低财政支出占 GDP 的比重作为改革的目标。这个比重数字，1978 年为 30.8%。其后，曾走出了一个持续下降的轨迹。到 1995 年探底，仅为 11.3%。以此为转折点，开始持续提升并达到目前这样的水平。而且往前看，在税收收入强劲增长的带动下，这个比重数字的提升势头依旧旺盛。如果说 1994 年税制改革后的最初几年，财政支出占 GDP 比重的提升带有矫正性质，值得追求，那么，在经过了持续十几年的提升之后，我们是否有必要继续提升这个比重？如果有必要，它的目标值又是多少？

问题还有复杂之处。同改革之前的情形有所不同，准确地讲，现实中国的财政支出规模，只是预算内的政府支出，并非是政府支出规模的全部。若以实际发生的政府支出口径计算，那么，以 2005 年为例，还要在 33930.28 亿元财政支出规模的基础上，加上当年未列入预算的偿还到期国债支出、统筹层次不一的社会保障支出、预算外支出和制度外支出等几个类别的支出项目。[①] 而一旦如此，政府支出规模占 GDP 的比重数字，起码要提升至 30% 左右。这个数字，已经接近或相当于 1978 年的水平。新中国历史上的最高水平发生在 1960 年，为 39.3%。也就是说，在当前的中国，政府占用的 GDP 份额，正处于由改革的起点向历史最高点的迈进过程中。我们已经到了重新审视资源配置格局并重新评估目标取向的时候了。

---

① 根据《中国统计年鉴》《中国财政年鉴》的统计数字以及相关推算，在 2005 年，这几项支出的规模分别为 3923.37 亿元、6600 亿元、4351.71 亿元和 4000 亿元。

六 结论与建议

税收制度同其赖以依存的经济社会环境之间的不相匹配现象，已经越来越清晰地为人们所看到。展望"十一五"，可以预期，只要现行税制仍然保持基本不变的格局，或者即使变了，变动的步伐仍未跟上整个经济社会发展的进程，那么，持续十几年之久的税收收入高速增长仍将延续下去。进一步，现行税制同经济社会环境之间的不相匹配现象，仍将继续甚至可能演化成为阻碍中国经济社会发展的不和谐因素。

历史与现实一再告诉我们，税收收入的增速，并非越快越好；税收收入的规模，并非越大越好；税收收入占 GDP 的比重，也并非越高越好。应当作为目标追求的，是一个既同经济社会发展水平相适应，又与政府职能格局相匹配的适当的税收收入的增速、规模及其在 GDP 中的占比。也就是说，我们需要一个能够让税收收入的增速、规模及其在 GDP 中的占比保持在适当水平的与时俱进的税收制度。

所有这些，给我们传递的一个重要信息便是，在当前的中国，应当尽快地、全面地启动新一轮税制改革。

拟议中的新一轮税制改革的原则与内容，已经先后在《中共中央关于完善社会主义市场经济体制若干问题的决定》《中共中央关于制定国民经济和社会发展第十一个五年规划的建议》以及《中华人民共和国国民经济和社会发展第十一个五年规划纲要》中做了比较系统的阐述。现在的任务，是乘势而上，付诸行动，将蓝图变为现实。

新一轮税制改革方案的实施，要以财政上的减收为代价。在财政日子并不宽裕、方方面面亟待投入的条件下，自然需要谨慎对待。但谨慎并不意味着搁置，因财政减收的担忧而搁置拟议进行的税制改革，终归不是长久之事。指望财政的日子完全宽裕起来再实施企望已久的税制改革，不仅会使改革变得遥遥无期，而且很可能永远等不来那一天。注意到目前正是税收收入增幅最大的时期，每年动辄数千亿元的"增收""超收"，已为我们积攒下了消化新一轮税制改革成本的本钱。抓住眼下的税收收入增长"旺季"，将"增收""超收"的税收收入用于支持新一轮税制改革的启动，应当成为"十一五"期间的一个重要选择。

新一轮税制改革方案的实施，显然要触动各方面的既得利益格局。迄今，我们在新一轮税制改革问题上走过的道路已经表明，在诸如内外资企业所得税制合并改革以及整个新一轮税制改革上所遇到的种种难题的破解，将最终取决于相关的利益主体能否跳出部门利益、地方利益的局限而跃升至国家利益、宏观利益的层面上考虑问题。鉴于改革已经步入攻坚阶段，各方面的既得利益格局这道关口早晚要过，不会自动化解，而且将改革继续拖延下去，肯定要付出更加昂贵的代价。所以，以极大的决心冲破各种既得利益格局的围追堵截，让各项亟待进行、拟议进行的税制改革破冰而出，必须提上"十一五"期间的议事日程。

（本文发表于《经济研究》2006年第12期）

中国地方官员的晋升
锦标赛模式研究

周黎安

一 引言：中国经济增长之谜

中国经济自改革开放以来保持了近 30 年的高速增长，被世人誉为"增长奇迹"。中国经济增长奇迹一方面表现为 GDP 增长速度高、持续时间长。从增长速度来讲，自现代以来，目前还没有任何一个大国能在 30 年间保持每年将近 10% 的增长速度，日本的高速经济增长也只持续了 20 年。按照中国经济目前的发展趋势，许多学者估计，中国的高速增长很可能不止 30 年，有可能长达 40 年。但另一方面，从经济理论的角度看，这个奇迹的神秘之处在于其"非常规"的性质：经济增长理论所强调的若干增长条件，如自然资源禀赋、物质和人力资本积累以及技术创新能力，中国与其他国家相比并无独特之处，甚至处于低水平阶段，如人均资源禀赋、技术创新水平。也就是说，按照这些理论的预言，中国不应该有经济奇迹发生。

由于诺斯的开创性贡献，[①] 近年来经济学家开始关注制度尤其是经济和政治制度对经济增长的重要作用。物质和人力资本的增长以及技术进步被认为只是增长的结果，而不是增长的内在源泉，更深层次的决定因素是一国的制度安排。最近有大量的研究表明，一国的司法制度对金融市场和经济的发展有着巨大影响，而政府的结构以及受到的权力约束也同样影响

---

① North, Douglass C. and Robert Paul Thomas, 1973, *The Rise of the Western World: A New Economic History*, Cambridge University Press; North, Douglas C., 1981, *Structure and Change in Economic History*, New York: Norton Co.

经济增长。① Acemoglu 等最近一系列的开创性工作再次提醒人们产权保护制度对于长期经济增长的关键性意义。② 然而，这些重要文献的大量问世愈加彰显出中国的经济增长作为一种奇迹的意义。正像 Allen 等③所指出的那样，按照西方主流文献所列出的评判标准，如 La Porta 等④和 Levine⑤，中国目前的司法和其他制度，如投资者保护、公司治理、会计标准和政府质量均位于世界大多数国家的后面。但是，中国在过去 20 多年里一直是世界上增长速度最快的国家之一，这又如何解释呢？

上述讨论是不是意味着产权保护、司法、金融体系还有其他的相关的制度安排就不重要了呢？制度安排显然是重要的，因为任何投资都需要在一定的激励下发生，如果经济参与人感觉到投资的收益会受到被剥夺的威胁，那投资的热情就会下降，甚至消失。William Easterly 指出，增长需要提供"合适的激励"，因为人们确实对激励作出反应。⑥ 影响这一激励的任何因素都会影响经济增长。也就是说，中国的高速增长的背后一定有与之相对应的激励和提供这些激励的制度安排。问题的关键在于，在中国，提供这些激励的制度与西方意义上的标准范式并不相同，为了解释中国的经济增长，我们需要寻找出这些具有中国特色的制度因素。

中国高速经济增长的另一方面的特征是各种增长的负面问题长期积累，程度相当惊人，如粗放型增长问题、收入不平等问题、环境恶化问题、市场秩序紊乱与政府职能错位问题等。这些问题的长期存在与中国高速增长背后

① Shleifer, Andrei and Robert Vishny, 1993, "Corruption", *Quarterly Journal of Economics*, Vol. 108, pp. 599–618; DeLong, J. Bradford and Andrei Shleifer, 1993, "Princes and Merchants: City Growth Before the Industrial Revolution", *Journal of Law and Economics*, Vol. 36, pp. 671–702; LaPorta, R., Lopez-de-Si lanes, F., A. Shleifer, and R. Vishny, 1998, "Law and Finance", *Journal of Political Economy*, Vol. 106, pp. 1113–1155.

② Acemoglu 和 Robinson 对这方面的理论与实证研究的发展做了系统的文献综述。参见 Acemoglu, Daron and James Robinson, 2004, "Institutions as the Fundamental Cause of Long-Run Growth", NBER Working Paper。

③ Allen, Frank, Jun Qian, and Meijun Qian, 2005, "Law, Finance, and Economic Growth in China", *Journal of Financial Economics*, Vol. 77, pp. 57–116.

④ La Porta, R., Lopez-de-Si lanes, F., A. Shleifer, and R. Vishny, 1998, "Law and Finance", *Journal of Political Economy*, Vol. 106, pp. 1113–1155.

⑤ Levine, Ross, 2002, "Bank-Based or Market-Based Financial Systems: Which is Better?", *Journal of Financial Intermediation*, Vol. 11, pp. 1–30.

⑥ Easterly, William, 2005, *The Elusive Quest for Growth: Economists' Adventures and Misadventures in the Tropics*, The MIT Press.

的激励结构有何内在的联系呢？目前我们还没有一个前后内在一致的理论框架将增长的奇迹和问题同时予以解释。

本文关于中国地方官员治理的研究就是试图提供一种关于中国经济增长的政治经济学的解释，即所谓的增长的政治经济学，在这种解释中，我们强调中国解决政府官员激励问题的独特方式。我们可以看到，这 30 年间，中国地方政府在地区的经济增长中扮演了一个非常重要的角色，他们那种寻求一切可能的来源进行投资、推动地方经济的发展的热情在世界范围内也是罕见的。而事实上在很多发展中国家和转型国家，政府的表现并不令人满意。正是一些糟糕的政策和糟糕的政府，导致了这些地方的经济长期的落后。William Easterly 甚至认为，在影响经济增长的各种因素中，头号杀手便是政府，政府的无能、腐败和低效对经济增长产生的阻碍作用是致命性的。[①] 那为什么中国的地方政府能有这么高的激励去推动地方的经济增长？为什么在大多数的发展中国家很难激励这些政府官员去推动当地的经济发展，而中国能做到这一点？中国是如何解决政府内部的激励问题的？

到目前为止，从政府体制角度解释中国经济增长奇迹最具影响力的理论是钱颖一、Weingast 等提出的理论，[②] 即著名的 "中国特色的联邦主义"（Federalism，Chinese Style）假说。[③] 该理论认为，中国地方政府的强激励有两个基本原因，第一个是行政分权，中央政府从 20 世纪 80 年代初开始就把很多经济管理的权力下放到地方，使地方政府拥有相对自主的经济决策权。第二个是以财政包干为内容的财政分权改革，中央把很多财权下放到地方，而且实施财政包干合同，使得地方可以与中央分享财政收入。财政收入越高，地方的留存就越多，其中预算外收入则属于 100% 的留存。正是这两方面的激励使得中国地方政府有那么高的热情去维护市场，推动地方经济增

---

① Easterly，William，2005，*The Elusive Quest for Growth：Economists' Adventures and Misadventures in the Tropics*，The MIT Press.

② Montinola，G.，Yingyi Qian，Berry Weingast，1995，"Federalism，Chinese Style：the Political Basis for Economic Success in China"，*World Politics*，Vol. 48，pp. 50 – 81；Jin，Hehui，Yingyi Qian，and Berry Weingast，2005，"Regional Decentralization and Fiscal Incentives：Federalism，Chinese Style"，*Journal of Public Economics*，Vol. 89，pp. 1719 – 1742.

③ 强调在财政包干下的政府财税激励的文献还包括沈立人和戴园晨以及 Oi。参见沈立人、戴园晨《我国 "诸侯经济" 的形成及其弊端和根源》，《经济研究》1990 年第 3 期；Oi，Jean.，1992，"Fiscal Reform and the Economic Foundations of Local State Corporatism in China"，*World Politics*，Vol. 45，pp. 99 – 126。

长。所以,"中国特色的联邦主义"假说也被表述为市场维护型联邦主义
(market-preserving federalism)。[①] Jin 等提供了支持该理论的一些经验证据。[②]

虽然行政与财政分权确实构成地方政府激励的重要来源,但它们是否构
成中国地方政府内部激励的最为基本和长期的源泉,这是值得进一步推敲和
讨论的。[③] 例如,"中国特色的联邦主义"假说特别强调中央和地方的行政
和财政分权必须具有高度的稳定性才能发挥激励效应。由于中国不是真正意
义的联邦制国家,按目前的体制,中央和地方的分权只能属于行政管理性质
的向下授权,下放权力随时可以收回。事实上,自分权改革以来,中央和地
方的管理权限的划分一直处于调整和变动之中。比如自 20 世纪 90 年代中期
以来中国陆续将许多原来由"块管"的权力变成了"条管",如工商、质量
监督、税收、土地管理等,银行也实现跨越行政区的大区管理模式,这种权
力调整以后还会继续下去。在财政分权方面,情况也很类似。财政包干在
1994 年之后变成了分税制,财税利益在中央和地方间的分配发生了重大变
化,中央财税收入的比重大幅度上升。而即使在分税制改革之前,财政包干
的合同也经常被中央事后调整,出现"鞭打快牛"的现象。[④] 虽然中央和地
方的行政和经济管理权限一直处于变动和调整之中,在大多数场合,这些调
整直接有损于地方政府的利益,但地方政府推动经济增长的热情并没有受到
显著影响,这又是为什么呢? 这说明在地方政府的行为背后还有一种超越了
行政与财政分权之外,更基本的激励力量存在。

"中国特色的联邦主义"假说的一个重要方面是强调其维护市场(mar-
ket-preserving)的功能。然而,事实上,在分权改革之后的近 30 年的今天,
中国市场经济的发展仍然面临许多严峻的问题与障碍,比如区域市场的分
割,食品与药品安全,行政垄断,政府对产业和企业的过度管制和干预,等

---

① 青木昌彦对此有详细的评述。参见青木昌彦《比较制度分析》,上海远东出版社 2001 年版。

② Jin, Hehui, Yingyi Qian, and Berry Weingast, 2005, "Regional Decentralization and Fiscal Incen-
tives: Federalism, Chinese Style", *Journal of Public Economics*, Vol. 89, pp. 1719 – 1742.

③ 对于"中国特色的联邦主义"假说的有效性更多的质疑和批评,参见 Cai, Hongbin and Dani
el Treisman, 2007, "Did Government Decentralization Cause China's Economic Miracle?", *World Politics*,
forthcoming。

④ Wong, C., C. Heady, and W. Woo, 1995, *Fiscal Management and Economic Reform in the
People's Republic of China*, Hong Kong: Oxford University Press; Ma, Jun, 1997, *Intergovernmental Rela-
tions and Economic Management in China*, New York: St. Martin's Press.

等。① 正如本文要重点强调的那样，目前中国治理地方官员的激励模式在深层次上与市场经济的培育和发展有着内在的矛盾。换句话说，这种激励模式与一个良好的市场经济所需的政府职能的合理设计之间存在严重冲突，使得行政与财政分权无法确保市场维护的合理激励。因此，为了更好地理解中国经济发展所面临的基本问题，我们需要一个新的理论视角。

解释中国地方政府激励还面临一个更根本性的问题：在政治体制上，中国在改革前后一直保持了行政、权力集中的模式，那为什么同一个或类似的政治体制下存在如此不同的经济增长绩效？中国的改革开放究竟改变了什么基本条件使得地方政府的行为如此不同？

本文试图从另一个不同的角度理解中国的政府体制的治理特征与高速经济增长的关系，并对上述问题作出回答。我们认为，从 20 世纪 80 年代开始的地方官员之间围绕 GDP 增长而进行的"晋升锦标赛"模式是理解政府激励与增长的关键线索之一。晋升锦标赛是由上级政府直至中央政府推行和实施，行政和人事方面的集权是其实施的基本前提之一，而晋升锦标赛本身可以将关心仕途的地方政府官员置于强力的激励之下，因此晋升锦标赛是将行政权力集中与强激励兼容在一起的一种治理政府官员的模式，它的运行不依赖于政治体制的巨大变化。但是，晋升锦标赛作为一种强力激励，也产生了一系列的扭曲性后果，导致中国政府职能的转型和经济增长方式的转型变得困难重重。在相当程度上，由于晋升锦标赛自身的一些缺陷，尤其是其激励官员的目标与政府职能的合理设计之间存在严重冲突，中国目前的这种地方官员的治理模式又是当前经济面临的各种重大问题的主要根源。

从政府官员的晋升激励研究中国政府内部治理的特征是区别于"中国特色的联邦主义"理论的一种观点。② 这种观点认为，虽然财税激励无疑构成地方政府行为的一个重要动力，但作为处于行政金字塔之中的政府官

---

① 关于中国分权改革的负面影响的系统检讨，参见王永钦、张晏、章元、陈钊、陆铭《中国的大国发展道路：论分权式改革的得失》，《经济研究》2007 年第 1 期。

② Blanchard, Oliver and Andrew Shleifer, 2001, "Federalism with and without Political Centralization: China vs. Russia", *IMF Staff Papers*, Vol. 48, pp. 171 – 179; Maskin, Eric., Yingyi Qian, Chenggang Xu, 2000, "Incentives, Scale Economies, and Organization Forms", *Review of Economic Studies*, Vol. 67, pp. 359 – 378; Whiting, Susan, 2001, *Power and Wealth in Rural China: The Political Economy of Institutional Change*, Cambridge University Press; Zhou, Li-An, 2002, "Career Concerns, Incentive Contracts, and Contract Renegotiation in the Chinese Political Economy", Ph. D. Thesis, Stanford University.

员，除了关心地方的财政收入之外，自然也关心其在"官场"升迁的机遇，而这种激励在现实中可能是更为重要的。Li 和 Zhou①、周黎安等②运用中国改革以来的省级水平的数据系统地验证了地方官员晋升与地方经济绩效的显著关联，为地方官员晋升激励的存在提供了一定的经验证据。他们发现，省级官员的升迁概率与省区 GDP 的增长率呈显著的正相关关系，而且，中央在考核地方官员的绩效时理性地运用相对绩效评估的方法来减少绩效考核的误差，增加其可能的激励效果。周黎安从晋升激励的角度探讨处于政治晋升博弈之中的中国地方官员的"非合作"倾向，反映在跨区域经济互动上就表现为地方保护主义和重复建设问题。③ 所有这些文献虽然从不同角度、程度不同地涉及中国晋升锦标赛的一些特征，但都没有单独对晋升锦标赛作为一种治理模式的系统特征及其影响作出研究，而这正是本文的重点所在。

本文需要系统回答如下一系列的理论问题：（1）晋升锦标赛得以实施的前提和条件是什么？为什么中国特别适合采用这种治理模式？它的主要威胁是什么？（2）晋升锦标赛如何解决政府组织内部的激励问题，尤其是中国特定条件下政府官员的激励问题？这里我们特别需要关注的问题是，在政府官员的职责明显具有多重任务（multi-task）特征的情况下，为什么采取锦标赛这种强激励的形式？我们如何解释晋升锦标赛模式之下各地区之间的政府行为的差异？（3）晋升锦标赛的潜在成本是什么？尤其是，它如何与中国粗放型经济增长方式以及一系列重大问题相关联？我们认为，在回答这一系列问题的基础上，我们可以理解晋升锦标赛作为一种激励模式成功运行的现实基础，它与中国经济增长和经济改革过程中一系列重要现象的内在关联，由此可以更准确地评价最近广为关注的地方干部晋升的 GDP 绩效观的功过是非，从而更深入地理解当前中央政府提出科学发展观的背景和意义。

① Li, Hongbin and Li-An Zhou, 2005, "Political Turnover and Economic Performance: The Incentive Role of Personnel Control in China", *Journal of Public Economics*, Vol. 89, pp. 1743 – 1762.

② 周黎安、李宏彬、陈烨：《相对绩效考核：关于中国地方官员晋升的一项经验研究》，《经济学报》2005 年第 1 期。

③ 周黎安：《晋升博弈中政府官员的激励与合作——兼论我国地方保护主义和重复建设长期存在的原因》，《经济研究》2004 年第 6 期。

二 晋升锦标赛模式：有效实施的前提

锦标赛作为一种激励机制的特性最早由 Lazear 和 Rosen 加以揭示。[1] 它的主要特征是参赛人的竞赛结果的相对位次，而不是绝对成绩，决定最终的胜负，因而易于比较和实施。各参赛人为了赢得比赛而竞相努力，以取得比别人更好的比赛名次，这是锦标赛的激励效果。在一定条件下（如参赛人的风险倾向是中性的），锦标赛可以取得最优的激励效果。[2] 锦标赛激励在契约理论中通常被视为相对绩效评估的一种形式，相对绩效评估的好处在于，当多个代理人从事的任务中涉及某种共同的未被观察的因素，比较代理人的相对绩效可以剔除这些共同因素的干扰，增加评估的精确度，从而提高激励契约的激励强度。

在一个组织内部，提拔锦标赛的优胜者到更高的职位并不花费委托人的额外资源，职位在事前是固定的，如果有空缺的话，无论如何需要提拔一人填补它，因此在决出优胜者之后委托人没有改变事前承诺的激励，在这个意义上说，锦标赛对参赛人的奖励具有良好的事前承诺的性质。[3] 我们后面还要讨论这一点。

本文所定义的晋升锦标赛作为一种行政治理的模式，是指上级政府对多个下级政府部门的行政长官设计的一种晋升竞赛，竞赛优胜者将获得晋升，而竞赛标准由上级政府决定，它可以是 GDP 增长率，也可以是其他可度量的指标。这里涉及的地方官员主要是各级地方政府的行政首长。[4] 晋升锦标赛作为一种激励和治理手段绝非改革开放以来的发明，在改革开放前的毛泽东时代就常被使用，如"大跃进"时期各省市竞相就粮食产量大放"卫

---

① Lazear, Edward, and Sherwin Rosen, 1981, "Rank-Ordered Tournaments as Optimal Labor Contracts", *Journal of Political Economy*, Vol. 89, pp. S841 – 864.

② 关于锦标赛更为详细的论述，参见 Lazear, Edward, 1995, *Personnel Economics*, The MIT Press。

③ Malcomson, James, 1984, "Work Incentives, Hierarchy, and Internal Labor Markets", *Journal of Political Economy*, Vol. 92, pp. 486 – 507.

④ 有意思的是，晋升锦标赛不仅在各级地方政府被"复制"，同时也在一些"准行政"单位被复制。比如国有企事业单位，这些机构的领导和行政官员面临一样的仕途，经常"双向"流动，在同一个"官场"上竞争，因而在晋升激励上是类似的，同一行业的国有企业之间（如中国移动与联通）和事业单位（如几个重点大学）之间竞争的晋升锦标赛性质就非常明显。

星"，也可以看作是一种晋升锦标赛的现象。

改革开放以来晋升锦标赛的最实质性的变化是考核标准的变化，地方首长在任期内的经济绩效取代了过去一味强调的政治挂帅。这种转变的契机是党中央在十一届三中全会以来拨乱反正和全党工作重心从阶级斗争转向经济建设。经济改革和发展成为各级党委和政府的头等大事，经济绩效也就成了干部晋升的主要指标之一。在20世纪80年代初邓小平提出了改革党和国家领导制度的重要思想，包括强调干部队伍的年轻化、知识化和专业化，鼓励老干部的离休退休，引入任期制和年龄限制。1984年中央决定适当下放干部管理权限，确定了下管一级的干部管理体制，使得省级政府可以通过任命权对下级政府发动经济竞赛。这一系列举措均为改革开放以来新型的晋升锦标赛奠定了制度基础。

有一系列现象的存在可以说明地方官员之间在晋升锦标赛下的激烈竞争行为。地方政府官员非常热衷于GDP和相关经济指标的排名。与此相联系的，当上级政府提出某个经济发展指标（如GDP增长率），下级政府就会竞相提出更高的发展指标，出现层层分解、层层加码现象。这方面的例子比比皆是，最近的一个例证是，在全国的"十一五"规划中，年均经济增长预期目标设定为7.5%，而在全国31个省市公布的"十一五"规划中，预计平均GDP增速却是10.1%，最高的达13%，最低为8.5%，以至于国家发改委紧急发文要求各省市为GDP增长"减速"。①

晋升锦标赛不是在任何一种政治体制下都可以发挥效力的，它至少需要以下几个技术前提。第一，上级政府的人事权力必须是集中的，它可以决定一定的晋升和提拔的标准，并根据下级政府官员的绩效决定升迁。第二，存在一种从委托人和代理人的角度看都可衡量的、客观的竞赛指标，如GDP增长率、财政收入、出口创汇量。如果委托人基于一些模糊和主观的标准决定参赛人的晋升，参赛人就会无所适从，最后胜负的决定也难以让参赛人心服口服。也就是说，竞赛指标越模糊，越主观，晋升锦标赛模式的激励效果就会越差。第三，各参赛主体即政府官员的"竞赛成绩"是相对可分离和可比较的。如果大家像是一个团队内的成员，彼此高度分工协作，个人的绩效无法单独衡量，那竞赛就失去了可以比较的基础。第四，参赛的政府官员能够在相当程度上控制和影响最终考核的绩效，这主要涉及被考核的指标与

---

① 《第一财经日报》2006年4月14日。

参赛人的努力之间是否存在足够大的关联，如果关联度太弱，激励效果将会很小。第五，参与人之间不容易形成合谋。① 可以设想，如果所有参赛人通过私下合约使所有人的绩效都保持相同（如大家都偷懒），那大家就都成了胜者，平分最高奖，或以相同的概率得到晋升，这肯定有损于委托人的利益。集体偷懒主要发生在锦标赛的优胜者与非优胜者的奖励差异不大的场合。当两者差异足够大时，单个参与人会产生偏离合谋的激励，因为当其他人遵守合谋下的表现的情况下，一个人的努力工作将很容易脱颖而出，独得优胜奖。

要满足上述所有这些条件并不容易。举例来说，Besley 和 Coate 利用美国州级水平的数据研究美国州长之间是否存在一种标尺竞争（yardstick competition），在他们的模型中，选民是委托人，州长是代理人，选民也许会以邻近州的税率和其他经济指标作为基准来判断他们所在州的州长是否胜任，从而在下次竞选时决定是否支持连任。② 这里的政治竞争似乎也可以看作是由选民发动的对州长们的晋升锦标赛，只是这里的晋升变成了连任。但是，这个模型与真正的晋升锦标赛还是有一定的距离的。首先，选民们的偏好各不相同，众口难调，相对可度量的税率只是其中的一个方面，这里既不存在集中的人事权，也不存在一个统一的可客观度量的绩效标准决定州长的政治命运。③ 其次，州长的许多经济决策（如税率的设定）并非可以独立作出，州议会在其中的作用可能更大，上述的第四个条件也不满足，即使存在所谓的标尺竞争，由于州长无法直接控制或影响选民关心的税率和其他方面，最终的对州长的激励效果也是要打折扣的。

那么，中国具备哪些政治与经济条件因而特别适合采用晋升锦标赛的模式呢？第一，中国是中央集权的国家，中央或上级政府有权力决定下级政府官员的任命，即具有集中的人事权。第二，无论是省与省之间，还是在市、

---

① 当然还有一个条件需提及，那就是在过去必须有足够的官员因为政治竞争而晋升或离开行政岗位。据周黎安等的统计，在 1979—2002 年涉及 28 个省区直辖市在位的 187 位省（市）委书记和 157 位省（市）长中有 25.9% 的官员得到晋升，41.6% 的官员离开了主要岗位。参见周黎安、李宏彬、陈烨《相对绩效考核：关于中国地方官员晋升的一项经验研究》，《经济学报》2005 年第 1 期。

② Besley, Timothy and Anne Case, 1995, "Incumbent Behavior: Vote Seeking, Tax Setting and Yardstick Competition", *American Economic Review*, Vol. 85, pp. 25 - 45.

③ 中国古代历朝皇帝治理地方官员就受制于当时的经济统计技术，难以真正使用锦标赛的方式，只能模糊地强调上缴税收和地方治安，GDP 的统计只是在第二次世界大战之后才成为可能。

地区、县、乡之间都有非常相似的地方。这些地方政府所做的事情很相似，所以他们的绩效比较容易进行相互的比较。中国从计划经济时代就已显出端倪的 M 形经济结构使得各个省区（包括省以下的区域经济）的经济绩效具有相当程度的可比性，而苏联的 U 形经济结构则难以在各区域之间进行经济绩效比较。① 这使得晋升锦标赛的第三个条件得以满足。在中国目前的行政体制下，地方官员对地方经济发展的具有巨大的影响力和控制力，一些最重要的资源，如行政审批、土地征用、贷款担保、各项政策优惠等均掌握在地方政府的手中，因而满足第四个条件。最后，跨地区的地方政府官员之间的合谋在中国目前的晋升体制下不是一个现实的威胁，地方官员之间的高度竞争才是常态。原因在于，晋升与不晋升存在巨大的利益差异，这不仅表现为行政权力和地位的巨大差异，而且在政治前景上也不可同日而语：不晋升可能意味着永远没有机会或出局，而晋升意味着未来进一步的晋升机会。

我们还需要指出，晋升锦标赛在中国实施还有其他一些特殊的便利。首先，锦标赛的激励效果是逐层放大的。中国行政体制由中央、省、市（地区）、县和乡镇五级政府构成，晋升锦标赛可以发生在中央以下的任何一级地方政府之间，而中国"块块"行政管理体制在不同层次上的同构性使得晋升锦标赛得以普遍推行。例如，在省一级干部之间采取以 GDP 为基础的锦标赛竞争的话，那么省级官员就必须提供较高的 GDP 增长水平。为此，他们可能会在辖区内的市一级推行 GDP 锦标赛竞争，而市又会在县一级推行锦标赛竞争，如此一层一层地往下推进。各级地方政府官员都在不断放大的锦标赛激励下，为了出人头地而努力。这可以很好地解释为什么中央颁布一个经济增长目标，下级政府就会竞相提出更高的增长指标，而且行政级别越低的地方官员提出的指标越高。其次，在相当长的时期内，中国政府官员处于一个非常封闭的"内部劳动力市场"，即一旦被上级领导罢免、开除，就很难在组织外部找到其他工作，作为官员个人也不能随意选择退出已有的职位，仕途内外存在巨大的落差，产生一种很强的"锁住"效应，造成一

① Qian, Yingyi and Chenggang Xu, 1993, "Why China's Economic Reforms Differ: the M-Form Hierarchy and Entry/Expansion of the Non-State Sector", *Economics of Transition*, Vol. 1, pp. 135 – 170; Maskin, Eric., Yingyi Qian, Chenggang Xu, 2000, "Incentives, Scale Economies, and Organization Forms", *Review of Economic Studies*, Vol. 67, pp. 359 – 378.

且进入官场就必须努力保住职位并争取一切可能的晋升机会。① 其效果非常类似于日本企业终身雇佣制下的内部劳动力市场，一个雇员跳槽离开企业被外部市场认为是一个坏的信号，说明这个雇员能力有问题，致使雇员难以跨企业流动，而不得不在企业内部努力寻求晋升。② 近些年来，随着中国市场经济的发展，干部"下海"的情况逐渐增多，"锁住"效应才逐渐变弱。

这种逐层推行的晋升锦标赛也同时说明，从职务晋升路径来说，地方官员从最低的行政职位一步一步提拔，进入一个典型的逐级淘汰的锦标赛结构。③ 它的最大特征是，进入下一轮的选手必须是上一轮的优胜者，每一轮被淘汰出局的选手就自动失去下一轮参赛的资格。比如说从县长这一级你没有升上去，退休了，或者被罢免了，你不可能再进行下一轮市长的竞争，这就是逐级淘汰。为了进入下一轮，你必须在这一轮获胜才有资格。这样就给地方官员施加了很大的压力，形成一种非常残酷的政治竞争。④ 由于中央对每一级别的行政干部有任职的最高年龄的限制，所以从政者必须在一定年龄升到某个级别，否则就没有机会了。比如近年来中央对省部级干部的退休年龄规定为60岁，假设一任的时间正常为5年，这意味着一个普通从政者要逐级提升为省部级干部，在最顺利的情况下也需要20年时间，但通常来说远不止这些时间。近年来国家对干部任职的年龄要求越来越趋于年轻化，使得一轮竞争错过提拔机会就可能永远失去晋升机会，这势必影响到地方官员的晋升策略，比如可能采取"铤而走险"的冒险策略，甚至"跑官买官"。从这个意义上说，逐级淘汰制下的行政干部的任职路径和年龄限制均不能随意确定，其中的一些微小变化都会引起巨大的连锁反应，从而最终影响到政府官员的激励。

要有效推行晋升锦标赛，如何选择参赛人的规模，确定参赛组的构成，是极为关键的。当我们说中国同级区域处于以GDP增长为基础的晋升锦标赛之下，并不意味着所有的同级地区都应该属于"竞争对手"。中国幅员辽

---

① Zhou, Li-An, 2002, "Career Concerns, Incentive Contracts, and Contract Renegotiation in the Chinese Political Economy", Ph. D. Thesis, Stanford University.

② Aoki, Masahiko, 1988, *Information, Incentives and Bargaining in the Japanese Economy*, Oxford University Press.

③ Rosen 对这种锦标赛的特征进行了深入研究。参见 Rosen, Sherwin, 1986, "Prizes and Incentives in Elimination Tournaments", *American Economic Review*, Vol. 76, pp. 701 - 715。

④ 这是中国政府官员与西方民主国家官员选拔的一个重要区别。西方国家的政治家参加竞选并不需要任何事先的政府部门的级别或经历作为前提。

阔，各地历史地理和经济发展条件差异非常之大，将一些并不属于"同一起跑线"的地区放在一起比较只会带来负面的激励效果：条件好的地区不用好好干也可以轻松胜出，而条件差的地区不管如何努力也无法赶超，其结果只能是条件好的地区不努力，条件差的地区也不努力，自暴自弃。因此，如何选择"可比地区"进行晋升竞争是采取锦标赛治理的重要内容。① 另一方面，给定晋升职位是固定的，参与竞争的人数越多，晋升的概率越小，参加锦标赛的期望收入越低，为了保证参与人有适当的激励水平，同一组内的竞争者人数不能太多。因此，在晋升锦标赛作为主要的激励模式下，一级政府所辖的下级政府的数目必须存在一个合理的规模，过大和过小均不利于调动参与人的激励。也就是说，晋升锦标赛的优化设计必然内生地产生一个政府组织的层级结构，如一个省所辖的市（地区）的数目、一个市（地区）所辖的县的数目等。

晋升锦标赛有效实施的现实威胁主要来自两方面：第一，晋升锦标赛不能公平、公正和公开地推行，地方官员的晋升与经济绩效无关，而是其他一些人为因素决定，如"跑官买官"，"关系"胜于"政绩"，使得锦标赛变得形同虚设。这类似于足球比赛中的"黑哨"，比赛的胜负取决于一些赛场之外的因素，运动员的激励完全被扭曲了。近年来黑龙江和辽宁的一些地区出现了大面积的"买官卖官"现象，导致这些地区经济长期不振，正是锦标赛规则被扭曲走形的例子。第二，地方官员失去参与竞赛的兴趣和热情，看淡晋升利益，只求保住位子。这种情况的发生，通常是利益关系人给予的经济贿赂超过了政治晋升的"诱惑"所致。从上级政府的角度来看，政府官员与地方利益相关人结成联盟，被外部的机会和利益所吸引而"主动"放弃比赛，是推行晋升锦标赛最大的一种威胁。② 因此，如何满足地方官员的参与约束对于锦标赛设计来说至关重要。

---

① 周黎安等发现了中央运用省级官员的前任平均绩效和同期全国平均 GDP 增长率或邻近地区作为比较基准的经验证据，但在统计上，前者的显著性明显高于后者。这一方面反映了在中国省区之间差异性太大前提下中央政府理性选择一个合理"基准组"的努力；另一方面，我们作为研究者不知道中央如何具体选择参赛组和"可比地区"，这影响了统计估计的精确度。参见周黎安、李宏彬、陈烨《相对绩效考核：关于中国地方官员晋升的一项经验研究》，《经济学报》2005 年第 1 期。

② 前面提到，市场经济的发展促使官员下海逐渐增多，从满足官员参与晋升锦标赛的约束来看，其效果正反两方面都有，一方面市场经济的发展对于政府官员来说相当于外部机会变好，但另一方面市场经济发展之后政府权力的租金价值可能随之上升。

三　晋升锦标赛如何解决政府内部的激励问题？

（一）政府治理的性质

晋升锦标赛如何解决政府官员的激励问题？与市场失效相对应的政府失效的核心是政府官员的激励未能与委托人的利益协调一致，也即在行政领域中的委托—代理问题。因此，设计一个合理的行政治理结构将有助于规范政府官员的激励，从而降低这些交易费用。治理官员的核心是如何将政治家（政府官员）的政治仕途与反映社会需求的一定的标准相联系。经济学家最近在反思"华盛顿共识"，有一些经济学家提出"制度共识""把激励搞对"。[①] 我们可以进一步提出"把政府官员的激励搞对"，因为这是政府治理的核心。

政府治理的特征源于政府官员的自由裁量权和政府所从事的职责的特殊性质。当政府权力不受或较少受到约束时，政府官员拥有巨大的随意处置权，而这些权力因为其垄断的性质而容易变成"合法伤害权"。[②] 虽然市场个体消费者或企业也可能拥有一定的合法伤害权（如逆向选择和道德风险），但在影响范围和程度上与政府相比不可同日而语。换句话说，政府官员既可以成事，也可坏事，这就是文献里著名的"掠夺之手"与"协助之手"的区别。[③] 行政治理的核心在于治理官员，如何激励政府官员、限制随意处置权成为合法伤害的可能性，无疑是非常关键的。另一方面，政府职责具有多维度、多任务的特征且不易量化，[④] 政府目标需要考虑诸如消费者剩余、生产者利润、社会公正、环境污染等，加之政府的许多服务具有相当的垄断性，如何激励政府官员成为各国行政治理的难题。

在中国，政府官员手中的自由裁量权更具特殊性：一是行政权力巨大，二是所受约束有限（如"一把手"现象）。经济转型并没有彻底改变政府支

---

① Easterly, William, 2005, *The Elusive Quest for Growth: Economists' Adventures and Misadventures in the Tropics*, The MIT Press.

② 这里借用吴思的用语，参见吴思《血酬定律：中国历史中的生存游戏》，中国工人出版社2003年版，第206页。

③ Frye, Timothy and Andrei Shleifer, 1997, "The Invisible Hand and the Grabbing Hand", *American Economic Review*, Vol. 87, pp. 354–358.

④ Tirole, Jean, 1994, "The Internal Organization of Government", *Oxford Economic Papers*, Vol. 46, pp. 1–29.

配经济资源的方式和手段，虽然计划手段基本被取消了，但政府对重要的经济资源（如资金、土地和产业政策）的支配力和影响力仍然巨大。如果政府官员主要关心设立租金、收取贿赂和不作为，那么，随意处置权就用在了非生产性用途上，对地方经济发展就构成一种严重的障碍。另外，中国长期以来流行的属地化分级管理模式也赋予了地方政府相当的行政治理权力，地方政府所受的水平监督和制约非常有限，而主要靠上级政府对其进行监督和制约，但上级政府所拥有的信息有限，监督成本巨大。

（二）政府内部的激励问题与中国特色的治理

随意处置权、垄断和监督问题使得驱使政府提供良好的公共服务变得困难，因此任何一种政府治理模式都需要解决信息不对称、监督和激励问题，区别只在于各国所面临的政治与经济的约束不同而已。

中央政府面临最大的问题之一是如何监督下级政府的行为。在一个权力集中的等级组织中，监督和制约只能产生于垂直方向，当控制指标比较模糊时，监督成本非常高。不仅如此，一个等级组织中的监督者与被监督者存在合谋的可能性，如何监督监督者？只有最高层有充分的激励监督下级，而对次高层以下的监督激励则依次递减。中国自改革开放以来推行的以经济增长为基础的晋升锦标赛，结合它在中国各级地方政府的放大机制，实际上让每一级政府都处于增长竞争格局，让每个官员的仕途升迁都与本地经济增长挂钩，调动其推动地方经济发展的积极性，这在相当程度上解决了监督激励依次递减和信息不对称的问题，大大节约了监督成本。

因此，晋升锦标赛最大收益之一是在地方政府之间引入了竞争机制，这种竞争随着各种生产要素（尤其是资本和人力资本）的流动性日益增大而加剧。地方政府间的激烈的行政竞争推动了地区间的经济竞争，彻底改变了政府部门对重要生产要素（如资本）的态度，政府部门的垄断租金大幅度被削减。中国在司法意义上的产权保护制度尚存在许多缺陷，尤其民营企业容易遭歧视，各种权益不被尊重；国际投资者也经常怀疑中国能否提供良好的商业和政策环境保护其合法权益。这是人们按照西方国家的标准检查中国正式制度安排可能产生的疑问。事实上，中国地方政府间围绕招商引资的各种形形色色的恶性竞争，比如"零地价"政策，使得中国这些年外资流入一直位于世界前列。国内民营资本也开始受到许多中西部地区政府官员的关注和追捧。因此，从根本上说，晋升锦标赛是企业产权得到保护、政策环境得以优化的行政基础。晋升锦标赛作为一种地方官员的治理机制提供了中国特色的产权保护和其他有助于企业发展的政府服务，它主要不是通过司法的彻底改革实现的，而是通过改变政府官员的激励实现的。在这种意义上说，晋升锦标赛是对正式的产权保护和司法制度的一种局部替代。

晋升锦标赛与中国行政体制的某些特征相结合有助于克服发展中国家经常面临的挑战，即所谓的"政治公有地悲剧"：每一个政府部门都想对企业进行"搜刮"，而不考虑到其搜刮对别的政府部门的负外在性，最终导致过度"搜刮"。① 在中国，地方政府的行政权力主要集中于各级党委，尤其是党委一把手，这导致了行政权力的过度集中；但另一方面，当权力过度集中到少数领导手中，他们所面临的增长激励就可以对所属各个政府部门形成强有力的约束，这比权力完全分散在各个政府部门、各自为政要容易避免"政治公有地悲剧"的产生。Frye 和 Shleifer 认为中国政府扮演"协助之手"，而俄罗斯政府扮演"掠夺之手"的重要原因就在于中国政府的权力比后者更为集中。② 但权力集中本身仍然不能保证"协助之手"，以经济增长为基础的晋升锦标赛是"协助之手"的最终来源。

从政治经济学的角度看，政府官员可能受到各个利益集团的影响，使得政府出台的公共政策成为促进特殊利益集团的工具，即政府被利益集团"捕获"。③ 在中国经济转型过程中，地方政府也难以摆脱各种潜在利益集团的影响，如在改革过程中，国有部门的利益诉求会阻碍地方民营化和吸引外资的进程。在民主政体下，政治家和国会议员均接受利益集团的政治献金，企业、工会等利益集团有不同政策立场，竞相向决策和立法权力施加影响，使得一些不利于收入和经济增长的情况长期存在。比如在印度，一些政客出于竞选目的而权宜地出台一些其实是严重阻碍地方经济发展的政策法令，讨好某些特定的利益集团（如乞丐帮）。④ 在中国，地方政府也会受到一些利

---

① Shleifer, Andrei and Robert Vishny, 1993, "Corruption", *Quarterly Journal of Economics*, Vol. 108, pp. 599 – 618.

② Frye, Timothy and Andrei Shleifer, 1997, "The Invisible Hand and the Grabbing Hand", *American Economic Review*, Vol. 87, pp. 354 – 358.

③ Stigler, George, 1971, "The Theory of Economic Regulation", *Bell Journal of Economics*, Vol. 2, pp. 3 – 21.

④ 感谢姚洋教授与我分享他在印度访问的见闻以及关于民主体制下民粹主义倾向的观点。

益集团的影响，但是在晋升锦标赛体制下，这些利益集团或多或少对当地经济增长是有利的。这是因为，如果地方官员的根本利益在于政治晋升，在于辖区的经济增长，那么一切利益诉求必须与经济增长的要求相兼容。必须指出的是，在地方官员与地方利益集团极可能形成各种利益联盟的情况下，晋升锦标赛是一种限制政府官员被固定或狭隘利益集团的捕获而导致地区增长迟滞的治理手段。当然，中国的情况可能是走向了另一个极端，即许多与短期增长没有直接关系但又是民众迫切关心的问题（如环境污染、教育、公共医疗）被忽略了。

与行政和财政分权相比，晋升锦标赛的一个突出优点是奖励承诺比较可信。这种可信度来自两个方面：一是指标比较透明，各参与人都能观察到各自的业绩和委托人是否按照事前宣布的规则兑现承诺。设想上级领导完全根据主观感觉（也许他心里有一个确定的主观指标）提拔下属，下属并不知道领导究竟看重什么，也不知道是否每次都公正客观地实施了他自己的标准，可信承诺自然无从说起。二是提拔竞赛优胜者并不花费委托人的额外资源，[①] 因为职位在事前是固定的，如果有空缺的话，无论如何需要提拔一人填补它，因此在决出优胜者之后委托人没有改变事前承诺的激励。从这个意义上说，委托人作出的提拔优胜者的承诺比用巨额奖金奖励优胜者（如财政包干契约）的承诺要可信得多，因为后者取决于委托人的财政状况，而且事后容易滋生不兑现承诺的动机。20 世纪 80 年代推行的"财政包干"可以看作是中央为地方政府设计的一种财政收入激励合约，如果财政收入超过某个水平，可以获得超额提成。但在执行过程中，中央政府因财政困难经常改变过去的合约承诺。[②] 而行政分权也是可调整的和可逆转的，近年来中央与地方、省与地方的行政权限一直处在变动之中，所以分权承诺的可信度是相当有限的。

值得强调的是，晋升锦标赛还会内生地生产出一种维持这种激励制度的积极因素，从而较好地解决关于改革开放承诺的可信度问题。按照目前的晋升制度，经济竞赛的优胜者获得晋升的机会，提拔到更高一级的领导岗位，

① Malcomson, James, 1984, "Work Incentives, Hierarchy, and Internal Labor Markets", *Journal of Political Economy*, Vol. 92, pp. 486 – 507.

② Ma, Jun, 1997, *Intergovernmental Relations and Economic Management in China*, New York: St. Martin's Press; Wong, C. , C. Heady, and W. Woo, 1995, *Fiscal Management and Economic Reform in the People's Republic of China*, Hong Kong: Oxford University Press.

成为决定下级政府官员晋升命运的评判者。由于他们是这种激励制度的成功者，维护其正常运行自然符合他们自身的偏好和既得利益。中国特色的联邦主义理论无法令人满意地解释中央对分权和市场化改革的可信承诺。按照晋升锦标赛理论，这一点并不难以解释：随着越来越多的来自经济发展迅速和市场化程度高的省级领导人晋升到中央决策部门，在当前党的集体决策体制下，他们的偏好和利益决定了中国改革开放的基本政策的稳定性和承诺的可信度。

晋升锦标赛是一种强激励（high-powered incentives）的形式，政府官员的晋升高度依赖于一些可测度的经济指标。但政府的职责如前所述是多维度和多任务的，有些容易测度，有些不容易测度，晋升锦标赛等于将那些不容易测度的指标排除在考核范围里。根据 Holmstrom 和 Migrom 多任务下的委托—代理理论，如果激励的设计只是基于一些可测度的指标，很容易导致代理人的努力配置扭曲，即将精力完全集中在可测度的任务，而忽略不可测度但同样重要的任务。① 事实上，中国经济增长面临的许多问题正是这种配置扭曲的结果（后面将详细讨论）。所以在这种情况下，弱激励形式是一种常见的组织设计，将代理人的报酬与绩效基本脱钩，以谋求代理人对多任务低水平（因激励不足）但较为平衡的努力配置。这就产生了一个重要而有趣的问题：多任务下强激励在企业组织内也不常见，那为什么在中国的政府治理中会采用？

中国政府体制的特征是权力的一体化和等级化，地方政府主要面临上级政府的垂直监督，所受的水平方向的监督和制约非常有限，尤其是政府公共服务的直接对象——民众与企业不能直接影响地方官员的任命，虽然他们是最有信息监督和评价政府服务质量的主体。而中国长期以来的属地化分级行政管理体制又强化了地方政府的实际权力，尤其是自由处置权。给定政府目标的多维性和多任务特征，如果上级政府采用弱激励方式，让官员的晋升与当地经济增长或其他可测度的经济指标脱钩，采取一种模糊和主观的评价方式决定官员的政绩，那势必导致地方官员的自由处置权最终变成了官员偷懒、受贿或不作为的特权。这里最大的困难在于，如果人事任免权和对官员的考察权均在上级政府，上级政府获得有关下级地方官员的能力和服务质量

---

① Holmstrom, Bent and Paul Milgrom, 1991, "Multi-Task Principal Agent Analyses", *Journal of Law, Economics and Organization*, Vol. 7, Special Issue.

的信息的成本将是非常高昂的，这种成本越高，地方官员手里的自由处置权（合法伤害权）的自由度也就越高。因此，在这种背景下，采用以 GDP 增长为基础的强激励的晋升锦标赛是对地方官员手中不受监督和制约的自由处置权的一种强制引导。虽然带来努力扭曲、政绩工程等问题，但至少换来了相当水平的经济增长，这比弱激励下政府的不作为甚至偷懒、腐败要好。除非公众对政府服务的评价意见能以某种方式进入官员绩效的考核之中，使得上级政府面临的信息约束放松，从而减少对晋升锦标赛的依赖，否则这种两害相权取其轻的取舍就不可避免。进一步说，在中国目前的政府体制下，晋升锦标赛的推行与上级政府面临的信息和监督约束，或者说地方官员面临的监督方式直接相关，主要以垂直监督为主，还是以水平监督（如媒体和公众）为主，对政府治理模式的选择影响巨大。

（三）晋升锦标赛与地方政策实验、创新和违规

有一种观点认为，行政分权和 M 形经济结构有助于地方进行局部政策实验，如果实验成功，则可以向全国推广。[1] Cai 和 Treisman（2007）指出，这种局部实验并不是行政分权和 M 形经济的特权，集权模式下也会存在局部政策实验的情况；最重要的是，局部实验的设计、部署和推广正是在一个中央集权的结构下才是可能的。[2] 这两种观点都有可取之处，但有一个关键性问题没有回答：如果不是来自中央的指令，地方自主推行政策实验的激励何在？如果实验面临失败风险，政策创新需要大量投入，为什么要冒险实验和创新？中国近 30 年改革历程说明：在"发展才是硬道理"的总体背景下，创新和试验总是被鼓励，如果成功，创新者会受到额外的奖励，即使失败也不太会被惩罚。事实上，长期以来，地方政府一直在一些政策领域与中央政府博弈和周旋，如土地批租、宏观调控、开发区建设等方面，虽然中央三令五申，地方政府的"擦边球"和在"灰色地带"的博弈行为屡禁不止，对违规者的明确惩罚却非常少见，说明了中央政府对绩效观的隐性承诺。[3]

---

① Qian, Yingyi and Chenggang Xu, 1993, "Why China's Economic Reforms Differ: the M-Form Hierarchy and Entry/Expansion of the Non-State Sector", *Economics of Transition*, Vol. 1, pp. 135 – 170.

② Cai, Hongbin and Daniel Treisman, 2007, "Did Government Decentralization Cause China's Economic Miracle?", *World Politics*, forthcoming.

③ 直到最近，一些省份的高层官员因违规批地和上项目被点名批评，而这又恰逢提倡科学发展观、检讨 GDP 政绩观之时，是值得注意的发展趋向。

所以晋升锦标赛内在地鼓励地方政府的政策创新行为，当然这也不可避免地导致了地方违规行为。①

(四) 晋升锦标赛与行政和财政分权的关系

晋升锦标赛必须与一些其他改革措施相配套才能发挥作用。在一种严格的中央计划体制下不可能出现真正意义上围绕经济增长的政治竞争。地方官员必须拥有一定的经济决策权力，能够支配一定的经济资源，即拥有较大的行动空间，才能真正对地方经济发展负有行政责任。此时，激励地方官员推动经济增长与发展才有意义。另外，对于地方官员来说，保住行政职位也是财政和行政激励发挥作用的前提。如果地方官员预期自己很快就要退休了，那么行政和财政分权的利益与个人的联系将减弱不少，影响后者的激励效果。因此，两者存在明显的互补关系。

虽然两者是互补的关系，但是晋升锦标赛下政府官员的晋升激励是比财政和行政分权所带来的激励更为持久和基本。政府官员作为政治参与人，最关心的是行政晋升和仕途，而非地区的财政收入。只有从晋升激励出发，我们才可以很好地解释为什么从 20 世纪 80 年代以来财政体制在中央和地方的行政分权一直在变化之中而地方官员推动区域经济增长的激励没有改变，因为晋升锦标赛的基本模式一直没有改变。给定晋升主要取决于经济增长，财政体制由财政包干制变成对中央政府有利的分税制对地方官员来说并不是不能接受，而在财政包干期间中央一再改变某些省份的分成比例也不可能影响地方官员追求更高经济增长的动力。

四　晋升锦标赛的成本

(一) 政府官员的激励扭曲

1. 偏好替代。晋升锦标赛治理最大的问题是缺乏辖区居民的偏好显示，以 GDP 指标代替居民的偏好。在经济发展和市场转型的早期，这种偏好替代有一定的合理性：当绝大多数人的温饱问题没有解决时，经济发展和收入

---

① 在每一轮宏观调控的时候均有不少地区"顶风"上项目，投资热情不减。这是一种增长竞争中的博弈策略：谁都希望别的地区服从调控而减少投资，而自己可以通过增加投资使经济增长提速，以获得更高的晋升机会。

提高是绝大多数人的最大需求。随着人们收入大幅增加、生活条件不断改善，人们的偏好和需求趋于多样化，此时 GDP 增长甚至绿色 GDP 增长已不能准确代表辖区内居民高度多样化的偏好结构，这些多样化偏好最后如何传导为政府的公共服务内容就成为中国地方行政治理最大的挑战之一。最重要的问题是，直接承受地方政府治理后果的居民和企业无法直接影响地方官员的仕途，具有任免权的机构在上级政府，所以目前的官员任命机制无法保证地方官员对居民和企业的多样化偏好作出足够和有效的反应。因此，未来改革方向是如何让辖区的公众的满意度以恰当方式进入地方官员的政绩，成为左右官员仕途升迁的重要因素。

2. 多任务下的激励扭曲。这主要表现在晋升激励下的地方官员只关注那些能够被考核的指标，而对那些不在考核范围或者不易测度的后果不予重视。GDP 竞争会导致一些地区的政府官员热衷于搞政绩工程，劳民伤财，甚至编制经济增长数字，这种情况在缺乏经济资源和机会的落后地区尤为明显。一些地区因经济基础差，按实际增长难以和较发达的临近地区进行竞争，给上级政府创造一个良好印象，这可能导致一些急于晋升的地方官员"穷则思变"，采取"铤而走险"的竞争策略，搞一些华而不实的工程项目，并对下级政府层层加码，下达达标任务。这方面的例子特别多。比如在河南省 20 世纪 90 年代初以来一度流行的所谓的"富民工程"，一些县乡政府官员在考察了江浙一带的发展经验之后认识到乡镇企业的重要性，于是强行让乡村两级兴办企业，最后大都以失败告终。[①] 注意在中国多级同构性的行政体制下，省级政府的晋升激励会一级一级地转化为地区（市）、县和乡（甚至村）的增长激励。如果它在上层是扭曲性的激励，就会在下面多级行政治理中放大。另外，高速经济增长同时带来了严重的环境污染和高昂的能源消耗问题，这也是晋升锦标赛导致数量扩张冲动的后果之一。晋升锦标赛使得政府官员只关心自己任期内所在地区的短期经济增长，而容易忽略经济增长的长期影响，尤其是那些不易被列入考核范围的影响。有些官员为了在晋升竞争中获胜甚至不惜造假，操纵统计数据，致使民间有"数字出官，官出数字"之说。

除了上述扭曲之外，晋升锦标赛还使得政府官员同时在经济上和政治上竞争，经济竞争由于受到以零和博弈为特征的行政竞争的支配而出现了资源

---

① 曹锦清：《黄河边的中国》，上海文艺出版社 2000 年版，第 265—269 页。

配置扭曲的现象，如中国区域发展中的政府非合作倾向，包括我国长期存在的地方保护主义和重复建设问题。①

3. 晋升博弈下的软预算约束问题。在晋升锦标赛下，地方政府的预算软约束问题有可能会恶化，而企业的软预算约束问题则会以新的形式出现。首先，为了在经济竞争中获得有利地位以增进政治晋升的机会，地方官员会动用一切政策手段（包括财政和金融工具）支持企业和其他商业扩张，这种只重数量而非质量的扩张很容易形成企业经营绩效低下和政府的财政赤字和负债。因为我们无法看到中央或上级政府让地方政府陷于财政破产的境地，这种预期又进一步助长地方政府粗放型的财政支出行为。目前在县乡一级面临的严重的政府债务问题在一定程度上是这种预算软约束的反映。其次，在晋升锦标赛下，不仅国有企业，甚至一些民营企业的预算约束有可能软化。常州铁本事件是一个很好的例子。常州市政府为了实现经济赶超的目标，"强行"将一个中等规模的民营钢铁厂短时间里变成一个超大型企业，为此提供了一系列政策优惠，包括政府信贷担保。一个企业，不管其所有制性质，一旦变成地方政府实现其经济赶超的工具，就不可能在硬预算约束下经营。过去唯有国有企业存在预算软约束问题，现在民营企业也可能染上此病，原因就在于晋升锦标赛改变了地方官员对民营企业的态度。

（二）晋升锦标赛与政府职能转变

中国治理地方官员的晋升锦标赛模式在深层次上与市场经济的培育和发展有着内在的矛盾，或者说这种特定的激励政府官员的模式与建立一个良好的市场经济所需的政府职能的合理设计之间存在严重冲突，导致政府在市场化过程中的角色冲突和转变政府职能的困难。

1. 市场化过程中的角色冲突。晋升锦标赛让地方官员对本地经济发展负责，也使得他们不惜一切手段去获得经济发展，这其中包括一些不利于培育和维护市场秩序的手段，如纵容本地企业生产假冒伪劣产品，违规为企业办理市场进入手续或信贷担保。我们经常说政府扮演裁判员与运动员的双重身份，导致市场秩序难于真正建立。事实上，更为准确的描述

① 周黎安：《晋升博弈中政府官员的激励与合作——兼论我国地方保护主义和重复建设长期存在的原因》，《经济研究》2004 年第 6 期。

是，在晋升锦标赛下，地方官员一方面是地区经济增长的参赛运动员，另一方面又是辖区内市场竞争的裁判员，这双重身份使得地方政府急于利用裁判员的身份做运动员的事情，这是中国经济市场化过程中面临的最严重的障碍之一。

中国在20世纪90年代中期陆续改革了一些政府部门的管理模式，由"块管"变成"条管"，如工商、质量监督、税收、安全生产监督等，银行也实现跨越行政区的大区管理模式。这些改革本身就有限制和纠正地方政府干预市场的"越位"行为的考虑。但是，这些改革并没有从根本上改变地方政府对这些职能部门的影响力，原因在于，在晋升锦标赛下，地方官员仍然需要这些部门对本地经济发展做贡献，一旦这些部门的做法（如严格质量监督与市场秩序管理）与本地的局部利益相冲突，地方官员仍然可以动用许多地方资源对这些"条管"部门施加有效的压力。晋升锦标赛进一步强化了地方官员与地方利益的联盟，使得中央的一些旨在改革政府职能、完善市场秩序的努力（如建立良好的市场秩序和全国共同市场）失去效力。近年来在媒体广为曝光的煤矿安全生产问题，这里既有官煤勾结、收受贿赂的腐败问题，也有其他根源，其中之一是地方政府的政绩观。一些地方政府为了GDP的增长和税收增长，认为安全监管过于严格会干扰地方经济的发展，因而对安全监督工作直接进行干预，采取放松执法、消极对待违规生产的企业甚至偏袒保护这些企业的态度。在这样的环境下，安全生产监管的执行过程必然会偏离其真正的监管目标。

2. "建设性"财政体制向"公共财政"体制转型的困难。1998年中央提出财政体制从传统的"建设性"财政向"公共财政"转型，强调政府公共支出的重点由过去的经济建设支出（如基建投资）逐步过渡到以教育、医疗卫生与福利等公共产品的支出。然而，这一转型显得非常艰难而缓慢。据统计，从1998年到2005年，全国在教育、科学、医疗卫生等领域的财政支出比例不但没有上升反而下降。由于公共财政的执行在很大程度上依赖于地方政府的参与，导致这一转型困难的根源在于地方政府目前的激励性质和结构与这个巨大转型之间存在基本的冲突。晋升锦标赛把考核的焦点放在一个地区的经济发展，地方官员更关心的是任期内的经济指标的高低，而教育、科技和医疗卫生这些投入均是在长期内发生影响的，短期内无法"兑现"为经济增长。虽然公众对于教育、医疗和住房问题的关心超过任何其他方面，但他们无法直接决定地方官员的任免，所以这些议题很难像经济增长那样被地方官员所关注。

（三）晋升锦标赛与中国经济增长方式的转变

中国过去近 30 年取得了举世瞩目的经济成就，经济总量已经跻身世界前列，被誉为"世界工厂"，外汇储备逾万亿美元。然而，在这一系列的光环之下，中国传统的增长方式与日益高昂的成本引起人们的批评和质疑。中国企业普遍缺乏世界知名品牌，也没有掌握什么重要的核心技术，与此相联系，绝大多数企业的 R&D 投入非常低，主要优势体现在加工的成本优势，"制造大国"更多表现为"加工大国"。

更为严重的是，高速经济增长不仅直接带来了严重的环境污染和能源消耗，而且构成中国企业主要竞争优势——加工的成本优势也在相当程度上建立在长期人为扭曲的要素价格上。比如在地方政府招商竞争中，土地价格被人为压低，经常出现"零地价"；资金成本因利率过低或政策贷款或担保也被人为压低，与此同时，劳动力成本因劳动保障和社会福利不健全被压低，企业生产的环境成本也因为地方政府的纵容而人为地被压低。人民币被低估加上出口退税推动中国出口急速增长。可以看出，所有这些要素价格的扭曲均与地方官员在晋升激励下的增长冲动紧密联系在一起，甚至主要由后者所造成。由于晋升职位总是有限的，晋升锦标赛具有一种"赢家通吃"和"零和博弈"的特征，一人提升势必降低别的竞争者的晋升机会，因此，这种激烈的政治竞争就会转化为为了政治收益不计经济成本和效益的恶性经济竞争，[①] 所有这些人为的要素扭曲正是这种由晋升激励主导的恶性经济竞争的结果。在这个意义上说，晋升锦标赛是中国粗放型和扭曲型经济增长的制度根源之一。

五　总结及政策含义

政府官员的治理机制是决定经济增长的重要的制度安排。本文研究了改革开放以来中国解决地方官员激励问题独特的治理方式，并将这种方式与中国近 30 年的高速增长以及面临的各种问题联系起来。近年来人们对中国政

---

① 周黎安：《晋升博弈中政府官员的激励与合作——兼论我国地方保护主义和重复建设长期存在的原因》，《经济研究》2004 年第 6 期。

府官员的 GDP 绩效观提出了许多疑问，但一直缺乏统一的分析框架，如何系统地认识这一人事控制与激励机制的作用与局限无疑是一个重要的理论与现实问题。

以经济增长为基础的晋升锦标赛结合了中国政府体制和经济结构的独特性质，在政府官员手中拥有巨大的行政权力和自由处置权的情况下，提供了一种具有中国特色的激励地方官员推动地方经济发展的治理方式。从国际比较的角度看，如果说地方政府在中国经济增长奇迹中作用巨大的话，那么这种作用的制度基础就是晋升锦标赛模式。

但是晋升锦标赛也是一把双刃剑，它的强激励本身也内生出一系列的副作用，比如行政竞争的零和博弈的特性导致区域间恶性经济竞争；在政府职能呈现多维度和多任务特征时，晋升锦标赛促使地方官员只关心可测度的经济绩效，而忽略了许多长期的影响；晋升锦标赛使得地方官员是地区间晋升博弈的运动员，同时政府职能要求他们又必须是辖区内市场经济的裁判员，这两者存在内在的角色冲突，政府职能转换之艰难便源于此。另外，通过晋升激励支撑的对企业的扶持和产权保护肯定不如通过健全的司法保护更透明和更持久。诸如此类的问题随着中国经济的日益发展和市场经济的进一步完善而显得日趋严重，晋升锦标赛模式到了不得不面临转型的时候。

给定晋升锦标赛存在的这一系列的问题，中国地方官员的治理方式如何转型？改变考核地方官员的指标体系是目前的一种改革思路，由一种比较单一的增长指标变成更具综合性的指标体系，纳入环境质量及相关要素，如绿色 GDP 指标，以尽量减少地方官员的努力配置扭曲。这无疑是对过去传统考核方式的一种改进。但另一方面，根据我们前面的分析，这种转变也有其潜在的成本。一是我们不得不将一些不容易量化的指标加以量化，会有测量误差；二是只要有量化的考核指标和不能被量化的维度，官员努力配置的扭曲就不可避免；[1] 三是指标体系越复杂，因素越多，在执行过程中就越主观

---

[1] 据新华网北京 3 月 3 日电，由于"十一五"规划明确提出了我国经济社会发展的环境约束性指标，如到 2010 年，单位国内生产总值能源消耗降低 20%，主要污染物排放量减少 10%，自 2007 年始，这两项约束性指标已经层次分解落实，直至县政府、有关行业和重点企业。以这种行政的定量方式限制经济发展的环境后果是否一定最优（如发放污染许可证、允许市场交换也可能是一种思路），我们暂且不讨论，但显然还有许多发展目标（如企业自主创新）是无法用定量方式激励或惩罚的。

（比如权重的确定可能因人、因时而异），标准就越模糊，激励效果将随之降低。所以这只能代表一种局部的改进。如果按照中央的科学发展观以及和谐社会的要求，一种更根本的解决之道是让政府公共服务的对象——公众对政府施政的满意度进入官员的考核过程，比如进一步发挥人大和政协在监督和问责政府官员方面的作用，引入差额选举的方式，让辖区内的公众意愿能够影响官员的仕途，并适当增加新闻媒体的监督作用。这样可以大幅度降低上级政府在考察官员所需的信息成本和设计指标的困难，从而从根本上减少对晋升锦标赛模式的依赖。

（本文发表于《经济研究》2007 年第 7 期）

人口转变、人口红利与
刘易斯转折点

蔡　昉

一　引言

在理论界和政策研究领域，关于中国经济增长是否正在丧失人口红利的支撑，以及中国经济发展阶段是否已经迎来刘易斯转折点的判断，众说纷纭、莫衷一是，讨论仍然方兴未艾。笔者在一篇合作的文章中，[①] 以人口抚养比为代理指标，估算了人口红利对 1982—2000 年人均 GDP 增长率的贡献为 26.8%，同时指出，随着大约在 2013 年人口抚养比由下降转为提高，传统意义上的人口红利趋于消失。在其他的文献中，[②] 笔者从人口年龄结构变化趋势、劳动力市场供求关系变化、普遍出现的民工荒现象，以及普通劳动者工资上涨等方面的新形势，作出了刘易斯转折点到来的判断，并从经济增长方式转变、收入分配格局变化、劳动力市场制度建设、人力资本培养等方面揭示了转折点到来所具有的政策含义。

对于上述判断，许多学者和政策研究者持赞同的态度，也出现了很多批评意见。在最初的文章和答复性文献中，[③] 笔者尝试提供更多的经验证据，从不同角度印证所得出的判断。但是，对于经济现实中的表现，人们

---

① Cai, Fang and Dewen Wang, 2005, "China's Demographic Transition: Implications for Growth", in Garnaut and Song (eds), *The China Boom and Its Discontents*, Canberra: Asia Pacific Press.

② 蔡昉：《刘易斯转折点——中国经济发展新阶段》，社会科学文献出版社 2008 年版；Cai, Fang, 2008, "Approaching a Triumphal Span: How Far Is China towards its Lewisian Turning Point?", UNU-WIDER Research Paper No. 2008/09。

③ 蔡昉：《从农民工到市民：中国特色的深度城市化》，《国际经济评论》2010 年第 2 期。

从不同的角度，常常得出大相径庭的观察，对相同的现象，也往往会作出不尽相同的解说，得出相异的结论，见仁见智。一个挥之不去的传统观念是：中国人口基数大，劳动力数量多，农村剩余劳动力取之不尽、用之不竭。因此，任何学术观点或政策建议，如果认为（即便是在未来）劳动力会出现总量不足的可能性，农村剩余劳动力即将转移殆尽，以至得出刘易斯转折点到来的结论，都难以获得广泛的认同。[①] 无论是针对笔者的批评意见，还是对于中国人口和劳动力状况的一成不变的认识，主要是因为受到统计数字的迷惑，而统计数字中存在的问题主要有以下几个方面。

第一，关于农业劳动力使用的数据，正规统计制度不能充分反映迅速变化的农业生产现实，从而学者要么对最新的情况茫然无知，要么陷入"数字的暴政"，[②] 以致计量经济学分析的数据基础十分的不牢靠。正如有学者指出的：中国改革发生得太快，以致统计改革不能及时跟进。[③] 例如，根据《中国统计年鉴》，2008年农业劳动力为3.1亿人，占全国劳动力的比重至今仍然高达39.6%。而由于统计口径的因素，农业普查的农业就业数字甚至更高。而事实上，农业成本调查资料所显示的农业生产实际投入劳动的数量，比上述数字要低得多。[④] 综合考虑农村劳动年龄人口的增量态势、农业劳动力转移状况，以及农业机械化的提高程度，可以认为农业中实际容纳的劳动力比统计数字所显示的要少得多。因此，基于汇

---

① 本文不拟讨论由对刘易斯转折点含义的理解不同而产生的观点分歧。根据刘易斯本人及稍后研究［参见 Lewis, Arthur, 1972, "Reflections on Unlimited Labor", in Di Marco, L. (ed.), *International Economics and Development*, New York, Academic Press, pp. 75 - 96; Ranis, Gustav and Fei, John C. H., 1961, "A Theory of Economic Development", *American Economic Review*, Vol. 51, No. 4, pp. 533 - 565]，笔者把劳动力需求增长速度超过供给增长速度，工资开始提高的情形称作刘易斯转折点，此时农业劳动力的工资尚未由劳动的边际生产力决定，农业与现代部门的劳动的边际生产力仍然存在差异；而把农业部门和现代经济部门的工资都已经由劳动的边际生产力决定，两部门劳动的边际生产力相等的情形，称作商业化点，这时才意味着二元经济的终结。

② Young, Alwyn, 1992, "A Tale of Two Cities: Factor Accumulation and Technical Change in Hong Kong and Singapore", in Olivier Blanchard and Stanley Fischer (eds), *NBER Macroeconomics Annual*, Cambridge, Mass.: MIT Press.

③ Ravallion, Martin and Shaohua Chen, 1999, "When Economic Reform Is Faster than Statistical Reform: Measuring and Explaining Income Inequality in Rural China", *Oxford Bulletin of Economics and Statistics*, Vol. 61, No. 1, pp. 33 - 56.

④ Cai, Fang and Dewen Wang, 2005, "China's Demographic Transition: Implications f or Growth", in Garnaut and Song (eds), *The China Boom and Its Discontents*, Canberra: Asia Pacific Press.

总统计数据得出仍然有大量剩余劳动力可供转移,① 或者由此进行的计量经济学分析,得出农业劳动边际生产力仍然很低的结论,② 都会因为高估农业中剩余劳动力的数量,而否定刘易斯转折点到来的结论。

第二,关于劳动力市场和城乡就业状况的统计数据,许多学者无法读懂,以致得出偏离实际情况的相关结论。随着产业结构和经济成分日趋多样化,特别是经历了20世纪90年代后期的劳动力市场冲击之后,城镇就业渠道也呈现多元化的趋势,不仅不再是国有部门和集体部门占主导的就业结构,而且出现了规模庞大的非正规就业。与此同时,大规模农村劳动力在本地或外出从事非农就业,总量超过2.3亿人,其中1.5亿人进城务工。在常规统计中,城镇居民的非正规就业和农民工的就业,除了通过汇总和分析,可以得出大约1亿人的总量和占城镇总就业约30%的比重外,通常没有可供进行分部门分析的数据。③ 此外,迄今没有公开发布比登记失业率更反映现实劳动力市场状况的调查失业率数字,这使得许多学者作出没有数据支撑的猜想。因此,许多研究者仅仅依据统计年鉴上的正规就业数据,以及任意性比较强的估计,来判断劳动力市场状况,得出就业零增长或者失业率仍然很高的结论,④ 以致当全国普遍出现民工荒现象时,许多人无法接受其为真实的存在。

第三,关于人口总量增长和结构变化的趋势,统计年鉴发布的汇总数据很难提供整体的特征性描述,通常也没有及时更新的人口预测。实际上,历次人口普查数据都可以提供人口变动的新态势。但是,由于对于诸如总和生育率(total fertility rate)等重要参数的认识不一致,⑤ 始终没有定期发布一

① Lau, Lawrence J. , 2010, "The Chinese Economy: The Next Thirty Years", presented at the Institute of Quantitative and Technical Economics, Chinese Academy of Social Sciences, Beijing, 16 January.

② Minami Ryoshi and Xinxin Ma, 2009, "The Turning Point of Chinese Economy: Compared with Japanese Experience", *Asian Economics*, Vol. 50, No. 12, pp. 2 – 20 (in Japanese).

③ Cai, Fang, 2004, "The Consistency of China's Statistics on Employment: Stylized Fact s and Implications for Public Policies", *The Chinese Economy*, Vol. 37, No. 5, pp. 74 – 89.

④ Rawski, Thomas G. , 2001, "What's Happening to China's GDP Statistics?", *China Economic Review*, Vol. 12, No. 4, pp. 298 – 302.

⑤ 2000年进行的第五次人口普查显示,总和生育率仅为1.32,甚至低于1.51的政策生育率。许多人对此提出怀疑,参见于学军《对第五次全国人口普查数据中总量和结构的估计》,《人口研究》2002年第3期。自此之后,关于总和生育率究竟是多少,一直存在不同的认识。总体来说,政府部门趋向于认为仍然较高,学者相信的数字偏低。即便如此,争论的幅度也在1.6—1.8,远远低于2.1的替代水平。

个权威的、不断更新的，并且得到官方和民间认可的人口预测报告，一般读者更是不知道人口变动的趋势，以致许多人还认为中国人口的峰值在 2040 年或以后的某一时刻达到，届时人口总量为 16 亿。[①] 至于说到人口年龄结构的变化趋势，大多数人都不知道劳动年龄人口的增长已经大幅度减缓，因而劳动力无限供给的人口基础正在消失，以致不愿意相信人口红利的式微和刘易斯转折点的到来。

可见，对于人口转变格局与趋势的认识，将有助于人们对劳动力市场状况的正确理解，更是旨在挖掘经济增长可持续性潜力的相关政策的决策基础。本文的以下部分将说明，人口转变与二元经济发展过程有着共同的起点、相关和相似的发展阶段特征，以及在相当大程度上重合的过程，进而人口转变所促成的人口红利期，是二元经济发展的一个阶段。因此，论证人口红利的消失与证明刘易斯转折点的到来，实际上是同一项学术工作。本文其他部分是这样组织的：第二部分从理论和国际经验角度论证人口转变与二元经济发展过程的逻辑关系；第三部分用数字描述中国的人口转变过程及其对经济增长的影响；第四部分回答如何缩小"未富先老"缺口的问题；第五部分对文章的主要结论进行小结，并揭示政策含义。

二 人口转变与二元经济发展阶段

以刘易斯[②]为代表的二元经济发展理论广为人知。该理论把一个典型的发展中国家区分为农业经济部门和现代经济部门，前一部门中存在着相对于资本和土地来说严重过剩的劳动力，因而劳动的边际生产力为零甚至负数。随着现代经济部门的扩大，在工资水平没有实质性增长的情况下，剩余劳动力逐渐转移到新兴部门就业，这形成一个二元经济发展过程。这个过程一直持续到某个时刻，这时劳动力需求的增长超过劳动力供给的增长，继续吸引劳动力转移导致工资水平的提高，迎来刘易斯转折点。虽然在学说史上几经沉浮，[③] 二元经济理论一直是发展经济学中最具有核心地位的理论模型。

---

① 刘遵义：《中国可从四个方面增加内需》，《中国新闻网》2010 年 1 月 21 日。

② Lewis, Arthur, 1958, "Unlimited Labour: Further Notes", *Manchester School of Economics and Social Studies*, XXVI (Jan.), pp. 1–32.

③ Ranis, Gustav, 2004, "Arthur Lewis' Contribution to Development Thinking and Policy", Yale University Economic Growth Center Discussion Paper No. 891 (August).

但是，甚至在刘易斯最初的文章发表之前，人口转变理论（demographic transition theory）的成熟形式已经公开发表。[①] 对应工业化前后发展时期，该理论把人口再生产类型区分为三个主要阶段，分别为（1）"高出生、高死亡、低增长"阶段，（2）"高出生、低死亡、高增长"阶段，以及（3）"低出生、低死亡、低增长"阶段。虽然我们无法断定刘易斯是否注意到人口学在这方面的重要文献，但是，刘易斯本人在其文章中不乏类似的人口学假定。在定义二元经济结构中的重要部门农业时，他解释说"相对于资本和自然资源来说人口如此众多，以致……劳动的边际生产力很小或等于零"，因而"劳动力的无限供给是存在的"。这里所隐含的就是人口转变的第二个阶段，即外生的人口死亡率下降和高出生率的惯性，导致人口自然增长率处在很高的水平上。又由于农业是更初级的生产部门，所以过剩的人口和劳动力被积淀在这个部门。

理解人口转变与二元经济发展阶段之间逻辑关系的关键，是理解人口红利的产生和获得的机制。在较早的人口学和经济学文献中，关于人口与经济发展的关系，人们主要着眼于人口总量或人口增长率与经济增长率之间的关系，而关于人口转变的讨论，也仅仅停留在生育率、出生率、死亡率和人口总量的层面上。因此，在这些讨论中，人们忽略了经济发展与人口结构之间的关系，以及人口转变最重要的一个结果是人口结构及劳动力供给特征的变化。随着大多数发达国家和许多新兴工业化国家及地区相继完成了人口转变，人口学家开始观察到这个转变所导致的人口老龄化的后果。进而，经济学家又观察到伴随着人口转变而发生的劳动年龄人口的变化，及其对经济增长源泉的影响。[②] 在死亡率下降与出生率下降之间的时滞期间，人口的自然增长率处于上升阶段，需要抚养的少儿人口比重相应提高。再经过一个时间差，当婴儿潮一代逐渐长大成人，劳动年龄人口的比重依次上升。随

---

① Thompson 最早区分了人口转变的三个阶段；随后有人又划分了人口转变的五个阶段。但是，由于他们都没有作出关于生育率下降的标准理论解释，所以，人口转变理论之父的称号授予了 Notestein。参见 Thompson, Warren S., 1929, "Population", *American Journal of Sociology*, Vol. 34, No. 6, pp. 959 – 975; Notestein, Frank W., 1945, "Population-The Long View", in Theodore W. S chultz (ed.), *Food for the World*, Chicago: University of Chicago Press。关于这个领域的学说史的简述，参见 Caldwell, John C., 1976, "Toward a Restatement of Demographic Transition Theory", *Population and Development Review*, Vol. 2, No. 3 – 4, pp. 321 – 366。

② Williamson, Jeffrey, 1997, "Growth, Distribution and Demography: Some Lessons from History", NBER Working Paper, No. 6244.

着社会经济发展，生育率下降，人口增长率趋于降低，随后人口开始逐渐老龄化。换句话说，当人口自然增长率先上升随后下降形成一个倒 U 形曲线的变化轨迹之后，以大约一代人的时差，劳动年龄人口也呈现类似的变化轨迹。

当人口年龄结构处在最富有生产性的阶段时，充足的劳动力供给和高储蓄率为经济增长提供了一个额外的源泉，这被称作人口红利。相应地，一旦人口转变超过这个阶段，人口年龄结构因老龄化而在总体上不再富有生产性时，通常意义上的人口红利便相应丧失。由于人口转变阶段的变化可以最综合地用总和生育率来反映，我们可以从理论上预期这样一个人口转变与经济增长的关系（见图 1）：当总和生育率处于很高水平时，经济增长率也相应处在很低的（假设没有人口转变和技术进步）稳态水平上；随着生育率下降，并由于随之逐渐形成了富有生产性的人口年龄结构，经济增长率加快，从而获得人口红利；而当生育率继续下降到更低的水平时，由于老龄化程度提高，经济增长率逐渐回落到较低的（不再有我们认识到的人口转变，但是技术进步处在创新前沿）稳态水平上。相应地，生育率下降从而形成具有生产性的人口年龄结构的特定人口转变阶段，如图 1 中虚线所标示的，即所谓的"人口机会窗口"。

需要指出的是，影响经济增长表现的因素众多，绝非仅仅人口因素。例如，在捍卫新古典增长理论的实证研究中，经济学家先后找出上百个具有统计显著性的解释变量，尝试揭示经济增长之谜。[1] 对于低收入国家处于"贫困陷阱"中的极为低下的稳态增长，以及高收入国家处在技术创新前沿上的低稳态增长水平，尤其需要避免以人口因素来进行解释。同时，这里我们也暂且撇开经济增长对人口转变的反作用，[2] 而仅仅关注生育率与经济增长率之间的关系。在作出以上假设的条件下，从人口红利的理论出发，不仅可以作出上述关于两者关系的假设，而且可以从经验上得到检验。

利用世界银行世界发展指数（world development indicators）数据库，我

---

[1] Sala-i-Martin, Xavier X. , 1997, "I Just Ran Two Million Regressions", *American Economic Review*, Vol. 87, No. 2, pp. 178 – 183.

[2] 都阳发现，计划生育政策、人均 GDP 水平和人力资本水平对中国生育率的急剧下降有明显作用，同时他也区分了三个变量的不同影响。参见都阳《中国低生育率水平的形成及其对长期经济增长的影响》，《世界经济》2004 年第 12 期。

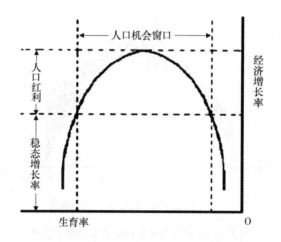

图 1　生育率与经济增长率之间关系示意

们可以对 1960 年以来各国 GDP 年增长率与总和生育率的关系进行一些描述性的统计刻画。在该数据库中，GDP 年增长率介于 -51%—106% 。为了避免解释那些极端值的复杂性，在此处的分析中，我们只观察 GDP 增长率介于 0—10% 的更反映常态趋势的观察值。根据我们所做的理论预期，GDP 增长率与总和生育率之间，并非简单的线性关系，而是呈现较为复杂的非线性关系，表现为随着生育率下降经济增长率先上升随后降低。因此，我们根据理论上得出的 GDP 增长率与总和生育率以及总和生育率平方项的关系，在图 2 中画出了 GDP 增长率的拟合值，并给出 95% 的置信区间。

　　图 2 直观地告诉我们，总和生育率与 GDP 增长率之间，呈现一种倒 U 形的关系。那些总和生育率处于很高水平的国家，GDP 增长率较低；随着总和生育率的下降，GDP 增长率上升；而总和生育率下降到一定水平时，GDP 增长率达到最高值，相应也达到了一个从上升到下降的转折点；随着总和生育率的进一步下降，那些总和生育率较低的国家，GDP 增长率也较低。这个简单的经验曲线，与前面的理论预期完全一致。

　　为了进一步分析 GDP 增长率与总和生育率之间的这种非线性关系，利用前述数据库，我们用 GDP 增长率做因变量，用总和生育率和总和生育率的平方项做自变量进行回归，回归结果列于表 1。从回归结果中可以看到，总和生育率的系数显著为正，而总和生育率平方项的系数显著为负，这进一步展示了 GDP 增长率随总和生育率下降先提高后降低的倒 U 形经验关系。不过，这个统计分析并不尝试去解释影响经济增长的因素，而仅仅关注生育

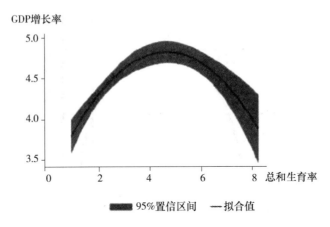

图2　GDP 增长率与总和生育率的经验关系

资料来源：根据世界银行世界发展指数数据库数据绘制。

率与经济增长率之间的表面联系。一旦我们从经济理论和国际经验上都确认了这种生育率与经济增长率之间的关系，就可以更一般地认识人口学所认识到的人口转变过程，与人口经济学所确立的人口红利获得过程，进而与经济发展过程中呈现的刘易斯转折点之间的关系。在此基础上，我们可以从中国的人口转变结果出发，分析中国经济增长过程中人口红利的产生与预期的消失，进而判断刘易斯转折点的到来。

表1　　　　　　　　　GDP 增长率与总和生育率回归结果

	系数	标准误	t 值	$P > \mid t \mid$
总和生育率	0.6852	0.1133	6.05	0.000
总和生育率平方项	-0.0736	0.0137	-5.38	0.000
常数项	3.2359	0.1909	16.95	0.000
观察值	3380			

三　中国人口转变的经济影响

中华人民共和国成立后，随着经济发展和人民生活改善，人口转变进入了第二个阶段，剔除 20 世纪 50 年代末 60 年代初的非正常波动后，主要表现为在死亡率大幅度降低的同时，出生率继续保持在高水平上，因而人口自然增长率过快。相应地，一直到 20 世纪 70 年代之前，总和生育率通常处在 6 的高水平上。然而，并不像许多人想象的那样，生育率下降只是计划生育政策的结果。其实，总和生育率大幅度降低发生在 1970—1980 年，即严格的计划生育政策实施之前，从 5.8 下降到 2.3，共下降了 3.5 个百分点。而假设目前总和生育率为 1.6—1.8 的话，1980 年以后总共才下降了 0.5—0.7 个百分点。这个事实验证了经济学家和人口学家关于人口转变规律所取得的学术共识：三个主要的人口转变阶段的依次更替，是经济和社会发展的结果。在这个基础上，随着从第二个阶段向第三个阶段的转变，劳动年龄人口的增长速度快于依赖型人口，其在总人口中的比重逐渐提高，这形成可以把经济增长率提升到稳态水平之上的人口红利。

虽然中国的人口抚养比，即依赖型人口（14 岁以下人口与 65 岁以上人口之和）与劳动年龄人口（15—64 岁人口）之比，早在 20 世纪 60 年代中期就开始下降，但劳动年龄人口总量迅速增长并且比重大幅度提高，从而人口抚养比显著下降，主要开始于 20 世纪 70 年代中期（见图 3）。这个有利的人口年龄结构在改革开放年代转化为推动经济高速增长的人口红利。中国经济获得人口红利的原理解说、过程描述和经验检验，笔者在一系列论文和著作中已经有详细的论述。[①] 在这些文献中，笔者也作出了刘易斯转折点到来的判断，并给予实证检验和证明。在本文中，把人口转变、人口红利和刘易斯转折点三个概念和过程集中讨论，目的在于说明三者之间的逻辑联系，并依照这种逻辑关系，对未来中国经济增长面临的诸多挑战作出一致性的阐释。

图 3 中联合国对中国分年龄的人口预测，是根据 2000 年第五次人口普查、2005 年 1% 人口抽样调查以及随后的调查信息，参考官方关于总和生育率等重要参数的估计，按照中位方案于 2008 年作出的最新修正结果。这与中国不同单位所做的预测大体上是一致的。根据这个预测，人口总规模预计在 2030 年达到峰值，届时中国人口为 14.62 亿人；而在此之前，15—64 岁劳动年龄人口于 2015 年达到峰值，总量为 9.98 亿人。显而易见，虽然这两个人口峰值的预测结果，是可以从公共信息平台上随时获得的，但是，其不

① 蔡昉：《刘易斯转折点——中国经济发展新阶段》，社会科学文献出版社 2008 年版；Cai, Fang and Dewen Wang, 2005, "China's Demographic Transition: Implications f or Growth", in Garnaut and Song（eds）, *The China Boom and Its Discontents*, Canberra: Asia Pacific Press。

仅不为广大普通读者所知，而且相当多的经济学家也并不了然。然而，了解这个变化趋势，对于研究中国经济发展前景的学者，特别是其中那些经常发表意见并对受众产生巨大影响的学者，显然是必需的。

人口数（亿人）

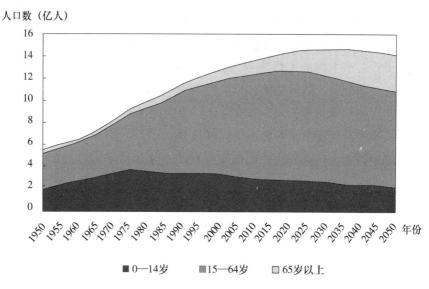

■ 0—14岁   ■ 15—64岁   □ 65岁以上

图3　少儿人口、老年人口与劳动年龄人口变化趋势

资料来源：United Nations，2009，"The World Population Prospects：The 2008 Revision"，http：//esa. un. org/unpp/。

　　进一步考察上述人口预测结果，我们可以看到，1970—2010 年，劳动年龄人口的增长率高于总人口的增长率，而此后则呈现相反的趋势，这意味着人口年龄结构不再朝着具有生产性的方向变化。从劳动力供给的角度看，由于城市是非农产业发展的集中区域，中国高速经济增长所吸纳的就业，主要发生在城市部门，而城市劳动力的供给已经越来越依赖于农村劳动力转移。根据另一项预测，① 到 2015 年，城市劳动年龄人口的新增数量小于农村劳动年龄人口的减少数量。这意味着，在假设吸引农村劳动力转移的激励力度等其他因素不变的情况下，进城农民工的数量不足以填补城市劳动力减少产生的缺口。由于在到达这个时点之前，按照常住人口的口径，即考虑到劳动力从农村向城市流动因素的情况下，农村劳动年龄人口的减少量，已经

———————

① 胡英：《分城乡劳动年龄人口预测》，工作论文，2009 年。

逐年接近城市劳动年龄人口的增加量（两者相等的那个点就是中国作为一个整体，劳动年龄人口停止增加的时刻），劳动力市场已经在逐步对此作出反应，一方面表现为全国范围不断出现民工荒现象，另一方面表现为农民工工资逐年上涨。而按照定义，这就是刘易斯转折点到来的特征性表现。

四 如何缩小"未富先老"缺口？

世界范围的经验表明，人口转变的主要推动力是经济增长和社会发展，而生育政策仅仅起到外加的且相对次要的助动作用。例如，韩国、新加坡、泰国和中国台湾都没有实行过强制性的计划生育政策，但是，这些国家或地区与中国大陆一样，生育率从 20 世纪 50 年代大致相同的高起点上，都在 90 年代以后下降到更替水平以下。而印度由于经济和社会发展绩效较差，人口转变过程相对滞后，但也经历了类似的变化轨迹。[①] 由于中国经济高速发展起始于 20 世纪 80 年代，在改革开放期间经历了 30 年的增长奇迹，但其起步仍然晚于亚洲"四小龙"，因此，在人均收入水平尚低的情况下进入到人口转变的新阶段，形成"未富先老"的特点。2000 年中国 65 岁及以上人口的比重为 6.8%，与世界老龄化平均水平相同；而 2001 年中国的人均国民总收入（GNI），按照官方汇率计算，是世界平均水平的 17.3%，按照购买力平价计算，则是世界平均水平的 56.3%。虽然中国严格的计划生育政策不啻一个适度的加速因素，但是，归根结底，人口转变是经济和社会发展的结果，"未富先老"产生的缺口（即人口老龄化向发达国家趋同的速度，超过人均收入趋同的速度），也主要是经济发展水平与发达国家的差距造成的。

尽管发达国家都面临着人口老龄化对经济增长和养老保障制度的挑战，各国在应对老龄化问题上也存在差异，但是，总体上来说，这些国家由于人均收入已经处在较高的水平上，技术创新也处于前沿水平上，因此，主要依靠生产率提高驱动的经济增长仍然是可持续的，迄今也足以应对老龄化危机。相应地，中国应对劳动年龄人口减少、老龄化水平提高的人口转变后果，关键在于保持高速增长势头。换句话说，由于人口转变过程是不可逆转

---

① 林毅夫：《发展战略、人口与人口政策》，曾毅、李玲、顾宝昌、林毅夫主编《21 世纪中国人口与经济发展》，社会科学文献出版社 2006 年版。

的，即便在生育政策调整的情形下，老龄化趋势仍将继续，已经形成的"未富先老"缺口，应该主要依靠持续的经济增长来予以缩小，并最终得到消除。

随着中国经济总量在世界排位的不断跃升，并预计在 2010 年超过日本成为世界第二大经济体，由于人口增长率处于低水平，人均 GDP 的提高也将日益加速。日本经济研究中心对中国经济规模和人均收入做了长期预测。① 根据这个预测，按照购买力平价和 2000 年不变美元计算，2020 年中国 GDP 总量为 17.3 万亿美元，2030 年为 25.2 万亿美元，2040 年将达到30.4 万亿美元。这三个年份相应的人均 GDP 预测值则分别是 1.2 万美元、1.8 万美元和 2.2 万美元。美国经济学家 Fogel 则更为乐观，预测 2040 年中国 GDP 总量高达 123.7 万亿美元，在人口达到 14.6 亿人的情况下，届时中国人均 GDP 高达 8.5 万美元。② 值得指出的是，这两种预测采用的方法不尽相同，使用的数据来源差异也很大，特别是用购买力平价的计算，与中国官方和学者的口径也不相符。其实，从两种预测结果之间的巨大差异也可以看到各自的局限性。

但是，上述预测反映的一个事实是，从 21 世纪第二个十年开始，中国将以全球第二大经济体的姿态，加速从中等收入国家向高收入国家转变。如果中国能够保持与过去 30 年相当或即便略微减速的经济增长率和人均收入增长率，将以很快的速度与发达国家的富裕程度趋同。因此，这些经济学家的预测，反映的是一种正确的方向和符合规律的前景。因此，在人口转变趋势不变的情况下，经济发展水平与人口老龄化之间的缺口将逐渐缩小。在图 4 中，我们把 2000 年和 2010 年的中国人口年龄结构与发展中国家进行比较，显示出了明显的"未富先老"特征，而把 2020 年和2030 年的中国人口年龄结构与发达国家进行比较，则显示出"未富先老"缺口显著缩小。由此可见，充分挖掘当前人口红利的潜力，创造新的人口红利，并逐渐转向利用新的经济增长源泉，是在后刘易斯转折时期应对人口老龄化的根本出路。

---

① Japan Center for Economic Research (JCER), 2007, "Demographic Change and the Asian Economy", Long-term Forecast Team of Economic Research Department, Japan Center for Economic Research, Tokyo.

② Fogel, Robert W., 2007, "Capitalism and Democracy in 2040: Forecasts and Speculations", NBER Working Paper, No. 13184.

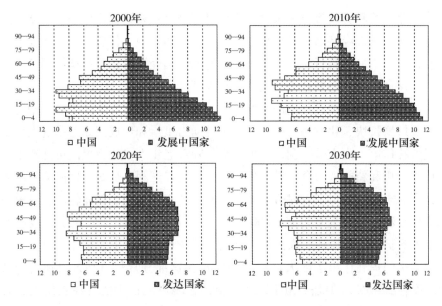

图4　依靠经济赶超缩小"未富先老"缺口

资料来源：United Nations，2009，"The World Population Prospects：The 2008 Revision"，http：// esa. un. org/unpp/。

五　结语和政策含义

通过对中国人口转变结果及其经济影响的分析，特别是本文尝试进行的经验检验，我们可以更加确信人口转变与经济发展两个过程之间所具有的内在逻辑联系。因而，作出人口红利式微和刘易斯转折点到来的判断，无论在理论上还是在实证上，都是有充分依据的。对于这样的一些判断所产生的争论本身，在某种程度上提示我们，本文所讨论的这个转折点是否到来，具有很重要的政策含义。

经济发展到达刘易斯转折点，对于一个发展中国家具有至关重要的意义，因为只有通过了这个转折点，传统经济部门与现代经济部门的劳动边际生产力才开始逐步接近，以至最终达到消除差距，二元经济结构特征消失的商业化点。因此，作出刘易斯转折点到来的判断，总体上并不应该引起任何担忧。相反，由于这个转折点是否到来，并不仅仅具有单纯的概念性意义，而且涉及对客观发展规律的自觉把握，因此，正确地预见到这个转折点的到来，并认识到新的发展阶段所面临的新机遇和新挑战，对于政府经济发展政策、企业决策和劳动者行为来说，都将具有极其重要的提示作用，以便继续保持和深入发掘经济增长可持续性的源泉。具体来说，借鉴各国经济发展的经验，在后刘易斯转折时代，关于如何发掘中国经济增长可持续性源泉的探讨，应该从近期、中期和长期三个视角进行。

首先，迄今所加以利用的人口红利仍然有其发掘潜力。如果我们把劳动年龄人口增长快、比重高，因而有利于劳动力供给和形成高储蓄率的人口结构优势称作第一次人口红利，而把未来伴随着老年人口比重提高可能产生新的储蓄动机和新的人力资本供给称作第二次人口红利，那么，目前第一次人口红利尚未发掘殆尽。农村劳动力进入非农产业，实现了就业转换，是第一次人口红利的主要表现形式。2009 年，外出 6 个月以上的农民工人数已经达到 1.5 亿人。相应地，农民工进城成为居住 6 个月以上的常住人口，为城市化水平的提高作出了巨大贡献，2009 年含这部分常住流动人口在内的城市化率达到 46%。但是，由于这些被统计在城市人口中的常住农民工没有获得城市户籍或市民身份，他们作为稳定的劳动力供给、新增消费需求、城市基础设施建设需求、社会保障制度贡献者的作用，并没有得到充分发挥。2007 年，中国城市化率为 45%，而具有非农业户籍的人口的比重只有33%，这意味着现行常住人口意义上的城市化率，与市民意义上的城市化率之间，尚存在 12 个百分点的差距。可见，通过推进户籍制度改革和均等公共服务，从城市化领域可以继续开发第一次人口红利的另一半。[①]

其次，第二次人口红利有着巨大的开发潜力。一个逐渐老龄化的人口结构，只要具备必要的制度条件，同样可以具有人口的优势，即提供第二次人口红利。[②] 人口老龄化的一个重要原因，是人口预期寿命提高即人们活得更加长寿，这个因素是创造第二次人口红利的重要基础，即延长了的健康余寿可以成为人口红利的新源泉。这种类型的人口红利包括三个主要来源。第一是来自养老保障需求和制度供给。如果建立起一个具有积累功能，而不是主要依靠家庭养老功能或现收现付的养老保障制度，可以利用劳动者的养老期望从而储蓄动机，以及资本市场的增值来保持高储蓄率。第二是来自教育资源的扩大。随着少年儿童人口规模缩小和比重降低，劳动年龄人口供养在学人口的能力相对提高，这意味着通过扩大教育和培训大幅度提高人力资本水

---

① 蔡昉：《从农民工到市民：中国特色的深度城市化》，《国际经济评论》2010 年第 2 期。
② 蔡昉：《未来的人口红利——中国经济增长源泉的开拓》，《中国人口科学》2009 年第 2 期。

平的机遇。第三是来自劳动参与率的扩大。延缓退休是扩大劳动力供给、缓解养老负担的重要途径。在中国，延长退休年龄的主要障碍在于，接近退休年龄劳动者的人力资本存量比较低，在改变这种现状之前，延长退休年龄会使他们陷入脆弱境地。因此，开发这种人口红利的关键，是在继续扩大教育特别是高中阶段的普通教育和职业教育，以及加强对就业者培训的基础上，根据条件的成熟程度逐步延长退休年龄，以保持劳动力供给的充足性。

最后，长期来看，经济增长方式转变可以提供全新的经济增长源泉。主要以西方国家为素材发展起来的新古典增长理论，由于假设劳动力是稀缺的生产要素，因此资本会遇到报酬递减现象，从而认为，保持经济增长可持续性的出路是不断提高全要素生产率的贡献份额。[1] 从这个基本假设出发，许多经济学家曾经质疑过东亚奇迹及其可持续性。[2] 实际上，正是由于东亚经济曾经有着劳动力无限供给的特征，又通过恰当的经济政策开发出人口红利，在很长时期里避免了资本报酬递减的困扰。而随着一些主要经济体的发展阶段跨越刘易斯转折点，[3] 与此同时，人口转变进入新阶段使得经济增长不再主要依靠传统意义上的人口红利，这些经济体实现了从主要依靠资本和劳动的投入到主要依靠全要素生产率的提高的经济增长方式的转变。这个经验提示我们，随着人口红利逐渐消失和刘易斯转折点的跨越，通过增长方式的转变，中国经济长期增长源泉终将转变到依靠技术进步和生产率提高。既然我们作出了关于中国经济发展阶段的判断，这个增长方式的转变就应该由此加快步伐。

（本文发表于《经济研究》2010 年第 4 期，获第十四届孙冶方奖）

---

[1] Solow, Robert M., 1956, "A Contribution to the Theory of Economic Growth", *Quarterly Journal of Economics*, Vol. 70, No. 1, pp. 65 – 94.

[2] Young, Alwyn, 1992, "A Tale of Two Cities: Factor Accumulation and Technical Change in Hong Kong and Singapore", in Olivier Blanchard and Stanley Fischer (eds), *NBER Macroeconomics Annual*, Cambridge, Mass.: MIT Press; Krugman, Paul, 1994, "The Myth of Asia's Miracle", *Foreign Affairs*, Vol. 73, No. 6, pp. 62 – 78.

[3] 一般认为，日本在 1960 年，韩国和我国台湾地区大致在 1970 年前后，分别到达刘易斯转折点，参见 Minami, Ryoshin, 1968, "The Turning Point in the Japanese Economy", *Quarterly Journal of Economics*, Vol. 82, No. 3, pp. 380 –402; Bai, Moo-ki, 1982, "The Turning Point in the Korean Economy", *Developing Economies*, No. 2, pp. 117 –140。

INSTITUTE OF ECONOMICS
CHINESE ACADEMY OF SOCIAL SCIENCES
中国社会科学院·经济研究所

高培勇　主编

中国经济学探索之路

——《经济研究》复刊 40 周年纪念文集

『下』

中国社会科学出版社

下 册 目 录

企业改革与现代企业制度研究

所有制结构与收入分配

农村经济与农村发展

中国经济学的方法和体系构建

企业改革与现代企业制度研究

国营企业实行经济责任制的几个问题

许涤新

一 实行经济责任制的必要性

随着农业生产责任制在许多地区取得了可喜的成绩，国营企业的经济责任制，也在许多城市逐步展开了。

国营企业（包括工、矿、交通和商业）之实行经济责任制是有它的必要性的。中华人民共和国成立之后，由于没收了国民党四大家族的国家垄断资本，就建立了全民所有制的社会主义企业，而这些全民所有制企业，是由无产阶级专政的国家代表全体人民来管理的，因而称为社会主义的国营企业。在处理了在华外资企业和对民族资本主义工商业实现社会主义改造之后，我国的社会主义国营经济就成为国民经济的主体了。当然，我国的国营企业，不仅来自上述三个来源，更重要的是在 30 多年的社会主义建设中，中国人民在中国共产党的领导下，用自己的双手，建设了许多大中型的现代化的工、矿、交通等企业。在全国范围内，规模最大的国营工业企业，几乎都是由国家投资建设的，如鞍山钢铁公司、武汉钢铁公司（包括一米七轧钢设备）、辽阳石油化纤厂、上海石油化工总厂等，就是例证。这些国营企业的经营活动，关系到整个国计民生。它们的社会化程度，反映了它们的全民所有制的性质。30 多年的事实，证明我国的全民所有制国营经济，虽然在发展过程中受到干扰，但是，总的说，成绩还是巨大的。以国营工业企业的固定资产来说，1952 年是 107.2 亿元，1979 年增加到 3253.2 亿元，增加 29 倍。以国营工业总产值来说，1979 年比 1952 年增加 32 倍。单单从国营工业企业来看，我国的社会主义国营经济，是具有天天向上的生命力的。

当然，我国的社会主义国营经济在管理体制上、管理方法上还存在着不少急待解决的问题。其中，最突出的是企业和国家的经济关系以及企业内部的分配关系两大问题。

我国的国营企业在体制上长期以来，是统一盈亏的。企业的固定资金和一部分流动资金都由国家无偿拨给；企业的利润和折旧费，都要上缴国家；企业的盈亏都由国家"统一包下来"。这种体制，就是举世周知的"吃大锅饭"。实践证明，"吃大锅饭"是不利于调动企业的生产经营积极性的。因为经营得好的企业同经营得坏的企业，享受到不合理的相同待遇，经营好坏都一样；也可以说是受到不合理的不同待遇，因为年年亏损的企业，照样得到国家的补贴，而年年盈利的企业，照样要把利润以至折旧费全部上缴，在这种情况下，怎么能调动企业和职工的生产积极性呢？在过去一段相当长的时间里，我们总是把"统一盈亏"的"吃大锅饭"，作为社会主义的特征去看待；而把"吃大锅饭"的反面——"自负盈亏"，作为资本主义的特征去看待。的确，资本主义企业是必须自负盈亏的，因为它们是资本家的私有制企业。有限公司是这样，无限公司更是这样。企业如果亏损到站不住脚，就必须宣告破产，作为股东的资本家就必须负责赔偿损失。而在我国，由于"吃大锅饭"，年年亏损的国营企业，因为得到国家的补贴，照样可以亏损下去，企业负责人并不在经济上、法律上负什么责任。这种情况难道不是在证明："吃大锅饭"是在保护年年亏损的落后企业，是在增强企业对于国家的依赖性，是在障碍社会主义制度下社会生产力的发展吗？"吃大锅饭"并不是社会主义的特征，它不利于社会主义生产的发展。实行经济责任制，就是对于"吃大锅饭"的否定，就是要使企业的领导者和职工，对国家负起盈亏的责任来，就是要把责任和经济利益联系起来，真正做到权、责、利的统一。初步的实践证明，实行经济责任制，能够调动企业经营管理的积极性，从而能够推动社会主义生产的发展。

社会主义国营企业内部的分配关系，分明是以按劳分配作为原则的。但是，若干年来，由于平均主义的宣扬，按劳分配受到严重的干扰，没法得到普遍的实现。平均主义使干与不干、干好干坏、干多干少都拿到相同的工资；使职工的工资收入（还有奖金）同他们的劳动成果，脱离了关系；使职工群众失去了对国家、对企业的责任感，甚至把他们的工作岗位当成"铁饭碗"。这么一来，职工群众的劳动积极性，怎能提高起来呢？他们的劳动生产率又怎能提高起来呢？实行经济责任制就是要把各级的责任制和按劳分配原则结合起来，使职工群众的收入同他们的劳动成果直接挂钩，就是对于"捧铁饭碗"的否定。从发展社会生产力和提高劳动生产率的角度来看，这是必不可少的条件。

实行经济责任制是解决企业和国家的经济关系以及企业内部的分配关系两大问题的一把钥匙，是解决"吃大锅饭"和"捧铁饭碗"两大问题的一个重要途径。事实证明，这两个大问题，是密切地联系着的。如果吃不着"大锅饭"，那就没法捧住"铁饭碗"；而"铁饭碗"的论据——平均主义，也就同样成为"吃大锅饭"的论据。初步的实践，使我们认识到，实行经济责任制能够使企业对国家以及企业内部各级，责权分明。经济责任制要求企业，不仅完成价值指标，如利润、成本，而且要完成使用价值指标，如产量、品种、质量等。只有如此，才能使企业和国家的经济关系以及企业内部的分配关系两大问题，联系地得到正确的解决，也才能使社会主义生产的目的体现出来。

二 国营企业经济责任制的具体形式

我国的国营企业，包括工业、矿业、运输业、商业与银行，情况甚为复杂，要实行经济责任制，决不能简单地只采取一种形式。单以工业企业来说，为了处理好企业和国家的经济关系，现在主要的就有五种形式：第一，扩大了自主权的企业，实行利润留成；第二，亏损企业实行亏损包干，利润不多的企业实行盈利包干；第三，小型企业实行自负盈亏，把过去的上缴利润改为缴纳所得税；第四，在省（市、自治区）或大中城市范围内，按行业、按公司实行包干；第五，在专区、中小城市或县的范围内，实行地区包干。这是已经在各城市、各地区出现的不同的经济责任制的具体形式。这些具体形式都是从企业的具体情况出发的。

至于解决企业内部的分配关系，主要也有五种形式：计件或超定额计件工资；浮动工资；超产奖；记分计奖；仿效农村联产计酬的办法，实行包产到车间、班组以至个人。

由于工业与矿业、运输业在生产经营的方式上，不尽相同；工业与商业和银行，在经营管理的方式上，更是不尽相同，因而采用经济责任制的具体形式，决不能一刀切，而必须从企业的实际情况出发。就是上述已经出现的形式，在实践中，也可能有所修改，有所增进。

至于工业与农业之间，在生产经营的方式上更是各有特点的。虽然农业方面的包干到户或包产到户，在原则上，可以作为工业经济责任制的参考，但是，如果照搬，如果简单地也搞联产计酬，那就不一定有助于搞好企业同国家的经济关系和搞好企业内部的分配关系。

三 国营企业在实行经济责任制中值得重视的问题

经济责任制，如上所述，要求企业不仅实现价值标准，而且要求企业实现使用价值的标准。但是，有的人把经济责任制仅仅只同利润联系起来，因而，很有可能出现这样或那样的问题。

根据初步的实践，由于现在的经济责任制主要是同利润联系的，有些工业企业为了获得更多的利润，竟然采取降低质量的手段，这显然是违背社会主义生产目的的。有些工业企业的生产，同社会需要发生脱节，它们对于利润大而属于长线的产品，大量地超过社会需要进行生产，而对于利润小但属于社会需要的产品，却不生产，致使短线产品更加缺货，长线产品大量积压。有些商业企业为了多得利润，采取乱提价格的办法，把负担转嫁给消费者。有些工业企业为了解决发奖金、送礼品和一些不正当的开支，乱摊成本。这样做，不仅提高了物价，而且削减了向国家上缴的利润。这是化大公为小公或化公为私的问题。不少企业还继续在搞平均主义，奖金没有少发，甚至还有所增加，可是没有换来好的经济效果。更严重的是，有一些企业的领导人，为了本企业的利益，不去教育职工群众顾全大局，反而同落后的职工扭成一团，用各种邪门歪道的办法，去对付国家财经政策，钻空子。所有这些，都是应该引起我们严重注意的。

为了健全经济责任制，必须抓好如下几个问题。

第一，必须讲求经济效果。经济效果是指用最少的活劳动和物化劳动（原料、材料、燃料和设备）的消耗，去取得最大的物质成果。实行经济责任制的国营企业，为了获得良好的经济效果，就必须以降低产品的单位成本为主要途径。这就要求企业在生产过程中，设法降低能源的消耗，降低原材料的消耗，并维护好机器设备。这样做，产品的单位成本自然可以降低，从而在既定的价格条件下，增加利润。现在还有一些企业不是通过降低成本，降低活劳动和物化劳动的消耗，而是用乱摊成本的办法去取得较高的利润。这种做法不仅是以消费者的利益为牺牲，而且以国家的利益为牺牲，它不但不能有助于解决企业与国家的经济关系中的矛盾，反而加重了企业与国家的经济关系中的矛盾。国家要求企业降低产品的单位成本，决不是过高的、办不到的要求，而是应有的、可能实现的经济原则。只要坚持勤俭办企业，只要精打细算，厉行节约，产品的单位成本是能够降低下去的。实行经济责任制的企业必须以降低单位成本的办法去获得和增加利润，去增进它的经济效果。

第二，必须保证产品的质量。上述经济效果，不仅是产品的数量问题，而且也是产品的质量问题。我们知道，商品（在我国社会主义制度下，产品还要采取商品的形式）是价值和使用价值的统一。由于经济责任制主要是同利润（即价值的现象形态）联系起来的，某些工业企业的领导，为了多得利润，只注意产品的价值，而忽视产品的使用价值（质量）。他们为了多得利润，经常采取偷工减料和降低商品质量的办法，去增加利润收入。对于国家和消费者来说，这种做法的后果，是相当严重的。制造建筑材料的企业，如果降低产品的质量，那就会使建设单位的厂房、宿舍受到严重的危害。制造机电产品的企业，如果降低产品的质量，那就会使用户在使用中经常遇到故障。制造消费品的企业，如果降低产品的质量，那就会使广大消费者受到损失以至损坏健康。我们知道，社会主义生产的目的是满足人民和社会日益增长的物质和文化的需要。要满足人民和社会的需要，显然不仅是一个数量的问题，而且是一个质量的问题。试问不合格产品和丧失了使用价值的废品，能满足人民和社会的需要吗？为了追求更高的利润而降低产品的质量，同社会主义生产的目的，是不相容的。为了健全经济责任制，工业决不能简单地按照农业的办法只讲联产计酬，而必须联系产品的质量计酬。

第三，实践证明，经济责任制是能够提高工人群众的劳动积极性的。面对这种情况，搞好工人在生产中的安全，是一个决不能忽视的问题。在经济责任制的条件下提高工人的劳动生产率，而又搞好工人在生产中的安全，这是社会主义制度有别于资本主义制度的特征之一。至于企业内部的分配关系，必须通过改革工资制度，逐步用按劳分配的原则，去代替平均主义的分配原则，去代替按劳动力（按人）分配的原则。在这里，定额是一个极其重要的问题，因为它是按劳分配的计算根据。定额不能定得过低，如果过低，大家就可以不努力而超过，这对于提高劳动生产率来说，显然是不利的；但是，定额也不能定得过高，如果过高，大家虽经过努力，虽支出更多的劳动，仍难于达到，更谈不到超过了，这会挫伤大家的积极性。因此，只能搞平均先进定额。因为这种定额，工人经过努力就能够达到，它既能促进劳动生产率的提高，又能调动工人生产的积极性，从健全生产责任制来说，意义尤为重大。

第四，实行经济责任制，必须全面考虑国家、企业和个人之间的经济关系。这是统筹全局的问题。由于经济责任制往往被人单独与利润联系起来，职工只要在生产中超过定额，他们的工资就有可能提高起来；从企业来说，如果经营得好，它就会在利润留成中取得较高的收入；国家当然也会在经济责任制的实行中，得到较多的收入。但是，在国家、企业与职工之间必须以国家的收入为主体。这并不是不重视企业与职工的利益，而是因为如果离开了国家这个全局，那么，社会主义的现代化建设就难于顺利地发展。以基本建设来说，由于企业在利润留成中增加计划外的投资，就有可能超过计划内的投资，而且这种计划外的投资会经常出现盲目的重复情况。这同国民经济有计划按比例发展规律的要求，是相互矛盾的。以市场物价来说，职工一年收入的货币总量，如果超过国家在这一年间的消费资料所能供应的数量，那就没法不使消费资料的价格上涨，那就没法不使国家处于被动的地位；而消费品的涨价，对于职工群众是不利的。当然解决这个问题的主要途径是增加消费资料的生产，但是，消费资料的生产并不是一下子就能大幅度增加的。因此，对于职工群众的货币收入（特别是奖金）的控制，还是一个应该重视的问题。同时，在实行经济责任制中，还必须做好政治思想工作，使广大职工认识到个人利益是以整体利益为前提，眼前利益是以长远利益为前提，离开了整体利益和长远利益而片面地强调个人利益和企业利益，不但有损于整体利益，而且也有损于个人利益和企业利益。只有使广大职工认识到这一点，我们才能正确地处理国家和企业间的经济关系，也才能正确地处理企业内部的分配关系。

有必要重申一下，经济责任制的要求，不仅是企业和职工要在生产经营和利润税收上对国家负责，而且是企业和职工要对消费者负责。企业不但不能乱提价格，把负担转嫁给消费者，而且不能"以次充好"，用掺假掺杂、降低质量的办法去欺骗消费者。对消费者的欺骗，不仅是本企业在"信誉"上的自杀，而且是对社会主义经济制度威信的破坏。

在国营企业实行经济责任制，这是国家已经肯定了的。在实行经济责任制之后，企业的主要任务就是要把企业的干部和工人群众的积极性引导到挖掘企业的潜力上来，向改善经营管理要财富，向技术设备的挖、革、改要财富，向原材料等资源的节约以及"三废"的综合利用要财富，千方百计为提高生产的经济效益而努力。

四　经济责任制是整顿企业的突破口

初步的实践证明，实行经济责任制是整顿企业的突破口。但是，实行经济责任制并不等于整顿企业的全部工作。要使经济责任制能够发生应有的作用，那就需要其他工作的配合。例如，如果企业的经营管理不加改善，要降低能源消耗、降低原材料消耗以及保护机器设备，就很难有效地进行，从而，降低单位成本的要求就会落空。如果企业的经营管理不加改善，那么，对产品质量的检查就会失去保证。如果劳动纪律不加整顿，工人可以不按时上班，可以不按操作规程办事，可以经常生产废品、次品而不受到应有的处分，那么，企业的生产经营就难于实现正常的秩序，企业在产品的质量上对用户、对消费者负责也会成为空谈。如果企业的政治思想工作没有赶上去，工人的积极性没有调动起来，那么，经济责任制的许多要求就无从实现。因此，决不能认为一经实行经济责任制，什么问题就都解决了。

实行经济责任制的确不能成为整顿企业的唯一杠杆。它需要得到企业的改善经营管理、整顿劳动纪律和政治思想工作等方面的配合和支持；同时，经济责任制的实行，却反过来，成为推动企业改善经营管理和整顿劳动纪律的一种推动力，成为要求企业加强政治思想工作的一个有力的因素。

实行经济责任制是整顿企业的一个突破口，但同时，它又同企业改革，有着密切关系。事情很明白，用经济责任制去否定"吃大锅饭"，这不是具有重大意义的改革吗？用经济责任制去否定平均主义的工资制度，这不是具有重大意义的改革吗？

五　经济责任制改变了国营企业的性质吗？

可能有人认为，实行经济责任制是在改变国营企业的生产资料公有制的性质，理由是经济责任制使企业同国家的经济关系起了深刻的变化。例如，某些国营小型企业实行自负盈亏，改上缴利润为缴所得税；再例如，在专区、中小城市或县的范围内实行地区包干，都在证明这种企业的经营，是脱离了国家管理而独立经营的。用所得税去代替上缴利润，这不是在证明国家同企业只有税收关系么？这同国家向资本主义工商业征税有什么差异呢？在专区、中小城市或县的范围内实行地区包干，这不也是在证明国家同企业的经济关系已经淡薄得几乎没有什么联系了吗？

我认为我国的生产资料的社会主义全民所有制，是不会因为实行经济责任制而改变其性质的。第一，国营的大中型企业，是扩大了自主权并实行"利润留成"的。扩权的企业是对国家负着盈亏的责任，并把利润的主要部分上缴国家的。这就证明这种企业的性质并没有发生什么变化，它们依然是由国家代表全体人民来管理的全民所有制企业。第二，有一部分亏损的国营企业实行亏损包干，微利企业实行盈利包干。不论实行亏损包干也好，实行盈利包干也好，它们都是对国家承担责任的，这也证明这种国营企业的性质并没有什么变化。第三，在省（市、自治区）或大中城市范围内，按行业、按公司实行包干，也没有改变它们原来的社会主义性质，因为这里的"包干"，都是以对国家承担责任作为条件的。

至于用所得税去代替上缴利润的小型国营企业，在形式上，它们与国家的经济关系已经有所变化，但是，这种变化仅仅是利润与所得税的变化而已。关于在专区、中小城市或县的范围内实行"地区包干"的企业，那是直接对专区、中小城市或县的主管部门承担责任的。由于它们的规模小而且数量多，所以国家委托地方去管理。因此，"地区包干"也不能成为它们的社会主义性质已经改变的根据。

在国营企业实行经济责任制，现在才开始，也可以说，现在还处在试点的阶段。这就要求我们要有清醒的头脑，注意实行经济责任制以后的成就和缺点，及时总结经验，及时发现新的问题，并提出解决的办法。

（本文发表于《经济研究》1981 年第 12 期）

利改税和企业扩权与
计划体制改革

魏礼群

正确解决国家与企业的关系，充分调动企业的积极性，搞活经济，发展社会生产力，是我国经济体制改革的一个基本出发点和中心任务。为此，国务院最近作出决定：从 1984 年第四季度开始，全国将普遍推行利改税的第二步改革，从税利并存逐步过渡到完全的以税代利。同时，为适应利改税以后经济生活的要求，国务院还作出了《关于进一步扩大国营工业企业自主权的暂行规定》。这是加快城市经济体制改革的一个重要步骤。计划体制是社会主义国家经济体制的核心，改革计划体制对于顺利地贯彻实施国务院的这些决定，具有十分重要的意义。分析实行利改税和企业进一步扩权以后经济生活的新趋势，研究计划体制面临的新课题，并积极采取相应的配套改革的措施，以促进经济体制改革和国民经济的健康发展，是一个十分重要而紧迫的任务。

一

正确认识实行利改税和国营企业进一步扩权以后社会经济生活将要出现的新变化、新情况，是研究确定计划体制应该怎样相应配套改革的重要前提。这些新变化和新情况有以下几个要点。

第一，国家和企业关系将明显改善，经济生活会趋于更加活跃和更加复杂。过去，企业实际上是国家机关的附属物，经济上没有必要的独立性和应有的自身利益，因此缺乏活力，造成经济生活僵滞。实行利改税第二步改革，把企业与国家的分配关系完全用法令的形式固定下来，企业按规定向国家交纳各种税金后，多创造的收入都归于自己支配，这就从根本上打破了企业吃国家"大锅饭"的状况，也为打破职工吃企业"大锅饭"，在企业内部实行各种形式的经济责任制创造了前提条件。加之进一步扩大企业自主权，将使企业在国家计划和政策指导下，成为责权利统一的、相对独立的经营实体。这样，按照国务院的规定，企业的生产、流通、分配等环节和经营方式都将发生一系列深刻的变化。这是坚持搞活经济的方针引起的变化，促进社会生产力发展的变化。这种变化，绝不意味着削弱计划经济，而是使计划经济更加灵活地运行。对此，我们应有足够的、正确的估计与认识。努力使我们的思想与计划管理方式，很好地适应这种新变化。

在这种变化过程中，经济生活中将出现的某些新的情况，我们也应当予以高度重视。一是国家直接计划外的生产和流通将大大增加，市场调节的活动会进一步扩大。二是一种重要产品多种价格的现象将普遍发展，在目前市场货币流通量偏多、基本建设投资总规模偏大、社会购买力很强的情况下，在一段时间里有些重要生产资料和消费品的价格将会逐步向上浮动。三是企业和地方自行支配的资金和物资将越来越多，基本建设投资和消费基金的增长有可能出现膨胀趋势。四是在需求膨胀的状况下，由于国家对企业规模大小所采取的管理程度和经营形式不同，灵活性大而技术落后的小企业比灵活性相对较小而技术先进的大企业有可能获利更多，以致造成落后技术产品挤压先进技术产品等不合理现象。五是企业为了超计划提价自销产品，不愿接受国家计划和订货合同的行为会有所滋长。

第二，经济运行将更多地依靠市场机制，商品关系和物质利益原则的作用会更加充分地发挥出来。过去，经济运行主要靠国家计划指标和行政指令确定的方向和途径来实现。实行利改税以后，虽然这种运行方式依然是重要的，但由于企业上交国家的收入相对稳定下来，他们生存和发展的状况以及职工收入的多少，将在更大程度上取决于企业自身生产经营的好坏。这将会促进企业采取高效益的管理办法，同时，企业生产经营的注意力将更多地转向盈利的多少、市场的变化、物质利益的大小。这是合乎改革的要求的，是正当的。但是，也应该清楚地看到，今后企业生产和流通活动受价值规律的支配作用进一步增大。特别是在价格体系很不合理的情况下，利润率低而为社会需要的产品有可能会出现暂时的供求不平衡。

第三，企业改组联合将出现新势头，经济管理组织体系会发生新变化。实行利改税后，企业不再按行政隶属关系上缴利润，这有助于消除部门、地方由于追求各自的经济利益而强加给企业的不必要的行政干预，按照社会化大生产发展的需要组织生产和流通。同时，增值税的实施，也将解决现在对一部分生产环节多、生产结构复杂的工业产品，如机电产品、农业机具、钢材和纺织产品等，由于道道加工、道道征税，造成"全能厂"和"非全能厂"税负不平，不利于企业改组联合和专业化协作的问题。因此，经济单位之间的横向联系和专业化联合改组会有大的发展，具有经济实体地位的各种形式的公司和经济联合体将比较多地建立起来。这样，部门和地方经济管理的职能作用也将发生变化，经济组织的计划管理作用日趋扩大。

第四，国家财政体制的调整也势在必行，中央和地方的经济关系会得到较好的解决。由于利改税制度使中央和地方都有相对稳定的收入来源，各方面都能根据自己所掌握的资金和承担的任务来安排支出。这样，中央和地方的收支范围和数量大小以及由此决定的各自计划管理职权都将发生明显变化。

利改税制度的实施和企业自主权的进一步扩大，为整个城市经济体制改革打开了一个新的突破口，标志着我国经济体制改革进入了一个新的阶段，各方面体制的改革都将加快步伐。这对计划体制的改革，既是一个压力，也是一个动力。

二

利改税第二步改革和企业进一步扩权以后，在社会经济生活中出现的新变化、新情况，使现行计划体制面临许多新的问题。

第一，国家（包括中央部门和各级地方及主管部门）管得过多过死同企业成为相对独立的经营实体的要求不适应。原有的计划体制存在着两个突出缺陷：一是过分集中，各级政府层层依靠指令性计划对企业的供产销、人财物等具体活动统得过多、管得过死；二是偏重于控制，缺乏必要的市场调节，力图把企业的活动局限在事先规定的框框内。这种计划管理方式，既妨碍了企业和职工积极性的发挥，又影响了国民经济的平衡发展，弊端很多。近几年来，有了一些改变，但是就整体来看，旧的框架基本上没有多少变动。实行利改税和企业进一步扩权以后，成为相对独立的经营实体的企业的经济活动势必同现行计划体制发生以下矛盾：一是企业行使法定的独立性决策权，同国家指令性计划管理范围过宽过多的矛盾；二是企业根据国家需要和市场变化以及自身利益来决定生产什么、不生产什么和多生产什么、少生产什么，同国家单一指令性计划的矛盾；三是企业和地方自有资金和物资越来越多，同国家单纯用计划指标控制以及调节手段和措施不力的矛盾；四是市场调节活动范围扩大同综合平衡只注重国家直接掌握的财力、物力平衡，即平衡范围过小的矛盾。

第二，传统的计划管理制度和编制计划的方法同企业灵活多样的经营方式不适应。长期以来，由于把企业看成只有"拨一拨"才能"动一动"的算盘珠，企业的一切生产经营活动基本上只能受制于和听命于国家计划具体指标的安排，因此经营方式单一而呆板。与此同时，传统的观念认为，国家计划仅仅是靠分投资、分物资和规定具体指标数字来管理经济，以为只有如此才能保证国民经济按比例发展。所以对企业的计划管理靠一年一度编制和下达具体计划指标，而编制计划指标的方法，又往往忽视运动着的经济活动，主要凭历史资料、经验数据，采取"水平法""基数法"，按累进率加以推算确定。这种计划管理制度和计划方法，不仅束缚着企业的积极性，而且使国家计划管理缺乏应有的科学性和可行性。显然，如何改进传统的计划管理制度和计划方法，使之既能促进企业主动灵活地发展，又能保证国民经济协调稳步地前进，这是计划体制面临的一个极为重要的课题。

第三，偏重于行政手段管理经济的做法同市场调节范围扩大和经济运行方式的改变不适应。实行利改税和企业进一步扩权以后，企业将重视按照价值规律和物质利益原则的客观要求从事生产经营活动。同时，由于市场机制和经济机制作用的发挥以及经济日趋活跃，企业对于了解市场信息和国家经济政策的呼声越来越强烈。在这种情况下，再沿袭"背"计划任务的行政命令办法很难行得通了。

第四，单纯按垂直行政系统进行管理的计划组织体系同经济横向联系的扩大和经济组织结构的变化不适应。我国现行对企业进行计划管理的体制，是建立在政企一体化基础上的，弊端不少。利改税以后，在政企经济利益脱钩、经济横向联系扩大、各种经济组织发挥管理作用的条件下，改善国家统一计划管理，组织和发展社会主义的统一市场，是计划体制改革的一项重要任务。同时，现在计划部门的机构设置和活动方式，与变化了的经济活动方式和社会经济联系复杂化也不适应。

第五，中央和地方计划管理职权范围不明确同以划分税种税收分成的分级财政体制不适应。实行利改税制度以后，在中央和地方都有明确而稳定收入来源的情况下，各级政府经济管理职权范围及其界限都有了明确的规定。这样，中央和地方的计划管理职权范围也必须加以相应的调整。

以上这些不适应的方面，并不是说现在不存在。前几年在搞活经济的时候，由于多种原因没有抓紧计划体制的相应改革，计划体制同现实经济生活的矛盾已经不少。实行利改税和企业进一步扩权以后，对计划体制如不采取有力措施加以相应改革，计划工作将越来越被动，同其他方面的改革矛盾会越来越大。

三

为适应企业实行利改税制度和进一步扩权以后新形势的要求，计划体制究竟应该怎样改革呢？应该从解放社会生产力和合理组织经济这两个方面来考虑，把"放活"和"控制"有机地联系起来，当前主要应在搞活企业上多想办法，同时也要在科学地组织经济活动的全局，在运用经济杠杆以引导、协调经济活动运行方向上做文章。总的来说，要正确贯彻计划经济为主、市场调节为辅的原则，真正做到把大的方面管住、管好，小的方面放开、放活，把企业的积极性、主动性同全国经济活动的统一性、计划性紧密地结合起来，充分发挥社会主义计划经济的优越性，以加快社会主义现代化建设的发展。这些也是我们进行计划体制乃至整个经济体制改革的根本出发点和基本着眼点。基于这种认识，为了与企业实行利改税和扩权改革相配套，计划体制改革必须着力抓好以下几个主要方面。

第一，正确地确立起国家（包括中央和地方）与企业分层次的计划决策和管理制度，明确划定统与分的范围和界限，国家把该放的层层放开，把该管的切实管好。企业实行利改税和进一步扩权以后，经济生活中客观存在国家与企业分层次的计划决策和管理体系。我们应该从国家计划的统一性和企业计划的独立性这两个方面，来划分国家与企业的计划决策和管理范围界限，从原则上讲，国家计划要抓大事，把关系国民经济发展全局的经济活动安排好、筹划好；对于企业的供产销活动和企业周围的一般性经济联系，应尽量让企业自己进行计划决策和管理，为了保证关系国民经济全局的各种决策以及国家计划平衡能够贯彻落实，对于那些与经济全局活动直接联系并对经济全局活动具有重大影响作用的企业中的经济活动，应该由国家计划决策管理；而对于那些不影响大局的特别是具体的生产经营管理活动，其计划决策和管理权应该交给企业。

具体地说：一是国营企业特别是大中型企业发展方向和对社会应尽的责任和义务，其决策权主要在国家，以保证国民经济重大比例的协调和必需的发展速度及目标；企业在执行国家的方针、政策和指令性任务的前提下，对各项具体生产经营活动有自决权。

二是关系国计民生的重要生产资料和消费品以及长期短缺的某些重要产品，其生产和流通活动的主要部分由国家计划决定；其他大量的产品包括允许自销部分的重要产品，由企业自行安排生产和流通。

三是重要产品的价格（包括统一价格和浮动价格幅度）和某些会影响市场波动的产品价格及劳务收费标准的制订和调整权在国家（按中央和地方管理权限确定）；重要产品允许自销的部分和一般重要产品，企业有权在国家规定的幅度内自行定价，国家计划价格以外的其他产品定价权在企业。

四是企业税后留利总额的大小及其建立起来的各项基金（包括生产发展基金、新产品试制基金、定备基金、职工福利基金和职工奖励基金）使用比例的确定和调整权在国家（由主管部门作出规定：各项基金的具体使用由企业按规定自行决策）。

五是企业用自有资金、银行贷款和合资进行国家（中央和地方）限额以上的扩建、新建生产性项目必须由国家（按中央和地方权限）批准确定；补充、更新原有固定资产的投资，在生产环节之间和公用辅助设施的填平补齐，特别是解决品种、质量、公害和提高综合利用水平等方面的小型投资，以及职工住宅等非生产性建设的投资，由企业自行决策；企业还可以用自有资金开展多种形式的合营、联营和补偿贸易以及向企业外投资。

六是企业定员、工资标准和津贴制度，工资、奖金总额的累进税率，由国家统一确定；企业内部工资、奖金和福利费用的发放形式及办法，由企业自己决定。

应当指出，这样的划分还只是粗线条的。由于社会经济活动极为复杂和多变，也由于企业规模不等和经营方式不同，国家计划决策和企业计划决策的统与分的界限不可能也不应该是"一刀切"和固定不变的，而应该根据实际情况，适时适度地加以调整。通过明确划分国家和企业计划决策的范围和权限，把经济活动中的大权和小权、大的方面和小的方面区别开来，这就从计划决策体系上确立了国家对企业实行计划管理的内容和对象及其程度，从而有利于真正做到把大的方面管住、管好，小的方面放开、放活。

第二，从放活企业着眼，缩小指令性计划范围，进一步扩大指导性计划和市场调节的范围。实行利改税制度和扩大企业自主权的基本精神都是使企业在生产经营活动上拥有更大程度的自主性和灵活性，更好地迸发活力。为此，不论在生产、流通、分配领域，还是在基本建设、技术改造以及科技文化教育事业发展方面，都要坚决地缩小指令性计划范围，使其只保留在必要的程度，相应地扩大指导性计划和市场调节活动的范围。例如，在工农业生产计划方面，除少数重要农产品的收购量、国家统一分配调拨的少数重要工业产品的生产量，必须实行指令性计划以外，其余部分都可以实行指导性计划和市场调节。为了严格控制指令性计划的范围和程度，应该改变目前从中央到各级地方政府及其企业主管部门都可以给企业布置指令性计划的多头现象，确定指令性计划范围和程度的权限要集中在中央和省（市、自治区）两级。对于一般性的，特别是小的方面的经济活动，凡是能够实行市场调节的，都要在国家计划指导下，逐步尽量扩大市场调节范围，以利促进竞争，把经济搞活，发展社会生产。划分指令性计划、指导性计划和市场调节三种管理形式，主要应依据产品和经济活动的重要程度，而不能只按企业规模的大小。这样，就可以使各类企业包括大中型骨干企业都能够有较多的自主权，使所有企业都会增加动力和压力，充满旺盛的活力。

第三，抓紧建立新的综合平衡体系和制度，充分发挥国家统一计划的指导作用。这里需要做好五个方面的工作：一是切实搞好全社会范围生产和需求的平衡，健全国民经济综合平衡体系。在经济生活日趋活跃以及指导性计划和市场调节范围进一步扩大的新形势下，为了自觉地、经常地保持整个社会生产的协调发展，并为企业迸发活力创造条件，必须扩大国家计划的综合平衡范围，把由计划调节（包括指令性计划和指导性计划）部分和市场调节部分的经济活动，都进行统一计划平衡。二是认真做好国家指令性计划（包括重点生产、重点建设和人民生活方面）的综合平衡，建立起国家指令性计划的综合平衡体系和制度。这是国民经济计划的核心部分。搞好这方面的综合平衡并保证其实现，既能有效地组织和左右经济全局的活动，又可以更好地放开放活一般性的经济活动。三是改变原来计划综合平衡只注重静态平衡、忽视动态平衡，只注重指标平衡、忽视经济手段（即经济政策和经济杠杆的变动情况）平衡的做法，把静态和动态平衡、指标和手段平衡结合起来。特别要加强价值指标平衡，严格控制有支付能力的需求膨胀；同时，要更加注意计划留有较多的余地和留有必要的后备，以利及时引导和控制经济发展方向。四是真正实行全国平衡协调和逐级平衡协调的计划平衡体系和制度，落实统一计划、分级管理、层层建立计划工作责任制的原则。五是建立和健全各级各类计划平衡表制度，发挥平衡表指导和组织经济活动的重要作用。

第四，改革传统的计划制度和计划方法，提高国家计划管理的灵活性和有效性。在计划管理形式方面，要改变现行的"一揽子"计划做法，实行"两种计划""一本账"和"单轨制"。国家编制和下达计划时，要明确地把国家计划区分为指令性计划和指导性计划"两种计划"。第一种计划，是对关系国计民生的重要经济活动实行指令性计划的部分；这部分国家计划可以比较准确地确定并保证实现。第二种计划，是对于比较重要的经济活动实行指导性计划的部分；这部分计划由各级计划部门根据综合平衡的要求，分别向有关经济单位提出号召性计划任务和指标，通过上下反复协商后加以确定。同时，要改变现行多头下达计划任务、层层加码的状况。无论指令性计划还是指导性计划，一律实行"一本账"和"单轨运行"，即把中央和地方计划的任务捆在一起，由国家计划部门确定为国家计划，并通过企业或公司的主管机关统一下达和组织实施。目前还必须有几个"婆婆"管理的某些企业、公司，也应该明确以一个头为主。采取"两种计划""一本账"和"单轨制"的计划管理形式，不但会提高国家计划的可行性和灵活性，而且可以使经济单位能够主动灵活地编制和实施计划，同时也有助于避免目前存在的计划与实绩相差悬殊的现象。

在计划管理制度和计划方法方面，要改变原来的单一固定总额指标法，试行"比例计划法""承包计划法"。所谓"比例计划法"，就是对经济单位的某些经济活动不直接规定指标总额，用一定比率来引导和控制经济活动的方法。具体做法是，在确定经济单位对国家和社会承担各项责任的基础上，国家对经济单位中一些关系整个经济平衡的活动，按一定界限规定具体比例，经济单位根据国家规定的比例自主地组织生产和经营活动。例如，工资基金的增长与生产的增长挂钩，规定产品（或营业额）每增长1%的工资基金增长额，也可以实行对单位产品或营业额中规定工资含量的办法，如同现在煤炭工业系统实行的吨煤工资包干和基本建设中实行百元产值的工资含量等办法，其定额可以考虑一定几年不变。再如，为了解决有些企业不愿多接受国家指令性计划任务的问题，可以规定国家计划内产品的工资含量的比重高于计划外部分的比重。实行"比例计划法"，既有利于企业充分地发挥积极性和主动精神，又有利于国家有效地进行国民经济的平衡和管理。所谓"承包计划法"，就是国家把计划任务包给有关执行单位，国家保证提供必要的物资、运输、价格、投资、信贷等条件，有关单位保证完成计划任务。一定数年不变。例如，对全国性的工业公司，如石油化工总公司、汽车工业公司等，可以实行包总产量、包上调量、包投资、包新增生产能力等包干办法；钢材、煤炭等物资和某些商品的调拨指标，分别对重点企业试行产量按一定比例递增包干和其他多种形式的包干办法；等等。这样，企业有了底数，就可以放手挖掘潜力。实行这种办法，必须重新按合理定额和标准修订企业各项技术经济定额，重新审查企业的生产能力和生产资金，把承包计划建立在科学定额的基础上，以更好地处理好国家、集体和个人三者的利益关系。

为适应企业实行利改税和进一步扩权以后生产经营主动灵活发展的需要，国家要简化年度计划，改进编制年度计划的方法，给企业以编制年度计划更多的自主权，还可以考虑对企业特别是大中型骨干企业逐步推行以五年滚动计划为主的计划管理制度，使企业的生产建设和经营活动能有长远的打算和发展目标。

第五，完善计划调节体系和制度，更加自觉和广泛地运用经济手段和法律手段管理经济。在社会主义的国民经济计划管理中，适当的行政手段是必不可少的。但是行政手段必须有经济依据，符合客观经济规律。基于经济生活横向联系的扩大和日趋复杂化，要充分发挥商品货币关系的积极作用，在计划管理中应该更多地运用经济手段，自觉地利用价值规律。为此，要实行"计划目标、经济政策、经济杠杆"一体化，使经济政策、经济杠杆的运用成为国家各级计划的重要有机组成部分，特别要把经济杠杆的运用贯穿在计划编制、协调和执行的全过程，充分发挥经济杠杆的引导、协调、平衡、衔接、监督和控制作用，为有效地实现国家统一计划的目标服务。目前，亟须抓好三件事。一是各级政府部门都应该尽快成立由计划部门牵头的，有财政、税务、银行、物价、物资、劳动部门参加的经济杠杆运用和协调机构，以更好地密切计划工作与经济杠杆作用的关系。二是按照统一领导、统一计划和分级决策、分级管理的原则，合理调整和确定从中央到各级地方运用价格、税收、信贷、财政补贴等经济杠杆的权限和责任，以保持经济杠杆的协调性、灵活性和有效性。三是加强物资、商业部门的经营职能，使他们积极参与城乡各类贸易中心的交换活动和市场竞争，适时地投放或收购商品，以平抑市场物价，引导和调节社会生产与流通。

要切实加强经济技术的预测预报工作，建立完善的信息反馈系统。为此，我们应当在政府部门、行业、经济单位（企业、公司）和民间学术团体大力发展经济技术情报和信息系统。从中央到地方的各级计划、统计、银行、工商行政管理等部门，都要把收集、分析、整理、发布、储存经济技术预测和信息，作为自己的一项十分重要的工作。各种协会、学会、研究所、财经院校以至公司、联合体、企业等单位也要广泛兴办经济预测预报、信息传递和咨询服务事业，并逐步实行有偿服务制度。还应尽快地在全国上下建立起多层次、多渠道、多方面的经济技术情报系统和信息网络，以适应经济搞活以后新形势的需要。

全面强化经济法制和经济监督工作，是摆在我们面前的一项非常紧迫而又重要的任务。在经济搞活以后，要使搞活了的经济活动有所遵循，活而不乱，必须大力强化经济立法和司法工作。当前迫切需要尽快制定并颁布计划法、价格法、劳动法、基本建设投资法等经济法规或管理条例。应该进一步建立、健全经济监督制度，采取有力措施充实和加强各级审计、财政、税收、统计、银行、物价、工商行政管理以及标准、计量等部门，充分发挥他们的经济技术监督作用。

第六，采取"疏""堵"并举措施，加强对基本建设投资和消费基金的计划管理。鉴于实行利改税和企业进一步扩权以后出现企业和地方自有资金和物资日益增多的新情况，为了既能够充分调动企业和地方的积极性，又防止和避免基本建设投资规模和消费基金的膨胀，必须切实搞好基本建设投资和消费基金的计划管理。总的说来，既要加强控制的措施，更要采取引导的措施；既要实行行政手段，更要运用经济手段。

具体地说：在基本建设投资计划管理方面。一方面，国家应该定期地公布国民经济发展变化情况，包括各行业的技术经济情况以及市场供求和价格情况，并及时调整投资政策，供企业制订经营计划时参考。对需要发展的行业和产品，要明确规定技术经济水平的标准和要求，为企业计划决策和资金使用提供依据。这样，可以把企业和地方投资引到合理方向，避免盲目建设。另一方面，要充分发挥银行、税收等经济杠杆部门引导和控制自筹投资使用的作用。国家的中、短期计划应明确规定银行可提供的贷款投资总额，其中包括对一些部门、企业的最高限额以及贷款条件，以把企业和地方用于投资的资金引导到国家和人民生活最急需的方面。这方面匈牙利的做法可资借鉴。匈牙利银行规定企业贷款的条件是：企业投资项目必须保证有一定的盈利率，如商业为 10%，加工工业为 15%，达不到盈利率的企业投资项目银行不予贷款。同时，企业还必须拥有相当于投资费用的 30% 基金并存入银行，才能取得银行借款的权利。企业自己决定的投资项目中自有资金须占 55%、银行贷款只占 25%，而且企业投资项目每年要偿还贷款 15%，过期未还的贷款，须向银行缴纳 10% 的惩罚性利息。同时，还要发挥税收对投资方向的引导和制约作用，根据各个时期的具体情况，对企业和地方用自有资金投资的建设征收建筑税、投资税，并及时调整有关建筑税、投资税的税率，还可以开征其他一些新税种。此外，国家还应该推行设厂标准和发放建厂许可证制度以及对重要产品实行生产许可证制度。对某些行业和重要产品必须按国家规定经主管部门批准并发给建厂许可证和生产许可证后，才能开工建设和投产。为了有力地控制自筹投资的盲目增长，国家还可以规定对重要生产资料中企业自销的部分，优先由国家按浮动价格或优惠价格选购、定购，以便在重要产品多种价格的条件下，国家能够左右重要物资的运动方向，有力地保证重点建设，减少不必要的重复建设。

在消费基金计划管理方面。（1）国家应根据各行业的具体情况，规定职工工资、奖金增长幅度与企业生产经营状况挂钩的合理比例，既保证在生产发展的基础上必须使人民生活水平逐步提高，又要避免工资、奖金增长过快。应该普遍地建立健全累进的工资调节税和奖金调节税制度，对一些超过一定限度的高收入者征收工资调节税。（2）要按照"企业多提、个人少交、国家资助"的原则，广泛建立社会保险基金，完善退休制度，使职工在职期间为自己以后的生活保障承担一定责任。这既是适应搞活经济、鼓励企业竞争、打破"大锅饭"制度的需要，又是建立消费基金储蓄制度的重要形式。(3) 大力开展多种专项购买商品储蓄制度，如购买住宅储蓄和购买电视机、电冰箱等耐用消费品储蓄，并且积极发展各种服务事业，引导与调节居民消费基金的使用方向，改善消费结构，以减轻对某些消费品生产和供应的压力。此外，对于一部分先富起来的人，要引导他们把多余的资金投入到开发性生产的正确方向上去。

以上只是着重提及实行利改税制度和企业进一步扩权以后计划体制应该相应加以改革的几个方面，还有不少方面，例如，调整中央和地方计划管理职权范围、正确处理条条块块关系、发挥中心城市的作用以及改善计划管理的组织体系等，也亟待研究，并需要实行正确的改革措施。限于篇幅，恕不一一论及。

（本文发表于《经济研究》1984 年第 9 期）

国民经济的格局变动与
乡镇企业的发展

陈锡文

1984 年，全国乡镇企业的产值，占到了我国社会总产值的 13.3%，①乡镇五级工业企业的产值合计，占到了全国工业总产值的 16.1%。乡、村两级企业拥有的固定资产净值，已相当于 1983 年全国独立核算国营工业企业固定资产净值总额的 14.11%，而在乡镇企业中就业的非农劳动力，则已相当于 1983 年全民所有制各部门非农就业劳力总数的 62.27%。1984 年，国家财政收入净增数的 14.5%、全国税收金额新增部分的 19.5%，来自于该年乡镇企业新增缴纳的税金;② 全国能源生产总量的 19.7%，来自于乡镇企业的原煤产量。③ 这些数据都表明，在我国现实经济生活的许多方面，乡镇企业都已占有了不容被人轻视的份额；对乡镇企业地位和作用的评价，再也不应该仍局限在农村内部。

近年来，乡镇企业进入了一个高速增长的阶段。1984 年，乡镇企业的总产值比上年增长了 40%；而 1985 年第一季度，乡镇企业的产值比上年同期又增长了 51%。④ 这种超高速度的增长，使乡镇企业又一次成为整个经济界舆论关注的焦点之一。对乡镇企业高速增长可能带来的利弊，当然需要进行认真的研究，但要分析清楚乡镇企业之所以会高速增长的原因，却不能不涉及对国民经济增长原有模式和机制的评价，也要涉及对今后国民经济发展及其格局变动的判断。因此，即使是只对乡镇企业的发展速度问题进行评

---

① 参见《经济日报》1985 年 6 月 10 日。
② 同上。
③ 同上。
④ 同上。

价，也应当将乡镇企业与整个国民经济的格局问题联系起来分析。本文谈些粗略的意见。

一

　　与其他国家相比较，中国特殊性的一个重要方面，就是哪怕只从经济的角度分析，也不能将农村问题简单地归结为农业问题。这个问题之所以必须首先提出，是因为在我国农村中至今尚滞留有数量惊人的超过农业需要的人口。

　　据世界银行的统计，1982 年时，我国人口约占世界总人口的 22.1%，但我国的城市人口却只占世界城市人口总数的 11.6%，而我国的农村人口则占世界农村人口总数的 29.2%，其中处于劳动年龄（15—64 岁）的我国农村人口，占全世界农村处于劳动年龄人口总数的 32.7%。[①] 也就是说，全世界每三个处于劳动年龄的农村人口中，就有一个在我国的农村。但我国的农业自然资源，在世界总量中所占的份额却远没有这样高，例如耕地，我国只占有世界耕地总面积的不足 9%。[②] 占世界总数 1/3 的农村劳动人口，只能与世界耕地总面积的 1/11 相组合，这就是中国农村发展所面临的极其严峻的困难之一。显然，要使中国农村富裕起来，必须通过一条相当独特的发展道路，以改变这种明显不合理的农村资源配置才有可能。

　　在世界范围内与其他国家进行一些必要的比较，既有利于加深对我国农村发展所面临困难的理解，也有利于我们在选择经济发展道路时保持清醒的头脑。从世界银行对 126 个国家 1982 年经济状况的统计数据中，[③] 我们可以得出这样三点认识。

　　第一，除个别天赋资源独厚而人口较少的国家外，一般国家在达到人均国民收入 800 美元时，农业劳动力所占社会总劳力的比重都低于 60%。

　　第二，大国[④]在人均国民收入超过 800 美元时，农业劳动力所占比重一

---

① 参见世界银行《1984 年世界发展报告》。
② 对于我国的耕地面积，近年来有多种说法，此处按 20 亿亩计算。
③ 这些统计数据，参见世界银行《1984 年世界发展报告》。
④ 国际上通常将人口超过 2000 万的国家列为"大国"。

般都低于 50%，而城市人口大多占总人口数的 40% 以上；特大国家①在人均国民收入超过 800 美元时，农业劳动力所占比重比大国更低，而城市人口占总人口的比重较大国更高。

第三，与人均国民收入或人口总数方面较为接近我国的特大国家②相比，我国或是在农业劳动力的比重上显得过高，或是在农村人均耕地占有量上显得过低。

到 20 世纪末我国要达到的经济目标之一，就是实现人均国民生产总值 800 美元。要达到这一目标，从上述三点认识来看，结论只能是设法降低我国的农业劳动力比重，同时提高城市人口的比重。所有已经达到人均国民收入 800 美元的国家，尽管所走过的发展道路各不相同，达到人均国民收入 800 美元之后的状况也有巨大差异，但在劳力结构和人口分布的变动方面，却无疑都与上述结论具有一致之处。我国当然没有理由忽视这种世界性的经验。

但是，如果农业劳动力比重的降低，与城市人口比重的提高，在我国也能够同步发展，中国农村发展所面临的困难就远不至于如此严峻，中国经济的发展道路也就不会有其相当的特殊性。

我国曾经参照苏联经济发展的模式走了 30 余年。从斯大林关于"工农业产品交换的剪刀差"的大量论述中可以看出，早在五六十年前，苏联政府就在自觉地建立这样一种经济发展模式：先从农业中提取城市和工业发展的资金，然后再在城市和工业发展的基础上，通过对农业的财政补贴、技术援助和吸收农村劳动力的途径，来提高农业的集约度，实现农村的发展。且不论这一发展模式曾给苏联农民带来过怎样的遭遇，但从 20 世纪 60 年代开始，它毕竟在苏联显示出成功的一面：苏联农业劳动力的比重，从 1960 年的 42%，降低到 1982 年的 14%，而同期城市人口则由占总人口的 49% 提高到 63%。③ 显然，我国采用苏联的经济成长模式，至少在劳力结构与人口分布的变动上，并没有取得像苏联那样的成功。其原因是多方面的，需要另作专门的分析和研究。但能凭直观判断的重要原因之一，是苏联从不曾遇到过像我国这样的巨量农村人口。由于存在着这样

---

① 这里系指人口超过 1 亿的大国。

② 这里指的是印度尼西亚和印度。

③ 参见世界银行《1984 年世界发展报告》。

巨量的农村人口，按苏联模式发展国营工业的资金动员能力当然也是巨大的。但是，由于原经济体制造成了工业投资效益的低下，致使国营工业体系的发展，甚至还不能完全满足城市人口自然增长所提出的对新就业岗位的需求。因此，我国在国民经济的成长过程中，不仅参照了苏联那种工农业分离发展的模式，而且不得不采取比苏联更为严格的城乡基本上隔绝的措施，以保证城市居民的就业和收入水平能与他们看得见的国营工业的发展水平大体相称。于是，我国农村发展面临困难的症结，就可归结为：国营工业体系发展所新创造的就业岗位，不能被有效地用于农业劳动力比重的降低，由此也就直接抑制了城市人口在总人口中比重的提高，同时也抑制了农业劳动生产率的提高。

在参照苏联模式发展经济的过程中，我们在很长一个时期内对城市工业化吸收农业劳动力的可能性估计过高，因此，事实上并没有意识到要去另辟一条农民从耕地上转移出来、发展非农就业的有效途径。结果，在坚持 30 余年城乡基本上隔绝的体制下，造成农村滞留了大批的劳动力。正是从这个角度，我们有理由认为，在我国农村，就业问题比农业问题存在更大的矛盾。诚然，在城市工业化的进程中，国家在财力和物力上对农业给予了大量的返还，然而，农业集约度的提高，如果不能导致单位面积耕地上活劳动消耗的减少，那么投资本身也就失去了它的经济意义。而事实上，也正是由于现代工业提供的物质技术装备对农业的投入，才更使农民感受到了必须有更多劳力离开耕地的那种经济上的压力。但是，面对原体制下无法打破的城乡隔绝状态，农民只能在农村内部寻找非农就业的岗位。农民的这种愿望，在不允许他们从事非农行业的政策限制和缴纳负担较重的情况下，当然没有实现的可能。党的十一届三中全会后，农村经济体制的成功改革，农副产品收购价格的较大幅度提高，使农民具备了将这种设想付诸实施的政治的和经济的条件。于是，乡镇企业才获得了蓬勃发展的可能性。

在城乡隔绝的体制下，发展乡镇企业无疑是降低农业劳动力比重的唯一可行途径。到 1984 年年底，在乡镇企业中就业的农村劳动力，达到了 5206 万人，约占农村劳动力总数的 14%；[①] 其中非农就业者，有 4924 万人，相当于 1983 年国营工业系统职工总数的 138.6%。如按目前农村平均每一劳

---

① 参见《农民日报》1985 年 5 月 3 日。

力负担的人口（1.91）① 折算，在乡镇企业中就业的非农劳力，负担着约9400万人口的生活；而这部分收入可以不再依赖于农业的人口，相当于1952—1976年我国市镇人口增加的总和。② 我国户籍制度下的市镇人口，再加上这部分由乡镇企业发展而造就的非农人口，已使我国实际上的非农人口比重，占到总人口数的32%左右。同时，由于这部分非农人口的产生，使我国每一农业人口和农业劳力的平均耕地占有量，在统计上增加了13.7%和17.9%，这对于我国农业扩大经营规模、提高集约化程度的前景，无疑也带来了新的希望。

由此，从乡镇企业的发展中，我们找到了一条有别于其他国家的降低农业劳动力比重的特殊发展道路，这就是，从耕地上转移出来的农业劳动力，可以不大量涌入城市，开辟自己扩大非农就业的途径。很明显，对于我们这样一个农村人口众多，而城市人口又需享受大量财政补贴的国家来说，乡镇企业的兴起，其意义已经远远超出了农村本身的发展，它对于国民经济体制的总体改革，对于实现我国在20世纪末达到人均国民生产总值800美元的目标，都具有直接的推动作用。

二

乡镇企业的蓬勃发展，表现了我国农村极其丰厚的劳力资源不甘囿于20亿亩耕地，而要求加入到国民经济大系统运转中来的强烈愿望。这种愿望的实施，将从一个侧面对改变我国现有的工农、城乡、就业、收入分配等格局起到有力的推动作用。改变8亿农村人口在国民经济系统中的地位和作用，显然与国家制定的在20世纪内要达到的经济目标具有高度的一致性，因此，乡镇企业的发展绝不仅仅是农民的事情。乡镇企业已经表现出的巨大能量，要求将它的发展纳入整个国民经济全局的视野之内，并将它与国民经济已经和将要发生的格局变动联系起来作通盘的考虑。

乡镇企业中比重最大的是工业。1984年，乡镇企业的工业总产值达1254亿元，相当于1983年华北、西北和西南三大区除四川省外其余14个

---

① 参见《中国统计年鉴》（1984），中国统计出版社1984年版。
② 同上。

省（市、自治区）全民所有制工业总产值之和；在乡、村两级工业企业中就业的职工人数达 3232.4 万，相当于 1983 年全国全民所有制工业部门职工总数的 91%。这样一支规模宏大的"农民的"工业队伍，显然需要尽快在我国的工业体系中找到它的恰当位置。

众多发展中国家的经验和教训都证明，在从一个农业国向工业国的发展过程中，工业的发展战略必须能够同时满足多重的经济目标，其中应当包括工业生产能力的提高、更多就业岗位的提供和日趋合理的收入分配体系的形成，否则，就难以避免社会落入"双重经济结构"的窠臼。在落后国家中，不建立起一系列大规模的现代化工业企业，就不能形成自己相对独立的工业体系。但是，现代化的大型工业企业，往往一方面需要最大限度地使用国内已有的基础设施，吸收国内技术和管理人才中的精华，另一方面则免不了要采用进口的技术和设备。因此，这类企业的分布一般都难以离开城市或已有的工业区，同时，它所需要的巨额投资与它所能创造的就业岗位也往往极不成比例。因此，现代化的大型工业企业，有可能成为向工业化提供积累资金的重要源泉，也能够成为提高国内整个工业体系技术层次的向导，但在创造充足的就业岗位、实现城乡及区域间合理的收入分配格局等方面，却显然并非是其所长。所以，不能将工业化等同于单纯地发展大规模的现代化工业企业。

从这个意义上讲，落后国家的工业发展战略，应该使整个工业体系表现出技术和规模上的层次性，从而使工业的发展能够提供与国内劳力资源相称的就业机会，并以此来实现城乡及区域间的收入分配的相对平衡。

我国乡镇工业的发展，已经为建立工业体系中低技术和小规模的层次作出了巨大的贡献。现在，它迫切要求与城市的国营工业系统进行某些必要的分工，以避免与城市国营工业系统在低技术层次上对低档次产品的过度竞争。没有这种分工，所谓的乡镇工业与城市"大工业"争原料、争能源、争市场的矛盾就不可能得到根本上的解决；没有这种分工，不仅将影响乡镇工业发展空间和农民非农就业机会的扩大，而且也将使我国的城市国营工业系统继续受低技术层次和低档次产品的拖累，难以实现产业的高度化。这显然将降低城市基础设施的使用效率，并使高质量的技术和管理人才得不到合理的使用，从而降低整个工业的素质和作用。

在这两个工业系统之间进行必要的分工，首先，需要通过技术和经济上的联系，将这"两张皮"贴到一起，使其成为一个完整的国内工业体系；

其次，需要对国内外的市场需求，作出某些粗线条的划分，以确定用不同技术层次的加工能力，来满足不同的市场需求；最后，还要区分某些同一产品的不同加工阶段，使产品加工链条上能够分解的各环节，在不同的技术层次中逐步完成。这样，就可能使我国的工业化过程，与城乡一体化的发展结合起来，使不同技术和规模层次的各种工业企业，能够互为补充、相得益彰，从而最大限度地提高每一层次工业企业的生产效益。

总之，对可能在较长时期内都将处于低技术和小规模层次上的乡镇企业的作用不可低估。乡镇工业不仅对国民收入的增长具有它不容人们轻视的贡献，更重要的是，它在创造就业岗位，并以此可以较直接地实现城乡及区域间收入分配的相对平衡方面，具有国营大工业难以比拟的长处。在我国，如果乡镇工业的发展受阻，巨量农村人口的就业和收入就只能都依赖于农业，这无疑将导致农产品成本不断提高。如果不想因此而扩大城乡之间的收入差距，它的后果，只能或者是降低城市居民的实际收入水平，或者是提高国家财政对农业的补贴，这显然是又背上了原经济模式解不脱的老包袱，将对国民经济的体制改革和格局变动带来巨大的障碍。因此，必须使乡镇企业的发展能够有继续开拓的空间。而这需要国营大工业系统努力提高自己的技术层次和产品档次，逐步实现产业的高度化来作保证。

三

在以往严格的计划经济管理体制下，乡镇企业基本存活于计划外的空间，乡镇企业的成长过程，就是它们在计划的缝隙中碰撞的过程。在提出有计划的商品经济之后，由于保障商品经济发展的许多必要章法还来不及健全，而长期囿于自给半自给经济的农村人口，也还缺乏从事商品经济活动的经验，因此，在乡镇企业的发展过程中，难免存在着某些盲目性和混乱现象。克服这些问题，是使乡镇企业纳入国民经济大系统的必要前提，也是乡镇企业保持健康发展势头的重要条件。而经济全局目前要求控制基建投资和消费基金盲目扩大的宏观背景，正使乡镇企业遇到了认真进行必要整顿的极好机会。

乡镇企业的整顿，既有微观经营层次上的内容，也有中宏观管理层次上的内容。

在微观层次上，乡镇企业需要认真对待产品质量不高、产销不对路和财务管理混乱等方面的问题。据有关部门的统计分析，江苏、山东、河南、山西、湖南五省乡镇企业目前的产成品资金约占全部定额资产的42%，应收款约占全部流动资金的36%。定额资产中产成品比例大，流动资金中应收款项多，虽然可能是由于多种因素综合作用的结果，但产品销路不畅、企业财务管理混乱，无疑是其中的两个重要因素。按有关部门的统计，目前全国乡村两级企业中多占用的产成品资金和各种应收款项，相当于1984年乡镇企业贷款总额的2/3。在国家严格控制信贷规模的条件下，如不认真提高产品质量，根据市场需求的变动来组织适销品的生产，以降低产成品资金的比重，同时积极地清理应收款项，乡镇企业发展所需的流动资金就将进一步短缺。这对于现有乡镇企业的正常生产，不能不说将是一个极为严重的困难。

在中宏观层次上，应当强调完善对乡镇企业的管理体制，使这种管理体制既能督促乡镇企业遵纪守法，又能对乡镇企业的发展起到积极的促进作用。最近一个时期以来，揭露出了极少数乡镇企业在不法分子的把持下，大肆制造和推销伪劣产品的违法现象。对这些不法分子和违法现象，当然必须给予严厉的打击，但是，应该看到，这种违法活动的产生，与乡镇企业的发展并不存在本质上的联系。重要的问题在于，这些违法活动的存在，暴露出在乡镇企业管理体制上的混乱和漏洞。完善乡镇企业的管理体制，当然不仅仅是为了打击极少数不法分子，它的重要任务在于，训练出一大批懂得商品经济规则，讲社会主义道德的乡镇企业家，使乡镇企业的发展不脱离社会主义经济的轨道。乡镇企业的蓬勃发展，已经使它成为许多地方财政收入的重要来源之一。正因为如此，在不少地方的乡镇企业管理部门中，出现了两种值得注意的倾向。一是不顾当地的实际能力和条件，盲目批准或制定大上新项目的乡镇企业发展计划。据今年上半年对9个省（市、自治区）的调查，上年开工转入今年续建的乡镇企业新项目有7196个，今年新上的乡镇企业建设项目又有9917个，两项共需设备和流动资金贷款28.3亿元，相当于这些项目总投资额的57.8%，是该9省（市、自治区）农业银行和信用社今年支持乡镇企业新上项目贷款承受能力的3.7倍。这种盲目鼓动和支持乡镇企业大上新建项目的后果，是造成资金使用分散，缺口越开越大，使不能正常生产的企业和半拉子工程大量增加，既增大了信用机构的贷款风险，也使农民承受了意想不到的投资风险。二是有些地方，特别是某些乡、县政府，将乡镇企业看作是自己的

"后院经济"和"小金库",处处向乡镇企业伸手。据有关部门统计,1984 年乡村两级企业参加分配的纯利润中,有 43.86% 上缴给了主管部门,主管部门提取的纯利润额,是企业用于扩大再生产的纯利润额的137.6%,相当于乡镇企业目前设备贷款总额的 94.1%。主管部门随意提取乡镇企业利润的做法,不仅削弱了乡镇企业自身的积累功能、加大了对信贷资金需求的压力,而且也会因此而形成各种复杂的既得利益关系,使整个农村的管理体制和机构改革增加难度。

对乡镇企业在微观经营和中宏观管理两个层次上的整顿,必将导致一批产品不对路、管理混乱、经济效益差的企业的收缩,也将使各地筛选出一批值得大力扶持、发展前景诱人的乡镇企业。应该说,没有这种必要的收缩和对发展方向的进一步明确,乡镇企业的整顿就不可能取得什么实质性的效果。因此,要将乡镇企业的整顿,同时与收缩和发展联系起来。当前,乡镇企业的发展,不仅是存在着资金短缺的问题,即使是现有资金的有效使用,也还存在着必要的物资供应问题。据湖北省黄陂县的调查,1984 年能安排给乡镇企业的电、煤和钢材,分别只占乡镇企业需求量的47.8%、26% 和 12.3%。各地的情况也都与此大同小异。物资供应紧张,不仅造成物资价格上涨、企业生产成本提高、利润下降,而且使大家都吃不饱,开工不足,造成了相当部分企业生产能力的闲置。因此,必须将"整""缩""发"联系起来,根据实际情况作通盘考虑,运用各种经济杠杆,尤其是运用金融这个杠杆,使该"缩"的企业"缩"下来,该"发"的企业能继续得到支持。

乡镇企业当前的发展还需要认真研究解决资金短缺的问题。1985 年,国家银行安排的新增信贷规模中,给乡镇企业的份额只占 2.8%,这对于产值已占社会总产值 13.3% 的乡镇企业来说,当然不能算多。但应该看到的是,乡镇企业内部挖掘自身资金的潜力还是存在的。一是应当认真搞好企业利润的分配和合理使用。1984 年乡村两级企业的纯利润中,只有32% 被用于扩大再生产,其余的基本都被"上面抽光、企业分光"。可见,通过严格财务制度和银行监督等措施,将企业利润转化为生产基金的潜力还相当大。二是要完善乡镇企业固定资产折旧的制度,并合理使用折旧基金。按 1984 年乡村两级企业拥有的固定资产净值计算,如果所有企业都能按 8% 的综合折旧率提取折旧基金,一年提取的折旧费即相当于目前乡镇企业设备贷款总额的 60% 左右,如能保证这笔折旧基金的提取并做到专款专用，无疑就使乡镇企业在进行技术改造和改建扩建等方面，有了一个可观的资金来源。三是要清理应收款、降低产成品比例和处理各种积压物资，这三笔款项如能清理出 1/3，也将相当于 1985 年国家计划给乡镇企业贷款增加额的 3—4 倍。四是应注意适当控制乡镇企业工资基金的扩大速度。据统计，1984 年，乡村两级企业职工的人均年工资收入为 621 元，比上年增长了 14%，已相当于 1983 年全民所有制单位职工平均工资的 72%，相当于城镇集体所有制商业服务业职工平均工资的 101%。据有关部门估计，1985 年乡村两级企业的工资总额将比上年增加 25% 左右，因此，乡村两级企业职工的年工资收入可望达到 700 元左右。从中筹借 10% 左右的份额，对于职工的生活不会带来多大的影响，而整个乡镇企业则可多增加二三十亿元的资金来源。从经济体制改革的全局来看，适度控制乡镇企业工资基金的增长，也有利于城市职工对改革在近期内可能带来的收入提高，有一个恰当的期望，从而使城市改革中的摩擦系数进一步降低。

在国家严格控制信贷规模的宏观背景下，乡镇企业发展所需的资金，应当主要依靠自身的积累来解决。但挖掘乡镇企业自身积累的潜力还只是问题的一个方面，如何把握乡镇企业资金运动的特点，根据乡镇企业资金运动的规律来实现资金的融通，则是问题的另一个重要方面，而我们在金融工作中显然对后一个方面还重视不够。1984 年，乡镇企业的总产值中，第二、第三产业的产值占 96.9%，这表明，乡镇企业的资金运动，实际上并不具有农业资金运动的特点和规律。因此勉强地将乡镇企业的资金与农业资金混同起来，交由一个金融机构管理，往往不是对乡镇企业的发展带来不利的影响，就会在某些时间区段内对农业的发展带来不利的影响。尽管农业银行目前已将乡镇企业的信贷资金进行单独管理，但它的主要目的在于严格控制乡镇企业的信贷规模，而不在于充分照顾乡镇企业资金运动的自身特点，因此，它很难起到使乡镇企业在资金运动方面与整个社会的第二、第三产业建立必要联系的作用。乡镇企业由于其自身内部产业构成的特点，使得它的资金运动更趋近于工商业资金运动的特点。在乡镇企业发展规模已经相当大的今天，应该考虑将乡镇企业信贷资金的管理，逐步从农业银行中分离出来，建立专业性的乡镇企业银行或小企业银行，至少也应使具体负责乡镇企业信贷资金管理的部门具有相当的独立性，并注重与主管工商业基建和流动资金的专业银行沟通信息。只有这样，才能使工商业的投资方向、生产与网点布局等跳出原来那种城乡隔绝的模式，从而使乡镇企业真正加入到国民经济的大系统中来。

乡镇企业的发展，使人们进一步认识到农村、农业和农民这三个概念之间的联系与区别。中国的特点和已经走过的发展道路，并没有使农村的概念逐步单纯化为等同于农业，而是使农业只成为农村中的一个产业。由此而来的，就是对中国的农民，提出了在农村中选择不同就业岗位的必要性。显然，传统意义上的"农民"概念，已经不能包括今天中国的农村人口。这正是乡镇企业的发展所带来的农村经济格局和农民就业格局大变动的结果，它正改变着我们国家传统的收入分配格局，从而也改变着我们国家传统的城乡格局。不难想象，乡镇企业的进一步发展，将怎样有力地推进整个国民经济格局的变动，使其更顺利地朝着我们民族在 20 世纪内要达到的经济目标发展。

（本文发表于《经济研究》1985 年第 10 期）

企业经营体制及其对应的
整体经济模式

周小川

进行企业经营体制的改革，实现所有权与经营权的分离，是当前经济理论界和改革领导部门注意的重点和议论的中心。然而，企业经营体制与整个经济模式的选择、与改革道路的选择又是密切相关的。因此，本文首先考察整个经济模式和改革道路的可选方案，然后再来分析各种微观经营体制与它们之间的对应关系。

匈牙利经济学家科尔奈将当代经济体制就其运行方式分为四种类型，即直接行政协调的 1A 模式、间接行政协调的 1B 模式、没有控制的市场协调的 2A 模式、有宏观控制的市场协调的 2B 模式。①

借用这种分类方法，对照我国的情况来看，从传统的指令性计划经济体制（1A 模式）向有计划的商品经济体制（近似 2B 模式）转变，无非有三种可供选择的途径。

第一，从 1A 经由 1B 过渡到 2B。现在有些同志就主张国家在取消直接的指令性计划后，主要不是通过市场参数来影响企业的行为，而是在个别解决的基础上确定国家和每一个企业的权、责、利关系；然后经过相当长时间再逐步过渡到 2B 模式。也有同志设想的目标模式实际是 1B 模式，那就没有向 2B 模式过渡的问题。

第二，从 1A 经由 2A 过渡到 2B。这就是在相当范围内鼓励和推行私人

---

① 参见宏观经济管理国际讨论会（1985）专题报告之一：《目标模式和进度、步骤》，中国经济体制改革研究会编《宏观经济的管理和改革——宏观经济管理国际讨论会言论选编》，经济日报出版社 1986 年版。

所有制，先形成类似于早期资本主义那种没有任何政府干预和宏观控制的商品经济，然后由乱到治，过渡到2B模式。

第三，从1A直接走向2B。一些同志主张在改革中原有的国家宏观管理职能仍要发挥作用，有组织、有准备地自上而下地领导改革的进程。在改革中始终注意经济运行机制的整体有效性，尽可能秩序井然地完成新旧体制的交替。

由以上四种类型和三个途径所决定的企业经营体制将是什么样的？建立各种不同的企业经营体制所要求的外部经济条件又是怎样的？这正是本文所要探讨的。

一 企业经营体制的一个核心问题：经营权和所有权的分离

近几年改革的实践表明，要解决国有大中型企业的经营机制，经营权和所有权的分离是一个核心问题。

（一）两权分离的特点

两权分离的特点之一在于，由所有者（不是企业经理）来决定企业利润分配、投资及重大经营方针，而能代表所有者来行使企业所有权的企业经理需要有丰富的经济知识、充分且切实的经济信息和合理的体制以免受行政干预。特点之二在于，不管企业是什么所有制，两权分离后经理的行为准则都是在市场竞争条件下追求利润最大化，企业经理都能把企业办得决策坚决果断，有竞争力，有经济效益。

（二）在经理、董事会、社会代表之间建立综合制衡关系

两权分离的主要难点在于董事会如何形成和工作。董事会成员不是资产所有者，但又要保证其决策的正确性，那就需要有制衡机制：第一，由专业化、职业化的经济界人士组成董事会，并受社会监督。其业绩的评价与企业中长期利润相关，并直接或间接地决定个人的收入。独家拥有的公有企业也应设置董事会。第二，董事会决策的投资项目要经过金融机构的咨询公司进行评判。第三，董事会成员的提名和报酬也须由外部的咨询公司来确定。第四，董事会有关经理、会计与审计人员提名和其他重大决策要有咨询机构参

与并监督。

这些制衡表明还需要有一批相互竞争的、职业化的咨询机构，它们是独立的经济实体。

如果董事会能对企业利润分配、投资及重大方向性问题作出正确的决策，则企业经营的决策就能限制在适当的范围，从而使经营行为的最优化得以保证。

（三）两权分离与整个经济模式的关联

上述主张的两权分离方式是与 2B 模式相配套的，即与市场环境、政企分开、行政不直接干预企业及规范化调节手段相配套的。它也可以与 1A 至 2B 之间的某种中间状态相配套：在那里，市场尚未完全形成，一组模拟市场作用的经济杠杆还在过渡性使用，但它们是规范的没有给某个企业特别的优惠或歧视，并尽可能地限制一对一讨价还价的 1B 方式的存在。

针对不同企业的不同条件以某种承包合同规定所有权与经营权分离的形式，是各地普遍采用的试点形式。但是，面对成千上万的企业，面对不断演变的经济环境与经济结构，这种无规范的承包合同必然导致每个企业与政府之间一对一的讨价还价，也就是 1B 模式。即使成立了这样或那样的董事会，由于董事会没有一种保证自身行为合理化的准则，也没有被监督的规范，事事只能将中央精神和具体情况相结合而灵活掌握，两权是否能分离就很难保证。而且也不能无根据地假定政府官员在任何情况下都必然能代表宏观经济利益来作决策。他们的觉悟、智慧和行为不可能完全超脱于他们的社会存在。他们可以在一个正确的组织结构和工作环境中作出贡献，也同样可以在一个设计不良的组织结构及缺乏制约的环境中在不同程度上出现以权谋私等腐败现象。

二 企业体制的外部条件——
是规范的，还是任意的？

企业要想在商品经济中自主经营，并以利润或某种与利润相联系的指标作为所有者考核经营者工作成绩的指标，那么经营者必然要关心它面对一个什么样的经营条件——产成品的价格及定价权，投入品（包括信贷资金）的价格，资金使用费用，职工的来源及其工资奖金水平的决定。这些条件的最终形式有三种。第一种是由市场供求关系决定的，虽然会出现某些波动，但不取决于个别人的主观意志。第二种是由政府官员对每个企业一一确定的，也就是1B方式。第三种是市场尚不能依靠价格达到均衡，政府必须借助于某些模拟市场的参数调节，才能辅助市场达到均衡和大致合理的资源分配，而这些调节是比较规范的，全社会统一的，不是"一户一率"随企业而变化的。我们称之为"模拟市场的参数调节"。下面简略地介绍和比较这三种不同的企业决策条件。

在社会主义商品经济中有必要建立商品、劳动和资金等市场。这不是件容易的事，至今还没有一个社会主义国家真正解决了这个问题。建立并依靠三大市场，虽能在转轨成功后获得资源配置优化的巨大效益，但在转轨过程中要承担相当的风险。例如，开放并扩大商品市场，存在着通货膨胀和产业结构剧烈演变的压力，传统的价值观念也面临着调整。开放劳动力市场，存在着农村人口涌入城市，从而造成都市化压力及对以往分类劳动力布局的严重冲击。开放资金市场，存在着收入分配格局显著改变的可能性。研究改革的经济学家无疑会认为，市场的建立和健全意义重大，绝对值得为此冒一些风险。从前面对企业改革的论述来看，也只有市场环境能与之构成最佳配合。但是如果政府由于某些实际考虑而倾向于放慢建立市场的步伐，学术界也有义务研究并设计慢速或较慢速过渡的途径及过渡期间的体制。

目前，一方面我们把放活企业看作改革和发展的生命线，致力于推动企业运行机制的改革，另一方面又放慢了建立市场体系的进程。人们会很自然地得出结论，整体经济模式的唯一出路是1B模式，即一对一地按不同的环境条件给每个企业制定放活经营的目标和作出承诺，当环境条件发生变化时，也是一个一个企业地进行调整。但1B模式是一块不可涉足的沼泽地。因此有必要探讨并回答这样一个问题：在市场尚不存在或尚不完善之时，有没有可能设置一些非1B的近似模拟市场的调节参数，使企业具有一个大致规范的、不以上级行政长官主观意志为转移的决策环境，从而避免误入1B模式的歧途。

在商品价格没有放开，价格尚不能充分反映供求关系的情况下，可通过某些产品税及分产品制定的有配额的买方补贴来填补缺口。如果这些工具是按产品和国家重点计划来制定的，就能在很大程度上避免各级领导针对每个企业去商定经营条件。

对于资金和自然资源，首先要按某些粗略的原则实行收费，即公有资源的有偿使用；然后逐步使之合理化。如果让企业去追求最大的利润，则新投资方向上的产出品价格减去产品税能引导大致合理的投资方向。对于已形成的资产，目前的关键仍在于是否希望它们能够有价转让，然后要看这种交易的趋势在多大程度上与宏观利益之间存在偏差。

关于劳动力资源的分配和工资决定问题，如果说目前还不敢或不具备充分的条件让劳动力自由流动的话，那么改进工资的决定，让它更为近似地反映劳动贡献，将有利于劳动力的合理流动，有利于打破对劳动力市场的恐惧心理。企业内部的工资分配应更多地由厂长去确定。为此，对企业工资总额必须实行合理的参数调节，否则厂长往往没有足够的余地来决定企业内部的工资。参数调节应使企业工资总额与企业的劳动总贡献相联系。工资总额与上缴税利挂钩实际上是一种参数调节，但科学性、合理性较差。[①] 一个较合理的设想是：根据不同行业的生产函数（反映劳动与资金的不同密集程度）找出劳动贡献系数，再按产品税后的净产值计算出企业劳动贡献的增长率，让企业工资总额的增长与这一劳动贡献增长率挂钩。这一办法近似地校正了来自产品价格和人均资金占用率方面的不平等因素。这是一种市场模拟方法，与分类劳动力工资的市场决定具有较高的近似性。

当提到模拟市场环境及辅助市场的参数调节这些概念时，首先要说明，我并不主张把模拟市场当作某种固定不变的模式。只是说，如果政府还不能坚决地排除困难去发展市场，那么在模拟市场条件下激发企业的活力，以保持适当的经济增长，有可能比 1B 模式下放活企业更为有效，模拟市场和参数调节是个缺陷很多也不可能真正得以健全的方式，决定市场政策的计划工作者不可能在市场的每一个方面精确促成供求平衡。但它可以成为一条过渡途径。如果我们致力于改革，并已设定一个价格改革进程的大致时间表，让模拟市场体系中的人工参数随着这个进程配套性地逐步消退，模拟市场或参数调节就可能是过渡期间的一种好的选择。我们已经在许多消费品方面放开了市场，因而现在只需要对那些尚不敢放开市场的部分，特别是少数重要生产资料和生活资料，施加某种特定的参数调节。尽管人工参数不可能精确，但它将优于政府对企业的行政干预。当然，如果无意彻底改革，它就将是个坏的选择。

几年来我们的改革对于企业放权所需要的经营条件缺乏系统的考虑，因

---

① 孙效良、杨年春：《应用经济效益系数处理分配问题的研究》，《企业管理》1986 年第 1 期。

而也不可能有恰当的阶段和步骤的划分。1983 年似乎试图以产品税为人工参数来促进企业放权和经济核算。然而，此后工业品价格改革并没有实质性的大动作，却从 1986 年 1 月 1 日起又以相当快的速度开始推行增值税，并力求减少税率档次。单就税制而言，从产品税发展为增值税固然是一种进步。但是，推行增值税不与价格合理化相配合，则将加剧企业经营条件上的差距。这就意味着不得不让行政部门去对企业抽肥补瘦，从而更加偏向 1B 模式。

三　企业经营的目标与责任——
是弹性的，还是僵死的？

改革的第一个朴素而合理的意识就是承包，它包含着原始形式的责权利结合。20 世纪 60 年代初邓子恢等同志就要求农业实行包产到户；"文化大革命"结束后，农业的家庭联产承包制首战告捷；随后在工业领域中试行的递增包干也显示了可喜的效果；近两年几大产业部门不同形式和内容的包干也呈现出积极的效果。但是，承包制具有两大缺点。第一，传统的承包方式僵死而缺乏灵活性，不能适应市场发展的需要；第二，传统的承包方式要求各级政府官员与企业一一商定承包目标与条件，从而不可避免地接受 1B 模式的所有弊端。我们并不否认承包是改革思路的一个好的起点，但应设法改进并发展承包方法。成熟的税收体制恰恰是承包方法改进和发展的最终归宿。

传统承包制的第一个问题是企业承包目标与责任的僵化。如果一个企业承包了用 100 吨某投入品生产出 20 吨某产成品的任务，那么我们想问一问，如果它用 101 吨投入品生产出 205 吨产成品，究竟是好事还是坏事？它突破（或说违背）了承包条件是否该受罚？有什么渠道能获得额外的 1 吨投入品？如果该企业在期限内用 95 吨投入品生产出 199 吨产成品，究竟是好事还是坏事？这两种情况都未达到承包标准，是否该取消承诺的各种奖励，甚至倒扣工资？更进一步的问题还有：该企业是否有权根据其产品销路的变化进行必要的调整，以便对市场作出反应？显然，实行有弹性的承包，即投入数量、奖励尺度均在产出目标任务附近具有弹性，并允许企业自主地对市场行情作出反应，将是更好的出路。

传统承包制的第二个问题在于，是搞价值型承包，还是搞实物型承包。

如果考虑对服装厂实行承包，设立什么目标任务呢？如果是件数，企业可能尽量向你提供童装；如果是面积，则你可能会大量拿到睡衣。机械、电子、轻工、医药等许多工业都是如此。这说明，唯一的出路是价值型承包，而且应是面对市场需求的与销售收入有关的价值。投入品也存在同样的问题，价值型投入保障优于实物型投入供给。这时价值型承包任务呈现为净价值（即附加价值）形式。我们已经可以感觉到，这种价值型承包方式与税收方式是那么近似。从另一个角度来看，这也说明为什么目前的实物型承包或准实物型承包只在规格、品种比较单一的初级产品生产部门获得成效。也很容易发现，如果具有引导产品方向的调节参数，把初级产品的实物型承包转变为价值型承包并不困难，也不会失去效力。

第三个需要讨论的问题是，传统的承包制是在市场不发生变化的假定条件下，甚至是根本没有市场而只有计划分配的条件下制定出来的，而且往往一定三年不变或一定五年不变。事实上，市场总在不断变化。当市场变化时，大家都应该对投入和产出作出调整，以便通过经济资源的重新分配获得最大的经济效益；但传统的承包制阻碍这种资源的合理分配。除了企业经营好坏之外，市场的变化也往往使某些企业无法完成承包目标。于是，企业就要和上级主管部门重新讨价还价，这进一步加强了行政机构的干预权力，使企业更加向上依附于政府机构。对少数试点企业，政府固然可以放宽承包条件，企业完成承包目标的概率可能很高。但要在全国普遍推行，承包条件必然很紧，在市场的正常变动下也会有不少企业完不成承包目标。这时，一旦政府开了让步的口子（事实上不可能不让步），包干目标和条件也就软化，违背了承包的初衷。在1B模式下企业具有软性财务约束、眼睛向上的毛病是毫不奇怪的。

任何改革者都不希望政府软弱无力、言而无信，但企业若完不成承包目标，又能怎么样呢？首先要在是经营责任还是市场条件变化之间扯皮；即便是企业承认经营有误，也往往要抱怨承包条件并不平等；对于失败的企业，下一轮承包条件往往要放宽。更糟糕的是，由于我国工业企业的数量极大，1B式的承包制不得不分级进行，结果某些中间行政层次（非经济单位）也成了某种对上承包的责任体，则它们必然倾向于直接干预其企业，并实行抽肥补瘦，以保证自己的承包目标。

承包思想虽朴素而又带有合理性，但实物型的、僵化的、脱离市场的承包制不能适应工业体制改革的需要，必须加以改进，使之价值化、弹性化，让企业（而不是政府）承受市场的变化。这种改进的结果就恰恰得出规范化或比较规范化的税收制度，企业按市场价值（或部分人工参数修正后的市场价值）在一个较大的范围内有弹性、按比例地接受奖惩调节，也就是有权支配税后利润。这个范围的下边缘是破产条件；而向上发展则没有界线。既然承包的目标价值化、弹性化了，承包的条件也未尝不可按照一定的规范和参数实现价值化和弹性化。其附加的好处是铲除了生成1B模式的土壤，中央政府会感到经济调节不那么需要层层的条块行政长官从早到晚地忙乱，也并不那么需要所谓"分层次的宏观管理"，实行行政性分权。[1]

　　一提到税收，就使人想起在市场不成熟的条件下是否具有平等税收的条件这一问题。上一节已经初步提及，即便在市场体系未建立并完善之前，那些有差别但不针对具体企业的产品税、资金收费、资源税、土地税（费）、工资总额管理办法等仍是可供选择的配套措施。

四　对间接行政控制的评价——改革的大道，还是歧途？

　　我国现行的经济体制改革已在相当大的程度上指向1B，并有加速向1B发展的倾向。在此之际，对1B进行讨论和评价，以便对改革途径作出明智的选择，实有极大的必要。

（一）科尔奈对1B的描述

　　科尔奈提出，从传统体制1A脱离出来，可能走到1B，也可能走到2A，到目前为止还没有一个国家成功地转变为2B。作为改革的过渡，从1A到1B并非不可以，但是存在着在1B停留下来的危险，例如匈牙利的改革目前大体上就是1B模式，尽管也有一部分2B的因素。

　　科尔奈描述道，1B和1A的区别在于纵向调节手法不同。在1B情况下，上级行政机构手中掌握有一套"经济杠杆"，用于控制、调节下级机构的行为。在1B体制中，企业有双重依赖，形象地说，企业领导人的眼睛，一只盯着上级主管机关，一只盯着市场，但主要是看上级的意图行事。其原

---

　　[1]　吴敬琏、周小川、李剑阁：《关于各级政府职能和分层管理的思考》，《经济管理》1986年第12期。

因如下：（1）上级行政机构决定企业经理的任免；（2）上级决定企业的开业与停业；（3）企业亏损状况不取决于自身的经营水平，而主要取决于同上级行政机构在税收和补贴等问题上讨价还价的能力；（4）在价格形成过程中存在着大量的行政干预；（5）行政控制了工资；（6）企业短期的投入产出决策受非正式的上级干预；（7）行政控制了投资。科尔奈指出，行政协调具有自我强化的倾向，它倾向于不断用更具体、更详细的规定来补充一般规则。①

（二）走向 1B 只能取得有限的进步

从 1A 走向 1B 毕竟使企业的一只眼睛转向了市场，并随此带来了经济体制的进步，但这种进步又是十分有限的，而代价却不小，且前景不容乐观。

第一，传统计划体制对经济结构的循环型计划调整改为 1B 中的循环型政策调整。由于市场价格体系不能引导各部门间的均衡比例关系，会发生特定商品的短缺，从而需要调整。当使用传统办法增加甲部门的投入分配（包括生产要素分配）时，它的短缺问题会缓解，而其他部门的短缺又变得较为突出；当增强乙、丙部门的投入时，由于资源总量的限制，甲部门的投入又会相对变少，从而出现周期性循环。在 1B 模式中，当甲部门商品短缺时，就对甲部门放宽政策，诸如增加留利、抬价、减税、增加外汇分成、特殊的资金政策、优惠信贷或优惠承包条件等，这时甲部门的经营和劳动积极性提高，从而增加了供给。但这时工人并不完全认为这是按劳分配，而是感谢优惠政策。下几个年度可能轮到乙、丙部门的短缺较为严重，优惠政策就转向这些部门；由于财力有限，必然要在别的部门、别的方面采取较紧的政策，这时甲部门在工资、奖金方面又变为相对劣势，甲部门又会重新出现短缺。可以说，1A 和 1B 两种模式下结构问题和资源配置问题都得不到根本的解决。

第二，在传统计划体制中，办任何事都要看指令，计划本子事无巨细、包罗万象。在 1B 情况下，办事要看政策，这些政策体现为各种渠道下达的文件；各种文件之间常常发生矛盾，而且朝令夕改，使企业无所适从。

第三，1B 与企业自身所有制相配合，形成了宏观失控的局面。在 1B 模

---

① 科尔奈：《行政协调和市场协调》，《走向未来丛书》，四川人民出版社 1983 年版。

式下，结构调整和改革往往是靠局部性放权让利进行的，钱花了，机制上却没有获得进展。又由于目前我国工业具有较浓厚的企业所有制色彩，厂长追求的几乎最主要的目标是改善职工的收入和福利。这意味着，国家为改革和结构调整所花的钱有相当大的部分转为消费基金，而职工的积极性却很大程度上取决于攀比因素，结果工资增长远远超过劳动生产率的增长。

第四，投资效果相当差。由于缺乏市场或由于市场的割裂和区域保护，也由于地区性利益，投资项目的效益不能在大的范围内进行比较，规模经济效益和竞争的信息往往被阻断，其结果是出现大量重复而小规模的建设项目。

第五，每推行一项新的改革都可能遇到财政困难。如果已经建立了较为稳固的 1B 模式，那么，每项新的改革动作都造成对以往收入分配和部分企业经营条件的扰动，就必须重新算账，而在逐级讨价还价的模式中，必然是中央算不过地方，地方算不过企业，其结果往往是要中央财政掏钱搞改革。中央财政不胜负担，使根本性的改革可能无限期拖延下去。

（三）1B 与企业预算软约束相互依存

在 1B 模式下，既然缺少一个严明的市场，企业经营的好坏就没有一个客观的尺度；既然在价格和利润形成过程中存在着显著的行政干预，[①] 企业与上级机构讨价还价就占有相当重要的地位，甚至是决定性的地位，这就决定了企业预算软约束存在的必然性。

科尔奈在 20 世纪 60 年代曾对社会主义经济的数学规划模型进行了大量研究，可能由于这方面的擅长，他提出了"软性约束"这种似乎属于数学规划范畴的用语。如果把企业的经营行为描述为数学规划模型，那么目标函数及其与决策选择变量的相互关系在很大程度上反映企业内部的运行机理，而约束条件的约束项则主要反映企业的外部制约条件或规定；企业约束硬度意味着约束项究竟是接近于常数，还是可变余地很大。从这个意义上看，约束硬度主要取决于整个经济体制如何从外部去约束企业行为，而不见得完全或主要取决于企业内部机制。

有不少同志认为，企业预算软约束的本质原因来自所有制方面的问题。这或许有道理，但我们应该回答如下问题：（1）如果总的模式是 1B，一定程度上所有制的变革能解决软约束问题吗？（2）当前治疗软约束究竟应以

---

① 科尔奈：《短缺经济学》，经济科学出版社 1986 年版。

什么为主，是针对 1B，还是所有制？还是并重？（3）公有制和 IB 有没有必然的联系？有人认为，随着所有制的变革，1B 也将消失。但这需要多长时间和什么代价呢？有一个有趣的现象，近来有一些中外合资企业或外商独资企业也在抱怨经营条件发生了人为的变化，并用一些几乎与国内相同的讨价还价方式向行政机构要求调整经营条件或给予某些优惠经济政策。有人开玩笑说，外资企业在中国也难免染上这种纯粹中国式的"传染病"。

许多人都注意到，在社会主义经济中，国营企业的软约束现象比集体和个体企业更为严重，因此自然会把所有制和约束硬度联系起来。但是这种相关性究竟在多大程度上是因果相关，尚未见到论证。本文不排斥所有制和约束硬度之间有某种联系，但就因果关系而言，我认为，至少还存在其他的解释。目前我国的国营企业有两个特点。第一，它们是国民经济的主力和支柱，如果国民经济管理主要是 1B 模式，则国营企业基本上都被纳入这种纵向管理轨道；而行政机构对其他较为次要的企业则管理较松且允许其具有一定的灵活性和多样化。第二，多数国营企业处于竞争环境相对较弱的位置，一些大行业全国只有几个大规模企业；另一些行业的市场已按行政区分割开来（如国营商业等），国营企业在行政区内不会面临强劲的竞争。在缺乏竞争的领域，企业必然更多地依靠行政协调。这样，由于国营企业相对来说更多地依靠 1B 方式的协调，而 1B 又与企业预算软约束紧密相连，故 1B 成为导致国营企业与财务软约束之间相关关系的一种重要因素。至于这一因素有多大的决定性作用，还需要进行更深刻的实证分析。从这个因素出发，那些对国民经济重要程度较差且竞争环境较好的国营企业的预算约束会比其他国营企业硬一些；而那些位置重要且竞争不充分的集体企业和外资企业的预算约束则也是比较软的。

（四）1B 具有自我强化的倾向

首先，1B 与市场机制处于相互排斥的关系。当 1B 稳固时，企业具有财务软约束特性，眼睛主要是向上的。人们自然能从现行的企业行为规律中分析出，企业对市场信号的响应不充分，因而发展市场的改革不会收到较大的经济效益。而且，一要发展市场，就导致旧有经营承包目标和条件的变化，因此必然带来一轮新的调整；而新的一轮调整不仅工作量大，还由于中央算不过地方，地方算不过企业，中央恐怕要付出沉重的代价而收效不很显著。在 1B 模式下，行政官员和一部分企业是分配与再分配中的受益者。他们对发展市场和进入平等竞争将持反对态度。可以说，1B 越是强化，就越抵制市场机制的出现。

其次，1B 容易给中央政府的领导人以错觉，使他们觉得各级行政领导和他们的干预是不可摆脱的。一方面，改革的目标模式和理论研究指出，企业应摆脱行政干预而在市场中自立；另一方面，当前实践告诉我们，企业离了行政协调将出现大量的困难，中央离了中间行政层次就无法落实大政方针。在理论与经验的"对峙"面前，学术界往往以"理论脱离实际"的恶名败下阵来。特别是中国又那么大，具体情况千差万别，很难想象经济离开了各级地方行政长官会是什么样子。问题在于，中央赋予中间行政层次的经济协调权力越大，就会越加感到中间行政层次的经济职能是不可摆脱的。

最后，连老百姓也相信对经济活动的行政协调是必要的。人们常常希望自己的直接领导行政级别高，在上面关系多，说话硬气，本地人民因此得福。在 1B 模式下人们将习惯也希望有个领导为本地的利益去讨价还价。

据科尔奈考察，匈牙利十几年来的数据表明，1B 在不断地自我强化，行政协调不是扩张就是停滞，而很少有缩小的迹象。那么，中国的情况又怎样呢？这事尚难以用鲜明的数据和指标来衡量，但不妨思考以下问题：（1）几次试图精简行政机构，结果不仅未能精简，反而扩张，行政支出越来越大。（2）地方政府一开始要求扩大些财权，现在要求自行运用各项经济杠杆，全面实行分层次的所谓"宏观控制"。（3）1979 年开始推行银行的中短期设备贷款，之后两三年间银行贷款自主权增加了；而到目前，这种自主权是继续增加还是减少了？（4）从 1979 年起，企业的决策权在不断扩大，近来发生了变化，这一进程是否逐步走向停滞甚至有所倒退？（5）用于行政协调的各级各类管理经济和企业的文件数量指数型飞涨，且相互矛盾及利用文件进行角斗的现象越来越多。（6）地方割据并封锁市场的现象也越来越多。

（五）1B 与经济官僚化的关联

发展中国家和社会主义国家中存在着经济管理中的官僚化问题，特别是利用权力谋取私利的腐败问题。经济越是不发达，这种问题越是严重，而且顽固。其中一个令人关注的经验性规律是"帕金森定律"。

在传统的实物型指令性计划体制中，虽然也存在官僚主义特别是瞎指挥和综合平衡水平低下的问题，但由于经济的货币化程度很低，管理部门不采用货币形态的激励手段，企业也不以追求利润为目标，故利用职权谋取私利的机会相对较少；不同层次的政府官员的物质利益主要是通过行政规定来确立的。在成熟的市场经济或现代混合经济中，由于竞争比较充分，政府调节基本上是规范化、有立法规定的，很少需要政府官员凭个人判断或个人意志对微观经济活动进行干预，故政府官员用职权谋取私利的机会也不是很多。而对于起步发展的欠发达国家和改革中的社会主义国家来说，一方面经济正在转向货币化，各种经济实体开始围绕、利润进行经营，另一方面市场尚不完善，法制尚不健全，政府干预在不同程度上仍是较多和较强的，并有可能过分授权于行政官员去进行干预，因此存在着经济管理官僚化和腐败化的危险。当然，承认这种危险，不应成为阻止改革的借口产，问题是要尽力避免那种不规范的、取决于长官个人意志的行政干预方式，以便使我们能够较为顺利地度过改革的转轨阶段。

和匈牙利相比，中国在防止官僚主义问题上还有两个不利因素。第一，以同等规模来计算，中国的企业个数比匈牙利多两个数量级以上。如果选取1B模式，这意味着需要很多很多的行政长官，结果必须实行分层次的行政管理；到了基层行政管理的原则纪律和界线往往会模糊不清，监察也往往比较薄弱。第二，中国各级行政官员的教育背景和文化素质的平均情况与匈牙利相比差得多；不仅缺乏科学和民主的传统，反而带有封建和小农的色彩。由于这些有利于滋生官僚主义和腐败现象的因素，我国如走向1B模式，面临的危险也会更大一些。

在我国，过去强调干部为人民服务，当"老黄牛"，物质待遇的差距相对来说不很显著，因此，在改革转轨的初期，遇到的主要障碍是来自思想认识的准备不足，出于物质利益而把持权力阻挠改革的现象较少，这对改革来说是有利的。但要看到，现在各种岗位上行政官员的物质利益正在迅速形成和发展，由此而在某些场合抵制改革的现象也开始出现。如果我们继续走向1B，抵制改革的利益集团就可能逐步形成。这是我们当前在选择改革道路时不应忽视的一个重要因素。

另外，价格双轨制及其必然导致的利率、汇率、税率等一系列双轨制严重扩大了1B式的行政协调权力及行政性经济管理中的漏洞，滋生了各种滥用职权谋取私利的机会；同时，行政官员通过物资分配的多种渠道来干预企业的价格和利润形成的权力也有显著扩大。在这种新情况下，经济官僚化究竟将以什么速度发展，将是更加令人担忧的问题。

　　回顾 8 年来我国的经济体制改革，我们走过的道路在相当程度上偏向于 1B，并有可能进一步偏向 1B；权衡利弊，这恐怕不是最好的选择。我认为应考虑使用规范或较为规范的管理手段。换句话说，企业、市场、间接宏观管理三方面的改革还是应配套考虑、设计和实施。

　　企业、市场、间接宏观控制三环节配套的大步改革虽然需要强大的政治支持，但毕竟最直接、最有效。中速并以参数化调节作为过渡的改革方案在时间上分摊了巨大的变革风险，但所要求的过渡期间的宏观管理较为复杂，也存在中途夭折的可能。经由 1B 绕行，貌似安全、方便，却有可能陷入十分泥泞的沼泽。如果我们能对改革的道路果断地作出明智的选择，经济体制改革过五关、斩六将后便可能走上坦途。而当前的选择若有不慎，则改革难免发生逆转。因此，我希望对改革的重大问题展开认真的讨论，并作出科学的决策。

（本文发表于《经济研究》1987 年第 4 期）

经济体制组织选择与
国有企业制度改革

刘世锦

如果说生产技术选择的实质是节约生产费用，那么，经济体制组织选择的实质则在于节约交易费用。从这个意义上评价和分析经济体制效率，其前提是找出那些与交易费用有关的主要因素及其相互联系。本文首先讨论交易技术结构与体制组织相容原理，产权形式对体制组织选择的影响，然后据此分析中国国有企业制度改革的有关问题。

一　若干前提假设

（一）人的行为假设

经济体制效率分析特别强调对人的行为假设的依赖。这方面的假设不同，不仅将导致不同的体制选择结果，而且对体制组织构造的设想和理解也可能相去甚远。我们采取如下行为假设：（1）追求自身利益最大化。最大化行为假设受到了多方面的批评，但是，即使考虑到信息不完备等条件的限制，在对约束条件作适当修正以后，最大化行为假设仍然是能够成立的。（2）偏好和能力的多样性。尽管经济学家对人的偏好能否得到显示以及如何显示存在争议，但对偏好和能力的多样性是基本肯定的。（3）有限理性。它是相对于完全理性假设提出的。西蒙把它描述为"有达到理性的意识，但又是有限的"。这一假设认为，由于环境的约束和人类自身能力的限制，他们不可能知道关于未来行动的全部备选方案，不可能把所有的价值考虑统一到单一的综合性效用函数中，也无力计算出所有备选方案的实施后果。（4）机会主义倾向。指人们借助于不正当手段谋取自我利益的行为倾向，包括有目的、有策略地利用信息，如说谎、欺骗、违背对未来行动的承诺等。

（二）交易技术结构假设

交易是指具有可分离性的物品在人们之间的让渡，其实质是权利的让渡。所谓交易技术结构，是指被交易物品的技术特性。构成交易技术结构的要素包括：（1）资产专用性。这个概念是威廉姆逊（O. E. Williamson）首先使用的。其基本含义是：有些投资一旦形成某种特定资产后就难以转向其他用途，即使能够再配置也要受到重大经济价值损失。（2）交易频率。它从时间连续性上表现了交易状态。（3）交易数量。指在某个时点上（不考虑时间因素）所交易物品的数量规模。（4）交易的地理位置。指有关的交易者以及交易物品所处的地理位置，它决定了交易的空间范围。

（三）经济体制组织形式假设

等级组织和市场组织是两种最基本的经济体制组织形式。以它们为基础，现实经济生活中已经演化出了多种多样、日趋复杂的体制组织形式。这里我们主要考虑的有：（1）企业体制。即投入要素和产出品经由契约与市场联结，其内部交易按等级关系组织的体制形式。（2）市场体制。这里我们把它理解为新古典模型中的完全竞争市场加上交易费用后的体制形式。（3）中间性体制。它们介于企业体制与市场体制之间，交易者仍然保持各自的独立性，交易关系借助某种保障机制而具有一定的长期性质，但又区别于企业内部的一体化关系。如由交易双方以及仲裁者构成的三方规制结构（trilateral governance structure）体制，以及由交易者本身组成的双方规制结构（bilateral governance structure）体制。（4）政府体制。即政府作为另一种类型的等级组织（与作为等级组织的企业相比较），借助行政手段直接组织交易活动的体制。

二 交易技术结构与体制组织的相容原理

在提出关于人的行为，交易技术结构和体制组织形式的假设后，我们现在需要讨论的问题是：在人的行为假设既定的情况下，[①] 对某种特定

---

① 这意味着人的行为假设不因交易技术结构和体制组织形式的不同而不同。

的交易技术结构应当匹配以什么样的体制组织形式。这样考虑问题的前提是，经济体制效率是依具体的交易技术结构和体制组织形式而决定的。同一种交易技术结构与不同的体制组织形式匹配时，交易者将表现出不同的行为倾向，从而导致不同的交易费用。另一方面，也不存在某种与任何类型的交易技术结构相匹配时都具有高效率的体制组织。所谓交易技术结构与体制组织相容，是指某种交易技术结构与特定的体制组织形式相匹配时交易费用最低（即体制效率最高）。除此之外的其他匹配关系，我们称之为交易技术结构与体制组织形式不相容。威廉姆逊曾经提出特定交易类型与体制组织最优匹配的模型。① 本文的讨论对此作了部分修正和扩展。

第一，对资产专用性很弱（接近和等于通用性资产），或频率较低，数量较少，地理位置较远的交易，适合于采取市场体制。市场体制适应利益最大化的行为动机要求，具有很强的激励功能；能在交易者偏好和能力多样性以及理性有限的条件下，按照价格信号的导引有效地配置资源。但市场体制下的交易是随机的和易于破裂的。对那些寻求和建立新的交易关系的成本，即交易方式替代成本过高的交易来说，采用市场体制就可能受到机会主义行为的损害。由于资产专用性很弱，或频率较低，数量较少以及地理位置较远的交易的替代成本通常较低，因此能够在获得市场体制优点的同时避开机会主义行为损害的风险。

第二，对具有中等程度资产专用性，或中等程度频率、数量以及地理位置的交易，适合于采用纵向中间性体制，如通过订立有保障的长期供货合同，购买方在供应方作专用性资产投资以及交易双方相互持股，形成长期、稳定的交易关系。由于这些交易的替代成本较高，采用市场体制将面临相当大的风险；另外，采用企业体制后所节约的替代成本不足以抵销所新增的费用，其中不仅包括企业内的管理费用，还包括交易双方财务关系上的相互独立性不存在后激励功能的减弱所造成的损失。于是，纵向中间性体制便成为这些交易适当的选择对象。

第三，对具有高强度资产专用性，或频率很高，数量很大、地理位置很近的交易，适合于采取企业体制。在这类交易中，如果处于有利地位的一方

---

① Williamson, O. E. , 1985, *The Economic Institutions of Capitalism*, New York, Free Press, pp. 68 – 81.

采取某种要挟性的机会主义行为，如强行压低（作为买者）或抬高（作为卖者）价格，减少乃至终止供应或购买，另一方将蒙受重大的经济损失。由于这些交易的替代成本很高，采用企业体制就成为合算的事情。企业体制的另一个优点是可以节省许多当交易在市场体制下进行时必须发生的费用，如发现相对价格的费用，讨价还价的费用，商谈、签订和实施契约（由于企业用一个契约代替了一系列契约）的费用。此外，对大多数交易来说，随着资产专用性的加强，经由市场体制而获得的规模经济收益递减，① 当资产专用性很强时，采用企业体制而导致的规模经济收益损失将接近或等于零。不过，采用企业体制除了增加管理费用外，还有其他一些额外费用，如团队生产（team production）中的"搭便车"行为，以及企业内部上下级之间信息不对称所引起的费用。

第四，对具有高强度资产专用性，但纳入企业体制后明显规模不经济的交易，适合于采取政府体制。这类交易具有如下特征：一个卖者同时向许多个买者提供产品。对每个买者来说，该产品都具有高度专用性，寻找新的交易对象或者不可能，或者要承受过高的替代成本。城市自来水公司、煤气公司、公交服务公司，处于自然垄断地位的矿山开采公司与其用户之间的交易都具有这种单边独占垄断的特征。如果采取市场体制，买者被卖者要挟而遭受损害的可能性总是存在的。然而，对任何一个买者而言，把交易纳入企业内部通常是规模不经济的。就是说。这类交易不具备前面所说的随资产专用性加强，经由市场体制（即外部购买）获得的规模经济收益递减的性质。在这种情况下，由政府直接经营或管制处于垄断地位的卖方企业就有了经济上的合理性。政府从社会利益出发，与买者签订价格合理、保障供应的契约，在保持规模经济收益的同时，使买者免受机会主义行为的损害。但这个似乎"两全其美"的体制安排往往是代价较高的，如政府直接控制下企业激励功能的减弱，由于经营不善可能导致的短缺，以及政府管制价格后引起的另一种价格扭曲（与市场体制下的垄断者定价相比较）等。

以上实际上描述的是构成交易技术结构的各个要素在不同状态下与体制

---

① 产品的资产专用性弱意味着社会上存在许多个该产品的买者。该产品由符合某种规模经济要求的企业生产，然后出售给买者，较之以由买者各自在其企业内部生产，显然有着成本上的优势。随着资产专用性的加强，这种规模经济收益将逐步降低。

组织相容的情况。实际交易技术结构的要素组合是随机和复杂的，将呈现出许多种分布形态，如中等程度资产专用性、低频率、大数量、远距离的组合，资产非专用性、高频率、中等数量、近距离的组合，等等。显然，不同要素所要求的体制组织往往是不一致的。究竟采取哪种体制组织最有效率（总交易费用最低），取决于对所有要素的综合权衡，在这种权衡中，交易费用经济学通常更多强调资产专用性的影响。

三　产权界定和实施对体制组织选择的意义

以上对交易技术结构与体制组织相容原理的讨论是以产权的充分界定和实施为前提的。也就是说，交易者有权依据交易技术结构特征自由地选择最有效率的体制组织。但在实际经济生活中，这个前提假设往往难以成立。人们经常看到的是产权界定和实施不充分或很不充分的情况。

所谓产权，我们把它理解为资源稀缺条件下人们使用资源的权利，或者说人们使用资源时的适当规则。阿尔钦（A. Alchian）认为，产权体系是"授予特定个人某种'权威'的办法，利用这种权威，可从不被禁止的使用方式中，选择任意一种对特定物品的使用方式"①。完整的产权是以复数形式出现的，它不是一种而是一组权利，其中包括对财产的使用权、转让权以及与上述两种权利相关的收益权。从这个意义上看，所谓交易确切地说是构成产权的一组权利部分（出租）或全部（出售）地让渡。通常使用的所有制概念，相当于构成产权的全部权利未被分解，而完整地集中于同一主体时的产权制度。它提供了对产权结构的初始规定。当产权经由交易方式加以实施时，构成产权的一组权利部分或全部地让渡将改变初始的产权结构，并由此使资源配置效率获得改进。从这个意义上看，前面讨论的各种体制组织形式实际上是产权得以实施，产权结构得以改变的机制或外部框架。

我们现在看一下产权得不到充分界定和实施的原因。一个原因是建立排他性产权的检测度量成本过高，以致使界定产权得不偿失，甚至根本不可

---

①　Alchian, Armen A., 1965, "Some Economics of Property Righte", Ⅱ *Politico*, Vol. 30, No. 4, pp. 816 – 829.

能。清新空气的产权，游经许多沿海国家水域的鱼群的产权界定就属于这种情况。另一个原因是，有些物品无法排他性的使用或转让，或者这种排他成本过高，从而限制了排他性产权的确立。所谓公共物品，如道路、国防、广播以及被经济学家视为公共物品同义语的灯塔等，都是因为排他性使用的成本过高，而无法建立排他程度高的产权。

货币化程度低也是导致产权得不到有效界定的一个重要原因。货币除了具有高度精确的特点外，还有高度分解、融合和流动的特点。财产由实物形态转化为由货币和其他有价证券构成的价值形态后，原来在实物形态上由于排他成本过高而无法界定的产权，能够借助价值形态以很低成本得到精确的界定。例如，两个人在实物形态上对一台机器建立相互排他的产权是非常困难的。但一旦这台机器转为价值形态，如 1 万元货币后，两个人就可以很容易地各自排他性地拥有某个比例的货币量，假设每人各拥有 5000 元。显然，正是由于货币的高分解性大幅度降低了产权界定成本。我们还可以考虑一个相反的过程：两个各拥有 5000 元货币的投资者，借助某种制度形式，如股份公司形式合资购买并使用一台机器。这样我们又能看到货币的高融合性特点。在上述两种情况下，产权初始界定的个人所有与使用权的集体行使实现了有机地结合。形成这种高效率产权结构的前提是经济的货币化，以及拥有一个充分发展了的金融体系。

国家暴力以及以这种暴力为依托的法律制度在界定，保护和实施产权中具有无可替代的规模经济优势。这一点只要比较一下"无国家"社会中所有者各自为政地设立私人防御系统耗费大量资源的情景就很清楚了。另一方面，正如诺思（D. C. North）所说："国家的存在是经济增长的关键，然而国家又是人为经济衰退的根源。"[1] 实际经济生活中的大量产权低效率现象不是由于存在不可克服的排他性技术上的困难，而是由于国家法律制度的不当限制。这些限制包括禁止某些产权形式的存在，对认可其合法性的产权形式的使用、转让和收益权加以过多约束，出于某种原因保护低效率的产权形式，以及人为阻滞有利于降低产权排他成本的货币化进程等。因此，产权效率的改进往往以法律制度的调整与改革为先导和主要方面。只有创造出有利于产权明确而充分界定的法律框架，交易者才能遵循适当规则而又不受不当限制地选择那些交易费用最

---

① 诺思：《经济史中的结构与变迁》，上海三联书店 1991 年版，第 20 页。

低的经济体制组织形式，通过对初始界定的权利的重新安排，达到资源的最优配置。

四 国有企业制度改革的起因和推进

在讨论了交易技术结构与体制组织相容原理以及产权制度对体制组织选择的重要性以后，我们进一步考虑我国国有企业制度改革问题，就可能获得某些新的认识。

改革前的国有企业制度的典型构造是，作为全民所有制代表的政府这一庞大的等级组织，直接管理着许许多多企业这样的等级组织。这显然是一种特殊的体制组织结构，似乎很难用前面讨论过的交易技术结构与体制组织相容原理解释。问题首先在于，主张这种企业制度的理论观点采取了另一种关于人的行为假设。例如，忽视以至否定个人利益的存在，并把个人利益与集体利益不恰当的相对立；实际上否认人的偏好和能力的多样性，用中央计划者的单一偏好替代社会消费者和生产者的偏好，限制能力不同的人们的合理流动，以及对能力和贡献不等者实行平均主义的收入分配；实际上认为是中央计划者具有完全理性，因而能够仅仅借助中央计划按比例地安排社会生产，实现资源的最优分配，如此等等。

从改革前国有企业制度的组织构造看，基本上不存在市场的合法地位，因为企业的投入产出都由政府计划直接协调。即使实际上存在市场，其作用也是非常次要以至在理论上可以忽略不计，国有企业也不具有我们前面讨论过的企业体制的含义，因为它们的投入产出不经由契约关系与市场联结，企业所拥有的权利远不足以使它们成为自主经营和发展的独立实体。正如人们经常描述的那样，企业更像由整个社会生产组成的一个大工厂中的车间。至于政府管理经济的理由和方式，与我们前面讨论的实行政府管制的理由和方式全然不同。因此，在这种体制构造中，交易赖以进行的体制组织形式几乎是唯一的，不存在相互竞争的多种体制组织形式。更重要的一点是，体制组织选择权原则上只由中央计划者掌握。

但是，这种政企合一的超大型等级组织并非必然是低效率的。问题在于这种体制所处环境的性质。当不存在市场，或市场力最微弱，以大机器生产为技术基础的现代企业尚未大批建立，而新企业不得不由政府创办，特别当政府直接管理的企业数量尚在其理性边界之内时，这种体制就是相对有效率的。这一点可以解释为什么 20 世纪 50 年代初中期在高度集中计划体制下我国能够取得引人注目的经济建设成就。然而，在这种体制下成长起来的生产力规模一旦超出政府直接管理的理性边界，体制效率的急剧下降便不可避免。于是，通过改革寻求更有效的体制组织的客观必然性产生了，并或早或迟转变为人们的主观要求。社会主义国家的经济改革就是在这种基本背景下发生的。

在传统体制框架中引入市场体制是改革的首要目标。这是因为，不仅市场本身是大量交易活动赖以进行的费用最低的体制组织，而且只有与市场建立起联系，传统体制下的国有企业才能由原来的"车间"转变为确切意义上的企业，并且推动各种中间性体制组织形式的出现和发展。此外，政府也只有在这个过程中才能真正发生职能的转变。正鉴于此，改革被称为是"市场取向"的。然而，市场形成的逻辑前提是作为交易者的企业拥有对要素和产品的产权，特别是转让权以及相关的收益权。从另一角度看，如果不存在市场，企业对要素和产品的产权也是不可实施的。这两者在逻辑上是无法分开的。一个重要的事实是，改革以来发展最快的是产品市场，先是消费品市场，然后是生产资料市场，不仅整个国民经济是如此，体制转换相对缓慢的国有经济也是如此，对此应如何解释呢？我们注意到，国有企业对产品的产权是最先和相对容易地获得的。传统体制下计划对产品的控制，主要是借助数量配给和价格管制两种形式。在这种情况下，虽然企业是产品的生产者（作为供应方）和使用者（作为需求方），但产品的产权，特别是转让权和收益权却掌握在政府手里。当改革促使政府放弃对产品的数量配给后，除非企业的运转中止，否则就不得不将产品的转让权由企业掌握，并由其实施（这意味着市场的出现）。所谓取消或缩减政府的产品计划，特别是指令性计划，与扩大企业的产品自销权和采购权，实际上是同一件事情的两种说法。如果政府进一步取消对产品的价格管理，企业也就获得了完整的产品收益权。① 消费品市场与生产资料市场的先后扩张，与政府减少对产品计划控制的顺序是大致吻合的。

---

① 从产权结构的角度看，政府管制价格是对企业产品收益权的限制。

五　改革中的若干难点问题分析

与产品市场的迅速扩张形成鲜明对比的是要素市场发育的相对滞后。这种状况很大程度上与要素产权的界定和实施不充分有关。正是在这种背景下，国有企业普遍推行承包制后所面临的诸多深层体制问题一直得不到有效解决。

（一）国有资产管理体制改革

全民所有制作为规模最大的公有制，为了降低内部决策的协调费用以及普遍地"搭便车"行为引起的费用，必然选择建立一定的代理机构来实际行使产权，而这样的代理机构又不能不是国家。因此，全民所有制与国家所有制的联系是天然的。然而，问题的复杂性并不仅在于必须要由代理者而不是所有者实际实施产权，而且在于这种委托—代理关系是多层次的，每个层次的委托—代理关系的性质也是不同的（与规模较小的公有制形式相比）。

以近些年经常被人们推荐、看起来合理性较高的一种国有资产管理模式为例：（1）国家代表全体人民直接拥有全民所有制的产权，即由全民所有制转变为国家所有制；（2）国家立法机构或行政领导机构委托国有资产管理局专门管理国有资产；（3）国有资产管理局委托若干个公有法人机构，如投资公司、基金会组织经营国有资产；（4）这些公有法人机构再与生产性企业建立起股份及其他金融形式的联系。显然，上述几个层次的委托—代理关系性质都是有所差别的。由于委托—代理关系的多个层次必然增加代理费用，特别是不存在一个最终的排他性较高的拥有剩余索取权的主体，有人对这种代理机制的效率表示了很深的怀疑。然而，既然国有制有其存在的理由，而且即使在市场经济发达的国家也程度不同地存在着国有经济，有的国家国有经济比重还较高，那么，经济学家显然不能也无法回避如何使国有制代理机构有效率的问题。

改进国有制代理机制效率似乎涉及两个颇为关键的问题。第一，直接经营国有资产的代理者（在上面提及的模型中就是公有法人机构）的行为尽可能接近所有者的行为，或者说，要塑造出"模拟"所有者的积极的代理者。为此，就需要（1）把代理者的利益与国有资产的经营效率紧密挂钩，采取强的激励机制；（2）委托者能够有效监督直接经营国有资产的代理者的行为和实绩；（3）有一个外部代理者市场，存在潜在代理者的竞争。第二，授予直接经营国有资产的代理者充分的产权，特别是转让权和相关的收益权。这是一个多少被人们忽视，但很重要的问题。传统体制下不仅国有企业经营者权利不充分，而且政府主管部门中国有资产具体管理者（代理者）的权利也不充分，而这种不充分正是国家本身限制的结果。这里特别需要强调的是国有资产代理者转让权的缺乏。它是导致国有资产经营低效率的根源之一。按照前述的交易技术结构与体制组织相容原理，价值形态（以货币形式出现）上的国有资产作为通用性、可分解性和可融合性最强的交易对象，在一般意义上说对其交易采取市场体制是最有效率的。然而，转让权的受限制使国有资产代理者无法自主地选择有效率的市场体制，从而也无法借助与市场相联系的竞争、优胜劣汰改进国有资产的经营效率，以及无法有效解决国有资产评估、经营者实绩评价、收益和亏损分配等问题。这一点在普遍推行承包制后的国有企业体制中表现得很明显。承包制一定程度上减少了政府对企业的直接控制，企业可以"名正言顺"地与政府讨价还价，特别有意义的是政企双方通过契约（尽管很大程度上还是形式化的）界定双方的权利、责任和义务。但这些积极变化并未摆脱国有资产管理行政协调的基本框架。因此，另一方面的情况是，负亏与负盈不对称，而负盈始终在政企双方找不到一个双方共同认可的"合理"分配比例，尽管双方对此付出了很高的讨价还价费用。至于准确评估国有资产，特别是国有资产的现值是多少，有效地保障国有资产的安全与增殖，对目前的承包制来说显然是一个过高的目标。问题的关键在于，国有资产不能转让，缺少一个"退出"机制，作为国有资产代理者的政府与作为使用者的企业之间缺少"你不合适，我找别人"的选择。从交易费用经济学的观点看，国有资产代理者与使用者必须"拴"在一起的条件下双方又可以讨价还价（特别是事后讨价还价）的体制，是一种费用很高的体制。承包制条件下国有资产管理和经营所面临的真正困境是，当资产配置、收益分配、风险承担中的一系列矛盾必须要通过市场体制解决时，国有资产产权界定和实施的不充分，特别是转让权的缺乏阻滞了这种市场的形成。

从塑造"模拟"所有者的积极代理者和在扩大转让权的基础上主要借助市场体制组织国有资产交易的要求看，对生产经营性国有企业实行股份有限公司制度与加快推进国有资产的证券化是至为重要的。

(二) 劳动体制改革

另一种生产要素劳动力也是特殊的交易对象。与其他物品交易不同的是，某个劳动者所蕴含的劳动力不可能一次性地全部让渡。对高度专用性的劳动力来说，其交易可采用长期契约形式，以维持交易关系的稳定性。专用性较弱和通用性的劳动力则可采用期限较短的契约。

目前国有企业劳动者所面临的主要问题显然不是选择什么样的契约形式，而是不具备作为这种选择前提的劳动力产权的充分界定。传统劳动体制的基本特征是集就业、福利和保险为一体。当改革提出企业和劳动者相互选择，通过市场体制实现劳动力资源的配置和再配置的要求时，劳动者所面临的首要难题并不是得不到转让权，而是收入的部分实物化使转让权无法实施。非货币化收入具有的不可移动。不可分解、公共使用等特点，不仅使收入分配必然具有平均主义的性质，而且不能随职工的流动而流动。也就是说，收入的部分实物化使职工的收益权与转让权陷入冲突。阻滞劳动力流动的另一个因素是社会保障体系的缺乏。当劳动力经由市场流动时，原在企业内部的保险功能必须相应地转移到社会，建立起有关的社会保障体系，否则，劳动者就要面临他们往往难以承担的风险。

(三) 企业组织结构调整

按照交易技术结构的性质和节约交易费用的原则选择体制组织的主体是交易者，确切地说是拥有充分产权的交易者，特别是企业经营者。当国有企业经营者逐步获得对产品的产权部分自有资金的产权以及其他的权利后，他们便会合乎逻辑地按照节约交易费用原则调整原有的企业组织结构。

传统体制下企业组织结构不合理的显著特征是"大而全""小而全"。这是因为，条块分割使许多本来应该经由市场体制进行的交易，如从企业外部购买中间产品面临着过高费用，而不得不把它们放入企业内部。从这个意义上说，"大而全""小而全"反而成了条块分割体制下节约交易费用的选择。在这样的起点上，企业组织结构调整的首要任务，是随着市场的导入和发育，把一些在企业内部进行费用较高的交易放到市场上去。有证据表明，改革以来这方面的调整已有了积极进展，虽然还不能说"大而全""小而全"的问题已基本解决。

国有企业组织结构调整另一个似乎更为重要的方面，是推动中间性体制组织的发展。传统体制下政府计划不仅协调着本应经由市场进行的交易，而且协调着本应经由中间性体制组织进行的交易。当后一部分交易的计划控制解除之后，作为替代物的中间性体制组织的培育和发展就成为紧迫而重要的问题。尽管理论上对此缺少足够的重视和说明，但实践已走到了理论的前边。近些年加工企业与原材料供应企业联合投资建设原材料供应基地，企业之间通过某些双方协调机制（如有保障的长期供货合同）建立长期协作关系，核心企业与配套企业按照交易技术结构的性质建立松紧程度不等的联合关系，并组成不同类型的企业集团等，[①] 都反映了主要来自于企业的培育和发展中间性体制组织的努力。当然，这方面的调整目前尚处在起步阶段。与市场体制相比，中间性体制的发展要更落后一些。这部分地要归结于现行体制中的某些阻碍因素，如企业联合中的所谓"三不变"政策、地区封锁等。

六　小结

第一，不论理论上是否明确提出，一定的经济体制总是以一定的关于人的行为假设为逻辑前提的。同样，经济体制改革总是伴随着关于人的行为假设的某种改变。在中国经济体制改革的推进中，关于人的行为假设的改变事实上构成了思想解放的一个重要组成部分。

第二，按照交易技术结构与体制组织相容原理，以及所有制、产权结构、体制组织形式三者的联系，对国有制来说，重要的是其产权结构和交易赖以进行的体制组织的改变，即在国有资产代理者和经营者的产权充分界定，特别是拥有可实施的转让权的基础上，主要通过市场体制下的竞争改进国有资产的经营效率。可借鉴的国内外经验表明，在适宜的法律和市场条件下，竞争往往比所有制的改变更有助于国有经济效率的增进。

---

① 对苏州长城电器集团和西湖电子集团的交易费用经济学考察是这方面实证研究的典型。参见徐金发、姚静《交易费用与企业集团多层次结构分析》，《中国工业经济研究》1991 年第 10 期。

　　第三，从经济体制组织比较和选择的角度看，经济体制改革实际上是由过去政企合一、宏观微观大一统的超大型等级组织体制，转变为包括市场、企业（真正意义上的企业）、中间性体制组织以及政府管制在内的多种体制组织。这些体制组织是相互竞争的，不存在以往那样的体制选择上的垄断。每一种具体交易活动究竟选择哪种体制组织，将主要取决于交易技术结构的性质。相应地，体制组织选择主体将由过去单一的政府，转变为社会上所有从事交易活动的交易者。政府职能的转变一方面表现为从大多数微观经济领域退出，而只在少数政府管制有效率的领域进行活动；另一方面则表现在提供适宜的法律框架，为社会上的交易者创造自主选择体制组织形式所不可缺少的产权条件。从这个意义上理解改革，就可以把改革区分为政府推动的改革与企业和个人自发进行的改革。中国近些年的情况似乎是，前一方面的改革，特别是在国有经济领域的改革进展缓慢，而后一方面的改革则往往采取"静悄悄革命"的方式，其进展比人们通常估计的更为迅速。

　　　　　　（本文发表于《经济研究》1992 年第 4 期，获第六届孙冶方奖）

国有企业利润转移和企业再生产能力

唐宗焜

本文目的在于分析我国国有企业利润转移与企业资金状况的联系及其与企业再生产能力的关系。分析所用资料是中国社会科学院经济研究所"国有企业改革与效率"课题组 1990 年在四川、江苏、吉林、山西四省抽样调查的 769 家国有工业企业 1980—1989 年数据；行文必要处在脚注中引用国家统计局统计或其他部门和地方的调查资料以作佐证。

一 工业总产值中净产值率下降

利润分配的基础是净产值分配，而净产值的生产又是净产值分配的基础。所以，本文的分析就从样本企业的工业净产值占其工业总产值的比重（净产值率）分析开始。

样本企业的净产值率从 20 世纪 80 年代总体上看有所下降。但是，分阶段看，1984 年以前基本呈上升趋势，1985 年以后则持续下降。1984 年比 1980 年上升 1 个百分点。1989 年比 1984 年下降 3.2 个百分点；若按净产值占总产值的 30% 计算，① 它等于同期净产值绝对额少增加 10.67 个百分点（3.2/30%）。净产值率下降意味着，在净产值分配中利润份额不变条件下，利润相对减少。

净产值率的下降就是物质消耗占总产值比重的上升。影响后者的因素有经济效率、部门结构和技术条件等。由于这里用以比较的资料是同口径样本

---

① 样本企业净产值率 1980—1989 年在 29.6% 至 32.7% 之间波动。又据《中国统计年鉴》（1991）的数据，"七五"期间包括各种经济成分在内的全国工业净产值率平均为 29.3%。

企业的数据，样本企业在此期间的部门结构相对稳定，技术条件的变化趋向相对节约物质消耗，因而可以认为净产值率的下降主要是经济效率下降所致。

二 净产值初次分配中利润流失的基本流向

样本企业工业净产值的初次分配如表 1 所示。

表 1 　　　　　　　　　　　　　工业净产值的初次分配 　　　　　　　　　　　%

	1981 年	1982 年	1983 年	1984 年	1985 年	1986 年	1987 年	1988 年	1989 年
销售利润	46.23	47.38	48.63	47.33	43.29	37.35	37.49	37.78	33.03
销售税金	24.37	24.68	22.90	22.20	25.06	25.72	24.27	24.48	24.69
利息	2.13	2.91	2.90	3.11	3.88	4.77	5.31	5.84	9.24
工资总额	20.28	19.92	18.25	18.50	20.47	22.56	21.58	22.61	24.70
其他费用	4.50	4.74	5.61	6.43	7.23	8.32	8.61	8.45	8.50
合计	97.51	99.63	98.29	97.57	99.93	98.72	97.26	99.16	100.16

表 1 给我们提供了如下信息。

第一，净产值分配的变化趋势在销售利润、销售税金和工资总额三项上表现出阶段性特征。1983 年以前，销售利润占净产值的比重呈上升趋势，1983 年比 1981 年上升 2.4 个百分点；而销售税金、工资总额占净产值的比重呈下降趋势，二者在同期分别下降 1.5 个和 2 个百分点。1984 年以后则相反，销售利润比重显著下降，1989 年比 1983 年下降 15.6 个百分点；而销售税金、工资总额比重均在略有波动中呈上升趋势，二者在同期分别上升 1.8 个和 6.5 个百分点。

第二，利息和其他费用占净产值的比重逐年持续上升，并未表现出阶段性变化特征。但是，1984 年以后利息份额的上升趋势比 1983 年以前更为显著，1983 年比 1981 年上升 0.8 个百分点，而 1989 年比 1983 年上升 6.3 个百分点。

第三，以 1989 年数据同 1986—1988 年比较，可以看出 1989 年的明显变化。1987 年、1988 年，除两年累计利息份额上升 1 个百分点和销售税金下降 1 个百分点外，其他各项比重基本稳定在 1986 年水平。而 1989 年销售利润份额比 1988 年剧降 4.8 个百分点，同期利息、工资总额比重则分别猛升 3.4 个和 2.1 个百分点，销售税金和其他费用份额基本稳定、轻微上升。1989 年的变化显然同当年进入治理整顿时期的宏观经济紧缩环境有关。资金周转滞缓和贷款利率大幅度提高双管齐下，① 使企业利息负担大大加重。就业刚性的劳动制度则使紧缩时期减产甚至停工停产的企业也无法裁员，从而相对提高了产品的工资成本。

第四，纵观 1981—1989 年整个时期的变化，可以概括地看出净产值初次分配过程中利润流失的基本流向。我们分别以分配份额已连续两年较稳定的 1988 年和分配份额急剧变化的 1989 年同 1981 年作比较，可以看出，1988 年销售利润份额比 1981 年下降 8.5 个百分点，同期工资总额和利息份额分别上升 2.3 个和 3.7 个百分点；1989 年销售利润份额比 1981 年下降 13.2 个百分点，工资总额和利息份额分别上升 4.4 个和 7.1 个百分点。1988 年、1989 年销售税金份额则都同 1981 年基本持平。

这个比较显示，利息份额的上升已成为促使销售利润份额下降的主要因素。从整个 20 世纪 80 年代来看，尽管工资总额在净产值中的份额也上升，但利息份额的上升幅度明显大于工资总额。在目前国有企业借入资金仍然基本依赖国家银行的情况下，利息份额的上升就是国家所得份额的增加。不断上升的利息份额和基本持平的销售税金份额合计，国家总的所得份额的增加更多于工资总额的增加。因此，就国家和职工个人的关系而言，似乎还不能简单地得出净产值初次分配向个人倾斜的结论。如果销售利润和工资总额在净产值中的相对地位的消长可以说是"工资侵蚀利润"的话，那么更快增长的利息份额更可表明"利息侵蚀利润"。而且，如果注意到基期（1981 年）的利息仅为工资总额的 1/10，那么就更能明显地看出利息上升的速率为工资总额所望尘莫及。撇开 1989 年因进入经济紧缩时期而发生的剧变不说，仅以 1988 年比 1981 年而言，工资总额相对地位上升的 2.3 个百分点只是其基数 20.3 的 1/8.8，而利息上升的 3.7 个百分点却是其基数 2.1 的 1.8 倍。

同时，考察工资总额在净产值中的相对地位时，有三个因素还不能忽视。第一，我国历来实行低工资政策，且在改革以前冻结工资长达十多年之

---

① 1988 年 8 月和 1989 年 2 月先后两次调高银行贷款利率。但是，相对而言，企业利息支出增加的主要原因是占用贷款余额的增长，利率提高是第二位的原因。

久，因而改革以来净产值分配中工资总额相对地位的上升，有相当部分属于补偿性质。就样本企业数据看，1986—1988 年工资总额还只占净产值的 1/5 稍多一些，1989 年也尚未达 1/4。第二，原来依靠国家补贴的个人消费项目，改革以来（特别是近几年）正在逐渐转入工资总额。第三，改革开放以来显示的国有企业职工工资明显低于"三资"企业以至某些乡镇企业的差距，正在对国有企业稳定技术熟练工人和优秀工程技术人员队伍的努力，构成潜在的甚至现实的威胁。[①]

至于表 1 所列"其他费用"项，所含内容比较复杂，既有企业正常支出的非物耗和非工资性开支的生产、销售费用，也有外界乱收费、乱罚款、乱摊派或以广告等名义拉"赞助"之类的企业非正常支出。[②] 可惜样本数据未能细分，反映不出这两类不同性质的支出各占多少。但是，无论属于哪一类，它的份额的增加就意味着既定净产值中利润的流失。从表 1 可见，1988 年和 1989 年其他费用都比 1981 年增加了 4 个百分点，从增长速率来看，仅次于利息。

三 利润在企业和国家之间的转移

前面的分析显示了利润在形成过程中的流失或转移，[③] 现在我们开始进

---

① 据北京市劳动交流中心对该市 10 家国有大中型机械企业的调查，尽管这些企业近年采取了控制机加工工人外流的措施，1989 年、1990 年累计还是净流出车、钳、铣、刨、磨等机加工技术工人 755 名，调查时它们的机加工缺员达 20%（《经济参考报》1991 年 12 月 24 日）。在国有企业普遍存在冗员无法安置的同时，熟练技术工人却不顾企业控制而外流，这个现象向我们发出了一个小小的然而毋庸忽视的信号，就是在往日国有经济一统天下的环境中劳动工资制度上掩盖着的矛盾，今天在多种经济成分并存和竞争的环境中已不可避免地暴露出来，它昭示着国有企业劳动工资制度已到了非改革不可的关头。

② 据安徽省工商联调查，该省国有工业企业 1987—1989 年 3 年累计各种摊派，"赞助"等支出相当于同期上缴利润的 20.7%（《中华工商时报》1991 年 12 月 11 日）。又据安徽省经委对合肥市 7 家企业调查，摊派金额的 90% 属于政府部门的摊派。摊派款在企业成本中列支 66.9%，在销售收入中列支 29%，在企业留利中列支 3.2%，在营业外支出中列支 0.9%（《中华工商时报》1991 年 3 月 30 日）。

③ 上述分析没有涉及国有企业目前相当普遍地存在着而账面未能反映的隐性亏损与损失。据中国工商银行 40 个分行对 10508 户国有工业生产企业调查，占调查户数 63% 的 6625 户企业存在着隐性亏损与损失，相当于账面亏损企业户数的 1.96 倍。截至 1990 年 6 月底，这些企业的账外隐性亏损与损失金额共计 108.3 亿元，相当于调查企业账面亏损金额的 1.72 倍。参见《中国金融年鉴》（1991），第 529 页。

入对利润分配本身的分析。

销售利润要扣除营业外净支出等费用以后，才形成实现利润。样本企业净产值分配中实现利润和销售利润的差额如表 2 所示。

表 2　　　　　　　　　销售利润和实现利润分别占净产值的比重　　　　　%

	1981 年	1982 年	1983 年	1984 年	1985 年	1986 年	1987 年	1988 年	1989 年
销售利润（1）	46.23	47.38	48.63	47.33	43.29	37.35	37.49	37.78	33.03
实现利润（2）	43.00	41.82	46.25	44.42	40.68	32.74	32.72	34.10	27.32
（1）－（2）	3.23	5.56	2.38	2.91	2.61	4.61	4.77	3.68	5.71

表 2 反映，除个别年份外，基本趋势是 1985 年以前实现利润和销售利润的差额略有缩小，而 1986 年以后，则在净产值分配中销售利润份额明显下降的同时，实现利润和销售利润的差额还趋向扩大，也就是说，实现利润在净产值中的份额比销售利润份额下降得更快，因而加剧了利润的流失。这种差额扩大的主要原因是营业外支出的膨胀。[①]

实现利润在国家和企业之间的分配如表 3 所示。

表 3　　　　　　　　　　实现利润的分配　　　　　　　　　%

	1981 年	1982 年	1983 年	1984 年	1985 年	1986 年	1987 年	1988 年	1989 年
上缴财政	63.51	67.87	66.64	62.49	59.98	59.85	53.13	45.80	46.33
企业留利	15.70	18.18	22.66	25.80	28.99	33.20	33.64	38.74	42.92
专项贷款的税前还贷	6.10	7.49	6.75	8.96	13.07	17.55	22.44	25.05	28.52
合计	85.31	93.54	96.05	97.25	102.04	110.60	109.21	109.59	117.77

表 3 显示，实现利润分配中企业留利份额逐年持续上升，而上缴财政份额除个别年份略有波动外呈下降趋势。但是，在上缴财政份额下降的同时，企业对固定资产投资专项贷款的税前还贷份额除 1983 年外都逐年持

---

① 据国家统计局工交司对武汉市 7 家国有大中型企业调查，它们的营业外支出占销售利润的比重 1985 年为 14.1%，1989 年上升到 41.9%。营业外支出增长快的原因，一是老企业离退休职工增多，二是医疗费用猛增，三是各种摊派、"赞助"费名目越来越多（《中华工商时报》1991 年 9 月 7 日）。

续上升。值得注意的是，表列三项合计数自 1985 年以后都超过 100%，1986—1988 年超额 10% 左右，1989 年超额高达 17.77%。这种超额表明，税前还贷中有一部分只是在税基计算意义上属于"税前"，实际是用企业的税后留利或折旧基金偿还的。因此，我们不能从表 3 反映的企业留利份额上升趋势不加分析地就得出企业自身实际可支配财力已很宽裕的结论。何况企业留利在实现利润中份额的上升，还是在净产值中实现利润份额大大下降的情况下出现的。正因为这样，企业留利占净产值的比重从 1981 年的 6.7% 只上升到 1984 年的 11.5% 和 1989 年的 11.8%，远没有企业留利占实现利润的比重上升那样明显，而且 1989 年还基本停留在 1984 年的水平上。

同时，如果把企业留利和销售税金的增长作一比较，我们还会发现一个有趣的现象。以实行税制改革和推行第二步"利改税"的 1984 年为基期，则 1988 年销售税金和企业留利分别为 1984 年的 1.95 倍和 2.03 倍，1989 年分别为 1984 年的 2.19 倍和 2.0 倍。尽管不是出于事先有意的安排，结果却是企业留利和销售税金的增长基本同步。

四　企业留利和还贷能力

上节我们只涉及了专项贷款的税前还贷，但是专项贷款还有税后还贷。税前还贷事实上已有一部分占用了由企业留利形成的生产发展基金，税后还贷更有赖于生产发展基金。我们不妨测算一下这二者对生产发展基金的占用程度。

由于样本企业数据未能提供企业还贷的资金来源的细分情况，我们暂且假定，专项贷款税前还贷和用于还贷的税前利润的差额，以及专项贷款的全部税后还贷，都使用生产发展基金。[①] 测算结果，这二者占用生产发展基金的比例为：1985 年 31.44%，1986 年 87.18%，1987 年 83.27%，1988 年 70.38%，1989 年 101.91%。可见，1986—1988 年专项贷款还贷已经用掉了企业当年提取的生产发展基金的大部分以至绝大部分，1989 年提取的生产发展基金全部用于专项贷款还本付息还略嫌不足。

---

① 就企业自身可支配财力来看，除了生产发展基金，就只有折旧基金可能用来偿还固定资产投资的专项贷款。而用折旧基金还贷，不过是寅吃卯粮。

除了专项贷款，企业用于固定资产投资的负债还有银行基建贷款、财政周转金贷款，企业债券、国外银行贷款和向其他企业拆借，按截至 1989 年的数据，其中主要是基建贷款。

现在让我们仅将样本企业用于固定资产投资的未偿银行贷款余额的历年净增额同当年提取的生产发展基金作一对比。这里的未偿银行贷款包括基建贷款和专项贷款，不包括国外银行贷款（数量还不多）。比较情况见表 4。

表 4　　　　未偿银行投资贷款和生产发展基金（样本企业均值）　　　　　万元

	1980 年	1981 年	1982 年	1983 年	1984 年	1985 年	1986 年	1987 年	1988 年	1989 年
企业投资占用的未偿银行贷款年末余额（1）	42.39	70.71	97.26	121.11	385.80	448.33	576.37	776.20	1001.77	1230.48
比上年净增额（2）	—	28.32	26.55	23.85	264.69	62.53	128.04	199.83	225.57	228.71
当年提取的生产发展基金（3）	13.24	15.49	19.29	27.15	30.88	42.53	49.60	65.88	110.58	111.75
（2）／（3）	—	1.83	1.38	0.88	8.57	1.47	2.58	3.03	2.04	2.05

从表 4 可见，企业用于固定资产投资的未偿银行贷款（基建贷款和专项贷款）余额的每年净增额，除 1983 年以外，都超过当年企业从留利中提取的生产发展基金，1986—1989 年分别超过 1—2 倍，1984 年竟超过 7.5 倍。[①] 1989 年年底平均每个企业尚未偿还的贷款余额 1230.48 万元，相当于 1980—1989 年生产发展基金 10 年累计提取额 486.39 万元的 2.53 倍。这就是说，即使 10 年提取的生产发展基金都未用掉，全部积累起来，也仅够抵偿 1989 年贷款余额的 40%。何况，事实上，如上所述，专项贷款除使用税前利润以外的还贷，已经占用了当年提取的生产发展基金的大部分或绝大部分。因此，现有贷款余额就只有指望用今后的税前利润和生产发展基金来偿还。按 1989 年的实现利润，税前还贷和生产发展基金水平测算，即使今后不再有任何新贷款（当然不可能），税前还贷金额和全部生产发展基金合计，要大约 8 年才能还清 1989 年贷款余额的本金。如果停止税前还贷，则用全部生产发展基金还贷，要还清 1989 年贷款余额的本金就需 11 年。若再

---

　　①　1984 年的突出情况可能同当年第四季度国家决定 1985 年全面推行"拨改贷"和各专业银行争相提前发放投资贷款有关。

加上利息，还清的年限还得延长。此外，我们当然不能忘记上面已经提到的，企业固定资产投资还有其他负债。

本文至此尚未涉及企业流动资金的负债情况。1989 年样本企业占用的全部流动资金的负债率已高达 88.9%，且在 1980—1989 年无例外地呈逐年持续上升趋势。鉴于上述固定资产投资的还贷状况，可以肯定，除了临时周转的流动资金以外，对于经常周转需要长期占用的流动资金的负债，企业自身已无清偿的资金来源。

在市场经济条件下，企业负债经营本不足怪，问题在于企业有没有偿还能力。而当前我国国有企业的情况恰恰是，按照现有的资产负债结构和利润分配体制，望不到可能偿清债务的尽头。

五　企业留利的使用

人们自然可能提出的一个疑问是，企业留利中是否有潜力能提高生产发展基金的提取比例，从而增强企业的偿债能力。我们不妨看看企业留利的使用情况（见表 5）。

表 5 企业留利的分配 ％

	1981 年	1982 年	1983 年	1984 年	1985 年	1986 年	1987 年	1988 年	1989 年
生产发展基金	38.96	40.56	36.80	33.09	40.50	46.41	50.18	58.20	59.91
职工福利基金	40.68	35.23	23.25	22.41	23.70	21.01	22.43	23.76	23.92
职工奖励基金	26.35	27.97	33.64	35.84	26.40	25.24	19.40	13.44	12.81
后备基金	—	—	10.58	10.20	10.08	9.55	8.49	5.95	7.17
合计	105.99	103.76	104.27	101.54	100.68	102.21	100.50	101.35	103.81

注：合计数稍高于100%，除了统计误差以外，也可能是由于有些样本企业在填写"职工福利基金"数据时未扣除按工资总额的比例提取的那部分职工福利基金。

表 5 显示，企业留利使用中生产发展基金的份额在 1981—1984 年有较大波动，白 1985 年以后则是持续地并以较大幅度上升的，1989 年几乎已占 60%，这个比重已不算低。后备基金所占比重有所下降，但 1985 年以后生产发展基金和后备基金合计所占比重仍然是逐年以 3—7 个百分点上升的。职工福利基金份额从 1981—1986 年趋于下降，1988 年才回升到

1985 年水平。职工奖励基金份额在 1981—1984 年逐年上升，但自 1985 年以后逐年持续下降，且降幅不小，1985 年一下就降到 1981 年水平，1989 年的份额还不到 1985 年或 1981 年的一半，同 1984 年相比就更低得多。

问题是，既然企业留利在实现利润分配中的份额以及生产发展基金在企业留利使用中的份额都是较大幅度上升的，那么何以会出现生产发展基金加上用于还贷的税前利润还远远不足以还贷，且差额日趋扩大的现象。要回答这个问题，就不能不了解出现这种现象的体制背景。

六 企业偿债能力不足的体制背景

我国历来实行国家财政管理国有企业财务的体制。改革以前，国家财政对国有企业实行统收统支。企业利润上缴财政，固定资产投资和定额流动资金由财政拨款（有的时期财政将应拨给企业的定额流动资金的一定比例拨交银行发放定额贷款），超定额流动资金由国家银行贷款。银行只是国家财政的出纳机构。在这种情况下，企业的投资者（所有者）和债权人合而为一，都是国家。企业资产构成根本没有资本金和债务的区别。

改革以来，国家对国有企业的投资在资金供应方式上有若干重大改革。一是固定资产投资由财政拨款改为建设银行贷款，但投资决策权仍在计划部门和有关主管部门。二是企业流动资金由国家财政和国家银行双轨供应改为银行单轨供应，国家财政不再增拨流动资金，定额和超定额流动资金都实行银行贷款。三是国家不再禁止信贷资金用于投资，除运用财政资金的"拨改贷"外，国家各专业银行还利用信贷资金发放固定资产投资贷款，如专项贷款。

可是，这些投资的资金供应方式的改变，并没有伴之以相应的企业产权结构和企业财务体制的改革。国家以银行贷款代替财政拨款对企业投资，却没有同时界定国有企业作为负债和偿债基础的资本金。于是本该给企业投入的资本金却变成了企业的债务。在实际运行中，形成了政府以所有者名义作投资决策，而由银行贷款、企业偿债的三角格局。这就是说，政府依然作为所有者和投资主体，却不对企业注入资本金，企业则要为所有者、投资者（政府）向债权人（银行）偿还投资贷款，而在债务清偿以后，政府还以所有者（投资者）身份继续向企业收取投资收益。这样，就在一笔投资上，企业同时面对着两个对立的索取权，即银行的索债权和政府的剩余索取权。一方面，通过偿债，企业的资本金被抽走；另一方面，在国家财政管理国有企业财务的体制继续维持的情况下，投资收益又未能首先保证清偿银行贷款，却要首先保证财政上缴，服从平衡预算的需要。结果是企业既缺乏资本金，又难以自我积累。处于如此困境的企业，只要没有能为其筹集资本金的其他投资者介入，就不得不越来越依赖对银行的负债。

还应指出，"拨改贷"和其他固定资产投资贷款是在国有企业历史上没有自身积累且实际已经形成了资本金缺口的背景下推行的。在改革以前的统收统支体制下，国有企业由于利润全部上缴国家财政而不可能形成企业自身的积累。同时，由于固定资产折旧基金全部或部分上缴国家财政，或者部分上缴主管部门，企业的资本金实际上相当大部分已被逐步抽走而形成了缺口。在这样的历史背景下，企业以银行贷款投资于更新改造项目，无非是以当前新创造的利润和企业留利去填补历史上形成的资本金缺口，并且在仍然部分上缴折旧基金和用折旧基金还贷的情况下继续造成新的资本金缺口。至于企业以银行贷款投资于新建、扩建项目，实际使用税前利润还贷的部分，对于企业的资金运行来说，就相当于原来的财政拨款和企业上缴利润的关系，可是区别在于企业新增了利息负担，而实际使用税后企业留利还贷的部分，等于企业以其当前提取的积累基金（生产发展基金）去抵补项目建成投产后立即被抽走的资本金；用折旧基金还贷，更是直接抽走了企业的资本金。由此可见，结合历史背景来分析现行投资贷款体制，就更不难理解国有企业还贷能力严重不足的原因。

七　企业投资和内部资金来源

为了考察现行体制下国有企业的简单再生产和扩大再生产能力，我们不妨看看样本企业在 20 世纪 80 年代历年投资的资金来源中来自企业内部的资金所占的比重（见表 6）。企业投资的内部资金来源原则上只包括企业留利（生产发展基金）和基本折旧基金。但是，我国国有企业自60 年代后期以来一直实行折旧基金和大修理基金分提合用的办法，在统计上未能将这两项基金的使用情况分离开来，因而我们这里的分析也把大修理基金包括在内。

表 6 所列数据，无论来自企业留利还是来自折旧基金和大修理基金的资金在投资总额中所占比重，就 10 年来看，都波动较大，且它们的波动方向基本相同，这主要是由于投资总额的各年增长速度波动较大的缘故。至于这两类企业内部资金来源的绝对额，则都是逐年稳步增长的。

表6   **投资总额中企业内部资金来源的比重**   %

	1980 年	1981 年	1982 年	1983 年	1984 年	1985 年	1986 年	1987 年	1988 年	1989 年
企业留利	4.70	5.61	7.29	9.13	6.26	7.0	6.27	6.98	10.73	10.11
折旧基金和大修理基金	20.88	26.25	26.04	27.79	16.52	19.14	20.31	19.64	20.10	20.08
合计	25.58	31.86	33.33	36.92	22.78	26.14	26.58	26.62	30.83	30.19

但是，分阶段看，表 6 中后 5 年（1985—1989 年）折旧基金和大修理基金所占比重可说相对稳定，仅在 20% 左右轻微波动。而来自企业留利的资金所占比重则先后为 1985—1987 年 6%—7% 和 1988—1989 年 10%。总起来说，1985—1989 年，企业内部资金来源大体占投资总额的 26%—30%。换言之，企业投资 70% 以上要依赖外部资金来源。

同时，需要说明，由于资金供应体制上的原因，这里所谓投资总额，90% 以上是固定资产投资。据样本企业 1985—1989 年平均数，企业固定资产原值和实际占用的定额流动资金的比例约为 3 : 1。[①] 这就意味着投资实际占用资金比账面投资总额至少要高 20%，这个投资缺口是靠银行流动资金贷款弥补的。[②] 按此估算，企业内部资金来源至多只占实际（不是账面）投资总额的 22%—25%，其中来自企业留利的资金约 5%—8%，来自折旧基金和大修理基金的约 17%。经这样调整以后，可见国有企业的投资至少 75% 以上要依赖企业外部资金来源。这表明，企业投资的内部资金来

---

① 全国国有工业企业"七五"期间各年定额流动资金相当于固定资产原值的比例分别为：1986 年 28.94%，1987 年 28.85%，1988 年 29.14%，1989 年 32.33%，1990 年 34.46%［《中国统计年鉴》（1991），第 410 页］。由此可见，样本企业数据与全国统计数据比较接近。

② 1983 年 7 月起实行银行统一管理国有企业流动资金以后，虽在原则上曾规定，企业须以税后留利的 10%—15% 补充自有流动资金，新建、扩建企业须由主管部门或企业自筹项目建成后投产所需的 30% 铺底流动资金，但事实上并未落实资金来源。企业对固定资产投资贷款的还贷能力已远远不足，且可供企业筹资的资金市场尚未形成，因而这些关于补充或自筹流动资金的规定基本未能执行，也就不足为怪。

源显然严重不足。①

在国有企业投资的内部资金来源严重不足的情况下，政府断绝对国有企业投资的财政拨款，而又不开放企业通过发行股票筹集资本金的渠道，却让企业依赖向银行负债来投资，企业对债务的还本付息自然就不堪重负。

八　企业折旧基金的欠提和外流

影响企业留利的因素，上面各节的分析已先后涉及，不再赘述。这里引起我们注意的却是投资中来自企业折旧基金的比重。

如上节所述，样本企业折旧基金连同大修理基金一起才占实际投资总额的17%左右。而美国股份公司投资的几乎一半（49%）来自其内部的折旧基金。这个鲜明对比从一个侧面反映出我国国有企业自身更新改造能力的极端薄弱，或者说，它们的更新改造在资金上严重依赖外部"输血"。

企业能用于自身投资的折旧基金过少的原因，概括起来，一是折旧基金提取不足，二是企业已经提取的折旧基金外流过多。

折旧基金提取不足，包含诸多因素。不仅规定的折旧率偏低，而且企业承包经营后有些企业为完成承包的利税目标而有意少提或不提折旧基金。②但是，当前尤其值得注意的是，在20世纪80年代以来历年物价不断上涨的情况下，折旧基金仍按固定资产的账面原始价值提取，而不按固定资产重置价值提取，并且我国现行折旧制度基本没有考虑固定资产的无形损耗，这样形成的实际折旧率过低，比之名义折旧率偏低更严重地导致企业资本金流失。折旧基金提取不足，就等于将企业的部分补偿基金转成了利润或弥补了账面亏损，因而这又可说是利润侵蚀了企业的资本金。

---

① 作为比较，让我们看看美国股份公司的有关数据。据美国联邦储备委员会统计，美国非农场、非金融性的公司1970—1978年投资（包括固定资本和流动资本在内的全部投资）的资金来源中，公司内部来源占71%，包括公司保留利润22%和折旧基金49%；外部来源仅占29%，包括新发行股票筹资566和举债（债券、抵押和银行贷款）24%。参见S. 克里·库珀、唐纳德·R. 弗雷泽《金融市场》，中国金融出版社1989年版，第362页。

② 我国国有工业企业固定资产基本折旧率，据统计，1962—1970年为3.6%—3.8%，1975—1980年为4.0%—4.2%，1981—1984年为4.3%—4.6%，1985—1989年为5.0%—5.3%。参见《中国统计年鉴》（1991），第28页。

另据中国工商银行内蒙古自治区呼和浩特市支行对18户国有工业企业的定期调查，近年这些企业基本是按固定资产原值的2%—2.5%提取折旧基金的，有的企业则根本不提折旧基金和大修理基金。参见《中国金融年鉴》（1991），第529页。

至于企业已经提取的折旧基金的外流情况，可从表7窥见一斑。

表7　　　　企业折旧基金、大修理基金的提取和使用（样本企业均值）　　　　万元

	1981 年	1982 年	1983 年	1984 年	1985 年	1986 年	1987 年	1988 年	1989 年
当年提取的折旧基金（1）	67.07	73.66	85.18	95.10	127.14	155.69	175.23	202.65	229.12
当年提取的大修理基金（2）	40.30	44.13	48.66	55.11	64.01	82.81	88.15	103.58	110.50
用于企业投资的折旧基金和大修理基金（3）	53.60	60.10	68.45	71.58	95.55	128.14	152.90	175.69	198.78
(3)/(1)%	79.92	81.59	80.36	75.27	75.15	82.30	87.26	86.70	86.76
(3)/[(1)+(2)]%	49.92	51.02	51.14	47.65	49.99	53.73	58.05	57.37	58.53

由表7可见，企业用于自身投资的折旧基金和大修理基金合计毫无例外地还明显低于当年提取的折旧基金这一项，最低的只及其75%，最高也只有它的87%。样本企业1981—1989年，光是这个差额就等于冲销掉同期从企业留利提取的生产发展基金的43.76%。如果再计入当年提取的大修理基金中除保证大修理以外可用于投资的部分，则投资使用和基金提取的差额就更大了。这个事实表明国有企业的资产长期处于"失血"状态。在这种情况下，企业若无外部"输血"，就连简单再生产都难以维持。

折旧基金是企业固定资产的补偿基金，在改革前，国家财政和主管部门全部或部分集中折旧基金，已属不当。在固定资产投资"拨改贷"以后，企业已经负债经营的情况下，国家财政或主管部门再收缴折旧基金，就更无理由。可是，现实情况是，企业一要将一定比例的折旧基金上缴主管部门，二要用新增固定资产的折旧基金偿还银行贷款，三要分别按折旧基金的15%和10%缴纳国家能源交通重点建设基金和国家预算调节基金。折旧基金在性质上本属企业的资本金范畴，折旧基金的外流无疑是吃企业的老本。国务院现已决定，对国有大中型企业的折旧基金，从1992年起分3年逐步停止征收"两金"。但是，折旧基金的资本金地位尚需明确界定，全部折旧基金留归企业问题仍有待解决。

九　资本金界定和债务股权化

从上面的分析可以看出，我国国有企业现行财务体制存在着深刻的矛

盾，企业资产负债结构具有严重的缺陷。不改革这种体制和结构，就不能解决投资风险和资产增值无人负责的问题，国有企业就会始终为越来越沉重的债务所累而无法自拔，且有一朝被拖垮的危险。这种改革客观上已经不容再拖延。

这种体制和结构改革的关键是理顺国有企业的产权关系。国有企业产权制度改革是个需要专门探讨的问题。这里仅限于本文主题范围提几个要点。

第一，对国有企业的投资与信贷的界限必须明确划定。在这个界限未予明确的条件下，简单地把政府对企业投资的财政拨款改为银行贷款，实践证明是不适当的。所有者或受托执行所有者职能的投资者必须承担投资风险，并对企业的债务负法定责任。银行同企业的债权、债务关系不能代替政府或国家对企业的投资关系。

第二，国有企业必须明确界定资本金。所有者（投资者）须对企业实际（而不是名义）注入资本金，并以资本金作为企业负债的基础和偿债的保证。所有者（投资者）投入企业的资本金及其增值，形成企业法人资产，代表所有者（投资者）的权益。负债/权益比率应保持在企业能够有效运行的限度内。

第三，企业法人资产应经法定程序界定，并受国家依法保护。企业的全部法人资产，包括固定资产折旧基金在内，国家财政或政府其他部门都不能以任何名义收缴。企业法人资产只能依产权原则有偿转让。

第四，企业以法人资产为财务基础，作为独立的商品生产者和商品经营者即独立的市场活动主体从事生产经营活动，并改革国有企业财务由国家财政管理的体制，以形成企业的补偿机制和积累机制，使企业留利和折旧基金等内部资金成长为企业投资的主要来源。

鉴于当前我国国有企业普遍的沉重债务无法清偿的状况，亟须为它找一条出路。但是，国家财政现在没有能力拨出新的资金给企业偿还银行贷款。国家银行也不可能豁免或从账户上冲销对国有企业已经发放的投资贷款，因为银行自身的资金来源绝大部分也是依赖负债①（这是正常现象），如果银行豁免或冲销对企业已经发放的贷款，那就只能陷入货币超经济发行的泥

---

① 国家银行信贷资金来源中，银行自有资金所占比重仅为：1985 年 13.43%，1986 年 11.73%，1987 年 10.88%，1988 年 10.42%，1989 年 9.70%，1990 年 8.80%。参见《中国金融年鉴》（1991），第 42 页。

潭，导致恶性通货膨胀。这就是说，国有企业现有负债中由于所有者该投入而未投入资本金所造成的这部分银行贷款，按照现存体制，财政和银行都无法解决。这个问题却又非解决不可，且不容拖延。否则，不仅企业被不堪重负的债务压得难以指望增强活力，而且势必成为国有企业深化改革的障碍。对于国有企业进行股份制改组的必要性，目前国内取得共识的人越来越多。可是，如果国有企业不能摆脱普遍无力清偿的这部分债务，它们的股份制改组就很难推行，除非原有资产贬值，因为新的股东谁也不会甘愿用自己的股金去给企业补这个窟窿。

怎么办呢？天无绝人之路。从已经形成的现状出发，并同企业体制改革的方向相协调，可以设想的一个改革方案是，对国有企业现有负债中由于所有者该投入而未投入资本金所造成的这部分（且仅限于这部分）银行贷款实行债务股权化，即把银行对企业的债权转化为对企业的股权。笔者并不认为这是一个理想的方案，尤其是在中国现有银行体制下。但是，它仍不失为一个现实可行的方案，既有助于理顺国有企业的资产负债关系，也便于同国有企业的股份制改组相衔接。当然，它是仅限于解决这部分银行贷款问题的方案，不能代替整个国有资产的产权结构和体制的改革。[①] 而且，仅就这部分银行贷款而言（切忌企业其他银行贷款乘机搭车赖账），在实行债务股权化以后，银行也应组建独立的法人实体来从事股权经营和投资业务，同整个国有资产管理体制改革后将形成的产权结构和体制相衔接，而不宜同银行的信贷职能相混淆。这样的法人实体可以通过股票发行和股权经营有步骤地理顺这部分企业股权同银行内部的信贷资金的关系。

（本文发表于《经济研究》1992 年第 7 期，获第六届孙冶方奖）

---

① 唐宗焜：《职能分离：国有资产产权制度改革的关键》，《改革》1991 年第 5 期。

企业的治理结构改革和
融资结构改革

钱颖一

从 1994 年起，中国的企业改革进入一个新阶段，中心环节是对企业治理和融资结构进行改革。在本文中我将集中讨论与此相关的四个问题。首先，要说明，以扩大企业自主权和增加利润留成为核心的企业改革，已逐渐把相当部分的资产使用权和收入从政府转移给企业，特别是企业的经理人员。但是，党和政府还牢牢掌握控制权的另一个重要部分，即对人事的任免权。这种企业控制权的双重特征使中国的情况与东欧和俄罗斯的情况既有些类似，又有些不同。其次，我说明中国过去 16 年的经济改革是与储蓄和融资的两个重要转移相联系的，一是储蓄来源从政府转移到家庭，二是企业融资来源从政府财政预算转移到金融部门，特别是国家银行部门。这两个转移使储蓄和融资格局发生了重大变化，中国越来越像包括日本在内的其他东亚国家。最后，讨论的是中国目前关于企业治理结构改革方面争论的不同观点。特别是，本文分析在中国的政治与经济环境中几种可选择的治理结构的成本与收益，尤其是像控股公司、投资公司、养老基金以及商业银行之类的金融中介机构的作用的问题。为了使银行在企业治理中发挥有利作用，首先要解决银行自身的效率问题。最后将讨论改革现有银行和建立新的商业银行的问题。

一　企业治理结构的变化

两点基本原因使工业改革比农村改革困难得多：首先，不同于家庭耕作技术的工业技术决定了企业具有复杂的内部组织结构和外部关联（在这种意义上，苏联农业与中国农业有不同的技术）。其次，与比较简单的农业组织的制度环境有所不同，企业改革的顺利进行需要财税体制、金融与银行体制、投资体制、社会保障制度、政府职能等方面的配套，没有这些方面的改革，单一的企业改革是不可能成功的。因此，即使工业改革与农业改革面临类似的激励、所有制和治理方面的问题，但那些在农村有效的简单的激励方案（即以家庭为基础），不一定能在工业部门见效。

国有企业改革中最主要的两难之处在于，要不就是企业抱怨缺乏自主权，要不就是作为所有者的国家对企业失去控制并因企业不承担责任而受到损失。经济改革向经营者提供了越来越多的资产使用权力，其结果是两方面：一方面，由于企业经理人员比政府官员更有经营企业的技巧和信息，因而将控制权交给经理人员具有潜在的效益。另一方面，因经理人员对企业财产不具有所有权或因缺乏有效激励机制造成经理人员对经营状况不承担责任，"代理人问题"引起的国有企业治理失误（misgovernance）不但存在，而且在某些情况下甚至恶化了。

（一）经理人员和工人的控制及收益

中国尽管不存在正式的私有化，但很大一部分控制权和收入已通过扩大企业自主权转移给了经理人员。由经理人员控制的演进过程类似于匈牙利1989 年前后的情形，由于中国的经理人员绝大多数是从企业内部提拔起来的，所以更加剧了这一趋势。

今天，国有企业的管理者们对企业资产的使用有相当大的斟酌决定权，同时享有大量的工资外的在职消费和其他租金。1992 年的"条例"中规定经理人员的正式权力有 14 种，经理人员实际拥有的权利则在某些情况下多于，在某些情况下又少于所规定的这些正式权力。经理人员对资产的经营控制权有一些共同的特征：首先，经理人员有权使用国有资产，支配由此而来的收入，但没有正式的资产处置权。其次，控制权和对收入的配置不很清晰，因此经常引发权力要求的冲突。最后，事实的产权未受法律的正式承认和保护。

尽管一位总经理的工资和奖金只是一个普通工人的 3 倍，但他们更多地受益于工资外的消费或津贴，包括能分配到更好、更大的住房，私人用车，利用公款来吃喝、娱乐，支付国内旅游国外旅行费用等。非国有部门的飞速增长，经理人员或他们的亲朋好友常有自己的生意，这就使国有资产流入个人的腰包变得较为容易。

很有意思的是，在中国，经理人员用以扩大经营自主权的一种非常普遍的做法，是对企业进行一系列的组织转型，也就是把现有企业拆散，组织"二级法人"（即附属企业）、与国内外人士组成的合资企业、有限责任公司、股份有限公司。这种做法也和匈牙利的"转型"或"部分转型"非常类似。两国经理人员进行这种重组的动力也很类似，都期望独立于政府之外，把呆账与冗员负担转移到母公司身上，这样，既能抓住新的经营机会，又不失去与国家的联系及从国家那里得到的好处。不过，在中国，这一转型过程更经常地与新的业务项目，特别是与在特区和开发区建立的新企业联系在一起。往往经过几轮的转型，经理人员就能获得对下属企业的事实上的控制权。这一过程的关键是要有一笔相对较小的启动资本，用以获得银行大量低息贷款。

随着企业自主权的扩大，经理人员的代理人问题在中国因为产权和其他制度性的原因而比西方要严重得多。首先，经理人员通常不持有股票或能把其努力与企业净值联系在一起的股票期权。其次，尽管由于非国有部门的进入，产品市场竞争变得激烈了，但仍缺乏来自资本市场与经理市场的竞争。最后，也是最严重的是，缺乏既有信息又有利润动力、可以监督经理人员绩效的责任明晰的国家利益代表及辅助性机构。在扩大企业自主权的改革过程中，银行和主管部门的监督作用正在迅速缩减，但新的监督主体还没有出现。

所有这些因素都导致国有企业的经理人员与职工结成联盟，而不像典型的资本主义企业那样因为经理人员代表所有者的利益而与职工有利益冲突。由于绝大多数经理人员是从本企业提拔上来的，所以，经理人员与职工的这种共谋能够更好地维持下来。在国有部门，一方面，资本收益一直在下降，从 20 世纪 80 年代初的 25% 下降到 1992 年的 10% 以下；另一方面，职工人均工资与奖金一直在增长。国有企业职工因企业自主权扩大而受益的途径主要是：工资奖金增加（包括货币与实物）、住房面积增加、子女能在本企业办的集体厂中就业，等等。但在很多企业，职工得到的最大利益是有机会折价购买"内部股票"（或拥有可以在以后购买股份的期权）。这些股票通常发有保障的、可高达两倍于银行存款利息的红利。如果上市，这些股票的市场价格可以上升到面值的 5—10 倍，真可谓一笔横财。

（二）党对人事任免的控制

如上所述，经理人员能够在资产使用方面获得相当控制权力。不过，有关企业控制权的另一个重要方面即对企业高层经理人员的任免权，仍然牢牢控制在党的手中。这是中国和东欧国家与俄罗斯的一个重要差别。因此，尽管中国和东欧、俄罗斯的经理人员对资产使用具有类似的决定权，中国企业的"内部人控制"情况比东欧和俄罗斯还差一步。把中国同东欧国家与俄罗斯对比分析，就可以更好地理解中国经济改革中的党的作用。

尽管海外的人们可能看不到党的组织部门，但它却是一个极为重要的机构，对一定级别（包括大中型国有企业的高层经理人员）以上的人事拥有最终的控制权，这就是人们所说的"党管人事"的原则。例如，企业的法人代表（即总经理）在国家工商行政管理局注册前，必须得到党组织部门的任命和证明，甚至在股份有限公司也必须如此（在诸如深圳之类的经济特区也是如此）。在不同政府机构的利益与权利发生冲突时，党组织部门甚至能起仲裁作用。

1988 年，党曾计划对这一制度进行改革，把部分任免权力移交给新建的人事部，但 1989 年后中止了。20 世纪 80 年代中期也试验过把某些国有企业经理人员的职位拍卖出去，但这些试验从未成为一个占主流的机制。相反，1989 年后，党更严格地重申了对人事的控制。总体而言，由于党组织部门的权力一直被认为属于政治改革范围，所以并未受到经济改革的影响。

在某种程度上党对于经理人员的任免权被用作制约经理人员权力的一个重要的平衡力量。尽管任命本身不像典型的资本主义企业那样有一揽子明确的报酬，但由于经理人员的在职权力，所以，经理人员的职位自动与大量的"控制租金"联系在一起，在那些迅速增长的领域和新兴行业如房地产、证券交易、期货交易、金融中介机构等，更是如此。因此，尽管行政层级制中的提升不如以前那么有吸引力，但由于党组织部门作出的惩戒性解职将同时剥夺与某一职位相关的租金，所以还是会对经理人员构成严重损害。即使一些人不抱有被提升的期望，他们仍会为得到这种租金而非常积极地争取保住自己的现有职位。不过，如果经理人员将这种租金成功地资本化，他们就可能在某一时点上辞去现职，寻找新的工作。届时，党的人事控制将不会像以前那么有效。

党对人事决策的继续控制具有重要的含义。一方面，由于党的干部选择标准不全是经济绩效，评价方法很大程度上也比较原始，所以，党的继续控制很明显不会带来非常有效的治理结构。但由于政治原因，要对党的这种控制进行改革将非常困难，尽管很有必要。另一方面，党和中央政府之所以愿意将相当部分控制权授予经理人员，而不担心完全失去控制，可能就是因为党仍然集中控制着经理人员的任命和激励。这有些类似于日本的企业组织特征，在日本，企业内绝大多数决策分权化，但人事决策却全部集权。青木昌彦把这种做法称为"两重性原则"。① 在中国，党或政府与企业之间的权力均衡在某种程度上阻止了国有资产以类似于东欧、俄罗斯那样的速度快速流失。因此，进行人事制度改革不仅很必要，也很复杂。

（三）企业和地方政府的关系

通常而言，中央与地方政府之间存在利益冲突，地方政府与企业合谋对付中央政府。这在迅速发展的地区如广东省比较明显。地方政府与国有企业之间之所以出现合谋行为，是因为不同地区之间存在竞争压力，也因为地方政府的产权没有保障。尽管地方政府对国有企业有控制权，但这些权利不全是有保障的，这有两个原因。其一，地方政府担心中央政府以后可能对资产重新配置，所以常常鼓励企业追求短期的利润最大化目标，而不是追求资产净值的增加。地方政府也可能期望把自己控制下的国有企业私有化，或默许甚至鼓励如上所述的自发性私有化，这也说明了为什么在中央政府禁止之下仍会出现自发性的私有化。其二，地方政府也担心出现棘轮效应，所以常常帮助企业隐瞒利润。地方政府与企业达成这样的交易：地方政府允许利润不上税，企业则承担政府的某些开支，如宴席与旅游支出。

当然，地方政府与企业之间也存在利益冲突。经理人员仍然抱怨缺乏充分自主权，抱怨政府仍然在人事任命和不合理摊派方面进行干预。这在各地也有不同。在贫困地区，工业基础薄弱，但政府固定开支很大，地方政府倾向于对企业收取较多的费用。不过，地区间争先致富的竞争成为制约地方政府这种掠夺性行为的一个制约力量，特别是在迅速发展的地区，更是如此（在那里，潜在的大量收益阻止了地方政府的掠夺）。发达地区的地方政府

---

① 青木昌彦：《对内部人控制的控制：转轨经济中公司治理的若干问题》，《改革》1994 年第 6 期。

甚至可以通过改革先发制人，吸引其他地区的资本和熟练劳动力，从而更好地竞争。

二 储蓄与融资格局的改变

与东欧和俄罗斯大不相同的是，中国的经济改革一直伴随着高而稳定的国民储蓄：20 世纪 80 年代初占国内生产总值（GDP）的 30%，90 年代占 35% 左右。更重要的是，主要的储蓄来源已从政府和企业转向了家庭。在 1979 年总储蓄中，家庭储蓄只占 23%，企业占 34%，政府占 43%。到 1991 年，家庭储蓄增加到 71%，企业储蓄减少到 25%，政府储蓄下降到只占 4%。[①] 不仅家庭储蓄在迅速增加；伴随着这种增长而来的还有金融深化过程，也就是家庭金融资产的迅速增加过程。家庭的银行存款总额在 1993 年达 1.5 万亿元，占 GDP 的 50%，而 1978 年只占 6%。家庭金融资产总额占 GDP 的份额从 1980 年的 19% 左右上升到 1991 年的 70% 左右。用更宽泛的度量标准，M_2 对 GDP 的比率达 100% 左右，金融资产总额对 GDP 的比率高达 232%。[②]

相比之下，过去 15 年政府预算收入占 GDP 的份额一直在持续下降，从 1978 年的 35% 下降到 1993 年的 16%。预算收入下降的主要原因可归结为企业的所得税和上缴利润减少，从 1978 年占 GDP 的 21% 下降到 1992 年的 5%。不过，部分减少的利润上缴又以所谓"预算外"收入的面孔出现。预算外收入（绝大部分是企业留利），一直在稳步增加，从改革前 1978 年占 GDP 的 9% 上升到 1991 年的 15%，而同期的预算内收入占 GDP 的份额则从 35% 下降到 18%。预算内与预算外收入总和在改革期间仍然下降了，占 GDP 的份额由 1978 年的 44% 下降到 1991 年的 33%。[③]

政府收入与储蓄的减少，家庭储蓄（通过在银行存款）的增加，自然而然地带来了企业融资来源的变化。用于资本支出的预算内资金占 GDP 的份额大幅度下降了，从 1978 年的 15% 下降到 1992 年的 5% 以下。在企业融资来源中，尽管有些来自预算外收入（也占 GDP 的 5%），但主要是来自银

---

① 谢平等：《中国的金融深化与金融改革》，天津人民出版社 1992 年版，表 3 - 13。

② 《中国统计年鉴》（1992）；谢平等：《中国的金融深化与金融改革》，天津人民出版社 1992 年版，表 3 - 8、表 3 - 2、表 3 - 3。

③ 《中国统计年鉴》（1992）。

行部门。在总预算和用于固定资产与流动资金的银行贷款中，银行贷款所占比例已从 1978 年的 39% 增加到 1991 年的 73%。1981—1990 年，用于固定资产投资的国内银行贷款从 13% 上升到 20% 左右，在流动资金方面银行贷款占 80% 以上（乡及乡以上企业）。①

在改革时期，政府出现了一个中等程度的公开的或正式的预算赤字（占 GDP 的 1%—3%），其中的 1/3 通过债券融资。不过，在"政策性贷款"（即不是在商业基础上的贷款）名义下的隐蔽的或准预算赤字实际上等于或超过这一公开的赤字数额。在有些年份（如 1990 年和 1991 年），政府因通货膨胀性征税和实际货币余额增长带来的总收入高达 GDP 的 8%—9%。非常幸运的是，中国这种铸币税性质的收入在过去 15 年间主要采取了增加实际货币余额的形式，因此，政府还是防止了像俄罗斯那样的恶性通货膨胀。

这些事实说明，第一，银行贷款正在成为企业融资的主要外部资金来源，政府预算和直接融资相对较少。第二，许多企业问题可以归结为，或表现为金融体系中"政策性贷款"或呆账问题，而不是预算体系中公开的预算赤字问题。第三，企业改革与银行改革之间的相互联系比以往任何时候都密切。

三 企业治理结构改革：目前的问题

一般来说，国有企业治理结构的改革可以看成是一个"三步走"的过程：公司化、公司控制权的重新安排和私有化。在中国目前，前两个步骤都是可行的，而私有化只限于小型企业。在东欧，公司化只是私有化前的很短的插曲，公司控制权的重新安排则在私有化期间或之后进行。

在经济学家看来，公司治理结构是一套制度安排，用以支配若干在公司中有重大利害关系的团体——投资者（股东和贷款人）、经理人员、职工之间的关系，并从这种联盟中实现经济利益。公司治理结构包括：（1）如何配置和行使控制权；（2）如何监督和评价董事会、经理人员和职工；（3）如何设计和实施激励机制。一般而言，良好的公司治理结构能够利用这些制度安排的互补性质，并选择一种结构来减低代理人成本。近期的理论研究绝大多

---

① 《中国统计年鉴》（1992）；谢平等：《中国的金融深化与金融改革》，天津人民出版社 1992 年版，表 3－11。

数集中于投资者（外部人）如何监督和约束经理人员（内部人）。①

（一）公司化（即企业的公司制改革）

实行公司化，首先就要界定法人的产权，即法人财产权。在公司化之后，企业作为一个法人对其资产有财产权。经济学家认为，即便不实行私有化，公司化也是企业改革的一个有效步骤。公司化有助于董事会对公司资产负责，防止资产进一步流失。它也提供一种信息交换的机制，建立出售股份的基础；并能实现政企分离。直到 1993 年，公司化设想才在中国得到来自政府、企业和经济学家的越来越多的赞同。

更为复杂和富有争议的问题是公司控制权的重新安排。西方的经历表明，治理结构可采取多种形式。在许多公司中，外部人如大股东（核心股东）、投资基金、战略性的投资者、银行都通过其在董事会中的代表在公司治理中起积极作用，特别是在能导致总经理解职的决策上，更是如此。在日本，因为所有董事会成员都是公司经理，所以，典型的大公司实际上控制在内部人手中，但在公司陷入财务困境时，主银行将介入，可以解聘经理人员。

东欧和俄罗斯的经历表明，在转轨期间，内部人获得了企业大量控制权。在匈牙利和俄罗斯，内部人是经理人员，在波兰则是工人。这种情形之所以能够出现，或者是因为实施了私有化方案（如俄罗斯），或者是因为政府监督衰弱及出现了自发性私有化（如匈牙利、波兰，也包括俄罗斯）。经济学家认为，这种没有外部人士干预的治理一般不利于企业的健康运转。内部人控制会出现扭曲现象，因为内部人代表的是他们自身的利益而非所有者的利益，因而通常倾向于经理人员的偏好，而不是所有者的偏好。内部人控制通常意味着：（1）经理人员拒绝对企业整顿；（2）绩效很差的经理不会

---

① 过去 20 年间发展的委托—代理理论大多研究这一问题。参见贝哈特和霍姆斯特龙对这方面文件的概览。即使对私有制而言，在公众持股公司中，产权在许多与公司有重大利害关系的人（Stakeholders）之间的配置和公司的治理结构也要比家族所有和经营的小企业复杂得多。由于产权包括许多方面的控制权，绝大多数现代公司组织涉及许多与公司有重大利害关系的人，所以，了解不同方面的控制权如何及为什么这样配置，了解收入如何及为什么这样在与公司有重大利害关系的人之间加以分配，就显得特别重要。也由于西方现代公司组织中潜在的代理人问题比一个由所有者经营的私有企业更普遍，所以，在研究国有大中型企业的治理结构改革时，应充分利用西方关于现代公司的治理结构与融资结构的研究成果。参见 Hart, O. and B. Holmstrom, 1987, "The Theory of Contracts", in T. Bewley（ed.）, *Advanced in Economic Theory*, New York：Cambridge University Press, Ch. 3, pp. 71 – 155。

被替代,除非付出大量成本(因为这些经理人员素质很差,他们不可能找到好经理来替代他们);特别是,(3)新资本不可能以低成本筹集起来。所有这些都是转轨期间要考虑的重要问题。东欧和俄罗斯在私有化过程中改革企业治理所考虑的问题之一就是如何将外部人控制公司制度化。

中国的经济学家对目前的经理人员控制企业的趋势持有不同意见,也倡导用不同的方式来改革公司的治理。担心内部人控制的经济学家认为,经理人员控制企业的趋势不好,应该加以限制。按照这种观点,在中国,可以利用国家主办的金融中介机构如投资公司或商业银行使内部人控制问题减小。而另一种人认为,由于中国不可能实行正式的私有化,自发性私有化及经理人员与职工的内部人控制是一种次优的选择。按照这种观点,改革公司治理所需的战略不是重申国家所有权,而应给予经理人员更多的控制,使之最终成为事实上的所有者。

(二) 可选择的治理结构

中国的公司治理改革需要多种多样的模式。这不仅仅因为中国是一个大国,各地区、各行业有很大差异,而且由于在中国的环境下进行企业改革没有先例,必须进行大范围试验。即使在资本主义经济中也能看到,不同国家(如美国、日本、德国)之间和一国内的企业组织都非常不同。中国企业改革最危险的政策可能是强制推行一种特定模式。

第一种可选择的治理结构是让经理人员和职工购买企业的大部分所有权(MEBO)并进行控制。在中国,这种做法对小型国有企业或集体企业应是一个好办法,但对大中型企业而言可能不可行。第二种在中国目前很热闹的治理结构改革方式是与外商建立合资企业。在 1992 年和 1993 年,中国每年吸引的国外直接投资达 200 多亿美元。这为企业利用国外的物质与人力资源进行改革提供了极好的机会。近年来,拿出部分国有企业与外商建立合资企业的做法变得越来越普遍,并得到了一个别称"嫁接"。国外投资者之所以愿意投资,与中国的国有企业组成合资企业,除了享受税收优惠、得到廉价劳动力和看好中国巨大的潜在市场之外,还看到国家对其所有权的掌握比较弱。经常出现的情形是,国有企业的经理与外商合谋低估中方出资人的资产价值。类似的问题在匈牙利也可以见到(匈牙利在 1991 年吸引外商投资 20 亿美元,人均水平远高于中国)。第三种可选择模式是目前的企业集团的转型。1993 年年底,中国经国务院批准的大型企业集团有 55 家。一些经济学家和政府官员认为，这些集团在生产、供应和营销的关联方面有优势，因而在公司重组时会前途光明。重组之后，母公司将转变成资产经营公司（仍属国有），而不再像现在这样指挥生产。

企业改革最难进行的是那些既找不到外商合作又不属于哪个特定集团的大中型国有企业。东欧和俄罗斯也是这样，私有化之后，大中型企业都有许许多多分散的股东。中国这类企业的所有权与公司控制权问题不同于东欧和俄罗斯；中心问题是如何找到国有股权的代表。这方面一个具体的问题是，要不要在已公司化的企业和国有资产管理委员会之间建立国有（或国家主办的）金融中介机构。如果需要建，又采取什么形式。谁在公司治理中起突出作用，控股公司、投资公司、资产经营公司、商业银行，还是他们的某种组合？

反对搞控股公司的人认为，这会产生与过去一样的官僚，甚至可能更糟糕，如果这些金融中介机构是在现有的部或局的分支机构上建立的，就更是如此。这些未来的控股公司很可能打算收回企业的决策权，变成"婆婆兼老板"。由于这些金融中介机构的控制，也许更不利于未来进一步改革。

如果没有中介机构，国资委将直接任命公司董事会成员，这样会减少一级官僚。很明显，国资委要任命董事、收集信息、评价董事的绩效等，就要使用内部层级制（也许还是按产业加以组织）。这很可能使国家的监督能力减弱，企业的经理人员将继续享有他们目前持有的控制权，最终成为事实上的所有者。对此有不同的看法。有人认为自然地导致私有化并不坏；有人认为可以通过其他金融机构如银行对企业进行监督。①

（三）非银行金融中介机构的作用与问题

西方大部分经济学家认为，在转轨经济中，股票市场（通过接管和代理权争夺）对公司控制的作用近期内很有限；不过，在转轨国家中的人们往往高估股市的这种作用。欧洲大陆和日本的经历表明，大的投资者（或核心投资者）和银行在外部人控制中具有重要作用。

关于金融中介机构在公司治理中的作用，这里有两个基本问题。第一个问题是，这些中介机构的作用可能太小，以至于形成事实上的内部人控制。西方经验表明，养老基金和互助基金从未积极参与公司的控制，即使持有一

---

① 青水昌彦：《对内部人控制的控制：转轨经济中公司治理的若干问题》，《改革》1994 年第6 期。

个公司的大量股份（如果执行指数投资战略——按某种组合方式按固定比例购买许多家股票——则在大多数情况下不可能持有一个公司的大量股份）。东欧、俄罗斯的投资基金和互助基金也出现了同样的问题。另一个问题与中国更有关系，就是这些中介机构在公司治理中"太积极"。之所以与中国更有关系，是因为这些中介机构可能是国有持股公司或资产经营公司，是在来自主管部门之类的现有组织设施与人员的基础上建立的。因此，这些中介机构就真正有危险变成带有行政性的干预者。

人们提出几个步骤来限制这一问题。第一，众所周知的是，政治家与官僚的目标通常不是利润和经济效率，这被许多经济学家视为公有制的主要缺陷和社会主义经济的致命因素。为了减少这一问题，可以把国有金融中介机构和国资委同作为社会规则与管理的政府机构（"政府 A"）分离开来。为了实现这一目的，可以在人大的监督下建立一个分离的"政府 B"，包括国资委和国有金融中介机构，规定其目标为国有资产的价值最大化。对于在"政府 B"中工作的人，应像私有部门一样，只在财务绩效基础上加以评价和奖励。第二，尽管政府的资产经营职能同政府 A 的规制职能之间的分离至关重要，但这种分离本身并不能足以实现经济效率。因此，政府的规制中需要强制金融中介机构将其证券组合充分多样化，以防在产品市场形成垄断。金融中介机构与过去的主管部门计划体制的一个重要区别就在于，尽管金融中介机构仍是国家主办的，如将其资产组合多样化、相互交叉，相互之间就可能存在竞争。资本市场竞争将不仅能够更好地约束企业的经理人员，而且能为评价这些中介机构的经理人员提供更好的信息。

应该指出的是，这些建议至多属于没有先例的社会试验。尽管没有理论能证明这些做法注定要失败，但也没有理论能保证它们能成功。因此，应该采取一些步骤，或者通过向国内非国有投资者（私人或集体）出售股份，或者把养老基金之类的投资基金转为私人经营。在后一情形中，即使国家仍然是投资基金的股东，基金的经营公司也可以是私有的。

（四）公司治理中银行的作用与问题

如第二节所述，中国的银行体系已成为企业最重要的外部资金来源，银行和企业的关系因此非常密切。事实上，中国的改革已进入这样一个阶段，其中，企业改革与银行改革相互缠绕在一起，成为改革的主要瓶颈。与企业改革相联系，银行对于解决企业的大量呆账问题，满足对新资本的需要，都具有重要作用。另外，由于银行具有融资与监督能力。所以在公司治理中可起特别的作用。

不过，银行虽然具有资金来源和监督能力，但并不干预企业的日常活动。一般而言，只有在批准贷款、经营糟糕时，银行作为贷款人的作用才是重要的，它平时只是收集信息（这就是说，只实行选择性的干预）。相比之下，上述掌握股本的金融中介机构在动员金融资源方面能力有限，却又禁不住不断干预企业的日常活动。如果这些中介机构是从主管部门改造过来的，更会如此。在中国，也许没有任何单一团体能在公司治理中成为占统治地位的力量，未来很可能出现某种"共同治理"，其中银行可起双重作用，一方面能抗衡企业内部人——经理人员，另一方面抗衡控股公司的权力滥用。

日本第二次世界大战后主银行导向型的公司治理经验说明了这种可能性。与其他国家不同，日本的主银行在公司治理中具有积极作用。以银行贷款为基础的"相机性控制"机制使银行能在企业经营正常时不加干预（即实行内部人控制），而在经营不佳时将控制权自动转向主银行（即实行外部人控制）。这种机制为企业经理人员在经营正常时提供了激励，并利于银行在状态欠佳时实行重组。

企业的财务重组过程一般为银行提供了与企业发展密切联系的良好机会。在日本，银行与企业联系密切的一个历史原因就是银行积极参与了战后企业财务重组。与此类似，中国要发展银行与企业的密切联系，也可能依赖于以下因素：银行在呆账处理过程中的参与程度，银行吸收呆账的方式，对银行持股的规定，银行与控股公司的力量对比，等等。

不过，银行在公司治理中起重要作用的一个前提条件是，银行必须有能力，特别是有动力这样做。这就要求首先对银行部门实行一些基本改革。下面分析这一问题。

四　必要的银行改革

银行改革与企业改革是互补相关的，对中国现阶段的改革来说，更是如此。大多数人把呆账归咎于国有企业。当然，如果企业运转良好就没有呆账问题。不过，因果关系也可能颠倒过来：正是因为银行体系不能成为金融资源的有效配置者和企业的监督者，企业才运转欠佳。这种说法似乎很合理，因为银行部门的市场化程度远低于所有其他的非金融部门。众所周知，专业银行更多地服从行政领导，远远甚于工业企业。尽管在改革深化过程中，所有其他部门中计划的作用越来越小，但中央政府近来却加强了对专业银行的行政控制，更多地依靠行政手段来分配信贷。近来之所以出现这一趋势，部分原因可归结于总体缺乏实现宏观经济稳定的经济工具，但部分也因为两个相互联系的现象而强化了：通货膨胀导致利率远低于市场均衡水平；在体制外出现了受地方政府鼓励的巨大的金融资源流（即所谓的"乱集资"）。很清楚，中国现有的银行体系完成不了所需的企业改革任务，在公司治理中也起不了什么作用。银行改革特别需要从两方面入手：一是改革现有银行的激励，二是建立新的商业银行。

（一）改革现有银行的激励

东欧国家近来的经历表明，国有银行的私有化比非金融企业的私有化缓慢得多。但即使不实行私有化，在经过某种重组之后，国有银行的行为也发生了一些变化，贷款更谨慎，更积极地监督企业重组。这表明，不实行私有化而改革现有国有银行的激励，不是没有一点希望的。

说到底，国有银行是金融部门中的国有企业。由于认为银行部门对经济特别重要，所以，中国的银行一般都被排除于适用于工业企业的改革政策之外，包括反垄断规定、非国有企业准入、公司化等。银行部门失效的原因肯定在于缺乏这些改革。为了改进银行的激励，现有国有银行的改革有三个急迫任务：（1）消除所有的政策性贷款业务，（2）清理资产负债表，（3）将国有银行公司化为股份有限公司。只有在停止政策性贷款、清理资产负债表和公司化之后，专业银行才能实现完全的商业化。

首先，是政策性贷款问题。1994年1月以来，中国已经成立了三家政策性银行，原设想它们能承担起政策性贷款的责任。但因为三家政策性银行都有自己特定的发展使命，所以实际上是基础设施、进出口和农业方面的发展银行。它们只是根据自身发展目的从专业银行拨出一部分政策性贷款，但没有消除专业银行所有的政策性贷款。结果，剩下来的政策性贷款部分（这是问题的核心）仍处于专业银行的责任范围。

政策性贷款实际上是对亏损企业的隐性财政补贴。不大量解雇职工，这些补贴不可能立即取消，而应该持续一段时间。关键是确定一个中止的时间表。国有银行不应再继续承担财政责任。因此，需要像东欧一些国家那样，让其他一些非银行政府机构处理问题，把暗补变为明补。

其次，中国的呆账规模十分庞大。1993 年年底，如果呆账占未偿贷款的 20%—30%（这是一个合理的估计），由于未偿贷款总额占 GDP 的 84%，呆账就占 GDP 的 17%—25%，约合 5300 亿—8000 亿元。[①] 尽管这种存量问题基本是历史问题造成的，但也影响着目前的激励。一方面，由于债务拖累，银行没有动力对企业加以改组。另一方面，呆账负担未完全从企业和银行转移出去，银行在企业重组方面的作用未被充分利用，所以，银行的无条件的、完全的重新注资也是一个好办法。鉴于目前股票市场处于初始阶段以及政府债券的发行能力有限等，中国可以采取一种将政府债券与银行股票结合起来的部分重新注资方案。[②]

最后，将专业银行变成商业银行的一个关键步骤是实行公司化。在公司化之后，银行最初仍是国家全资，有几个不同的国家代理机构持有股份。在深圳经济特区，一些股份制银行（国家代理机构持有其全部股份）中出现呆账远比国有专业银行少。这也显示了公司化的好处。银行的公司化也使银行能够为重新注资商在股票市场上发行新的银行股票。

（二）建立新的商业银行

改革现有专业银行肯定重要，但可能非常困难。因此，银行改革应该同时包括允许新的商业银行准入。建立新的商业银行有几个好处：新银行开始运转时有新的所有权和治理结构；不存在困扰现有银行的呆账问题；没有政策性贷款义务；必须力求发展而与现有银行展开竞争。在这方面，工业部门过去 15 年的改革经历提供了重要的经验教训，说明了对现有企业进行改革有多么困难，也说明了非国有企业的准入在产出增长和对国有部门造成竞争压力这两个方面有多么重要和宝贵。新商业银行也有类似的价值，也会对现有银行产生竞争压力。对于让银行有动力监督企业绩效、在公司治理中起积极作用而言，竞争至关重要。

中国目前的四家专业银行基本上垄断着市场。尽管近来出现一些令人鼓舞的迹象，允许国外银行在中国开办分行或与中国建立合资银行，但这一过程可能比较缓慢和受到限制。如果中国允许建立由地方政府主办或支持的新的区域性商业银行，则新银行的准入进程会大大加快。如果这些区域性银行

---

① 《中国统计年鉴》（1994）。

② 刘遵义、钱颖一：《关于中国的银行与企业财务重组的建议》，《改革》1994 年第 6 期。

开业时不是私有的，则不存在政治困难，地方政府也会对此非常积极。

建立新的区域性商业银行的一种可行办法，是把人民银行在县、市两级的现有分行的设施转移过来。[①] 中国的人民银行处处有分行，直至县一级，员工超过 17 万人。中央银行在缩减之时，可撤销在市、县一级设立的分行，可利用这些分行的职工和设施，建立跨省份的区域性商业银行，每家商业银行横跨三四个省份。这些商业银行将是股份有限公司，由相关省份持股（任何一个省份都不能持有一个有控制权的股份，以防止垄断市场），中央政府也可以持有少量股份。

这一方案能够最充分地利用现有分行与职员，从而降低中央银行冗员再雇佣的成本。除此之外，另一优点在于能得到地方政府对重组中央银行的政治支持。中国过去的经历表明，地方政府对中央银行分行的影响是导致货币政策不稳定的主要原因。如果中央银行重组将货币政策集权化，则会大幅度降低地方政府的影响，显然，单单这种重组会遇到地方的强烈反对。如果中央政府一方面实施中央银行重组计划，同时又允许建立新的区域性商业银行，那么，地方政府的反对就会大大减弱，这样可以达到既稳定货币，又发展金融的双重目的。

五　结论性的评论

1994 年 1 月以来，中国已在其第二轮经济改革中成功地进行了税收、财政和外汇改革。中国目前正集中力量解决最困难的问题：企业改革和金融（银行）改革。对此，改革公司治理结构与融资结构是这两项改革之间的关键环节。

中国是一个大国，各不同部门面临着不同的制度约束和政治约束，因此，公司治理和融资的改革不应按照单一模式进行。即使在国有部门，也可有不同方法。与宏观管理控制（如财政金融控制）方面的其他一些外部性很强的改革不同，企业改革必须经过广泛试点。对于产权和企业改革，中国需要多样化，最危险的改革战略就是对所有企业强制实施一种组织形式。

（本文发表于《经济研究》1995 年第 1 期）

---

① 刘遵义、钱颖一：《关于中国的商业银行分权化和中央银行集权化的建议》，1994 年。

国有企业股份制改造的理论思考

杨瑞龙

一　引言

已被广泛认同的国有企业改革的基本思路是：通过对国有企业实行股份制改造，既使国家仍然保持出资人身份，又使企业具有独立的法人资格，并以盈利为目标参与市场竞争，国家只以投入资本额承担有限责任，从而使国有制与市场经济相兼容。显然，以上推导的成立至少隐含了以下假定：（1）在国家拥有剩余索取权条件下，政企关系是可分离的；（2）国有产权主体仅追求国有资产的保值和增值；（3）国有企业应该而且能够以利润最大化为唯一目标经营国有资产；（4）剩余索取权是否具有可转让性与法人财产权的确立无关；（5）国家作为出资人能在不影响企业产权独立化的前提下，通过设置最优化的激励约束机制，有效地保护国有产权；（6）多级代理的成本小于其收益。

然而，当上述某些假定可被证伪时，我们将发现，在国家拥有剩余索取权的条件下对国有企业进行股份制改造，可能既会弱化国有企业在弥补市场缺陷方面的特殊功能，又因国有产权得不到有效保护而使国有资产流失不可避免，还会因企业产权难以独立化而使提高国有资产营运效率的初衷得不到充分的实现，其结果可能是既不利于坚持公有制，又难以完成向市场经济体制的过渡。因此，本文的逻辑结论是，采用多级代理方式对国有企业进行股份制改革的思路存在根本性缺陷，主张在对国有企业进行分类的基础上，对宜保持国有制性质的企业就不应按照盈利性的法人企业制度规范进行改造，其主要功能是解决市场失灵问题及贯彻某些社会目标；对宜完全进入市场的竞争性国有企业应选择在非国有化的前提下向法人企业制度过渡的改革思路。

二 国有产权的属性及与市场
经济相兼容的可能性

(一) 国有产权的属性

理论界常常套用现代产权理论中对公共产权的解释，把产权归属的不明确性视为国有产权模糊的集中表现，这其实混淆了公共产权与国有产权的不同含义。公共产权具有以下特征。

一是产权的不可分性，即财产在法律上是公众所有的，但构成公众的每一成员都不能对财产声明所有权；二是使用权的非排他性，即公众都可为使用这一财产而自由地进行竞争，任何人都无权排斥他人使用它；三是外在性，即每一成员在对公共财产行使权利时，会影响和损害别的成员的利益；四是产权的不可转让性。

国有产权是指国家依法享有国有企业财产的排他性权利，它具有与公共产权不完全相似的属性：(1) 产权归属的唯一性。宪法规定国家是国有资产的唯一所有权主体，并禁止任何组织或个人用任何手段侵占或者损害国有资产的行为；(2) 产权经营的代理性。由于国家主权者是一个抽象的概念，因此，由国家权力执行机构的政府代理国家行使国有产权是其逻辑选择；(3) 权利配置遵循等级规则。与政府代理相适应，先界定决策人在行政系统中的等级位置，然后赋予其与此等级相适应的国有资源配置权；(4) 使用权的排他性。没有政府的授权，任何组织或个人占用或处分国有资产均被视为非法行为；(5) 产权的不可分性。代理国家行使国有产权的法人或自然人均不能对国有资产声明所有权；(6) 收益归属的确定性。除了国家之外，其他任何个人或团体均不能提出对国有资产的剩余索取权；(7) 剩余索取权的不可转让性。因为剩余索取权的转让与企业的国有制性质不可同时并存。

(二) 国有产权"模糊"的含义

根据现代产权理论，产权模糊总是与外部性及不确定性相联系，它一般发生在以下两种场合：一是如果产权的归属是不清晰的，则意味着没有人对该项财产的价值 (租金) 具有排他性的所有权，从而必然使"搭便车"行为盛行；二是如果产权的归属是清晰的，但产权的保护是低效或无效的，即法律制度不能充分界定当事人能够做什么或不能做什么的行为边界，从而包含一个当事人或其他当事人受损或受损的权利分配，则当事人会利用自己的财产去损害他人的利益，使外部性普遍存在。

从前述对国有产权的定义来看，国家对国有资产拥有的各种权利在法律上已被明确界定，因此，把国有产权模糊说成"所有者缺位"或"所有权虚置"是不确切的。看来问题的关键是，国家在国有资产上的各种权利得不到切实有效的保护从而导致国有企业的低效率是国有产权模糊的集中表现。国有产权屡受损害而得不到有效制止显然与国有产权的内在规定性有关。

第一，行政权对所有权的损害以公法人身份出现的政府是履行国家管理职能的机构，它与私法人的区别在于，它既不是以社员权利为基础的人的集合体，也不是以提供一定目的之财产为基础的财产集合体。因此，政府在行使国有产权时，更为关注的可能不是盈利目标，而是诸如经济高速增长、实现充分就业、抑制通货膨胀、维护社会稳定和政府权威等社会经济目标，这就可能产生以下后果：一是政府常常凭借所有者身份，为企业设置体现社会偏好的激励约束规则，甚至不惜牺牲企业效率来实现政府目标；二是当企业目标与社会偏好不一致时，为了使企业的经营行为与政府期望实现的目标相一致，政府常常借助行政权来约束企业行为，即行政干预不可避免；三是由于企业承担了社会责任，成本与利润指标并不确切反映企业的努力程度，因此当企业陷入困境时，政府不会坐视不救，而会给予外部援助。行政权对所有权的侵害说明政企不分是国有制的内生现象。

第二，政府难以运用"退出权"来保护国有产权。当国家与企业之间被视为一种隐含的长期合约关系时，如国家用提供工作或就业保障的承诺去交换企业努力提高国有资产经营效率的承诺，为解决"履约问题"，合约双方应拥有中止合约关系的"退出权"作为惩罚性对策使自身权益免受他人损害。然而，当政府作为合约一方履行所有者职能时，它通过行使退出权（如宣布企业破产、给企业"断奶"等）惩罚企业的违约行为（企业的低效率）的威胁事实上是不可信的。因为，政府所承担的社会责任使其一旦解除与企业的合约将承担巨大的潜在退出成本，如由失业率上升引起社会不稳定等。同时，因剩余索取权的转让与国有产权不可能同时并存，为了保持企业财产的国有性质，政府就必须始终拥有剩余索取权。剩余索取权的不可转让性使退出权的丧失具有双重含义，即所有权主体的非人格化资本行为不可能通过剩余索取权的转让得到根本改变，且政府无法通过转让企业产权或股权来解除与企业的合约关系。这样，国家与企业之间的长期隐合约关系就变为一种特殊的长期"保险"合约关系。①

第三，剩余索取权具有不可转让性，不仅意味着企业的自主权只能局限于生产领域、销售和库存方面，企业无权根据市场需求自主处分企业财产，而且意味着政府不能以出让企业财产的方式退出与企业的合约来保护国有产权。这就使执行合约的监督成本很大，"道德风险"不可避免，即企业会利用政府无法运用退出权实施惩罚的"弱点"和不对称的信息，从事能最大限度增进自身利益但可能有损于国有产权的违约或欺诈行为，造成企业的低效率。

（三）国有产权与市场经济相兼容的可能障碍

市场交易的本质是在交易者平等和自愿基础上追求效用函数最大化的产权交易。在交易费用大于零的条件下，与市场经济相适应的一套法律上强有力的产权制度至少应包含如下内容：一是产权安排，即通过产权界定，确定谁有权做什么并确立产权规则。科斯认为，权利应让与那些能够最具有生产性地使用权利并且有激励他们这样使用动力的人，从而可降低权利让渡的成本，提高合作的概率；② 二是企业产权结构的安排。为了克服企业内部各种要素所有者之间在团队生产中的偷懒和"搭便车"行为，就需要形成一套能提高企业产权结构效率的激励约束规则，以降低交易费用；三是有效的产权保护。这包括合约各方可通过行使退出权保护自己的权益，以及法律制度能通过强制惩罚一切破坏现有产权关系的行为和由此产生的威慑力量来实现对产权的保护。

由国有产权的属性及市场经济对初始权利安排的要求。不难发现，国有产权与市场经济的冲突集中体现在以下两个方面：一是所有权主体的非人格化资本行为与要求企业以盈利为目标经营国有资产之间的冲突。当政府作为所有权主体时，因其所承担的社会责任，它未必会把国有资产的保值和增值作为唯一目标，政府在与企业签约时，很可能会向企业输入与利润最大化目标相悖但体现社会偏好的约束规则。然而，为了完成向市场经济体制的过

---

① 张军：《社会主义的政府与企业：从"退出"角度的分析》，《经济研究》1994 年第 9 期。
② R. 科斯：《生产的制度结构》，《经济社会体制比较》1992 年第 3 期。

渡，就客观上要求企业以利润最大化为目标参与市场竞争。为此就需要实现政企分开，在产权明晰化的基础上，避免行政权对所有权的损害，且合约各方均能运用退出权来保护自身权益。显然，除非政府放弃履行所有者职能或使所有权退化为债权，否则上述改革目标就很难达到，而这却可能使国有制名存实亡；二是剩余索取权的不可转让性与要求企业产权具有可交易性之间的冲突。市场交易本质上是产权的交换，国有企业若要成为真正的市场竞争主体，就应不仅有权占用，而且可以自主处分企业资产，一旦经营失败，企业就可能破产和被接管。企业产权的这种可转让性显然依赖于剩余索取权的可转让性。然而，剩余索取权一旦发生转让，企业的国有制性质就难以维持。如果剩余索取权不可转让，则不仅限制了企业产权的转让，难以使股权分散化和企业产权独立化，而且因退出的不可能性及外部援助的存在使产生道德风险的可能性增大，从而难以确立法人资产制度。

迄今，国有企业改革尚未取得突破性进展的症结在于，不管是承包制还是试行中的股份制都没能解决上述两大冲突，政府有可能向企业放"权利"，但很难下放"责任"。伴随着扩权步伐的加快，企业的效率固然有所提高，但屡屡发生的国有产权受侵害的现象越来越难以容忍。于是，政府在"扩权"与"收权"中左右为难，导致企业改革走走停停。

三 国有制条件下多级代理的可行性考察

（一）寻找代理与模拟资本制度

解决前述两大冲突的最新尝试是，在国家拥有剩余索取权的条件下，通过多级代理把资本制度模拟出来，从而把国有企业改造成产权独立化的盈利性法人企业。具体构想是，从政府机构中分离出专职代理国家行使所有者职能的国有资产管理机构（以下简称资产局），再由资产局授权次级代理人（如控股公司等）经营国有资产，并以国有资产的保值与增值为目标激励约束资产经营公司的行为。然后，由资产经营公司与企业法人建立委托代理关系。[①] 然而，这种以剩余索取权不发生转让为条件的模拟资本制度在实践中将会遇到一系列挑战。

---

① 笔者过去也曾沿着这一思路作过探索。参见杨瑞龙《产权明晰化与双层股份制模式》，《经济研究》1988 年第 2 期；《法人资产制度与企业自负盈亏》，《经济研究》1988 年第 8 期。

　　资产局及控股公司本身只是代理国家行使国有产权的法人机构，所有权仍归属于国家。根据委托代理理论，由于委托人与代理人目标函数的不一致性，代理人就可能利用委托人的授权从事有损于委托人权益的活动。因此，出资人对代理人行为的监控对于保护产权是至关重要的。有人用西方国家的信托投资公司、保险公司等法人机构已成为主要持股者这一事实，说明实现多级代理有可能在不转让剩余索取权的条件下使国有股权的操作行为资本化。但他们忽视了这样一个事实，法人机构代理行为资本化的前提是，拥有剩余索取权的委托人是私人投资者，他可以不在乎其投入资本所代表的是哪一家企业，但他十分计较资本收益率。如果收益率过低，出资人可行使退出权中止与代理机构的合约，从而迫使代理人按照出资人利益行事。

　　出资人对代理人的所有权约束主要包含两个方面：一是剩余索取权，即出资人获取扣除其他生产要素报酬后的企业盈余，这是出资人出让资本控制权与监控代理人行为的动力所在；二是最终控制权，它包括选择代理人及行使退出权。现在面临的难题是，实现多级代理后，由谁出任委托人的角色？如果仍由政府履行所有者职能，则政府在对资产局行使所有权约束时必将受多元化目标支配，且难以用中止合约的手段惩罚代理人的违约行为。这不仅使资产局在行政干预下难以只按照资产的保值和增值为目标管理国有资产，而且因缺乏出资人的"退出"威胁而难以有效抑制代理人的偷懒与损害出资人利益的行为。当无法通过"寻找代理"模拟出一个仅关注资本收益率的"资本所有者"时，就难以把国有企业塑造成具有敏感边际行为的市场竞争主体。

　　有人主张由人民代表大会取代政府作为资产局的委托人，其理由是国有制只是全民所有制的实现形式。然而问题在于，人民代表大会在监控国有资产的运作时也未必只追求资产的保值和增值，它也可能会向资产局输入充分就业、社会稳定等社会目标，并且在行使退出权时也会遇到重重障碍。如果出资人的所有权形同虚设，则很难保证代理人的行为与出资人的利益相一致；如果所有权约束具有不确定性与随机性，就很难使代理人形成稳定的收益预期。在以上条件下，资产局可能会因受到过多的干预而演化成"第二政府"，或者会因缺乏必要的约束而使出资人利益受损。由此可见，多级代理有可能弱化行政干预，但无法彻底解决因行政权对所有权的损害所导致的政企不分问题。

（二）多级代理与法人资产制度的建立

实行多级代理的目的无非是期望通过所有权与控制权的分离，国家作为出资人拥有剩余索取权，并只承担有限责任，企业拥有法人财产权，追求利润最大化。然而，法人资产制度的建立至少应满足以下条件，股东符合人格化资本假说；股权分散化；股份的可转让性；有限责任原则的确立；最优化激励约束机制的设置等。然而，当剩余索取权具有不可转让性时，多级代理很难充分创造出以上条件，从而难以建立起法人资产制度。

第一，当剩余索取权不可转让时，企业资产很难通过股权分散化而取得独立的法律形式。股权分散化对于确立法人财产权的意义在于，当股权分散到一定程度，任何一个股东若要直接控制企业既没必要也没可能时，企业产权便独立化了。国有企业股份制改造后，资产局不仅是一家公司，而且是所有公司的最大股东。剩余索取权的不可转让性意味着股权集中化的格局不可能通过股份转让而改变。由于股权非常集中，资产局很容易或者通过操纵股东会来控制董事会的组成，进而由听命于资产局的董事会任免经理来控制企业的经营活动，或者通过垄断股票市场来达到控制企业的目的。当企业产权不能独立化时，自然难以确立法人资产制度。

第二，当剩余索取权不可转让时，就很难确立有限责任原则。从理论上讲，国有企业完成股份制改造后，企业一旦破产或被清算，国家只以投入资本额承担有限责任。但由于剩余索取权具有不可转让性，所以即使委托人对企业的经营状况不满，或者股票价格持续下跌，委托人也无法通过转让股票中止与企业的合约来惩罚代理人的违约行为和尽可能减少自己所承担的风险。再加上国家所承担的社会责任，它也不愿意看到企业倒闭。因此，当企业经营陷入困境时，对于资产局来说，与其是任其破产或被清算，倒不如给予援助拯救其脱离困境更为理性化，从而国家实际上仍承担着无限的责任。

第三，当剩余索取权不可转让时，很难形成最优化的激励约束机制。实现多级代理后，由于代理人不是风险承担者，为了防止代理人的违约行为，委托人必须通过对代理人行为的激励和约束来保护出资人的权益。但由于剩余索取权具有不可转让性，出资人与企业法人的合约关系具有不可解除性，即出资人无法通过转让股份转移资本，除非出资人破产，企业一般不会倒闭。当委托人缺乏必要的手段惩罚代理人的违约和欺诈行为；反而使代理人几乎不必担心企业因被其他投资者所接管或破产而丧失职位时，出资人的权益就很难得到有效的保护。

第四，当剩余索取权不能转让时，企业不可能拥有完全的法人财产权。法人财产权应包括法人对企业资产的排他性占有、支配、收益和处分权。但是，企业产权的转让必将影响出资人对该企业的剩余索取权的拥有，为了使该企业的最终归属保持不变，资产局就有必要限制法人自主处分企业资产。当企业法人不能根据产业结构的变动趋向，通过转让企业产权自由退出或进入某产业时，法人财产权就变得很不完全了。

（三）多级代理的成本与收益比较

即使我们假定通过多级代理可以实现政企分开和确立法人财产权，但是，每一级代理关系都会因代理人与委托人效用函数的不一致性而发生代理问题，[①] 从而多级代理所产生的代理成本总和是很高的。这些代理成本包括：向代理人支付的薪金、奖金等费用；代理人为追求非货币物品所导致的企业成本上升和利润减少；由代理人的决策与使委托人利益最大化的最佳决策之间存在的差异所导致的企业效率损失。

为了降低代理成本，委托人就需要通过契约关系来约束代理人行为。但由于剩余索取权具有不可转让性，国家难以运用退出权来惩罚代理人的违约和欺诈行为，而只能主要通过对代理人行为的直接监督来保护产权。在信息不对称的条件下，这种直接的行为监督不仅难度大，而且可靠性低，其监督成本必定是很高的。尤其是制定和执行合约的环境具有不确定性，如果委托人不能在合约中充分考虑到环境的各种可能变动，那么为代理人规定一般的行为规则或决策程序就会限制企业对环境变化作出灵活反应的能力。因为合约中确定的约束规则越是完整、明晰，代理人的自由选择空间就越是狭窄，企业行为就越僵化，可能丧失的获利机会就越多。而要在合约中充分预测环境的不确定性几乎是不可能的。所以，这种约束行为本身可能会因代理人经营行为受限制而导致企业效率的损失，即为降低代理成本，可能要支付昂贵的约束成本。

国有企业的股份制改造必定是多级代理。在实践中，不仅每一级代理关系的形成都需支付很高的交易费用（如建立新的机构所需的费用、签约费

---

① Jensen, M. C. and Meckling, W. H., 1976, "Theory of the Firm: Managerial Behavior, Agency Costs, and Capital Structure", *Journal of Financial Economics*, Vol. 3, No. 4, pp. 305 – 360.

用等），而且随着代理级数的增多、产权保护的动机具有衰减倾向。因为履行委托人职能的行为人对于上一级代理关系来说，又是代理人，他并不拥有剩余索取权，即使他的货币收入与资本收益相挂钩，也因为当他尽力保护产权时，他可能要承担全部成本而仅获一小部分剩余，但当他以偷懒或违约的方式消费额外收益时，他可得到全部好处却只承担部分成本。从而他可能与下层代理人一样具有偷懒动机而较少关注产权的保护。这样，越是处于下层的代理人就越容易利用各级代理人监控动机弱化的弱点，从事以损害最终出资人的利益为代价来满足自身利益最大化的活动。

由此可见，多级代理尽管可以通过减少行政干预、增强企业活力等途径获取代理收益，但必须要支付很高的总和代理成本和约束成本。

四　国有制条件下多级代理的可能后果

（一）国有资产流失的不可避免性

剩余索取权与控制权相分离后，就必然会因代理人与委托人效用函数的不一致性而产生代理问题。为了防止代理人利用委托人的授权从事有损于国有股权益的活动，就需要通过事先的激励和事后的惩罚来约束代理人行为。显然，代理人努力程度的信息对于双方达成一个理想的合同是至关重要的。然而，代理关系下的信息具有明显的非对称性，即代理人可能拥有独家信息。阿罗把这类信息区分为"隐蔽行动"和"隐蔽信息"。① 前者包括不能为他人准确观察或臆测到的行动。因此，对这类行动订立合同是不可能的；后者则指代理人对事态的性质有某些可能不够全面的信息，这些信息足以决定他们的行动是恰当的，但委托人则不能完全观察到。这样，即使代理人的行为可被委托人不付代价地观察到，他们仍不能断定这些行动是否符合自己的利益。不对称的信息必将诱发道德风险，即代理人在最大限度地增进自身效用时作出有损于委托人利益的行动。任何代理关系固然都会产生道德风险，但当由政府扮演法人企业的委托人角色，且剩余索取权具有不可转让性时，多级代理不仅将诱发更严重的道德风险，而且将使抑制道德风险的成本更高，难度更大，从而出现扩权步伐越快，国有资产流失现象越严重的

---

① Arrow, K., 1985, "The Economics of Agency", In J. Pratt and R. Zeckhanser（ed.）, *Principals and Agents*: *The Structure of Busisiness*, Boston: Harvard Business School Press, pp. 37 – 51.

局面。

首先，由道德风险所引起的国有资产流失。一旦形成代理合约，委托人通常可通过对利润、股票市场行情及直接行为的度量了解代理人行为的信息，设置激励约束机制。但是，由于委托人所承担的社会责任而会向企业输入与利润最大化目标相悖的约束规则及干预价格的形式，企业利润就含有许多非经营性因素。在股市不健全及股市投机行为盛行的条件下，股票价格也不能客观反映企业的经营业绩。既然委托人很难通过利润指标和股市行情了解到代理人努力程度的足够信息，也就只能主要通过直接行为的度量来监控代理人行为。然而，当委托人向代理人了解有关信息时，除非通过货币支付或者某种控制工具作为刺激或代价，否则代理人就不会如实相告。获取有关信息的成本不仅高昂，而且常常并不可靠，针对代理人努力程度的信息常常包含某些误差和错误。由于信息的不对称性，委托人也难以清楚地判断某种不良后果（如企业亏损）是产生于不可抗力的因素还是代理人的偷懒行为，所以代理人很容易为自己损害委托人权益的行为寻找借口。即使委托人不惜费用获取代理人行为的信息，并据此设置激励约束机制，但由于环境的不确定性，委托人将支付很高的约束成本。当委托人难以充分了解代理人努力程度的信息，甚至常常被代理人所制造的假信息所迷惑或误导时，不仅容易滋生道德风险，而且无法对代理人"为所欲为"的行为实现有效的监控，从而导致国有资产的流失。例如，国有资产普遍存在账实不符问题，所有者无法控制和受益的账外资产越来越多，尤其是在境外投资活动中，隐瞒资产、化公为私的现象十分严重；低估国有资产，把部分国有资产收益变为账外收入随意开支，甚至私自分掉；不提或少提折旧，掠夺性使用国有资产；等等。

其次，由代理人与生产者利益的趋同化所引起的国有资产流失。实行多级代理后，在企业内同样存在每个要素所有者的边际生产率几乎无法测定的问题。根据阿尔钦和德姆赛茨的团队生产理论，[①] 为了防止团队成员的偷懒动机和行为，就有必要从制度上将企业的产权结构化，即由检测团队各成员的监督者拥有剩余索取权，使监督者的偷懒动机变得对自己没有利，从而达到双方的激励相容性。国有企业改造为股份公司后，代理人只是公司的经营

---

① Alchian, A. and Demsetz, H. , 1972, "Production, Information Costs, and Economic Organization", *American Economic Review*, Vol. 62, p. 777.

者，却不拥有剩余索取权。因此，代理人是否忠实地履行对生产者的监督职能对于保护股东的权益是极其重要的。即使为了强化代理人的监督动机而使其货币收益与企业盈余挂钩，也会因成本与收益的不对称性而使代理人同样有偷懒动机，因为代理人要为努力监督生产者承担全部成本，却只能分享很小一部分剩余。另外，国家所有制作为全民所有制的一种实现形式，生产者在理论上应是企业的主人，企业经理人员直接由生产者选举产生或委托人在选择代理人时听取生产者的呼声正是反映这种产权制度的某些特征。当代理人的监督行为反而受到受监督对象的约束时，说明双方在利益和动机上有雷同。企业经理如果努力监督，不仅要支付很高的成本，而且可能会触犯众怒而失去职位。于是，代理人不仅会对生产者的偷懒行为采取容忍的态度，甚至会与生产者"合谋"共同对付国家，从而导致国有资产的流失。例如，企业留利分配向职工倾斜；脱离劳动生产率提高的水平，增加职工的货币或实物工资；占用生产资金从事非生产性建设，提高职工的福利水平，占用国有资金创办旨在为本企业职工或职工子女谋利益的具有集体所有制性质的经济实体，却不缴、少缴或欠缴国有资产的占用费；无偿划拨国有资产设置企业法人股，低价甚至无偿分送内部职工股；亏损企业甚至用贷款向职工发工资和奖金；等等。

最后，由市场不完善所引起的国有资产流失。市场制度的建设与激励约束机制的设置对于抑制代理人的违约或欺诈行为居于同样重要的地位。市场反应会削弱或增强合同的特点以缓解道德风险，这些反应取决于竞争的性质。例如，如果经济市场的竞争是有效的，则经理在任职期间如被发现有严重的损害出资人利益的行为，那么他的人力资本价值就会贬值；产品市场的竞争会迫使经理努力降低成本，提高资产营运效率；资本市场的竞争会使经理时时感受到公司有被接管的威胁，经理为保住自己的职位，就会努力使企业利润最大化。目前我国的市场制度还很不完善，尤其是当国有企业还没有成为真正的市场竞争主体时，市场的发育更是显得步履艰难。在以上条件下实行剩余索取权与控制权的分离，则一旦委托人放松控制，代理成本就会上升；一旦通过制定详尽的契约关系来监控代理人行为，约束成本将会上升，其结果都将难以抑制国有资产的流失。

（二）多级代理下国有产权保护的两难选择

为了防止多级代理下国有资产的流失，就必须对国有产权实施有效的保护。除了出资人对代理人行为的监控外，现代社会中确认和保障产权最高和最完备的社会契约形式，就是以国家机器为物质基础的法律体系。法律制度对产权的保护是通过强制惩罚一切破坏现有产权关系的行为以及由此产生的威慑力量而实现的。国家既依法拥有国有资产的所有权，又履行着产权界定和保护的职能，受国有产权固有属性的影响，国家在实施国有产权保护时将会遇到诸多的两难选择。

第一，国家在界定和保护产权时的两难选择。国家通过产权的界定和保护要实现的目标是双重的：一是通过降低交易费用使社会总产出最大化；二是通过形成产权结构的竞争与合作的基本规则使国家的垄断租金最大化。正如诺思所指出："在使统治者（和他的集团）的租金最大化的所有权结构与降低交易费用和促进经济增长的有效率体制之间，存在着持久的冲突。"①国家若要避免国有资产流失，必须确立排他性产权。但若以产权明晰化思路推进国有企业改革，必将遇到竞争约束和交易费用约束。当面临竞争约束时，国家将力图避免既得利益集团的财富或收入受到产权的不利影响，而无视这种产权结构对效率的负面影响，以避免政治支持率的下降；当面临交易费用约束时，国家将尽可能选择费用低、难度小、见效快的改革思路。因为有效率的产权结构所产生的潜在收益存在时滞，国家必须在短期内为此支付大量的交易费用，这就受到了可支配财政收入规模的约束。当有效率的产权结构在双重约束下迟迟不能形成时，随着代理关系的引入，国有产权的保护就会遇到严重的制度障碍。②

第二，剩余索取权不可转让条件下的国有产权保护的两难选择。国有资产的流失总是与代理人道德风险的存在相联系，但在剩余索取权不可转让的条件下，缺乏足够的激励约束手段来抑制道德风险。(1) 如果代理人是风险中性者，则可以赋予代理人完全的剩余索取权，使其承受完全的风险。当代理人的偷懒动机变得对自己没有利时，道德风险也就失去了存在的条件。但是，它是以出资人出让剩余索取权为前提的，这不仅会挫伤出资人的积极性，使国有制名存实亡，而且可能会刺激代理人的过度冒险行为。如果由代理人与委托人分享剩余索取权，则因利益与风险边界的不确定性而仍然难以

---

① 道格拉斯·C. 诺思：《经济史中的结构与变迁》，上海三联书店 1991 年版。
② 杨瑞龙：《论我国制度变迁方式与制度选择目标的冲突及其协调》，《经济研究》1994 年第 5 期。

解决道德风险问题，即一项剩余分享的合约可能劣于一方单独索取剩余的合约。[1]（2）根据投票权与剩余索取权相匹配的原理，由拥有剩余权的风险承受者来投票选择与约束企业经营者有助于克服道德风险。[2] 在多级代理模式中，代理国家拥有决定企业经理人选及企业重大决策权的投票人既不享有剩余权，也不承担投票风险，从而难以避免投票人不负责任的投票、为满足个人利益的投票。甚至与代理人合谋投"假"票，其结果都将使国有股权益受损。把剩余权赋予投票人固然有助于抑制道德风险，但有悖于国有产权的性质。（3）通过中止合约可对代理人侵蚀国有资产行为实施有效惩罚和威慑，但它要求剩余索取权能自由转让，这又会突破改革基本约束条件。

第三，多级代理下所有权约束的两难选择。代理关系下的所有权约束实际上就是通过设置一个激励约束系统，使代理人对个人效用函数的追求转化为对出资人效用函数——企业利润最大化的追求。由于国有制条件下的多级代理没能通过剩余索取权与控制权的分离塑造出承担财产风险的主体，以及受政府约束的国有资产管理机构目标多元化，所有权约束染上浓重的行政干预色彩。这样，资产局在保护国有产权时将陷入两难困境：如果强化所有权约束，如操纵股东会，控制董事会的组成，干预经理的决策，决定企业的经营方针等，则固然可以通过限制代理人的自主决策达到减少国有资产流失的目的，但这种约束会强化对企业的行政干预，抑制企业的活力，其结果是导致企业效率的损失；如果弱化所有权约束，则因难以解决代理人的道德风险问题而无法避免国有资产的流失。

五　结语

由对国有制条件下多级代理关系的理论分析，可推导出若干简短的结论。

第一，由于国有产权的固有属性，试图在国家不放弃剩余索取权的条件下，通过多级代理完成国有企业的股份制改造，可能既因为它无法实现政企分开和确立法人财产权而难以使国有企业成为真正的法人实体和市场竞争主

---

① 张维迎：《西方企业理论的演进与最新发展》，《经济研究》1994 年第 11 期。

② Harris, H. and Raviv, A., 1989, "The Design of Securities", *Journal of Financial Economics*, Vol. 24, pp. 255–289.

体，又因为国有产权得不到有效保护而难以避免国有资产的大量流失，最终将使国有制名存实亡。由此可见，这种流行的改革思路既不利于坚持公有制，也不利于建立有序化的市场经济体制。

第二，证明国有产权与市场经济的冲突性并非是要否定国有企业存在的必要性。恰恰相反，国有企业在社会主义市场经济中所起的作用具有不可替代性。因为，国有产权的国有特性有助于突破私人企业的利润限界，提供私人无力或不愿生产却为社会所必需的产品。克服由外部性引发的市场失灵现象，实现某些社会目标，从而可最大限度地发挥市场经济的积极功能，而政府对企业的控制以及剩余索取权的不可转让性正是国有企业发挥以上功能的优势所在。也就是说，国有企业的优势不在于进入市场，而在于弥补市场的缺陷。让国有企业纯粹以盈利为目标参与市场竞争实际上是舍本求末，到头来既难以重塑适应市场经济要求的微观基础，又丧失国有企业在纠正市场失灵中的积极作用。

第三，在界定国有企业在市场经济中的地位和作用的前提下，就可针对不同类型的国有企业选择不同的改革思路。提供公共产品（如城市自来水及煤气、邮政电信等）宜选择国有国营模式，即政府不仅拥有剩余索取权，而且直接经营企业，以实现社会福利最大化；垄断性企业（主要是基础工业和基础设施）宜选择国有国控模式，即使这类企业改造成股份公司，国有股也应占主体且一般不能转让，以保持国家对垄断企业的最终控制权，企业在追求利润的同时，有义务贯彻国家下达的特定社会目标，以优化资源配置；竞争性国有企业宜在非国有化前提下改造成以盈利为目标的现代公司制度。非国有化意味着可通过剩余索取权的转让和所有权主体的重塑实现政企分开和产权明晰化，使追求利润最大化的企业可以完全进入市场。

第四，竞争性国有企业的非国有化自然包含一部分企业的拍卖、股权转让而演变为民营企业，但并非意味着全盘私有化。我们也可以通过寻找其他公有制的实现形式完成非国有化的过程，如企业相互持股、机构持股、职工持股等。至于如何在以公有制占主体的条件下，通过竞争性国有企业的非国有化建立适应市场经济要求的企业制度，还需在理论上和实践中进一步探讨。

（本文发表于《经济研究》1995 年第 2 期，获第八届孙冶方奖）

所有制结构与收入分配

关于我国社会主义所有制形式问题

董辅礽

　　生产资料所有制问题，是政治经济学的核心问题，也是一个复杂的问题。过去我们对于社会主义所有制问题的论述除了有许多正确的方面以外，也有一些不正确的方面，主要是把社会主义所有制问题理解得比较狭隘，看得比较简单，存在不从发展上看问题的观点。

　　所谓理解得比较狭隘，主要是指把生产资料社会主义所有制问题局限于仅仅作为社会主义生产关系的一个方面去考察，而不从社会主义生产关系的总体上去把握。生产关系问题中自然存在着生产资料归谁所有的问题。为了便利，可以单独进行考察。但与此同时，不能忘记，生产关系的各个方面都是所有制的不可分割的内容，例如产品的分配，就是所有制的实现。马克思就把所有制问题看作是生产的全部社会关系，他指出："给资产阶级的所有权下定义不外是把资产阶级生产的全部社会关系描述一番。"① 他还批评过普鲁东把所有制定为独立的关系的范畴。② 理解得比较狭隘还表现在把生产资料所有制问题仅仅归结为生产资料的归属问题，忽视了生产资料的占有、支配和使用这些问题。这些狭隘的理解阻碍着我们去研究社会主义所有制问题的多方面内容。例如，不大注意研究生产资料归谁占有、归谁支配、归谁使用的问题，而且也不大联系生产关系的各个方面去考察所有制问题，从而对于当前现实生活中提出的许多问题，难以正确地回答。举例来说，在全民所有制经济中，为什么企业应该具有统一领导下的独立性？为什么可以允许

---

　　① 马克思：《哲学的贫困》，《马克思恩格斯全集》（第四卷），人民出版社1958年版，第180页。

　　② 马克思：《马克思致巴·瓦·安年柯夫（1846年12月28日）》，《马克思恩格斯选集》（第四卷），人民出版社1995年版，第324—325页。

企业分取一部分利润作为企业基金？为什么可以容许不同全民所有制企业职工的收入由于同企业经营好坏发生联系而带来差别？为什么应该容许企业有权处置多余的生产资料？为什么企业占用生产基金应该是有偿的而不应该是无偿的？为什么企业可以作为相对独立的主体彼此间或同国家订立经济合同？为什么企业应该实行全面的独立的严格的经济核算，要承担经济责任？等等。

所谓看得比较简单，主要是指把资本家的生产资料的被剥夺、个体经济走上集体化道路、社会主义全民所有制和集体所有制的建立，即生产资料的归属问题的解决，看作所有制问题的全面解决。其实，这虽然是解决所有制问题的决定性步骤，但社会主义所有制仍有许多问题要解决，而且还会不断地产生许多新的问题。例如，我们当前遇到的企业没有独立自主的经营管理权，企业没有自身的经济利益，直接生产者对企业的生产、分配、交换等问题无权过问，生产队的自主权遭到侵犯，生产资料、资金和劳动力被任意无偿调用，某些干部的宗法式、家长式统治，等等，都要从所有制问题的高度去把握、去研究。如果把它们仅仅看作是一个管理方法问题（如通常所说的行政方法还是经济方法问题），那就不能揭示问题的实质。"四人帮"为了论证我国的生产资料所有制是走资派所有制、党内资产阶级所有制，说我国的所有制问题"没有解决"，这当然是荒谬的。但是，我们也不能反过来认为我国的社会主义所有制已经不存在问题了，没有什么可研究的了。

所谓缺乏从发展上看问题的观点，主要是认为社会主义全民所有制一经建立就成为最彻底最成熟的所有制形式，至少在一段相当长的时间内它是不会变化的，不认为生产资料的全民所有制形式也要随着生产力的发展变化而发展变化。农村集体所有制在实行了"政社合一"的人民公社化以后，除了从以生产队为基本核算单位向以大队为基本核算单位，以至以公社为基本核算单位的过渡问题之外，似乎也没有更大的问题了。其实，当然不是这样。只要我们不是狭隘地、简单地理解所有制问题，不是静止地看待它，就可以看到，我国的全民所有制形式和集体所有制形式都存在不少问题，都有许多不完善的方面，它们限制了生产力的迅速发展，需要变革。为了按客观经济规律办事，加速实现四个现代化，有许多社会主义所有制问题要着力去解决。

这里不打算涉及更多的所有制问题，只想就我国的社会主义全民所有制的国家所有制形式问题和社会主义集体所有制的"政社合一"形式问题提出一些探索性的看法。鉴于问题的复杂性，很可能有不当之处。

一　关于全民所有制的国家所有制形式问题

长时间以来，我国的经济理论一直认为全民所有制必须而且只能采取国家所有制的形式。属于社会主义全民所有的生产资料，只能由无产阶级专政的社会主义国家代表全体劳动人民来占有。社会主义国家直接领导属于国家的企业，国家通过自己的代表，即由有关的国家机关任命的企业领导人管理这些企业，国家机关直接计划这些企业的全部生产活动，等等。对全民所有制的这种认识一直延续到今天，被认为是天经地义，毋庸置疑的。现在看来，这种种看法都需要重新评价，因为多年的实践使我们认识到，全民所有制的国家所有制形式带来了许多问题。

第一，在全民所有制的国家所有制形式下，国家政权的行政组织取代了经济组织，企业成为国家各级行政机构的附属物，甚至成为基层一级政权（如政企合一单位）。中央直属企业隶属于中央一级国家政权，地方企业隶属于地方各级国家政权。一些政治经济学书籍在论证国家所有制形式的必要性时，都指出社会主义全民所有制的性质决定了企业不应该在产、供、销、人、财、物等方面，拥有独立自主的权限，这些权限都应该集中到国家，企业的一切活动都得听从上级行政组织的安排和批准，否则，社会主义全民所有制就不成其为全民所有制了，甚至像有的书上所说，就"被分割成为地方所有制、部门所有制、企业所有制或者集体的资本主义所有制了"。① 由于国家所有制的这种概念根深蒂固、神圣不可侵犯，20多年来，我国虽然进行过多次经济管理体制的改革，改来改去，无非是在中央集权和地方分权的关系上考虑，不论是强调集权还是强调分权，都没有触及国家所有制形式问题，都没有去注意解决企业在统一领导下的独立性问题。一些企业的隶属关系几经改变，时而收时而放，变来变去，都无非是确定这些企业究竟应该隶属于哪一级政权，应该成为由哪一级政权来拨动的算盘珠。资金上的统收统支、产品上的统购包销这一套办法，始终不曾有多大触动。企业不能实行全面的独立的严格的经济核算制。企业既没有必要的经济管理权限，当然也

---

① 参见"四人帮"在上海组织编写的《社会主义政治经济学》。

就不必也不能承担经济责任，干好干坏、盈利亏损都是一样的，同企业和企业职工本身没有直接的利害关系。

第二，国家所有制是由国家政权的行政组织取代经济组织，直接指挥企业的一切经济活动。多年的实践表明，这种所有制形式容易产生官僚主义、命令主义、瞎指挥、"按长官意志"办事，违反客观经济规律。

这是因为经济基础和上层建筑是人类活动的不同领域，它们的运动具有各自不同的形式、特点和客观规律。国民经济是一架大机器，它的运转的动力是经济利益。资本主义经济的动力在于资本家对利润的追逐。满足劳动人民个人和社会的物质文化需要，则是社会主义经济中的经济利益所在，它推动着社会主义经济的运动。社会主义经济中的各个劳动者和各个生产单位，以经济利益为纽带结合起来，为满足个人和社会的各种需要而进行生产。社会主义国民经济这架大机器的运转还借助于各种经济机制和杠杆。它们是价值、价格、商品、货币、市场、银行、信贷、利息、预算、成本、利润、簿记、经济合同、工资、奖金等。它们是国民经济这架大机器的齿轮、联动装置、传送带等。客观经济规律的要求和作用是通过这些经济机制和杠杆的运动来实现和表现的。它们的运动显示人们的经济活动是否符合客观经济规律。在经济管理中，要按客观经济规律办事，就必须把经济活动建立在对经济利益的关心的基础上发挥经济利益的动力作用，善于运用各种经济机制和杠杆。为此，就必须使各种社会主义经济组织具有自身的经济利益，在集中统一的领导下有独立自主的权限来利用这些经济机制和杠杆以进行自己的经济活动。国家政权则是上层建筑的一部分。它也是一架大机器。但它的运动却有着与经济基础的运动完全不同的形式、特点和规律。它不是经济组织，不实行经济核算，从而也没有用自己的收入抵偿自己的支出并且向社会提供利润的经济责任。它的运动不是借助于上述种种经济机制和杠杆，而主要是借助公文、命令、指示、规定、条令等非经济的杠杆来实现的。客观经济规律的要求和作用不是直接通过这些非经济的杠杆的运动而实现和表现的，因此后者也不能直接地反映客观经济规律的要求和作用。从而人们也不能通过它们去认识客观经济规律。虽然在管理国民经济中不能不运用这些非经济的杠杆，但它们绝不能成为主要的，更不能用它们来取代经济的机制和杠杆。相反，在必须运用它们来管理国民经济时，为了知道它们是否正确地反映了客观经济规律的要求，也还要从经济机制和杠杆的运动中去判断和认识。主要地或单纯地利用这些非经济杠杆来管理国民经济必然会出现违反客观经济规律的情况，而且这种违反往往必须经过一个相当长的过程，在客观经济规律给予了惩罚以后才会被人们所认识。在全民所有制采取国家所有制形式下，一切经济活动由国家政权来指挥和决定，就会出现主要地或单纯地利用非经济的杠杆来管理国民经济的情况。再加上国家政权的行政组织是远离生产、流通、分配、交换的，要靠这只手去拨动千千万万颗直接从事生产、流通、分配、交换的那些算盘珠，怎么可能不出官僚主义、命令主义、瞎指挥呢？怎么可能不违反客观经济规律呢？胡乔木同志的重要文章中所列举的种种现象，例如，考虑行政方便，要求经济活动机械地适应行政的系统、层次、区划，机构重叠，层次繁多，手续复杂，公文旅行，文件泛滥，会议成灾，办事无效率，经营缺效果，经济运转不灵，凭"长官意志"办事，靠首长批条子行动，等等，都决不单纯是一个管理经济的方法问题（如最近人们常说的用行政方法管理经济），实质上涉及社会主义全民所有制的国家所有制形式问题。不妨举一些例子来说明。

有一个工厂为了给一套引进的设备进行配套，需要向国外补充订货，货单在各个行政组织中往返周转，单单办理申请手续就耗费了 9 个月，其中仅在两个部之间来回往返就达半年之久。上海华光啤酒厂要进行一项工艺改革，实行后可大幅度增加产量。这项改革的报告从轻工业部批复下达后，在各行政部门办公室里转来转去就花了 5 个多月的时间，才由市轻工业局下达到工厂。沈阳重型机器厂要盖一点宿舍，申请书经过了 11 个机关审批，盖了 24 个图章。这几个例子说明，由国家政权的行政组织来管理经济，结果是国家政权的行政组织有多少系统、多少机构、多少层次，公文就必须沿着主管的这些行政系统、机构和层次去旅行，旅途中要通过一道道关卡，还要不断遇到交通堵塞和红灯。有一个化工厂要从国外引进生产聚酯纤维的先进技术。这套技术可以连续缩聚，直接抽丝，不需要像以往的技术那样先缩聚，再造粒而后抽丝。可是，各种产品的生产是按国家的行政部门的划分分别管理的，外汇也是按行政部门划分的。按照国家行政组织的这种划分，化工厂向国外购买聚酯纤维的装置就不能是连续生产的，即不经过造粒，由缩聚直接抽丝，因为抽丝是纺织部门管的事。这就是说，化工部门必须把缩聚后的物料加以冷却，造成颗粒，再由纺织部门拿去重新升温熔化，进行抽丝。于是，为了服从这种国家行政组织的划分，化工厂进口这套装置，就把这套连续生产的先进技术装置的完整生产流程，人为地切掉属于纺织部门管的那一部分，使它失去了先进性。我们还经常地了解到，许多原材料由于各道生产工序和各种产品的生产分属各个行政主管部门而不能综合利用的情况。至于商品流通不根据经济上的合理性来组织而受到行政区划的限制，造成迂迴运输和商品的不合理分布，那更是司空见惯的事。这些都是在国家所有制形式下强使经济活动违反经济、合理的原则去服从国家行政组织的系统和划分的例子。其他方面的例子很多，无须再一一列举了。

第三，在国家所有制形式下，社会主义国家是通过自己的代表，即国家任命的企业领导人去经营这个企业的。企业领导人作为国家政权的代表在企业中行使他们的权力，他们直接向企业所属的国家政权机构负责，而不是向企业和企业的职工负责。这种状况往往造成他们必须按照上级政权的行政组织的命令行事，而不必问这种命令的经济合理性，即使这个命令是不合理的，他们作为国家委任的代表也必须执行。企业的经营好坏同他们个人没有直接的利害关系，只要执行上级命令，即使造成严重损失，他们也无须承担经济上的责任，同他个人的收入更没有关系。相反，他不执行这种命令，倒是要给自己带来不利。有些企业的封建衙门化，有些领导人的官僚化，不能说同国家所有制形式没有关系。企业领导人既然是国家政权机关任命的，职工就无权对他们的去留作出决定，不能对他们进行有效的监督，致使有些领导人专横跋扈、胡作非为。

最后，社会主义全民所有制作为劳动者同生产资料直接结合的社会形式，理应由劳动者直接管理全民所有制的生产资料，管理企业的生产、交换、分配等活动。为了使劳动者把这些生产资料经营管理好，理应使他们从经济利益上关心本企业的经营状况，使他们的利益不仅同全社会的利益而且同本企业的利益直接结合在一起。但是，国家所有制形式却未能使劳动者同生产资料这样紧密地结合起来，凡事由上级国家行政组织决定，劳动者无权过问，企业经营好坏又同他们的利益没有直接关系，劳动人民怎么能起到生产资料的主人翁的作用呢？这些生产资料又如何能管理好、运用好呢？

国家所有制形式同生产力的矛盾，在20世纪50年代就已有所暴露。在毛泽东同志的著作中，曾一再涉及。例如，在《论十大关系》中就谈到"工厂在统一领导下的独立性问题""国家、生产单位和生产者个人的关系"问题，实际上就涉及改善全民所有制形式的问题。但那时，生产建设的规模毕竟很小，各地区、各部门间的经济联系还比较简单，所以矛盾还不大引人注目，毛泽东同志的精辟思想未能为大家所很好领会和贯彻。以后，随着生产力的发展，随着生产的社会化程度的提高，它同生产力的矛盾就尖锐起来了，成为生产力发展的一种障碍。因此，为了加速实现四个现代化，必须改变国家所有制这种形式，找出能促进生产力迅速发展的社会主义全民所有制的新形式。实践将创造出这种新形式来。

那么，改变社会主义全民所有制的国家所有制形式是否意味着改变全民所有制的性质呢？恰恰相反，正是为了适应它的性质。

在社会主义全民所有制条件下，全体劳动者既然是生产资料的共同所有者，就必须按照全体劳动者的共同利益来运用生产资料。建立在社会化大生产基础上的社会主义全民所有制要求对生产资料的经营管理实行集中统一的领导，按照体现全体劳动者共同利益的统一计划来发展国民经济。列宁说过："建成社会主义就是建成集中的经济，由中央统一领导的经济"[①]，这是一方面；另一方面，全体劳动者的共同利益又是同各个劳动者的利益密不可分的，它是各个劳动者的利益的集中；而全民所有的生产资料又总是分归各个生产单位经营管理的，即占有、支配和使用的。这样，全民所有制作为劳动者同生产资料直接结合的社会形式，就只有使各生产单位及其劳动者关心本身的利益的增进，由劳动者直接经营管理，才能有效地运用生产资料，从而增进全体劳动者的共同利益。因此，社会主义全民所有制又要求实行广泛的民主，使各个生产单位具有必要的权力和独立性，具有自身的利益，并能够考虑自身的利益，使各生产单位的劳动者享有经营管理权。恩格斯说：在新的社会制度下，"一切生产部门将由整个社会来管理，也就是说，为了公共的利益按照总的计划和在社会全体成员的参加下来经营"[②]。毛泽东同志说："各个生产单位都要有一个与统一性相联系的独立性，才会发展得更加活泼。"[③] 这都是很正确的。生产资料经营管理上的与统一性相联系的独立性并不改变它的全民所有制的性质，生产资料并不因此就属于各生产单位所有，而只归它们占有、支配和使用。因为各生产单位是在统一计划的领导下，独立地运用这些生产资料，生产的剩余产品也不归各个生产单位所有，而是归全体劳动者所共有，并且根据全体劳动者的共同利益进行分配。由此可见，社会主义的全民所有制的性质，要求把它的经营管理中的统一性和独

[①] 列宁：《在全俄中央执行委员会、莫斯科苏维埃和全俄工会代表大会联席会议上的演说》，《列宁全集》（第二十八卷），人民出版社 1956 年版，第 378 页。

[②] 恩格斯：《共产主义原理》，《马克思恩格斯全集》（第四卷），人民出版社 1958 年版，第 365 页。

[③] 《马列著作毛泽东著作选读（政治经济学部分）》，人民出版社 1978 年版，第 510 页。

立性结合起来。从以往的实践看来，社会主义全民所有制的国家所有制形式是难以做到这一点的，难以使全民所有制充分发挥它的优越性的。

看来要做到这一点，需要使国家行政组织和经济组织分开，经济活动要由各种经济组织去进行，各个管理经济的国家行政组织要改变为实行经济核算的经济组织①。各种经济组织应该具有统一领导下的独立性，实行全面的独立的严格的经济核算，它们的一切经济活动都应该纳入经济核算的轨道，受到银行和簿记的监督，它们应该有自身的经济利益，负有法律规定的经济上的责任。各经济组织中的劳动者有权在维护和增进全体劳动者的共同利益的前提下，在统一计划的指导下，结合对本单位和自身的利益的考虑直接参加经营。

那么，无产阶级专政的国家是否还应该具有经济职能呢？国家在消亡以前，在社会经济中心形成以前，是具有经济职能的；但这种职能不应该是代替各种经济组织去直接指挥各生产单位的一切经济活动，而应该是在各经济组织的独立经营的基础上，通过反复协商和协调，制订统一的国民经济计划，安排国民经济的比例，协调各方面的活动，进行国民经济平衡，制定统一的经济政策，调节各方面的经济利益上的矛盾，制定经济法律并执行法律等。

二　关于集体所有制的"政社合一"形式问题

在实现人民公社化以后，我国的集体所有制形式发生了重大变化。农村人民公社实行了"政社合一"。人民公社不仅是一个经济组织，而且成为国家的基层政权。20 年的实践表明，人民公社这种集体经济组织是好的，具有很大的灵活性。但"政社合一"的所有制形式却带来了一系列的问题，需要重新考虑。

集体所有制本来是这样一种社会主义所有制形式：在各个集体所有制经济中生产资料归这个集体经济中的劳动者所共有，这些劳动者共同劳动，共同占有产品，共同分配收入。除去上缴农业税以外，各个集体所有制单位，

---

① 需要指出，目前有些专业公司只是名义上的经济组织，它们不实行经济核算，实际上依然是国家行政组织的一个单位，挂着公司的牌子。有的专业公司对外叫公司，对内则是某个部的一个局。

作为独立的所有者同全民所有制以及其他集体所有制单位的关系只能建立在等价交换原则的基础上。集体所有制经济在考虑国家利益的大前提下，根据对本集体的经济利益的考虑对自己的生产、交换、分配的安排拥有完全的独立的自主权，一切活动由本单位的劳动者共同决定。

首先，集体所有制的这种性质，决定了国家对它只能实行间接计划，而不能实行直接计划。按照我国目前的计划体制，直接计划是国家对全民所有制经济实行计划领导的方式。国家可以直接安排全民所有制单位的生产、交换、分配等活动，国家制订的计划对于全民所有制经济具有指令性，必须执行。对于集体所有制经济，国家本不能直接下达具有指令性的计划，而只能间接地计划集体所有制经济的活动。这就是说，只能运用各种经济政策，利用价格、信贷、购销合同、奖售等经济机制和杠杆，间接地引导集体所有制经济按照国家计划需要的方向安排生产，进行分配和交换。由于实行了"政社合一"，人民公社就成了国家的一级政权，上级政权组织可以向人民公社下达命令了，人民公社作为下层组织必须执行。结果，正如我们在不少地方看到的，国家对集体所有制经济的活动本应采取的间接引导的计划方式，在不少地方就被直接计划的方式所代替，生产指标和基建指标等国家计划指标可以直接下达到公社和生产队。这种计划方式使集体所有制单位无权根据自己的经济利益，独立自主地决定自己的经济活动。于是，强迫命令、瞎指挥风盛行，大量地出现违反群众意愿，不顾集体经济的利益，强制公社和生产队按照上级政权组织的命令进行生产、分配和交换的情况。一些地区强令生产队不顾具体条件改单季稻为双季稻、三季稻，强令生产队砍掉果树种粮食等荒谬现象就是例子。

其次，一个集体所有制经济中的土地、生产工具、资金、产品，只属于本集体所共有，劳动力也只是本集体的基本生产力，全民所有制经济和其他集体经济不能无偿调用，而只能在平等互利的基础上，遵循自愿的原则进行交换。可是，在"政社合一"这种所有制形式下，公社成为国家的基层组织，从而经常发生上级政权组织，无偿地调用生产队的人力、物力和财力的情况，使得集体所有制不成其为集体的所有制。

其实，在过去论述人民公社集体所有制性质的不少文章中，早就指出过"政社合一"这种所有制形式使国家政权得以直接干预集体所有制单位的一切活动，可以支配集体所有制单位的生产资料。但是，由于当时矛盾还没有充分暴露，这些文章都是把这一点作为人民公社的优越性而加以肯定和宣传的。例如，有的文章写道："政社合一了，人民公社既是基层经济组织，又是基层政权组织。政权是全民的代表，而不是某个集体的代表。因此，公社生产资料的实际支配权就不仅是属于公社这个集体，并有代表全民的政权参与其事"，"国家能够直接参与公社物质生产的组织和收入的分配，这样就使公社具有了全民所有制的因素，加强了国家对公社的领导。"现在看得比较清楚，这些都不仅不应该当作人民公社的优越性加以颂扬，而且应该切实加以纠正。

再次，农业社时期，各级干部都是社员。是农业社的生产资料和产品的集体所有者的一分子。他们同其他社员一样，凭自己的劳动从农业社的收入中分配到自己的收入。他们由社员选举产生，受到社员的监督。他们要向全体社员负责。因为在经济利益上他们同全体社员是密不可分的，所以，他们切身地关心农业社的经营的好坏，能够考虑农业社的利益。实行"政社合一"后，公社干部由国家干部担任了。他们是国家基层政权组织的领导人，而不是公社的社员。他们不是本集体的生产资料的集体所有者的一员。他们领取国家工资，生产队的经营好坏、收入多少同他们没有直接的利害关系。他们是由上级政权机关委派的，社员无权决定他们的任免。他们是国家基层政权的领导人，而公社委员会又是基层政权组织。这样，他们中的许多人往往更多地从国家政权的立场考虑问题，而较少考虑集体经济的利益，有些人则滥用国家政权赋予的权力和国家政权组织的权威，对公社各级组织的一切活动发号施令，横加干预，从而常常造成违背群众的利益和意愿的情况。最近报上刊载的浙江省天台县平桥公社长洋大队的调查情况很能说明问题。这个大队因地制宜把部分早稻田种上黄豆。这不仅是正确的，而且是集体所有制单位本应具有的、完全可以自行作出决定的权力，国家本是无权干预的。但是，天台县委却有权责令公社党委一律把已经开花的黄豆犁掉，改种水稻。值得注意的是公社党委一些干部的态度。他们完全不像社员群众那样痛心地感到这个荒谬的命令会严重地损害自己的切身利益（因为他们的收入不会受影响），从而不仅不能像社员群众那样坚决地抵制这个命令，奋起维护集体经济的利益。相反，他们却同县委的错误领导站在一起，同社员群众相对立，施展各种手段，迫使把黄豆苗犁掉了。此外，他们更动用专政手段，把敢于抵制错误领导的贫农社员带到公社片的所在地扣留了几个小时，而且威胁群众说："要抓出个把坏人来示众！"

最后，"政社合一"这种组织形式，容易把国家应该举办的许多事业和工作，如教育、卫生等，推到人民公社，在"群众大办"的名义下，把负担转嫁给农民。公社干部则必须把许多精力用于从事政权、文教等工作，严重影响他们抓好生产。

毫无疑问，目前，农村中存在着的问题，许多是"四人帮"干扰破坏造成的，不能统统都算到"政社合一"的账上。例如，他们叫嚷，要"用无产阶级专政的办法办农业"，就是煽动一些干部用封建法西斯专政的办法镇压农民，破坏农业。在这种蛊惑性口号的影响下，有些公社干部竟然把公社这级基层政权变成为镇压群众的机关，任意打人、骂人、罚人、抓人。其实，即使是真正的无产阶级专政的办法也不能用来办农业，国家领导集体所有制经济，既不能用管理政权的那套办法，更不能用镇压阶级敌人的那套办法。

根据上面的一些分析，看来应该使农村的基层政权组织同人民公社集体所有制经济组织分开，重新建立乡镇政权。乡镇政权担负政权本身的各项任务，不能对人民公社的经营管理直接进行干预。那么，这样一来是否会削弱国家对人民公社的领导呢？是否使人民公社的集体所有制离全民所有制比"政社合一"时远了呢？不是这样。国家对人民公社是要加强领导的，但加强领导不应该单纯从组织隶属关系上着眼，把人民公社变成基层政权，由国家直接干预人民公社的一切活动。要加强国家对人民公社的领导，必须建设强大的现代化的全民所有制工业，使工业发挥国民经济中的主导作用，用现代化的工业产品去装备农业，实现农业现代化。要加强国家对人民公社的领导还要靠制定和执行正确的经济政策，利用各种经济机制和杠杆，发展社会主义商业，在等价交换的基础上密切全民所有制同集体所有制的经济联系。恩格斯说："暴力虽然可以改变占有状况，但是不能创造私有财产本身。"[①]同样，"政社合一"也不能因为国家政权同人民公社集体所有制经济结合一起而像有些同志所说的那样，使集体所有制具有全民所有制因素，使集体所有制向全民所有制接近。国家政权并不能创造出全民所有制来。有些地方错误地平调生产队的生产资料，只是强制地改变了它们的占有状况，破坏了集体所有制，并没有能创造出全民所有制来。要使集体所有制向全民所有制接近，首先要靠生产力的大发展，靠集体经济的大发展，只有在这个基础上才

---

① 恩格斯：《反杜林论》，《马克思恩格斯选集》（第三卷），人民出版社 1972 年版，第 202 页。

能逐步提高集体所有制的公有化水平。否则是不可能的。1958 年人民公社化过程中，有的集体所有制单位并入到全民所有制经济，但是由于生产力水平低，这种合并带来了许多问题，最后又同全民所有制分开了。这种分开，形式上看来是使集体所有制从全民所有制重新退回到集体所有制了，离全民所有制远了。实际上，这种分开，促进了集体经济的发展，反倒使集体所有制离全民所有制近了。基于同样的道理，没有必要担心，"政社"分离后，国家对集体所有制经济的领导会削弱。集体所有制是要向全民所有制过渡的，实践将会开辟实现这种过渡的具体途径，创造出过渡的具体形式。

（本文发表于《经济研究》1979 年第 1 期）

试论经济改革与社会主义
全民所有制的完善

刘诗白

一 经济利益问题从根本上说
是所有制问题

在当前，为了加速四个现代化的步伐，力争在更短时间内实现新时期的总任务，我国不但在生产力方面，而且从生产关系领域到上层建筑领域正面临着广泛而激烈的变革，正在经历一场极其深刻的伟大革命。为了适应用现代化的科学技术改造国民经济的各个部门、大幅度地提高生产力的需要，企业经营管理的体制与方法的改革刻不容缓。企业改革的核心问题是保证企业（包括全民所有制企业和集体所有制企业）有充分的经济利益，维护这一经济利益，充分依靠和发挥经济利益在推动企业去完善经营管理，加强经济核算，厉行节约，杜绝浪费，降低成本，大力进行技术革新和技术革命和提高劳动生产率中的动力作用。彻底改变那种取消和破坏企业经济利益，压制企业积极性，把企业变成依靠外在力量来推动的算盘珠子的陈旧的经营管理体制和方法。

为了维护企业的合理经济利益，要采取扩大企业应有的职权及其他一系列按经济规律来管理企业的措施，这些措施涉及企业的生产、交换、分配等生产关系的多方面的调整与变化，但从根本上来说，是社会主义所有制的调整与变化。

恩格斯说："每一个社会的经济关系首先是作为利益表现出来。"[1] 所

---

[1] 恩格斯：《论住宅问题》，《马克思恩格斯全集》（第十八卷），人民出版社 1964 年版，第307 页。

有制是生产关系的基础，因此，经济利益的问题，从根本上说是所有制问题。在历史上任何一个社会集团，阶级和个人要实现和维护他们的经济利益，首先要解决所有制问题。这就是说，要确立和维护有利于他们的一定的生产资料所有制，此外，还要适应生产力发展的状况与他们的利益的需要使所有制形式有相应的变化。例如，生产资料资本家私有制是资产阶级榨取雇佣劳动的剩余价值以发财致富的基础。资产阶级为了维护他们的私利就要确立和维护这一私有制。随着资本主义社会生产力的发展和经济条件的变化，为了进一步加强和扩大剥削，攫取更大利润，资本家私有制在资本主义生产方式发展的各个不同时期，经历了多种形式。

　　无产阶级要争取和维护自身的经济利益，首先要通过社会主义革命，摧毁资本家私有制，确立生产资料公有制。此后，还要适应生产力发展的要求，继续调整与完善社会主义公有制。这是因为，在生产资料所有制的社会主义改造取得基本胜利，社会主义公有制建立起来后，所有制关系与生产力之间的矛盾仍然存在。社会主义公有制关系总还存在某些不完善的环节，更主要的是生产力的发展，科学技术的进步与社会主义物质技术基础的加强与新的变化，总会使原来的公有制的具体形式或局部环节变得陈旧，不再适合于生产力发展的要求。所有制关系是决定生产、交换，分配诸关系的，它直接关系到劳动者整体、局部和个人对劳动成果的占有关系，从而与国家、企业、个人经济利益的正确结合息息相关。在社会主义公有制的具体形式不适合生产力时，它也就会连锁地反映到企业生产、交换、分配各个环节上，使社会主义生产关系的许多方面产生缺陷，从而不适合生产力的发展，而在经济利益上就会出现或是损害国家利益，或是损害企业局部利益与个人利益的情况，归根结底，它就会阻碍社会主义物质利益规律的作用的充分发挥，不利于调动中央、地方、企业与劳动者各个方面的积极性。可见，在生产资料所有制的社会主义改造取得基本胜利后，全民所有制领域的改革并不是就此宣告结束。无产阶级为了维护自己的经济利益，保证国家、企业与个人利益的正确结合，还要调整所有制领域与生产力不相适应的关系与形式，使它不断完善，而不能把全民所有制形式凝固化。

二 全民所有制企业经济改革实质上
是所有制关系的调整

当前全民所有制企业经济改革的核心问题是要保证企业有自身的经济利益，要给企业以维护自身的合理的经济利益所必要的充分的权力，使企业在国家的集中统一管理下最充分地发挥自身的积极性，主动性与首倡精神，最大限度地挖掘内在潜力，多快好省地发展社会主义生产。

为了维护企业的经济利益，当前可以考虑采取以下一系列扩大企业合理职权的措施：第一，适当扩大企业从本企业获得的利润中提取企业基金的比例，企业有权将企业基金用于扩大再生产，增加集体福利和作为奖金及其他形式的补充劳动报酬。第二，把企业利润与职工的劳动报酬联系起来，经济效果大、利润多的企业劳动者的收入就要多些，经济效果小、利润少的企业劳动者的收入就少些。即容许企业职工有占有一部分企业劳动成果的权利。第三，保证和维护企业的合理的适当的生产自主权，扩大企业在制订生产计划中的权利，容许企业在完成国家计划后能为市场需要而生产。第四，扩大企业在产品交换上的权利，使企业之间互相直接挂钩，通过经济合同来交换产品。第五，扩大企业在支配劳动力方面的权利，企业有权根据技术革新与提高劳动生产率的需要决定职工编制和将多余劳动力交劳动部门分配。第六，扩大企业支配生产资料的权利，一部分多余的生产资料可以转交物资部门分配，非关键的生产资料可以通过商业渠道出让给其他单位。第七，企业作为具有必要的广泛的权力和具有相对独立性的经济核算单位，对完成国家计划，合同任务，流动资金以及固定资金的使用等活动均应承担经济责任，彻底克服将损失推给国家、吃大锅饭的做法。第八，实行民主管理，扩大和切实保证企业职工的民主权利，不断完善民主管理制度，充分发扬企业广大职工当家作主的责任感和发挥社会主义积极性。总之，要使企业有一部分产品的占有权，有自身的经济利益，使企业有组织生产、交换、分配等经济活动的必要的、合理的权力，这样才能使企业从过去那种一切活动听凭"长官意志"的不适当的上级集中管理的束缚下解放出来，企业才能够充分发挥它的积极性，才能在国家统一的领导下，充分挖掘企业内部的潜力，大力进行技术革命和技术革新，节约生产资金和活劳动，大力提高劳动生产率，降低成本，增加利润。这样，我国全民所有制的国营经济就将因为有了强有力的经济动力的推动而欣欣向荣，充满活力地不断发展，这将大大地加速我国四个现代化的步伐。

怎样来认识上述一系列的企业改革的措施？是把它仅仅当作是一般的管理方法与经营方法的改革？还是将它看作是所有制关系与形式的变革？这是我国当前社会主义革命与经济建设新阶段的实践中提出的、急需得到回答的一个重大理论问题。

我认为，以上一系列维护企业经济利益，扩大企业职权的调整，实质上是关系到所有制关系的调整，它归根结底是社会主义全民所有制的进一步发展和完善。只有从全民所有制的完善的理论高度来认识当前的企业改革，我们才能清楚地认识当前企业经营管理体制与方法的改革的性质，才能认识到这一系列的改革绝不是什么就事论事的局部措施，而是具有极大广度与深度的一场生产关系的革命。同时，只有从所有制的高度，才能有更加清醒的头脑和明确的方向去指导我们进行当前的企业经营管理的变革。

三　扩大企业的合理权力是否与社会主义全民所有制的本性不相容？

有的同志认为，扩大企业权力与利益是与全民所有制的本性不相容的。他们认为，企业从利润中提取企业基金和企业占有与支配这一资金，就是使企业有了自己的"小家屋"，是与国营企业所有制的全民性质相违反的；将企业利润与职工的收入联系起来，使劳动者付出同样的劳动因企业经济效果不同而在报酬上有所差别，是与全民所有制条件下按劳分配的要求相违反的；企业在生产计划中的一定的自主权利，是与全民所有制统一的计划性相违反的；等等。有这些看法的同志认为，国家和上级行政机关把企业一切经济活动管得死死的陈旧做法是天经地义的，仿佛就是全民所有制固有的要求。正是由于存在着这些糊涂观念，使一些同志对企业改革顾虑重重，缩手缩脚，对于广大职工与群众提出的改进企业管理的合理要求与建议无动于衷，不予支持，他们对扩大企业合理权力不积极，不敢也不愿开动脑筋，主动采取措施，探求和寻找扩大企业职权的方法与途径。可见，进一步从理论上阐明社会主义全民所有制的性质，绝不是玩弄概念而是有着重大现实意义的。

社会主义全民所有制最根本的特征是生产资料在社会范围内公有化，劳动直接体现了社会公共的利益，个人消费品的分配的基本部分直接从社会消费基金中实行共同分配，它与生产资料在部分劳动人民集体范围内公有化，劳动直接体现集体利益，个人消费品分配从集体消费基金中实行共同分配的集体所有制不同。全民所有制比集体所有制更加成熟，是社会主义公有制的高级形式。

人类历史上任何一种所有制形式都不是一旦出现就具有成熟、完整的形式，而是要适应生产力的发展而逐步地由不完整的形式提高为完整的形式，由不成熟变为成熟。马克思主义经典作家将唯物辩证法的发展观用于考察历史上的所有制形式，深刻揭示了所有制产生、成熟和向更高级所有制转变的规律。①

社会主义全民所有制要适应生产力的发展而发展变化。大体来说，随着社会主义社会生产力的不断发展和提高到新的水平，社会主义全民所有制也就会有一个由低级阶段发展到高级阶段，并在将来转化为共产主义的全民所有制的过程。这一过程是生产资料公有化不断发展，不断提高的过程，是社会主义公有制不断成熟发展的过程。

社会主义全民所有制一旦产生，不可能就以完整的全民所有制的形态出现。完整的全民所有制的本质特征是生产资料的全民所有和产品的全民占有的统一。② 不仅归企业使用的生产基金属于全民，归"社会公开地和直接地占有"③，由社会"共同使用"，而且企业的全部劳动成果也属于全民，归社会直接占有，归全体人民支配，并且在全民所有制范围内统一分配。完整的全民所有制企业，是全民所有制经济体系中的一个具有相对独立性的基层单位，由于它的生产资料和产品一概是公共的，归全社会直接占有和分配，它的生产完全从属于社会的整体利益，不存在对本企业劳动成果的占有权与收益分配权，不存在特殊的局部利益。经济效果高、收益大的企业不能从企业创造的更大劳动成果中占有额外收益，劳动者也不能由此得到额外的收入，享受特殊的个人物质利益。这种所有制关系体现了生产、交换和分配公共化

---

① 马克思、恩格斯曾经详细分析了土地私有制关系由不完整的关系到"比较完整的所有制关系"的发展。参见《政治经济学批判大纲》第三分册，人民出版社 1963 年版，第 94—96、117 页；《马克思恩格斯全集》（第十九卷），人民出版社 1963 年版，第 353—369 页；《资本论》第三卷，人民出版社 2004 年版，第 37 章等。

② 本文中只限于讨论完整的全民所有制的质的特征，作为量的特征，即全民所有制发展成为社会主义公有制的独占支配形式这一方面从略。

③ 恩格斯：《反杜林论》，《马克思恩格斯选集》（第三卷），人民出版社 1972 年版，第 319 页。

成熟阶段的特征，是与生产资料社会化的高级阶段相适应的。显然，这样完整的、成熟的全民所有制不可能在社会主义阶段出现，只有在共产主义社会才能成为现实。

社会主义全民所有制是不完整的全民所有制，它表现在：尽管全民所有制的国营企业生产资料属于全民所有，但企业产品却不是归全民完全地占有，而是存在着企业的局部占有；企业活动不是体现完整的全民利益，而是体现有部分的企业局部利益；企业劳动者不是完全从全民所有的统一社会基金中取得收入，还要从归企业占有与支配的企业基金中取得一部分补充收入。简单地说，生产资料的全民所有关系与产品的企业局部占有关系是社会主义全民所有制不完整的基本特点。这种情况是决定于下述因素：第一，所有制形式总是要适合生产力的性质。例如，个体私有制是与手工劳动为基础的小生产相适应，资本家私有制是与机器大生产一定发展阶段相适应，社会主义全民所有制则是与现代生产力的高度发展水平相适应。将生产资料转归社会所有，确立社会主义全民所有制，是使所有制形式适合现代生产力的性质、合理地与有效地组织社会化大生产的经济前提。但是社会主义全民所有制的具体形式必须适合生产力发展的程度，必须适合组织与管理社会主义大生产的要求。在社会生产力水平还不够高，生产的机械化、自动化以及由此决定的劳动分工和协作还未发展到很高程度——换言之，在劳动的社会化还未达到应有的高度的条件下，还不可能使企业的生产资料与产品真正地和无差别地归全民直接占有与直接支配，真正地做到恩格斯所指出的那种"共同使用全部生产工具和按共同协议来分配产品，即所谓财产共有"①，也就是说还不可能立即在全民所有制体系范围内实现生产资料的彻底的公有化。我国当前社会生产力水平还较低。还未完成向社会主义社会的过渡，加之国土辽阔，遍布各地的各种类型的全民所有制企业的物质技术条件差别很大，生产资料社会化和劳动过程社会化的程度不齐，有高有低，这就决定了全民所有制企业还不能立即实现完全的公有化。第二，社会主义按劳分配规律要求把企业的经营成果与劳动报酬联系起来。只有企业能从归自己支配的企业基金中支付奖金和其他补充报酬，才能使企业劳动者领回他们通过企业劳动者集体（即作为企业范围内社会结合的劳动力）实际上所提供给社会的有

---

① 恩格斯：《共产主义原理》，《马克思恩格斯选集》（第一卷），人民出版社 1972 年版，第 217 页。

效劳动中归自己的部分，才能充分实现按劳分配规律。为此，就要求社会主义全民所有制企业在利润留成形式下占有自身创造的一部分产品、享有一定的收益分配权的客观必然性。第三，社会主义物质利益规律要求对经济效果大小不同的企业实行有奖有罚，使那些经营得好，经济效果大的企业能够获得更多的经济利益，经济管理差、经济效果达不到社会平均水平的企业得不到经济利益，甚至受到物质的惩罚。社会主义物质利益规律要求通过承认企业经济利益的差别，并且把企业经济利益与企业职工的个人经济利益联系起来，以充分发挥经济利益的动力作用。这也就要求企业有一定的产品占有权与收益分配权。总之，社会主义全民所有制企业保有一定的产品占有权与收益分配权，存在着局部的经济利益，是社会主义历史阶段的生产力水平和按劳分配规律、物质利益规律的要求所决定的，是不以人们的意志为转移的。

四　按照经济规律办事，进一步改进和完善我国全民所有制关系

既然社会主义全民所有制本身带有不完整性，因而，人们在探索和寻找全民所有制企业的具体形式，经营管理体制与方法时，即在组织国营企业的生产、交换和分配过程时，必须适应社会主义全民所有制的这一特点。这就要求保证全民所有制企业有自身的经济利益，正确规定企业经济利益的合理范围与界限。并且要创造必要的、充分的经济条件使企业能为维护它的经济利益而充分发挥它的积极性。简单地说，必须在保证企业利益与国家利益一致的前提下，使企业有自身的经济利益可奔，并有可能为自身的经济利益而奔。要做到这一点，就必须从扩大企业的权力着手，保证企业有一定经营自主权。

列宁十分重视社会主义国营企业的合理的经营自主权问题。列宁在1921年总结了军事共产主义时期的经验教训，论述了当时由于经验不足采用了按共产主义的供给制原则组织国营经济从而使企业失去了经营积极性。列宁指出，为了发挥国营企业的经营积极性，必须实行经济核算制，要避免亏损取得盈利，容许企业有"本位利益"①。列宁指出："必须把国民经济的

---

① 列宁：《工会在新经济政策条件下的作用和任务》，《列宁全集》（第三十三卷），人民出版社1957年版，第157页。

一切大部门建立在个人利益的关心上面。共同讨论，专人负责。由于不会实行这个原则，我们每一步都吃到苦头。"[①] 列宁上述思想是着眼于通过给企业以经济利益来调整国营企业的所有制关系。在斯大林时期，由于过分强调国家的集中管理，一切权力集中于中央，企业缺乏应有的自主权，企业的积极性未得到充分发挥。这种情况不能不影响到苏联社会主义经济建设的发展。中华人民共和国成立以来，社会主义国营经济基本上是承袭了苏联的过分集中的不完善的管理体制与方法。尽管在第一个五年计划时期就设置企业基金，作为企业"四项费用"，但是企业基金数额规定过小，另外计划管理体制中国家权力集中过多，企业缺乏应有权益。毛泽东同志及时总结了苏联的经验教训，在 1956 年就将扩大企业权益问题作为全民所有制企业经济关系调整的一个重要问题提出来。他指出："把什么东西统统都集中在中央或省市，不给工厂一点权力，一点机动的余地，一点利益，恐怕不妥。"[②] 还指出："各个生产单位都要有一个与统一性相联系的独立性，才会发展得更加活泼。"[③] 毛泽东同志提出扩大企业职权，保证企业经济利益的主张，实质上是关系到社会主义全民所有制关系的调整。毛泽东同志将这一生产关系的调整作为我国社会主义经济多快好省地发展的重要条件之一。

由于我们对社会主义全民所有制从理论上进行深入研究很不够，对于社会主义全民所有制企业为什么要有一定的自身的经济利益，要有一定的收益分配权与一定的经营自主权还没有能够提高到社会主义全民所有制的性质上来认识，有人还存在着全民所有制企业"不分你我"，理应一切利益归国家，归全民，一切权力理应集中于代表全民的国家或上级机关的种种糊涂观念，因而，在我国历次的经济管理体制改革中主要是着眼于中央与地方的权限划分，忽视了国家与企业权益的划分，毛泽东同志关于扩大企业权益的思想在实践中未得到贯彻。加之 1958 年陈伯达大刮"共产风"，此后林彪、"四人帮"又大搞极左，大肆宣扬"跑步进入共产主义"，否定企业经济利益，取消了企业基金，实行全收全支，完全违反了社会主义经济规律，破坏了我国社会主义全民所有制。在这种情况下，企业失去了最重要的经济动力，也就丧失了搞好经营管理的积极性。我国许多国营企业经营管理落后，

---

① 列宁：《新经济政策和政治教育局的任务》，《列宁全集》（第三十三卷），人民出版社 1957 年版，第 51 页。

② 《马列著作毛泽东著作选读》（政治经济学部分），人民出版社 1978 年版，第 509 页。

③ 同上书，第 510 页。

人力物力浪费严重，技术革命与技术革新停步不前，劳动生产率低下，盈利很少甚至长期亏损，除了其他各种因素外，所有制具体形式的不适合与企业经济利益的被破坏是一个根本的原因。

国内外社会主义革命与社会主义建设正反两方面的经验表明，在实现生产资料国有化以后，如何使社会主义全民所有制取得适当的形式，使企业的经营管理体制与方法充分体现社会主义全民所有制的性质，并且根据生产力发展的状况，使所有制关系不断完善，是一个十分重要的课题。由于社会主义革命与建设还缺乏足够的经验，还需要在实践中不断进行探索，因而这一课题不容易一下子解决得十分恰当，往往不免要走些弯路，付出一定的学费。特别是由于阶级与阶级斗争的存在以及各种形式的修正主义路线的干扰，从而在调整社会主义所有制关系中还可能遇到各种曲折。由于无产阶级专政的国家有特殊重大的经济职能，是社会主义国家经济的组织者、领导者与管理者，因而这就更加要求我们注意防止国家权力过分集中而不给企业以应有自主权的现象，特别要警惕像林彪、"四人帮"这样的阶级敌人利用小资产阶级平均主义思潮，在种种蛊惑人心的极左口号下，强行将社会主义全民所有制拔高为"完全"的"共产主义"的全民所有制，来破坏我国社会主义生产关系的基础。

为了在处理所有制关系上少走弯路，这就要求我们：第一，要从理论上搞清楚社会主义全民所有制的性质，揭示社会主义全民所有制关系发生、发展和不断完善的规律，这样才能为确立全民所有制企业的适当的形式与经营管理体制指出正确的方向。第二，要遵循毛泽东同志关于社会主义社会基本矛盾的理论，认真研究与及时发现全民所有制关系不适合生产力发展的具体环节，及时加以解决，使企业所有制关系不断完善，避免把全民所有制的具体形式凝固化与绝对化。第三，要认真总结国内外正反两方面的经验，以我国社会主义革命与建设的实践为标准来检验企业所有制关系，坚决改革企业所有制领域中那些不适合生产力发展的陈旧的形式与关系，勇于探索，大胆创新。

（本文发表于《经济研究》1979 年第 2 期）

全民所有制企业工资制度的
改革与按劳分配原则

社会主义社会的本质特征是生产资料公有制和按劳分配。在分配关系中必须贯彻按劳分配原则已没有什么争论了。但是，什么是按劳分配原则，如何贯彻按劳分配原则，仍有不同看法。尤其这两个问题都是工资改革的理论依据，更有必要进行深入探讨。下面谈谈我们的粗浅看法。

一　什么是按劳分配原则

第一，所谓按劳分配就是以劳动为尺度分配个人消费品。一方面，在社会主义条件下，劳动者作为一个整体，是生产资料的主人；另一方面，马克思指出："他以一种形式给予社会的劳动量，又以另一种形式全部领回来。""显然，这里通行的就是调节商品交换（就它是等价的交换而言）的同一原则。内容和形式都改变了，因为在改变了的环境下，除了自己的劳动，谁都不能提供其他任何东西，另一方面，除了个人的消费资料，没有任何东西可以成为个人的财产。至于消费资料在各个生产者中间的分配，那末这里通行的是商品等价物的交换中也通行的同一原则，即一种形式的一定量的劳动可以和另一种形式的同量劳动相交换。"① 所以，就按劳分配的本质来说，它反映着劳动交换关系，并以反对平均主义作为前提。尤其在劳动还是谋生手段的前提下，劳动者互相承认劳动差别和报酬差别，也是督促劳动者努力劳动的手段。所以，在劳动报酬中实行平均主义，是违背了社会主义的本质

---

① 马克思：《哥达纲领批判》，《马克思恩格斯选集》（第三卷），人民出版社 1972 年版，第 11 页。

特征。

第二，按劳分配不是消费品分配的唯一方式。例如，马克思讲的六项扣除中，用来满足共同需要的部分，以及为丧失劳动能力的人等设立的基金，则不实行按劳分配。另外，在社会主义条件下，劳动者取得消费品的方式是以劳动收入为主要特征。但是，却不能认为凡是劳动收入都是实行按劳分配的结果，而只有在生产资料公有制的条件下进行统一经营、统一分配，以劳动为尺度的劳动所得才是按劳分配。比如，个体劳动者的劳动收入，并不是按劳分配。所以，按劳分配是在一定范围内发挥作用。它仅仅适用于生产资料公有制范围内的劳动者为自己的劳动部分的分配。

第三，按劳分配只是一种原则，它的实现要依赖于一定的劳动报酬形式。全民所有制的工资形式，集体所有制的工分和劳动分红形式等，都体现了按劳分配原则。在社会主义条件下，必须实行按劳分配原则，这是丝毫不能改变的。但劳动报酬形式则要适应生产发展的状况，并随着生产资料公有化程度的提高，以及经济体制或经营形式的改变而改变。目前我国正在酝酿着工资制度改革，就包括劳动报酬形式的改变。

二　按劳分配是谁对谁的分配

马克思在论述按劳分配思想时，既讲过自由人联合体将生活资料在联合体成员之间按"劳动时间"进行分配，也讲过以共同占有生产资料为基础的社会对劳动者个人进行按劳分配。这两种说法，就其实质来说。都是指占有生产资料的集体对其劳动者个人进行按劳分配。如果这个集体是指以国家为代表的全民所有制，则是国家对劳动者个人进行按劳分配。但是，在现实生活中，劳动者的收入是在企业中实现的，这里就涉及如何正确地认识按劳分配在国家、企业、个人三者中的关系问题。

有的同志认为，在企业内部是企业对劳动者个人实行按劳分配，在全民所有制内部是国家对企业实行按劳分配。这种观点要达到的目的，是把企业的收益与企业对国家的贡献联系起来，无疑是有可取之处的。但是，说国家对企业也实行按劳分配，则违背了按劳分配理论的本来含义。

还有的同志认为，就我国目前情况来说，不能在全社会的范围内实现按劳分配，只能在一个相对独立核算的企业内实现按劳分配。这种观点虽然反映了在全民所有制范围内实行按劳分配时，难以精确做到等量劳动领取等量产品，但是却把全民所有制整体与企业的关系完全割裂开来了。

我们认为，目前虽然不能完全实现按劳分配，但是，马克思论述的按劳分配原理仍然是适用的。按劳分配仍然表现为国家与劳动者个人之间的关系。至于企业在按劳分配实现中的地位，主要是以国家代表的身份出现的。这是因为以下几个方面。

第一，按劳分配是生产资料公有制的实现，而且也只能在一个公有制范围之内进行。在社会主义全民所有制的企业中，生产资料归代表全体人民利益的国家所有，劳动者与国家所有的生产资料相结合进行生产劳动，并以劳动为尺度领取不同数量的消费品。所以，尽管按劳分配是通过企业实现的，而企业却是代表生产资料所有者即国家来实现按劳分配。

第二，实现按劳分配要以统一经营作为前提。作为全民所有制经济的总代表的国家，是一个庞大的经济机体，不可能直接地参加一切生产经营活动，从而必须将这一活动分交给各个企业来进行。为了调动企业的积极性，以及按客观规律来加强经营管理，企业又必须有一个相对独立的商品生产者地位，进行独立核算、以收抵支。但是，社会主义是计划经济，全民所有制企业的生产经营，必须服从国家的统一计划，服从国家的宏观生产经营决策。例如，企业劳动新创造的价值即 V 和 M 部分的分配，不能由企业任意决定。国家有权监督企业不能任意扩大工资总额来增加成本减少利润；而对政策性亏损企业，其收入不足以支付工资时，国家通过财政拨款予以解决。这就说明，企业实行独立核算、以收抵支，并没有改变全民所有制企业隶属于国家的性质，企业对劳动者实行按劳分配，是在国家的监督和许可的范围内进行的。另外，马克思在论述按劳分配时，讲的是社会总产品要进行六项扣除以后，再以劳动为尺度对劳动者个人进行分配。这就说明国家进行六项扣除的比例，直接影响按劳动尺度进行分配的数量，所以，尽管企业可以比较精确计算劳动者的贡献，并由企业实现劳动报酬，却不能因此而否定在全民所有制范围实行按劳分配的必然性和可能性。

第三，在社会主义条件下，存在着国家、企业、劳动者个人三者的物质利益关系，而且实行按劳分配就是国家和企业处理与劳动者之间物质利益关系的手段。但是，按劳分配并不反映国家与企业的物质利益关系。从而也不能说国家对企业也是实行按劳分配原则。

首先，按劳分配是对个人消费品的分配，分配对象只能是劳动者个人。而作为全民所有制企业，它与国家的关系，是执行生产职能的经营单位；它与劳动者的关系，是劳动者与全民所有的生产资料相结合，进行生产劳动并取得劳动报酬的场所。一个是劳动者，一个是生产经营者，二者有着明显的区别。另外，在社会主义条件下，劳动仍然是谋生手段。社会进行生产正是利用这一谋生手段，"使每一个体力适合于工作的人为保证自己的生存而工作"①。所以，按劳分配原则既是调动劳动者生产积极性的手段，又是一种经济强制。作为全民所有制的企业，则是代表"社会和国家对劳动标准和消费标准实行极严格的监督"②来实现按劳分配的机构。从而也不能把执行经济强制的机构与经济强制的对象混为一谈。

其次，企业物质利益也不是国家对企业实行按劳分配的结果。因为所谓企业的物质利益，目前主要是指通过利润留成办法取得的企业基金。国家实行利润留成的目的，就是督促企业在利用国家分配给企业的生产资料进行生产经营活动时，充分发挥主观能动作用，以取得好的经济效益。如果企业的生产经营成绩好，便可以得到一些物质利益（利润留成）以资鼓励。这里按生产经营成果分配给企业一些物质利益，固然包含着企业全体劳动者的劳动贡献大小，但是按劳动贡献分配物质利益，并不一定是按劳分配。根据按劳分配原理，自由人联合体的总产品，"一部分重新用作生产资料。这一部分依旧是社会的。而另一部分则作为生活资料由联合体成员消费。因此，这一部分要在他们之间进行分配。……每个生产者在生活资料中得到的份额是由他的劳动时间决定的"③。很显然，按劳分配的对象是劳动者个人，而不是企业；按劳分配的内容是生活资料，而不包括生产资料。再看看国家分配给企业的企业基金，它来源于利润留成，是对为社会劳动部分的分配，不属于为自己劳动部分。它的具体内容大体上包括三个部分：其一，用于扩大再生产的部分，它形成的新生产能力最终归国家所有；其二，用于集体福利部分，它的使用带有某种按需要进行分配的因素，不采取按劳分配的办法；其三，用于奖励基金的部分，它的使用是否是采取按劳分配办法，要进行具体分析。目前企业职工的奖金来源于奖励基金，性质属于超额劳动补偿，说它是按劳分配的一种形式有一定的依据。因为现行的工资标准偏低。不能完全反映劳动消耗，采取奖金形式进行补偿，既贯彻了按劳分配原则，又克服了

---

① 马克思：《纪念国际成立七周年》，《马克思恩格斯选集》（第二卷），人民出版社1972年版，第443页。

② 列宁：《国家与革命》，《列宁选集》（第三卷），人民出版社1972年版，第254页。

③ 马克思：《资本论》第一卷，人民出版社2004年版，第96页。

"吃大锅饭"的平均主义，对调动劳动积极性起了一定的作用。但是，奖金的性质绝非仅限于超额劳动补偿，它还包括纯奖励的内容。如果工资已经反映了劳动消耗，那么纯奖励的作用便会取代超额劳动补偿。这时奖金发放的标准也不再是"劳"的尺度，而是将劳动贡献进行比较，并选其佼佼者。另外，既然奖励基金是对为社会劳动部分的分配，就规定了它的用途不能再作为按劳分配。所以，通过上述分析说明了企业物质利益的取得，与按劳分配原则没有内在联系，也不能说国家对企业也是实行按劳分配。

最后，国家对于企业的劳动报酬支出部分，也不能简单地说成是国家根据按劳分配原则分配给企业，企业再分配给劳动者个人。从全民所有制整体来看，企业是它的组成部分，企业的生产资料是国家所有的，企业的工资基金是整个国民收入分配的组成部分，国家监督并承认企业劳动报酬开支的数量。这反映了按劳分配的实质是国家与劳动者之间的关系，而不是国家对企业进行按劳分配。再从企业工资基金的形成来看，企业既隶属于国家，又要进行相对独立的经济核算。企业既要在其产品实现为货币以后补偿自己的物化劳动消耗，也要补偿自己的活劳动消耗。所以，劳动报酬支出是企业耗费，由它自己进行补偿，而不是国家根据按劳分配原则直接分配给企业的。如果把上述两个侧面进行整体的表述，就是：除了少数政策性亏损企业的劳动报酬支出是国家直接补贴，大多数是企业代表国家直接对劳动者支付报酬。如果在工资制度改革工作中，忽略了企业自己补偿劳动报酬支出，必然不利于企业改善经营管理、降低活劳动消耗，最终也必然影响归国家所支配的"六项扣除"的数量。所以，不论是从理论上还是从实践上来看，都不能说明是国家先对企业进行按劳分配，企业再对劳动者进行按劳分配。只能是企业代表国家对劳动者实行按劳分配。

三　如何实现按劳分配

实现按劳分配必须借助于一定的报酬形式，全民所有制企业里的工资就是一种主要的、具体的报酬形式。由于按劳分配是国家对劳动者进行的，并且是通过企业来实现。那么作为工资，它既要贯彻按劳分配原则，也要反映国家、企业、劳动者三者之间的关系。目前所酝酿的工资制度改革，就是要解决国家对劳动者和企业对劳动者两个层次的按劳分配关系。根据我们的设想，主要有以下两点。

第一，在全民所有制经济内部必须实行统一工资标准。

首先，实行统一的工资标准是由社会主义全民所有制的性质决定的。在社会主义条件下，"劳动平等、报酬平等"①，是生产资料公有制区别于生产资料私有制的标志。在全民所有制经济内部，只有实行统一的工资标准，使劳动贡献相同的人得到相同的工资，才能体现出劳动者是生产资料的共同主人，实现劳动者占有生产资料关系中的平等权利。

在工资制度的改革中，应当改变过去那种统得过死的现象，应当把劳动报酬和企业的生产经营状况和劳动者的劳动贡献联系起来。生产经营管理好的企业，劳动者的劳动报酬应当比生产经营管理差的企业高一些。另外，企业可以根据自己的实际情况，有权决定采取一种或几种劳动报酬形式，以及在国家规定的工资总额之内，企业有权决定职工工资的升降，即在工资制度的改革中，也要适当扩大企业自主权。但是，在今后的改革中，在工资方面不管企业拥有何种权限，在全民所有制经济内部，都必须实行统一的工资标准。

其次，实行统一的工资标准是计划经济的要求。社会主义是计划经济，国家必须通过对工资总额的控制，以实现积累和消费之间的最优比例关系，保证国民经济有计划按比例地发展，保证广大劳动者的生活在生产发展的基础上不断得到提高。同时，国家还必须对企业的工资增长水平进行宏观控制，保持增长水平与全社会的生产力发展水平相一致，以及防止不同企业之间劳动报酬差距过大。只有在全民所有制经济内部实行统一的工资标准，才能有效地实现上述要求。

最后，实行统一工资标准是贯彻按劳分配需要。马克思在论述按劳分配时，是把各个劳动者的劳动，作为社会总劳动的组成部分，即"社会劳动日是由所有的个人劳动小时构成的；每一个生产者的个人劳动时间就是社会劳动日中他所提供的部分，就是他在社会劳动日里的一分"②。从而这个"劳"是同质的、可公约的社会平均劳动，即指平均的劳动熟练程度和平均的劳动强度下的劳动。在理论界对"劳"有三种理解：一是指劳动者的个别劳动支出；二是形成商品价值的社会必要劳动；三是社会平均劳动。从国

---

① 列宁：《国家与革命》，《列宁选集》（第三卷），人民出版社1972年版，第258页。

② 马克思：《哥达纲领批判》，《马克思恩格斯选集》（第三卷），人民出版社1972年版，第11页。

家与劳动者这个层次来看，国家对劳动者实行的统一工资标准的"劳"，就是社会平均劳动，并以这种统一的"劳"为尺度，来确定各行各业的工资水平。只有这样，在全民所有制经济内部，才能实现"一种形式的一定量的劳动可以和另一种形式的同量劳动相交换"[①]。

第二，在企业与劳动者这个层次里，企业贯彻按劳分配时，可以围绕国家统一工资标准进行上下浮动。

根据按劳分配的质的规定性，劳动报酬的差别只是取决于劳动的差别。在全民所有制范围内实行统一工资标准，便排除了由于企业间使用的生产资料状况不同所引起的劳动报酬差别。但是，这只是一个基本原则，如何在实践中贯彻它，则要具体分析。

首先，社会主义的基本分配方式是按劳分配，而现阶段也只能基本上实现按劳分配。但由于存在商品生产，以及企业要考虑自己的物质利益，使得统一工资标准中"劳"的实质带有相对性。因为所谓"劳"是社会平均劳动支出，这只是一种理论抽象，在现实生活中很难丝毫不差地完全实现。从社会平均劳动支出自身的情况来说，它是根据不同的劳动成果计算出总劳动时间，再由总劳动时间计算单位劳动时间等于多少人民币，以此分配给劳动者。而人民币不是劳动券，实际是种价值量符号。通过这样的转换，使得社会平均劳动时间，掺进了形成商品价值的那个社会必要劳动时间的因素。另外，在社会主义条件下，企业的产品仍然是商品。如果企业生产的产品质次、价高、背时、供大于求，便不能被社会所承认，劳动者的劳动也成了无效劳动。然而对无效劳动是无法进行按劳分配的。所以，劳动报酬受企业占有和使用的生产资料状况的影响，并要与经营成果相联系，从而形成商品价值的社会必要劳动在"劳"中，不能不占有一定的比重。大家都知道，形成商品价值的那个社会必要劳动时间，是在中等生产条件下生产某一商品所需要的劳动时间，它是以承认占有不平等的生产资料状况为前提的。这样，"劳"的相对性一方面肯定了在全民所有制经济内部，由于企业占有全民所有制生产资料不平等而产生的级差收益应该属于国家，即在全国实行统一的工资标准；同时，也承认生产资料占有的差别以及生产经营状况的差别。其次，在现实生活中出现承认生产资料占有的差别和生产经营状况的差别，其

---

① 马克思：《哥达纲领批判》，《马克思恩格斯选集》（第三卷），人民出版社1972年版，第11页。

主要原因是社会主义条件下存在着商品生产，企业是相对独立的商品生产者。因此，国家应该承认企业自身的物质利益，来调动企业发展社会主义生产的积极性。从而也允许企业用自有资金形成的生产能力相对地属于企业。在一定时期内，它所带来利润的一部分留归企业。企业可以将其中的一部分作为劳动报酬（奖金或浮动工资）。其结果便出现企业占有不平等的生产资料而导致劳动报酬亦不相等的客观必然性。

总之，与上述情况相对应，在今后的工资制度中，应该是在坚持统一工资标准的条件下，实行浮动工资，允许企业根据生产经营成果，对统一工资标准实行上下浮动。至于浮动标准问题，则需另行专门进行研究。

第三，工资形式要反映劳动者对社会有用的劳动贡献。一般来说，在全民所有制企业中，比较可行的工资形式主要有三种。

一是计时工资。计时工资有广泛的适应性和相对稳定性，便于贯彻统一的工资标准。目前和今后都是我国的主要工资形式。但是，计时工资只能反映劳动者在一定时间内可能向社会提供的劳动量，而不是实际消耗的劳动量，尤其在目前存在着商品生产的条件下，单纯实行一种统一标准的计时工资，更难以完全反映劳动者实际向社会提供的劳动量，影响劳动者的积极性。

二是计件工资。计件工资能把劳动报酬和劳动成果直接联系起来，能促使劳动者努力劳动。实践证明，计件工资是贯彻按劳分配的一种好形式。凡是生产任务饱满，产品相对稳定，产品数量能准确计量，质量有明确标准，原材料消耗有明确指标，管理基础较好又能保持平均先进劳动定额等的生产，易于实行计件工资制。

三是计时加浮动工资，或称活动工资。它包括计时工资和活动工资两个部分。计时工资是根据劳动者的技术等级和劳动时间来确定的。活动工资的确定包括劳动者的劳动成果和企业的经营成果。国家应对企业的工资总水平规定浮动率，允许企业根据浮动率围绕统一工资进行浮动。以鼓励职工努力工作，提高技术、业务水平，为社会主义事业多做贡献。由于浮动率主要是根据企业生产经营成果制定的，在一定程度上反映了劳动者对社会提供的有用劳动数量与实际劳动消耗量的比例。所以，实行计时工资加浮动工资，既可以使工资进一步体现按劳分配原则，调动广大劳动者的生产积极性，也可以使社会所分配的消费品的数量与社会总产品的数量保持一定比例，真正做到分配关系促进生产的发展。

在上述三种工资形式中，计时工资和计件工资不能完全适应企业是相对独立的商品生产者的状况。例如，贯彻按劳分配原则必须以对社会有用的劳动为尺度。而计时工资和计件工资所代表的劳动量，仅限于被企业所承认，不能反映产品是否被社会所承认；另外，工资与企业生产经营成果没有联系，不能调动劳动者努力改变技术装备，提高劳动生产率和产品质量以及增添花色品种的积极性。而计时工资加浮动工资，则弥补了两种工资形式的不足。当然，在实行计件工资时，如果它的计件单价考虑了企业经营成果因素，那么它与计时加浮动的工资形式就会达到同一目的。但是，计件工资实行的范围有限，所以，在一般情况下，计时工资加浮动的工资，则是比较好的形式，应该是工资改革的方向。

（本文发表于《经济研究》1983 年第 3 期）

工资侵蚀利润

——中国经济体制改革中的潜在危险

戴园晨　黎汉明

一　从利益刺激起步的改革次序选择
是 20 年冻结工资的必然结果

　　不少研究社会主义国家经济体制改革的学者都认为，改革的次序选择应当是：先实现机制转换，在机制转换中实现利益调整，在改革起步时则应当控制宏观分配计划。这是因为传统计划体制虽然能够高度集中资源进行建设，却存在着运行僵化、缺乏活力的弊病，通过改革，利用商品经济和价值规律调动起千千万万普通人的积极性，利用市场机制实现资源配置的优化，便能够在增强活力、提高效益的基础上进行利益关系的调整。如果颠倒次序，把利益刺激放在首位，则虽然增加收入人人欢喜，却可能因缺乏利益约束机制而形成超额分配，导致通货膨胀，阻碍市场发育和机制转换，使经济体制改革陷于"一只眼睛看着市场、一只眼睛看着上级"的双重协调阶段，难以继续推进。

　　但是，社会主义国家迄今没有按这种理想次序进行经济体制改革的实例，相反，无例外地都把利益刺激放在前头。这是什么缘故呢？各国情况不同，从中国来说，乃是 20 年冻结工资的历史必然。

　　按照马克思的经济理论，社会主义实行按劳分配原则，工资由劳动的质与量决定；按照西方经济学理论，工资由有酬就业的劳动供给与劳动需求的对比关系决定。但中国原来的工资制度与这两种理论都不相干，是一种"干多干少一个样、干好干坏一个样"的平均主义。当然，中国 1956 年 7月的工资改革并不是平均主义的。当时，根据不同产业生产技术的特点，制定了不同的工资标准。工业工人一般实行 8 级工资制，建筑工人实行 7 级工资制，纺织运转工人实行岗位工资制，商业部门售货员实行 3 类 5 级工资制。熟练劳动和非熟练劳动间的工资差别大体为 2—4 倍。对于国家机关、事业单位的工作人员以及企业职员，则按照职务高低、责任大小、工作繁简以及技术复杂程度，实行有差别的职务工资制。以北京（第 6 类物价区）国家机关行政人员的工资为例，1 级工资为 644 元，30 级工资为 23 元，高低相差 28 倍。1956 年的工资改革还强调各个产业部门要从自己的生产实际出发改进奖励和津贴制度，15 个工交部门制定和颁发的奖励办法就有 104种。这样，中国在 1956 年改变了过去带有实物供给性质的工资制度，实行了有差别的货币工资制度。按照当时的设想，以后还要通过正常的调资升级和提高工资标准使工资制度更好地体现按劳分配原则。但是，以后 20 多年的发展却走上了和按劳分配原则相背离的平均主义道路。

由于中国经济发展出现了曲折，也由于中国在那段时间里夸大精神力量，否定了物质利益原则，1956 年工资改革时提出的职工升级制度实际上停止了。1957—1976 年的 20 年里，职工的调资升级总共进行了 4 次，升级面累计只有 90% 左右，每名职工平均提升不到一级。第一次是 1959 年产业工人调资升级，工业、建筑、交通运输等部门中 30% 的工人，农林、水利、商业部门中 50% 的工人调升一级。第二次是 1961 年矿山和林区中 30% 的工人调升一级。第三次是 1963 年全体职工的 40% 调升一级。第四次是低工资职工调升一级。在长达 20 年的时间里，中国的职工总共仅仅在上述范围内获得过调整工资的机会，有不少职工一次升级也没轮到。所以说"冻结工资 20 年"是毫不虚假的。

由此看来，1956 年以前参加工作并且参加 1956 年工资改革的中国职工彼此间的工资有差别，在此后参加工作的，起初按最低的工资级别领取工资，以后也不过调升一级或二级，彼此之间的工资就没多大差别了。中国在 1957 年以后增加了不少新职工。全民所有制单位职工，1957 年年底为2103 万人，到 1977 年年底增加为 7196 万人；城镇集体所有制单位的职工，1957 年年底为 650 万人，到 1977 年年底增加为 1916 万人（城镇集体所有制单位职工工资标准比照全民所有制并略低一些）。[①] 在工资冻结的 20 年里参加工作的职工（占 1977 年年底全部职工的 70%）都挤在最低工资等级线

---

① 上述数据引自《中国统计年鉴》（1987），中国统计出版社 1987 年版，第 115 页。

里。许多职工已经成为生产骨干，带了几批徒弟，但干得好的和干得差的、师傅和徒弟工资基本相同。这表明，中国在工资分配中出现的严重平均主义状况，并不是 1956 年工资制度改革的本意，而是 20 年冻结工资的产物。

平均主义的等级工资本来可能通过实行计件工资和奖励制度加以补救，但中国在 1958 年以后计件工资和奖励制度一再遭到冲击，到 1967 年年初被明文取消。尽管平均主义已经极其严重，但这时还是不断以批判"资产阶级法权"为名批判按劳分配，使得工资长期冻结所形成的平均主义反而有了理论支持。这种状况当然不完全是否定按劳分配理论的缘故。冻结工资在宏观经济政策方面的原因，是中国在财政经济遇到困难的条件下仍旧要保持高积累和高投资。1958 年之后，中国不止一次地追求力所不及的高速度，竭尽全力扩大基本建设规模，尽管经济增长幅度一时拉了上去，但随之便出现财政收支不能平衡和物资严重短缺，经济增长幅度又掉了下来。在经济增长时期，财政要千方百计挤出资金扩大基本建设规模，不愿给职工升级调资；到了经济调整的低谷时期，各项支出都在削减，又没有力量给职工增加工资了。因此，尽管那段时期经济效益不高，但作为工资对立面的利润额还是增长得相当快。全民所有制独立核算工业企业的利润额 1957 年为 78 亿元，到 1977 年增加到 384 亿元，增长 4 倍。这使得中国在人均国民收入很低的条件下却有了远高于一般发展中国家和中等发达国家的积累率。

邓小平 1987 年 5 月 29 日会见新加坡第一副总理吴作栋时说："从 1957 年至 1978 年，'左'的问题使中国耽误了差不多 20 年。中国在这一时期也有发展，但整个社会处于停滞状态。那段时期，农民年均现金收入 60 元，城市职工月均收入 60 元。在近 20 年的时间里没有变化，按照国际标准，一直处于贫困线以下。"[①] 这一番话鲜明地描绘了中国在那段时期里所存在的问题，同时也意味着中国经济体制改革从增加职工、农民收入起步的必然性。

二 理论上肯定按劳分配和实践中的矛盾

中国在粉碎"四人帮"之后重新肯定了按劳分配原则。在实践中，体现按劳分配原则是通过调整工资和恢复奖励制度两条途径实现的。

---

① 《人民日报》1987 年 5 月 30 日。

在调整工资方面，1977 年对工作多年、工资偏低的职工给予升级，升级面为固定职工数的 40%；1978 年的升级面为 2%；1979 年又安排 40% 的升级面。1981 年后分部门轮流调资，1981 年得到调资的是中小学教职工、医疗卫生单位护士、体育系统的运动员和教练员；1982 年是国家机关以及尚未调资的事业单位职工；1983 年是企业职工。经过这几次调整，职工工资一般都升了两级，个别的升了 3 级或者只升 1 级，职工工资过低的状况有所改善。但由于这一调整是在传统经济体制下进行的，因而只是增加了职工收入，并没有引起机制变革和刺激效率提高；而且这几次调资升级基本是凭资格、按年头，平均主义的弊病远未克服。

由于零打碎敲的工资调整不解决问题，人们寄希望于工资改革。1985 年，中国把国营企业和国家机关、事业单位区分开来，按照不同的原则进行了工资改革。在国家机关和事业单位改行以职务工资为主要内容的结构工资制，把工资分为基础工资、职务工资、工龄津贴、奖励工资。对事业单位的各项专业技术职务比照相应的行政职务规定了相同的工资标准。由此虽然简化了工资标准的类别，却也带来了以官为尊的"官本位"制弊端。同时，由于国家财力有限，为解决不少人工资低于其所担任职务应领取工资的问题，1985 年的工资改革压低了担任高级职务的工资标准，按照基础工资加职务工资计算的最高工资与最低工资之间的差距缩小到 10∶1。绝大多数人都挤在其所担任职务的最低工资等级线上，平均主义仍普遍存在。

1985 年的工资改革对国营企业采取了不同于国家机关、事业单位的办法。在传统体制中，国家把各行各业的工资水平和工资标准统统管起来，国营企业和行政机关、事业单位之间没有什么差别。经济体制改革旨在使企业成为相对独立的商品生产者，具有生产经营活动的独立决策权，包括自行决定内部的工资水平、工资标准、职工的劳动报酬等级、税后利润的使用等。但在实际执行中，企业工资仍旧是比照行政和事业单位的给构工资套改的，加之企业内有职务的人不多，套改中一般只提升一个级差。而所谓企业"自费"改革无非是增加的工资在第一年要从留利中支付，第二年才允许进入成本。这样，企业工资不同于行政事业单位的内容主要表现在工资同本企业经济效益挂钩、半挂钩上。一类是"全挂钩"，企业职工工资总额随本企业的经济效益浮动；另一类是"半挂钩"，企业职工工资仍是固定的，而奖金随企业经济效益浮动。实行"全挂钩"的大约占国营企业职工总数的 15%，85% 还是"半挂钩"。国家仍旧严格控制企业的工资基金总额，工资改革基本上是按原来的工资标准套改为结构工资并稍有提高，工资本身仍带有平均主义色彩。

在国营企业的分配制度中，奖金正起着越来越大的作用。所谓经济体制改革从利益刺激起步，正是包括实行奖金制度在内的。1978 年中国恢复了奖金制度，对于完成产量、质量、利润等 8 项计划指标的企业，可以提取相当于职工工资总额 5% 的企业基金用于发放奖金，这大约略高于半个月的工资。以后随着企业实行利润留成、利润包干和递增包干、利改税、承包经营责任制，归企业自主支配的企业留利不断增多，对职工发放的奖金也不断增多。奖金逐渐成为调动职工积极性的主要手段和职工收入不断增长的主要渠道。

从理论上说，奖金是对超额劳动的鼓励，按劳分配应该通过工资制度来体现。但由于利益的刚性，工资高的即使贡献少或者无贡献也不能降低，这使得在经济实力有限的条件下对低工资也无法按照劳动的质和量给以提高。几次调整工资和工资改革，除了使有职务的人进入工资等级线之外，对于绝大多数职工来说只是加了些钱而没有实现工资形成机制的变化，何况工资的合理化不可能通过一次调整来完成，需要通过定期升级来实现，而 1985 年后又趋停顿。于是，工资调动积极性的作用逐渐由奖金来代替了。

三　工资与利润挂钩、半挂钩冲击了国家对工资的宏观控制

通过对中国工资调整和工资改革的考察，我们认为对工资的宏观控制和微观调节在客观上存在着矛盾。从宏观控制来看，传统体制中对工资基金的控制管理办法一直在执行着，即由国家制定工资总额计划，然后逐级核定落实到行政机关、事业单位和企业，由银行给各个单位发个工资基金总额的本本，以后凭本本逐月向银行领取现金发放工资。这种按工资绝对量进行的直接控制对企业来说是卡得太死了，企业无法根据劳动好坏来调整职工工资。因此，改革中提出了企业工资总额同企业经济效益挂钩的间接控制办法，具体有两种类型：一是按照某种实物量的经济效益指标与企业工资总额挂钩，如建筑施工企业实行的按每百元产值核定其中的工资含量进行包干，在煤矿中实行对每吨煤核定其中的工资含量进行包干，在交通企业中实行对每吨千米运输量核定其中的工资含量进行包干；另一种是把企业工资总额与上缴税

利挂钩，即由主管部门按照企业往年上缴税利数额与工资总额核定两个基数和两者比例，当企业超额完成税利上缴任务后，也相应地按核定比例增加工资总额。前一种办法实际上是把过去行之已久的计件工资制改变为按企业实行集体计件工资；后一种办法基本上来自两级按劳分配的理论思路，使工资的多少既与企业经营的好坏相联系，又和职工劳动好坏相联系。工资不论是作为按劳分配的实现形式还是作为劳动力再生产的客观要求，它和国家依凭权力课征的税收以及资本利润并无联系。把工资和上缴税利挂钩，在工资理论上是说不通的，尤其是在价格没有理顺的情况下，会造成企业间的苦乐不均、相互攀比并导致工资总水平的失控。1985 年 9 月在长江"巴山轮"上举行的"宏观经济管理国际讨论会"上，不少中外知名经济学家都否定这种办法。美国经济学家詹姆斯·托宾（Jamse Tobin）便一再强调工资不能和利润挂钩，指出"对名义工资的控制是宏观经济管理的一个重要条件，中国千万不能放松这方面的控制"；"中国迄今工资是由中央政府决策而不是由市场机制决定，这对于执行有效的收入分配政策是极其有利的条件。"①这种重视工资宏观管理的主张是很有见地的。

但是，既然在进行改革，设想传统的工资总额控制不受冲击是不现实的，尽管多数企业的工资仍旧实行绝对量控制，仍旧要凭本本向银行领钱，尽管工资总额与上缴税利挂钩只在少数企业中试行，然而，随着对企业实行利润留成进而实行承包经营责任制，归企业支配使用的留利不断增多，企业用留利发放奖金已不是工资总额办法所能控制的了。所以，实行工资与利润全挂钩的企业虽然不多，实行半挂钩即奖金与利润挂钩却是普遍的。理论家们认为不可行的事情，在实践中为了给企业以活力并调动职工积极性被普遍采用了。

中国的经济体制改革是从利益刺激起步的，企业改革的过程同时也是财政减税让利的过程。1979 年国着企业留利为 96 亿元，1980—1985 年分别为 140 多亿、160 多亿、210 多亿、290 多亿、350 多亿、462 亿元。企业留利占实现利润的比例在 1979 年为 12.3%，到 1985 年已提高为 39%。② 1986 年和 1987 年推行承包经营责任制后，企业留利占实现利润的比例又有提高。

---

① 《经济体制改革与宏观经济管理——"宏观经济管理国际讨论会"评述》，《经济研究》1985 年第 12 期。

② 项怀诚：《在改革中推进的中国财政》，《财政研究》1987 年第 2 期。

减税让利是为了让企业有自己可支配的财力以增强赢利动机，但由于企业内部缺乏把长期利益和短期利益结合起来的机制，企业留利使用还是偏于追求职工近期收入和福利最大化，从而形成了减税让利—企业留利增多—奖金福利增多的过程，对工资的宏观管理经过迂回曲折的过程遭到了冲击。

四　收入攀比和工资对利润的侵蚀

工资和利润本来是作为两个对立的经济范畴存在的。在商品经济条件下，企业内部的工资和利润分别代表着两个不同利益集团的利益，即劳动者利益和所有者利益。尽管劳动者追求工资收入最大化，但所有者也在追求利润最大化，两相冲突的结果是使工资维持在与劳动生产率相适应、满足劳动力再生产要求的水平上。著名的道格拉斯（Palu H. Douglas）生产函数 $P = bL^kC^i$ 正说明了这种工资与利润的对立关系，尽管资本利润 i 可以大于或小于 $1-k$，但它终究是从 $1-k$ 转化而来的，尽管利润的增长也会给工资带来某种程度的提高，但那只是再生产连续进行的结果，并不意味着工资与利润的对立关系已经消失。

工资与利润挂钩半挂钩的改革措施在理论上是工资与利润对立关系的模糊化，在实践上则导致工资对利润的侵蚀。改革设计者的原意是把企业里工资与利润的比例关系固定化，哪个企业经营得好，利润增多，便可以按利润增长的比例相应增发工资，并非要使工资侵蚀利润。问题在于，要使这种设想付诸实现，需要有相应的外部环境与企业内在机制的变化，否则便有可能引起收入攀比，从而使工资与利润的比例关系发生变动。

从外部环境说，改革的一项重要任务是理顺价格等经济参数，为企业的独立经营创造条件。但由于顾虑价格理顺可能带来的风险，扭曲的相对价格始终未能进行决定性的调整，有些商品价格高利润大而另一些商品价格低利润小的状况普遍存在，在这种价格扭曲条件下推出的承包经营责任制，不可能实行规范化的承包比例，只能使各个企业与自己过去的利润状况作纵向比较，逐个企业核定基数和比例，这就避免不了讨价还价的行政协调。再由于价格双轨制的存在以及各个领域价格放开的步骤与程度不同，市场机制作用于各个部门、地区、行业、企业乃至产品的力度也不同，这使承包基数确定以后有些企业很容易就超过承包基数，有些企业却苦于计划控制紧而难以超过，从而导致留利水平不均衡。从 1985 年的情况看，工业人均留利大约为 80 元，而商业为 1000 元，物资和供销企业则达到 2600—2800 元；在工业内部，汽车工业人均留利高达 4571 元，而纺织工业人均留利只有 447 元。[1] 人均留利的悬殊产生了部门、行业、企业间的苦乐不均。实行特殊政策，人均留利高的一些企业，职工奖金可以发到每年 2000 元左右，而某些没有实行特殊政策的企业，劳动者付出同样劳动，奖金却只有前者的 1/5 或 1/10。[2] 前者在奖金发放中成为示范的样板，后者认为前者多发放奖金并不是基于职工劳动好贡献大，而是偏心的"父亲"多"给"的，因此强烈要求一视同仁而竞相攀比。承包基数的弹性为奖金攀比提供了可能，成本管理中的漏洞又使得奖金少的可以多发各种实物，从而攀比互相促进、难以遏制。这表明，要使工资和利润挂钩的"两级按劳分配"理论付诸实现，需要有一个开展平等竞争的外部环境。只有在价格、税收等各种经济参数比较合理，企业因客观条件差异形成的苦乐不均得到调节的基础上，确立比较规范化的国家和企业分配关系，才能使企业所得留利真正与其经济效益挂钩，使职工收入与其劳动贡献相联系，使企业及其职工利益的实现建立在对社会奉献的基础上，从而避免因攀比效应叠加而导致工资侵蚀利润。

从内在机制说，改变传统体制对工资水平和工资标准的直接控制，需要在企业内部形成工资利润的自动平衡机制和对工资侵蚀利润的自我约束力量。应该看到，劳动者希望工资越高越好是合乎情理的，但在劳动力能够自由流动、存在劳动力市场的情况下，劳动力供给的竞争会校正劳动者对工资的预期目标，企业对劳动力的需求及其选择会使在业职工对工资增长掌握必要的分寸，从而形成工资的自我调节与自我抑制机制，不致因竞相攀比造成工资总水平的超常上升。但中国的现实却是劳动力不能自由流动，企业没有自主选择职工的权利，劳动者没有自由选择报酬高的就业岗位的权利。这样，企业就是在这个企业工作的劳动者的永远的家，同等劳动获了体同等收入的要求不能通过劳动力的流动和竞争来实现，工资攀比的压力无法通过劳动力的流动而释放。我们估计，劳动力市场的形成以及工资成为就业和劳动力资拟配置的参数，在中国很可能是一个相当长的过程，而由于自我抑制机制未能形成，工资攀比的压力也很可能长期存在。

---

[1] 项怀诚：《在改革中推进的中国财政》，《财政研究》1987 年第 2 期。
[2] 同上。

考察使工资攀比的压力成为现实的原因，还要分析企业经营机制的变化。传统体制中厂长是代表国家利益即所有者利益的，这不仅因为厂长由他的上级主管部门任命，还因为考核的标准是他执行上级指令的坚决程度而不是企业经营状况，从而决定了那时候的厂长无例外地认真执行国家关于工资奖金管理的各项规定。经济体制改革期望使厂长成为代表企业独立利益的新型企业家，但实际情况是，从国家一般经济利益中分离出来的企业经济利益只表现为在这个企业内工作的职工的利益，厂长的收入又和职工的收入同涨同落。这样，在理论上厂长是所有者利益在企业里的代表，实际上却因尚未形成企业长期发展的独立利益而成为职工利益的代表一再由于经济体制改革过程同时也是经济管理民主化的过程，厂长任期内的工作好坏要由企业职工评议，厂长需要重视任期内和离职后的人缘关系，往往倾向于满足职工的利益要求一再从企业的分配机制来看，在传统体制中，企业能否投资和如何分配都由国家计划安排，职工即使有增加工资的强烈期望，国家不给安排也是枉然。经济体制改革使企业有了自主的财权和归自己支配的留利。留利的使用本来有两个方面：一是用于奖金福利，提高职工生活，它体现当前利益；二是用于投资，实现企业的自我改造、自我发展，使企业不断增强竞争力，它体现长期利益。从长远看这两者之间能够统一协调，从短期看则此长彼消。由于缺乏竞争，企业对自我改造和自我发展还没有紧迫感和压力感，加以企业利用银行贷款进行投资还可以获得税前还贷的优惠，使得企业对留利使用向增加职工奖金福利方向倾斜。这种经营机制进一步使得工资攀比有了实现的可能、据了解，这几年企业留利的80%左右是用于奖金福利的，增加留利就等于增加奖金福利，这证明了企业的经营目标不是追求自身的发展壮大，而是追求职工个人收入最大化。尽管对企业留利的使用规定过各种比例，但实际上随着留利转化为工资奖金福利，工资侵蚀利润便成为普遍现象。

五　个人可配收入膨胀和储蓄机制的缓冲

工资侵蚀利润，在实际生活中可以从两个方面证实。一是职工工资总额增长幅度超过了国民收入增长幅度，二是职工平均工资增长幅度超过了劳动生产率提高幅度。

从第一个方面来看，1978 年全社会的工资总额为 568.8 亿元，到 1980

年增长为 772.5 亿元，增长了 36.2%，而同期国民收入只从 3010 亿元增长到 3688 亿元，增长 2.2%，加上这段时间里农民收入增长更快，国民收入增长额远低于农民和职工收入的增长额。为此不得不进行调整，1981 年、1982 年、1983 年 3 年工资总额维持了徐徐上升的势头，但 1984 年之后又出现较大增长。1984 年的工资总额为 1133 亿元，1985 年增加到 1383 亿元，较上年增长 2%，1986 年增加到 1659 亿元，较上年增长 20%；而同期的国民收入增长幅度分别只有 12.7% 和 7.4%。工资总额的增长远快于国民收入的增长。

从第二个方面来看，中国职工每人每年的平均工资，1978 年为 614 元，198 小年增长为 722 元，1985 年和 1986 年分别增长到 1148 元、1329 元，1986 年较 1978 年增长 116.4%，较 1980 年增长 74.4%，较 1985 年增长 15.7%；而按不变价格计算的全民所有制独立核算工业企业的全员劳动生产率 1978 年为 11131 元，1980 年为 12081 元，1985 年为 15198 元，1986 年为 15451 元，1986 年较 1975 年增长 38.8%，较 1980 年增长 25.5%，较 1985 年增长 1.66%。尽管 1986 年的零售物价指数比 1978 年上升 35.8%，比 1980 年上升 25.6%，比 1985 年上升 6%，剔除物价因素后的平均工资增长幅度仍超过劳动生产率的提高幅度，加上各种实物分配尚未计算在平均工资之内，实际上超过的程度还要更高一些。

工资侵蚀利润在通常情况下会引起投资的萎缩，引起国民收入分配中积累的下降和消费的上升。但中国的情况却不是如此，国民收入分配中积累和消费的比例 1978 年为 36.5∶63.5，1979 年为 34.6∶65.4，到 1981 年调整后为 28.3∶71.7，而到 1985 年又回升到 35.3∶64.7，1986 年为 34.6∶65.4。所以，有些经济学家认为近几年来中国已经出现了从投资膨胀到消费膨胀的换位，消费膨胀是中国经济发展中的主要危险的观点，并没有足够的数据可资证明。其原因在于职工收入增长虽快，消费增长却没有相应跟上，储蓄起了缓冲和调节作用。从 1949 年到 1979 年的 30 年中，城乡居民储蓄存款总共不过 281 亿元，而 1980 年一年便增加 118 亿元，之后继续增长，1981—1987 年各年增加额分别为 124 亿、151 亿、217 亿、322 亿、408 亿、614 亿和 838 亿元；1987 年年底城乡居民储蓄存款余额达到 3075 亿元。通过储蓄调节，中国并没有出现因工资侵蚀利润而引起的消费膨胀现象。所以，我们认为，把职工工资总额增长超过国民收入增长以及平均工资增长超过劳动生产率提高的现象，称作个人可支配收入膨胀，可能更确切些。

　　中国的经济体制改革曾设想使投资主体从国家转向企业，国家给企业减税让利的意图之一就是使企业具有自我改造和自我发展的能力，鼓励企业用自己的留利进行投资。但是，工资侵蚀利润却使得企业把留利的绝大部分转化成了工资，企业自我改造和自我发展所需要的资金不得不求助于银行，职工在银行的储蓄存款通过银行贷款又转回到企业。所以，尽管积累率仍旧很高，资金来源却起了变化。可以预言，只要工资和利润关系模糊化和工资侵蚀利润的现象继续存在，企业投资仰求于银行的现象便会越来越甚。

　　中国近几年储蓄率之高，不论在发展中国家还是发达国家中都是罕见的。以 1986 年为例，该年职工工资总额增加 181 亿元，而城镇储蓄增加 414 亿元，比上年储蓄增加额 279 亿元还多 135 亿元，边际储蓄倾向达到 0.74。我们预测，如果目前这种边际储蓄倾向继续发展，到 1990 年年底城乡居民储蓄存款余额将达到 6000 亿元左右。这是很特殊的现象，把它完全看作是储币待购讲不通，把它看作是正常现象，按照流行的储蓄理论包括生命周期中收入高的壮年期存款多的理论也解释不清。所以，高储蓄率能不能长期维持下去，需要有什么新的对策与出路，很值得认真研究。

　　从通常情况看，在收入增长很快时固然会出现消费增长的相对偏慢，但随后消费还是会赶上来。在消费方面起带头作用的集团消费是崇尚俭朴还是追逐奢华，以及消费示范效应扩散的快慢，将会明显地影响到消费增长的速度。人们过去家底薄，攒一些家底作为后备资金是普遍心理，但在没有财产投资的出路，储蓄主要是后备动机而非遗产动机时，家底攒到一定程度便会减弱储蓄的吸引力。正因为这样，储蓄只能对消费膨胀起缓冲和滞后作用，边际储蓄倾向在达到抛物线顶端以后会渐趋下降。到那时，如果工资侵蚀利润的机制仍旧存在，个人可支配收入膨胀转化为消费膨胀的危险性便会日益增大。所以，尽管目前看从投资膨胀到消费膨胀的换位尚未成为现实，但将来却可能成为刺激和导致消费膨胀的主要根源。

六　成本推动型物价上涨方兴未艾

　　在中国传统体制中，企业生产产品的价格高低、利大利小和企业利益、职工收入毫无关系，企业不存在提高产品售价的利益机制。中国也历来否认关于成本推动型物价上涨的理论。如今情况却不一样了。随着承包经营责任制的推行，企业因涨价增加盈利可以多得留利、多发奖金，这就使企业从不那么关心价格转为关心价格，这种关心显然不是出于薄利多销开展竞争的经营考虑。具体表现为：在实行价格双轨制的企业里，除了正常的通过超产按议价出售多得盈利之外，还存在把计划价调拨供应的产品转为议价出售的情况，由于新产品可以另行定价，企业往往把老产品稍稍改动一下便大幅度提价；对于老产品也纷纷要求准予提价或自行提价。在工资标准由国家统一规定的体制中，或者在工资标准由劳动力供需决定的体制中，价格涨落本来只和企业的利润增减有关而与工资无直接联系，在中国却由于工资与利润关系的模糊化以及工资侵蚀利润，形成了成本推动型的物价上涨机制。

当然，这里我们并不是想把中国经济生活中突出存在的物价上涨问题都归结为成本推动型物价上涨。应该说，因货币发行量过多所引起的需求拉动，因农副产品和初级产品价格长期偏低而调整比价，以及在商品经济不发达条件下开放市场所出现的投机倒把、哄抬物价，都是物价上涨的原因。但是，从发展趋势看，对成本推动型物价上涨决不可掉以轻心。成本升高已经是企业中的普遍现象，企业要求调高价格往往以成本升高为理由。尽管有一些确实是因为原材料提价后企业无法消化而要求提高加工品价格，但原材料之所以提价也有着工资份额升高的因素。如果中国的经济体制改革不解决工资和利润的混淆问题，那么物价将会不断地由企业和职工的利益机制推动而上升。在这方面，南斯拉夫所陷入的职工收入和物价轮番上涨的困境，中国应该引以为戒。

物价不断上涨使人民生活的改善受到一定影响，部分城市居民的实际生活水平下降。为了有所弥补，又不得不发放各种津贴和补贴，行政事业单位和企业里发放各种实物也难以制止。奖金、津贴和实物供给在各个单位之间有相当大的差别，引起攀比；在各个单位内部则基本上是平均发放，把它和工资相加，高收入和低收入间的差距在缩小。所以，中国虽然提出了要贯彻按照劳动的质和量的差别拉开工资档次，实际上城市职工的基尼系数是在缩小，而不是在扩大，平均主义并未因工资改革而消失。

有些人可能会埋怨过去选择的失误，认为只要把职工这些年增加的收入都用来搞工资改革，微观的工资关系可能已经理顺，新的机制可能已经形成，工资侵蚀利润的现象也不会发生。而如今则已经形成了工资侵蚀利润的机制，个人可支配收入膨胀正在发展，成本推动型物价上涨方兴未艾，生产成本中工资含量在上升，经济效益难以提高，继续发展下去将影响整个改革的顺利进行。我们不如此埋怨，因为事情的发展是各种因素综合的结果，而经济学家的分析即使不是单线索也很难面面俱到，由此而埋怨过去总难中肯。但是，如果已经看到了航线前面的漩涡和风暴，提出忠告，以避免驶入"百慕大三角"，看来还是必要的。

（本文发表于《经济研究》1988 年第 6 期，获第三届孙冶方奖）

继续发展多种经济成分，
实现经济结构优化配置

冒天启

调整经济结构，是从深层上巩固治理整顿成果，加大体制改革分量的重要措施。这个措施既包括生产力意义上经济结构的优化问题，同时也包括生产关系意义上多种经济成分结构的合理调配问题。十年改革和开放，我国已大体上形成了国营经济居主导，公有制经济占主体，多种经济成分并存的新格局，但在今后十年，为使改革朝着计划和市场有机结合的方向推进，逐步加大社会主义有计划商品经济体制的分量，还必须对现存的所有制结构继续进行调整。

首先，公有制内部结构调整。

按照社会主义质的规定性，国有经济的改革，一般可循着两条路推进，一是走国有非国有化的道路，二是走国有非国营化的道路。当然介于二者之间也有其他的具体途径。第一条路，由于涉及产权制度的根本变革，因此，可能会引起某些剧烈的社会动荡。第二条路，由于只涉及国家对企业经营权的返还，因此，它会平缓地克服国有国营经济的某些弊端，使企业能朝着经营效益型的社会主义商品生产者发展。1984 年 10 月，党的十二届三中全会通过的经济体制改革的《决定》中提出："过去国家对企业管得太多太死的一个重要原因，就是把全民所有同国家机构直接经营企业混为一谈。根据马克思主义的理论和社会主义的实践，所有权同经营权是可以适当分开的。"这是我国近几年来推进国有非国营化改革的基本理论依据，按照这个理论，在由国家掌握生产资料所有权，不改变国有企业全民所有制性质的前提下，把经营权交还给企业，由企业按照社会需要和市场供求独立自主地安排产供销、人财物，国家和企业的经济关系以合理分配利润为基础。但是从实践来看，为使两权能真正分离，还必须实行两种再分离，一是作为所有权主体，必须使国家对生产资料的所有权和对经济活动的行政管理权分离，保证政企分开，在政企不分的格局下进行两权分离，随时都潜藏着集权管理弊端再生的可能性；二是作为经营权主体，必须使企业对国家资产的经营权和对自有资金的所有权分离，使企业具有自负盈亏的经济条件，舍此就不能从根本上解决"大锅饭"的痼疾。政企分开、自负盈亏，这是深化国有经济改革的两大关键问题。国有资产管理系统的建立和强化，是保卫国有资产及其收益不受损害，提高国有资产运营收益，进一步深化"两权分离"的组织保证。应该指出，随着两权分离深化而出现的二种再分离，隐含着国有非国有化的某种可能性，例如，在企业自有资金基础上可能会发展起国家和企业的合股股份企，甚至可能会转化为集体所有制经济。这并没有什么可怕。国有经济的主导作用，主要不应该体现在国家对资产物质形态的占有上，而是要通过对资金的占有，追踪科学技术的新发展，实现再投资，以建立新企业、发展新行业。通过所有制形式的转变，推进产业结构的调整，是一条比较稳妥的路子，类似的办法当然也有对长期经营不善而亏损企业的兼并、拍卖等，以减轻国家财政补贴的负担。

农村中在生产、供销、信用、消费等方面各种形式的合作经济，城镇中在工业（包括手工业）、运输业、建筑业、商业、服务等行业各种类型的合作经济，还有近几年由各种社会团体投资兴办、个人入股合办的各种服务公司、联社等正在崛起，这些经济成分，本质上都是社会主义劳动群众集体所有制，是公有制经济的一部分，它们和国有经济一样，共同处于社会经济发展的主体地位。但是，长期以来所形成的合作集体经济是公有制低级形式的观念，仍像幽灵一样禁锢着某些人的头脑；或者强迫"升级"并任意平调集体财产；或者自愿"贡奉"，挤进国有经济的行列。而国家对合作集体经济的政策调整也严重滞后，甚至在投资、信贷、税收、人事制度等方面对国有经济和合作集体经济采取了某些非常不均等的政策。事实上，城乡合作集体经济近几年在地方经济的发展中作出了非常重大的贡献。[1] 由于合作集体经

---

① 以浙江省萧山市为例，1989 年全市国民经济总产值为 58 亿元，其中乡镇集体企业年产值为 46 亿元，占 79%；城镇集体企业年总产值为 5 亿元，占 9%；而国有工业企业年总产值仅 2 亿元，占 3%。就全国而言，到 1988 年年底，全国城镇集体工业企业已有 15 万多个，占整个城镇工业企业总数的 60%，职工 1850 万，占全国工业职工总人数的 30.4%，产值 2582 亿元，占全国工业总产值的 20%。从 1979—1988 年城镇合作集体企业共安置待业人员 2358 万人，占同时期全国城镇待业人员的 48.6%。

济的经营机制更适合于社会主义有计划商品经济体制的要求，因此，它们已远远不再满足"拾遗补阙"了。在不少地方经济中，合作集体经济不仅是主体，而且已在发挥主导作用了。从今后十年我国改革和发展所面临的实际情况出发，合作集体经济仍应有一个更大的发展，要进一步增强合作集体经济在主体地位中的活力。这是因为，（1）合作集体经济近几年仅仅在农业、轻工、建筑等产业部门中有了一席之地，而在冶金、煤炭、石油、纺织、电子、机械等部门中，合作集体经济仍局限于与大厂配套加工，在这些部门中，合作集体经济的发展仍有很大的地盘，有些地方，合作集体经济事实上已经打进了这些部门；（2）国家财政资金短缺，一亿多国营职工"吃皇粮"并享受各种福利，约20%的国营企业亏损补贴，这个压力实在是够大了，而合作集体经济却是照章纳税、自负盈亏，自主经营，它的发展可以减轻国家财政负担；（3）合作集体经济可以有效地解决就业问题。因此，发展合作集体经济，壮大社会主义公有制，是调整公有制内部结构的重要方面。

其次，公有制和非公有制之间的结构调整。

在20世纪50年代绝迹的私营经济，历经20年政治风波后又重新萌发崛起，这是十年所有制结构调整上的重大转折。私营经济的重新发展，从根本上说，是由中国社会生产力发展状况决定的，生产资料公有化的水平和生产社会化的深度相联结，现实中生产力的多层次、多元化和不平衡，很难使公有制覆盖全社会各行业，这自然而然地要留出一些"夹缝""空隙"，作为非公有制经济发展的领地。但是，我们也看到，社会主义商品经济的新发展，为私营经济的再生起了催化作用，经济利益分散化、决策主体多元化、货币财富在私人手中的积累，各种生产要素的逐步货币化，以及个体经济扩大再生产的需要，等等，这一切都与私营经济的发展有着直接关系。80年代重新崛起的私营经济，在中国先天地只能走小型化、分散化和劳动密集型的发展道路，因此，它不可能形成对公有制主体地位的威胁。面对着今后严峻的就业形势和已经存在着一支庞大的隐形和显形待业队伍，我们必须稳定对私营经济的已有政策，健全和严格法治，运用经济的、行政的、法律的手段，解决私营经济在发展中所出现的偏差，引导它在一定的范围内继续发展。今后一个时期，私营经济的发展再翻一番，也动摇不了社会主义公有制的主体地位。

"三资"企业，作为一种国家资本主熟的经济形式，已成为我国社会主义现代化建设不可缺少的经济力量，它有利于引进国外先进的组织管理方法，提高自身管理水平；有利于引进国外先进的技术装备，加速本国生产技术的发展；有利于有效利用国外资金，缓解国内资金紧缺的困境和就业的压力。中国是个生产要素丰裕的宝库，又是个庞大的商品销售市场，只要我们能保持一个稳定的投资环境，其中包括政治稳定、经济稳定和政策稳定，尽管在今后一个时期还存在某种不利的因素，"三资"企业仍可望有一个更快的发展。

党的十三大指出：在不同的经济领域，不同的地区，各种所有制经济所占的比重应当允许有所不同。因此，所有制结构的调整，应当从保持公有制主体地位，发展多种经济成分的总体思路出发，因地制宜，允许多种不同类型的所有制经济存在。在全国范围内，国有经济必须发挥主导作用，保持社会主义公有制主体地位，但在某些地方经济中，合作集体经济也可以发挥主导作用，这并没有损害公有制主体性质。在个别地区，也不排除个体私营经济可能发挥主导作用；国家资本主义在经济特区中的主导作用，已为人们所称道。总之，在合理的所有制组合基础上形成的经济结构，有利于国民经济稳定、协调、持续地发展。这是"八五"期间乃至 20 世纪 90 年代都必须值得重视的重大问题。

（本文发表于《经济研究》1990 年第 8 期）

科斯定理与我国所有制改革

高鸿业

在一段时期以前，我国所有制改革讨论中存在着一个流行的论点，认为只要产权明确化，市场机制可以引致经济上的高效率。目前流行于西方经济学界的科斯定理也具有同样的结论。然而，我认为，不能把科斯定理作为我国所有制改革的理论基础。

一　什么是科斯定理

罗纳尔德·H. 科斯（Ronald H. Coase）[①]于1960年发表了题为《社会成本问题》的文章。[②]自此以后，在西方经济学界逐渐形成了"科斯定理"的名词。由于科斯本人拒绝说明该定理的准确含义，所以关于科斯定理，存在着多种不同的表达方式。虽然这些表达方式大体上是相同的，但仍存在着细微差别。本文采用了与所有制关系较大的一种有权威性的表达方式：

"只要交易成本为零，财产的法定所有权的分配不影响经济运行的效率。"[③]

---

① 1910年生于英国，毕业于伦敦经济学院。在英、美两国几个大学担任教学工作之后，他最终成为美国芝加哥大学教授和《法学与经济学杂志》主编；目前已退休，现任该校荣誉经济学教授和高级法学与经济学研究员。

② 该文原载于《法学和经济学杂志》1960年10月号。由于该文极端流行，又被编入于许多论文集中，例如波赖依特和霍齐曼编《微观经济学论文集》，静尔特公司1968年版。

③ 引自《新包格拉夫经济学辞典》（第1卷），麦克米伦出版社1987年版，第475页。该辞典在目前西方经济学界中最具有权威性。

为说明上述引用的科斯定理的内容，我们举一个数字例子。① 假设有一工厂，它的烟囱冒出的烟尘使得 5 户居住于工厂附近的居民所洗晒的衣服受到损失，每户的损失为 75 元，从而 5 户损失的总额为 375 元。要想矫正这一受污染之害的状态，又假设只存在着两种治理的办法：第一是在工厂的烟囱上安装一个除尘器，其费用为 150 元；第二是给每户提供一个烘干机，使它们不需要去晒衣服，烘干机的费用假设为每户 50 元，因此，第二种办法的成本总和是 250 元。显然，在这两种解决办法中，第一种是比较节约的，它的成本较低，代表最有效率的解决方案。这种最有效率的解决方案在西方经济学中被称为帕累托最优状态。②

按照科斯定理的含义，上述例子中，不论给予工厂以烟囱冒烟的权利，还是给予 5 户居民晒衣服不受烟尘污染的权利（即上述的财产所有权的分配），只要工厂与 5 户居民协商时其协商费用为零（即上述的交易费用为零），那么，市场机制（即自由进行交易）总是可以得到最有效率的结果（即采用安装除尘器的办法）。

为什么如此？按照科斯等西方学者的解释，如果把排放烟尘的财产所有权给予工厂，即工厂有权排放烟尘，那么，5 户居民便会联合起来，共同给工厂义务安装一架除尘器，因为，除尘器的费用低于 5 架烘干机，更低于晒衣服所受到的烟尘之害（375 元）。如果把晒衣服不受烟尘污染的产权给予 5 户居民：那么，工厂便会自动地给自己安装除尘器，因为，在居民具有不受污染之害的产权的条件下，工厂有责任解决污染问题，而在两种解决办法中，安装除尘器的费用较低。因此，科斯定理宣称，只要交易费用为零，不论产权归谁，自由的市场机制总会找到最有效率的办法，从而达到帕累托最优状态。

当然，科斯定理的结论只有在交易费用为零时才能得到。如果不是如此，结果便会不同。例如，假设在工厂具有排放烟尘产权的条件下，如果 5 户居民联合在一起共同行动的费用很大，例如为 125 元，那么，为了共同行动给工厂安装除尘器，总支出是 275 元（125 + 200 = 275）。在这样的情况下，5 户居民便会各自去购买一架烘干机，因为，这样做只费 250 元。显

① 在西方，有关科斯定理的论述（包括科斯本人的文章在内）往往使用简单的数字例子。这里的例子取自波林斯基《法律学和经济学引论》，利特尔和勃朗出版社 1983 年版，第 11—14 页。
② 关于帕累托最优状态，下面还将加以解释。

然，这不是一个最有效率的结果。关于科斯定理，大致的意思便是如此。科斯本人并没有对该定理加以精确的证明，仅仅使用了类似上述的数字例子加以说明。

二 科斯定理在西方经济学中的主要作用

科斯定理在几个方面对西方经济学发生作用。例如，它为西方环境保护经济学提供了一条新的思路;[①] 它开拓了用西方经济学研究西方法律学的领域；等等。由于篇幅所限，本文不可能对各种影响一一加以论述。然而，在这里却有必要对科斯定理的主要作用加以说明，因为，理解这一点有助于对该定理的认识。为此，必须对科斯定理的由来稍加论述。

在科斯定理出现以前，西方经济学者庇古提出了有关环境污染的理论和对策。沿袭了马歇尔的传统,[②] 庇古声称：在完全竞争的资本主义制度下，社会资源能得到最优配置和使用，消费者能得到最大效用和满足，从而西方学者所说的最有效率状态即帕累托最优状态得以实现。然而，这一点只有在完全竞争所意味着的社会效益和成本顺次与私人效益和成本相一致时才能做到。如果"外部经济效应"的出现破坏了上述社会和私人之间的相等，那么，社会便不会实现帕累托最优状态目标。例如，养殖蜜蜂不但使养殖者得到蜂蜜的收益，而且还可以使临近的果园由于蜜蜂授粉而增产。在这种"正数值的外部经济效应"情况下，养殖者的蜂蜜收益（私人收益）小于其社会收益（蜂蜜收益加上果园的增产）。又例如，炼钢的私人成本为每吨2000元。如果炼一吨钢所造成的污染为100元，那么，此时的社会成本为2100元（2000 + 100 = 2100）。这就是被称为"负数值的外部效应"的情况，因为，此时的社会成本大于私人成本。

按照庇古的说法，当"正数值的外部经济效应"出现时，国家便应给予当事人（蜜蜂养殖者）津贴，以便鼓励养蜂业的发展，从而使社会效益

---

① 几乎每一本西方环境经济学的著作都提到科斯定理。关于科斯定理在西方法律理论方面的作用，可以参见奥格斯和维良夫斯基编《法律和管制经济学论文集》，牛津大学出版社 1984 年版。也有西方学者用科斯定理来评价资本主义和社会主义制度，如张五常《中国的前途》，《信报》有限公司 1985 年版。

② 庇古继承了马歇尔在剑桥大学的经济学教授的职位；在西方，前者被认为是后者的学术继承人。

和私人效益相等。相反，在"负数值的外部经济效应"的情况下，国家应对当事人（炼钢厂）课以赋税，以便减少生产，从而使社会成本和私人成本相等。这样，在外部效应存在时，完全竞争的资本主义仍会达到或接近被认为是理想的帕累托最有效率的状态。在科斯定理出现以前，西方传统的有关外部经济效应特别是有关污染的理论和对策大致如此。

针对上述传统的观点，科斯定理提出一种不同的说法。根据该定理，国家对造成污染的人征税来使私人成本和社会成本相等未必是最优的方法，因为，征税的后果未必符合帕累托最优状态。用我们在上面所举的例子来说，既然工厂烟囱放出的烟尘使每户居民损失 75 元，那么，国家应该对工厂征收 375 元（5×75＝375）的税款以便补偿居民晒衣服的损失。然而，向工厂征收 375 元的税对整个社会来说并不是解决这一污染问题的最好办法。正如上面的例子已经说明的那样，按照科斯定理，不论工厂是否有排放烟尘的权利，不论居民是否有不受烟尘之害的权利，只需要让工厂和居民自由协议，它们之间总会达成最有效率的解决办法，即安装一架费用为 150 元的除尘器。

可以看到，科斯定理所提供的解决污染问题的方法是：在没有交易费用的情况下，国家只需要把产权明确化（如果不明确产权，工厂和居民之间便会出现扯皮和纠缠不休的现象，这会使二者达不成任何协议，更谈不到最有效率的协议），用我们的例子来说，即：明确规定工厂的产权是否包括排放烟尘的权利以及居民住宅的产权是否包括不受烟尘侵犯的权利；一旦国家把产权加以明确化，不论把产权给予谁，只需要听任有关各方在市场上自由地进行。交易（或协商），那么，自由的市场机制便能导出最有效率的结果。简言之，传统的利用税收和津贴的办法由于不能保证取得最有效率的成果而应该让位于在产权明确化条件下市场机制的办法。

上面的论述说明了科斯定理的由来以及该定理在西方环境保护经济学中的应用。同时，我们也可以从中看出该定理在整个西方经济学界的作用。

西方经济学的鼻祖亚当·斯密提出了所谓"看不见的手"原理。该原理宣称：私有制的资本主义制度能够通过市场机制使整个社会得到最大福利，即达到帕累托最优状态；这一原理显然夸大了私有制下市场机制的功能，因为，实践表明，资本主义的市场机制虽然能够在调节生产上起重大作用，但这种对生产的调节并没能使资本主义得到最大福利。悬殊的收入分配、失业和通货膨胀的存在、社会上出现的大量浪费现象等都是显著的例证。

在科斯定理出现以前，以庇古为代表的西方正统经济思想虽然承认斯密原理的正确性，但正如上面已经说过的那样，他们承认，在外部效应存在时，市场机制便会失灵，从而，国家必须进行干预以便取代失灵的市场机制的作用。针对这种说法，科斯定理宣称：在没有交易费用的条件下，只要把产权明确化，西方私有制的市场机制不但能够以最有效率的方式解决一般情况下的经济问题，而且还能解决在科斯定理出现以前被西方学者（如庇古）认为市场所不能解决的外部效应存在情况下的经济问题。这一结论显然扩大了亚当·斯密"看不见的手"原理发生作用的范围，从而进一步夸大了市场机制的作用。一本流行的西方微观经济学教科书写道："科斯定理所要说明的是：看不见的手要比……外部效应论者所设想的更为有效。"①

如何才能使市场机制产生更大的效果？正如我们已经看到的那样，必须使产权明确化。

根据以上论述，科斯定理的主要作用在于以产权明确化为手段进一步夸大私有制下的市场机制的作用，该教科书写道："从政策的方面来看，科斯定理强烈地建议：不论以何种方式分配产权，产权明确化可以是一个重要的手段来促进效率的实现。"②

三 西方学者认为科斯定理对吗？

关于科斯定理所宣称的产权明确化可以导致最有效率的帕累托最优状态的说法，甚至在西方学者中，也还存在着争论。但总的说来，他们趋于否定这一说法，一位对科斯定理颇有研究的西方学者写道：科斯定理的三种表达方式（包括本文所引用的方式）"很可能都是错误的或者不过是同义反复"。③ 西方学者认为，错误的理由在于下列3点。

第一，科斯定理假设交易费用为零，而事实并不如此。交易费用指交易者为了缔结契约和达成协议而导致的费用。这种交易费用不可能等于零。即使在上述所引用的简单化的例子中也是如此。把5户居民串联在一起和炼钢

---

① 赫希赖弗：《价格理论及其应用》，普伦蒂斯霍尔公司1984年版，第488页。
② 同上书，第491页。
③ 库特：《科斯定理》，《新包格拉夫经济学辞典》，麦克米伦出版社1987年版，第458页。

厂达成协议需要消耗时间，因而必然引起通信、交通、法律等方面的费用。在现实中，所牵涉的工厂和居民会多得多，交易费用更不可能为零。既然现实中交易费用不符合科斯定理的假设条件，科斯定理所预期的最有效率的后果当然也不会在现实中出现。

第二，即使交易费用为零，也还存在着"策略性行为"的情况，这种情况可能使社会达不到最有效率的状态。[①] 所谓"策略性行为"是交易者利用现实存在的条件来使自己得到最大利益所采取的姿态。例如，在我们的例子中，假设工厂具有排放烟尘的产权，那么，正如上面已经说过的那样，最有效率的状态便是5户居民联合在一起为工厂装置150元的除尘器，每户分摊30元的费用。这时，如果1户采用"策略性行为"，他会设想，即使一毛不拔，其他4户为避免衣服受污染的损失而会代他支付除尘器费用。在这种情况下，其他4户可能拒绝代他支付，从而达不成与炼钢厂的协议。或者4户居民宁可多花钱而各自购买一个烘干机，使事情的终结违反帕累托最优状态。此外，炼钢厂的主人也可能要利用除尘器的费用（150元）和烘干机的费用（250元）之间的差额向5户居民提出要求，要求居民在为他安装一架除尘器以外还要给他一笔津贴，其数额在0与100元（250－150＝100）之间。5户居民可能与厂主之间进行无休止的讨价还价以致无法达成协议。总之，即使交易费用为零，"策略性的行为"也会使科斯定理所预期的最优状态不能实现。

第三，科斯定理忽略了收入分配效应。科斯定理所企图论证的是：不同的产权分配方式不会影响资源的配置，即：任何产权分配方式都会导致帕累托最优状态。然而，即使科斯定理的论证是正确的，不同的产权分配方式仍可以造成不同的收入分配，而这种在收入分配上所导致的后果却为科斯定理所忽视。一位西方学者写道："科斯定理的假设条件是：收入上的影响很小而交易费用又可以忽略不计；这两个假设条件在实践上不大可能是正确的。"[②] 用我们的例子来说，如果工厂具有排放烟尘的产权，那么，安装除尘器的150元费用会由5户居民所支付。如果居民有不受烟尘污染的产权，那么，除尘器的费用便要由工厂主所偿付。两种情况虽然都代表帕累托最优状态，然而，在前一种情况，居民的收入减少了150元（因为要支付安装

---

① 贾雪：《资源和环境经济学》，剑桥大学出版社1985年版，第182—183页。

② 曼德拉、米勒：《微观经济学——理论和政策》，麦格鲁—希尔公司1989年版，第537页。

费用），而在后一种情况，工厂主的收入则降低 150 元。即使科斯定理是对的，它也只能保证两种情况都处于帕累托最优状态，而不能避免产权的分配所带来的收入分配的改变。换言之，科斯定理所追求的只是最低的成本和最大的产值，至于说谁来支付最低的成本或享用最大的产值则不在该定理涉及的范围之内。

收入分配的差异是不同的产权分配所造成的重要后果之一，甚至可以说是最重要的后果，而不公平的收入分配可能导致生产下降、社会动乱、朝代的更替甚至社会制度的改变。谈论产权的改变而忽视它对收入分配的影响就是抽象掉了这一问题的最主要的内容。

基于上述 3 个方面的考虑，相当多的西方学者认为科斯定理是错误的，或者是一种同义反复，从而实践意义很小，即使对科斯定理最适于应用的环保经济学来说也是如此。

在西方，科斯定理的正确性和应用价值在很大程度上受到怀疑与责难，至少可以说，有关该定理的正确性和应用价值的问题仍处于争论之中。

四 为什么科斯定理不能被应用于
我国所有制改革的讨论

所有制改革是我国经济体制改革的一个重要组成部分，前者的恰当与否牵涉后者的成败。

本文的上一部分说明，科斯定理的正确性和应用价值在西方至少可以说仍处于争论之中。这一事实足以告诉我们，科斯定理不能充当我国所有制改革的理论根据。不仅如此，撇开科斯定理是否成立及其在西方的应用价值不谈，我们还可以看到，该定理所涉及的内容根本与我国所有制改革无关。无关的原因可以从下列两个方面中看出来。

首先，我国所有制改革的方向是多种所有制的共存，从而绝不可能完全否定公有制企业的存在，而在科斯定理中，根本没有公有制存在的余地。本文第二部分指出，科斯定理的主要作用在于论证：私有制的市场机制可以用最有效率的方式解决被西方学者认为亚当·斯密的"看不见的手"所不能解决的问题。既然如此，公有制和国家对经济生活的任何干预都是多余而有害的。西方的一本专门研究财产所有权的著作写道："科斯的分析指出公有财产必须取消。选择制度的规律因之而成为：一切财产应该属于私人和个人。"① 因此，如果接受了科斯定理而把它当作为所有制改革的根据，就等于主张彻底取消公有制而建立完全的私有财产制度。这种主张与我国旨在各种不同形式的所有制共存中进行选择的国情是格格不入的。事实上，如果认为科斯定理是正确的，那就不需要进行任何所有制形式的讨论，因为，该定理已经把公有制完全否定了。

其次，我国所有制改革中所提到的效率主要是指劳动生产率而言，而若其他条件相等，劳动生产率的高低又取决于劳动者（或其他当事人）的劳动积极性。据说由于劳动者（或其他当事人）不知道他在何种程度上拥有生产资料的所有权，所以干活的效率不高。正是由于这一原因，我国一部分学者才主张产权明确化。

然而，科斯定理所指的最有效率的状态是西方经济学中的帕累托最优状态。这一状态所意味着的效率与我国所有制讨论中所指的主要为劳动生产率的效率是根本不同的。由于科斯定理不适合我国的这一国情，因而它亦不能在我国所有制讨论中加以应用。如果强行应用，那就会构成驴头马嘴的情况，与现实无补，甚至有害。为了说明这一点，我们再来考察帕累托最优状态。

在西方经济学中，帕累托最优状态被认为是这样一种状态，在这种状态下，已经没有任何办法在不损害任何一个社会成员的利益下来改善任何其他一个成员的福利。相反地，如果还存在着这样的办法，这时的状态便被认为是不处于帕累托最优状态。在我们的例子中，不论产权如何分配，只要社会采用安装除尘器的手段（费用为 150 元），它便被认为处于帕累托最优状态。如果采用购买烘干机的手段（费用为 250 元），便被认为不处于这种状态，因为这时，如果不去购买烘干机而去安装除尘器，不论居民还是工厂主支付费用，他都可以节约 100 元（250 – 150 = 100）。如果把 100 元的全部或一部分支付给社会上任何一个成员，该成员的福利会得以增加，而社会上任何一个成员的福利并未减少。事实上，在我们的例子中，支付者的福利也会增加，因为他实际支付的数额比他本来应该支付的为少。代表最有效率的帕累托最优状态便是如此（这里仅用一个简单例子来解释帕累托最优状态，实际情况当然较为复杂）。

由此可见，西方学者所说的效率系指以最低成本配置资源的方式进行生

---

① 施米德：《财产、权力和公共选择》，普拉格出版社 1987 年版，第 220 页。

产，使消费者得到最大满足。用我们的例子来说，烘干机和除尘器都可看作消尘设备。150 元的除尘器费用可以代表以最低成本达到消尘，而 5 户居民能够避免烟尘之害则可以表示消费者得到最大满足（这里假设消费者最迫切的需要是避免烟尘之害。如果不把 150 元的资源用于制造除尘的设备而用于制造糖果，那么，消费者会得到某种程度的满足，却由于假设条件而不会得到最大满足）。大致说来，包括科斯定理在内的西方经济学所说的效率系指采取成本最低的资源配置方法来生产消费者最需要的东西。这种效率与劳动者（或其他当事人）的劳动生产率，或劳动积极性无关。目前，包括西方学者在内的广大学术界人士认为，忽视对劳动生产率的研究是西方经济学的严重缺陷之一。

既然科斯定理所指的效率与我国所有制讨论所指的效率是不同的概念，从而，由于国情的不同，前者不能被应用于后者。

五　引用西方经济学值得注意之处

应用错误的理论或者对正确理论的错误应用只能导致出不合宜的结论和政策，而不合宜的结论和政策又只能对国家造成有害的后果。以科斯定理为例，上面已经说过，除了其他方面的错误以外，该定理忽视了收入分配的效应。如果根据该定理的指导而贸然进行所有制改革。该定理所忽视的收入分配效应可以造成生产力的下降甚至社会动乱，其后果是不堪设想的。

科斯定理这一事例所表明的值得注意之处告诉我们，对西方经济学说，要进行全面的考察和详尽的分析。只有这样，才能作出恰如其分的评价，才有可能利用它的有用之处而又避免它的应用所可能带来的不良后果。对极端流行的理论更应如此，因为流行的理论易于造成错觉，使人们把流行的程度误认为是理论的正确性的表现。事实上，在西方经济学中，一个理论之所以特别流行，其原因可能不是由于该理论的正确性，而是由于它符合当时的社会思潮。科斯定理很可能属于这一情况。曾经为科斯立传的一位著名的西方学者写道："关于时势造英雄还是英雄造时势，历史学者并不肯定。在这一情况（指科斯的情况——引者）中，两种因果关系都是清楚的。时势造英雄：科斯是幸运的，因为，他的有创新性的关于社会成本（和交易成本）的著作出现于潮流正在改变的时候……英雄造时势：科斯所说的把兴起的潮

流变为水位的上升。"① 近年来，世界的思潮转向右方，科斯定理构成这个
思潮的一部分，也是这一思潮的后果。

在本文结束之际，必须指出：本文并不反对所有制改革，不反对围绕着
所有制改革来进行讨论，也不反对把有用的西方学说正确地应用于讨论之
中。本文所企图说明的仅仅是：不宜把科斯定理应用在我国的所有制改革
中，因为，由于本文所陈述的原因，这种应用会给我国带来不利的后果。

（本文发表于《经济研究》1991 年第 3 期）

---

① 张五常：《罗纳尔德·哈利·科斯》，《新包格拉夫经济学辞典》，麦克米伦出版社 1987 年
版，第 457 页。

地区间收入差距变动的实证分析

杨伟民

一 全国地区间收入差距的变动

人们的感觉是，"六五"以来，随着国民经济和社会发展战略的转轨以及改革开放的全面开展和不断深入，国家对地区经济发展战略进行了重大调整，并实施了对东部或沿海的布局优先、政策倾斜的发展战略，从而导致了总体上的地区间收入差距扩大的趋势。这是以两个地区或两个地带间的绝对距离作为衡量收入差距的方法得出的结论。如 1978 年和 1989 年东部地区的人均 GNP 分别是 811 元和 2590 元，西部地区分别为 289 元和 1063 元，两地带间的绝对差距由 522 元变为 1527 元。显然直观的感觉是差距扩大。但我们认为，以两个点间的绝对距离来表现差距扩大或差距缩小不足以说明问题。因为这里潜存着巨大的基数差异，而基数差异无非是存在差距的另一种表现而已。所谓差距都是相对于某种标准而言的。当我们以平均值作为标准，以各地区距全国平均值的相对距离变动作为衡量收入差距的方法时，就会得出收入差距缩小的结论。如东部地区和西部地区 1978 年的人均 GNP 分别为全国平均水平的 162% 和 58%，1989 年则变为 155% 和 64%；再有如收入最高的上海和收入最低的贵州，1978 年两地的人均 GNP 分别为全国平均值的 498% 和 35%，1989 年则为 329% 和 45%。可见，1989 年东部地区和西部地区以及上海和贵州的人均 GNP 都更接近于全国平均值这一标准，这样来看差距就不是扩大而是缩小了。而且，当我们考察全国各地区间收入差距变动（相对差距）时也不能仅考察两个点或两个集合点即两个地区或两个地带的人均收入变动，还必须考察全国所有地区以及各种分组的地区之间的差距变化。

本文用人均 GNP 作为衡量地区间收入差距的首要指标，以国际上通用的洛伦茨曲线、基尼系数和变异系数衡量相对差距的方法来评价我国地区收入差距的变动。

首先我们运用洛伦茨曲线对全国各地区（因数据不全，缺海南和西藏）之间 1978 年和 1989 年人均 GNP 的差距变动进行了直观描述（见图 1）。洛伦茨曲线是借助于一个正方形内指标累计比率的曲线的曲拱程度或与对角线间形成的面积来表示某种现象在地区间、阶层间的均衡或不均衡程度，其纵轴和横轴都是累计百分比比率。洛伦茨曲线越接近于 45 度对角线，表明数值间越均衡、越分散。图 1 中洛伦茨曲线的横轴为累计地区数比率，即把一个地区当作一个个体，纵轴为按人均 GNP 高低排序的人均 GNP 的累计比率。该图描绘的两条洛伦茨曲线的排列清晰地表明，1989 年洛伦茨曲线比 1978 的洛伦茨曲线更趋向于均等收入的 45 度线，即 1989 年的人均 GNP 在地区间的分布比 1978 年更加均衡，人均收入差距缩小。以低收入地区占有的人均 GNP 的大致数量来表述，1978 年时 20% 的最低收入地区只占有全部人均 GNP 的 10% 左右，10% 的低收入地区占有人均 GNP 的 20%，60% 的

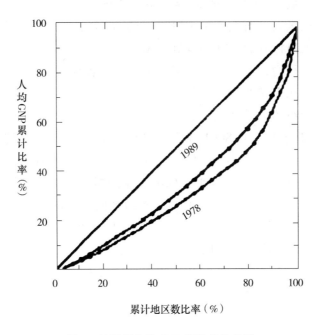

图 1　地区间人均 GNP 的洛伦茨曲线

低收入地也不过占有人均 GNP 的 34%。1989 年人均收入的地区分布发生变化，同一累计比率的地区占有的人均 GNP 分别增加到 12%、23% 和 40% 左右。这就是说，由于低收入地区人均 GNP 的增长速度比高收入地区的增长速度快，低收入地区占有的人均 GNP 相对增加，高收入地区占有的人均 GNP 相对减少。以人均 GNP 衡量的我国各地区间经济发展水平的差距不是在扩大而是在缩小。

基尼系数是洛伦茨曲线的数学表达式，二者的逻辑思维完全一致。当洛伦茨曲线与 45 度对角线重合时，收入完全均等，基尼系数等于 0；当收入完全不均等即洛伦茨曲线中最后一个人或地区占有全部收入时，基尼系数为 1。为了进一步验证上述洛伦茨曲线的结论和准确地表达地区间经济发展水平差距缩小的程度，我们选用不同的资料样本，计算了 1978 年和 1989 年 4 种不同取样的基尼系数，其结果和洛伦茨曲线的结论完全一致。表 1 中第一组数据是按人均 GNP 排列的 GNP 累计比率，W 为地区人口累计比率，借以反映各组收入的人口与其占有的 GNP 的差距变动关系，从而弥补了上述洛伦茨曲线未能考虑人口权重的不足，由此计算出的基尼系数由 1978 年的 0.6471 降到 1989 年的 0.5700，下降 12%，表明低收入地区人口所拥有的 GNP 在全国 GNP 总量中的比重相对增加，高收入地区人口拥有的 GNP 在全国 GNP 所占比重相对减少，GNP 在人口中的分布趋于平均，差距缩小；第二组数据是各地区人均 GNP 的累计比率，W 是与其相对应的地区数的累计比率，反映的是人均 GNP 与各种收入组的地区分布的关系（该组数据与上述洛伦茨曲线使用的数据相同）。基尼系数由 1978 年的 0.8001 降到了 1989 年的 0.7336，下降了 8%，说明低收入地区人均 GNP 水平提高，高收入地区人均 GNP 水平相对减少；第三组数据是按人均 GNP 排列的 GNP 总量的累计比率，W 是与其相对应的地区数的累计比率，反映 GNP 总量在地区间分布的变动，由此计算的基尼系数下降了 9%，表明低收入地区占有的 GNP 相对增加；第四组数据反映的是人均 GNP 的累计比率在各组收入的人口间的差距变动情况，由此计算的基尼系数下降了 11%，表明低收入人口拥有的人均 GNP 相对增加。

表1　　　　　　　　　　地区间人均 GNP 的基尼系数

	年份	基尼系数	A 值	b 值	R^2 检验	T 检验
一组	1978	0.6471	0.3961	1.1641	0.9938	64.74
	1989	0.5700	0.4561	1.1214	0.9797	35.16
二组	1978	0.8001	0.2240	1.2414	0.9884	46.97
	1989	0.7336	0.2943	1.2099	0.9933	61.97
三组	1978	0.6949	0.3403	1.2313	0.9863	43.33
	1989	0.6354	0.3996	1.1919	0.9817	37.39
四组	1978	0.7301	0.2885	1.1377	0.9359	19.48
	1989	0.6454	0.3740	1.1107	0.9436	20.86

注：①基尼系数的计算方法为，$G = 1 - (A/2b)$，其中 A 和 b 为回归方程的参数，T 为 b 值的检验值。

②估计 A 和 b 回归方程为 $LnV = LnA \cdot b \cdot LnW$。其中 V 为累计地区数比率或累计人口数比率，W 为人均 GNP 累计比率或 GNP 的累计比率。

资料来源：国家统计局综合司《我国各省、自治区、直辖市历史统计资料汇编》，中国统计出版社 1990 年版。

　　以上洛伦茨曲线和基尼系数的变动都证明了一个结论，即改革开放 10 年来，无论是低收入人口还是低收入地区，无论是其占有的 GNP 的人均量还是 GNP 总量都相对增加，高收入地区和高收入人口占有的 GNP 的人均量和 GNP 总量都相对减少，收入在地区间、在人口间趋于平均，以人均 GNP 衡量的全国各地区间收入的差距没有扩大，反而呈现缩小的趋势。

二　地带及大区间收入差距的变动

　　"七五"计划提出东、中、西三大经济地带划分后，地带之间收入差距的变动成为人们普遍关注的热点之一。我们也认为准确地把握地区间收入差距的变动方向必须考察地带间甚至大区间的收入差距。但是转入地带和大区间分析由于样本数变少，回归求得的参数易失真，无法继续用基尼系数来衡量收入差距的变动。因此改用变异系数作为分析地带以及大区间收入差距的基本方法。变异系数是衡量数值间离散程度或差距的一个重要统计指标。标准差能精确地反映一个数列或指标所有元素值间差异的大小，但是在考察变动的序列时，平均值变大，标准差也会增

大，因此必须用二者的比值来反映差距的变动，变异系数就是标准差与
平均值的比值。如果序列的各个指标都相等，则变异系数等于0，变异系
数越大，证明数值间差距越大；若标准差的变动小于平均值的变动，则
变异系数变小，表明数值间更加收敛，趋向平均值，差距缩小。经对地
带分组和大区分组的地区间变异系数的计算，结果表明全国以及地带间
收入差距缩小；大区分组的变异系数表明多数大区间收入差距缩小，个
别大区间收入差距扩大。

表2 　　　　　　　　地区内及地带间人均 GNP 的变异系数　　　　　　　　%

年份	全国	东部内部	中部内部	西部内部	东中之间	东西之间	中西之间
1978	96.9	87.8	42.8	27.9	93.8	101.6	38.8
1979	91.2	86.1	38.6	24.4	88.8	101.7	37.0
1980	89.8	84.6	39.7	21.6	88.0	95.4	35.9
1981	86.5	80.9	37.5	23.8	83.8	92.7	35.0
1982	81.9	77.0	36.3	22.6	79.5	88.1	33.8
1983	78.6	74.2	34.8	24.3	76.5	84.6	32.9
1984	75.8	69.3	31.4	22.0	72.9	81.5	30.4
1985	75.4	67.9	25.4	23.1	72.4	80.6	26.7
1986	72.6	64.5	24.5	24.4	69.7	77.3	26.3
1987	70.1	60.5	23.0	23.1	67.7	74.2	24.9
1988	68.0	57.3	19.6	24.1	65.0	71.3	22.7
1989	65.7	54.6	19.7	23.8	62.8	68.7	22.4
年均变动	-3.47	-4.23	-6.83	-1.43	-3.59	-3.51	4.87

注：①变异系数 = 标准差/平均值 × 100% 。

②东部为北京、天津、河北、辽宁、上海、江苏、浙江、福建、山东、广东 10 个地区，中部为
山西、内蒙古、吉林、黑龙江、安徽、江西，河南、湖南，湖北 9 个地区，其他地区为西部。

资料来源：国家统计局综合司《我国各省、自治区、直辖市历史统计资料汇编》，中国统计出
版社 1990 年版。

表 2 是整个 20 世纪 80 年代全国以及东、中、西内部各地区和东、中、
西三大经济地带之间各地区变异系数逐年演变的历史过程。由此可以得出两
个判断：第一，无论是起始年（1978 年）还是终点年（1989 年）各地带以
及各地带间都存在明显的收入差距，其中尤以东部与西部的差距最大，与直

观的感觉完全一致。以终点年为准,依差距大小排列的其他地带和地带间依次是全国、东部与中部、东部之间、西部之间、中部与西部,收入差距最小的是中部内部各地区之间。第二,从收入差距的变动来看,全国、地带内以及地带间的变异系数都呈平滑缩小的趋势变动,但变动幅度很不相同。差距缩小程度最大的是中部之间各地区,变异系数每年下降近 7 个百分点。西部各地区间的差距变动最小,变异系数每年仅下降了 1 个百分点左右,而且若与 1979 年比,收入差距基本未变。此外,从直观的地带间收入整距变动来看,1978 年东部地区人均 GNP 是中部的 2.2 倍和西部的 2.8 倍,1989 年同一倍数降到 2.1 倍和 2.4 倍。从人均 GNP 的平均增长速度看,同期东部增长了 2.2 倍,中部 2.7 倍,西部 2.4 倍。[①] 可见,直观的数字与变异系数的结果一样,也呈现出地带间收入差距缩小的趋势。

再进一步细分组,即以经济和地理位置接近的大区为基准单位,由此得出的结论就不那么单一了。如表 3 所示,华北区起点年人均收入与东北相近,但是因其增长速度高于东北而拉大了与东北区的差距,绝对收入也跃居各大区之首。华北区又因其起点年收入高于其他大区而增长速度低于其他大区,因而被缩小了与其他大区的差距;东北区因为起点年收入基数最高但增长速度最低,因此除被拉大了与华北的差距外,又被大大缩小了与其他大区的差距;华东区因为包括上海这一高收入低增长地区,所以尽管全区平均增长不慢,但仍未能抵消上海巨大基数的低增长,最终表现为与其他大区的差距被大大缩小;中南区起点年的收入居六大区第五位,增长速度居各大区之首,因此与收入高于本区的东北、华北,华东的差距缩小,收入低于本区的西北、西南差距扩大;起点年西北的收入高于西南.但增长不如西南快,因此两区之间差距缩小。

表3   **各大区间人均 GNP 变异系数变动**   %

大区	华北	东北	华东	中南	西南	西北
华北	—	101.7	66.0	82.7	89.8	91.8
东北	101.7	—	66.3	55.3	63.3	55.6
华东	66.0	66.3	—	54.6	59.4	58.5

---

① 国家统计局综合司:《我国各省、自治区、直辖市历史统计资料汇编》,中国统计出版社 1990 年版。

大区	华北	东北	华东	中南	西南	西北
中南	82.7	55.3	54.6	—	170.7	163.8
西南	89.8	63.3	59.4	170.7	—	85.7
西北	91.8	55.6	58.5	163.8	85.7	—

注：表中数据为变异系数 1978—1989 年的指数变动，指数大于 100% 表明差距扩大，小于 100% 表明差距缩小。

综合表 2 和表 3 并经与各地区人均 GNP 增长速度的比较分析，可以得出这样几个结论：

第一，对全国各地区收入差距缩小起主导性作用的是东部内部和中部内部的收入差距大大缩小，两地带内部变异系数年平均速度为 −4% 和 −7%，西部地区的差距变动基本上不对全国的收入差距缩小起作用。

第二，东部地区收入差距的缩小是两方面力量共同作用的结果。一是高收入地区的低增长。起点年人均收入最高的北京、天津、上海和辽宁四个东部省市除北京外都是增长最慢的，1978—1989 年人均 GNP 的增长指数后三者分别为 289%、219% 和 219%（现价，下同），[①] 大大低于全国 380% 的平均水平。使这些高收入地区的人均 GNP 水平趋向于东部的平均值，从而使变异系数大大缩小，使东部内部地区间差距缩小。又由于高收入地区基数很大，因而又间接影响了东部与中、西部的差距变动，使之差距缩小。二是东部中等收入或低收入地区的高增长，江苏、浙江、福建、山东、广东等五个东部省份 1978 年时的人均 GNP 尚处于全国平均值以下，但是增长速度很快，分别为 437%、573%、529%、462% 和 593%。高增长地区对收入差距的变动具有双重影响。一方面对缩小东部地区间的收入差距起了很大的作用，另一方面又起着扩大差距的作用。如高增长地区与高收入低增长地区（北京、天津、上海和辽宁）的差距大大缩小。变异系数由 1978 年的 102% 降为 1989 年的 69%；但是高增长地区与低收入地区（西北和西南）的差距显著扩大。以变异系数衡量，1989 年与 1978 年比较，高增长地区与西北的收入差距扩大了 64%，与西南的差距扩大了 40%；高增长地区与其他中部

---

① 国家统计局综合司：《我国各省、自治区、直辖市历史统计资料汇编》，中国统计出版社 1990 年版。

地区的差距也有所扩大，变异系数由 1978 年的 18% 增加到 1989 年的 27%，差距扩大了 50%。

第三，中部地区收入差距的缩小也是两方面力量起作用的结果。一方面是吉林、黑龙江两个高收入低增长地区起了缩小差距的作用，两省人均 GNP 的增长指数为 218% 和 306%；另一方面是一些低收入地区的高增长对缩小收入差距也起了一定的作用。主要是安徽（436%）、湖北（436%）、湖南（406%）等。

三　几点政策性启示

通过以上地区间收入差距变动的分析给我们这样几点启示。

第一，东部布局优先和政策倾斜的发展战略并没有从总体上扩大全国以及东、中、西三大经济地带间的收入差距，因此不必顾虑扩大收入差距而改变这一战略布局。本文的实证分析说明，20 世纪 80 年代经济的高速增长即效率的取得并未牺牲整体的公平，即经济发展水平的总体差距没有扩大，反而缩小。既然如此，我们有何理由改变这一公平与效率兼得的发展战略呢。再者，就政策的作用而论，好的政策的确是经济发展的动力源之一补充，但并非经济发展的全部推动力。政策只有通过诸如既定基础（人力、资本、基础设施）、自我积累能力、地理位置等因素才能发挥功效，政策不能独立或自动地起作用。本文的研究也间接地证明了这一点。至于高增长地区（前文所指的江苏、浙江、福建、山东及广东五省）与西部地区的差距扩大，也是正常、合理的。五省起点年的收入水平较低，仅为 344 元，低于起点年全国平均 500 元的水平，甚至在西北平均值 346 元之下，即是说这些地区尚处于极低的经济发展阶段，工业化刚刚起步或尚未起步。因此，只要经济发展速度高于收入与之相近地区的经济发展速度差距扩大就难以避免。

第二，东部地区尚未进入经济成熟期，产业结构转换即向内陆地区大规模转移加工工业的时期尚未到来。通过地区间经济发展水平差距的分析，我们感到，就整个东部地区而言，经济发展水平还不高，大多数地区尚处于工业化的起步阶段，其大多数产业并未失去比较优势，因而不存在向内陆地区转移加工工业这一含义上的产业结构调整。从内陆地区来讲，提出向内陆地区转移加工工业的考虑是，由于初级产品价格偏低；内陆地区向东部地区输出初级产品导致利益净流失。但是能不能因此而立即改变这种既定的分工格局，实行所谓地带间的水平分工呢。目前东部地区的加工工业产品占据出口量的大部分，若由东部转移到内地，即使假定生产效率相同，但必将加大运输成本，影响出口产品的国际竞争力；同样道理，因内地人口相对稀少，市场有限，加工业产品必然返销东部地区，但也要加上一定的运输成本，这就势必增加消费者负担，影响市场的正常成长。因此从生产和市场、从东部和内地都说明目前不宜进行大规模的地带间的产业结构转换。

第三，人口流动是缩小地区间收入差距的关键环节。需要补充说明的是，事实上地区间的人口流动已经发生。但是统计人均 GNP 时人口净流出地区的分母仍为户籍上的人口，从而低估了人口净流出地区的实际人均GNP，并同样高估了人口净流入地区的实际人均 GNP 水平，虽然没有精确的统计，但实际感觉是低收入地区为人口净流出，高收入地区是人口净流入，因此在计算地区间收入差距时会夸大实际差距。由此可以得到的启示是，人口不流动，就会大大拉长低收入地区与高收入地区缩小绝对差距的时间表。如假定收入最高的上海和收入最低的贵州人均 GNP 的增长速度分别为 5% 和 10%（20 世纪 80 年代两地分别是 7% 和 14%），两地人均收入的接近需要 43 年，但是若两地分别为人口净流入和人口净流出，则所需时间将大大缩短。因此在以缩小差距为政策目标而制定国家布局政策时，必须同时考虑人口流动的方向和规模。

（本文发表于《经济研究》1992 年第 1 期）

市场经济中的公有制与按劳分配

胡培兆

过去，一般认为社会主义经济制度有三个基本特征：公有制、计划经济、按劳分配。现在认定计划经济与社会基本制度无关，是一般范畴。这样，支撑社会主义经济制度的"三足鼎立"，变为"两条腿"了：公有制和按劳分配。以后会不会再失去其中一个，变为"金鸡独立"，甚至变为"无脚将军"呢？理论与实践若不能予以很好地回答，不是没有这个可能。去年，我在一个学术讨论会上提出这个问题时，有些人说我还是保守，什么特征，只要共同富裕就是了。这使我有些纳闷，没有公有制与按劳分配，又如何保证"共同富裕"呢？于是，我提出实行市场经济的条件下，如何使公有制与按劳分配存在、壮大和发展问题，希望理论界探讨出一个满意的答案来。

一　公有制在市场经济中的存在与基础作用

党的十四大报告中指出："经济体制改革的目标，是在坚持公有制和按劳分配为主体、其他经济成份和分配方式为补充的基础上，建立和完善社会主义市场经济体制。"很明显，在实行社会主义市场经济体制以后，仍要坚持公有制的主体地位，发挥它的基础作用。

（一）公有制靠社会化大生产存在

生产资料公有制的存在是和社会化大生产相联系的。马克思主义者就以此论证它存在的客观性和必要性。因为资本主义生产方式经过自由竞争的发展阶段，就陷入生产的高度社会化与私人占有的尖锐矛盾中，客观上要求废除私有制建立公有制以与社会化大生产相适应。马克思、恩格斯在《共产党宣言》中指出："资本是集体的产物，它只有通过社会许多成员的共同活动，而且归根到底只有通过社会全体成员的共同活动，才能被运用起来。……因此，把资本变为属于社会全体成员的公共财产，这并不是把个人财产变为社会财产。这里所改变的只是财产的社会性质。"① 马克思在《资本论》第一卷也指出："资本的垄断成了与这种垄断一起并在这种垄断之下繁盛起来的生产方式的桎梏。生产资料的集中和劳动的社会化，达到了同它们的资本主义外壳不能相容的地步。这个外壳就要炸毁了。资本主义私有制的丧钟就要敲响了。剥夺者就要被剥夺了。"② 公有制的建立，使高度社会化的大生产从与私人占有的矛盾中解脱出来，安置在社会占有的基础上，从而使社会生产力获得解放和进一步发展。公有制与其他同社会化大生产相联系的经济范畴不同的地方在于，它只能姓"社"，不可能是中性的。因为有它的存在，才有社会主义的存在，所以它是社会主义最本质的基础性特征。

　　社会主义生产资料公有制存在的客观性依赖于生产社会化，本是马克思主义经济学的基本常识。可是，现在几乎没有人再谈这个问题。主要原因有两个。一是我国在 20 世纪 50 年代实行社会主义改造时只针对私有制，而不问生产社会化程度。因此在改造过程中出现了"要求过急，工作过粗，改变过快，形式也过于简单划一"③ 的偏差，连那些社会化极低的父子小作坊、夫妻小商店都改造合归为公有制经济。这样，公有制在一定范围和一定程度上就与社会化生产脱离关系，使人畏与"右倾"沾上边而不敢从生产社会化程度去认定公有制存在的客观性。二是实行公有制的工厂企业因管理体制没有根据变化了的情况及时作相应调整，使解放和发展了的社会生产力又受到自身管理体制的束缚，待到积重难返需要大刀阔斧进行改革时，又一时难以构建一个完善的新管理体制，这样公有制在社会化大生产中不能发挥潜在的优越性，取得预期的效果；经济效益差，甚至相当一部分企业濒临严重亏损与破产的困境。由于这两方面的原因，使一些人怀疑甚至否定公有制与社会化大生产的必然联系，认为这是说不清的问题，避而不言。这种怀疑和否定公有制的意识，只有由公有制的成功实践，即由公有制更适应社会化

---

① 马克思、恩格斯：《共产党宣言》，《马克思恩格斯选集》（第一卷），人民出版社 1972 年版，第 266 页。

② 马克思：《资本论》第一卷，人民出版社 2004 年版，第 874 页。

③ 1981 年 6 月 27 日中共十届六中全会《关于建国以来党的若干历史问题的决议》。

大生产的优越性得到充分发挥才能清除。存在决定意识，是永恒的真理。公有制不仅在理论上适应于社会化大生产的要求，而且在实践上能促进社会化大生产的发展，才有牢固存在的现实性。

（二）公有制靠微观经济的经营效益存在

改革开放以来，公有制企业的经营环境和经营条件发生了两大变化。一是由原来的国营逐步走向自主经营；二是由过去"只此一家"的公有制一统天下变成了与其他几种所有制并存的多元天下。这两个变化意味着公有制企业的经营责任加重，风险加大。特别是在实行社会主义市场经济以后，形势更严峻。市场经济是没有救生圈（大锅饭）的游泳，能者浮、劣者沉，强者存、弱者汰。要是公有制企业在竞争中不能很好地自主经营，不仅不能自负盈亏、自我发展，而且会被强胜者吃掉。如果说过去经营不好是因为国有国营，集中过多，统得过死，还有个口实可推挡，现在自主经营以后又经营不好，那就无言以对，难以自容了。只有千方百计经营好，把经济效益搞上去。在实行市场经济的条件下，经济效益更是公有制企业生死存亡的关键所在。因此，公有制企业管理体制的改革和经营机制的转换应当围绕经济效益这个中心来进行，凡有利于经济效益提高的都应当尽快采取，凡不利于经济效益提高的都应尽快革除。而且经营方式尽可以百花齐放、灵活多样，不要统一束缚在几种模式上。在市场经济海洋里百舸争流的形势下，公有制企业如果再过5—10年或更长一点的时间还经营不好，发挥不出优越性来，那么就会"无可奈何花落去"，不垮也得垮。优胜劣汰的竞争规律是不以人们的意志为转移的。单靠国家政策保护、财政补贴，总不是永久之计。所以，真正关心公有制命运的同志，应当在管理体制和经营机制上多出些好点子，不要空摆一副"左"的面孔坐在旧板凳上一味指手画脚的责难。尽快把公有制企业的经济效益搞上去，才是真关心、真本事，也才是对维护公有制主体地位的真贡献。

（三）公有制经济靠宏观的协调发展存在

公有制的存在既然是社会化大生产的要求，那么，它就应当在克服生产社会化与私人占有之间的矛盾中发挥出优越性来，让社会化大生产比较协调地发展。这便是建立在公有制基础上的"社会主义条件下的市场经济，应当也是完全可能比资本主义条件下的市场经济运转得更好"的理由或根据。

为此，必须"正确认识和处理计划与市场的关系"① 这个核心问题。

市场经济的最大特点和最大长处，是由市场来配置资源，使市场供给与市场需求比较容易地达到均衡状态，避免主观主义造成的供需矛盾。但市场经济也有许多弱点，最大的短处是带有很大的自发性和盲目性。凭昔日市场信息配置的资源结构和产出供给，与今日现实的市场需求一般是大体一致的，但有时是大体不一致的。相对生产过剩危机的爆发，就是市场经济弱点的集中暴露。为克服市场经济的弱点，国家自觉的宏观调控是必要的。事实上，就在资本主义市场经济的运转中，从来就存在不同程度的国家干预。所不同的是，在资本主义自由竞争阶段和进入垄断阶段以后的前期，国家干预在经济危机之后，当经济危机爆发以后，国家都采取一定的财政经济政策在宏观上帮助走出困境，在资本主义垄断阶段，国家干预贯穿全过程，但主要在经济危机之前。当然，事前事后是相对的，我们只能以危机爆发前后为一般界限。

社会主义市场经济应当是现代的市场经济，国家对市场经济的宏观计划指导和调控也应当贯穿在市场经济运转的全过程，既在事前事中，也在事后，但更重要的是在事前，未雨绸缪。如果认为主要是在发生经济危机以后才出来调节，做善后工作，这就落后于现代资本主义市场经济所要求的国家干预了。公有制只为社会化大生产的协调发展清除根本利益矛盾的障碍提供可能性，但不能自发保证市场经济定能协调发展，从而会仍然存在市场配置的资源结构、产出供给与市场需求的矛盾。社会主义国家自觉的事前计划指导和调控是最有意义的。

一讲到计划调节，人们往往怕传统的计划经济的管理体制又重来压迫市场经济。对计划调节应当有个观念转变问题。市场经济的计划调节和计划经济的计划调节应当是不同的。计划经济所要求的计划调节，是直接的、指令性的调节。市场经济所要求的计划调节是间接的、指导性的调节，目的不是要妨碍、束缚企业法人实体自主经营的积极性、灵活性，而是要排除预料到的宏观市场经济运转中可能出现的结构性矛盾冲突，求得宏观市场经济的均衡发展。这样的计划调节有利于克服市场调节的弱点，可以减少盲目性。计划经济条件下的主要矛盾是微观经济活不活的问题，市场经济条件下的主要

---

① 江泽民：《加快改革开放和现代化建设步伐　夺取有中国特色社会主义事业的更大胜利——在中国共产党第十四次代表大会上的报告》。

矛盾是宏观经济乱不乱的问题。如果实行社会主义市场经济以后，宏观经济一片混乱，矛盾重重，危机四伏，就是政府的责任了。因此，国家的计划指导和调节是不能少的。

公有制能使进行社会化大生产的社会主义微观市场经济活动取得效益，又能使社会主义宏观市场经济协调发展，就显示了固有的优越性，发挥了主体经济基础的积极作用。

二 按劳分配在市场经济中的存在与矛盾解决

消费品的分配既然还要坚持按劳分配方式，公有制企业职工的工资仍然由按劳分配取得，那么，我们只能依照按劳分配的原有本义来理解按劳分配，没有任何理由去更换按劳分配的内容。

按劳分配的本义就是社会产品作了各种必要的扣除以后，归劳动者消费的消费资料按劳动这个统一的尺度进行分配。科学社会主义的创始人所构想的实行按劳分配的社会经济条件，与今天的社会主义现实的经济条件是有很大不同的，因此我们贯彻按劳分配应当从现实情况出发，不能作教条主义的理解和套用。一方面，现在还广泛存在商品货币关系，劳动的直接社会性程度很低，各人劳动的质的差别很大，无法直接用劳动时间来计算；另一方面，现在还存在多元所有制结构，公有制只是其中的一个主体部分，与此相适应，消费品的分配也有多种方式，按劳分配只是其中的一个主体方式。因此现阶段，按劳分配只能在多维商品货币关系中作为一个主体原则去贯彻，理解和具体贯彻方式都会有所不同。但不论把按劳分配具体怎么理解，是按劳动的数量、质量、贡献分配，还是按经济效益分配，也不论采取何种方式贯彻，原则不变：多劳多得、少劳少得。劳动总是原则上的分配尺度。这是按劳分配的本质内容。更换这个内容，就不能再叫按劳分配了。

可是，几年前就有人提出的按劳分配就是按劳动力价值分配的观点，现在被认可的范围扩大了。因为实行市场经济以后，劳动力商品的存在就毫无疑问地成了事实。社会主义市场经济体制就是要使市场在社会主义国家宏观调控下对资源配置起基础作用，和其他资源的配置方式一样，劳动力也要进入市场成为商品，具有使用价值和价值。若完全按商品交换原则去做，劳动者的工资就不再是分配所得，而是在流通领域里靠出卖劳动力所得，其实质是劳动力价值或价格的转化形态。它与按劳分配的所得虽然名义相同，也叫工资，但两者的区别是很明显的：（1）按劳分配的工资是以劳动为尺度分配所得，出卖劳动力的工资是以劳动力价值的实现所得。（2）按劳分配的工资以企业效益高低为转移，最高限不受劳动力价值限制；出卖劳动力的工资围绕劳动力价值依劳动力市场供求变化而波动，最高限受劳动力价值限制。（3）按劳分配的工资水平要在生产经营之后视生产经营效益情况而定，而出卖劳动力的工资因为是劳动力价值的实现，它的水平在市场买卖时就已决定，虽然实际上同样要在生产经营之后兑现，经营不好会影响工资发放，但企业经营效益再好原则上已与劳动者的收入无关。因此，按劳动力价值分配不能叫作按劳分配。劳动力的价值和使用价值是绝对不能通约的，按劳动力价值分配和按劳动分配是两码事。有的文章把剩余产品是否归职工所有作为社会主义分配关系和资本主义分配关系的根本区别，认为社会主义企业的剩余产品归职工所有，所以按劳动力价值分配消费品也就是按劳分配；资本主义企业的剩余产品不归职工所有而归资本家，所以按劳动力价值分配消费品不能叫按劳分配。这样，就把按劳分配的规定性从自身含义转移到别的事情上去了。我们知道，科学社会主义所讲的按劳分配是指消费品自身的分配方式，而与剩余产品的归谁所有无关，而且恰恰是在扣除剩余产品等以后才讲按劳分配的。我们实在不能只借用科学社会主义的名词而用自己更换进去的内容来讲按劳分配。

在市场经济条件下，既要承认劳动力商品，又要坚持按劳分配原则。这是需要研究解决的矛盾。解决的途径不应当是择一舍一，[①] 应当使两者统一起来。把按劳分配理解为按劳动力价值或价格分配当然也是一种统一办法，但我在上面已指出这是更换按劳分配本质内容的统一，名为按劳分配，实已取消按劳分配。就我目前研究的水平，认为两者应当是这样的统一：劳动力进入市场成为商品，由市场配置到需要的部门企业中去，进入企业以后，消费品不按劳动力价值分配，而是按劳分配。但这种按劳分配必须以劳动力价值或价格为最低限。即是说，职工按劳分配所得的最低工资额不得少于市场成交时议定的劳动力价格，以此为起点，根据企业的经济效益和职工的劳动贡献实行分配，多劳多得，少劳少得。简言之：劳动力资源商品化，由市场配置，工资以劳动力价值为起点，由按劳分配取得。这样既可全劳动力商品

---

① 我过去认为按劳分配和劳动力商品是不相容的，只能舍一取一，不能并存。参见胡培兆《只有按劳分配，没有劳动力商品》，《经济理论与经济管理》1988年第2期。

之美，劳动力不再由劳动人事部门统一调配，可以使劳动力在合理流动中趋向优化配置，在市场竞争中促使劳动力素质的提高；又可全按劳分配之美。实行按劳分配原则可以使职工工资不受劳动力价值限制，多劳多得，少劳少得。劳动力价值是生产和再生产劳动力所必需的生活资料价值，社会主义企业职工的工资若以此为限，就不能说社会主义制度下消费品的分配方式有什么特别优越性。在劳动力商品化的市场经济条件下，按劳分配以劳动力价值为起点，一方面可以使劳动力价值兑现，保证职工按劳分配所得至少和劳动力价值相当，如果连这个数都达不到，职工就会外流；另一方面，又不受劳动力价值限制，高效益高分配，低效益低分配，职工工资收入高过劳动力价值是社会主义消费品分配的基本状况。

公有制和按劳分配这两个社会主义经济制度的基本特征，在理论和实践上都是存在的，关键是要有成功的实践。如果否定这两个特征存在的必要，就没有社会主义，也不可能有真正的共同富裕。

（本文发表于《经济研究》1993 年第 5 期）

中国经济转型与收入分配变动

李 实 赵人伟 张 平

中国经济体制变革在激励经济高速增长的同时，也引起了利益分配机制的改变。其结果，中国居民收入分配格局和收入差距出现了显著性变化。在我们满足于国民经济高速增长的同时，不应忽视经济增长的成果是如何分配的。只有经济增长能够给绝大多数人们带来好处时，它才能够成为一种长期持续的发展过程。收入分配不仅仅表现为经济增长的一个结果，它同时又是影响甚至于决定经济增长的一个重要变量。[①]

本文利用中国社会科学院经济研究所收入分配课题组 1988 年和 1995 年的两次居民收入的调查数据以及课题组成员近几年来作出的研究成果，[②] 试图对中国收入分配的长期变动趋势，影响收入分配变动的因素作出理论解释和经验分析。在文章的最后，我们将对中国当前收入分配状况作出基本评价并提出相关的政策建议。

一 一些基本的事实

就全国收入分配的整体状况而言，改革以后居民收入差距基本上表现为

[①] 阿莱希纳和帕罗蒂利用 71 个国家在 1960—1985 年的样本数据对收入分配不均等影响经济增长的假说进行经验验证。其结果表明，过高的收入差距会造成一种充满不确定性的国内政治经济环境。从而导致投资的下降，最后影响到经济增长。参见 Alesina, A. and Perotti, R. , 1996, "Income Distribution, Political Instability, and Investment", *European Economic Review* , Vol. 40。

[②] 1988 年的调查数据的基本特点可参见赵人伟等主编《中国居民收入分配研究》，中国社会科学出版社 1994 年版。这里对 1995 年的抽样调查数据的基本情况作一简单介绍。本次调查是在国家统计局农调队和城调队的大力支持下进行的。从全国共获得有效住户样本 14960 个，其中农村样本户 7998 个，城镇样本户 6962 个。农村和城镇样本分别覆盖了 19 个省市和 11 个省市。在选择省份时，考虑了样本省份在东、中、西部的代表性，也考虑了南方与北方省份的差别。

一种不断扩大的趋势。从差距程度来看，全国居民的收入差距主要取决于城镇内部、农村内部和城乡之间的收入差距。根据国家统计局的估计，① 不论在农村内部，还是在城镇内部，收入差距变动的基本趋势是一个逐渐上升的过程。当然这并不排除不同时期收入差距的变动幅度上的细小差别。按照可比的收入定义，农村内部的居民收入的基尼系数从 1978 年的 0.21 上升为 1995 年的 0.34，17 年中比初始水平上升了 62%，即 13 个百分点。平均算来，每年上升不到 0.8 个百分点。同样我们可以算出城镇内部的基尼系数在 17 年中上升了 12 个百分点（由 1978 年的 0.16 上升到 1995 年的 0.28）。② 每年平均上升约 0.7 个百分点。本课题组根据 1988 年和 1995 年的两次居民收入抽样调查数据对个人可支配收入③的不均等程度进行了估计，得出的结果与国家统计局估计的一般趋势基本上是吻合的。我们估计表明，1995 年城镇居民的个人可支配收入的基尼系数为 0.286，比 1988 年的 0.233 高出 5.3 个百分点，年均上升 0.76 个百分点。1995 年农村居民的个人可支配收入的基尼系数为 0.429，比 1988 年的 0.338 高出 9 个百分点，年均上升 1.3 个百分点。

然而，城乡之间的收入差距却呈现出一种不同的变动轨迹。当中国经济改革率先在农村地区展开后，城乡收入比率开始下降，到 1983 年达到 1.70 这一最低点。然后城乡收入比率开始了逐步上升的过程，到了 1994 年达到了 2.60 这一最高点。它比 1978 年的水平还要高出 23 个百分点。到了 1995 年城乡收入比率有些回落，降为 2.47。除此之外，地区间的收入差距也是在不断扩大。为了说明这一点，我们利用国家统计局的家庭人均纯收入的概念，分别计算了 1985 年、1991 年和 1995 年的省际收入差距的变异系数和基尼系数。它们都表现出了不断上升的趋势。④

根据两次抽样调查数据，1995 年全国居民的个人可支配收入的基尼系数已高达 0.445，比 1988 年的基尼系数高出 7 个百分点，年均上升 1 个百分点。

---

① 唐平：《我国农村居民收入水平及差异的分析》，《管理世界》1995 年第 2 期；任才方、程学斌：《从城镇居民收入看分配差距》，《经济研究参考》1996 年第 157 期。

② 应该说明的是城镇内部的基尼系数在 1994 年达到最高点，即 0.30，到 1995 年又有所回落。因此如果以 1994 年与 1978 年相比，那么基尼系数上升了 14 个百分点。平均每年上升近 0.9 个百分点。

③ 个人可支配收入与国家统计局使用的人均收入的主要不同之处在于前者不仅包括了各种货币性收入，而且还包括了实物收入和实物性补贴。

④ 1985 年、1991 年和 1995 年的省际人均纯收入的变异系数分别为 0.3078、0.3983、0.4555；基尼系数分别为 0.1526、0.1894、0.2314。

二 对收入差距扩大的理论解释

上述的一些估计结果表明了，在经济转型的过程中，中国居民个人的收入差距的不断扩大已成为一个既定的事实。然而，迄今为止，国内理论界对其发生的原因并没有给予系统的理论上的解释。赵人伟、李实把收入差距扩大的原因归结为发展因素，改革因素和政策因素的影响，同时把收入分配的变化分为有序的变化和无序的变化，[①] 在此基础上，本文试图从理论上来解释个人收入分配的有序变化与经济转型之间的一些内在联系。

中国经济转型过程主要包含了两方面的内容。一是从传统计划经济体制向市场经济体制转化的过程；二是从以农业为主的农业经济向工业经济转变的过程。从第一种转型过程来看，它对收入分配的影响是多方面的。这种影响主要是通过改变原有的个人收入的决定机制来实现的。在中国城镇内部，这样几项改革进展是值得提出的。在所有制改革的推动下，非国有经济，特别是私有和个体经济有了迅速发展。与此同时，在工资决定的计划体制和机制之外也就出现了收入决定的市场机制。个人收入也就不再单一地表现为工资形式。还表现为资本的收入和经营风险的收入。资本收入的出现无疑拉开了"有产者"和"无产者"之间的收入差距。经营风险收入也会导致"有产者"之间收入差距的出现。国有企业激励机制的改革打破了企业内部的平均主义的分配方式。企业家的管理才能得到了更多的承认，职工的人力资本得到了更高的收入回报。更应该指出的是，非国有化的进程加速了整个经济的市场化进程，对国有经济形成了一种外部的竞争压力。国营企业出现了两种类型：一种类型企业在外部竞争的压力下，不断改革自身的产权结构，完善管理体制和激励机制，不仅能够生存下来，而且还有所发展壮大；另一种类型企业由于不能够根据市场的变化作出自身体制和机制的变革，最终走向亏损、停产或半停产、破产的境地。于是，两类企业职工之间的收入差距也就随之而有所扩大。[②]

中国的工业化过程在城镇内部更多地表现为产业升级过程。新兴产业的

---

① 赵人伟、李实：《中国居民收入差距的扩大及其原因》，《经济研究》1997 年第 9 期。
② 根据 1995 年抽样调查数据，亏损企业职工占全部企业职工的 36.7%，占城镇职工的22.1%。他们的工资收入比非亏损企业职工低 34% 左右。

迅速发展引起了对拥有现代技能和知识的职工的强大需求。由于新兴产业大多是资本密集型的,它对非技术工人的需求是相对有限的。这种由于产业结构变动引起的劳动力需求变动,使得劳动力市场价格是在提高技术人员的工资率的同时,压低非技术人员的工资率。这在收入分配上也就表现为技术人员和非技术人员之间工资收入的差距。

从传统农业向工业转化的过程对收入分配的影响,在农村内部表现得更加显著。农业劳动力向非农产业的转移无疑对于提高农民收入起到积极意义,但是由于地区间、社区间以及农户之间劳动力转移的速度和程度上的差别,非农收入在不同地区和不同农户之间的分配差异是极为明显的。农村人口增长对土地的压力不仅引起了农业劳动力向农村非农产业转移,也引起了向城市转移,它的直接后果是改变了城镇劳动力的供给结构。由于绝大多数农村劳动力都是非技术性的,他们的进入意味着城镇劳动力市场中非技术劳动力供给的增加。城镇经济中出现了一种矛盾的现象:一方面,城镇产业在不断地升级;另一方面,城镇劳动力市场中非技术劳动力的数量和比重又在不断上升。其结果造成了城镇劳动力市场中技术劳动力的相对需求过度,而非技术劳动力的相对需求不足。进一步加大了城镇内部技术职工和非技术职工之间的工资差异,[1] 进一步提高人力资本的回报率。

农村劳动力的进城对于缓解日益扩大的城乡之间收入差距无疑会起到积极的意义。一方面,外出劳动力将其储蓄汇回或带回农村老家,提高了家庭的人均收入水平。另一方面,农村劳动力的外出消解了农村的部分过剩劳动力,也就意味着提高了非外出劳动力的边际劳动生产率和劳动报酬。[2] 这会进一步提高其家庭的人均收入水平。此外,农村劳动力的进城抑制了城镇内部的职工,特别是非技术职工的工资过快增长的势头。农村劳动力的流动在缓解城乡收入差距扩大的同时,也在缓解着地区之间,特别是农村内部地区之间的收入差距的扩大。

---

[1] 李实:《中国经济转轨中的劳动力流动模型》,《经济研究》1997 年第 1 期。

[2] 利用本课题组 1995 年的调查数据,对有外出劳动力的农户和没有外出劳动力的农户的收入函数进行估计的结果表明:不仅外出劳动力的系数估计值要高于非外出劳动力的系数估计值,而且外出劳动力的农户方程中的非外出劳动力的系数估计值也高出非外出劳动力的农户方程中的非外出劳动力的系数估计值。参见李实《中国农村劳动力流动与收入分配》,华盛顿中国问题中心研究报告,1997 年。

三 收入差距变动的一些经验分析结果

从经验研究角度来说，对收入差距扩大的因素进行分析可以从两个方面进行。一是对居民收入的结构变化、分项收入的分配变动及其与总收入分配的关系进行考察，以此来发现收入分配体制变革和经济增长对收入差距变动的影响程度。在这方面可利用的分析方法是个人总收入的基尼系数与分项收入的集中率之间关系的分析。二是把总体（如全国）的收入差距变动在不同区域之间或不同人群组之间进行分解分析，即分解为组内差距变动和组间差距变动。这样，就可以从分解的结果上判断出全国收入差距的扩大在多大程度上是由地区内部引起的，在多大程度上是由地区之间引起的。泰尔（Theil）指数由于其具有在不同人群组之间进行分解分析的性质，而成为这方面的一个理想分析工具。[①]

（一）居民分项收入的集中率分析

居民的总收入是由多个分项收入构成的。总收入的分配均等程度与各个分项收入的分配均等程度之间的关系可以用以下公式表示：$G = \sum_{i=1}^{m} u_i c_i$ 其中，G 是总收入的基尼系数；u_i 是第 i 项收入在总收入中的份额；C_i 是第 i 项收入的集中率。[②] 那么，第 i 项收入的分配对总收入分配的不均等程度的贡献率可以表示为：$e_i = u_i \dfrac{C_i}{G}$。

按照上述方法，我们首先将居民的可支配收入（即总收入）分解为不同的分项收入。然后利用 1988 年和 1995 年的居民收入抽样调查数据，分别计算了这两个年度的农村和城镇居民收入的基尼系数以及各个分项收入的集中率。在此基础上，我们算出了各个分项收入对总收入分配差距的贡献率。

---

① 参见 Shorrocks, A. F., 1980, "The Class of Additively Decomposable Inequality Measures", *Econometrica*, Vol. 48. 基尼系数可以对总收入差距在不同分项收入之间进行分解分析，但是不能用于对总收入差距在不同人群组（或地区）之间进行分解分析。有关这方面的解释请参见 Cowell, F., 1995, *Measuring Inequality* (Second edition), Prentice Hall and Harvester Wheat Sheaf, London。

② 分项收入集中率的计算与基尼系数不同是，它不是根据个人（或住户）的分项收入，而是根据个人（或住户）总收入进行从小到大排序。如果某项收入主要集中分布在低收入组中，那么该项收入的集中率有可能会成为负值。

计算结果如表 1 和表 2 所示。

在过去 7 年中，中国农村内部的收入差距发生了较大的变化。个人人均可支配收入的基尼系数由 1988 年的 0.338 上升到 1995 年的 0.429，上升了26.9%。应该说上升幅度是非常显著的。从表 1 给出的两个年度收入差距的分解结果上看，收入差距上升的主要原因在于收入构成的变动，而不是各个分项收入集中率的变动。一方面如果我们用 1988 年的收入结构比例乘以 1995年各项收入集中率，加总后得到农村内部模拟的基尼系数为 0.354，它仅比1988 年实际的基尼系数高出 4.7%。另一方面如果我们用 1988 年的各项收入集中率乘以 1995 年的收入结构比例，那么可以得到农村内部模拟的基尼系数为 0.413，它比 1988 年实际的基尼系数高出 22.2%。这种简单的模拟分析的结果表明了，各个分项收入集中率的变动仅仅解释了整个农村内部收入差距变动的 17.5%，而农户收入结构的变动则解释了剩余的 82.5%。

如果做进一步考察可以发现：农户收入结构中变化最大的家庭经营收入的份额从 1988 年的 74.2% 下降到 1995 年的 59.6%；个人工资性收入的份额却从 1988 年的 8.7% 上升到 1995 年的 23.6%。由于后者的集中率远高于前者，不难理解，前者份额的下降和后者份额的上升必然会引起整个农村收入差距的上升。而且，这一结果更多地反映了农村产业结构和就业结构的变化引起农户收入结构变化，从而影响农户之间收入分配变化这一大的发展背景。

同时我们还可以发现，对于几项集中率较高的分项收入如个人工资性收入、家庭和个人从企业获得的非工资收入、家庭财产性收入来说，在过去几年中不仅其在总收入中的份额有了较大幅度的提高，而且其自身的集中率也出现了上升的趋势。如表 1 所示，个人工资性收入的集中率上升了 3.5 个百分点，家庭和个人从企业获得的非工资收入的集中率上升了 6.3 个百分点，家庭财产性收入的集中率上升了 7.4 个百分点。这样一种情况向我们提出了一个值得考虑的问题，如果中国农村家庭经营收入的下降和非家庭经营收入的上升是一个长期的趋势，那么非家庭经营收入集中率的上升也会成为一个长期趋势吗？如果回答是肯定的，那么中国农村内部收入差距的扩大趋势还将持续下去，中国有可能会进入世界上少数几个收入分配高度不均等的国家之列。如果回答是否定的，也就是说非家庭经营收入的集中率到达一定水平后会转而下降，那么我们有必要对这一过程发生的条件和可能性做进一步理论论证和经验验证。

表1　　　　　　　　　　　中国农村收入差距及其分解结果

收入及其构成	1988 年			1995 年		
	$u_i(\times 100)$	c_i 或 G	$e_i(\times 100)$	$u_i(\times 100)$	c_i 或 G	$e_i(\times 100)$
1. 家庭经营收入	74. 21	0.282	61.8	59.56	0.286	39.7
2. 个人工资性收入	8.73	0.710	18.3	23.62	0.745	41.0
3. 从企业获得的其他收入	2.40	0.487	3.6	6.48	0.550	8.3
4. 财产性收入	0.17	0.484	0.3	0.46	0.558	0.6
5. 自有房屋估价	9.67	0.281	8.0	8.00	0.366	6.8
6. 公共转移收入（净值）	−1.90	0.052	−0.3	−2.24	−0.113	0.3
7. 私人转移收入及其他收入	6.71	0.418	8.3	4.12	0.346	3.3
个人总收入	100	0.338	100	100	0.429	100

资料来源：1988 年的分解分析结果来自卡恩、格里芬、李思勤、赵人伟《中国居民户的收入及其分配》，赵人伟等主编《中国居民收入分配研究》，中国社会科学出版社 1994 年版；1995 年的分解分析结果是根据 1995 年抽样调查数据计算的。

表2　　　　　　　　　　　城镇居民收入差距及其分解结果

收入及其构成	1988 年			1995 年		
	$u_i(\times 100)$	c_i 或 G	$e_i(\times 100)$	$u_i(\times 100)$	c_i 或 G	$e_i(\times 100)$
1. 职工工资收入	32.57	0.130	18.2	32.83	0.169	19.4
1. 职工工资外收入	25.33	0.253	27.5	24.58	0.336	28.9
3. 退休人员收入	6.83	0.335	9.8	10.96	0.324	12.4
4. 私人与个体经营收入	0.74	0.413	1.3	0.45	0.074	0.02
5. 财产性收入	0.49	0.437	0.9	1.30	0.489	2.2
6. 补贴及实物收入：						
（1）实际住房补贴	18.14	0.311	24.2	13.93	0.322	15.7
（2）实物收入	2.21	0.232	2.2	0.99	0.284	0.98
（3）票证补贴	5.26	0.130	2.9	—	—	—
7. 自有住房估算租金	3.90	0.338	5.7	10.28	0.371	13.3
8. 私人转移收入及其他收入	4.53	0.382	7.3	4.68	0.435	7.1
个人总收入	100	0.233	100	100	0.286	100

资料来源：1988 年的分解分析结果来自卡恩、格里芬、李思勤、赵人伟《中国居民户的收入及其分配》，赵人伟等主编《中国居民收入分配研究》，中国社会科学出版社 1994 年版；1995 年的分解分析结果是根据 1995 年抽样调查数据计算的。

　　表 2 给出了有关城镇个人收入的基尼系数以及各个分项收入的份额和集中率。与 1988 年相比，1995 年城镇内部个人收入的基尼系数提高 5.3 个百分点，即上升了 22.8%。就分项收入的结构变化而言，这种变化主要集中在一些份额较低的分项收入上。例如，离退休人员的收入份额从 1988 年的 6.8% 提高到 1995 年的 11%；财产性收入从 0.5% 提高到 1.3%；公有住房的实物性补贴份额从 18% 下降到 14% 的同时，自有住房的估算租金份额却由 3.9% 上升到 10.3%。然而，在个人收入中占有较大比重的职工工资收入和职工工资外收入的相对份额却保持着大体不变的变化趋势。

　　自有住房估算租金在总收入中的份额的大幅度提高是与近几年的住房改革有着很强的相关性。它反映了更多的居民户通过房改购买了自有住房。这也意味着是一次居民户将金融资产转化为不动产的过程。因而，也就出现了 1995 年居民的财产性收入在总收入中的份额低于人们所想象的水平的情况。如果我们把自有住房估算租金也看作为一种财产性收入，那么 1995 年城镇居民的财产性收入的份额已达到近 11.6%，比 1988 年的这一份额高出 6 个百分点。加上这两项收入具有高出平均水平的集中率，在 1995 年它们对城镇内部总体收入差距的贡献率则高达 15.5%，比 1988 年的这一比率高出 7.3 个百分点。这些都表明了财产性收入对城镇收入差距扩大的影响已经起到了不可低估的作用。并且可以预期的是，财产性收入对城镇内部收入差距的影响作用将来会变得越来越强，而且很可能会与总体收入差距一起构成一对相互作用，相互强化的影响因素。

　　还应该指出的是，相对于 1988 年，1995 年职工工资收入和工资外收入的集中率有了较大幅度的上升，尤其是后者的上升幅度更为明显。这一方面表明了 1994 年政府的工资标准的调整政策有意识地拉大了职工之间工资差距，其中尤为明显的是拉大了不同职务之间的工资标准。另一方面，工资外收入的分配更多地向高收入职工群体倾斜，不仅意味着其对城镇内部总体收入差距的影响力在加强，而且也反映了工资外收入集中率上升的一些背后制度性因素。例如，能够获得较多工资外收入的职工大多就业于一些具有垄断性的部门和企事业单位。[①]

―――――――――――――

　　① 我们利用 1995 年的抽样调查数据，对货币收入万元以上的职工的行业分布进行了分析。其结果表明这部分职工主要集中在金融保险业、房地产与公共事业部门、交通运输业。其货币收入万元以上的职工的比例在所有行业中是最高的，分别为 23.2%、20.2% 和 18.7%。

为了理解分项收入的相对份额的变化和集中程度的变化对城镇内部收入差距扩大产生影响的相对作用，我们利用上述方法进行了相同的模拟分析。与农村的模拟分析结果不同的是，城镇个人收入差距扩大的更主要的原因来自于分项收入集中率的上升。从数量来看，分项收入集中率的变化解释了个人收入差距扩大幅度的大约67%，而分项收入相对份额的变化仅解释了剩余的33%。由此我们可以认为，农村收入差距的结构性变动更多地起因于农村内部经济发展所引起的经济结构的变化和劳动力资源在不同产业部门的重新配置过程；而城镇收入差距的结构性变动则更多地来自于分配体制的变动，劳动力资源在不同所有制部门之间的重新配置过程和不同质劳动力的相对价格的市场化调整过程。

（二）收入差距的区域间分组分解分析

对收入差距进行分解分析的另一种方法是利用泰尔指数将总体的收入差距分解为不同地区或不同人群组的组间差距和组内差距。[1] 当我们选定一些重要的区域分组和人群分组后，分别计算它们两个年度的组间和组内差距并进行比较时，就可以发现总体的收入差距在多大程度上是由组间差距引起的，在多大程度上又是由组内差距引起的。

表3中的结果主要反映了中国城乡之间、区域之间收入差距变动的绝对幅度和相对幅度。不难看出，在总体收入差距中，城镇内部和农村内部的收入差距的相对重要性变得越来越明显。与1988年的计算结果相比，1995年以指数测度的城镇内部和农村内部的收入差距扩大了60%，而且它在总体收入差距中的相对比重也由1988年的61.8%上升到67.6%。同时，这也意味着城乡之间收入差距的相对重要性有所降低，如表3所示，城乡之间收入差距在总体收入差距中的相对比重由1988年的38.2%下降为1995年的32.4%。然而这并不意味着城乡之间收入差距本身有所缩小，因为1995年以指数I_0测度的城乡之间收入差距仍比1988年扩大了大约24%。应该说，城乡之间收入差距相对重要性的下降是与农村劳动力的进城务工不无关系的。

---

[1] Shorrocks, A. F., 1980, "The Class of Additively Decomposable Inequality Measures", *Econometrica*, Vol. 48.

表3   1988 年和 1995 年区域收入差距的分解分析的比较

样本分组	年份	$1000I_0$			$1000I_1$		
		总体差距	组内差距	组间差距	总体差距	组内差距	组间差距
农村—城镇	1988	258.31	159.6	98.7	253.3	145.6	107.7
	（%）	（100）	（61.8）	（38.2）	（100）	（57.5）	（42.5）
	1995	378.41	255.9	122.5	373.14	242.3	130.9
	（%）	（100）	（67.6）	（32.36）	（100）	（64.9）	（35.1）
东部—中部—西部	1988	258.31	238.8	19.5	253.3	233.6	19.7
	（%）	（100）	（92.5）	（7.5）	（100）	（92.2）	（7.8）
	1995	378.41	343.1	35.4	373.14	336.9	36.2
	（%）	（100）	（90.7）	（9.3）	（100）	（90.3）	（9.7）
六大区域	1988	258.31	138.4	119.9	253.3	125.8	127.5
	（%）	（100）	（53.6）	（46.4）	（100）	（49.7）	（50.3）
	1995	378.41	206.6	171.8	373.14	202.7	170.4
	（%）	（100）	（54.6）	（45.4）	（100）	（54.3）	（45.7）

注：①这里使用的是个人等值收入。它是在考虑到城乡之间，地区之间的消费价格差异和住户人口规模后，对个人可支配收入进行调整后得到的。一般说来，根据个人等值收入计算出来的收入差距略小于个人可支配收入的差距，但这种情况基本上不影响组间和组内的分解分析结果。

②在全国样本分析中，考虑到实际城乡人口比重，对城乡样本进行了加权处理。

③"六大区域"的划分是这样的：农村东部、农村中部、农村西部、城镇东部、城镇中部、城镇西部。

然而，地区内部和地区之间的分解分析结果所反映的情况恰恰相反。在东部—中部—西部的分组分析中，以指数 I_0 和 I_1 测度的地区之间的收入差距的相对比重分别由 1988 年的 7.5% 和 7.8% 上升到 1995 年的 9.3% 和 9.7%。这一点也是与省份之间人均 GDP 差异的变动相一致。我们算出 1993 年全国 30 个省份人均 GNP 的基尼系数为 0.321，比 1988 年的 0.298 高出 2.3 个百分点①。

那么，进一步的问题应该是，地区之间的收入差距在多大程度上表现在

———————————

① 对省际收入差异进行五等分组分析时，我们发现省际收入差异的扩大，除了最低收入组的相对收入份额明显下降这一原因之外，主要不是在于最高收入组的相对收入份额的扩大，而是在于中等偏上收入组的相对收入份额的迅速增加。相对于 1988 年，1993 年五个等分组的相对份额的变动百分点（从低到高）分别为 -1.48、-0.40、-0.20、1.43、0.66。

农村内部，在多大程度上表现在城镇内部。为了回答这个问题，我们对城乡和东、中、西部进行交叉分组，划分为城镇东、中、西部和农村东、中、西部六大区域。表4中的结果只是给出了区域内部和区域之间的收入差距的相对比重。从结果上看，在总体收入差距中，区域内部差距的相对重要性略有上升，而区域之间差距的相对重要性略有下降。

从表3三组的分析结果可知，一方面城乡之间收入差距在总差距中的相对比重有所下降，另一方面，三大地区之间收入差距在总差距中的相对比重有所上升。当进行六大区域分析时，区域间收入差距在总差距中的相对比重又有所下降。由此我们可以推断，三大地区分解分析中所得出的地区间收入差距相对重要性的上升主要来自于城镇内部区域间收入差距扩大的影响。也就是说，城镇内部地区收入差异扩大速度超过了农村内部地区收入差距的扩大速度。[①]

（三）城镇内部人力资本作用的分析

为了验证上述关于个人收入决定中人力资本影响重要性的判断，我们对城镇职工人力资本差异引起的收入差距的程度进行了数量分析。首先利用1988年和1995年两次居民收入调查数据对职工的工资决定因素进行了对比。为了能够把教育水平在职工工资收入决定中的"纯"影响显示出来，我们对职工个人工资收入进行了多元回归分析。在1988年和1995年回归方程中，我们使用了相同的解释变量。它们包括了职工的受教育水平、职业、年龄、性别、工作单位所有制性质，省份变量等。为了节约篇幅，在表4中，我们只给出了职工的受教育水平变量和相关的职业变量的系数估计值。

相对于1988年而言，在1995年人力资本对职工个人工资的决定作用明显加强。从不同文化程度职工的简单分组来看，如果文盲半文盲职工的收入设定为100，那么中专文化程度职工的收入在1988年为123，到1995年上升到179，上升了56个百分点；大学以上文化程度职工的收入在1988年为146，到1995年上升到217，上升了71个百分点。而且，从多元回归的分析

---

① 利用1988年和1995年两次调查数据，奈特等对城镇内部不同省份之间人均收入增长差异的分析表明，不同省份之间平均工资和人均收入都出现了明显的趋异现象。也就是说，就城镇平均工资和人均收入而言，富的省份更富了，穷的省份更穷了。参见 Knight, J., Li Shi and Zhao Renwei, 1997, "A Spatial Analysis of Wages and Incomes in Urban China: Divergent Means, Convergent Inequality", Processing。

结果来看，相对于 1998 年来说，1995 年教育的个人收益率有了大幅度的上升。从表 4 中可以看到，如果以小学以下教育水平为省略变量，即将其系数估计值设定为 0，那么在 1995 年高中教育水平的系数估计值达到 0.463，比 1988 年的相同变量的系数估计值的 0.241 高出 92%。还有，在 1995 年大学以上教育水平的系数估计值高达 0.623，比 1988 年的 0.325 高出近 1 倍。

人力资本的作用的上升还显示在城镇技术人员与工人工资收入差异的变动上。表 4 还给出了专业技术人员的职工与作为工人的职工的相对收入的变动比例，以及它们作为两个虚拟变量在多元回归分析中的系数估计值。从表 4 中不难看出，两方面的分析结果都表明了专业技术人员的相对收入水平有了较大幅度的提高。对于中国这样一个长期制度性压低人力资本回报率的经济来说，[①] 个人的教育收益率和人力资本的回报率的上升显示了分配机制在某些方面正在朝着良性循环的方向转化。从某种意义上来说，这是我国收入分配体制转轨过程中取得的一个最为重要的进展。

表 4　　　　　　　　　　城镇职工收入决定中人力资本作用的变化

		1995 年		1988 年	
		简单分组后收入的相对比例	多元回归系数估计值	简单分组后收入的相对比例	多元回归系数估计值
教育水平	大学及大学以上	217	0.623**	146	0.325**
	大专	193	0.555**	122	0.261**
	中专	179	0.533**	123	0.258**
	高中	158	0.463**	107	0.241**
	初中	153	0.404**	110	0.240**
	小学	141	0.234**	115	0.175**
	小学以下	100	0.0	100	0.0
职业	专业技术人员	146	0.168**	125	0.094**
	工人	100	0.0	100	0.0

---

① 利用 1988 年的调查数据估计出来的城镇职工的平均教育收益率为 3.8%，参见李实、李文彬《中国居民教育投资的个人收益率的估计》，赵人伟等主编《中国居民收入分配研究》，中国社会科学出版社 1994 年版。这一数值远低于其他国家，尤其发展中国家的平均水平。然而，我们利用 1995 年的调查数据对城镇职工的个人平均教育收益率进行了初步估计，其结果为 5.1%。这一结果是令人欣喜的，虽然它仍还明显低于国际平均水平。

	1995 年		1988 年	
	简单分组后收入的相对比例	多元回归系数估计值	简单分组后收入的相对比例	多元回归系数估计值
$R^2 - adj$		0.357		0.398
F – value		185.4		399.0
Observations		11972		18044

注：①被解释变量是职工个人的工资收入的对数。

②** 表示该系数估计值是在 1% 的水平上统计显著的。

四　结论与进一步改革的思考

上述分析结果充分表明了当今中国收入分配的格局已大大不同于经济改革的初期，也明显不同于 20 世纪 80 年代后期的情形。中国收入分配出现了全范围的、多层次的收入差距扩大的态势。应该看到，部分的收入差距扩大是有序的，是与市场化的进程相关的，也是改革进程所不可避免的，也是促使资源优化配置所必不可少的。职工个人教育收益率的不断上升过程正是这方面的一个很好的例证。但是，也应该看到，虽然本文没有涉及，部分的收入差距扩大是无序的，是与市场化改革进程相悖的，是需要通过包括政治改革在内的改革深化来纠正的。

在中国的收入差距扩大过程中，城乡之间和地区之间收入差距仍起到重要的作用。消除区域间收入差异仅仅依赖于收入再分配政策是不够的，而且实施这些政策所承受的成本是巨大的。一个更有效的方法是打破包括城乡壁垒、地区壁垒的区域间的制度障碍，让生产要素特别是劳动力在城乡之间、地区之间享有充分流动的自由和同等的就业机会。过去几年中农村劳动力流动的经验以及我们的分析表明，劳动力流动对于抑制城乡之间和地区之间收入差距的扩大无疑起到了积极作用。落后地区的劳动力流到发达地区后所产生的收入分配效应是显而易见的。中国地区差异变动趋势的最新研究成果表明，[1] 中国各个省份之间人均实际 GDP 的趋同现象并不是发生在传统计划经济体制时期，而是发生在经济改革后的 1978—1990 年。从这个意义上讲，

---

[1]　Jian, T. Sachs, J. and Warner, A., 1996, "Trends in Regional Inequality in China", Working Paper 5412, National Bureau of Economic Research.

缓解收入差距扩大的一个最大的"政策"就是加快劳动力和其他生产要素的市场化进程的改革，尽快地解除劳动力和生产要素自由流动的制度性障碍。

此外，如上所述，不同部门之间的收入差异的扩大在很大程度上是由个别部门的垄断造成的，因而消除这种收入差异的有效措施也只能在于打破部门垄断，改变部门内部的单一所有制性质，增加部门内部的竞争。正如 20 世纪 80 年代末实现的价格的完全市场化的改革从根本上消除了在此之前价格双轨制产生的寻租活动一样，90 年代进一步的企业产权制度改革，金融体制改革，以及相配套的政治体制的改革预期也会对那些利用经济体制转轨过程中出现的体制缺陷寻求灰色收入的经济活动起到根本上的限制作用。

（本文发表于《经济研究》1998 年第 4 期）

住房分配货币化的风险与抉择

郭树清

一　住房改革遇到的困难及其原因

有两个方面可以确定无疑地证明，过去 20 年中住房改革已经取得了巨大成绩。一是城镇居民的住房条件有了根本性的改善，人均占有的住房面积从过去的不足 4 平方米提高到 12 平方米以上，而且住房本身内在的质量提高程度还不止 2 倍；二是城镇居民的消费观念已经发生了实质性的转变，绝大多数人认识到，住房迟早会完全进入市场，住房消费肯定会成为家庭支出中最大的项目之一。但是，同样从这两个方面来看，住房改革的不足也显而易见。20 世纪 80 年代以来人均国民收入增长了将近 4 倍，住房条件的改善显然还没有达到同样的速度。尽管城镇居民中购买住房的人数越来越多，但是租住公有住房的职工其住房消费的支出占全部生活费支出的比重总体说来仍然低于 3% 的水平。1998 年大中城市公有住房的平均租金是改革前的 10 倍左右，但是距实际成本水平相差还有 90% 左右。因此，说住房改革步履艰难毫不夸张。

在国内外许多经济学家看来，中国没有采取简单的住房私有化办法是导致问题复杂化的唯一原因。他们不无道理地强调，关键在于未来形成新的机制而不是现在对既有住房如何处置。然而，长期视住房为公有资产的观念使得人们从直觉上就不那么认同所谓白送住房给居住者个人的做法。理性的分析很容易发现更大的问题：第一，不同年龄的职工获得相同的住房财产权，事实上是极不公平的再分配，假如一个只工作了几年的公务员就得到一套住房的产权，那等于提前预付了他许多年工资；第二，不同单位职工的住房条件并不一致，相同贡献的劳动者占有住房的情况可能会差别甚大；第三，过去的住房分配中存在着许多随意性和腐败。总之，采用行政性的福利式分配办法，造成了居民获取住房机会的极大不公平，如果承认每个现实的居住者就是房屋的所有者，那就会更进一步强化这种不公平，因为住户不仅在过去近乎无偿地享受了住房服务，而且现在又获得一笔巨额的资产。那些无房户，特别是已工作多年的无房户和住房困难户无疑被进行了第二次剥夺。

住房市场化存在着一条比较理想的道路，但是它要求必须遵循严格的规则和步骤。第一，在改革的初始阶段，当企业之间的财务状况没有太大差别，职工的物质利益关系不那么明朗的时候，政府当机立断，把对住房的暗补翻为明补：在大幅度提高房租的同时，同样大幅度地提高工资或住房津贴。这种做法只有越南尝试过，其他的转轨经济国家由于种种相同或不同的原因都错过了这个时机。第二，启动住房改革必须同时考虑提租和出售两个方面，因为住房的租金和售价本质上是一回事，是居住者必须付出的与其所享受的服务相对应的费用。可是政府总不愿意提高房租，更不愿意大幅度地提高房租。而出售住房时又不能压到近乎无偿的价格水平，因此与租金相比售价总是偏高，这样人们就不太愿意买房，甚至还有一些人买房后又退还了已购的住房，因为他们支付房款所动用银行存款的利息就超过了房租。让人不能不吃惊的是，在匈牙利发生了与中国完全相同的现象。① 第三，住房的商品化必须与其建设和管理的社会化同步前进，否则就无法从根本上摆脱实物分配的窠臼。中国在这方面具有先天的不利因素。莫斯科的住房分配始终是市政府的事情，而北京的公有住房主要是各单位自己建设、分配的，其他小一些的城市更是如此。公有住房出售所得资金的所有权依然属于原单位。第四，住房一经出售给个人，居住者即获得了产权，因此他应当可以随时上市交易（出售或出租）。但在中国这是不行的，原因是购买时价格畸低，而且也没有考虑级差地租，如果允许自由交易，显然会带来个人收入分配的巨大差别。另一个原因是，长期没有私有不动产的居民，很难有自觉意识去考虑买卖更换自己的住宅，毋宁说有更多的担心去这样做。

随着时间的推移，问题更加复杂化了。市场机制在经济活动中开始发挥越来越大的作用，住房领域也必然地无法置身其外，在一种极端扭曲和压抑的状况下公有住房开始了市场化。住房分配的双轨制形成了，在公有福利住

---

① Zsuzsa Dániel, 1997, "The Paradox in the Privatization of Hungary's Public Housing: A National Gift or A Bad Bargain", *Economics of Transition*, Vol. 5, No. 1, pp. 147 – 170.

房制度之外出现了完全商品化的住房供应体系。对得到公有住房已经彻底绝望的个体私营业主和过去已经分配到住房，但现在希望获得面积更大设施更好住房的各种公司经理及高级员工，与外国投资者一起成为商品住宅的买主。不论发了多少财，离开公有部门的职工很少有人自愿交还原来无偿获得的住房。公房私租很快兴盛起来，而且租金也很快由供求关系决定了。以暂借名义将自己多余空闲住房出租给别人的政府部门工作人员发现，房客为他提供的收入大大超过了他的货币工资。影响更加广泛的事实是，企业之间经营状况越来越千差万别，富者能够继续建造和分配新的住房，贫者甚至连原有住房的维修费都无从筹措。单位所有制不仅没有削弱，反而被更加强化了。两个同样年龄同样资历的工程师，可能仅因为工作于不同的单位，住房条件的差别可以达到类似城乡差别的程度。住房面积的多少，内部设施的好坏，周围环境的优劣等因素越来越有意义。人们开始注意到，住私房者和住公房者实际上有很大的利益差别，年轻的人和年长的人同时分到住房绝不是利益均沾，以相同的房改价格购买不同状况的住房更有极大的福利得失。在公有住房福利杂乱无章的分布中，可以看到的一个规律性图景，社会成员按其就业部门的所有制性质来区分，他们所获取的工资性货币收入与其住房方面的实物收入大体成反比关系。然而，如果仅就公有经济内部来看，恰恰相反，货币收入越高的行业和单位，通常其职工的住房福利水平也越高。这就是 20 世纪 90 年代的景象。

二 转轨的内在矛盾和住房的两种收支账户

住宅毕竟不同于其他日用消费品，因此其改革的复杂性是与生俱来的。需要一个摸索过程，也确实有一个这样的过程，并积累了大量宝贵的经验。1982 年开始在常州等 4 个城市进行公有住房出售试点，由于考虑到低工资的实际，售价仅为成本的 1/3。这种价格水平决定了所谓住房资金的良性循环是很难实现的。1987 年国务院批准烟台等 3 个城市进行"提租发补贴"为主要内容的改革，租金提高到接近成本的水平，同时给予职工相当于工资 24% 左右的补贴。除其他问题之外，货币工资标准与实物分配的住房标准不成比例，造成了运行的较大困难。1991 年上海市出台了"推行公积金、提租发补贴、配房买债券、买房给优惠和建立房委会"五位一体的改革方案。这个方案考虑比较周全，实施效果良好，但是与市场接轨尚有很大差距。

1992 年开始在全国掀起普遍的出售公房热潮，由于各地互相攀比，本来就大大低于成本水平的出售价越来越低，最后，国务院不得不紧急下令制止。在 10 多年反反复复的过程中，人们发现住房从实物分配转变为货币分配总是遇到"承受力不足"问题，不是居民承受不了就是政府和企业承受不了。

1998 年掀起了新一轮房改高潮。在经济结构失衡严重和通货紧缩显现的情况下，推进住房分配货币化不失为正确的举措之一。仅从舆论影响的角度来看，这对于消费和投资结构的调整都可以发生很大的作用。新的房改不要求完全统一行动，基本原则由中央确定，各省市可以据此制定自己的实施方案，因此地方之间的情况差别甚大。就多数地方而言，最近两年实施的改革有这样几个特点：（1）仅限于行政机关和财政拨款的事业单位，企业职工没有参加；（2）停止单位自建住房，改分房子为分补贴，其他程序不变；（3）继续按大大低于市场的价格出售公有住房，不考虑级差地租；（4）已按优惠价格购买的公有住房上市交易时，增值部分要缴纳累进性质的税收；（5）住房的单位所有制没有改变，售房资金原则上还要归单位掌握。

逐渐地我们又看到了似曾相识的情况。公有住房的租售价格如果不与市场接轨显然不妥，可是要与市场接轨似乎更不妥，因为在不少人看来群众没有那么大的承受能力。许许多多的政府官员甚至也包括相当一部分经济学家认为，这是因为经济发展程度低，或是因为财政可支配资源少。但是，应该有更多的经济学家能够理解早在 20 世纪 80 年代中期就已提出的概念，住房改革就是把政府和企业用于建设、管理和维修住房的全部费用转变为职工的收入。这种所谓"资金转换"，从理论上说不存在问题。那么，障碍究竟在哪里呢？至晚在 1988 年就有人注意到原来体制下的住房资金来源五花八门，甚至包括企业截留的利润、生产设备的折旧以及其他科目的基建和技改投资，这些资金是无法"暗翻明"的，因此总量上必然无法平衡。这个分析和推论无疑能够成立，但是它还不足以解释为什么房改很难有实质性的突破。如果实物分配时有 1000 亿元可供支配，改行货币分配时只有 700 亿元可供支配，那不会造成现在我们所感觉的那么大的困难。

让我们回到纯粹的理论模型上来讨论这个问题。假设有一个计划经济体系，总共有 100 个劳动者，住房采取完全平均实物分配，每人都已获得住房，且可以永远无偿使用。现在要改变为典型的市场经济的运作方式，每个人每月都要为他的住房缴纳 1000 元租金以弥补建房投资及其利息和维护成本等，这样每个人一年要多支出 1.2 万元，100 个人就是 120 万元。政府一方面作为雇主要为公有部门职工多发 120 万元津贴，另一方面作为房主又可以多收回 120 万元。整个经济体系的 GDP 核算账户都将增加 120 万元，既是收入又是支出。毫无疑问，由于每个人每月都会领到 1000 元的津贴，不存在任何所谓"没有承受能力"问题。

现在将情况略作改变，假定不是全部人都租房，有一部分人要买房。按照与房租成比例的规律，每平方米售价应该是月租金的 100—150 倍，假定每套住房 100 平方米，按 1∶100 计算，则市场售价应是 10 万元。这个数额是房改前平均年工资的 10 倍，这些职工不可能有这么多的储蓄。要使人们能够实现买房，有两种选择：一是降低房价，这与市场经济的设定前提相抵触，而且如果这么做对租房的人显然也不公平；二是由政府或银行提供长期贷款，购房者每月使用 1000 元的津贴来偿还，这是行得通的，而且由于售房的收入还会流转回来，可实现存贷平衡，不影响其他财政金融活动。问题从其他地方冒了出来：是不是有那么多人都愿意选择买房而不是租房？买房要办许多手续而且更重要的是要负债，租房固然没有这些麻烦，可是租房不管多长时间都不能获得属于自己的而且能够为子女所继承的房产。大家都陷入两难抉择之中。

根据经验推断，很可能绝大多数人或至少有一半人都选择买房，这时我们会发现这些人获得的好处其实是很不一样的。假定使用津贴偿还贷款的本息需要 20 年时间，而且退休后的住房津贴一点都不减少，这时不同工龄的人受益情况也很不同。对于一个已经退休的人来说，退休后的预期寿命为 10 年，那么他的子女可以继承他的住房资产，但是与此同时还要继承一笔债务；对于一个已经工作 20 年的人来说，他还可以工作 20 年，那么等到他退休的时候，这套住房就完全可以由他的子女不费一文地继承下来；对于一个刚刚就业不久的人来说，在他的未来 40 年的工作期内，他甚至可以为他的子女积累两套住房。在看似十分公平的房改中，个人之间的收益分配出现了巨大的反差。这时我们再回头审视完全租房的模式，其实也能从不同住房的客观差异和人们消费偏好的主观差异中找出发生矛盾的根源。

上述分析告诉我们，从计划经济下住房的实物分配顺利平稳地过渡到市场经济下的货币分配，必然地会产生财富重新分配的尖锐矛盾，如果不考虑人们过去的劳动贡献（同等情况下主要是工龄长短），就会造成巨大的社会不公而且并非有益于提高效率。从另一个角度来分析，这个道理也并没有特别复杂之处，过去的福利住房制度所采用的实物分配方式实质上就是把货币工资中本来应该包含的住房费用予以扣除而统一投入到公有住房的建设和管理。因此转换住房的分配方式和消费方式，不得不同时考虑两个账户，一个是过去的收入分配（类似于积累账户或资本账户），一个是从今往后的收入分配（类似于工资津贴账户或经常性账户）。以往的曲折从根本上看，是因为我们把住房等同于猪肉或粮食，没有把握住房生产、消费的特殊规律，说到底是因为我们一直试图用单个收支账户来解决只有双重收支账户才能解决的问题。

猪肉和粮食都曾是计划经济时期国家财政间接地给予居民以很大补贴的基本消费品，由于采取定量配给制度，因此在很大程度上也是实物分配。从1985 年以来，经过几次"提价发补助"之后，到 20 世纪 90 年代初已经基本上过渡为市场调节和货币化分配。尽管在过去配给制时代，也存在实际上的分配不公平，多消费的人就意味着多获得补贴，但是这种不公无须去矫正，因为从今往后在猪肉面前是人人完全平等了，道理在于猪肉消费并不需要人们的积累，完全是现期收支账户可以处理的事情。住房本质上不同于猪肉，它的价值额巨大，需要人们积累相当长时间才能达到一定的消费水平，而且它是可以长期使用的商品，可以是固定资产，是财富积累的一种形式。

三　统筹两种资源的方案框架

按照上述思路去反观住房改革，我们的结论是：房改有其非常复杂的一面，也有其非常简单的一面，总体上说是国有经济部门中难度最小的一项改革。最基本的根据是，没有其他哪项改革能有这么雄厚的资本。仅就存量资源来看，1997 年年底全国城市公有住房达 30 亿平方米，历史造价 1 万亿元左右，重置价格则高达 4.5 万亿元。即使是破旧房屋，由于土地升值的缘故往往也比先进的工厂设备具有更好的市场价值。除此之外，还有住房公积金，以及政府和企业每年用于住房的支出等数千亿元的增量资金。意识到这两种资源的巨大规模和现实存在，便有可能把所有被计划经济所扭曲的住房分配关系理顺，包括拉开各种应当形成的差别与消除各种不应当发生的差别。

以两种资源为依托，住房分配货币化改革的前景豁然明朗。在住房租售价格与市场接轨之后，可以建立两种补贴账户，一是相应增加工资津贴，二是把存量公有住房资产按价值量分发的补贴。尤为重要的是这后一种补贴，根本性地解决了过去长期积累的"欠缺积累"问题，也就是所谓"社会承受力不足"问题（见图1）。过去一切难以克服的困难似乎都不再是不可逾越的了。

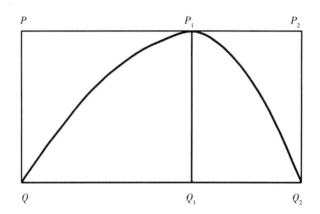

图1 公有住房存量资产在公有部门职工中的分配和使用

注：$P = P_1 = P_2$为住房的市场价格，Q_1为现存全部公有住房的数量，P_1与Q_1的乘积为公有住房存量资产。QP_1Q_1所形成面积为对住房已达到标准水平职工的存量补贴，用于购买自住房。剩余部分QPP_1为出售这些住房所收回的资金，全部用来给无房职工或未达标准水平的职工发放存量补贴，正好等于$P_1Q_1Q_2$。后一部分职工使用这些补贴至少可以购买数量为$Q_2 - Q_1$的新住房，$P_1Q_2P_2$为他们个人额外支付的现金（包括贷款）。

　　具体的实施方案必然地成为一个逻辑上的有机整体。构成基本框架的支柱和桁梁互相依赖，互为前提。原则性的方针主要有以下几个方面。

　　第一，按现实的市场价格测算出存量住房资产。这一点为过去历次房改操作所忽视，可能的原因是人们看重住房的使用价值而不是价值，而且人们也没有意识到这样做的意义。许多人以为公有住房不论怎么处置都只能由居住者支配，其实他们没有看到，实际上住户至多只获得了使用权而绝不是财产权。在这种测算中，除了住房本身的造价和折旧之外，必须引入地租的概念，特别是级差地租。城市住宅的地段位置往往超过了其他各种因素，极大地影响着住房的资产价值，而且规模越大人口越稠密的城市越是如此。面对数量庞大、条件千差万别的公有住房，测算工作简直是不可思议的。其实，我们一开始并不需要那么精确的数字，一个能够偏于保守的估计就足够了。

　　第二，就是将房改的价格确定在市场水平。在过去所有的房改方案中都没有考虑过这种选择，因为大家以为这是绝对不可能的。可是根据前面已经描述的思路，存量住房资产的唯一用途是要给公有部门职工发放房改补贴，因此其价值总量越高，能够发放给职工的补贴数额就越多。令人难以置信的结论出现了，租售价格水平与承受能力不再成反比，而是成正比。如同一座水库的堤坝与库容的关系一样，堤坝越高，蓄水越多。当然，这并非没有限制。租售价格必须反映成本、利润、利息等因素，而且特别是级差地租；租售价格必须成比例，因为在市场条件下，租房和买房所付出的代价总会趋向接近；租售价格不能超过供求均衡水平，而且为了操作的方便，最好是有意识地将其确定在略低于完全市场水平。

第三，为每个职工建立起住房福利档案。公有住房作为整体，可以有一个市场价值的估算，但是具体到每一个职工已居住使用的住房究竟值多少钱，那必须有较为精确的数字。由于住房大多是单位所有制，而职工可能发生工作调动，其配偶也并不必然在同一单位工作，所以相互之间的住房状况很不相同，尤其是在改革开放之后的十几年里，人员流动性大幅度提高，造成了各人之间占有住房情况的更大差异，同时也为一些人以权谋私和多占住房提供了极大的便利。曾经有过类似笑话的故事：在某城市新开发的住宅区里，一幢楼建成之后长期没有多少人居住，原因是这些房子大都分给了某些人的子女，甚至包括尚未成年的儿童；另一幢楼住的人较多一些，但是多数住户并不是产权单位的职工，而是"特殊关系户"。公有住房的管理实际上非常混乱，许多单位并不确切知道自己所有的房产实际上由谁占用，同样地对于自己职工的住房情况也并不完全了解。在进行住房资产分配时，必须将每个参与者的情况搞清楚，包括他的单位、住址、工龄、职务和工资等。采用传统的核查办法不仅工作量巨大到难以置信的规模，而且数据的可信度极差。最简便可靠的办法是个人申报，在此基础上就可以及早启动新的房改进程，之后发现虚假，随时纠正。

第四，给职工发放存量和增量两种补贴。两种补贴实质相同，都属于工资中应有的住房费用，通常也被称为工资的住房含量。因此发放的标准就是职工的劳动贡献，而衡量其劳动贡献的最简单办法就是同时考虑两个因素，一是劳动者的工龄，一是劳动者的职级。两种补贴互相衔接但并不重合，因为存量补贴是对过去工资中住房含量不足的补偿，而增量补贴却是从今之后职工工资中需要打足的住房含量。假定平均的就业年限是 40 年，那么，任何一个职工都可以得到 40 年的住房补贴，不过两种补贴的组合方式是不一样的。一个已就业 20 年的职工，他会得到 20 年存量补贴和未来 20 年的增量补贴，可能的补贴年数是 40 年。一个已经退休的职工，他会得到 40 年的存量补贴，但不再有增量补贴。而一个刚刚参加工作的职工，他没有存量补贴，等待他的是 40 年的增量补贴。存量补贴既不需要也不可能全部兑现现金，而增量补贴从原则上说应当直接加入货币工资之中，如果考虑其他因素也可附加某种临时性的限制。引入两种补贴后的住房市场化改革与过去的方案形成了鲜明的对照，住房资源的配置和财富的分布存在着很大差别（见图 2）。需要指出的是，上述两种补贴的发放办法并不能保证绝对公平，这是不可能而且或许也是不应该追求的目标。但是，对于劳动贡献特别突出者和家庭生活特别困难者，可以给予额外的补助和照顾。

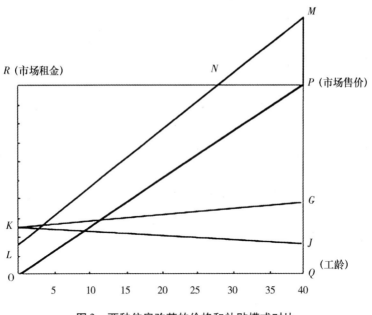

图 2　两种住房改革的价格和补贴模式对比

　　注：以公有经济部门平均的状况为例，OP 为存量住房补贴标准，补贴额随工龄增长而增长；LM 为增量住房补贴标准，由于和职级成比例，工龄长者工资的增加额也较大一些；RP 为租售成比例的市场价格。按照这种改革模式，不同工龄的职工购买平均面积的住房，工龄不到一年的职工全部要用现金（包括贷款），而工资为 40 年的职工则不用额外支付现金。KG 为近些年实际制定的房改价格，大幅度低于市场水平，而且租售不成比例；KJ 则为经过优惠折扣后的实际支付价格。这里同样能看到工龄差别，但已十分微小。

第五，将过去的政策与新的方案平滑地连接起来。新的方案不管在理论上如何合理，它在实践中可行的前提只有一个：能够与以往的房改政策较好地衔接起来。政府必须取信于民，不能简单否定过去采取的政策，而且还要兑现自己过去一直作出的"早参加房改早受益"的承诺。特别关键的有以下几点：（1）政府不强制任何人退出原来的住房。因为对每个职工占用住房的资产评估和核发存量补贴属于价值形态，而现有住户所享有的优先居住权属于使用价值形态，除非个人自愿，无须进行搬家调整。当然，由于租售价格都大幅度提高，多占住房的人就要多掏许多钱，自动退出一部分住房是可能的。这不会引起社会不稳定，也许恰恰相反。（2）补交住房差价的时间可以任意选择。过去职工购房的价格是所谓成本价或标准价，现在重新确定为市场价，自然意味着购房者还要补交一笔数额可观的差价款，许多人可能会十分不满。需要解释清楚，过去的售房价格最多只包括建设费用，没有包括投资利息、利润和地租，所以政府一直对住房交易严格限制。国务院1994年关于住房改革的文件明确规定，房改房上市交易必须补交土地出让金和土地收益，这可以成为新老方案连接的一条最有力的纽带。（3）对以前买房职工计算投资收益给予补偿。新的售房价格统一到市场水平，但是不同时期购房者的出资额有名义和实际之分，因为早出资者应当得到合理回报，至少不能低于同期银行存款利息。从公房出售比较集中的20世纪90年代初期以来，通货膨胀曾经达到近50年的最高水平，银行的存款利率在加计了保值贴补率之后，也很可能并非正值。以此为参照，投资收益率应当高于同期银行存款利率。

第六，过渡时期采取混合多样的支付方式。在租售价格成倍提高之后，职工也获得了更多的支付手段。在工资中继续支出一部分；新增加的津贴自然应当用于住房消费；已建立的住房公积金账户资金可以动用；使用存量补贴支付；申请住房公积金中心的政策性贷款用以购房；申请商业银行的抵押贷款。对于特别困难的居民还可以采取设立专门的补助基金、给予房租减免等办法。从城镇最富有的人到最贫穷的人排列起来，支付的组合方式逐渐发生变化（见图3）。需要注意的是：动用存量补贴的前提条件是居住者已经支付了与他货币收入部分相一致的现金，而且只能是用于住房消费；享受房租减免者，必须经过权威的组织机构审查认定；给予特困补助的人，则要在一定范围内公布姓名，包括在地方报纸予以报道。为了保持总的收支平衡，事实上还需要在起步阶段对兑现存量补贴购买商品化住房给予一定限制，随后逐步放宽直到取消限制。

　　由此，我们构筑出一个稳固和可靠的框架。在这里，长期设想和普遍谈论的种种风险已经消失，剩下的只有抉择。

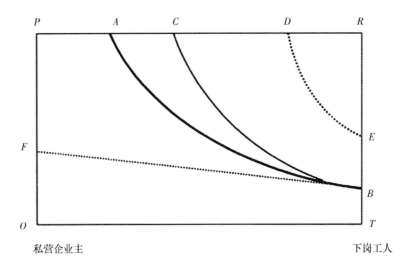

图3　引进两种补贴后对市场价格的支付办法

　　注：将住房租金和售价成比例地提高到市场水平 PR，不同人群采取不同的支付办法。AB 左下方为完全使用现金，CB 与 AB 之间为使用新加的工资（增量补贴），DE 与 CB 之间为使用存量补贴，DE 右上方为给予减免或特殊困难补贴。FB 为近些年所推出的房改价格，所流失的公有住房资源至少为 FPAB 所构成的面积。

四　可能的替代方案及其成本

　　新一轮房改中，多数地方自觉不自觉、或多或少地开始引入双重账户处理办法，比较典型的表现是一次性补贴和按月补贴相结合。然而沿着既有的惯性往前走，把存量资源和增量资源清楚区分并统筹安排恐怕是非常困难的。这样，我们需要寻找可能的替代方案或迂回路径。

　　第一，逐步把补贴的方式和来源关系理顺。出售公有住房所收回的资金，要尽量安排给无房或住房拥挤的职工用于购建住房，即用于所谓一次性补贴。换言之，要将一次性补贴平和地演变为存量补贴。而对于使用增量资金发放的补贴，不管有多大困难都要全部采取按月发放的形式，因为住房分配的货币化最终就是工资化。从排队分房子到排队分补贴，变化的只是形式，而不是实质。但是，鉴于以往造成严重的分配不公平，按月发放的补贴最好先采取增加公积金的办法管理。

第二，必须尽力防止存量资源的自然流失。在按较低价格出售住房给职工之后，唯一的调整机会就是等待其二次交易时以补交土地收益名义收回一部分资金。但是，这很可能不得不采取"一刀切"的办法，所有的交易者都按相同的比例缴交税费，不可能考虑各人过去贡献的差异，所以这等于让一些老职工作出额外的奉献。这个问题在不采取大的政策调整的前提下，显然已经无法找到更好的办法。此外，从理论上说，以低价购买公有住房者当其上市交易时，政府可以把一部分财富拿回来，用于补助那些无房户和住房困难户，但在实际中，并不一定能完全达到我们的目的。如果他不出让这套住房，由此产生的收益流量（虚拟市场租金）全部都归他所有；如果他上市交易，也可能采取隐性或变相隐性的办法。只有在非常严厉的行政压力下，实现上述设想才是可能的。不过乐观一点估计，即使只能保全大部而非全部可供重新分配的存量资源，也就可以实现顺利转换。

第三，认真建立职工住房档案。这项工作必须建立在让个人自己负责的制度基础之上，而不应再以组织系统的层层上报为主要根据。理论和经验都能证明，当权利和责任真正落实到直接的利益相关者时，所获信息的真实程度大大超过了所谓行政部门审核或"领导班子集体把关"后产生的材料。在晓以利害和说清惩处谎报的规定之后，由个人填表画押。由于补贴账户、公积金账户、住房产权证件、交易登记等都掌握在政府手里，我们可以在任何时候、任何环节纠正信息错误。这一条做到了就可以从根本上保证前两条的实现。

第四，尽可能地加快租售价格与市场接轨步伐。这样做导向的意义甚至超过回收现金的意义。在租售价格提高的同时，与之相适应，为每个公有单位职工建立一个存量补贴账户，使职工可以动用这个账户抵交一部分租金或购房款。也可以采取加大折扣的办法来达到同样目的。但是两种情况下都必须根据工龄职级确定优惠的数额。当职工购租新的商品房时，则必须动用过去归集的售房款和已售公房上市交易补交的增值收入来发放一次性补贴。

第五，逐步地把住房和住房资金的管理社会化。鼓励并逐渐严格要求住房维修管理从单位向社会转移。在公有经济部门内，各单位的住房可以相互调剂或无偿划拨，在公开公正的前提下，允许采取一切措施降低公房的闲置率。公有住房向所有住户出售，但其上市必须执行有关的规定。公有住房出售、出租收入和商业性拆迁的补偿资金，都要严格纳入住房资金管理。分步把原来归属各单位自己掌握的售房资金统一归集到城市的住房资金中心，并尽快将其用于在全部公有经济部门内发放一次性购房补贴。

第六，以优惠的政策启动和扩大二级市场交易。宁肯减税让利也要把住房的租售活动公开化。当主流的河水被引入预先开好的渠道，即使有一点渗漏也不会形成太大的危害。

实施上述步骤一定不会是平静的，不过也不会引发任何大的问题。因为这么做符合绝大多数人的利益，而且还为所有人都能够承受。

五　住房改革引出的启示

第一，在从计划经济向市场经济过渡的进程中，当我们在某些时候某个问题上遇到反复，找不到办法时，最好的解决之道可能是在思维中反过来从市场经济往计划经济推导，也许就能找出迷失的要害。

第二，在经济改革中，凡属于涉及收入分配的领域，必须仔细考察其性质，确定是一种账户即可解决的问题，还是两种账户才能解决的问题。例如，养老保险就如同住房一样，必须是使用双重账户才能解决的问题，既要充实历史积累，又要安排经常性收支。医疗保险在较小的比例上也需要考虑历史积累问题，因为人们的健康状况确实与年龄的增长有一定关系。公务用车则可能如同猪肉问题一样，不必考虑两种补贴。

第三，福利制度改革的总方向是全部个人收入的货币化、公开化，其实质就是工资的完整化。把隐性的收支活动转变为显性的收支活动，不论是在政府部门还是国有企业部门都可能出现很大的工资差别。这个可能性至今还被许多人所回避。随着年薪制和期权制的逐渐引入，国有企业的收入分配制度改革看上去已没有太大的障碍。但是政府公务员工资制度的改革还差距甚远，人们似乎还没有做好心理准备去接受全部福利项目的暗补转明补。而不与工资制度的改革统筹考虑，其他福利制度改革要么止步不前，要么就会走偏方向。

第四，国有企业和国有银行的改革在非个人收支的意义上也有两种账户问题。资产和债务不得不作出重组，成本、税收和利润关系也必须按新的方法界定。甚至理顺中央银行与财政预算的关系，理顺中央银行与其他商业银行的关系也必须靠两种账户的协调行动。在相当长的时期内，国有经济的改革被理解为只涉及流量而不关乎存量，其消极影响难以估价。当然，问题的核心在于转换机制而不是两种账户调整，后者只不过是前者的必要条件而非充分条件。

第五，存量问题一般来说最好用存量资源来解决。同样地，增量问题也不太适宜用存量资源来解决。存量是确定的时点概念，增量则是区间概念。差异不在于哪一个数量更大，而在于各自的性质不同。存量的使用具有一次性的特征，而增量则是持续不断的。但是，存量是增量的累积，增量是存量的源泉，二者之间必然会相互转化。存量资源可以解决增量问题，例如，使用一次补贴逐月支付房租；增量资源可以解决存量问题，例如，以未来收入作担保，一次贷款支付房价。在某种限定的条件下，两种资源并非绝对有益，甚至可能成为负担、障碍或直接成为灾难。

第六，公平和效率可以一致起来。至少住房改革的经验可以从正负两个方面证明，效率以一定的公平为前提。这特别表现在对已有住房资产的处置上，越是贯彻按劳分配原则，越是容易实行市场价格，越是能够更迅速地实现体制转轨。贵州省 1999 年从贵阳开始实施新的较为彻底的住房改革方案，当年该市的住房投资增长了 187%，全省的住房投资增长了 90.7%，对整个经济发挥了巨大的拉动作用。如果不是给广大中低收入职工以两种补贴，他们不会有那么大的积极性和可能性来动用自己的储蓄并寻求借贷来购买住房；如果不是启动出如此规模的需求，开发商和建筑商也绝不会如此大幅度地增加住房供给。曾经也有担心，打破行业和单位界限对公有住房存量资产的公平分配可能会引起相当多既得利益者的反对，然而迄今的多次随机调查都显示，大约 95% 左右的居民对此方案赞成和认可。

（本文发表于《经济研究》2000 年第 9 期）

农村经济与农村发展

对我国农业发展战略问题的若干看法

翁永曦　王岐山　黄江南　朱嘉明

一

研究我国农业发展战略问题，首先需要对农业发展背景、农业基本状况和农村经济形势有一个清醒的估计。

我国农业近、中期发展面临的情况是：国际范围的能源高价格，全球粮食产需矛盾尖锐，国内农业现代化与工业现代化同步，以及整个国民经济结构严重失调，资金和能源短缺。

目前国际能源市场上，每桶石油的价格在30—40美元之间浮动。今后一个时期供求关系不会有大的缓解。显然，我国未来经济的发展不能借助于进口能源。能源涨价同时影响我国进口和出口两个方面，从石油出口中所增加的收益，不能补偿粮食和制成品等进口支付的增加。

据联合国粮农组织预测，1985年世界各地可供出口的粮食为3700亿斤，而仅亚非拉地区就缺粮4000亿斤。国际市场粮价虽在一定幅度内有升降，但从长远看，仍然坚挺，且有继续上涨的趋势。利用进口粮食来补充国内不足，既受到外汇支付能力的限制，也受到国内港口和运输设施负荷能力的限制。

我国目前仍处于本民族工业化的阶段，国家还没有能力将大量资金返还农业。相反，农业却必须在较低的生产力水平上以各种形式为国家工业化提供相当一部分积累，这样，用于农业生产资料更新和扩大再生产的资金积累就十分有限。然而，国家工业化的进程又依赖于农业的较快发展，这是一个尖锐的矛盾。尤其目前我国国民经济结构失调，资金和能源短缺，国家用于农业的资金将进一步削减，农用工业物资如化肥、柴油、煤炭、电力等，均远不能满足农业发展的需要。

加之有关部门对气象资料分析，20 世纪 80 年代以后我国气候有可能进入一个低温周期。冷暖气温虽然相差不过 1—2 度，但气候变冷意味着农作物生长所需要的无霜期缩短 10—12 天，有效积温减少 140—160 度，这对于我国长江流域以北地区的农业生产，将会发生一定影响。

再从我国农业本身的基本状况来看，也有令人必须正视的严峻的一面。

首先表现为基础脆弱：第一，人均生存资源占有量低。我国多种生存资源的每人平均占有量大大低于世界平均水平。例如，人均占有耕地为世界平均水平的 1/3，草原为 1/2，森林为 1/8，水资源为 1/4，能源为 1/2。第二，人均农产品占有量低。我们按人口平均占有的农产品，粮食为 650 斤左右，棉花为 5 斤，肉类为 23 斤，糖为 6 斤，油为 5.5 斤，水产品为 8 斤，还没有根本摆脱"糊口状态"。全国粮食一直很紧张。第三，生产条件差，生产手段落后，生产技术不高，生产者文化水平低。我国 15 亿亩耕地中，只有不足 7 亿亩灌溉面积，其中高产稳产田仅占 3.4 亿亩，平均每人 3 分多点。我国农业抗御自然灾害的能力还比较弱，生产手段中人力畜力所占的比重很大，相当多的地区还是沿用传统耕种技术。农民文化水平很低。青壮年农民中许多是文盲。

其次表现为潜伏危机。

第一，生态危机。西北黄土高原、内蒙古高原的中西部水土流失严重，自然生态和经济上的恶性循环，交互作用，一时难以改变。黄河下游河床淤积加重加快。现在黄河下游河床每十年抬高一米，已成为"地上悬河"。全国农业生态环境遭受破坏比较普遍。

第二，资源危机。我国森林资源破坏严重，采育失调，乱砍滥伐至今未能得到有效控制。全国森林蓄积量 86 亿立方米，可采蓄积量约占一半，而现在每年实际采伐量达 2 亿多立方米。照此趋势，到 21 世纪初，极而言之，我国将面临无木可伐，无林可蔽的危险。我国草原破坏严重，草场退化、沙化速度加快。1949 年平均每个羊单位占有 100 亩草场，现在只有 40 亩，而且单位产草量也比 20 世纪 50 年代下降了一半左右。我国耕地少，可供开垦的宜农荒地资源有限，只有 2 亿亩左右。全国每年各类基建占用耕地达 1400 万亩，虽然新垦耕地在近期可以有所补偿，但其产量三五亩抵不上被占用的一亩良田。同时，地力衰退，土壤有机质含量下降情况也很普遍，影响农作物产量。我国淡水资源分布不均，华北地区、辽河地区水资源严重不足，已直接影响这些地区的工农业发展。目前华北平原已形成 30 个水位下降的"漏斗"，面积约 13000 平方千米。深层水"漏斗"中心水位每年下降 2—3 米，"漏斗"地区随着地下水位的下降，已更换了 4 次水泵，报废了许多水井。水资源紧张已成为国民经济建设中一个十分紧迫的重大问题。此外，我国农村能源也严重短缺。据 1980 年全国 29 个省（市、自治区）统计，严重缺烧的农户占全国总农户的 48%，即近 8000 万农户每年有 3—6 个月缺少生活燃料。农民不得不砍树搂草作薪，这就加剧了地力衰退、植被破坏和水土流失。

第三，我国农村人口增长有失控危险。目前正面临第三个生育高峰，如何控制农村人口增长，还没有切实可行的长期有效办法。到 20 世纪末，原定全国人口 12 亿的控制目标有可能被突破，多增长的上亿人口将带来一系列新问题。

上述潜伏危机，如果遇到不利的自然条件，就可能转化为现实危机。

我国农业也具有发展的潜力和优势：

一是资源、设备和设施可发掘的潜力较大。我国 15 亿亩耕地中，达到高产稳产的约 1/4，还有 8/4 处于中产或低产水平，后者中有灌溉条件的大约 3.4 亿亩，具备首先突破的条件。除了在种植业上继续量力而行地稳步调整棉、糖、油等作物的布局外，在农区、半农区大力营造经济林、速生用材林和薪炭林，发展畜牧业和养殖业；在南方山区、半山区积极发展速生用材林、木本粮油等经济作物，都是大有文章可做的。30 年来通过国家投资和社队劳动积累兴建的一大批骨干水利工程、初具规模的农机修造网和科技推广系统，尽管由于种种原因，过去未能发挥应有的效益，但只要采取正确的政策和措施，就能成为促进农业进一步发展的有利因素。

二是国土幅员辽阔，气候多样，应变能力强，人民勤劳、节俭，消费弹性大，这就使得我国农业在自然灾害面前有较大的承受能力和调节余地。

三是资源国有化和农业合作化，有利于国家和集体统一规划、综合整治和合理利用资源，在较大范围内改善生产条件和生态环境，并为农业最终摆脱自然经济状态、应用现代生产技术和生产手段，走向专业化和社会化，创造了良好的条件。

四是我国农业生产具有多种经营、因地种植、精耕细作和地力有机循环的好传统，这与农业未来发展的合理布局、集约经营、生态良性循环的方向是一致的，因而在向更高级的农业生产形态过渡时，无疑将比较自然，比较容易。

党的十一届三中全会以来，我国农村经济形势是令人鼓舞的，突出表现在以下三个方面：一是农业结构得到初步调整。林、牧、副、渔业受到重视，有所发展；经济作物的种植面积有所扩大，产量增长幅度较大。二是市场活跃。农副产品上市量显著增加，消费者选择的余地大了，城乡供求的紧张状态有所缓和。三是农民高兴。国家对农村采取的六大政策（即尊重生产者自主权和实行因地种植；推行多种形式的生产责任制；提高农副产品的收购价格；减免一些地区的税收和公购粮；发展家庭副业和开放集市贸易；在一个时期内稳定地、大量地进口粮食，以调整不合理的农业生产结构和使农民休养生息。）深受农民欢迎。农民收入普遍增加，生活有所改善，不少困难地区的农民能够吃饱饭了。农民有了较多的经济自由，生产积极性正在进一步发挥出来。此外，目前在农业部门和广大农村，人们的思想也正进一步得到解放。

综上所述，虽然我国农业自然资源比较丰富，活动舞台较大，但是在国内国外各种复杂因素的制约下，我国近、中期内难以具备将资源潜力全面转化为现实优势所必需的物质和技术条件，因此实际回旋余地是比较小的，以至于尽管我们认识到自然规律和经济规律，但在一些方面仍难完全按规律办事。例如调整农业生产结构，因地种植，要受到粮食不足的制约；而运用价格杠杆调节产需矛盾，又受到国家财力有限的制约。

对于上述某一制约因素产生的若干问题，我们可以倾国力去求得解决，但我们没有力量来同时突破所有矛盾形成的网状障碍。因此，我国农业生产的过关，农村经济的繁荣，将是一个长期的历史过程，不能寄希望于某一突破口的发现或某一措施的奏效而迅速摆脱困境。我们应该对自身立足的现实基础、对未来发展可能或必然受到的种种制约、对潜伏着的诸危机因素的复合作用、对使农村经济和农业资源中存在的潜力和优势转化为现实生产能力的主客观条件，有冷静、清醒的估计和恰如其分的分析。只有选择正确的发展战略，制订符合国情国力、有科学性和可行性的实施规划和阶段性方案，采取经济、政治、社会等方面的综合对策，全党全民、各个部门共同作出持续、艰巨的努力，才能在以往 30 年从 5 亿人口的饥寒状态达到 10 亿人口的温饱水平这一显著成就的基础上，去争取 20 世纪末 12 亿—13 亿人口的小康前景。

二

在分析我国农业的形势，现状、制约条件和有利因素，思考我国农业的发展方向时，国内外有一些提法可以给我们以有益的启发，值得重视。

第一，"只有一个地球"。自然界是一个不断运动变化、相互联系、有机循环的整体。在全世界人口以 2% 的年递增速度增长，每 35 年翻一番的情况下，地球显得越来越"小"，生活在这个星球上的居民之间的相互联系和依赖越来越深，国家内部以及全球范围的经济发展协调和环境保护也越来越重要。与此相联系，要看到"资源是有限的"。目前人们对自然物的索取速度远超过它的生长速度。而且相当多的索取方式，正在滥用和破坏现有的资源。

第二，"多层次和多样化"。人类对自然力的认识和利用程度是不平衡的，并由于自然地理和文明传统的不同，形成的生产力水平是多层次的。因此，为生产力发展水平所要求并受其制约的生产关系和社会关系，也必然是多类型和多样化的。有多样性，才有弹性，才有适应性，才有生命力。与此相联系，要注意"发扬优势，扬长避短"。各个民族有各个民族的长处，各个地区有各个地区的优势。根据自己的特点，挖掘现有的潜力，发挥本地的优势，顺应生产力社会化、国际化的经济发展总趋势，打通地区之间的经济文化联系，充分利用国际交换和地区交换的有利因素，是一个国家、一个地区迅速发展起来的基本立足点。

第三，"效率与公平"。不讲经济效率的社会"公平"，只能是分配贫困，无法摆脱落后状态。但是离开了社会公平的经济增长，也不能稳定和持久。如何以公平保障效率，以效率提高公平，是一个十分重要、十分微妙的基本课题。

第四，"有效地控制人口，是发展中国家经济起飞的一个关键问题"。在我国把近代科学技术和物质文明向 8 亿农民扩散，从形式到内容都是一个十分艰巨的任务。安排在农业现代化进程中必然要被置换出来的庞大的过剩劳动力也是一个相当困难的问题。在注意控制人口数量的同时，也要重视"智力投资，提高人的质量"。发达工业国家现在把教育称为教育工程，看作是生产的预备性阶段。把管理和技术视为现代化的两只轮子。建立智力优势，是一个民族在生存和发展中后来居上，立于不败之地的根本措施。日本、德国在第二次世界大战后迅速东山再起，雄踞世界前列，一个十分重要的原因就是，它们有长期的良好的教育基础和雄厚的技术力量。

同时，在研究我国农业发展的问题时，有以下几个关系值得探讨。

第一，潜力和优势的关系。我国农业发展具有很大潜力，但这种潜力转化为现实优势，需要一系列的条件。抽象谈潜力或优势并无实际意义。如资源的合理利用问题，就要做调查，分类排队，从中找出那些以较少投资就能较多较快地转化为现实生产能力的资源潜力，同时还要弄清楚为创造将来良好的生存环境和健全的生产发展必须预付的战略投资的方向和重点。既要讲究近期效益，也要兼顾未来，讲究长期效益。我们要在发扬综合优势下发扬诸小优势，在避大短下避诸小短；要在因国、因省制宜下来考虑因县、因社、因队制宜。某些在局部看来有经济效益的方针，在全局看来却未必可行。我们不仅要提出从技术角度来看具有科学性的建议，而且要研究这种建议在现实条件下的经济可行性和社会可行性。这里的根本问题是不在于人们愿意怎样做，而在于实际上人们只能怎样做。

第二，分力和合力的关系。我国是一个情况复杂、地区差异很大的国家，局部地区或一部分人，在其社会实践中，常常从本身利益的角度出发，把自己这个分力强调到某种极端。事实上在整个社会前进的过程中，各种分力相互交错、相互矛盾、相互抵消，任何一个单项分力都不可能得到完全的实现。正如恩格斯所说的："行动的目的是预期的，但是行动实际产生的结果并不是预期的。"[①] 他指出，"人们所期望的东西很少如愿以偿，许多预期的目的在大多数场合都彼此冲突，互相矛盾，或者是这些目的本身一开始就是实现不了的，或者是缺乏实现的手段的"。[②] 我们要善于抓住各个分力交互作用下最终决定民族前进和经济发展方向的合力线，并以此作为我们制定发展战略和方针政策的基点。只有这样，在考虑解决现实复杂矛盾时，才有可能避免"极端"，接近客观世界的内在规律。

第三，真理和谬误的关系。在总结农业发展的历史经验和教训时，不能把以往历史条件下某些符合国情的方针政策，放到今天的变化了的条件下来批判，也不能因为在执行方针政策过程中产生过一些偏差而否定方针政策本

---

① 恩格斯：《路德维希·费尔巴哈和德国古典哲学的终结》，《马克思恩格斯选集》（第四卷），人民出版社1972年版，第243页。

② 同上。

身。例如"以粮为纲，全面发展"，其基本内容，今天还是符合中国国情的，只是过去在"左"的和形而上学的思想影响下，用"以粮为纲"否定了多种经营。这个错误必须坚决纠正，但不能因此而否定粮食生产在我国农业生产和整个国民经济中所处的基础地位和重要作用。我国在 20 世纪 50 年代和 60 年代没有从西方国家大量进口粮食的国际环境，也没有可以大量换取外汇的剩余石油出口，大抓粮食生产是必要的。今天如果没有一年 200 多亿斤的进口粮作为缓冲，而把这个包袱压在农民头上，那么使农民休养生息和发展经济作物、搞多种经营的回旋余地显然要小得多。农田水利建设也是如此。过去水利建设中浪费较大，效益发挥不理想，这当然要吸取教训，引以为戒。但是不能轻易断言水利不该搞、搞糟了。我国人多地少，只能精耕细作，这就要求必须逐步创造高产稳产的生产条件。我们不能否认 1949 年以来增加的 5 亿亩灌溉面积，对改变我国农业生产条件、稳步提高农作物产量的重要意义。至今各地农村程度不同的增产或灾年少减产，也有历年来农业基本建设的不小作用。过去一些年劳动积累高了，没有量力而行，加重了农民的负担，并由于瞎指挥而没有能发挥应有的效益，造成了许多浪费，这个错误必须坚决纠正。但不能因此就否认在现阶段以及今后一个长时期，主要依靠集体劳动积累来改变农业生产条件的必要性。在国家还无力对农田水利基本建设投入大量资金，还无力全部或大部分担负自然灾害给农业和农村造成的严重损失的时候，提倡自力更生、艰苦奋斗的精神，依靠联合起来的集体经济的力量，抗御和战胜自然灾害，统一规划山、水、田、林、路、村，进行个体经济无法从事的较大范围的农业基本建设，努力创造高产稳产的生产条件，这个方针是正确的。在我们这样一个人口众多的大国、穷国，如果丢掉集体劳动积累，那将是十分危险的。

三

为了改变我国脆弱的农业基础，克服潜在的危机，化限制因素为促进因素，发挥自己的优势和长处，我们需要做好以下四个方面的工作。

第一，摸索和创造出既有集体统一经营的优越性，又能充分发挥生产者个人积极性的多种社会主义农村经济形式。

我国各地农村经济、文化差异很大，发展水平不同，决定了农村生产关系必然是多层次、多样化的。多年的经验教训证明，农民只有当家，才有责任心，才能在土地上绣花，才能向生产的深度和广度扩展，创造出为社会需要的丰富多彩的物质财富。集体经济是集体经营，不是集中劳动。在生产力发展的一定阶段，基于共同利益的经济联合，显然有其无可否认的积极有利因素。但如果片面地理解为集中劳动，特别是平均分配下的集中劳动，就必然会压抑生产者的劳动积极性，破坏社会生产力。

农业生产的显著特点之一是：劳动过程和生产过程不尽一致，农作物和牲畜的生产过程有相当长的时间是不需要人们进行劳动操作的自然生长阶段；它没有"中间产品"，只有"最终产品"。因此农业生产不像工业生产那样需要极为严密的分工和紧凑的协作。这些情况意味着农业生产有其适合个体经营、分散作业的一面。

同时，我们还要看到，我国是个大河流域的国家，为了抗御个体经营无法应付的洪、涝、旱灾和大面积的病虫害，为了进行达到高产稳产所必需的超越小生产地权界限的农业基本建设，为了在农业现代化进程中避免资本主义的兼并，为了采用现代科学技术和先进生产手段，为了逐步发展农村文化教育福利事业和有效控制农村人口增长，为了有效地利用自然资源和设备、生产合理布局以满足社会的综合需求，又要求农业劳动者组织起来，集体协作。这意味着我国农业生产又有其要求互助合作、集体经营的一面。

针对我国农村集体经济中以往存在的决策远离现场和生产者与经营者分离的弊病，农村经济管理形式改革的重点，一是要承认和保护生产者的自主权，从而解决经营决策和生产实践的统一问题；二是要建立和健全生产责任制，从而使生产者的活动与经营者的职能结合起来。目前，农村中实行的多种形式的"包产制"，利益直接、方法简便、作业灵活、责任具体，反映了农业生产活动和农村商品经济发展的内在需要，显示了极强的生命力。无论是集体经济比较巩固的社队健全生产责任制，还是包产到户、包干到户的地方出现的新的经济联合体，都具有统一经营、分别核算、联产到劳、专业承包的特点。我们应该坚持联合起来的方向和发挥集体与个体两个积极性的原则，提倡国家发展中的集体竞争和集体协作，以及集体发展中的个体竞争和个体联合。

为此，国家应该对个人、对集体在生产和经营上同样放宽政策，并使个人和集体对国家承担同等的必要责任。而目前的情况是，生产水平较高、集体经济较巩固的地区，承担了绝大部分农产品商品的征购基数，在自身发展中也受到现行体制的众多束缚。由于各种不同的生产责任制实际上不是在相同的条件下发展，这就使集体经济较巩固的社队往往不能充分发挥自己的优势，在实物和现金收入上反而较低，从而不利于集体统一经营的进一步巩固和发展，这是一个必须认真研究的新问题。

在选择生产责任制的时候，要继续高度重视农村人口的控制问题。20世纪 70 年代我们在控制农村人口方面取得的显著成就，是社会大力倡导、国家与集体采取必要行政手段和辅以一定福利措施的结果。我们无论实行哪一种责任制，都必须把大力促进物质生产与严格控制本地人口生产这两方面的要求综合考虑进去。任何放松后一方面努力的倾向，都意味着向未来借高利贷，给明天和后天加重包袱，是不可取的。

第二，研究和制定以资源普查和农业区划为依据的国土综合整治开发战略规划，以及阶段性的实施方案。

国土综合整治开发，包括农业资源的合理开发、矿业资源的开发和利用、工农业生产的合理布局、大江大河的防洪治理、国家生态基本建设、农村小城镇建设、公路网建设、国家农业商品基地建设等方面。

国家在这方面的农业资金投放重点，应是大江大河的防洪治理和水资源的开发利用，特别是七大江河的防洪治理和华北、辽河地区的水资源补给及合理使用；国家生态基本建设，特别是作为华北平原、中原地带生态屏障的黄土高原的水土保持和内蒙古高原中西部的草原沙化退化的综合治理；国家农业商品基地建设，重点应放在粮食、林业两个方面，发展粮食的重点在有灌溉条件的 0.34 亿亩中产田，降雨条件较好地区的低产田改造，以及发展有机旱作；林业的重点是东北林区的开发建设，南方速生丰产林基地，中幼林抚育和农区造林。

我国建设资金不足，用来发展农业生产的有限财力、物力的使用应做统筹优选，用到投入少、产出多、回收快、商品率高、对全局起关键作用的地方上去。因此，加强我国农业"中间地带"的建设具有十分重要的意义。

如果把东北平原、华北平原和长江中游平原看作我国东部与西部的"结合部"，亦即"中间地带"，那么这个地区就是我国农业生产潜力最大的中产地区。它拥有的耕地、人口和主要农产品产量均占全国的 40% 以上。这里的工农业基础、自然气候条件、生产技术水平和社会经济条件较好，但产量仅居全国中等或中上等水平。今后 20 年，国家把有限的财力、物力重点投放在这里，易于收到较好的经济效果。

在这条"中间地带"的东面，是包括山东省烟台地区、长江三角洲和珠江三角洲等农业经济最发达地区在内的我国东部地区。这里气候好，生产条件好，土地利用率高，生产技术水平高，农业商品率高，但生产成本也高。今后的任务是进一步巩固，在降低生产成本的基础上争取提高，但不宜作为今后 20 年国家大规模投资建设的重点。

在这条"中间地带"的西面，是包括青藏高原、黄土高原、内蒙古高原和若干大盆地在内的我国西部地区。其中除成都平原外，自然条件和生产设施一般很差，耕作技术水平低。特别是黄土高原和内蒙古高原中西部，水土流失严重，生态和经济都处于恶性循环之中。这个地区今后 20 年的主要任务，是采取综合措施逐步减缓和制止这两种交互作用的恶性循环。国家尚无力在这一地区进行大规模开发建设，但应将它列为国家生态基本建设的重点，拨出专项资金和物质，进行综合治理。在这条"中间地带"的南面，是包括热带、亚热带丘陵和少量平原在内的我国南部地区。这里自然条件优越，有几亿亩草山草坡可供发展林业、牧业和多种经营。特别是海南岛和西双版纳，是热带经济作物适宜发展的地方，自然和经济潜力都不小，可以有计划地重点开发、利用。上述关于今后 20 年我国农业建设重点的粗线条设想，可以表述为：巩固东部，稳住西部，开发南部，发展中部。

在这条"中间地带"里，东北以麦、豆、糖为大宗，华北以麦、棉、油为大宗，长江中游平原以稻、棉、油为大宗，各有优势。处于中段的华北黄淮海地区，拥有全国 1/5 的耕地和人口，具备交通便利、工业发达、分布着油田煤矿、中小城市密集、农业生产潜力很大等有利条件，是一块很有希望的地方，我们的屁股要坐在这里。但是这一地区的农村经济从整体来看，还处于温饱水平，需要一段休养生息的时间，特别是还涉及几大水系的综合治理和水资源短缺等一时难以解决的困难，因此，这个地区的大规模整治开发，宜放在 20 世纪 90 年代。处于"中间地带"北段的松辽、松嫩平原和南段的长江中游几块平原区，与全国其他地方相比，具有投入产出率较高的明显优势，适宜作为 80 年代国家农业商品基地建设的重点，以形成南北两只有力的拳头。这个想法可以概括为：北抓黑吉，南揽湘赣，先伸拳头，后抬屁股。

当然，这种粗线条的描述并不是绝对的。巩固东部并不意味着没有提高，稳住西部也不意味着在其中条件较好的地方不能先行一步，狠抓中产地区，具体到一个省、地、县，也要因地制宜而处。总之，这条"中间地带"建设好了，则全国农业一半以上的经济实力在握，从而为 21 世纪初大规模综合整治开发西部地区，奠定一个较为坚实的物质基础。

第三，在粮食产量稳步增长的同时，紧紧抓住多种经营的方向，大力发展农村商品经济，逐步使农村生产、加工、销售、服务诸业相应得到综合发展，使农民离地不离乡，就地富起来。

我国目前仍处于商品经济阶段。农村经济的商品化和专业化，是整个农业生产社会化、现代化的前提，也是经济结构调整、经济体制改革的重要条件。这是因为，不仅农业发展资金的相当部分要取之于农村商品生产和交换的发展，而且处于调整时期的我国工业的起步和发展，国家财政状况的好转，也在很大程度上取决于农村商品经济的发展。当前国家争取工业及财政状况好转，调整工业生产结构的一个重大战略措施是大力发展轻纺工业，而轻纺工业原料的 70% 来自农业所提供的各种商品。

谷物生产是整个农业生产的基础。人民饮食消费水平的每一步提高，都是以不断增加谷物的直接或间接消耗量为前提的。到 20 世纪末，我国人均肉、蛋、奶的消费水平有可能比现在增长一倍，然而，谷物仍将作为人民饮食消费无可取代的主体和基础，而有必要继续予以足够的重视。尽管如此，我们也不能把农业仅仅归结为种植业，把种植业仅仅归结为粮食生产。这种片面性引起了不好的后果——农业生产发展缓慢，农业路子搞得很窄，农民负担沉重、生活拮据，一些地区的生态系统渐趋恶化，人民的食物构成搞得很单调，这是一个严重的教训。立足于"大农业"进行的多种经营，相对于单纯种植粮食来说，商品率高，生产专业化分工领域广，安排就业人员多，资金积累速度快，有利于推动农村商品经济发展。传统多种经营的发展，又将开辟新的需要和领域，逐步创造出多种多样的脱离土地的就业机会，进一步激发在农业中应用先进技术和装备的内在需求，从而使对整个农业的技术改造由可能变为现实。另外，随着农民货币收入的增加和各种专业化生产形式的出现，农民会对物质、技术和文化产生丰富多彩的需求，而这种多样化的需求又会反过来促进农民生活、生产和思想的改造和变化，从而成为整个农村进步的内在推动力。

目前农村广泛实行的各种形式的生产责任制，凡行之有效、增产增收、受到农民欢迎的，都是在不同程度上实行了生产者与生产资料的紧密结合、生产者的活动与物质利益的紧密结合。在这些地方，随着剩余农产品数量和种类的增多，商品经济开始活跃和发展起来。应该看到，无论是个体经营还是集体经营，只要坚持承认生产者个别利益和自主权的原则，调动积极性，努力提高产品的商品率，都能促进农村商品经济的发展，并非只有个体经营才适合于发展商品经济。集体经济作为一个具有独立经济利益的"法人"生产者，只要内部健全责任制，肃清"左"的影响，调动社员个人积极性，也一定能在商品生产和交换中发挥自己的独特优势。

交通运输和商业供销是发展农村商品经济的重要环节。缺少这两个环节，农产品就根本不可能成为商品，小农经济的自给状态和贫困落后面貌就不能从根本上打破和改变，农村就无法富起来。"要想富，先修路"。山区社队要修路，国家也要投资修路。要大力发展为农业服务、沟通城乡和各个经济区域的交通运输网。此外，农村经济的发展，对现行行政、工商、金融管理体制也提出了改革的要求。如不进行改革，跨部门、跨地区、跨自然村落的经济联合将受到阻碍；并由于流通环节的堵塞，将使农业生产者在加工和销售农副产品、购买农用工业品和取得生产资金等方面，都受到很大限制。我们的任务，就是要发现苗头，促进联合，健全流通；因势利导、由点到面地逐步进行有关体制的改革，并建立起地区性和全国性的农产品市场预测和情报系统，以取得指导农村商品经济健康发展的主动权。

第四，努力开发农村智力资源，充分发挥科学技术对农业发展的推动作用。

教育事业的发展，各种专门人才的培养，农业生产者文化科学技术水平的普遍提高，对农业现代化将起决定性的作用。先进国家与落后国家在劳动生产率上的巨大差距，直接反映出两者在文化上的巨大差距。国家应该增加智力开发投资，根据国力逐步提高农业科研、教育方面投资的比重，以保证培养足够数量和较高质量的农业科技人才，提高农业科研水平，尽快改变目前的落后、被动状况。同时，还要增加农民业余教育经费，重点放在青壮年农民的扫盲、技术普及和农村管理人员、技术人员的培训上。必须提高农口职工、干部和技术人员的待遇，制定把人才吸引到农村、农业上来的经济措施和有关政策。

中华人民共和国成立以来，我国农业科研机构和实际工作部门在农业耕作、栽培、灌溉、良种（包括林、牧、渔）、施肥、植保等技术方面都有许多行之有效、增产增收的成功突破。但由于农业领导体制、思想和方法上的官僚主义，以及其他方面的一些原因，大部分没有得到推广应用，这是一个很大的浪费。许多地方的实践证明，只要将种子提纯复壮，即能增产10%，若有适合当地自然条件的新品种，则一般能增产20%以上。在现有的成功技术和不断出现的新技术的推广应用上下功夫，天地十分广阔。四川省试行农业科研和技术部门与生产单位签订"推广技术联产合同制"，一方面将科研技术事业单位引入经济领域，成为生产过程的重要环节，直接参与创造物质财富并获得经济收益；另一方面使科研成果应用于实际生产的周期大为缩短，签署合同的直接生产单位都有幅度不同的增产增收。这个崭新的突破，具有重要意义。今后一个时期，一方面要充实农业技术推广机构，加强科学研究和技术推广部门与物质生产部门的联系；另一方面，农业科研单位要改变过去某些脱离实际的倾向，除必要的基础研究课题外，重点应放在应用性研究和推广措施上。对于那些当前生产中提出的紧迫课题，如木本粮油、单细胞蛋白、旱地作物、耐旱抗寒品种、粮食储运和营养强化等方面的研究，应予以充分的重视和加强。这不仅对于保持目前农业发展的较好势头具有现实促进意义，而且将对改善我国农业发展的中、长期前景产生良好的影响。

在现阶段，我国的农业机械化应侧重五个方面：（1）围绕着提高农作物单位面积产量的各种生物技术措施的实施要求；（2）抓住提高作业精度（如播种、间苗、点肥和收割）、争农时季节、粮食烘干保管等能增产节约的关键环节，并考虑减轻劳动强度的需要；（3）适合不同地区林业、牧业、渔业和经济作物的生产特点和需要；（4）满足农村对大量运输机械的迫切需求；（5）切实加强对农机的管理、使用，搞好技术服务、零配件供应和人员培训、提高农机完好率、利用率和节油率。农业机械化的发展速度，必须与整个国民经济的发展水平相适应，与农村多种经营和社队企业的发展保持协调，使从农田上解放出来的劳动力，能及时转移到农村其他经济部门中去。总之，要坚持走分阶段和有选择性的农业机械化的道路，为21世纪初叶实行全面的农业机械化创造条件。

在农业技术上，我们要以高级技术引路，"适宜技术"为主，逐步建立起符合中国特点的农业经济技术结构。

我国人多地少、经济落后。无论是农业生产的发展，还是社队企业的发展，无论是考虑开辟新的生产领域，还是为提高劳动生产率而考虑采用某种技术和装备，都应尽量符合下述要求：应用本地资源，有稳定的销路，适于安排就业，便于农民掌握，消耗较少矿物能源和原材料，价格比较低廉，国家能够大量生产、保证供应，适应现有外部生产条件，以及减少环境污染，有利于生态平衡，等等。这就是"适宜技术"。它的应用地区广，相对效率高，所走弯路少。同时还要摸索和发展农村中那些机械化难以代替的，国际、国内市场有大量和稳定销路的，手工劳动技术附加价值高的各种类型的产业，使我国农村尽快富起来。

要逐步实现政策制定过程的科学化、民主化，加快建设情报信息、统计分析、市场预测系统，避免重复那种"情况不明决心大，心中无数办法多"的历史教训。

今后几十年内，如果我国农村在生产关系方面，以多样化的经济组织形式适应多层次的生产力水平，把集体经济的优越性与生产者的劳动积极性很好地结合起来，在群众自愿互利的基础上，把多种形式的经济联合由低级引向高级；在生产技术方面，摒弃传统农业分散守旧的弊病，发扬精耕细作、多种经营、地力有机循环的长处，吸收现代西方工业式农业高效率的优点，采用小型、简易、多用、低价、节能、高就业的"适宜技术"，有步骤、有选择地实现农业机械化，依靠集体经济力量稳步改善农业生产条件，走灌溉农业与有机旱作并举的道路；在生产结构方面，建立起农、工、商多产业并存，人与生物圈和谐共生，农、林、牧有机结合的农村经济结构和农业生产结构；在社会生活方面，随着生产的发展，逐步提高农民的消费水平、健康水平和文化教养，那么就是找到了一条少走弯路，以较快速度前进的农业发展捷径。

使 8 亿农民摆脱贫困、共同富裕，使广阔的农村走向繁荣，进而使整个中华民族置身于世界先进国家之列，这是一项伟大的事业，是一个规模宏大的实验。我们把自己不成熟的看法提供出来，参加关于我国经济发展战略问题的讨论和研究，希望得到指正和交流，并将为此继续不懈地作出自己的努力。

（本文发表于《经济研究》1981 年第 11 期）

农业实行包干到户是我国
经济体制改革的前奏

于祖尧

党的十一届三中全会以来，包干到户已经逐步发展成为我国农业的主要经营形式。目前实行这种联产承包制的生产队，已占生产队总数的 70% 以上。

包干到户出现以来，迸发出巨大的活力，它使我国农业生产摆脱了长期徘徊的局面，促进了农业从自给半自给经济向商品经济转化，加快了农业现代化的步伐，开拓了农民治穷致富的道路。农村经济全面繁荣的美好前景已经展现在我们面前。

农业实行包干到户是我国经济体制改革的前奏。现在，方向已经明确，航道已经开通。我们面临的任务是，以农业改革为先导，全面而系统地、坚决而有秩序地，经过试点、分期分批地改革其他行业和整个国民经济体制。

一　包干到户是新型的农业合作经济模式

包干到户是建立在农业基本生产资料公有制基础上的、按户核算、分户承包经营的社会主义合作经济形式，简言之，即队有户营经济。同其他社会主义农业经济形式相比，具有以下特点。

第一，土地或其他生产项目实行分户承包经营，把基本生产资料的公有制和家庭经营结合为一体。

实行包干到户，土地、大型工程设施和大中型农机具仍归生产队集体所有。农户承包集体耕地，不得出卖、转租、不准占耕地建房，但拥有土地的使用权，并可投资。合同外追加投资的收入，归承包户所有。生产队凭土地所有权，从农户的劳动成果中收取集体提留。土地所有权和使用权的分离，使生产队和农户的关系发生了变化。生产队是以生产资料所有者的身份同作为土地等生产资料承包者的农户发生关系。

第二，经营管理实行分权，统一的计划领导和农户的自主经营相结合。

在人民公社"政社合一"的体制下，国家对社队实行单一的指令性计划调节，生产队则根据政府下达的计划组织生产、安排农活。实行包干到户后，国家下达的指令性计划指标限于主要作物的播种面积、征购和派购数。生产队根据国家下达的任务和当地条件，通过合同将计划指标落实到户。这样，农民同生产队和国家之间的关系，就由单纯的行政隶属关系变成了具有商品性质的平等的契约关系。生产队不再是农业生产和经营的全面组织者，它的部分职能已转移给农户。农民则由集体经济中的劳动者转化为具有较大经营自主权的相对独立的商品生产者。

第三，劳动成果的分配和各自的责、权、利相结合，按劳分配和按资金分配相结合。

农民把包干到户的分配方式概括为："交足国家的，留够集体的，剩下是归自己的。""归自己的"部分已经不是纯粹的按劳分配。在量上这部分要大于原来按工分分配的报酬。它包括农民为自己劳动的必要产品价值；补偿农民个人投入资金和劳动的部分；留给农户用于扩大再生产的追加投资部分。可见，"归自己的"部分是不能同按劳分配条件下的"标准产量"混同的。从质的方面看，劳动是"归自己的"收入的主要来源，但各户拥有的工具、装备和资金也是影响农户收入的重要因素。在合同期，集体提留和农业税是已定量，"归自己的"部分则是可变量。因此，这就能鼓励土地承包者追加投资，提高劳动生产率，从而取得额外收入。农户对所承包的土地在合同期内拥有排他性的经营权。

总之，实行包干到户，既坚持了基本生产资料公有，又保留了家庭经营形式；既坚持了统一的计划领导，又保障了农户的经营自主权；既坚持了多劳多得、少劳少得，又不排斥按资金分配；既能充分调动农民增产增收的积极性，又能兼顾国家和集体的利益。用农民的话说，包干到户解开了长期捆在他们身上的三根绳索："大呼隆"（劳动组织）、"大概工"（劳动报酬）、"一大二公"（集体经济模式），从而把生产力从旧体制的束缚下彻底解放出来。

二 包干到户有旺盛的生命力和广阔的发展前途

包干到户既适应我国农业生产力的现状，又能够适应生产力进一步发展的要求。

实行包干到户之初，有人曾断言："一年快，二年慢，三年就完蛋。"事实的发展和这种判断相反，包干到户现在依然保持着旺盛的生命力，作为一种新型的合作经济模式，正在不断地克服前进过程中遇到的矛盾，日益趋向完善。它消除了"科学种田"的障碍，为农业的技术改造增添了动力，使我国农民精耕细作的传统与现代农业科学技术相结合，促进农业迅速发展；它调动了广大农民的积极性，解决了农村中大量的人没事做和大量的事没人做的矛盾，为农业的综合全面发展提供了可能；它为农业的资金积累开辟了新的途径，农民个人成为直接提供积累的重要力量。因此，包干到户能够促进生产力以比旧体制下更快的速度稳步增长。

农业生产的专业化、社会化，是生产力发展和农业现代化的必然趋势。公有户营的合作经济能否适应农业现代化和社会化的需要，这是决定包干到户的前途和命运的关键问题。

当代发达的资本主义国家，早就实现了农业现代化。同工业一样，农业已达到高度专业化和社会化的程度。但是，在这些国家中，家庭农场至今在数量上仍占绝对优势。家庭农场占农场总数的比例，法国为80%左右，美国约占89%，日本为91%。家庭农场能够在大资本的压迫下生存下来，不能证明"小农经济稳固论"正确。因为现代家庭农场和个体小农经济是有区别的：它不是"小而全"的自然经济单位，而是建立在现代生产技术基础之上；生产经营已经高度专业化，从生产到消费已经完全商品化；它构成社会化分工体系的一个环节，并建立了各种形式的合作经济组织，彻底摆脱了自然经济痕迹。可见，现代家庭农场已经不是原来意义上的小农经济，而是实现了现代化、专业化、商品化的家庭私有经济形式。

当代发达资本主义国家中，家庭农场能够适应社会化生产而存在的事实，使我们想到：无产阶级在夺得政权后，有可能在实行土地等基本生产资料公有化的条件下，保留家庭经营，通过专业化和社会化，把户营经济的生产和流通纳入计划经济的轨道，并在这个基础上，按照有利于生产和自愿互利的原则，发展各种形式的经济联合体，引导农民走上合作化道路。这样做可能更符合生产关系一定要适合生产力性质规律的要求，从而避免"穷过渡""大锅饭"所造成的恶果。无视生产力的决定作用，把合作化和集体劳动、统一核算、平均分配画等号，既不能迅速发展生产，也不能消灭普遍贫困。

目前我国农村队有户营经济，多数还没有完全摆脱"小而全"的状态。但是，随着生产的进一步发展，我国农业会实行分工和专业化。目前农村中出现的各种专业户、各类生产前和生产后的专业服务组织以及多种多样的经济联合体，正是反映了生产力发展的客观要求，有着广阔的发展前途。可以设想，我国农村经济结构的前景将是：公有户营经济是长期坚持的基本制度，小而专的家庭经营将成为农业的主要经济形式，按照专业化和协作的原则建立的各种产、供、销联合体将得到广泛发展。

在社会主义制度下，户营经济是能完全避免产生两极分化的。例如，南斯拉夫从 20 世纪 50 年代开始，探索不同于苏联集体农庄的改造小农经济的途径，鼓励个体农民加入供销性质的综合农业劳动者合作社，广泛发展社会所有制的农工商联合企业和农场同个体农户建立各种形式的联合。目前南斯拉夫全国有个体农户 260 万户，拥有全国 84.6% 的耕地，96.2% 的农业劳动力，但大多数农户都已同社会所有制的农业企业建立了各种形式的合作关系，通过这种合作经济纳入了社会主义的社会化生产轨道，南斯拉夫农村并没有出现阶级分化的严重局面。我国安徽省实行包干到户后，农民生活由普遍贫困走向共同富裕，贫富差别不是扩大而是缩小。滁县地区，超支户在总农户中的比重，由 1979 年的 34% 下降到 1981 年的 2.4%。凤阳县最高收入户与最低收入户之间人均纯收入的比例，1977 年为 88 元和 6.4 元，相差 12 倍；1980 年，为 668 元和 168 元，相差只为 4 倍。

实践证明，个体经济两极分化并不是普遍的绝对规律。个体经济在人类历史上已经存在了几千年，只是到近代封建主义解体、资本主义产生之际，才出现两极分化的趋势。这是由于，一方面资本主义商品经济的洪流冲垮了小农经济篱栅，他们被无情地卷进了市场漩涡，另一方面资产阶级采取经济的和暴力的手段来加速其解体。到了现代，由个体小农经济演化来的家庭农场虽不能摆脱对大资本大农场的依附地位，同样要受资本主义经济规律的支配，但也显示了与大资本抗衡的力量。在社会主义条件下，两极分化不仅是可以避免的，而且也最终消除了产生分化的根源。

三　农业改革是我国经济体制全面改革的先导

农业改革的发展引起了连锁反应，猛烈地冲击着工业、商业、文教、科学和整个经济体制。现在已经出现了"农村包围城市"的形势。

包干到户是新型的合作经济形式和经营方式，它要求建立与之相适应的经济管理体制，决不能重新纳入旧体制的框框走回头路。否则，在经济上一定会导致农村生产力空前严重的破坏，在政治上将使我们失去农民这支人数最多、最可靠的同盟军。我们必须逐步完善农业经济管理体制，并以此为突破口，进一步推动商业、工交、科教以至整个经济体制的改革。

农业改革对其他行业和整个经济体制的改革，具有普遍意义。

首先，包干到户突破了政社合一体制，它要求实行政企分治，按照社会化生产的特点组织生产和经营。

农村人民公社实行政企合一的体制弊病很多。农民说，"县委书记是队长，一切是书记说了算"，束缚了广大农民的积极性和主动性。政社合一同集体所有制的性质和职能是对立的。实行包干到户，使农村合作经济组织摆脱了隶属于基层政权的依附地位，把农户、集体和国家之间的关系变为责、权、利平等的经济关系，任何一方都没有只行使权力、享受利益而不履行义务和责任的特权，这就从组织上、法律上和经济上充分保障了农户和集体的经营自主权。而且，实行包干到户，农民要求按照社会化生产的特点和自愿互利的原则，发展跨社队、跨行业的专业化和协作，这就势必要冲破行政组织和行政区域造成的互相割据的封闭局面。

我国国民经济各部门，无论是国营经济或集体经济，基本上都实行政企合一的制度，生产和流通按行政区域和行政系统组织，企业分别隶属于各级政府，它们的财政收支直接同企业的利润挂钩，主管部门对企业发号施令，但对企业的盈亏不承担责任。实践证明，政企合一弊多利少，它不利于实行全面的经济核算，不利于按社会化生产和经济区域发展专业化和协作，又造成"官企"蔓延，既不利于政权建设，也不利于改善企业的经营管理。政企分治，势在必行。农业的改革，为此提供了经验。

其次，实行包干到户突破了以单一的指令性计划调节为特征的计划体制，它要求按照队有户营的合作经济性质和农业生产的特点，实行计划调节。

社会主义农业必须实行计划经济，这是确定无疑的。现时，对关系国计民生的农产品的产销，国家应当下达一些指令性的指标，这也是必要的。但是，正如党的十二大的报告中指出的："为了使经济的发展既是集中统一的又是灵活多样的，在计划管理上需要根据不同情况采取不同的形式"，"要正确划分指令性计划、指导性计划和市场调节各自的范围和界限"。[①] 长期以来，我们对农业实行单一的指令性计划调节。这种计划体制同合作经济的性质是对立的。指令性计划适用的范围和界限首先决定于被调节对象的所有制性质。运用指令性计划调节生产，实质上是生产资料和产品的所有者行使所有权和支配权。由于是所有者，因此他有权按照自己的意志支配属于他所有的生产资料；由于要在经济上对被调节者的盈亏承担责任，因此才能支配生产资料和劳动力。如果对其他劳动者占有的生产资料实行强制性的计划调节，但又不承担由此而产生的经济后果，那么，这无疑是对其他劳动者利益的侵犯。恩格斯早就指出："当我们掌握了国家权力的时候，我们绝不会用暴力去剥夺小农（不论有无报偿，都是一样）"，"我们不会违反他们的意志而用强力干预他们的财产关系"。[②] 所以，从原则上说，合作经济是排斥指令性计划调节的。同时农业生产的特点也限制了指令性计划应用的范围。农业生产和工业不同，它的劳动对象是有生命的动物和植物，劳动生产物有其自身的发育规律；农业的生产过程直接受自然力的作用，人们的生产工具和技术只能适应自然条件及其变化的规律对动植物的成长施加影响；任何先进技术措施和生产工具都必须依靠劳动者因时因地因物制宜地实施，才能发挥有效的作用。当前我国农业生产力水平低，基本上实行手工劳动。因此，任何科学的指令都难以精确地估计到各种自然条件的变化，任何指令性计划都不能代替农业劳动者的能动性和自主性。

目前，我国农村把普遍推广合同制作为改革农业计划管理体制的重要环节。首先，合同规定了国家、集体、农民各自承担的义务、责任和权益。任何一方不履行合同，都必须追究法律上和经济上的责任。农民有权拒绝合同外的义务。这就从上下两方面防止了瞎指挥。其次，合同既能充

---

① 《全面开创社会主义现代化建设的新局面》，人民出版社 1982 年版，第 23、24 页。

② 恩格斯：《法德农民问题》，《马克思恩格斯选集》（第四卷），人民出版社 1972 年版，第 310、311 页。

分保障农户的经营自主权，又能有效地保证国家对农业实行计划调节。与指令性计划不同，合同并不详尽地规定农业生产的各项具体指标，而只规定农产品的统购、征购、派购数和农业税金等。指令性计划范围虽然缩小，但农业的计划性并未削弱。因为只要落实了这些指标，国民经济其他部门和人民生活对农产品的需要就有了保证，粮食和其他经济作物的播种面积就不会任意扩大或缩小。再次，合同统筹兼顾国家、集体和农户三方面的利益。它把国家、集体和个人三者的利益、权力和义务用法律的形式加以规定，既可避免高指标、高征购、高提留，又可防止分空吃光，只顾吃饭，不搞建设。合同有多种内容，不仅有生产合同，还有农用生产资料供应合同和农产品购销合同等。各种合同互相联系、互相制约，形成合同网络，这就能把农业生产各个环节和农村经济各个方面纳入计划轨道。合同制能将指令性指标、指导性计划和经济杠杆的作用结合于一体，能够比单一的指令性计划更有效地发挥计划调节的作用。农业的这一经验也可供其他部门改革计划体制时参考。

再次，包干到户突破了社会主义经济经营形式单一化的模式，搞活了经济，也为其他部门的改革指出了方向。

在一定的生产资料所有制基础上形成的经营形式，是生产关系的重要方面。在人类社会早期，生产资料的占有关系是简单的。随着社会分工和商品经济的发展，生产资料占有关系趋向复杂化，所有者不直接从事生产经营，从事生产经营的不一定是所有者。同一所有制因其所有、支配、使用关系的差别，可以表现为不同的经营形式。经营形式多样化是生产力发展的必然结果。

关于社会主义公有制是否存在多种经营形式的问题，马克思主义创始人的回答是肯定的。恩格斯曾说过，在过渡到完全的共产主义经济之前，"由劳动人民实际占有一切劳动工具，无论如何都不排除承租和出租的保存。"[①]十月革命后，列宁制定的新经济政策有两项重要内容，一是实行租让制，二是将国有化企业改行经济核算制，即独立核算、自负盈亏。但是，长期以来，经济学界传统的观念认为，在所有制改造基本完成后，公有经济的经营形式便趋向单一化，只能国有国营、社有社营、队有队营。在"左"的思

---

① 恩格斯：《论住宅问题》，《马克思恩格斯选集》（第二卷），人民出版社1972年版，第545页。

想影响下，甚至把主张实行多种经营形式的观点斥责为"瓦解公有制"。实践证明，经营形式单一化不利于搞活经济，不利于人尽其才、物尽其用、地尽其力。

农业实行包干到户首先实现了社会主义经济的经营形式由单一化到多样化的转变，其他行业和部门改革经营形式也势在必行。1956 年后，我国合作商业普遍实行所有制的升级过渡，小工业和手工业的所谓"大集体"也按国营的办，因此流通领域先于生产领域实现了国营化，城市先于农村实现全民化。单一的国有国营形式，窒息了劳动者的积极性，也给群众生活造成了不便。零售商业、服务业和手工业的生产力状况和农业相似，经营方式与农业相近。因此，可以根据情况推广农业的经验，有的可以实行以税代利、自负盈亏，有些可由职工集体承包，有些适宜个体经营的可改为个体户或合作经营。各地试点的经验表明，这是根治"官商"顽症的一剂良药。

再次，包干到户突破了旧的分配模式，消除了"铁饭碗"和"大锅饭"的弊端，为国营经济改革分配制度提供了有益的经验。

实行包干到户，劳动依然是农民谋生和致富的源泉，但它还不是马克思设想的那种标准的按劳分配模式。如果我们承认生产力对生产关系的决定作用，承认生产力现状决定了现阶段社会主义经济形式和经营形式的多样性，那么我们就应当把这一历史唯物主义观点坚持到底，承认生产力对现阶段分配方式的决定作用，承认分配方式必然随着生产力的发展而变化。马克思在谈到"自由人联合体"中生活资料的分配时就指出："这种分配的方式会随着社会生产有机体本身的特殊方式和随着生产者的相应的历史发展程度而改变。"①

包干到户既不同于工资制，也不同于劳动日制：第一，它适应公有户营的特点，既坚持集体提留，但又不搞集体平均分配。生产队已不是统一分配的单位。"归自己"的部分已经没有统一分配的过程。分户设"灶"消除了统一分配难以避免的平均主义。第二，它把劳动报酬同个人劳动成果直接挂钩，不搞"旱涝保收"，但能保证多劳多得。在合同期内，上交国家和留给集体的部分是固定的，"归自己的"部分则随投入劳动量的多少而变动。如果剩余劳动时间（即为集体劳动）已定，劳动者则可用延

---

① 马克思：《资本论》第一卷，人民出版社 2004 年版，第 96 页。

长劳动时间的办法，增加必要劳动时间（即为自己劳动），从而增加自己的收入；如果劳动日的长度已定，剩余劳动的绝对量已定，劳动者则可用提高劳动生产率的办法，相对地改变劳动日两部分的比例，增加自己的收入。大包干不存在个人收入封顶的问题，所以能充分调动劳动者的积极性，挖掘增产增收的潜力。第三，大包干把农民、集体和国家三者的利益、权利和义务用合同的形式规定下来，任何一方实现自己的物质利益，都必须以履行自己应尽的义务为前提；各方行使自己的职权，都必须在经济上和法律上承担由此产生的后果。因此，大包干能统筹兼顾国家、集体和农民的利益。

吃"大锅饭"实际上是一部分人无偿占有他人劳动成果，这是旧体制的痼疾。其他行业要革除"大锅饭"，奖勤罚懒，应当参照农业的经验，把劳动成果的分配同各自承担的义务、行使的权力和享有的利益结合起来，企业可实行利润递增包干或以税代利，职工可实行多种形式的浮动工资制。

最后，实行包干到户促进了农业经济商品化，推动了生产专业化和联合，最终必然导致自给半自给的自然经济体制解体。

长期以来，我国农村一直不能摆脱"大而全""小而全"的自然经济体制。按行政区划建立社队，打乱了历史上形成的经济区域，切断了地区间、行业间的横向联系，限制了专业化和协作的发展；"以粮为纲"的单一经营方针，阻碍了多种经营和商品生产，使社队不能因地制宜充分发挥各自的经济优势；政治上把发展商品生产视为异端，严禁农民"弃农经商"。这种排斥分工和交换的自然经济体制，是造成农业经济效益低下、生产徘徊不前、农民生活贫困的重要原因。

实行包干到户决不是要回到"小而全"的自然经济体制去。目前，家庭经营还不能立即改变"小而全"的状态，但它为实现农业生产的专业化、社会化、商品化提供了必要和可能。各地涌现出一大批专业户和各种形式的联合体，就是专业化、社会化、商品化大农业的雏形。

农业经济体制和经济结构的改革，已经对其他部门产生了巨大的压力和动力。不克服"部门所有制""地区所有制"与社会化生产的矛盾，不消除各部门、各地区、各企业"小而全""大而全"的状态，不大力发展商品生产和商品交换，要提高经济效益和加快建设速度，是不可能的。

中华人民共和国成立以来，我国农业的发展经历了艰难曲折的道路。经过长期的实践比较，广大农民选择了包干到户，这决不是偶然的。现在，农业改革对其他部门产生越来越大的推动力。不能设想，农业实行包干到户后，其他部门的体制和整个经济体制可以依然故我，把互相联系、互相制约、组成国民经济整体的农业和其他部门，置于两股背道而驰的轨道上。农业大包干既适应生产力现状，又能适应生产力发展的趋势，其他行业也不能无视生产力的决定作用。农业改革反映了社会主义有计划的商品经济的规律的要求，其他行业也不能违背这个趋势。其他部门和整个经济的体制要以农业为先导进行改革，这才是正确的出路。

（本文发表于《经济研究》1983 年第 3 期）

论国民经济结构变革
——新成长阶段农村发展的宏观环境

中国农村发展问题研究组

1. 我国国民经济的新成长阶段将以结构变革为中心。[①] 为了认识农村发展所面临新选择的环境、条件、应当实行的政策及其可能的后果，需要为经济结构的重大变化提供一个连贯的分析。

通常伴随经济增长引起的结构变革，几乎都会引起全部重要的经济过程、经济变量及其相互关联的深刻变化。对于不同的收入水平而言，结构变化又具有不同的特征。因此结构分析不能不涉及经济领域内纷繁复杂的诸方面。为了便于把握，本报告首先刻画在新成长阶段的结构变革中我国经济资源配置的最显著趋势——农业在国民经济中份额的下降。

一 农业份额下降：我国国民经济新成长阶段结构变革的主线

2. 人们早就注意到随产业革命深入而出现的农业份额下降，即农业在国民经济中比重下降的事实。[②] 特别是在从低收入水平向中等发达水平的演进中，农业份额下降更具有无可辩驳的统计确切性和显著性。

据世界发展指标，全部低收入国家的农业产值占国内生产总值（GDP）

[①] 中国农村发展问题研究组：《国民经济新成长阶段和农村发展》，《经济研究》1985 年第 7 期。

[②] 张培刚：《农业与工业化》（上卷），华中工学院出版社 1984 年版。

的比重, 1960 年为 49%, 1980 年降为 37%, 农业就业比重则从 77% 降为 72%。下中等收入国家这两个指标的下降幅度更大一些, 分别为 14 和 15 个百分点。[①]

3. 在走向中等发达水平的过程中, 农业份额下降, 比起经济结构诸多其他方面的变动来, 和人均国民生产总值(GNP)增长之间的相关程度更高, 从而能够更准确地度量一国经济结构变动的程度。据 H. Chenery 和 M. Syrquin 的"发展模型", 在人均 GNP 100—1000 美元区段, 食物消费份额的下降最为明显, 与收入水平变动的相关程度最高(测定系数 R^2 为 0.82), 各国的一致程度也最高。而正是食物消费份额的下降, 通常都引起需求结构中其他一些变量的如下变化: 个人消费比重下降(其中非食物消费比重上升), 积累比重上升。当生产结构对需求结构的变化作出反应时, 也就使得初级品的产值份额和就业份额的下降较之制造业和服务业份额的变动更为显著, 与收入变动的相关程度最高(R^2 均为 0.75), 各国的差异也最小。同时, 在贸易结构中初级品占进出口总额的比重, 下降也更显著一些。至于其他方面的结构变化, 如教育、城市化、人口变动、社会收入的分布等, 虽然都同人均收入变动相关, 并与前述"需求—生产—贸易"的变化互为因果, 但相关性较低, 各国的不一致程度较高, 因此, 当我们从产业结构角度观察国民经济结构的变动时, 可以把农业份额下降看作向中等发达水平发展中经济结构变动的最敏感变量。

4. 我国迄今为止仍保留着低收入国家的最显著特色, 这就是农业份额过大。

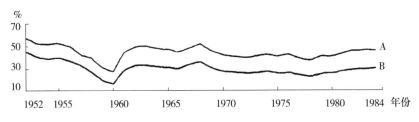

图 1　我国农业产值和收入份额（1952—1984 年）

注: A: 农业收入占国民收入份额; B: 农业产值占社会总产值份额。
资料来源:《中国统计年鉴》(1985), 第 23、35 页。

[①] 世界银行:《1984 年世界发展报告》, 中国财政经济出版社 1984 年版, 第 222、258 页。

从图 1 看，我国农业份额的变动有以下几个特征：（1）1953—1984 年我国农业在社会总产值和国民收入中份额的下降幅度极小，年平均下降仅为 1.4% 和 0.8%；（2）下降趋势不能持续，大体由两段下降（1953—1960 年和 1968—1978 年）和两段上升（1961—1968 年和 1978—1984 年）交替组成；（3）农业份额的最低点分别为 1960 年和 1978 年，恰恰都是我国经济状况最差的年份；（4）农业产值及收入份额的下降，不仅同社会总产值、国民收入及人均国民收入水平增长之间的相关程度很低（R^2 分别为 0.34、0.16 和 0.19），而且每次农业份额连续下降之后的一两年内社会总产值、国民收入增长率都有所降低，人均收入都有所减少。[①]

这种农业份额下降的特殊动态只有结合以下事实才能得到充分的理解。

在 1952—1978 年长达 26 年的时间里，我国农业人口和农业劳动力份额保持了惊人的稳定：乡村人口占总人口之比从 87.5% 降为 82.1%，年均下降仅 0.25%，农业劳动力占总人口之比由 31.7% 略降至 31.5%；农业劳动力占社会劳动力之比由 88.0% 降为 76.1%，年平均也只下降 0.56%（见图 2）。直到 1979 年，我国农业部门人口与非农业部门人口的比例（49：10），居然仍同 1952 年大致一样。[②]

把图 1 和图 2 叠合起来，不难发现 1978 年以前我国农业产值份额和收入份额的下降，一直是在农业人口和就业份额基本不变的条件下发生的；其后果，不仅导致农业生产率的降低，而且也损失了社会总生产率的应有提高。

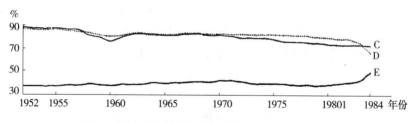

图 2　我国农业劳力和人口份额（1952—1984 年）

注：C：农业劳动者占社会劳动者份额；D：乡村人口占总人口份额；E：农业劳动者占乡村人口份额。

资料来源：《中国统计年鉴》（1984），第 81、107、109 页。

[①] 《中国统计年鉴》（1983），第 22、23 页。
[②] 邹至庄：《中国经济》，南开大学出版社 1984 年版，第 132 页。

1979 年以后的情形有了改变、乡村人口份额从 20 世纪 70 年代末以前一直稳定不变的 80% 以上降到 1984 年的 68.1%，[①] 农业就业份额的下降更明显加剧，估计这 5 年农业劳动力份额年平均下降在 2% 以上差不多是前 26 年平均下降率的 4 倍。有意味的是，在此期间我国农业产值份额和收入份额却是逐年上升的。[②] 1984 年农业在社会总产值中的份额比 1978 年上升了 6 个百分点（其中农牧渔业上升了 3.3 个百分点，种植业上升了 2 个百分点）。这表明农业劳动生产率有了提高。它强有力地推动了国民经济的成长。新的问题在于，农业产值份额的上升不可能无限度进行下去，因为一旦越过了温饱满足的临界点，农产品消费需求在社会总需求中的份额就不可避免地会有所降低。

5. 进一步探究我国农业份额下降类型异常的原因，可以发现一些抑制常态变化的因素。

第一，作为在低收入水平下长期保持高积累的直接后果，我国国民收入总额中可供个人支配的消费份额偏低。1960 年这个比重为 76%，比其他低收入国家的平均值低 6 个百分点；1982 年为 70%，比其他低收入国家低 16 个百分点（校正价格偏差后，约 20 个百分点）。[③] 低消费水平及其低增长率，使食品消费比重偏高，且不可能大幅度降低。

第二，为在低收入条件下保障人民的基本需要，形成了中国独特的开支模式：在城市人口中，居民个人消费有相当一部分不是由个人开支，而是以公共消费和各种补贴（加上配给）来满足的。这样，某些非卖品几乎对个人开支既没有替代弹性，也没有收入弹性（如城镇住宅，扣除职工生活费用物价指数后的人均房租，从 1957—1983 年平均每年仅增长 0.24%）；某些价格受到补贴歪曲的消费品，如食品，一方面难以刺激供给的积极性，另一方面又相对鼓励消费增长，形成长期供不应求的局面。在农村人口中，消费的自给部分比重极大，特别是食物消费主要靠自给解决。总之，城乡人口自主支配的货币性开支数额很少，消费者主权极其有限。

上述两个因素的结合，使我国需求结构的形成和变动产生一大反常现

[①] 《中国统计年鉴》（1984），第 35 页。

[②] 但是 1980 年后农产品（特别是粮食）的牌市价差就开始缩小了，也就是农产品的真实价格下降。如果都用真实价格来衡量，那么 1980 年后的农业份额可能是下降的。不过这个分析还涉及对国民经济其他部门产品价格失真的校正问题，因此这里仍以统计数字为据。

[③] 世界银行：《1984 年世界发展报告》，中国财政经济出版社 1984 年版，第 226 页。

象：随着人均国民收入的提高，"恩格尔系数"却长期居高不下。①

6. 另一方面，我国非农部门吸收可转移的农业劳动力的能力很弱，无法充分刺激农业人口向非农部门的转移和流动。

这首先是由一系列历史因素特别是人口结构的因素决定的，但发展战略和经济体制的选择也追加了不利的影响。从 20 世纪 50 年代到 70 年代，全社会非农就业率是逐步递减的。城市和大工业还来不及充分吸收农村的多余劳力，它们自身的就业负荷就已经十分沉重了。1979 年城镇新就业人数中，来自农村的劳动力 70.8 万，占 7.8%；1983 年为 68.2 万，占 10.9%；1984 年这一比重曾上升为 17%，但绝对数也仅 123 万。② 1984 年我国农业就业人口的绝对数仍达 3.25 亿，几乎比 1952 年增加了一倍。③

最严重的问题是，农民在国家招工无望的条件下，自发地向非农部门的转移（卖手艺、打零工、务工经商），也长期受到压制。城乡户籍制度、口粮制度和劳动就业制度，外加对"小生产自发势力"（几乎成了一切非农就业、非农收入的代名词）的持续批判，牢牢地将农民捆在他们生身的土地上。这种对农村劳力转移和流动的人为限制，最初用来压低农业劳动成本，保证在特殊积累模式下实现既定的战略目标。但是随后经济体制模式选择中的失误，也使这些抑制因素硬化为时滞性很强的经济秩序和规则，从而导致农业份额下降趋势在形态上的异常。社会甚至由此形成了极为根深蒂固的偏见：农民的本分就是为国家工业化提供食物和原料，其他则都被看成不务正业。这对经济体制和经济政策发生的深刻影响，至今还时时可见。

7. 看来我国的结构生产力隐藏在极为坚硬的结构外壳之中。能否有效地缩小我们同世界现代化进程的差距，很大程度上取决于能否遵循农业份额下降这条主线，找到足以"轰击"坚硬外壳的力量和历史契机。

1979 年以来的情况是令人鼓舞的：国民收入中居民消费比例上升；价格及补贴制度的改革导致城乡居民生活开支的货币化程度提高，各类消费品生产大幅度增长和新消费领域的开辟；城乡多种所有制下工商业、服务业的活跃和兴旺；农村生产要素流动和重新组合的种种束缚正在层层打破；等

---

① 世界银行：《1984 年世界发展报告》，中国财政经济出版社 1984 年版，第 464 页。

② 《中国统计年鉴》（1985），第 235 页。

③ 同上书，第 213 页。

等。所有这一切都有力地撞击着旧的经济结构和经济模式。特别是农产品长期短缺状态的结束，使得农业产值和收入份额也将开始下降。事实上，如果扣除了超额库存的农产品，从1983年起我国农业总产值和收入份额的上升趋势——作为对20多年农产品匮乏的一种必要补偿——就已结束了。1985年起农业生产（特别是粮食生产）方面出现的波动，表明在社会总产值和国民收入中农业的份额，也将同人口和劳力中农业的份额变动趋势一样，合乎商品经济的规律而有所下降。

总之，我国的农业份额下降趋势正在从异常形态转向正常形态，这正是大规模释放我国经济结构生产力的标志。

二　偏差协调：我国经济结构
变革的可能方向

8. 从根本上说，农业份额的下降虽然比较确定，但它引起未来国民经济结构的整体变动图景却还是个不确定性问题。为了把握这一问题，本报告使用如下方法：把中国结构的现实状况同采用统计方法处理过的各国（按不同规模和收入水平分组）同等收入水平时的"标准结构"加以对比，借助于这个具有统计一般性的参照物来认识我国现有结构的显著特征，分析其形成的原因和影响这些特征变化的主要因素，进而探讨它们在现实起点上继续变化的控制条件和可能方向。

表1 　　　　　　　　　中国经济结构的偏差状况（1981年）

	比较项目			中国人均GNP300美元时结构状况（1981）			"标准结构"			大国模型			中国与"标准结构"和大国模型的结构偏差		
1	2	3	4	5	6	7	8	9	10	11	12	13	14	15	16
							$300	$600	$900	$300	$600	$900	7—8	7—11	7—10
1	S	26	0.71	0.294	0.293	0.355	0.135	0.171	0.190	0.140	0.182	0.199	0.220	0.215	0.165
2	I	25	0.40	0.281	0.282	0.345	0.158	0.188	0.203	0.157	0.199	0.216	0.187	0.188	0.142
3	F			0.013		0.010	0.023	0.016	0.012	0.017			−0.013	−0.007	−0.002
4	GR	25	0.64	0.277			0.153	0.181	0.202	0.133	0.156	0.178	0.124	0.144	0.075
5	TR			0.110			0.129	0.153	0.173				−0.019		−0.063

续表

比较项目				中国人均GNP300美元时结构状况（1981）			"标准结构"			大国模型			中国与"标准结构"和大国模型的结构偏差		
1	2	3	4	5	6	7	8	9	10	11	12	13	14	15	16
							$300	$600	$900	$300	$600	$900	7—8	7—11	7—10
6	EDEXP			0.044			0.033	0.033	0.034				0.011		0.010
7	SCHEN	21	0.72	0.893			0.375	0.549	0.637	0.450	0.591	0.667	0.518	0.443	0.256
8	I	25	0.40	0.281	0.292	0.345	0.158	0.188	0.203	0.157	0.199	0.216	0.187	0.188	0.142
9	C	31	0.15	0.636	0.565	0.501	0.720	0.686	0.667	0.768	0.709	0.682	-0.219	-0.267	-0.166
10	G			0.078	0.142	0.144	0.137	0.134	0.135	0.099	0.109	0.116	0.007	0.045	0.009
11	Cf	15	0.82	0.456	0.364	0.364	0.392	0.315	0.275				-0.028		0.089
12	Vp	30	0.75	0.421	0.378	0.420	0.452	0.327	0.266	0.458	0.320	0.254	-0.032	-0.038	0.154
13	Vm	23	0.71	0.406	0.336	0.260	0.149	0.215	0.251	0.171	0.253	0.292	0.111	0.089	0.009
14	Vu	33	0.32	0.103	0.102	0.151	0.061	0.072	0.079				0.090		0.072
15	Vs	20	0.30	0.071	0.184	0.169	0.338	0.385	0.403				-0.169		-0.234
16	E			0.041		0.093	0.195	0.218	0.230	0.130	0.123	0.123	-0.102	-0.037	-0.137
17	Ep	46	0.67	0.019		0.043	0.137	0.136	0.131	0.082	0.062	0.049	-0.094	-0.039	-0.088
18	Em	139	0.31	0.022		0.043	0.019	0.034	0.046	0.016	0.029	0.038	0.027	0.030	
19	Es	79	0.21			0.004	0.031	0.042	0.048				-0.027		-0.044
20	M	47	0.34	0.041		0.081	0.218	0.234	0.243	0.149	0.143	0.142	-0.137	-0.068	-0.162
21	Lp	24	0.75	0.716			0.658	0.557	0.489	0.596	0.493	0.404	0.058	0.141	0.227
22	Lm	31	0.74	0.133			0.091	0.164	0.206	0.215	0.252	0.348	0.042	-0.077	-0.073
23	Ls	29	0.67	0.152			0.251	0.279	0.304	0.190	0.244	0.308	-0.099	-0.015	-0.152
24	URB	29	0.67	0.210			0.220	0.362	0.439				-0.010		-0.229
25	BR			0.021			0.449	0.377	0.338				-0.425		-0.317
26	DR			0.006			0.186	0.135	0.114				-0.180		-0.108
27	DIST						0.541	0.557	0.554						
							0.140	0.129	0.127						

表1说明：（1）表中第1、2列为比较项目的序号及指标名称的英文缩写。顺序如下：1为国民总储蓄占GDP（国内生产总值）的百分比（%）；2为国民总投资占GDP的百分比（%）；3为资本流入（商品和劳务的净进

口）占 GDP 的百分比（％）；4 为政府收入占 GDP 的百分比（％）；5 为税收占 CDP 的百分比（％）；6 为政府教育支出占 GDP 的百分比（％）；7 为小学和中学的入学率，8 为国民总投资占 GDP 的百分比（％）；9 为私人消费占 GDP 的百分比（％）；10 为政府消费占 GDP 的百分比（％）；11 为食品消费占 CDP 的百分比（％）；12 为第一产业产出占 GDP 的百分比（％）；13 为制造业占 GDP 的百分比（％）；14 为基础设施占 GDP 的百分比（％）；15 为服务业占 GDP 的百分比（％）；16 为出口占 GDP 的百分比（％）；17 为初级产品出口占 GDP 的百分比（％）；18 为制成品出口占 GDP 的百分比（％）；19 为劳务出口占 GDP 的百分比（％）；20 为进口占 GDP 的百分比（％）；21 为初级产业劳动力的份额；22 为制造业劳动力的份额；23 为服务业劳动力份额，24 为城市人口占总人口的百分比（％）；25 为出生率，26 为死亡率；27 为 20% 高收入人口占总收入的份额，40 百分比低收入人口占总收入份额。[①]　（2）第 3 列为 H. Chenery 和 M. Syrquin《发展模型 1950—1970》中有关项目的标准差。（3）第 4 列为该项目数值变化与人均 GNP 水平变化之间的相关系数。（4）第 5—7 列均为中国结构数据；其中第 5 列系依据物质产品净值观念所作的统计；第 6 列按国内生产总值（GDP）观念调整了第 5 列中的折旧及服务业数值；第 7 列进一步调整价格误差。[②]（5）第 8—10 列为 H. Chenory 所作对 101 个发展中国家（1950—1970 年）的"发展模型"，依次为人均 GNP300、600、900 美元时结构系数（均已调成 1980 年美元）。[③]（6）第 11—13 列为 16 个半工业化大国的统计回归模型，依次为人均 GNP300、600 和 900 美元时的结构系数（均已调成 1980 年美元）。[④]（7）第 14 列为第 7 列同第 8 列之差，表明中国与"标准结构"中人均 300 美元水平的结构偏差，其中第 7 列没有数据的项目用第 6 或第 5 列数据。（8）第 15 列为第 7 列与第 11 列数据之差，表明中国与大国模型中人均 300 美元水平的结构偏差。（9）第 16 列为第 7 列与第 10 列数据之差，表明中国与"标准结构"中人均 900 美元水平时结构的偏差。

　　9. 我们利用"世界发展模型"提供的基本经济变量作为比较项目，按人均 GNP300 美元（1980 年美元）的时点水平，将中国的经济结构状况分

---

① H. Chenery，M. Syrquin：《发展模型 1950—1970》，第 9 页。

② 《中国经济结构变化与增长的可能性和选择方案》，气象出版社 1985 年版。

③ H. Chenery，M. Syrquin：《发展模型 1950—1970》，第 30—49 页。

④ 同上书，第 200—214 页。

别同以下结构作出比较：（1）1965 年 101 个国家的统计回归；（2）16 个半工业化大国的结构模型。表 1 列出比较的结果。

从表 1 看，我国的国民经济结构与一般"标准结构"相比具有明显的差异特征。

从需求结构看，我国的投资比重不仅远高于低收入国家（比 300 美元时的"标准结构"和"大国模型"分别高 18.7 和 18.8 个百分点），甚至超过中等收入国家（比 900 美元时的"标准结构"高 14.2 个百分点），加之公共消费比重亦偏高，因此个人消费比重显得格外低（比 300 美元时的"标准结构"和"大国模型"分别低 21.9 和 26.7 个百分点）。

从生产结构看，我国的一次产业比重与低收入国家相似（比 300 美元时的"标准结构"和"大国模型"低 3.2 和 3.8 个百分点），而制造业比重则与中等收入国家相似（比 900 美元的"标准结构"还高 0.9 个百分点），远高于低收入国家（比 300 美元时的"标准结构"和"大国模型"分别高 11.1 和 8.9 个百分点），加之基础设施比重偏高，相应使服务业规模异常偏小（与 300 美元和 900 美元时的"标准结构"相比，分别低 16.9 和 23.4 个百分点）。

从就业结构看，我国初级产业和制造业的就业比重均高于同等收入国家（分别比 300 美元时的"标准结构"高 5.8 和 4.2 个百分点，但制造业就业比"大国模型"人均 300 美元的水平低 8.2 个百分点），而服务业的就业比重偏低（比 300 美元时的"标准结构"低 9.9 个百分点）。

此外，从贸易结构和其他一些重要的社会经济发展指标看，我国与一般结构的差异也同样是显著的。

10. 中国同一般发展模型的极大偏差，主要成因既不在于历史传统的力量，也不在于自然资源的特别约束。通常的认识是，中国过于急切地追求国家工业化的目标，高积累导致重型结构，挤占了消费基金，引起重大比例失调和宏观经济运动的严重不平衡。

但是，存在着上述批评内含逻辑所不能包容的反例。

比如日本也是个高积累的国家，1956 年，当其人均 GNP 只有 115 美元时（当年美元，相当于 1980 年的 500 美元），国内固定资本形成率即达 17.6%，[①] 投资占 GDP 的比重达 32%；20 世纪 60 年代初，日本的投资率达

① 矢野恒夫纪念会编：《日本 100 年》，时事出版社 1984 年版，第 62、64 页。

33%（全部来自国内储蓄）。此后十多年时间内，日本国内投资总额年平均增长 14.6%，高于国民总产值增长率和消费增长率，成为经济高速增长的基本动力。直到 80 年代初，日本国内投资占 GDP 的比重仍为 31%。在日本全部工业中，重化工业的产出份额自 1940 年以来就从未低于 40%，1960 年达 56.4%，1970 年达 6.22%，1978 年仍占 61.5%，比重之高比中国有过之而无不及。简直可以说，日本是主动选择结构大偏差为其发展战略的。但是日本的高积累加"重型结构"，不仅没有相对地挤压消费，相反，却迅速提高了国民的收入和消费水平。1960—1982 年，日本人均 GNP 的年增长率为 6.1%，60 年代私人消费年平均增长 9%，70 年代为 4.1%，分别名列同期市场经济工业国的前茅。[1]

从结构角度分析，日本的奥秘在于，它在主动选择投资和产业结构超重偏差的战略的同时，还控制种种其他经济过程与这种大偏差相协调。比如早在人均收入同中国十分接近的时期（1914—1935 年），日本工业品出口占国民生产总值的比重即已由 7% 上升为 9%。20 世纪 60 年代以来，这一比重一直保持在 10% 以上；同时日本的出口工业品中重化工制成品比重不断提高，1960 年为 39.7%，1981 年为 58.8%[2]出口结构的偏重适应了投资和产业结构的偏重。简言之，日本的成功不在于选择了重化工倾斜战略，而在于它有能力使全部经济流程同其战略选择保持基本的协调。

11. 类似的反例在第二次世界大战后经济史中还可以找到许多。有意味的是，几乎任何一种结构性的偏差（如低工资、低消费、高外债、轻型产出、重型产出、外向、内向等），都有成功的先例。我们将上百个国家经济结构的统计观察值同"标准结构"对照，发现人均 GNP 增速较高的国家，恰恰都是结构参数有较大偏差的国家。1960—1980 年人均GNP 每年增长 5% 以上的 12 个国家的结构资料表明，没有一个国家的结构指标与"标准结构"的偏差值在 5 个百分点以下，而偏差在 10 个百分点以上的却有 5 个。这有力地表明结构偏差也可能带来经济的高速增长。

成功者都使它们的结构偏差获得某种协调。

下列由持续高速增长国家提供的结构偏差协调的经验类型，也许对我们

---

① 矢野恒夫纪念会编：《日本 100 年》，时事出版社 1984 年版，第 225 页。
② 世界银行：《1984 年世界发展报告》，中国财政经济出版社 1984 年版，第 237 页。

思考这个问题富有启发意义：（1）储蓄和投资偏高，消费比重略低，但资源在各产业和进出口之间的配置都比较均衡（日本）；（2）储蓄偏低，消费比例偏高，但投资也偏高，主要是通过制造业产品的出口来平衡外资流入（韩国）；（3）积累偏高而城市化程度低，形成制造业的资本密集（南斯拉夫）；（4）高资本流入，高度城市化，使服务业早熟发达，带动了服务出口（约旦）；（5）私人消费偏低，因而在资本流入量偏少、国内投资率偏低的情况下实现较高的城市化（巴西）。

看来，问题并不应归结为发展战略选择是否带来结构上的偏差，而在于一国的体制、运行机制和调控能力是否能够协调这些偏差，使经济结构的各个侧面之间建立起有助于财富在顺利流转中加速形成的联系。

12. 我国原有结构问题的症结，恰恰是偏差之间的极不协调。比如我国工业制成品的出口额从未达到国民生产总值的5%，其中重制造业产品占出口总额的比重从未达到10%。[①] 这样，高积累和重工业优先发展的结果——重制造业产出偏大，就不能指望到国际市场上去实现，无法迅速产生回收效应，成为能够提供积累的源泉。

从国内需求结构的特点来看，消费份额偏低及其增长率过慢格局的长期保留，限制了居民的非食品消费，特别是其中的耐用消费品和服务消费的应有增长，其后果不仅导致就业弹性较大的消费品产业，服务业在产出结构中持续偏小甚至萎缩，而且也加剧了重工业产品结构进一步陷于自我服务而难以自拔。因此，国内需求结构的偏差同产出结构的偏重倾向之间也是不协调的。这一点，在工业化体系的基础大体建成，"重工业"内涵需要发生变化的发展阶段，就显得日益严重起来，以至成为提高全社会经济效益的主要障碍。

13. 传统的工业化理论认为，消费资料工业的净产值同资本资料工业的净产值之比（即"霍夫曼系数"）会随着工业化的进展而不断下降，因此，重工业在工业结构中的比重上升似乎就是一条确定的定理，它对许多国家发展战略的选择产生了广泛的影响。但是，随后更深入的验证和研究却表明，当越出工业化的初级阶段之后，"霍夫曼系数"就不再下降，亦即资本品产出份额不再提高。这时，"重工业"比重的继续增长，以重工业内部消费资料生产份额的上升为条件。如日本在1955—1971年，冶金工业占制造业比

---

① 世界银行：《1984年世界发展报告》，中国财政经济出版社1984年版，第237页。

重从 17.0% 变为 17.8%，化学工业从 11.0% 降为 8.0%，而机械工业则从 14.8% 上升为 32.5%。后者的推动主要来自汽车和家用电器（1978 年仅汽车工业即占机械工业产值的 31.3%），这同它的国民收入增长、居民消费结构和出口结构业已发生的变化是相适应的。①

据此可以认为，如果我国不及时转向国内国际工业品市场的拓广，建立起"收入—需求—产品结构—资源分配"互相适应的新的联系，那么不仅基本建成的工业体系不能进一步改组、发挥效益并走向产业高度化，而且工业化的深入，即高附加价值率的重工业比重的继续提高，也将缺乏足够的动力。在新成长阶段上，重建能源交通等基础结构，使之适应制造业的超前发展当然是重要的；但更重要的是，重建需求结构与产出结构和贸易结构之间的协调联系，开辟高效利用资源的国民经济运行形式。

14. 以上分析使我们明了，中国面临的经济结构变革，决不是简单地将原有的某一结构偏差孤立地加以矫正；最重大的选择也并不是"轻型化"还是"重型化"，"高积累"还是"适度积累"等这样单层次的问题，真正的困难在于，怎样从我国的积累，消费、投资、生产、就业、分配、贸易等各个结构侧面已经存在的超常偏差出发，面对着向中等发达水平的过渡，建立起能使这些偏差具有最必要协调关联的新的经济流程。

三 协调战略面临的约束和出路

15. 中国是否应当遵照标准的结构变革逻辑，将目前已经存在的偏差加以大幅度矫正，使之回复到人均 GNP300 美元的"标准形态"，然后再要求它沿着"标准转变过程"走向中等发达水平，从而奠定新的结构基础呢？现实环境不允许我们作出这样的选择，因为在近中期内，以下两个方面的态势在很大程度上是给定的。

（1）投资和积累难以大幅度降低。这既是因为过去累积的庞大投资面临大规模的技术更新，也是因为过去忽略的，同时又有超前意义的投资方向——往往是投资量极为可观的基础结构建设——急需补偿，另外还因为新的消费倾向需要新的投资来满足。如果勉为其难地大幅度压低投资，对中国

---

① 杨治：《产业经济学导论》，中国人民大学出版社 1985 年版，第 57—64 页。

向中等收入国家的发展可能并不有利。

（2）净资本流入难以扩大。因为大国存在着足够规模的国内市场，因此开放度（即进出口贸易额占国民生产总值的比重）一般较低。统计数据表明，在人均 GNP300 美元时，大国的开放度要比"标准型"低 13.4%；在人均 GNP900 美元时，则要低 20.8%。另外，无论标准结构还是大国模型，从低收入走向中等收入的对外贸易都出现持续的逆差。这两条都不会不对中国起作用。中国过去的实情是开放度比大国模型还低 10.5%。我们当然不能据此就认定对外贸易一定对中国未来的经济格局永远只能产生较小的影响，但是，即令中国的制成品出口在今后每年增长 13%—14%，能在人均 GNP800 美元时达到占国民生产总值的 10%（目前仅达 3% 左右），它也主要用来打破国内需求和国内供给之间僵化了的联系，或主要用于支付初级产品可能增大的进口。在适当的贸易逆差的基础上利用外债，没有理由对资本净流入的增长抱过分乐观的希望。

如果无视上述两种基本约束，不惜大幅度削减积累和投资份额，无节制地扩大资本净流入，那么我国中期的经济发展也许将要为此付出沉重的代价。

16. 这样，当我们循着协调我国既有结构偏差的方向，主动提高居民消费比重时，很快就发现在这方面从事调整的余地极其狭小。除了适当减少公共消费所占比重之外（在"标准转变过程"中，从人均 30—90 美元区段，公共消费比重仅下降 0.2 个百分点），我国居民消费份额偏低的惯性似乎在很大程度上只好继续保持下去。

但是，我国的居民消费部分占 GNP 比重所独有的超常偏低，建立在把占人口 80% 的农村居民隔绝在工业化发展进程之外、限制商品经济发展的基础上。现在这个基础已经根本动摇。居民消费水平的迅速提高及其增速的适当加快，不仅难以遏止，而且本身就构成消化已有工业化成果、刺激新成长阶段的生产和投资有效增长的充分必要条件。

可见，困难在于，持续保持较高的积累同迅速扩张居民消费，同样都为我国经济结构的协调所必需。积累与消费的矛盾也许是经济过程中永恒的矛盾，它现在有了同中国现阶段完成结构偏差协调这样一个战略问题密切相关的具体内容。沿用传统的调节方法，即不断累积矛盾和冲突，最后来一个大调整，引起国民经济的震荡太大；提出强调服务业的另一条发展道路，最终可能还是绕不开潜在的对立和冲突。① 因此，为协调我国结构偏差所面临的这个两难问题是不容忽视的。

17. 我国经济结构变革所面临的特殊矛盾，在传统的经济体制和既有的资源配置格局中注定是无解的。旧模式由国家直截了当地在国民收入初次分配中获取高积累，然后集中向着高有机构成的重工业方向使用。这种模式的弊端，就是同过于集中的投资决策联系在一起的资金低效运行，排斥了更多数量低收入人口转入高生产率部门，久久无法实现工业化过程中的充分就业，连带影响到其他工业资源的开发利用程度，使部分资源动员强度高而总资源的全面就业率低。这作为我国居民低收入份额及其低增长率长期保持的根本原因，又引出国内市场容量狭小、扩张无力和需求引导供给的功能退化等一系列结果。总起来看，我国最稀缺的资源（资金、技术、人才）因其产品投向从不面向最终产品市场而利用效率很低；最丰富的资源（人力）则因无法充分进入生产和消费过程而开发程度不高。1952—1981 年我国综合要素投入的年平均增长率为 6.3%，而附加价值年平均增长率仅为 6%，综合要素生产率竟每年平均递减 0.3%。②

18. 比较研究表明，经济增长速度的高低只有 20% 可从积累率的变动得到解释，其余则要由综合要素生产率加以说明。因此，形成积累和消费的经济流程的特征就不能不对经济增长产生决定性的影响。

前面举过日本高积累的例子。但日本经济流程的主要特征却是，在国民收入的初次分配中，首先由个人同企业获得绝大部分，然后通过突出高的个人储蓄率和企业自身资本充实，途经发达的银行系统和多种投资主体，最终形成全社会的高积累。1955—1970 年，日本居民个人资金剩余总额近 40 兆日元，人均储蓄率高达 15%—20%，同期人均 GNP 从 280 美元增加到 1960 美元，而居民人均金融资产（主要为银行储蓄）额则从 160 美元增长为 1880 美元，占人均 GNP 的比重从 57% 上升为 96%。③ 高储蓄率支撑了民间设备投资的激增，后者得力地推动了日本经济的高速增长。

---

① 服务业大发展可能带来的资金的节约和效益的提高本身要以加速城市化的高投资为条件。这里隐含的冲突是：通过提高个人消费份额来扩大对服务业的需求，可能同时会因为缩减投资率、减慢城市化进程和基础设施而难以实现；反过来，如果用偏高的投资率来推进城市化进程，那么至少在一个不短的城市建设周期内，对服务业的需求可能会因为压住了消费率回升而显得不足。这个见解是否正确，我们将另作专门探讨。

② 《中国经济结构变化与增长的可能性和选择方案》，气象出版社 1985 年版，第 98 页。

③ 邹至庄：《中国经济》，南开大学出版社 1984 年版，第 4 页。

换言之，日本的高积累是相当曲折的经济流程（国民收入→个人和企业收入→储蓄和其他金融环节→多种投资主体→高积累）的最终结果。日本流程不仅能够多提供银行和其他第三产业的工作岗位，增加充分就业机会，并增加从这些环节中产生的各种收入（工资、利润和税收，它们又会成为增加储蓄的推动），而且由于该流程把社会资金纳入了银行为中心的再分配通道，因而从制度上为提高积累和投资的效率奠定了坚实的基础。更多的人口积极地卷入工业化和现代化进程，充分就业带来居民收入的持续提高，回过头来推动更高的人均储蓄率和更多的积累额，构成不断的自我发动。1960—1973 年日本综合要素投入的年平均增长率为 6.4%，但其附加价值年平均增长率为 10.9%，综合要素生产率的年增长率达到 4.5%。[①] 不同经济流程最终实现的积累率即使大体接近，也可因为综合要素的利用效率的不同，而对经济发展产生极不相同的影响。

比较研究的启示是：协调我国经济结构偏差的根本出路，要到改变经济流程的特征方面去寻找。

四　经济体制的改革和经济流程的变化

19. 低效经济流程并不是注定不可更改的。近年我国城乡经济体制改革实践的主流，就是通过资源利用方式的改变和利用效率的提高，迅速增大了国民财富的总量。在新的发生过程中，我国经济流程的特征开始发生一些重要的变化。

首先，国民收入中个人支配的比重明显增大。1979—1984 年，全国农民人均纯收入平均每年增长 17.6%，职工家庭人均生活费收入平均每年增长 11.5%，扣除物价因素，分别为 14.8% 和 8.2%，均超过同期人均国民收入的年增长率（6.9%）。[②] 通常都把这一变动概括为"消费增长"，或笼统地称之为"消费基金膨胀"。但是，这些说法都忽略了在今天的条件下，我国居民的个人收入已不再基本等同于个人消费。6 年内，全国居民人均货币收入平均每年递增 16.3%，超过人均货币支出的年增长率（13.7%），人均当年结余购买力以每年 51.6% 的高速递增，大大超过此前 26 年 3.1% 的年

---

① 《中国经济结构变化与增长的可能性和选择方案》，气象出版社 1985 年版，第 98 页。
② 《中国统计年鉴》（1985），第 34、530、551 页。

增长速度，从而已经推出一个具有宏观意义的经济流量。1984 年年底，全社会结余购买力已达 1857.9 亿元，占当年居民货币支出总额的 66.7%，其中城乡储蓄存款余额 1，214.7 亿元，比 1978 年的 210.6 亿元增长了 4.8 倍。[①] 1953—1975 年，我国居民的平均储蓄倾向仅为 1.9%，1979—1984 年上升为 10.8%，其中 1984 年达到 15.8%，边际储蓄倾向上升更快，1984 年达 32.7%。[②] 这里固然不乏由于供给制约而产生的强制性储蓄因素，但对社会来说，个人收入与个人消费之间业已出现的差额，终究为非直接积累流程的形成提供了基础性的条件。

其次，企业支配的收入比重也大大增加。从积累来源看，1978 年，我国积累中，政府积累占 73%，企业和家庭积累合计占 27%。到 1981 年，政府积累份额降至 49%，后者则上升为 51%。[③]

上述流量变化汇同财政投资的"拨改贷"改革，使银行在全社会积累和投资中的地位和作用，有了过去任何时候都不可比拟的提高和增强。1984 年末，国家银行各项贷款总额 4，419.57 亿元，比 1979 年末增长 1.2 倍，其中增长最快的是中短期设备贷款，从 7.92 亿元增加到 289.66 亿元，增长 35.6 倍。[④] 银行作为除石油工业以外提供利润最多的部门，已构成我国积累资金的一大支柱。

因此，尽管 1979—1984 年的年平均积累率（30.6%）[⑤] 大体接近前 26 年的平均积累率，但形成积累的经济流程已经发生了重要的转变，值得从基本方向上给予肯定。

20. 城乡居民个人收入比重的提高，还有力地扩张了国内市场，进而带动国民经济的繁荣。特别是它提供了以下两个新的质点：（1）为改革几十年沿袭而成的消费品补贴配给制度创造条件。近年我国所以能够大胆地将市场机制引入大部分农副产品的供求过程，包括城镇居民副食购销体制和农村粮食收购体制的改革，以及在住宅、医疗等方面从事商品化尝试，归结到底建立在迅速提高居民个人收入的基石之上。（2）个人消费中的非食物消费

---

① 《中国统计年鉴》（1985），第 580 页。

② 国家统计局贸易物价统计司：《中国贸易物价统计资料》，第 9—15 页。

③ 世界银行经济考察团：《中国：长期发展的问题和方案（主报告）》，中国财政经济出版社 1985 年版，第 192 页。

④ 《中国统计年鉴》（1985），第 526 页。

⑤ 同上书，第 36 页。

比重有所提高，其中家用电器、住宅和服务等消费的增长更为引人注目。同必需品的消费不同，高附加价值商品的消费本身能提供更高的产业利润和商业利润，因而可能成为较快回收投资并产生更多积累的源泉。比如农民自给性食物基本不提供税利，粮油工业每百元产值的利税也只有 6.6 元，但电子工业每百元产值的利税即可达 18.8 元，日用金属品工业为 21.8 元，建材工业则达 26.7 元。[①] 如果校正价格不合理因素，使之接近于供求平衡价，那么耐用消费品系列中产值利税率以至资金利税率在 50%—80% 以上的产品也不乏其例。传统经济仅在制盐、烟酒等商品上体现的"消费即积累"效应，现在有力地扩大到某些耐用消费品和服务商品的领域。

21. 改革与调整不尽相同的一个重要特征，就是它不是通过改变积累同消费之间的数量关系去缓解原有经济流程的内在矛盾，而是通过改变积累同消费在需求形成过程中的互相关系和使用效率，开辟出走向新的经济流程的通道。

供给方面的一些变化也在向新流程的转折中产生。旧投资模式的资金增密倾向，原来以相对地压低居民收入为前提，但近年城乡经济体制改革的实践，却为充分利用资源条件，在不削减以至增加居民收入数量的情况下扩张积累总量，开拓出了新的空间。本报告着重考察其中三个基本领域：（1）运用劳动对资金的替代；（2）充分利用已有资产存量；（3）促使自然资源向社会资产的转化。

22. 劳动对资金的替代。

我国是一个典型的"劳动力可以无限供给"（相对于资金和其他资源来说）的大国。由于人口基数大，20 世纪我国劳动供给人口将达 6.67 亿，需要从现在起每年增加 1000 万个劳动岗位。因此，相对于土地、资金和其他投入来说，较大量的劳动导致较低的劳动边际生产率，[②] 在我国可能是一个长期存在的经济现象。

这样的资源结构不利于充分就业目标的实现。但是，事情也有另一个侧面。对"无限供给"条件下的巨量劳动力，如果能够加以充分的调度和组织，是可以节约甚至创造资金的。经验证明，尽管劳动和资金都是财富创造过程中不可或缺的要素，但它们可以在一定条件下获得某种程度的互相替

---

① 《中国统计年鉴》（1985），第 379—380 页。

② 邹至庄：《中国经济》，南开大学出版社 1984 年版，第 134 页。

代。对至少 25 个发展中国家作的劳动和资本之间替代弹性估量的研究表明，劳动对资本的替代弹性为 0.5—1.2，意味着范围相当大。①

问题在于种种替代的技术可能性在旧有经济体制下无法得到充分的利用。因为第一，事实上存在着城乡隔离、产业垄断和种种妨碍积极就业的人为障碍，产品和要素无法在产业内部和产业之间流动和重新组合；第二，要素价格根本不反映劳动力和资金的相对稀缺程度；第三，从事经济活动的主体缺乏追求收益极大、成本极小化的动力。三管齐下，严重阻碍了理应在我国最大规模展开的劳动对资金的替代，致使低生产率部门（农业）劳动资金的替代（如大建水利），远抵不上高生产率部门（基础设施和重制造业部门）资金密度的增长，对我国长远的经济发展构成潜在的威胁。这就不难理解，为什么只有当我国城乡体制的改革冲决了旧有束缚之后，我国各个主要产业部门组织劳动替代资金的进程才得以重新大规模启动。1979—1984 年我国全社会劳动者的年增长率（3.0%）为前 26 年年增长率（2.5%）的 120%；固定资产投资的年增长率（10.0%）为前 26 年年增长率（11.1%）的 90.1%，而国民收入的年增长率（8.3%）则为前 26 年年增长率（6.0%）的 138%。② 这表明积极就业对国民收入增长的贡献份额较之于投资的贡献上升了。

23. 充分利用已有资产存量。

通常的发展理论总是非常关心发展中国家的收入（流量）中有多大一个部分能够转化为投资，形成资本（存量）。这当然是至关紧要的事情。但是，许多超越了所谓"起飞"（积累率 > 10%）的国家并没有因此进入发展的坦途。面对严峻的现实，人们不能不作出反思：已经构成存量的资产，是否得以充分有效的利用，从而为流量（收入）的极大化作出了应有的贡献？

观察的结果不能令人满意。第一，发展中国家的资本产出系数普遍比发达国家高；第二，1973—1983 年，低收入国年度国内投资每增长 1%，引起国内生产总值的增长为 0.8%，而在下中等收入国则为 0.8%，上中等收入国为 1.29%，市场经济国达 3%。

可见，高积累率不足以构成发展中国家持续高速增长的充分条件。究其

---

① 《世界各国工业化概况和趋向》，中国对外翻译出版公司 1980 年版，第 327 页。

② 《中国统计年鉴》（1985），第 34、39、213 页。

原因，多种多样。一个重要方面就是不能充分有效地利用已经形成的资产存量。

过去几十年间，我国同所有发展中国家相比，收入转化为资产存量的程度之高，足以自豪。1953—1984 年，我国积累总额高达 19715 亿元，占累计国民收入使用额的 30%。同期，仅全民所有制经济累计固定资产投资总额即达 12740 亿元，其中基本建设投资总额达 9634.4 亿元，新增固定资产 6914.5 亿元。

这惊人庞大的有形资产，利用效率如何呢？不少文献对此已作出了批判性分析。通常认为过去种种问题都是经济生活中的各种比例遭到破坏的结果。但是在经济增长的动态过程中，同投资利用效率有关的各种比例关系本身也在不断地变动之中。一种投资结构及其分布在初期也许是合适的，但如何保证它能够伴随技术、产品市场和其他条件的变化而发生适应性变动呢？

中国经济发展的实践召唤着资产存量的流动、转移和重新组合。1979 年之后我国在理论上承认生产资料同样也是商品，在实践上开放生产资料市场，组织各种设备租赁（包括融资租赁这样的现代形式），特别是在各种横向联合中的设备扩散，使许多此地此处此时不能充分利用的机器设备，能在彼地彼处彼时投入有效运转。估算近年全社会资产存量中通过流动、转移而从闲置转入运转的总量为 200 亿—300 亿，虽然仅占总存量的 2%—4%，但已因此新增加几千万个就业岗位，大大提高了劳动的边际产出。显然这种形式的资产利用无须削减消费份额及其增长率，而且，它还可以使各种新投资的机会成本有更准确的显示。这在投资主体的动力、行为有较大改善的条件下，又能反过来对提高流量存量化效率作出贡献。

24. 自然资源向社会资金的转化。

商品经济的发展不可避免地把本来不属于商品的自然资源卷入商品化经营过程。以土地为代表的自然资源，并不是因为它们作为生产过程的一个要素，就天然有权要求有偿占有、付费、作价等。决定这一点的是一系列社会经济条件的发展：土地产品日益卷入同工业和服务产品交换的市场；土地的不同所有权；存在着事实上对土地的经营垄断；差别生产率。只要具备这些条件，由劳动创造的收入就会取得一种各要素均有"所得"的社会形式。对此，社会主义商品经济并不能例外。我国农村联产承包之后，级差土地收入在微观经济组织的分配过程中由隐而显，逐渐成为一个激励性较强的杠杆。[①] 城乡改革的交汇和深化，则从宏观上开拓出在自然资源商品化过程中提供新的积累和投资源泉的巨大可能。

实际上，我国的初级产品净产出中地租所占比例极高。美国最可靠的数字是 1956 年地租占国民生产总值的 6.4%，差不多等于同年土地估值 2690 亿美元的 10%，近乎合理的贴现率，同公司资产的平均利润率大致相当。[②] 日本 1973 年 1 月所有土地（除冲绳外）的市场价格为上年国民生产总值的 3.32 倍，地租占国民生产总值的比率高于美国，达 16%。[③] 这表明在人口压力大、土地资源相对稀缺以及土地产品的相对生产率偏低的基础上必然产生出高额地租。用影子分析方法估算，我国农产品、矿产品、各类建筑产品净值中的级差地租比率是极高的。[④] 参照日本的情况推算，目前我国每年的地租总额当在 1000 亿元以上。

在初级产品（包括农产品和矿产品）由国家低价统购，同时又对加工实行垄断经营的条件下，地租并不直接表现为土地所有权的实现，而是以超额加工利润的形式成为国家工业化积累的一个重要源泉。

近年城乡商品经济的发展和经济体制改革的深入，使上述存在条件开始发生根本性变化。在农村，土地长期分户承包经营，农产品市场价格逐步放开；在城市，国营企业以利改税，初级品同加工品的比价正沿着双轨制途径合乎规律地调高。基本的事实是，社会已经既不能通过国家来低价统购初级品，又不可能实行完全的加工工业的国家垄断。于是地租形态开始合乎逻辑地在我国经济生活中全面显露出来。它要求正确运用国家的经济职能，全面推出以土地为中心的自然资源税。这不仅是初级产品低价统购改革的必不可少的配套条件，而且可能从此将日益明显而又日益增大的级差土地收益转化为源源不断的社会资金，开辟我国积累和投资的新来源。

25. 总之，改革使我国国民收入的形成和使用流程的特性开始发生了深刻的变化。第一，国民收入初次分配中，企业和居民收入的比重提高；

---

① 中国农村发展问题研究组：《农村经济变革的系统考察》，中国社会科学出版社 1985 年版。

② 约瑟夫·凯珀等：《地租的理论和测算》，切尔顿出版社 1961 年版。

③ 休·帕特里克、亨利·罗索夫斯基：《亚洲新巨人》（下册），上海译文出版社 1982 年版，第 302—304 页。

④ 宋国青、罗小朋：《经济结构与经济改革》，《农村·经济·社会》第 2 卷，百科知识出版社 1984 年版，第 116 页。

第二，居民和企业收入中用于储蓄的流量扩张，积累职能多元化，汇同政府开支中由财政拨款改为银行贷款的部分，使银行在国民收入再分配中的地位和功能大大加强；第三，居民实际消费占国民收入的比重并未提高，但消费的流量和构成却发生了较显著的变化，必需品供求机制的改革提上日程，耐用消费品和住宅在居民消费中的比重上升，大大增强了经过消费品市场对创造新国民收入的连锁推动作用；第四，市场机制开始引入投资过程，特别是要素的替代和要素的再开发利用，对提高投资效率提供了重要条件。

概括起来，向新经济流程的转折，使我国经济资源配置的间接性和市场性都得到增强，因而同时增强着各层次的经济资源利用的充分性和有效性。1979—1984 年，我国居民收入中除去储蓄以外的消费部分，占国民收入使用额的年平均比重为 57.2%，比 1979 年以前的平均结构百分比下降了 6，因此并未挤压积累率。但是居民消费的绝对额却从 1978 年的 164 亿元上升为 1984 年的 3042.7 亿元，增长了 85%，年平均增长率达 10.8%。[1] 可见，新经济流程正是以启动收入、储蓄、消费和投资这些主要宏观经济变量之间的交互激励作用为特点，而区别于旧经济流程。它不仅为解决旧模式下无法解决的结构偏差难以协调的矛盾创造了前提条件，同时也为我国国民经济新成长阶段上的资源重新配置提供了新的支点和杠杆。

26. 向新流程的转折不可避免地产生一系列新问题。对此，许多总结我国近 5 年社会经济发展，特别是分析 1984—1985 年经济形势的研究报告，已经提供了丰富的材料，形成多种说明和判断。人们公认，转折时期的一个基本特点，就是旧的秩序和平衡已经无可挽回地被打破，而新的秩序和协调尚未完全建立起来。但是，从结构变革和经济流程变化的角度来观察，这并不是什么"一揽子"方案可以使之消除的不协调，而是普遍存在于任何复杂系统演化过程中的快变过程与慢变过程之间必然要发生的摩擦和冲突。[2]

---

① 约瑟夫·凯珀等：《地租的理论和测算》，切尔顿出版社 1961 年版，第 36、38、526、527 页。

② 协同学用序参量的概念来描述一个系统宏观有序的程度。有的参数（为数众多）在临界点附近阻尼大、衰减快，叫快弛豫参量（即快变量），它们对转变的整个进程没有明显的影响；有的参量（一个或几个）则出现临界无阻尼现象，叫慢弛豫参量（即慢变量）。系统演化的整个进程是由慢变量主宰的。参见沈小峰《协同学的哲学启迪》，《光明日报》1986 年 1 月 6 日。

比如消费需求结构的快变同供给结构的慢变，导致了我国市场结构性矛盾的加剧。1984 年全社会零售商品货源 3502.0 亿元，只及当年形成的商品购买力总额的 89.8%，可说是总需求大于总供给，但当年结余的购买力却达 523.6 亿元，等于当年总供给短缺部分（398 亿元）的 131.6%，即是说，1984 年又有 125 亿当年产品转为库存。从累计情况看，1984 年年底全社会商业库存超过社会结余购买力总额。在现实生活中，层层商业批发同零售组织之间的"搭卖"交易，形成了一场独特的商战；居民的持币待购倾向则有增无减。这些，都很难简单地用需求膨胀来加以描述和概括。

进一步分解，消费形成中消费观念和欲望的同步震荡效应是快变量，而消费层次和档次的多样化格局形成则是慢变量；在供给结构变动中，动用外汇储蓄形成供给能力是快变量，组织国内资源，改组生产体系和技术服务体系则是慢变量。中国像许多发展中国家一样，遇到了"对消费欲望变化最快的需求项目，供给能力往往适应得最慢"的严峻挑战。

消费品市场的供需失衡通常可经储蓄得到调节：一部分结余购买力向投资品市场分流，一部分则可以进入贮水池。问题是我国储蓄系统的组织和规则都产生于低收入阶段，同已发生的收入变化相比，更是一个慢变过程（如因储蓄网点不足而出现的持币待储，以及至今银行存款利率甚至不能对通货膨胀率作出正常反应等现象）。至于投资品市场上同样存在的结构性矛盾以及在此基础上产生的资金运用的微观活跃（地方、企业和家庭经济的各种集资），也因遇到资金市场发育不足这一超慢变量的阻滞，而一时难以产生良好的宏观效果。

在一系列快变过程同慢变过程冲突的背景下，发生了 1984 年下半年的"经济失控"。上千亿"自由"资金，受到环境扰动信号的任意支配，成为随时可以冲击投资品市场、冲击消费品市场、冲击国际收支平衡的不稳定因素，给转折时期的国民经济生活带来某种紊乱。

因此，强化转折期的宏观控制（即对经济总量的控制）是绝对必要的。为了尽快稳定全局，保证改革深入的必要社会条件，用行政手段遏制一切快变量（收入、企业收入、居民收入、消费倾向和投资冲动），使之同慢变过程相适应，也是可行的控制方案。

但是，必须同时认识到这样的控制并不是治本之策。在转折的关头，尽管退回到旧有经济的平衡可以获得稳定，但是我国经济的结构性矛盾依然存在，如何协调旧结构的超常偏差问题也依然得不到根本解决。因此，结构变革中产生的矛盾更适于用结构性对策来把握。事实上，慢变量的存在恰恰指示着深入改革的重点所在，围绕慢变量组织重点突破，以达到经济发展和经济改革的最大一致，不仅有利于转折期的经济稳定，而且有利于最终完成向新经济流程的转变，对中国的长远发展必定产生积极的效应。

本报告由周其仁、杜鹰、邱继成执笔，陈锡文、高小蒙、邓英淘、白南生、刘红、冉明泉等参加定稿讨论；宋国青、郝一生、杨沐、王晓鲁、丁宁宁等提过重要修改意见。

（本文发表于《经济研究》1986 年第 5 期，获第二届孙冶方奖）

公共工程对乡村贫困地区经济增长、就业和社会服务的影响

——关于80年代以工代赈政策实施情况的典型调查①

朱 玲

20世纪80年代的经济改革中，中国政府的反贫困战略发生了重大转变：由单纯补贴贫困地区政府财政和救济贫困人口，转向扶持贫困者改善生产条件和生活条件，启动这些地区内部的经济活力，逐步实现社会经济的发展。以工代赈政策就是这种转变中的一个组成部分。1985—1987年，中央政府支出价值约27亿元的库存粮食、棉花、棉布，采取以工代赈方式（以实物作为劳动报酬），帮助贫困地区修筑道路、水利工程和人畜饮水设施。3年间，共新建、改建公路、机耕道、驿道12万千米，其中新建等级公路4.6万千米，新建大中桥梁7200座（16.3万延米）；整治航道1800千米，新建码头65座；新增灌溉面积259万亩，改善灌溉面积1055万亩，完成除涝治理面积362万亩，水土保持治理面积1701万亩；维修加固水库558座，新增小水电装机15.6万千瓦；解决了1450万人、971万头牲畜的饮水问题。从1989年始，中央政府又以价值6亿元的中低档工业品实行1989—1991年的以工代赈计划。

基于对贵州和四川两省的典型调查，以下拟分别说明以工代赈修建县乡公路和人畜饮水工程的组织、运作机制，探讨以这种方式兴办公共工程对贫困地区社会经济发展的影响。

---

① 笔者在调研过程中曾得到国家计委地区司西部处、交通部工程管理司、贵州省交通厅和县乡公路局、水利部农水司、四川省水电厅和农水局、贵州和四川两省有关地区，市、县、乡政府和职能部门的大力协助，并得到所访谈的村民委员会和农民家庭的积极合作，特在此一并致谢。

一 贵州的筑路工程

（一）贵州简况

贵州处于我国西南亚热带岩溶（喀斯特）高原山区，全省面积 17.6 万平方千米，其中山地占 87%，平均海拔 1000 米。山高谷深，高原面和谷底高差达 300—700 米。交通不便一直是制约全省社会经济发展的主要因素之一。这里虽然矿产资源丰富，却只能以运定产，采掘工业因而并不发达，在全省工业总产值中的份额仅为 10.1%。而原料工业、制造业、农业和其他行业的经济指标也低于全国平均水平。1987 年全省人均社会总产值为 924 元，低于当年全国平均值 124%。

即使是在这样一个欠发达地区，二元经济结构的特征也已显露出来。工农业总产值中，农业的份额为 42%，而农业劳动力约占全省总劳力（1436 万人）的 78%。全省人口 3400 万，乡村人口占 88%。至今仍有 92% 的乡村劳动力从事农业生产，而且主要从事传统的种植业劳动。然而，由喀斯特地貌所致，贵州地表破碎，土壤贫瘠，土地产出量低。1987 年全省耕地 2786 万亩（0.8 亩/人），平均亩产粮食 195 公斤，比全国平均产量低 20%。农民家庭人均纯收入 342 元，仅为当年全国平均值的 74%。而省内贫困地区的经济指标还更低一些。全省 87 个县中贫困县约占 1/3，贫困人口占全省总人口的 40%。苗族、布依族、侗族等少数民族占贫困县总人口的 43%。

与贵州的总体状态相似，这些贫困县的资源并不匮乏。山上盛产竹木和药材，地下富含煤、磷、铝、汞、锰和锑等矿产。可是，绝大部分资源并未变成商品，交通闭塞严重阻碍了商品经济的发展。根据贵州省政府 1985 年 7 月关于 18 个贫困县的调查，约有 60% 的村庄不通公路。平均每 170 平方千米才有一个集市，每个县 15 个集市。农民销售农产品、购买生产和生活必需品，往返路程至少达 30 千米。有些地区的运输全靠人背马驮，运费昂贵，贫困乡村的工业日用品价格往往高于全国平均价格数倍之多（以 1985 年的价格为例，见表 1）。

表1　　　　　　　　贵州贫困乡村和全国工业日用品价格比对

	单位	全国平均价格	贵州贫困乡村价格
食盐	元/公斤	0.31	1.00—2.80
煤油	元/公斤	0.71	2.00—3.20
煤炭	元/百公斤	0.42	6.00—6.60

不通公路的山乡基本上还停滞在自然经济状态。即使粮食自给有余，农户也不生产商品猪，因为请人帮工抬到城里去卖不划算；养鸡喂鸭也只是为了换取食盐和煤油，饲养规模若稍大一些，就将面临卖不出去的困难。山上的野生资源例如猕猴桃，运不出去也只能任其成熟腐烂。

到1984年年底，贵州全省公路通车里程达到2.8万千米，已通车的乡达84%。但是，公路的技术标准低、坡陡、弯急、通行能力差，将近7%的路段晴通雨阻。通车总里程中，4级以上的等级公路仅占23%；①铺设沥青或水泥路面的里程还不足10%。此外，铁路密度仅为0.84千米/100平方千米，公路交通是主要的运输方式，而密度仅为17千米/100平方千米的公路网远远不足以承负城乡之间、地区之间商品交换所需的交通量。

为了解决交通不便这一难题，当地政府和人民已经进行了多年的努力，现有公路通车里程的78%都是1949—1984年的35年间修成的。然而，资金缺乏一直制约着公路建设的发展。自1959年开始，我国公路建设投资，除国防、边防公路外，没有列入国家基本建设预算，修路资金须由地方政府自筹和挤占养路费。贵州省的财政收入和征收的养路费都低于全国平均水平，能够用于公路建设的投资就极为有限了。1950—1984年，全省公路建设投资总和约2亿元。与此相对照，1985—1987年以工代赈修路的各种资金总和达2.4亿元，不啻为改善该省的交通运输条件投入了强有力的启动因素。当地各级政府和交通部门也充分利用了这个发展的机遇，有效地组织了工程的实施，使这笔投资发挥了良好的社会经济效益。

（二）工程实施期间对当地农民就业和收入的影响

运用这笔投资，3年期间修筑公路6567.7千米，建成桥梁491座13799延米，隧道8座2306米，渡口3处。共完成土石方7720万立方米，耗用工

———

① 我国等级公路标准中最低的一级是第4级。

日1.1亿个。工程涉及82个县（占全省总县数的94.3%），实施过程中为沿线的乡村劳动力创造了短期就业机会。

这些工程的一个特点是密集的劳动投入。除小型工程指挥车外，全省仅配备了20台小型压路机（4.2万元/台）。工程的主要劳动投入是以民工建勤的方式完成的。

关于民工建勤，贵州省政府于1952—1982年颁发了3个文件，规定每个乡村劳动力每年必须投入公共工程（筑路、修水利等）的天数及每个工日的劳动津贴。以这种方式汇集的民工承担着劳动积累的义务，所得报酬低于其他工程支付同等劳动的工资。这3年以工代赈修路工程中，全省建勤投劳工日达6000万个。公路沿线（半径5千米）的劳动力平均每人每年投劳3—5个工日。[①] 有劳力而不能投劳的农户，则以资代劳。以民工建勤方式投入的劳动力主要担任普工工作。不同的县、乡工资水平各异，少则0.50—1.00元/工日，多则1.20—1.80元/工日。有的劳动者效率高，每天可能获得高于平均工资的报酬，效率低者所得亦低于标准工资。工程中需要的技工都是从农村征集来的工匠，如木工、石工、铁匠和开山工等。技工工资最少为2.00—2.50元/工日，最多为3—4元/工日。各县的大部分技工一般都组成了施工队，承包某些技术性的项目，例如修筑桥梁和隧道，常年施工。此外，平均每千米正在修建的公路都配备有一名技术员。这些技术员的工资一般是80元/月。

借助于表2提供的数据，可以估算出参与施工的农村劳动力所得的报酬总和约9600万元。如果按每个民工3年投劳15个工日计算，从工程中领取过普工工资的乡村劳动力人数约400万。技工一般每年参与施工270天左右。那么，3年雇用的技工大约为6万人。依此推算，平均每个劳动者从工程中获得将近24元的报酬。

表2　　　　　1985—1987贵州省以工代赈修路的投资来源和使用构成

投资来源构成[①]			资金使用构成[②]	
投资来源	投资量（万元）	百分比（%）	用途	百分比（%）
中央政府分配的粮棉布折款	20659	86.1	材料	50.0
省政府配套资金	2253	9.4	人工	40.0

---

① 本文引用的"工日"均指工程设计中按土石方量确定的标准工日。

续表

投资来源构成①			资金使用构成②	
投资来源	投资量（万元）	百分比（%）	用途	百分比（%）
地县政府及群众自筹	1088	4.5	工程指挥部	5.0
合计	24000	100	不可预见的费用	5.0
			合计	100

资料来源：①贵州省县乡公路资料编辑委员会：《以工代赈　发展交通》，1988 年，第 1 页。
②笔者在贵州省交通厅、安顺地区文通局和普定县交通局的访谈。

　　无论是上述普工与技工的平均日工资，还是估算的工程参与者 3 年劳动所得，无疑都表明了工程所支付的人工费用之低。这里引用的是 1985—1987 年的平均价格。由于物价普遍上涨，1989—1991 年采用中低档工业品以工代赈修路的费用已经大幅度增加。1990 年普工的日工资平均为 3 元，技工工资为每日 4—5 元。当然，上涨后的贵州民工工资，仍然低于同类劳动的全国平均水平。民工们接受这个事实的主要原因在于，一方面，他们承认并承担政府规定的向公共工程投劳的义务；另一方面，施工主要在农闲季节进行，而此时当地大多数农民的劳动机会成本几乎为零。此外，由于商品经济不发达，农民的现金收入来源极少，参加修路则既有部分实物又有部分现金报酬。

　　参加修路的农民不仅获得了短期就业的机会，而且增添了筑路技能，一批能工巧匠在实践中脱颖而出。如前所述，由技工组成的施工队伍完成了本县的筑路任务，便去承包外县的工程。以工代赈项目的执行既改善了贫困地区的基础设施，同时又进行了人力资本投资，还促进了行业和地区之间的劳动力转移。筑路工程对沿线农民就业、收入和消费的影响，在以下实例中还可以得到更为具体的反映。

　　普定县武郎区猴场乡青岩村共有农户 27 家，其中有 25 户参加了修路，1987 年每户所得收入由 50 元到 6000 元不等。收入最高的农户户主张兴文，现年 54 岁，全家 5 个男劳动力经营 6 亩耕地。1986 年参加修建本县公路，得到报酬 2000 多元。1987 年率 4 个儿子承包位于本村界内的一个路段工程，任务是打通一个长 43 米、高 8 米、宽 7 米的隧道，并修建隧洞前一段 84 米长的路。路宽 7 米，劈山而成，山岩高 16 米。修建这段 127 米长的路历时 8 个月，移动土石 4000 多立方米。这个路段以 27000 元的造价承包给张兴文，收支项目如表3所示。

张用这次筑路所得的6000元盖了一间住房，为一个儿子办了婚事，还在公路三岔口建成2间铺面的一个小百货店。目前，张家经营小店的月利润平均为100元左右。

表3 1987年张兴文承包路段工程的收支情况

收入（元）：	27000
支出（元）：	
空压机租金	2200
油料	7000
雷管、炸药、工具等	4800
雇工*	7000
张家净得（元）：	6000

注：* 雇用本村劳动力，风钻工：5元/日，普工：2.50元/日。

（三）竣工工程的社会经济效益

1985—1987年的以工代赈筑路工程有效地改善了贵州的基础设施，为全省，尤其是贫困地区的社会发展和经济增长创造了有利的条件。也就是说，工程产生了显著的第二轮效用。

1. 促进了贫困地区商品生产的发展

3年筑路计划执行期间，投放到少数民族贫困县、乡的实物折款和配套资金占全省总投资的61.2%，建成公路252条，通车里程3422千米，占全期竣工线路通车里程的一半以上。贫困山区的农、林、矿业由于公路延伸到资源产出地而迅速增长。从公路沿线的贫困县、乡运出的货物增量，可以视为生产扩大和商品量增加的一个指标。通车一年内，从这些地区运出的货物增量为：240万吨煤，25.4万吨矿石，7.2万立方米木材，3万吨烤烟。表2是贵州省交通厅对1985—1987年以工代赈修路项目效益所做的抽样调查，从中可以看出，2150千米的公路沿线一年内就新建乡镇企业1331个。这些企业大多数是小型煤矿、铝矿、铁矿、石灰窑等资源开发企业，没有现代化的技术装备，采用原始的采掘方法和技术，从而主要靠密集的劳动投入。平均每个企业就业人数100左右，那么这144条公路沿线新增非农产业就业岗位大约为133000个。

2. 商品交易增加

交通条件的改善和生产的扩大带来了集市贸易的繁荣（见表4）。据安顺、黔西南州等地区交通部门的调查，平均每个地区（州）新建公路沿线增加集市15个。一些原有的集市由于公路联网成为交通枢纽和商品集散地。例如，德江县复兴场，位于铜仁和遵义两地区交界处，居民3000人。自从以工代赈建成的公路将其与周围乡村连接起来，途径复兴场的客车由每日6班增加到20多班，昼夜交通量由100辆机动车增加到30多辆，蛋禽、生牛和百货3种商品的批发贸易因此而兴起。每次集市有大约10吨鸡蛋、3000多只鸡和200头左右生牛上市。百货从城市流入这里，再分散给附近的乡村。复兴场街上的商店由公路联网前的4个增加到23个，百货摊点达104个。

表4　　　　　　1987年贵州省144条竣工公路的年社会经济效益

| 地、州、市 | 新增通车里程（千米） | 新增通乡数 | 新增开发资源和增加货运量 | | | | 新建乡镇企业（个） | 新建学校（所） | 缩短运输里程（千米） | 节省运费（万元/年） | 增加经济效益（万元/年） |
			煤炭（吨）	矿石（吨）	其他（吨）	小计（吨）					
安顺地区	275.3	36	455480	146440	23235	625155	188	16	229	242	1254
六盘水市	136.65	24	256000	53700	43225	352925	64	6	192	924	1968
毕节地区	529.10	55	331643	1120	59171	391934	406	7	388.5	4619	7194
黔南自治州	241.05	8	316200	41000	80671	437871	242			1737	2896
黔西南自治州	233.30	15	891127	8212	37764	937103	98	8	195.3	1028	1232
遵义地区	168.90	23	104026	845	61591	166462	69	16	187.3	277	1075.5
黔东南自治州	342.50	28	54728		97679	152407	52	9	311	525	1181
铜仁地区	166.80	19	17850	1450	20517	39817	183	6	40.2	128	1302
贵阳市	57.10	9	190640	32500	9094	232234	29	1	19	244	549
合计	2150.70	217	2617694	285267	432947	3335908	1331	75	1562.3	9724	18651.5

资料来源：贵州省交通厅：《以工代赈　发展交通》，1988年，第7页。

3. 节约运输费用

公路通达以往闭塞的山乡，结束了人背马驮运货的历史，从而大幅度地节约了运输劳动。以全长14.1千米的罗甸县独坡—平岩公路为例，沿线一个乡以往每年至少要出售农副产品500吨，购入化肥、农药和日用工业品

250 吨。由于汽车替代人力,仅运输这些货物就节约劳动日 2 万多个。

贵州省以工代赈修路项目的一个重点是将原有的公路连接成网,缩短省际、县际、乡际之间的运输距离。这些联网线共计 64 条,总长度 1126 千米,建成后提高了原有公路的运输效益。例如 40 千米长的大坡至务卜公路沟通纳雍、织金、六枝 3 县,缩短运距 58 千米,仅运煤一项一年可节约运费 600 万元,而修筑这条公路的总投资还不到 200 万元。

运输效率的提高一方面使原来难以运进山的化肥农药等生产资料和日用工业品有了比较及时和充足的供应,另一方面也使这些工业品的销售价格随着运费的减少而降低。例如,食盐、煤油和煤炭的价格都降低了近 50%。

4. 改善社会服务

县乡公路网的扩展促进了经济增长和乡村居民收入的提高,使地方政府的财政收入有所增加,因而可以抽出部分资金用于改善乡村文教、卫生等社会服务设施。从表 4 可以看出,144 条竣工线路经过之处新建学校达 75 所(建校投资还包括受益农户提供的资金和义务劳动)。

每一条新建公路竣工,沿线商店、饮食店、小旅店、缝纫铺等生活服务设施也随之建立。这些设施主要由个人投资兴建。这意味着交通条件的改善既促进了山区资金的积累,又增加了第三产业的就业机会。

文化、教育、卫生和日常生活服务网点的增加,不仅方便了山区居民的生活,而且增加了他们的社会交往,有助于开阔眼界、更新观念。值得一提的是,由于交通条件改善方便了儿童上学,适龄儿童入学率显著提高。据不完全统计,在那些曾经不通公路的山乡,适龄儿童入学率在通路之后一般提高 13—20 个百分点,达到 70% 以上。可见,以工代赈筑路项目的执行,无论是对山区的成年人口还是对儿童而言,都是一笔间接的人力资本投资。

5. 宏观经济效益

为以工代赈项目调拨的实物都是制订项目计划时库存充裕的物资。1985—1987 年的粮棉布以工代赈计划,就是在 1984 年农业大丰收、这 3 种商品库存积压的背景下出台的。1989—1991 年的项目调用中低档工业品,正是由于市场疲软、这类商品滞销,而贫困地区尚有需求。用以工代赈方式将积压商品转化为投资,显然有着节约储存费用和加速资金流转的作用,在经济不景气时,以这种投资形式修建公共工程,无疑还有助于启动国民经济走出低谷。

（四）资金的使用效率

工程造价低是以工代赈修路的鲜明特点之一。1985—1987 年修的 4 级公路平均每千米造价 4 万元，大约相当于同期国家基本建设投资造价的 1/4—1/5。修建的公路总长度中有 62.9% 达到国家等级标准，17.7% 达到贵州省制定的乡村公路标准，余者为简易公路。这些指标表明，与 1949—1984 年的筑路工程相比，采取以工代赈方式进行的投资有着较高的效率。究其社会经济原因，主要有如下几点。

1. 征地拆迁费用低

以工代赈项目的征地和房屋设施拆迁费用最多不超过国家基本建设投资筑路项目同类支出的 1/10。在筑路项目的执行过程中，由交通部门负责施工，地方政府则动员劳力、组织征地拆迁。对此，公路经过的乡政府都正式行文作出规定。以普定县为例，对于因修路而拆迁房屋的农户给予低价补偿，新宅基地由农户所属的村民委员会从本村土地中划拨。公路占地则是无偿征用的。对失去土地 0.3 亩以下的农户仅减免农业税和农产品定购任务；若损失面积超过这一标准，则由村民委员会在全村农户之间调整土地。每个乡所减免的受损者的农业税和定购任务，转移给本乡公路沿线 5 千米半径范围内的受益村分担。

显然，受损失的农户并未得到足够的补偿，可是他们却接受了这个制度安排。在全省以工代赈项目执行过程中，尚未发生过与征地和拆迁有关的诉讼事件，所有的纠纷都在乡一级政府得到调解。原因首先在于，一方面，贫困地区农民深受交通不便之苦，迫切要求修路；另一方面，地方政府通过各种宣传形式，将"民办公助、民工建勤"修路的意图灌输给农民，将以工代赈投资方式解释为农民要修路，政府给予资助。因此，使当地居民对筑路工程产生"认同感"，即将其视为自己的事业。其次，遭受损失的农户毕竟是少数，而受益于公路的则是他们生活于其中的整个社区。在这种情况下，通行的就是"多数原则"，不成文的乡规民约自然形成一股压力，使少数人为着整体的利益不得不承受损失。

2. 人工费用和材料费用的节省

如前所述，工程是采用劳动密集型技术实施的。而由于贫困地区劳动机会成本低以及民工建勤原则的实行，对劳动者支付的报酬较低。这意味着公路的受益者们为工程提供了部分无酬的劳动积累。此外，工程所需的土木材料主要在当地开采，并尽量使用劈山开路爆破的废石，减少沙石开采的人工费和运输费。

3. 有效的计划、管理、组织和监督

在以工代赈修路计划的实施过程中，各级政府的组织工作严密、有效，因而节省了整个项目的管理费用。为了保证组织有效，各级地方政府都进行了必要的制度建设。一是建立专职执行机构，二是授权这些机构制定有关工程实施的各种规章、制度。

以工代赈项目的执行涉及计划、财政、银行、商业、粮食、物资、供销、农业、水电、交通、税务、审计、公安等若干个职能部门，只有各部门密切配合，才能保证资金、物资和劳力的供应，使工程按计划进行。省、地、县各级政府都成立了以工代赈工程领导小组，协调部门间的业务工作。每一条计划修建的公路，都有专设的工程指挥部负责项目的执行。指挥部由县交通部门的工程技术人员、财务管理人员和公路所在的区、乡领导组成，一般不超过 10 人。

工程计划和投资通过不同层次的领导机构分解到施工单位，自下而上都实行责任制。例如，每一个工程指挥部都与县领导小组签有合同，规定工程内容、施工期限、投资总额、付款方式、工程质量及验收办法、事故预防及处理等条款，明确双方各自的责任和义务。

在山区修路工程量大、技术难度高，而工程的主要参加者是未受过正式技术训练的农民，施工高峰期全省每天有 24 万人上工地。施工组织因而成为确保工程质量和建设速度的关键。关于工程财务管理、安全生产、物资保管和施工管理的各项规章制度，通过各级以工代赈领导小组层层下达，由每个工程指挥部负责执行。

虽然修建的并非是国道或省道，每一条线路都由地区和县交通部门的技术人员选线，测量和设计，并有正规的设计图表和工程概算报批。依据工程设计，每个工程指挥部将计划修建的公路分成工段，每个工段由一个施工组承包，工程指挥部与施工组签订合同。合同条款包括工期、工程内容、质量标准、材料供应、路基、路面、挡墙、涵洞、桥梁等构造物的技术要求，等等。

施工组由沿线农民自由组合而成，有的以整个村民小组为单位，有的是几个农户联合在一起，还有的是一个农户出面承包，招募邻居做辅助工作，等等。各施工组自选 1 人为组长。工程指挥部通过每个工段的施工技术员和施工组长将各种制度传达到筑路民工中去，这四者又在合同执行过程中相互配合、相互监督。各施工组的报酬均按照土石方定额计件，只有当工程验收合格时，施工组才能领取全部应得报酬。

每条线路施工期间，都有交通部门的技术人员进行3—10次质量检查，并不定期地在施工质量高的工段召开现场会，用示范的方法推广效率较高的施工方法和工程组织经验。这也是中国农村组织运转费用最低的技术推广方式。

二　四川的人畜饮水工程

筑路项目主要是为贫困地区的经济增长创造条件，而人畜饮水工程则直接为贫困人口提供社会服务。就各省以工代赈项目资金的使用构成而言，前者与后者的比例一般为8：2或7：3，人畜饮水工程所占的份额较小。然而，这类工程的组织实施及竣工后的管理，则尤具制度创新的特色。以工代赈人畜饮水工程项目也是从1985年开始执行的，为了便于说明与工程有关的制度建设特点，这里仅以四川省为例，主要讨论中低档工业品以工代赈修筑人畜饮水工程计划（1989—1991年）的执行情况。

（一）缺水问题

根据水利部的规定（1984），近期人畜缺水的标准，是指从居住处至取水点单程1千米以上或者垂直高度100米以上的村庄。

解决人畜饮水困难的标准是达到如下供水量：干旱期间，北方每人每日供水10公斤以上；南方40公斤以上。每头大牲畜每日供水20—50公斤，每头猪、羊每日供水5—20公斤。平均年降水量在60毫米以下利用旱井、旱窖的地方，蓄水量以蓄积一年足够1—2年使用为宜。南方地区，70—100天不下雨保证有水吃。

我国人畜缺水的地方，主要分布在丘陵山区、黄土高原、滨海和牧区，多数为少数民族地区和边远贫困地区。1950—1970年，各级政府主要利用修建水利工程设施供应人畜饮水。20世纪70年代，北方各省通过打井抗旱又解决了部分缺水人口和牲畜的供水问题。截至1979年年底，全国脱离饮水困难的人口达4000万人，牲畜达2100万头。各级政府均拨出专款用于修建饮水工程。1980—1984年这项投资达96000万元，使3000万人、2100万头大牲畜脱离饮水困难。据不完全统计，到 1984 年年底全国共修建各类饮水工程 150 万处。其中，水窖、旱井 100 多万眼，蓄水池 5 万多处；土井、大口井 7 万多处；机电井 4900 眼；塘坝 4 万多座，提水站 2 万座；引水引泉、截潜流 7000 处。然而据 1984 年年底统计，全国还有 5000 万人、4600 万头牲畜的缺水问题设有解决。其中，四川省缺水人口 983 万多人，缺水牲畜 1097 万头。

四川省总人口 1 亿多，全省面积 56 万多平方千米，年平均降水量为 50—1200 毫米，境内水源丰富，河流众多。四川的缺水人口主要分布在成都平原以外的川北、川东和川西边缘地区，那里也多是该省的贫困山区。缺水的第一个原因是，降水在时间和空间上分布不均匀，全年 70% 的降水量集中在 6—9 月。第二个原因是，人口急剧增加是导致缺水的主要社会原因。与 1949 年相比，四川省现有人口增加了 1 倍多，原有水源满足不了新增人口的需要。此外，人口增长的压力促使农民为了增加粮食产量不断提高复种指数。以往，平原或盆地的稻田冬季贮水，恰好解决了旱季的人畜饮水问题。如今增种一季小麦，部分地区就产生了季节性饮水供应不足的困难。就山区而言，直到 20 世纪 50 年代初期仍有大面积森林覆盖，涵养着水源，使"山高水也高"，足以供应当时为数不多的人畜饮水。随着人口的不断增长，农民不断毁林开荒，森林植被逐年减少，水土流失加剧，水源基流变小，水位下降，住在山上的农户就变成缺水户了。

四川缺水人口中，贫困山区人口占 72%，他们既然难以维持温饱，就更无财力解决饮水问题。这里的高山区（海拔 1000 米以上）多为石灰岩、沙质岩构造，地表水渗漏严重。丘陵区垦殖指数比山区要高，地表涵蓄水的能力更差。因此，深山区和浅山丘陵区的缺水季节都比平原地区长。缺水的村庄或农户每年平均要用 20% —24% 的劳动力取水。

这些地区现有的水资源尚且不足以供应人畜饮水，就更不能满足农作物正常生长的需要，也谈不上建立乡村工业。缺水威胁着人们的生存，无疑也就从各个方面制约着当地的社会经济发展。例如，急需的教师、医生，科技人员等专业人才难以引进，一些派往缺水乡镇的行政官员也不情愿上任。儿童上学必须自带饮水，一遇大旱，缺水严重，学校往往不得不停课。此外，在水资源稀缺的条件下，争水纠纷时有发生。

因此，解决人畜饮水供应问题对于贫困人口的生存和发展、对于改善贫困地区的自然环境和社会经济条件都至关重要。

（二）以工代赈修建人畜饮水工程的方式

从 1985 年开始，政府采取以工代赈方式投资于缺水地区的水源工程建设。资金投放重点是少数民族地区和贫困山区。到 1990 年 8 月底，四川全省修建工程近 7 万处，使 41.8% 的缺水人口和 44.4% 的缺水牲畜脱离了饮水困难，还解决了将近 6.5 万亩农田的灌溉用水（见表 5）。在工程投资、组织和用水管理方面，政府和农民都进行了制度创新，从而使工程发挥了显著的效益。

表5 　　　　　　　　**四川省 1985—1990 年修建农村人畜饮水工程统计**

投资 （万元）	政府					集体和个人			合计
	中央	省	地、县	农水费	其他	集体	个人	投劳折资	
	8660	1611	552	296	225	1350	3497	4442	20633
工程	打进 （眼）	蓄水池 （个）	引水渠 （条）（千千米）		提灌站 （处）（千瓦）		其他 （处）		合计 （处）
	21467	39430	5541	741	774	11346	1971		69183
供水 范围	人口 （万人）	牲畜 （万头）	灌溉 （万亩）						
	411	487	6.5						

资料来源：四川省水电厅农水局：《四川省农村兴建人畜饮水工程及投资统计表》，1990 年。

1. 投资方式

人畜饮水工程虽然也可以归为公共工程一类，但与公路相比，直接受益者范围比较小：或是单个农户，或是整个村庄。不仅如此，工程竣工就成为归单个农户或村社所有的固定资产。因此，投资原则是以受益者为主，政府补助为辅。实际上，由于贫困人口财力有限，投入的现金还不足投资总额的 24%，政府投资的份额达 5%，余者为受益者投入的无酬劳动，是按每个劳动日 1.2—1.5 元折算的。

中央政府以调拨几种特定商品的方式投资，目的主要在于用这些实物支付民工的劳动报酬。因此，要求地方政府至少以 1:1 的比例投入配套资金。然而各省都没有达到这个比例，而是将部分调拨来的消费品指标转换为工程材料，弥补地方配套资金的缺口。那么，领取中央调拨实物的就不仅是农民，而且还有负责执行项目的部门（工程指挥部）。这就使以工代赈项目的的组织、管理更为复杂。如前所述,中央政府调用积压滞销商品进行以工代赈,有着减少库存、加速资金流转和援助贫困地区发展的双重宏观经济效益。为了获得这些效益,中央政府制定了一系列规则。以此为据,地方政府设计了更为细致、具体的制度,既在原则上体现了中央的意图,又使地方政府所做的变通有章可循,还能够降低项目实施过程中的交易费用。中低档工业品的调拨和发放过程便能够说明这一点。整个过程的运行方式与采用粮棉布以工代赈大致相同,其运行规则对于修路和人畜饮水工程也是通用的。

国家计委分配给四川省 1989—1991 年的以工代赈工业品金额达 6000 万元(修路与饮水工程的资金分配比例大约为 8∶2)。依据项目投资计划,该省计经委监制同等数额的工业品购货券(简称工业券),由省以工代赈项目领导机构分配给实施工程的县,经工程主管部门加盖公章后生效。工业券实质上是一次性货币。印制和发放工业券,由经办部门填写报告单,分送政府和银行等有关部门。县工程主管部门指定专人管理工业券,按工程进度发放,发放时将券面号数登记造册。工业券可以用来选购除有关部门规定的高档商品、紧俏商品和部分食品以外的工业品。工业券只能在各县境内使用(券面印制号码包含着地点信息),可以在本县国营商业、农机、物资部门的商店、公司和县、乡供销社购买规定范围内的工业品。用工业券批发或零星购买工业品时,所发生的尾数由购物人用现金找补,售货单位不得支补现金。

物资供应部门将通过交易收回的工业券截角作废后,每 10 天 1 次交给工程主管部门,并填报"收回工业券清单"和"以工代赈工业品供应汇总表"。同时,还可以填报"以工代赈动用工业品核销贷款申报表",与其他两份报表一起,经工程主管部门签章后,送专业银行,作为核销其贷款的依据。

县专业银行收到上述报告后,要在 3 天内会同人民银行进行会审,如审核无误即核销物资供应部门的贷款,并填制进账单,连同收到的报表一起送交人民银行县支行办理划款手续。这些款项经过人民银行各级营业机构逐级汇总上级至总行,由总行与财政部结账。

工业券使用有效期满(一般为半年或一年),县工程主管部门将回收的工业券全部清点无误后,填写销毁工业券报告单,由当地人民银行、计委等有关单位和上级主管部门派员到场监督销毁。中央政府的投资过程到此完成。

　　这一套有关工业券印制、发放、使用和注销的制度，无疑是为了防止伪造、贪污和挪用。为了便于推行以工业券付酬的方式，四川省政府还规定，用工业券购买中低档工业品，除已免征零售税的商品（如农机、农药）外，一律按市场零售价的九五折优惠。这5%的价格折扣来自对税务部门免征零售税3%，商业企业让利2%。

　　这些规章制度也是国家计委委托四川省政府于1987年进行工业品以工代赈试点的一个结果。为了正确执行上述规定，各试点县均采用有线广播、宣传车、电影放映前加映幻灯，以及张贴告示等方法，将有关信息传递给当地农户。县商业供销部门还对国营商店的经理、乡镇供销社主任和营业员进行短期培训。

　　根据7个试点县987年的工业券购物统计得出，这部分商品销售额的构成为：轻纺织品占32.7%，五金交电占13.1%，农机具占8.3%，日用杂品占13.4%，建筑材料及其他占32.5%。对此乡供销社经营状况的一调查表明，试点工程实施期间，商品销售额比1986年同期增长30%左右，库存积压商品额降低25%，贷款减少38%，利润大约增加50%。试点县发放的工业券回收率达99.95%，未能全部回收的原因，是当地农民将小面值工业券留作了工程纪念。这一切都意味着，严密的制度建设和有效的组织运转使中央政府采用工业品以工代赈的意图得到了实现。

　　在政府对人畜饮水工程的投资总额中，地方政府的配套资金不足24%（见表5）。配套资金主要来自于不同扶贫渠道（如财政部拨给的支援不发达地区发展资金、水利部门的扶贫专款等），将各种扶贫资金集中于工程，就发挥了投资的规模效益。

　　对于每一饮水工程，政府原则上只补助材料费，其余的费用由受益农户自筹解决。根据工程设计的使用范围，乡政府或村民委员会编制花名册，向受益者集资。规则是住户按人平均交款，学校不出钱但要组织学生投劳。据笔者在青川县的调查，农户投入工程的现金大约为10—40元/人。施工时，雇用的技工领取劳动报酬，每个工日大约3元。挖渠、运砂等简单劳动由受益户分担，不出工者则按2元/工日付款。由于受益者投入了无酬劳动，工程人工费一般仅占总成本的1/3。

　　2. 项目组织

　　饮水工程与筑路虽然性质各异，项目管理规则却大致相同，故对此不加赘述。农村人畜饮水工程不计入基本建设投资计划指标，而且工程规模小、项目多，不易管理。但是四川省农水部门还是依据水利基本建设程序，把项目设计、审批、施工监督和竣工验收规定引入人畜饮水工程的实施过程，以保证工程既符合质量标准，又节约投资。

每个项目都有领导小组，由乡或村的干部、乡水利站的技术员和村民代表组成。该小组除了负责筹集资金、动员劳力和组织施工外，还参与工程设计方案的选择。根据水源、水质及工程造价等指标确定最佳方案。这种多方参与制度赋予饮水工程因地制宜、简单实用的特点。工程形式多样。工程设计的主导思想是以引水为主，引水和蓄水结合。动工前和竣工后都须由卫生防疫部门对水源水质进行化验，确认符合国家颁发的《生活饮用水卫生标准》（1976），才予以动工和交付使用，交付使用后逐月跟踪检查2年。

（三）用水管理

鉴于一些饮水设施因管理不善，使用几年就因损坏或水源污染而报废，各级水利部门、乡政府、村民委员会乃至村民小组对交付使用的饮水工程都制定了管理规定。目前四川省的人畜饮水工程均依据谁建、谁所有、谁管理、谁用水的原则，实行分级管理，明确权属，定权发证。凡一户或联户修建的饮水工程，归一户或联户所有，由县统一制发人畜饮水工程证书，任何单位或部门不得平调，他人不得侵占；集镇或村庄修建的重点人畜饮水工程，由乡水利水保管理站统一管理。对于居住异常分散的高山区农户，政府补助他们各自修建饮水设施，竣工后归为个人财产，也无须设立任何管理制度。多数工程是属于村民小组或集镇的公共工程，即使明确了所有权和管理责任，也需要建立有关使用、收费、养护、维修的具体制度，规范和协调使用者们的行为，才能保证工程长期使用。在进行这一系列制度建设的过程中，农民们不乏有益的创造。

一个村民小组一般由20多个农户组成，居住相对集中。他们制定的规则，多为口头协议。第一个特点是条款简单，例如，按人口平均收水费，每年收2次。正因为如此，规则才容易贯彻，而且组织费用低。第二个特点是便于监督执行。用水规则都包括节约用水的条款，尤其是水源基流小的地方，都规定不许用饮水设施的水浇地。使用提水工程的小组，每日仅定时放水2次，便限制了用水量。采用引水设施的小组，每日引来的泉水有限，因此，从居住在蓄水池附近的农户中选一人查看总用水量，就可以根据经验判断是否有人浪费用水。第三个特点是用水制度既包含着对成本—效益的考虑，又体现社区生活中的公平原则。有的农户在修建工程时未参加投资投劳，建成后要求参与使用，则必须要缴纳一笔"搭水费"，相当于按人分担的基本建设投资份额。对于村里的学校都给予优惠，仅收取规定水费的1/2。当学校超过规定的用水量时，才按标准收费。发现浪费用水者先由管水员给予口头警告，若第三次犯规，便处以罚款。

行政村或集镇的重点工程管理制度，虽然与上述原则一致，但相形之下要正规、复杂一些。重点工程一般要供应1000以上的人口用水，用水单位既有农户，又有行政管理机构、学校和企业。规则由乡政府（或村民委员会）、水电部门和用户代表共同商定，以文字形式提交乡人民代表大会（或村民大会）通过，印发给各用水单位。供水设施雇有专人管理。

（四）工程效益

人畜饮水工程的建设显著地改善了贫困人口的基本生存条件，对于减少疾病流行，增进贫困地区居民的身体健康起到了积极作用。例如，夏秋季节肠道疾病发病率降低了11个百分点。工程还使取水费用大幅度降低，因为大多数工程都有简易自来水装置供水到户。据当地水利部门估算，修建工程前，缺水地区每供应1人全年饮水，至少需要14个工日。仅解决贫困人口饮水困难一项，采取以工代赈方式修建的人畜饮水工程每年就节约5754万个工日。

三　小结

当今世界有关反贫困战略的讨论倾向于这样一种设想：一方面，推行那些使贫困人口的劳动得到利用的增长模式；另一方面，向贫困人口提供基本的社会服务，特别是初等教育、基层保健医疗和计划生育。前者提供脱贫的机遇，后者则提高贫困人口利用这些机会的能力。除此而外，这种双因素反贫困战略必须由社会救济网加以补充，以帮助那些没有可能受益于上述政策以及突遭不测的贫困者。①

纵观中国政府20世纪80年代的扶贫战略以及继续运行的社会救济系统，不难看出，其中已经包含着上述因素，而且具有更为丰富的内涵。仅就

①　参见世界银行1990年报告。

以工代赈政策的实施而言，政府投资于贫困地区公共工程建设，对当地的社会经济发展主要有如下作用。

第一，有效地改善了贫困地区的基础设施和社会服务，为当地的经济增长提供了必要条件。

第二，加强了贫困地区的制度建设。采用以工代赈方式进行公共工程建设的执行机构和组织原则已经形成，只要有新的投资项目，这套机制就能有效地运转，使投资计划变为现实。

第三，人力资本的增加。在这里，人力资本投资只是以工代赈项目的副产品。通过施工，农民学到了技术，行政干部学会了施工组织和管理，交通和水利部门培训了专业技术力量。

第四，工程建设期间直接为当地贫困人口提供短期就业机会和非农收入。

据此可以判断，中国政府的以工代赈政策是行之有效的。成功的决定因素首先在于其目标明确，专为援助贫困地区而设计，使贫困人口直接受益。其次在于选择了适宜于贫困地区资源状况的项目和技术。修建公路和饮水工程都可以就地取材；由于采用简单的劳动密集型技术，当地劳动力足以胜任，工程的实施就使得大量剩余劳动力得以利用。第三个决定因素是多方参与制度。以工程投资为例，这种制度调动了中央和地方政府、村社和农民可供支配的资源，发挥了集中使用各方要素（资金、土地、劳动等）的规模效益。中国是个发展中国家，资金短缺是普遍存在的限制条件。贫困地区的投资报酬率低于全国平均水平，缺乏吸引投资的竞争力，其基础设施建设项目就更难获得资源。在这种情况下，中央政府的投资就如同"第一推动力"，促使地方政府尽可能地调集当地资源，并积极组织项目的实施。也就是说，中央从外部注入的要素启动了贫困地区现存的经济力量。若无这种具有一定规模的初始资金的吸引和启动，当地零散的资金不可能如此迅速地聚集，丰富的天然建筑材料和充足的劳动力也只能是沉睡的资源。对于中央政府来说，不动用基本建设资金而使用库存积压商品投资，不至于给中央财政造成沉重负担。就参加工程建设的贫困地区农民而言，从政府获得的实物和货币，不再是救济，而是劳动的报酬。除此而外，他们还用部分无酬劳动为当地未来的经济增长提供了积累。可见，这样的多方参与制，协调了各方的利益，调动和汇集了各方的资源优势。

组织有效，是贯穿以工代赈计划执行过程始终的决定因素。投资兴建公共工程，历来属予政府的职责范围，需要政府主持和参与。不似商品生产，更多的是需要政府提供制度和物质基础设施框架，而不是直接扮演生产者的角色。只要政府选择了职能范围内的角色，就有可能成功。

采用以工代赈方式修建的工程，虽然规模不小，建设过程中的商品交易活动并不很多，行政措施辅之以经济手段就能够调节其运行。而这也正是中国现行计划经济系统的优势。

当然，以工代赈政策实施中也存在着不少问题。主要有如下几点。

第一，修建和改善贫困地区基础设施，是一项长期的任务，不可能仅仅通过实施几次以工代赈项目来完成。而 20 世纪 80 年代的以工代赈，是贫困地区最近几十年来获得的最大规模的基础设施建设投资，地方政府和农民都对这类项目寄予强烈的预期，相互之间对投资的竞争十分激烈。因此，基层地方政府制订的工程项目计划往往超过投资计划。一些工程因财力不足不能按技术标准修建，反而降低了资金使用效益。这就需要将以工代赈安排为一种长期执行的制度，给地方政府以稳定感，以便相应地减少其短期行为。

第二，到目前为止，除了京津沪三大直辖市和江苏省外，其余各省都参加分配中央政府的以工代赈投资。在各省分到的投资额随着投资总量压缩而减少的情况下，就难以取得投资的规模效益。比较经济的办法是将富裕省排除出分配行列之外，将这笔投资集中于贫困省。

第三，县乡公路未列入国家养路计划，由地方政府负责养护。但贫困地区养路费严重不足，而山区公路常有水毁塌方，不设专款养护，以工代赈公路建设项目不出几年就会前功尽弃。

（本文发表于《经济研究》1990 年第 10 期）

中国的三元经济结构与农业
剩余劳动力转移[*]

陈吉元　胡必亮

一　引言

20 世纪 50 年代初期，阿瑟·刘易斯首先系统地建立起了用于分析发展中国家经济发展问题的理论模型——二元经济模型，对创立发展经济学和制定发展中国家的有关经济政策产生过重要影响。但是正如费景汉、拉尼斯、托达罗等经济学家指出的那样，这一理论模型又有很大局限性。刘易斯将发展中国家农村劳动力从农业部门的转出及城市现代工业部门对这部分劳动力的吸收，看成是一种毫无障碍的相互作用的过程，与一些发展中国家的现实经济生活相去甚远。从我国的具体情况来看，用刘易斯模型分析农业部门剩余劳动力向城市部门转移，不仅存在着与一些发展中国家相同的局限性，而且还存在许多与我国特殊的、历史性的制度选择相关的体制障碍，主要包括：（1）迄今为止，我国尚未建立起通过市场自由配置劳动力资源的调节机制；（2）由传统发展战略所造成的工业与农业比例失调、城市发展与农村发展比例失调等一系列不良后果仍然严重存在；（3）以城乡隔离为特征的户籍管理制度严重限制了农业部门剩余劳动力向城市部门的自由转移。因此，我们在借鉴刘易斯二部门模型的同时，必须从我国的实际出发，探索、建立适合国情的理论模型，为制定相关的对策提供理论依据。

---

[*] "三元经济结构"的概念并不是我们首先提出来的。本文的意义主要在于：一是对这一概念进行一些理论分析；二是将三元经济结构与农业剩余劳动力转移问题联系起来，把劳动力转移问题的研究引到一个新的理论框架之中，以期引起人们的关注。

二　中国的三元经济结构分析

中华人民共和国成立初期，我国的经济结构表现出明显的二元性特征。社会主义三大改造完成之后，尽管这种经济与人口的城乡分布格局发生了很大变化，其中最重要的变化是，1956 年，我国工业总产值占工农业总产值的比重首次超过了农业总产值所占的比重。但是，城市工业与以维持生计为主要目的的传统农业两大部门，仍然是构筑我国二元经济结构的主体。

1958 年以后，我国农村工业开始逐步发展起来。起初农民主要是利用传统手工业技术及本地资源，生产一些日用工业品及比较简单的农业生产工具，就地销售，拾遗补阙，以弥补城市工业品对农村供给的不足。

随着农村工业的发展，到 20 世纪 50 年代末期，我国的经济结构已经开始具备一些与其他发展中国家不同的特点，即农村工业部门从传统农业部门中成长并逐渐地独立出来，初步形成了与农业部门及城市现代工业部门相互联系，又相互分离的另一支独立的经济力量，由此而构成了我国三元经济结构的历史起点。

此后，农村工业经过几十年特别是经过 1979 年实行改革开放方针以来的发展，虽然也曾历经磨难，但它不仅继续扩展了其领域和范围，因地制宜地建立了多种非农产业经营体系，而且还建立起了相应的制度体系。现在业已成为我国国民经济中一支举足轻重的力量。因此把以农村工业为主体的乡镇企业经济当作与农业经济及城市工业经济相并列的国民经济中的一元独立经济形式，不仅毫不过分，而且可以说是对我国现实经济结构的确切描述。

在农村发展非农产业经济特别是工业经济，中国并不构成世界的特例。那么，我们为何要建立一种独立的理论体系（三元经济）来解释这种现象，而不是像其他发展中国家那样将这部分经济活动放到一个附属的地位来分析呢？这除了中国乡镇企业所具有的强大的经济实力外，最根本的原因在于它所具有的、不同于农业部门及城市工业部门的制度特征。尽管它起初是以一种"非正式"活动的形式产生于传统体制之中的，但是，它在传统体制的"正式"组织的缝隙中，以市场（尽管这种市场并不完善）为导向在短期内得到了迅速发展。特别是中国实施改革政策以来，它的发展速度较改革前更加加快了，它预示了中国体制变革的一种方向。所以，它应该作为中国国民经济变革的一股带头力量而受到充分的重视。

从以上分析可以看出，我们在本文中所指的三元经济结构是指由农业部门经济、农村工业部门经济及城市部门经济所构成的经济体系。其中，农业是我国国民经济的基础产业部门。它的体制基础在于土地集体所有制。农村工业原来是隶属于农业的一个附属部门，经过几十年的发展，其经济实力不仅已经大大超过了农业，而且也已经在很多行业与部门超过了城市工业的份额（如建筑、建材、煤炭、皮革等）。它的体制特征主要表现为所有制形式多样，非集体化倾向明显，经营活动以市场为导向。城市部门主要是指城市工业部门，它的体制特点主要表现为国家对这一部门具有比较直接的所有权。尽管城市改革实施以来，这一部门的所有制结构出现了多元化的趋势，但其主要部门仍属于国家所有制。

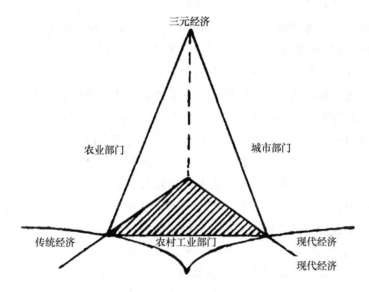

图 1　中国经济结构形态的转换与变迁

与刘易斯提出的二元经济相比，我国的三元经济在维持生计的农业部门与城市现代工业部门之间增加了一元发源于农村但却与城市工业具有相同性质的新型经济主体，即农村工业经济（主要表现为乡镇企业的发展）。这样，发展中国家典型的、建立在资本主义工业部门与维持生计的传统农业部门主体基础上的"二部门模型"，在中国就变成了一种新的"三部门模型"了。进而，中国经济发展的目标与任务就不仅仅是消除二元结构的问题，而且要通过现代经济增长最终消除三元结构，才能实现由传统农业经济向现代经济的转变。

由于体制的差异，长期以来，这三元经济系统并不主要是通过市场在竞争中形成均衡的结构状态，而主要是通过计划制度下的一套行政管理办法来建立它们的经济流程与经济秩序的：农业部门按照国家计划（现以合同形式体现）在国家统一的价格下（现已逐步放开），优先为城市部门提供各种农产品，并按国家计划为城市部门输送部分劳动力，但数量很少，而且主要通过各种特殊的、与市场供给无关的途径实行。同时，农业还为农村工业部门提供部分原材料与原料、输送劳动力并负担他们的口粮供给；城市工业部门一方面通过政府的非经济手段从农业部门无偿取得部分剩余，并以此为基础实行自身的扩张与发展；另一方面也通过对它有利的贸易条件与农业及农村工业进行贸易活动，从农村获取更多的发展资金。其中一个广为人知的经济现象就是工农业产品价格"剪刀差"。这一现象比较集中地反映了农业部门在向城市部门提供农产品及城市工业部门向农村提供工业品的商品交换过程中，存在的有利于城市部门而不利于农业与农村发展的情况。这样做的结果一方面迅速地培植起了中国城市以重工业为主体的现代工业产业；另一方面，它也以资本对劳力的相对高度密集配置（每人1万多元）而将大量的农村劳动力排斥到了城市现代工业经济之外。对于农村工业而言，由于它是从农业中孕育出来的一个新兴部门，又建立在农村地区，所以，它与农业及农村有着极其密切的联系。它从农业部门获取原始积累、劳动力、相当部分的生产原料及食品，同时为农业生产提供小型农机具及其他生产资料并为当地人民提供各种生活资料。起初，农村工业部门是与农业统一核算的，从事工业的劳动力回生产队参加分配。后来，尽管大部分地区将这两者的核算与分配分开了，但是，其联系仍十分紧密。不少地区的企业都采取了"以工补农、以工建农"等措施来促进农业的发展，有的地方（如苏南的许多乡、镇）还将农业经济作为农村工业的一个车间而纳入了统一核算、统一分配的轨道。

由此可见，在我国这种三元经济的流程运作中，市场自主作用的力度仍然较低。而且，由于城市工业特别是重工业的自循环能力很强，自循环成分很高，所以，它在改革前的几十年与农村的经济联系并不多，而政府通过强制手段转移农业剩余到城市工业部门的做法，更增强了这一部门在此方面的惰性。

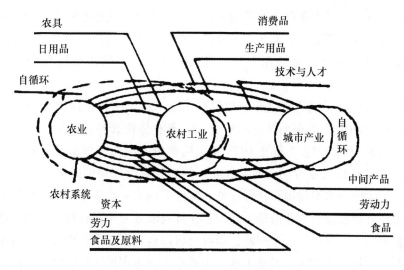

图2 中国的三元经济流程图

三 中国三元经济结构下的农业剩余劳动力转移

（一）三元经济结构状态下农业剩余劳动力转移的机制分析

与其他国家一样，中国农业剩余劳动力转移的机制也是通过来自农业部门的推力所创造的供给量，及由来自非农业部门的拉力所引发的需求量之间的较量而得到说明与解释的。与二元经济结构相比，三元经济结构状态下的劳动力转移在拉力方面不仅受到来自城市部门的一个拉力因素的影响，而且同时受到来自农村内部的农村工业部门的需求拉动的影响，即它同时受两个拉力的共同作用。从推力方面来看，中国的情况也有其特殊性，主要体现为来自农业部门内部的推力与来自外部的由非经济因素所引起的推力并存，且后者具有很强的力量。

1. 推力与排斥力：来自于农业劳动生产率增长的影响

费景汉和拉尼斯的研究表明，农业剩余劳动力转移的主要推动力量来自于农业部门劳动生产率的持续不断的提高。[1] 即使当农业部门已经在很大程度上得到了缩小，农业劳动生产率还必须进一步提高，以保持它能继续不断地排斥出新的剩余劳动力，维持劳动力的无限供给状态，促进整个经济过程

---

① 费景汉、拉尼斯：《劳动过剩经济之发展》，台湾银行经济研究室编印，1967年。

的顺利进行。如果农业部门的劳动生产率停滞不前，从而不能不断地从农业中推出新的剩余劳动力，那么，工业部门的实际工资就会因为劳动力无限供给状态的消失或食品短缺而上升，进而，整个经济的扩张过程即由此而受阻。

中国的经济发展历史也充分地说明了这一点。中华人民共和国成立以来，农业劳动生产率水平提高的幅度总的来看是较低的，有些年份还是下降的。但在 1952—1957 年及 1978 年以后阶段的增长率却相对较高，而这两个阶段也正是农业劳动力向非农业部门转移速度较快的时期。

除了生产率水平的提高指标以外，促使劳动力从农业部门转向其他部门的相关经济因素还有农业劳动力的增长速度及农业劳均占有耕地面积。这两个因素实质上反映的是一个问题，而且都可以通过农业劳动生产率因素而得到解释。但是，考虑到人多地少这一矛盾在中国表现得比较突出，所以，这一方面也应引起我们的充分重视。

2. 拉力与吸收力：城市发展、农村工业化与农业剩余劳动力转移

发展经济学家在谈到拉力时，多是从农业以外部门的相对高收入角度入手进行分析的。刘易斯理论的重要基础之一就是假设城市工业部门的工资比维持生存的农业部门的收入高出30%左右。[①] 托达罗在他的理论中，引入了"预期收入"概念。他认为，决定劳动力从农业部门移往其他部门的主要动因并不是农业部门与其他部门间（或城乡间）的实际收入差距，而是部门（或城乡）间的"预期收入"差距。[②] 不论是实际收入差距，还是预期收入差距，只要从事农业经营所得到的收入少于在其他部门就业所得到的收入，农业劳动力就从外部获得了一个很强的拉力。但是，这个拉力只是理论上的概念。现实的拉力究竟有多大，则完全取决于非农部门的经济发展状况对劳力配置的实际需求。

从我国的情况来看，城乡间及部门间的差距是存在的，而且不仅仅表现为经济上的收入差距，还表现出各种非经济性的差距。经济上的差距是由三元经济结构造成的，非经济性差距则是由社会结构的差别造成的。

1991 年，中国城镇居民家庭平均每人生活费收入为 1544 元，乡镇企业

---

① 阿瑟·刘易斯：《劳动力无限供给条件下的经济发展》，刘易斯编著《二元经济论》，北京经济学院出版社 1989 年版。
② 托达罗：《第三世界的经济发展》，中国人民大学出版社 1988 年版。

职工的年平均工资收入为 1482 元,[①] 而农民平均年纯收入却只有 709 元,三者之间的经济收入比为 1∶0.96∶0.46。[②] 同年,农民除人均向国家交纳 49.4 元的农业税、44.55 元的集体提留外,还需额外支付各种社会性集资、摊派、罚款、统筹、义务工等,1991 年这些杂项的人均总支出达 100 多元。[③] 如果再加上农民人均摊负的隐含在"剪刀差"之中的利润流失(人均负担 217 元),农民实际上从农业部门所取得的纯收入是少得可怜的。从另一方面来看,城镇居民不仅在收入上大大地高于农民,而且还能享受到各种农民享受不到的社会福利及社会保险。

在这种由制度所造成的极端的城乡利益(包括经济利益与社会利益)差距状况下,农民进入城市部门的主观拉动力量是很大的。农业部所做的一项关于沿海四省(广东、江苏、浙江、河北)的 130 个村、650 户的调查表明,在具有迁移意向的农民中,有 78.8% 的人愿意迁到城镇去,只有 13.5% 的人愿迁往其他农村地区,另外有 7.7% 的人愿迁往国外。[④] 需要说明的是,这是农民在"预期收入"观念下所作的选择。

但是,理论上的拉力并不构成现实的选择。农民都知道城市比农村好,都愿意从农业部门转移到城市有关部门。但是,由现实需求所决定的拉力却主要不是由人们对于高收入的追求程度而决定的,而是由一国在一定时期的国民经济发展水平、产业结构状况以及宏观制度环境共同决定的。在中国现实的条件下,加上一系列特殊的制度因素,农业剩余劳动力不可能主要地由城市部门吸收。当然,也有一部分"符合国家政策规定"的农村人口与劳力是可以转到城市部门的,但数量很少;大量的农业剩余劳动力则主要是依靠农村工业而得到利用与吸收的。这样,中国的农业剩余劳动力就出现了双重吸收与双重转移的格局。

---

① 在此把乡镇企业职工工资与城镇居民家庭平均每人生活费收入及农民年均纯收入相提并论,并不完全合理,但因为乡镇企业职工家庭成员经济成分的复杂性,很难确定具有独立经济生活意义的乡镇企业家庭,所以,在这里不得不以职工工资代替乡镇企业居民家庭平均每人生活费收入。

② 《中国统计年鉴》(1992)。

③ 孙鲁威:《农民负担知多少》,《农民日报》1992 年 8 月 3 日;王维友:《农民负担问题透视》,《中国国情国力》1993 年第 4 期。

④ 中国农业部、美国东西方中心:《中国沿海四省农村劳动力转移与迁移调查报告》,《农村经济文稿》1992 年第 7 期。

（二）城市部门与农业剩余劳动力的吸收与转移

我们已经谈过中国严厉的城市控制发展政策对农民进入城市部门的制约作用。但是，应该说城镇部门对于吸收农村劳动力还是起到了一定的积极作用的。而且由于不同时期政策制约的影响不同，这种积极作用也是有差别的。1949—1960 年，这种制约力量较小，劳动力的城乡配置主要是通过市场力量而实现的，所以，此期有相当部分的农民由于城市建设的需要而转到了城市部门。据统计，1949—1952 年，进入城镇的农民共约 500 万人，占同期城镇新增就业人数的 30%。在此后的"一五"期间，平均每年进入城镇的农民为 165 万，占城镇新增劳力总数的 29.6%。但 1958 年和 1959 年，农村劳力向城镇涌入的规模迅速扩大，两年间，全国共有 2000 多万的农民进入了各类城镇，造成了城镇公用设施的过分紧张及城镇居民食品及其他物资供给的严重短缺。于是，政府开始用行政手段对农民向城市部门的转移进行严格控制。一方面是为了缓解城镇生活条件的紧张局面，另一方面也是为了增加劳力向农业投入，以提高农产品总量。此后，这种用行政手段严格地控制农业劳力进入城市的方法就一直延续下来了，直到现在也没有根本性变化，尽管 1984 年以后在此方面有所缓解。所以，在从 1961 年到 1978 年的 17 年间，农业劳力向城市部门的转移量是很少的，而且多为非经济原因（如婚迁、复员军人转业、录取学生、落实政策返城、征用农民土地而使农民转业等）所致。1978 年以后，改革使体制制约的某些方面有所松动，于是，农业劳力的城市转移规模也就越来越大了。

即使如此，城镇部门为农业剩余劳动力所提供的就业机会也是极其有限的。从全国的情况来看，在农业剩余劳动力的转移总量中，大约只有 12% 的劳力转到了各类城镇部门，而约有 88% 的劳力则仍然是在农村工业、商业及服务业部门实现产业转移的。

在这里，有一点必须予以特别说明，即在以上分析中我们十分强调制度对农业剩余劳动力向城镇转移的制约作用，并不是说其他制约因素不存在或者不重要，而是因为制度障碍是构筑中国三元经济结构的直接因素。其实，城市对农村劳动力的吸收约束不只是由制度一个因素引起的，还有许多其他因素。其中由于城市人力资源配置不当及人口增长过快所引起城市显性与隐性失业的长期存在就是一个很重要的因素。官方统计部门的资料表明，中国城镇的待业人员目前大约有 400 多万，待业率为 3.5%。[①] 实际上，抽样调查所得到的结果要比官方统计反映出的问题严重得多。

由此可见，由于体制障碍，加上城镇自身所面临的严重的就业问题，中国的城镇对农业剩余劳动力的实际吸收能力是很小的。所以，中国试图像发达国家那样依靠城镇发展而将农业剩余劳动力吸收完毕是不现实的，至少在目前是做不到的。我们必须从中国国情出发，充分考虑三元经济的结构特点，大力培植与发展新型的农村工业经济，以实现农业剩余劳动力向农村工业及其他非农产业的顺利转移。

（三）农村工业发展与剩余劳动力的吸收和转移

中国农村工业发展的主要意义体现在它有利于吸收农民就业，增加农民收入，提高农业的商品化与现代化水平，实现农村工业化与城市化。其中，吸收农民就业是基础，只有实现这一点，才能引发与此相关的一切变化。

1992 年，乡镇企业部门已经吸收了从农业部门转移出来的约 1.03 亿劳动力，占乡村劳动力总数的 24.2%，构成了中国农民就业的一个十分重要的渠道。其中，农村工业是农村非农产业吸收农村劳动力的主要力量，1992 年，它所吸收的劳动力占整个农村非农产业吸收农村劳力总数的 61.4%。

中华人民共和国成立 40 多年来，中国的城镇部门仅仅从农村吸收了 1000 万劳动力，而在短短的十几年间，中国以农村工业为主体的非农产业部门却接纳了从农业部门转移出来的 1 亿劳动力。这不能说不是一大奇迹。这一奇迹在中国发生的根本原因在于：与城乡间劳动力转移的机制相比，农业劳动力在农村内部从农业向农村非农产业的转移机制是一种十分有效率的机制。

1. 农村工业发展与农业剩余劳动力转移的机制分析

以上分析表明，中国的经济结构集中表现出三元特征，而三元经济又处于非均质的制度状态下，其竞争具有明显的非公平性。结果直接导致了具有

---

① 《中国统计年鉴》（1992）。

国民经济主体性质的城市部门的非均衡成长。① 对于农村内部二元经济结构而言，尽管其体制条件也不是完全均质的（农业经营还存在着很强的政府干预行为，而农村工业部门则很少），但其同质性要比城乡间的状况高得多。特别是对农业剩余劳动力在农村两个部门的自由选择而言，制度环境基本上是相同的。为此，我们认为，刘易斯理论的基本思路可以被借用来分析我国农村内部的农业经济与农村工业经济。

在中国三元经济结构状态下，农村内部的小二元经济（即农业与农村工业）的运行基本上是符合刘易斯所给定的假设条件的。需要说明的是：第一，尽管到目前为止的所有研究都不能对中国农村劳动力无限供给的假设作出精密的分析，但大量具有很强实感性的案例分析及很多科学预测都可以在很大程度上说明在相当长的历史时期内这种条件基本上是存在的。第二，尽管农村工业部门劳动力的工资从账面上看呈上升趋势。但是，要是我们考虑到通货膨胀因素，其增长幅度实际上却是不高的。例如，在从 1978 年到1992 年的 15 年间，乡镇企业职工的年平均工资增长率为 11.8%，若我们减去此期的通货膨胀率（平均约为 6%—7%）后，实际增长的幅度并不很高。

现在，让我们分两种情况来讨论。第一种情况：当我国农村内部两部门经济运行的前提条件与刘易斯假设的条件基本一致时（包括农村工业部门劳动者的实际工资也不上升），从理论上讲，农业剩余劳动力是可以通过农村经济发展而全部被农村工业吸收完毕的。届时，农村将建立起一个实力很强的"第二国民经济"体系而与城市部门竞争，在大二元经济结构（城市经济与农村经济）下运行。至于它们的运行模式，则取决于中国体制变迁的未来格局。第二种情况：当农村内部两部门经济运行的某些条件与刘易斯模型中的假设不一致时，如当农村工业部门劳动者的工资出现大幅度上升趋势时，我们就可利用三元经济结构的优势，采取宏观调控措施将一部分农业资本向城市部门输出，一方面用于基础设施的改善与发展；另一方面用于扩展对外贸易。这样做可以达到良好的宏观效果：一方面城市部门可以借助农村发展的力量进一步提高经济发展的档次，扩大它在国际高档商品市场上的占有率，同时改善基础设施条件，为农村经济的进一步发展创造

---

① 当然，这只是在目前制度状态下的情况，随着中国以市场取向为目标的体制转换的发展，这种情况会向相反的方向发展，而变得对农村内部的二元经济发展有利。为此，我们需作专门研究。本文的任务是对现实状态进行描述。

更好的国际、国内环境；另一方面农村则可以利用城市力量承受资本积累增长带来的对就业吸收制约的压力，通过向城市转移资本而抑制农村工业部门劳动力的工资上升，以实现将农业剩余劳动力在农村内部全部吸收完毕的历史任务。

2. 关于几个相关因素的初步分析

根据费景汉和拉尼斯的研究，[①] 农业剩余劳动力转移在刘易斯假设的条件下是由以下关系式决定的：

$$\eta_L = \eta_K + (B_L + J) / E_{LL} \qquad (1)$$

在这里 η_L 表示农业劳动力在工业部门就业数量（或称"劳动成长率"）；η_K 表示资本累积（或"资本成长率"），B_L 表示劳动使用偏离程度；J 表示技术创新的程度，E_{LL} 表示边际生产率下降的幅度。

式（1）表明，农业剩余劳动力转移的刘易斯模型的影响因素主要包括：（1）资本形成，（2）技术创新。另外，市场制度也是一个重要的影响因素。

那么，让我们来看看我国的情况。

先看第一种状态，当前提条件与刘易斯所假设的条件一致时，中国农村内部二元经济发展的影响因素与式（1）相同，城市部门对农村经济发挥作用很小，农村将主要依靠自身力量解决发展过程中的农业劳动力转移问题。再看第二种状态，当我们所面对的前提条件与刘易斯假设不一致、农村企业职工的工资呈上升趋势时，式（1）就将以下面的表达式出现：

$$\eta_L = \{\eta_K + (B_L + J) / \varepsilon_{LL} - \eta_w / \varepsilon_{LL}\} + \eta_\kappa^\mu \qquad (2)$$

这里的 η_w 是指农村工业部门的工资呈上升趋势状态下而得到的一个工资上升影响系数，其中 $\eta_w \neq 0$，η_κ^μ 是我们假设的一个外加的、来自城市部门的、对农村经济的均衡发展实施干预的外来因素。它通过农村资本对市场的流入抑制农村工业部门劳力的工资上升。所以，$\eta_\kappa^\mu - \eta_W / E_{LL} = 0$ 从而通过改进刘易斯模型而使之适用于中国的三元经济结构分析。

由此可见，不论是在哪一种状态下，我们都能从理论上找到解决中国农业剩余劳动力转移问题的办法。而无论哪种办法，其基点都是农村工业的进一步发展。这正是中国农业剩余劳动力转移机制运行的基础。但是，要使这一转移机制保持正常运行状态，保证对式（2）中提出的各种要素的正常供

① 费景汉、拉尼斯：《劳动过剩经济之发展》，台湾银行经济研究室编印，1967 年。

给是一个十分重要先决条件。

（1）农村工业发展的资本形成。历史地看，中国农村工业发展的原始资本积累主要来自于五个方面：一是已有的集体积累。因为农村工业主要是在1958年以后发展起来的，而在此之前，1956年我国的农业已经实行了集体化经营，并有了一定集体积累。当1958年人民公社成立以后，它利用其特有的"政社合一"的权力而无偿地将农业社集体所有的工厂、作坊、副业生产队（组）的工业生产设施收归（平调）公社企业所有；二是人民公社还将社员拥有的家庭副业、家庭手工业及家庭小工厂、私人作坊、自留地、家畜家禽等无偿没收，成为公社财产；三是国家为了支持公社企业的发展，将农村中原属于全民所有制的一些企业也下放给了公社，变成了公社企业；四是农业劳动力从农业部门转移出来后，使农业剩余相对增加并转为农村工业部门作为工资基金而起到十分重要的作用；五是城市部门的资金流入，如在"大办钢铁"运动中，不少部委都出资在农村帮助当地农民开办了一些工业企业等。

（2）农村工业发展的技术创新。我国农村工业技术创新的要点在于，运用中国传统手工业的技术工艺，在不影响劳动生产率水平的情况下，向争取更多地吸收劳动力的方面发展。中国有不少传统农村工业部门只要改变一下技术选择即可形成新的产业主体，而不致使劳动生产率水平下降（或下降很少），但却能较以前吸收更多的劳动力（劳动密集型的技术选择）。

（3）农村工业发展的制度创新。与城市经济部门相比，我国农村工业部门表现出明确的制度创新特征，包括引入市场机制、改善企业组织结构、改革职工收益分配制度等。这对提高企业的经济效益，扩张企业发展规模，吸收更多的农业剩余劳动力都具有十分重要的积极意义。

（4）农村工业部门职工工资自律性增长。因为农村企业职工的工资增长完全是以企业的经济效益提高为前提条件的，所以，其工资增长是有节制的，且能升能降，而不是像城市国营企业职工的工资那样，具有很强的刚性。

（5）小二元经济系统与大二元经济系统之间具有较强的协调刺激。这主要是在中国外贸经济不甚发达的情况下，城乡间的贸易显得对城乡双方都很重要。

3. 对中国的三元经济结构状况的评价

总的来看，我国农村工业的发展及三元经济的运行，正在逐步地形成一种新的经济秩序。在这一形成过程中，有些方面已经取得了一些令人鼓舞的成就。这主要可从以下两个方面来看。

第一，农村就业结构发生了很大变化，且变化趋势体现出了"成功型曲线"的特点，即农村非农产业劳动力占乡村总劳力的比例呈现出明显上升趋势。

第二，农村非农产业的劳动就业增长率呈现出持续地大幅度超过农村人口增长率的趋势。

目前存在的主要问题也有两个：一是农村工业企业职工工资增长需要抑制，以克服它对利润的侵蚀，扩大工业扩张规模，进一步加快农业剩余劳动力的非农化步伐；二是由于在一个时期里政府有关部门对中国目前的三元经济存在的积极意义认识不足，从而没能采取必要措施对城乡经济的协调发展采取积极有效的措施，制约了双方的健康发展。

四　结论与政策建议

通过对我国三元经济结构与农业剩余劳动力转移的理论与现实分析，我们发现在我国特有的制度环境中，城镇对农村劳动力的吸收能量不大，而以农村工业为主体的农村非农产业却对吸收农业剩余劳动力具有决定性的作用。农村工业的蓬勃发展已使中国经济结构出现了世界上所特有"三元经济"格局，我们只有从根本上把握这种"三元经济"的特征，才能真正认识清楚中国农村工业发展与农业剩余劳动力转移的互动机制和实现由"三元经济"向现代经济转化之路。依据这一思路，我们提出以下几点相关的政策建议。

第一，充分认识中国经济结构的特殊性，扬弃有关"二元经济"体系的思想及由它引出的政策含义。把农村发展及农业剩余劳动力转移的基点主要放在农村工业发展上，并以此带动整个国民经济的发展。

第二，对于农村经济体系来说，目前及今后的政策要点应该主要放在以下几个方面：（1）有效地约束乡镇企业经营的社会目标的扩展，在不断提高经济效益的前提下，乡镇企业应扩大经营规模；（2）注意采用适用技术，大力发展劳动密集型非农产业，更多地吸收农业剩余劳动力；

（3）坚决控制农村人口的过快增长；（4）加强农村工业的资本积累，有效地筹集发展资金。可考虑建立专门的乡镇企业银行为乡镇企业的进一步发展筹集资金。

第三，对于城市经济系统而言，其发展的政策要点应主要包括：（1）当好农村经济发展的协调"人"，利用其强有力的经济力量，根据农村发展需要而调节各经济要素的供求关系；（2）加强基础设施的投资、建设工作，为城、乡综合发展创造良好的物质条件；（3）大力推进产业结构的高度化过程，以占有国际市场为目标而组织高、精、尖产业开发与产品生产。

（本文发表于《经济研究》1994 年第 4 期，获第六届孙冶方奖）

从家庭承包制的土地经营权到股份
合作制的"准土地股权"
——理论矛盾、形成机理的解决思路

黄少安

一 问题的提出

股份合作制的产生和发展，是我国农村经济制度继家庭承包制后的又一次深刻变迁。几乎所有生产要素的产权都因股份合作制的产生和发展而发生变化，其中土地产权制度的创新具有重要的、可以说是根本性的意义。最显著的变化有两个方面：第一，分散于家庭的土地经营权集中到股份合作组织。这种变化对农村微观经济主体的内部权利结构、技术进步、规模经济等方面的影响无疑是深刻的，对此，本文不准备做详细分析。第二，农民家庭原来对土地的经营权转化为特定意义上的土地股权。这种变化不仅影响微观主体的产权安排，而且与土地的所有制性质密切相关。这一产权制度变迁的客观事实，导致了一个理论上的矛盾：农民个人对其承包的土地并没有所有权（狭义），何以转化为股权？如果承认农民个人现有的股权，似乎就等于默认了农民原来土地的对分散承包实质上的"分田到户"；如果坚持认为原来农民个人只是在集体所有制前提下获取了土地经营权，那么，股份合作制条件下农民为什么能以承包的土地入股，获得股权？本文将着重分析从家庭承包制到股份合作制的变迁过程中，土地产权的特殊变化，揭示理论矛盾形成的特殊机理，并提出供参考的解决理论矛盾的思路。

二 家庭承包制中的"土地经营权"与 股份合作制中的"准土地股权"

股份合作制和农民土地股权产生的现实起点是家庭承包制,因此,先考察家庭承包制条件下农民对土地的产权关系。

家庭承包制的具体形式多种多样,但是,基本特征是一致的:在坚持土地集体所有制的前提下,以承包合合的形式,把土地分散承包给农民家庭。无论从法律规定,还是从实际权能和利益上看,农民都只是拥有其所承包土地的经营权。而且,这种经营权是有限期的。法律规定包括两层意义:一是宪法明确规定农村土地归集体所有,二是具有法律效力的承包合同规定的合同期内的权利,都没有超出经营权范围。从农民的实际权能看,尽管有较大限度的耕种自主权,也可以在一定条件下转让承包权,但是,土地用途不能轻易改变,也没有土地处置权,特别是不能买卖——这是不具有所有权的根本标志。农民实际上获得的也只是经营权收益。从承包方即农民家庭来说,只是向集体承包了土地,若没有其他生产要素(包括劳动力)的投资并结合运行,是不会有收益的。而其他生产要素的所有权和经营权,一般情况下都归农民个人拥有。因此,不能说农民耕种土地所获收益都是土地经营权收益,但是又难以从数量上分清土地经营权收益与其他生产要素的所有权和经营权收益。由此,人们也许可以认为,农民到底是否只获得了土地经营权收益,似乎也不一定了。但是,从发包方即集体来说,它向承包土地的农民获取了除国家税收以外的收入,这部分收入的依据只能是土地所有权,说明土地所有权掌握在集体手里。

但是,在现实中,农民对承包制条件下的土地产权观念却是矛盾的,既明白土地不归自己所有,潜意识里又总是把所承包的土地视为自己所有,总是与中华人民共和国成立初期的"土改"联系起来,认为 20 世纪 80 年代初又是一次"分地"。基于这种观念,几乎所有农民都认为.自己对所分土地的产权是天经地义、不可剥夺的。这种心态与中国农民几千年来形成并延续的土地观念和对土地的强烈要求有关。家庭承包责任制正是从一定程度上满足了农民对土地的要求,赋予他们一定产权,形成了对农民的激励机制。农民的上述土地产权观念,特别是所有权幻觉,是土地产权制度进一步变迁的现实条件之一,不能不引起重视。

在股份合作制条件下，农民个人以其承包的土地投资于股份合作制企业、农场或股份合作社，确实拥有了对土地的股权，这是无可怀疑的事实。但是，应该看到，这种土地股权与既有理论所定义的严格意义的股权，有较大差距，除开收益权（当然这是很重要的）外，其他方面都打了折扣，表现在：第一，农民作为集体土地的原有承包者，在入股选择上并没有完全的自由。特别是在一个自然村或行政村范围内组建股份合作组织时，农民往往没有选择自由，除开社区基层组织一定的行政力量起作用外，主要还是经济上的强制力迫使农民不得不参与产权变迁，而且，只能入股本村范围内的股份合作组织。第二，不能转让或继承。土地股权一般按人头（加上年龄差异）分配，基本上以原来承包的土地数量为股权的数量界限。人死了，股权自然转归集体。第三，股份合作制条件下的表决规则是一人一票，而不是一股一票。第四，不能买卖。

可见，农民的土地股权只是一种不可转让、只可作为获取收益依据的"剩余索取权"，并没有相应的股权全部权能，是一种不完整的股权，我们称之为"准土地股权"。当然这些权能不可能消失，到哪里去了呢？掌握在集体手里，对每块土地的股权实际上都是集体与个人分享。把个人和集体各自对土地的股权加起来，才构成完整的土地股权。集体还通过规定土地股的分红比例，企业积累比例和集体提留比例，直接或间接地分享了股权收益。可见农民的股权收益也不是完全的，也是与集体共享的。

三 "承包经营权"转换为"准土地股权"
——特殊因素制约下土地产权制度创新的特殊机理

农民原来对土地的承包经营权，在股份合作制组织中竟然转换成了"准土地股权"，这是中国土地产权制度在现阶段、在多种因素制约下的一次创新，有着特殊的变迁机理。不分析这种特殊性，就不能理解变迁的现实。如果家庭承包制无须向股份合作制转化，"土地经营权"就不可能转换成"准土地股权"。因此，首先分析家庭承包制何以向股份合作制转化。

（一）家庭承包制向股份合作制转变
家庭承包制在产权安排上的最大特征就是在坚持集体所有制前提下，明确地界定了农民个人对土地的产权，确定了农民个人的利益和权力边界，从而形成了农民积极耕种土地的激励机制。这种制度创新的根本原因在于：人民公社体制下缺乏一种长期有效的、对个人的激励机制。人民公社体制是一种公有制，公有制并非没有促进经济增长、提高经济效率的可能，相反，可以为生产要素的大范围流动、组合和大量增长提供可能性。但是，这种可能性要成为现实，需要一个前提条件——对个人具备有效的激励，人民公社体制缺少的正是这种激励。在农业经济中，农民个人积极性对发挥人和其他生产要素的既有潜力、提高社会总产出，对进一步提高人的素质和促进其他生产要素增长，越来越具有重要作用。建立农民对土地等生产要素的个人产权就成为有效率的制度创新。家庭承包制正是适应这种状况而产生和发展起来的。但是，经过一段时期的运转后，在原有体制下积蓄的、各种资源的潜力释放临近完毕，家庭承包制的局限性与经济进一步发展的矛盾就突出起来。这种局限性已为多数农民和其他阶层所公认，理论界也做了较多分析和概括。这里不再展开分析。

家庭承包制的效率下降、至少在更广泛的经济领域效率下降，从产权制度演变规律看，是正常现象。没有永远最优的制度。但是必须找到效率下降的原因，才有助于寻找制度创新的突破口及确定创新目标和路线。家庭承包制的最大缺陷就在于：在落实和界定农民个人产权以形成有效激励的同时，把土地等生产要素的经营权平均分割和分散了。这种分散，从某种意义说，比在私有制条件下的经营权（也有所有权）分散更不合理。即使在自给自足的小农分散经营条件下，也是农民根据自己的经营优势购买或租种土地。而在家庭承包制条件下，是由集体把土地按人头平均分配给农民。这种产权状况虽然解决了农民的产权激励，从而解决了生产积极性问题，却肯定不适合于现代农业的发展。经济发展不能没有，但是也不能仅靠个人积极性。中国农村经济要实现持续发展，甚至再出现飞跃，在家庭承包制基础上的制度创新就必不可少。如果有一种既能保持农民的个人产权、从而保证个人激励，又能实现经营权的平稳和适度集中，还能维护集体所有制的产权安排，它将成为理想的制度创新的目标。

还是中国农民自己在实践中找到或创造了一种比较理想的形式——股份合作制。也许人们对新制度的选择集合较大，但是最终选择了股份合作制，是因为它既具有股份制性质，又具有合作制性质。凭着这种"二重性"，它既能满足制度变迁的需要，又能满足变迁的约束条件。

（二）在家庭承包制基础上实施制度创新的多重约束

制度创新总是在一定的约束条件下进行的，或者说受到一些因素的制约。不同时期、不同国度、不同层次的制度创新所受到的制约不一样。特定的目标加上特定的制约条件就决定了制度变迁的路线。为了改变家庭承包制条件下的经营权分散状况，需要建立一种能使经营权集中起来的制度。而实现这一目标受到以下特殊因素的制约：

第一，农民个人对土地的既有产权——经营权不能剥夺。如果剥夺个人产权，将使农民的积极性受到打击，会再回复到人民公社体制的无个人产权激励的状态，那样即使实现经营权的集中，也不可能带来高效率。因此，不能再像历史上那样，强制性剥夺个人产权，实行产权集中和所有制升级。

第二，土地集体所有制的存在刚性。尽管有人主张土地私有制。家庭承包制条件下农民也有一种土地私有化幻觉，但是，实际上土地还是集体所有制。而且，这种集体所有制，至少从现有迹象看，还会坚强地存在下去。因为，首先，土地集体所有制与生产力发展的根本方向是一致的，无论怎么说，它为土地和生产要素的大范围流动、组合、扩展提供了可能性。其次，土地作为农村最基本的生产资料，采取公有制，为实现社会财富的公平分配，或者避免过分悬殊提供了基本的制度保证。而公平既是制约效率的因素，其本身也是人们生存的内容之一，因而纳入了个人的效用函数之中，从而也包含在"效率"之中。最后，它受到国家宪法的确认和保护。

第三，中国农民观念既有大一统的一面，又有独立、分散的一面。反映到土地产权制度变迁上，就构成双重制约或双重影响。前者使土地集体所有制具有存在的文化根基，后者使农民个人产权观念根深蒂固。社会主义思想中的"土地公有制"主张之所以能被中国无保留地甚至夸张地接受，与中国的"大一统"观念有联系（当然不是决定因素）。而且二者有机结合、相互强化，形成新的集中和集权观念。但是，我们同样不能忽视在中国延续几千年的小农经济及以此为基础的"小农意识"。家庭承包制条件下经营权分散导致效率高涨，既与一般的个人产权激励相关，也是因为符合了农民的这种观念。因此，土地产权制度的再次创新必须考虑到农民特殊的、具有二重性的意识形态，考虑在两个方面之间寻求某种平衡和统一。

第四，各变迁主体的利益关系。产权具有利益分配功能，产权安排的改变意味着利益分配格局的改变，实际上也是各阶层、各主体从各自利益出发，以其实力为基础的一个谈判、较量、妥协的过程。各个参与变迁的主体所扮演的角色及所采取的行为与其利益是一致的。从现有情况看，参与股份合作制创新的主体有：农民个人，社区基层组织，国家，各级政府，还有农民公共利益代表。几个主体的利益共同点是：都能从有效的制度变迁和农村经济增长中获益。但是，也有利益冲突的一面，对制度变迁的态度不尽相同。县以上的国家机构，虽然现阶段没有更多能力支持农民，但是至少从政策上力求减轻农民负担，与农民没有直接利益冲突。不过他们倾向于强调和保护集体所有制，强调农村稳定，包括稳定家庭承包制。社会稳定是其利益的关键所在。这种态度会影响制度变迁。县和县以下的国家机关与农民有直接的利益冲突的一面，主要表现在他们需要直接向农民取得他们所需的收入。出于这种利益考虑，他们会影响制度变迁的目标选择。社区基层组织除开与县、乡一样，会施加给农民负担外，还直接参与土地等生产资料的产权分配。他们倾向于统一掌握更多的产权。因为，作为一方社区领导机构，既要保证自身生存和运转，还要承担社区内的公共产品生产。这些都需要以集体产权作物质保证。他们会从这种利益关系出发影响新的产权安排。农民个人既强烈要求保证个人产权，又不希望失去国家、社区组织和公有制的保护和依托，因为二者对他们都有利。制度创新就是在这种既统一又冲突的条件下进行的。最终的选择必然落在各方利益的均衡点上。

（三）从"承包经营权"到"准土地股权"——土地产权的三次交易

对于农民个人来说，在股份合作制条件下，表面上直接地、现实地获得了"准土地股权"。但是，产权变化的现实起点是承包经营权。而农民的这种经营权是不能直接变成股权的。从"承包经营权"到"准土地股权"，有一个受到以上各种因素制约的、复杂的土地产权三次交易过程。

第一，分散的土地经营权集中于股份合作组织。交易双方是农民个人与这些具有法人性质的组织。交易的结果是土地经营权集中于股份合作组织，农民通过土地入股，可获得股息和分红的收入。有了这一结果，也就实现制度创新的目标。但是仅有这次产权交易，这一结果不可能出现。因为农民原来拥有的只是土地经营权，将它交给股份合作组织后，就等于失去了土地产权。农民如果因此失去经营权却又不能得到产权补偿，是不会参与这一制度创新的。而事实上农民自愿地、积极地参与了，那么，必然有另外的产权交易，以补偿农民失去的土地经营权。

第二，集体与股份合作制组织的产权交易——土地所有权与经营权的分离。在家庭承包制条件下，是集体与众多农户之间的土地所有权与经营权的分离。在股份合作制条件下，同样是产权分离和授权，但是，交易双方是集体与一个或几个股份合作组织。集体由发包者变成了"股东"。当然，集体不能是唯一股东，那显然不符合股份制原则。股份合作制条件下土地产权变化有一个独特的、通过理论抽象可以发现的过程，即向农民家庭分散股权、从而形成多元股东状况的过渡点，农民个人只能从集体分配到股权，因为所有权从来都掌握在集体手里。从理论上讲，股份合作组织不可能与没有土地所有权的农民家庭发生所有权与经营权分离的产权交易，农民有无股权，只能通过农民与集体之间的产权交易来确定。

第三，农民个人从集体获取了"准土地股权"。如果经营权集中到了股份合作组织，而所有权却掌握在集体手里，就只能是集体与这些组织之间一对一地产权分离和授权，无所谓"股份合作制"。同时，农民个人将失去产权激励，从而失去参加生产的积极性和参与经营管理、约束经营者的产权基础。这将有可能回到人民公社体制，违背制度创新初衷。农民不会同意，也不利于社区基层组织和国家。集体从一开始就充分认识到：既要使经营权集中，又不能使农民在观念上和实际上感到失去了对土地的产权。因此，集体按照农民承包土地的多少和分配原则，把土地所有权以股权形式分散给了农民个人。表面上看，是农民将承包土地入股，获得股权，实际上，是在集体确立了一个原则——农民参与股份合作制，在失去经营权的同时，可以从集体获取股权——的前提下，农民才放心地放弃经营权。其股权是由集体分配的，并不是直接由经营权转化而来的，是集体对他们放弃经营权的一种产权补偿。不过，正如前面所揭示的，农民个人只获得了"准土地股权"，集体所有权不因这种股权分散而消失。对于多数农民（少数将进入股份合作组织的经营管理机构）来说，不必再直接经营土地，似乎对土地的权力更小了，但是他们从土地获得的收益却因经营效率提高而增加了。因此，农民愿意将土地经营权转换成"准土地股权"。集体之所以没将土地所有权彻底分散，赋予农民个人完全的土地股权，一是因为土地集体所有制作为一个基本的制度框架，不应该也不可能被否定，作为集体的代表也不必去冒这种没有成功希望的制度变迁的风险；二是集体还有独立于个人的各种功能，需要以土地等生产要素的所有权收益作为物质基础。

以上三次产权交易，是农民对土地的承包经营权转换成"准土地股权"的特殊过程和特殊机理。它们并没有先后顺序和空间上的独立性，而是时空上统一的，复杂和综合的过程。但是，经过理论抽象，可以划分出这三种不同交易。如果没有这些复杂的土地产权交易，家庭承包制到股份合作制的土地产权变迁是不可能或无法解释的。认识了这些特殊的产权交易，就能解决土地承包经营权转换为"准土地股权"所导致的理论矛盾。

四　解决土地产权制度变迁
导致的理论矛盾的思路

产权制度的变迁是现实的，无论是多么特殊，却总是事实。如果说有矛盾，只能是理论的矛盾，是理论落后于现实。怎样才能消除这种理论矛盾呢？家庭承包制的局限、创新的目标和特殊的创新约束，使土地产权制度的变革不可能符合既有的、常规的理论概念。"承包经营权"转变成了"准土地股权"，这是既有理论无法解释的。"准土地股权"是对农民的不完全股权的理论概括，既有理论中没有这一概念，而且规定一项权利上只能有一个主体，而所谓"准土地股权"实质上就是在同一权利上有农民个人和集体两个主体。这些就是开头已经提出的理论矛盾。

面对这种理论（与现实）矛盾，理论界主要有三种解决思路。

第一，承认在家庭承包制条件下，农民获得的就是完整的土地产权、包括了狭义的所有权。股份合作制是农民在事实面前、在政府和基层组织的引导下的制度创新。由农民把分散的经营权集中委托给股份合作经济组织，农民留下土地所有权，并自然地、合法地转化为完整的股权。看起来只要一个"承认"，一切理论矛盾就解决了。但是，正如前面我们已经揭示过的，事实是家庭承包制条件下，农民取得的并不是土地所有权，而只是经营权。

第二，承认在承包制条件下农民只有对土地的经营权，但是也否认农民在股份合作制条件下获得了任何意义上的股权。认为实行股份合作制，经营权集中于股份合作组织，土地股权仍集中于集体。这种思路显然过于简单：首先，如果按照这一思路创新，就是不顾约束条件地剥夺农民既有土地产权。农民即使无力抗拒，也会失去激励。其次，如果土地所有权集中于集体、经营权也集中了，并现实化为一种制度状态，也就无所谓股份合作制，而只是回到了人民公社制度。最后，制度创新的现实并非按这种思路进行，农民确实在制度变迁中获得了"准土地股权"。

第三，实行股份合作制，只能在土地私有化的基础上进行，让农户拥有对原来所承包土地的全部产权、包括所有权。在股份合作制中，农民留下所有权，将经营权委托给股份合作组织。这种思路同样将现实中复杂的土地产权关系与理论的矛盾简单化了，简化为一个对土地所有权"宣布私有化"的问题。似乎只要如此，矛盾就自然解决。我们不从政治意义上的"左"与"右"的划分上讨论"私有化"主张，而是立足于现实：一方面，现实的复杂制约因素不允许"土地完全私有化"；另一方面，现实中农民并没有像在完全私有制条件下那样，获得完整的股权，也没有进一步提出这种要求。但是，股份合作制却顺利地产生和发展，而且正以一种独特的形式，符合了人们的需要和满足了既有的约束条件。

合理的思路应该从现实出发，考察特殊的土地产权变迁过程，以现实的依据修正理论，而不是用既有理论去规范或改造现实。通过以上对土地产权的特殊变迁过程的揭示，可以作出两个方面的理论修正。

第一，农民对土地的承包经营权，通过特殊的产权交易，可以转换成为股权或准股权。经营权不是所有权，本身也不会变为股权，这是毫无疑问的。但是，这二者可以交换，农民可以拿经营权换取特定意义的股权。这种产权交易既具有一般产权交易的意义，又具有特殊性，特殊在：取决于集体是否愿意从事这种交易，因为交易的结果，不是经营权归集体，而是集体作为农民个人的代表，从各方面考虑，同意这种交易。

第二，土地所有权（股权）在一定限度内可以分解。所有权主体状况直接体现所有制性质，它的改变必然导致所有制性质改变。因此，一般来说，在所有制性质既定的前提下，所有权不能分解。但是，并没有得出所有制性质和所有权任何时候都不能分解的结论。如果有了一定的现实条件，所有制性质和所有权可以也必须改变和分解，只不过分解的程度和方式并不是唯一的。农民个人只获得"准土地股权"，意味着集体与农民个人之间对土地所有权的分解是有限度、不彻底的，土地所有制既具有集体所有制性质，又具有个人所有制性质，是一种辩证统一。正是这种双重性，形成了双重激励——对集体及其代理者和对农民个人的产权激励。也只有这种状态才是现阶段可行的和最佳的状态。与既有理论比较，确实有些不规范——在特定产权即土地股权上设置了一个以上的主体。但是，它是现实的和有效的，因此就是一种特定的、合理的土地产权安排。也许有人认为它是一种过渡形式——由集体所有向个人所有过渡的形式。如果把过渡形式理解为两种形式之间的形式，任何一种产权制度都是过渡性的，因为任何一种制度的两端都是别的制度。如果把"过渡"理解为短暂的，一越而过的非制度状态，那么，上述土地产权制度就不是过渡形式，而是中国土地产权制度演变史上占有重要地位的阶段。它可能会较长时期地存在。因为，从现实来看。"准土地股权"状态是兼有集体和个人所有，在共同占有前提下承认个人所有的产权安排，是一种分别克服了单纯集体所有和单纯个人所有局限性的、良性的土地产权制度。

（本文发表于《经济研究》1995 年第 7 期）

营养、健康与效率

——来自中国贫困农村的证据

张车伟

一　引言

人力资本对经济发展的贡献已经为越来越多的研究所证实,[①] 不过, 已有的研究主要集中在教育的作用上。[②] 而人力资本并不是一个单维度的概念, 它不仅包括教育, 还包括营养和健康, 甚至性格、道德品质和文化观念等也都应该被包括在其范畴之中。但与教育相比, 关于人力资本其他方面对经济增长贡献的研究则相对缺乏。

事实上, 营养、健康与经济发展之间的关系很早就为学术界所关注,[③]

①　Schultz, Theodore W. , 1961, "Investment in Human Capital", *American Economic Review*, Vol. 51, No. 1, pp. 1 – 17; Becker, Gary S. , 1964, *Human Capital: A Theoretical and Empirical Analysis, With Special Reference to Education*, New York: Columbia University Press; Welch, Finis, 1970, "Education in Production", *Journal of Political Economy*, Vol. 78, No. 1, pp. 35 – 39.

②　Romer, Paul M. , 1986, "Increasing Returns and Long-Run Growth", *Journal of Political Economy*, Vol. 94, No. 5, pp. 1002 – 10037; Romer, Paul M. , 1990, "Endogenous Technological Change", *Journal of Political Economy*, Vol. 98, No. 5, pp. S7 – 102; Lucas, Robert E. , 1988, "On the Mechanics of Economic Development", *Journal of Monetary Economics*, Vol. 22, No. 1, pp. 3 – 42; Lucas, Robert E. , 1993, "Making a Miracle", *Econometrica*, Vol. 61, No. 2, pp. 251 – 272; Stokey, Nancy L. , 1988, "Learning by Doing and the Introduction of New Goods", *Journal of Political Economy*, Vol. 96, No. 4, pp. 701 – 717; Stokey, Nancy L. , 1991, "Human Capital, Product Quality, and Growth", *Quarterly Journal of Economics*, Vol. 106, No. 2, pp. 587 – 616; Azariadis, Costas, and Allan Drazen, 1990, "Threshold Externalities in Economic Development", *Quarterly Journal of Economics*, Vol. 105, No. 2, pp. 501 – 526; Barro, Robert J. and Xavier Sala-I-Mart, 1995, *Economic Growth*, New York: McGraw Hill.

③　Keys, A. , et al. , 1950, *The Biology of Human Starvation*, University of Minnesota Press, Minneapolis, MN.

尤其是 Leibenstein 提出效率工资理论后,[1] 很多研究都试图证明体格矮小和营养不足会限制收入的提高。[2] 但此后很长一段时期内,对这一问题的研究并没有取得实质性进展。造成这一状况的主要原因在于营养、健康与劳动生产率之间的关系不是一种单向的因果关系,而是一种复杂的相互影响关系。营养和健康会影响到劳动生产率或者说收入,收入又会反过来影响到营养和健康。如果不能把营养、健康对劳动生产率的影响从二者相互影响的关系中辨识开来,那么,在研究中所观察到的二者之间的正相关关系就不足以用来推测可能存在的任何因果联系。20 世纪 80 年代中期之后,研究方法的改进使得控制营养、健康与劳动生产率之间的"同步性"影响成为可能,从而这一领域的研究被大大推进。尽管最近的许多研究都表明,营养和健康对劳动生产率具有显著的促进作用,[3] 但这一结论仍需要得到更深入和更广泛研究的印证。

在关于营养和健康与劳动生产率关系的研究中,衡量营养和健康的指标通常包括这样几类:(1)营养摄入,如热能的摄取等;(2)体质特征,如身高、体重和体质指数(BMI);(3)疾病;(4)自我评价的身体状况;(5)日常活动能力指数。总体来看,已有的研究常常只涉及上述诸多方面的一个或几个,尚没有见到同时拥有上述营养和健康所有方面的研究成果。

理论上说,源于"省略变量"的"偏误"可以通过找到有效的"工具

---

① Leibenstein, H. , 1957, *Economic Backwardness and Economic Growth*, Wiley, New York, pp. 62 –67.

② Davies, C. T. M. , 1973, "Relationship of Maximum Aerobic Power Output to Productivity and Absenteeism of East African Sugar Cane Workers", *British Journal of Industrial Medicine*, Vol. 30, pp. 146 – 154; Spurr, G. B. , Barac-Nieto, M. & Maksud, M. G. , 1977, "Productivity and Maximal Oxygen Consumption in Sugar Cane Cutters", *American Journal of Clinical Nutrition*, Vol. 30, pp. 316 –321.

③ Strauss, J. , 1986, "Does Better Nutrition Raise Farm Productivity", *Journal of Political Economy*, Vol. 94, No. 2, pp. 297 –320; Deolalikar, A. B. , 1988, Nutrition and Labor Productivity in Agriculture: Estimates for Rural South India, *The Review of Economics and Statistics*, Vol. 70, No. 3, pp. 406 – 413; Sahn, D. and Alderman, H. , 1988, "The Effects of Human Capital on Wages, and the Determinants of Labor Supply in a Developing Country", *Journal of Development Economics*, Vol. 29, No. 2, pp. 157 – 183; Haddad, L. J. and Bouis, H. E. , 1991, "The Impact of Nutritional Status on Agricultural Productivity: Wage Evidence from the Philippines", *Oxford Bulletin of Economics and Statistics*, Vol. 53, No. 1, pp. 45 – 68; Foster, A. and Rosenzweig, M. R. , 1992, Information Flows and Discrimination in Labor Markets in Rural Areas in Developing Countries, Proceedings of the World Bank Annual Conference on Development Economics, pp. 173 –204; Koster, A. and Rosenzweig, M. R. , 1994, "A Test for Moral Hazard in the Labor Market: Effort, Health and Calories Consumption", *Review of Economics and Stutistics*, Vol. 76, No. 2, pp. 213 –227.

变量"加以消除。但问题是，营养和健康的各个方面是相互联系的，在这种情况下，如果无法控制足够多的营养和健康指标，那么，旨在控制解释变量"内生性"影响的"工具变量法"仍然无法得到"一致性的"估计结果。作者不仅同时收集了上面所提到的关于营养和健康的所有指标，而且还收集了可以克服营养、健康"内生性"影响的一系列工具变量，这就为得到关于营养和健康的"一致性"估计提供了可能。利用来自中国贫困农村的数据，本研究将通过包括尽量多的营养和健康变量来控制源于"省略变量"的"偏误"；利用一系列"工具变量"消除"同时性"及其他可能来源的"内生性"影响，从而给出关于营养和健康的"一致性"估计。

本文的贡献主要体现在这样几个方面：（1）在一个研究中同时包括了营养、健康的几乎所有方面，并控制了估计中可能存在的各种"偏误"；（2）为营养、健康与劳动生产率关系研究提供了来自中国的例证；（3）为中国政府制定农村发展和农民收入的政策提供来自营养和健康方面的依据。

二 理论框架和模型

衡量营养、健康对劳动生产率影响的方法之一是把营养和健康因素引入到标准的工资方程中。[①] 在工资方程中，只需把营养、健康看作为另外一组人力资本特征变量，就可以从实证的角度估计出营养、健康对劳动生产率的影响。

让工资（以对数形式表示）W（或者更精确地说，时间的价值）作为代表劳动生产率的一个指标，那么，工资就可以被表示为与下列变量的函数关系：一组营养、健康变量 λ；一组个人特征变量 X_i，如年龄、教育以及其他一些人力资本指标如工作经验等；一组社区特征变量 X_c，如基础设施状况和工作环境、条件等。同时，工资方程还应该包括和工资有关的、无法观测到的个人特征变量 η，以及衡量营养和健康因素时可能产生的测量误差 φ。再以 ε 代表工资方程中的残差，那么，工资方程就可以表示为：

$$Ln(w) = w(\lambda, X_i, X_c, \eta, \varphi, \varepsilon) \qquad (1)$$

如果拥有个体水平上的数据，工资方程显然是衡量营养、健康对劳动生

---

① Mincer, J., 1974, *Schooling, Experience and Earnings*, *National Bureau of Economic Research*, Chicago: University of Chicago Press.

产率影响的理想形式。但仅有家庭户水平上的资料时，工资方程就无能为力，在这种情况下，选择生产函数方程就成了另外一种选择。

虽然生产函数不直接度量劳动生产率，但当控制了所有其他投入品的影响之后，营养、健康（人力资本）的生产率效应完全能够从生产函数中得到体现。但在标准的生产函数方程中，人力资本变量并没有"合法地"占据一席之地，因此，营养、健康（人力资本变量）如何进入到生产函数方程之中就成了首先要考虑的问题。

效率工资理论通过在营养和"时间效率"之间建立联系，把营养和产出联系在一起了。这一理论认为，劳动时间可以被区分为"时钟时间"和"效率时间"。一个效率高的劳动力在给定的"时钟时间"内，会生产出较多的"效率时间"。单位"时钟时间"内生产的"效率时间"依赖于劳动力的营养状态，这样，营养的好坏就会直接影响到劳动的效率或产出。

如果效率工资理论所说的短期营养状况（营养消费）与劳动效率之间的关系是存在的，则中期和长期营养状况以及健康其他方面如疾病等与劳动效率之间的关系也同样存在。同时，如果从事的活动不是简单体力劳动，受教育程度基于同样的原因也应和劳动效率发生联系。受教育程度高的人完全可以通过更有效地工作来获得更高的产出。因此，效率工资理论为人力资本与劳动产出之间的关系提供了最基本的解释框架。

如果用 Y 代表农户种植业的产出（产值），那么，它可以表示为有效劳动时间 L_e，可变的非劳动投入 V，固定资本 K，以及土地 A 的函数，进而，种植业的生产函数就可以被写成：

$$Y = f(L_e, V, K, A) \tag{2}$$

式（2）中的有效劳动时间 L_e 是无法在实际中被观察到的，但它可能被进一步表示为式（3）中"同质性"和"异质性"的两个部分。其中，H 为一组影响到"效率时间"的人力资本变量，如营养、健康、教育等方面的指标。$h(°)$ 为效率时间方程，它一般被认为是一个"增函数"，其增加的速度一开始递增而后变为递减。$h(°)$ 代表了劳动时间的"异质性"部分。L_i 为实际观察到的时钟劳动时间，它代表了劳动时间的"同质性"部分。

$$L_e = h(H)° L_i \tag{3}$$

把式（3）代入式（2）中，人力资本变量就合理地进入了生产函数方程。通过这样的生产函数方程，营养、健康等的"生产率效应"便可以被估计出来。

很显然，在上面的农户生产函数中，土地和劳动是必需的投入品。所谓必需投入品意味着缺少其中的任意一个，都将无法生产出任何产品（或产值）。和必需投入品有所不同，其他投入品如化肥、种子、杀虫剂以及农用动力和设备则可以被看成是非必需投入品。非必需投入品的含义是指在缺少这些投入品的情况下，一定数量的产品或产量仍然可以被生产出来。这样，化肥、种子等非必需投入品对产出的影响，基本上可以被认为是通过提高土地的利用效率而实现。由于土地的数量是固定的和无法替代的，化肥、种子等非必需投入品在提高土地利用效率中的作用因此也将遵循收益递减的规律。基于这样的关系，土地和非必需投入品对产量的贡献可以被写成：

$$A(1 + X_m)\,k_m \tag{4}$$

其中，A 代表土地，X 代表非必需投入品，m 代表非必需投入品的种类，k_m 代表待估计的参数。如果 $k_m = 0$，则非必需投入品对土地的利用效率没有任何影响；如果 $k_m > 0$，则土地的效率会随着 X 增加而增加。

同样的道理，营养、健康以及其他所有人力资本变量在生产函数中的作用都可以被认为是使劳动时间发挥更大的效率而实现。具体来说，营养、健康等人力资本变量与劳动时间对产量的共同贡献可以被表示为：

$$L^\circ eH(Z) \tag{5}$$

其中，L 代表从事种植业的劳动时间，e 为自然对数，$H(Z)$ 为捕获营养、健康等人力资本变量影响的方程。

综上所述，要估计的生产函数方程最终可以被写成下面的形式：

$$Y = \alpha^\circ A\beta_\alpha (1 + X_m)\,k_m{}^\circ L\beta_1{}^\circ eH(z)^\circ e^\varepsilon \tag{6}$$

在式（6）中，$H(Z)$ 会因具体变量的不同而采取不同的形式。概括来说，有些人力资本变量的影响可能是线性的，而有些人力资本变量的影响则可能是非线性的。例如，营养的效率工资理论一般假定，$H(Z)$ 是一个先以增加的速度，经过一个转折点后，再以下降的速度上升的方程。因此，在估计营养对劳动生产率影响的时候，常常在方程中加入一个平方项以反映这种非线性的影响。具体到农户种植业生产函数方程，这种非线性的影响对于许多其他人力资本变量如教育、BMI 以及年龄等都可能存在，作者因而选择了在模型中加入平方项的方法来反映这种影响。这样，$H(Z)$ 就可以被表示为：

$$H(Z) = \gamma_1 Z_1 + \gamma_2 Z_2 + \gamma_3 (Z_2)^2 + \theta_n W_n \tag{7}$$

在式（7）中，Z_1 为和产出之间没有非线性关系的人力资本变量，Z_2 为和产出之间可能存在非线性关系的人力资本变量，W 为控制变量和家庭背景等；γ_1、θ_n 为待估计的参数。

这样，对生产函数（6）两边取对数，要估计的方程形式就变为：

$$\ln(Y) = \ln\alpha + \beta_\alpha \ln A + k_m \ln(1 + X_m) + \beta_1 \ln L + \gamma_1 Z_1 + y_2 Z_2 +$$
$$\gamma_3 (Z_2)^2 + \theta_n W_n + \varepsilon \tag{8}$$

在式（8）中，A 为土地面积，X 为非必需投入品，L 为劳动时间，Z 为营养、健康、教育等人力资本变量，W 为人力资本的控制变量，ε 为残差项。

三　数据和结果

本研究使用的数据包括三个来源。最基本的数据来自 1997 年年底在全国 6 个国家级贫困县进行的《中国贫困地区信贷和贫困调查》。调查内容涵盖了农户生产和生活的所有方面，包括农户生产、收入、消费、储蓄、信贷、教育、健康等各个方面的信息。这次贫困调查的抽样方法和国家统计局《农村住户调查》的抽样方法完全相同，均采用分阶段随机抽样的方法，即首先确定要调查的县和村，然后，再根据随机抽样的原则确定具体的家庭户。抽样结果共选中了 6 个贫困县中 43 个村的 460 个样本户。调查采取问卷调查的方式，问卷包括家庭户问卷和社区问卷两个部分。家庭户问卷由户主或其他家庭成员回答，而社区问卷则分别由所抽取到的样本村、组相关人员填写。对家庭户的调查采取直接入户的方式，最后形成有效问卷 446 户。

《中国贫困地区信贷和贫困调查》的 460 个样本户也全部是国家统计局《农村住户调查》中的样本户。国家统计局《农村住户调查》详细收集了被调查户的收入消费情况，并按月详细记录了食物消费的具体品种和数量。本研究使用的有关营养拥有量方面的指标，就是依据国家统计局这次调查得到的数据计算而得。因此，国家统计局《农村住户调查》是本研究使用数据的第二个来源。

数据的第三个来源是同样针对这 460 个样本户进行的另外一次补充调查。这次补充调查主要收集了农户的健康状况，调查内容包括个人的身高、体重、营养知识、疾病状况、自我评价的健康状况以及日常生活能力等。本研究涉及这些方面的指标则主要来自这次跟踪调查。作者把上述三个来源的数据连接在一起，形成了本研究最终使用的数据库。

在估计营养、健康对劳动生产率影响的生产函数中，控制其他变量的目的主要是要消除被研究变量可能具有的"内生性"影响，但引入控制变量的同时也可能引入其他的"内生性"问题。在这种情况下，如何控制模型中的"内生性"影响，就成了能否得到"一致性"估计结果的关键。鉴于此，作者对可能存在"内生性"的解释变量进行了研究。表1给出了在控制着所有其他营养和健康变量（作为"内生性"变量对待）情况下，对各个可能"内生的"解释变量进行检验的结果。在检验"内生性"时，使用的是一个工具变量系列，这些工具变量包括粮食消费价格指数、肉类消费价格指数、蔬菜消费价格指数、食用油消费价格指数、蛋奶消费价格指数、村医疗价格Ⅰ、村医疗价格Ⅱ、乡卫生院医疗价格、家庭房屋的价值（万元）、抚养系数（百分比）、家庭孩子的数量、到村公路的距离（千米）等12个工具变量。

如果把Hausman"内生性"检验中T值大于1作为判定依据，那么，可以看出，家庭"卡路里拥有量"和"疾病"具有明显的"内生性"。而其他营养和健康则没有表现出显著的"内生性"。

根据对"内生性"的检验结果，作者在实际估计营养和健康影响的模型中，始终把"卡路里拥有量""卡路里拥有量平方""慢性病""因病损失工作时间"等变量作为"内生性"变量处理，其他反映人力资本方面的指标则被作为"外生性"变量。使用的工具变量同样为上述的工具变量系列。

本研究使用的数据既有来自对个人的观测又有来自对家庭的观测。但由于估计使用的是农户生产函数模型，所以当观测值为个人水平时，就需要找到适当的方法把个人水平变量变为农户水平变量。

本研究共使用了19个与人力资本有关的指标，这些指标分别描述了劳动力的年龄、受教育状况、身高、BMI、疾病、营养摄入、自我评价的健康状况和日常生活能力等不同方面。在这些指标中，"卡路里拥有量"是间接得来的，即根据家庭食物消费量和食物营养构成表推算得来。但从准确估计营养与劳动生产率的关系来说，该指标最好是通过观察劳动力实际营养摄入量直接得到。为了校正家庭人口年龄和性别结构在间接推算中的影响，本研究根据实际营养调查取得的数据对"卡路里拥有量"指标进行了调整，同时，调整还考虑到了家庭外出就餐和招待客人的状况。调整后的卡路里指标能更准确地反映家庭实际的营养状况。

表1　　　　　营养和健康变量"内生性"检验：控制其他营养
和健康变量的情况

健康变量	疑问变量被视为外生变量		疑问变量被视为内生变量		Hausman内生性检验T-值	对工具变量的检验F-值（P-值）	过度辨识检验卡方-值（N, P）
	系数	标准差	系数	标准差			
1. SRHS	0.223	-0.17	0.188	-0.225	-0.23	9.82（0.00）	2.86（3, 0.41）
2. ADLs	-0.678	-0.683	-0.106	-0.776	1.56	3.16（0.00）	4.2（3, 0.24）
3. 慢性病	0.036	-0.14	-0.78	-0.732	-1.13	1.75（0.05）	4.33（4, 0.36）
4. 因病损失工作日	-0.098	-0.046	-0.568	-0.281	-1.69	2.08（0.02）	4.33（4, 0.36）
5. 身高	-0.018	-0.01	-0.008	-0.06	0.18	1.73（0.06）	4.33（4, 0.36）
6. BMI	0.152	-0.438	-0.05	-2.374	-0.09	4.19（0.00）	4.33（4, 0.36）
BMI^2	-0.003	-0.01	0.001	-0.055	0.06	4.10（0.00）	
7. 卡路里	0.050	-0.118	0.962	-0.468	2.01	5.85（0.00）	4.33（4, 0.36）
卡路里^2	-0.013	-0.014	-0.155	-0.071	-2.03	3.92（0.00）	
8. 理想膳食评分	-0.001	-0.007	0.001	-0.012	0.15	17.17（0.00）	4.33（4, 0.36）

注：①SRHS，对健康状况自我评价指数；ADLs，日常生活能力指数。

②第一列为8个包括所有健康变量的生产函数模型估计结果，其中在每个模型中，所列出的健康变量被作为外生性变量对待，而其他健康变量则被作为内生性变量对待，使用的工具变量为"完整工具变量系列"。第二列为包括所有健康变量且这些健康变量都被视为内生性变量的生产函数模型估计结果，使用的工具变量同样为"完整工具变量系列"。

③在上述所有模型中，因变量为种植业产值的对数，没有出现在表中的解释变量包括种植业劳动时间对数、土地面积对数、化肥成本对数、种子成本对数、其他种植业投入成本对数、水浇地所占比重、家庭规模、种植业劳动力父母的平均受教育年限、种植业劳动力的平均年龄、年龄的平方项、种植业劳动力的平均受教育年限、受教育年限的平方项，以及村级水平上生产者粮食价格指数和县虚拟变量。

　　除"卡路里拥有量"和"理想膳食模式评分"指标外，其他营养和健康指标的原始数据均为个人水平。本研究尝试了两种方法把个人水平指标转变为家庭水平指标。一种方法为简单平均方法，即计算家庭劳动力的简单算术平均，如BMI指标，就是家庭中参与种植业生产的所有劳动力BMI指数的平均值。另一种方法为加权平均，即计算家庭劳动力的加权平均，权重为个人劳动时间占家庭劳动时间的比重。如果Z_i为观察到的个人水平上某一人力资本指标，那么，其加权平均Z_i可由式（9）求得。

$$Z_i = \sum_{j=1}^{n} \left(\frac{L_j}{\sum_{j=1}^{n} L_j} \right) Z_i \tag{9}$$

其中，L 为劳动时间，i 为不同的人力资本变量，j 为家庭中不同的劳动力个人，n 为家庭劳动力数量。

使用加权办法也会有许多好处。最直接的好处便是它通过赋予每个劳动力不同的权重考虑到了人力资本个体差异的影响，如果健康或其他人力资本变量影响到劳动时间的供给，那么，加权之后的影响就更容易被探测到。使用简单平均法的一个最大问题是无法考虑到健康等人力资本因素个体间差异对劳动生产率的影响。

表 2 和表 3 分别是使用"简单平均法"和"加权平均法"计算人力资本变量时，得到的农户种植业生产函数的估计结果。需要指出的是，这里只列出了与人力资本有关变量的估计结果，没有在表中出现的解释变量还包括种植业劳动时间对数、土地面积对数、化肥成本对数、种子成本对数、其他种植业投入成本对数、水浇地所占比重、家庭规模、种植业劳动力父母的平均受教育年限以及村级水平上生产者粮食价格指数。其中，"水浇地所占比例"用来控制土地质量的影响，"家庭规模"用来控制家庭人口的影响，"父母平均受教育年限"则用来控制家庭背景的影响。模型中还放入了村级水平上生产者粮食价格指数来消除因地理位置差异可能带来的影响。鉴于资料来自 6 个县，作者还对是否需要放入"县虚拟变量"进行了 Hausman 检验。检验结果表明，模型中加入县虚拟变量与否不会对估计结果的一致性带来显著的影响，因此，最后的估计模型没有包括县虚拟变量。

表 3 中的结果显示，无论在哪种情况下，"卡路里拥有量"和"因病损失工作时间"都显著影响到劳动生产率。"因病损失工作时间"和产量之间呈现出负的相关关系，而"卡路里拥有量"和产量之间的关系则是一种"非线性"关系：当卡路里拥有量水平较低时，随着卡路里拥有量的增加，产量会相应增加，但当卡路里增加到一定水平后，卡路里拥有量的增加不仅不再使产量增加还引起产量的下降。在不分性别的情况下，BMI 的影响展现了和卡路里相同的模式，但这一关系在统计上并不显著。当把 BMI 分性别来看时，男性 BMI 和产出之间呈现显著的正相关关系，女性 BMI 虽然也和产出之间呈现出正的相关关系，但在统计上不显著。身高和产出之间的关系与理论预期有所不同，在不分男女性别情况下，身高和产出之间没有表现出

与理论预期相同的关系。鉴于身高在男女之间存在着生物学上的生理差异，家庭劳动力的平均身高会受到性别结构的影响，在不分性别的情况下，身高并不能真正代表家庭劳动力的长期营养状况。当把身高分性别来看时，尽管可以克服家庭劳动力性别构成的影响，但这时的身高可能会同时捕获了与性别有关的其他无法观测因素的影响，因而，对身高的估计也不一定能完全代表长期营养状态的影响。其他营养（理想膳食模式）和健康指标和产出的关系虽然都表现出了和理论预期相同的方向，但这些关系在统计上都不显著。

鉴于模型对身高的估计是在给定 BMI 情况下进行的（或者说控制着 BMI），而 BMI 是一个由身高和体重共同构造的综合指数，因此，对 BMI 的估计当然也会捕获身高的部分影响。不过，体现在 BMI 中的身高影响并不是显而易见的，也就是说，从实际的估计式中无法直接看到这种影响。

表2　　　　　　营养、健康与生产效率：农户种植业生产函数

（两阶段最小二乘法估计——健康变量为家庭劳动力的简单平均值）

因变量	种植业产值对数				
模型	1	2	3	4	5
年龄	−0.001 (0.021)	−0.008 (0.024)	0.031 (0.031)	0.030 (0.031)	0.022 (0.030)
年龄平方	0.000 0.000)	0.000 (0.000)	0.000 (0.000)	0.000 (0.000)	0.000 (0.000)
受教育年	0.125 (0.051)	0.101 (0.057)	0.088 (0.076)	0.071 (0.076)	0.076 (0.072)
受教育年平方	−0.011 (0.004)	−0.010 (0.004)	−0.007 (0.005)	−0.006 (0.006)	−0.006 (0.005)
SRHS	0.107 (0.111)	—	—	—	—
ADLs	—	−0.339 (0.392)	—	—	—
慢性病	—	—	−0.722 (0.544)	−0.663 (0.546)	−0.679 (0.549)

续表

因变量	种植业产值对数				
模型	1	2	3	4	5
因病损失的 工作时间（月）	—	—	− 0.547 （0.244）	− 0.554 （0.248）	− 0.526 （0.246）
身高（cm）	− 0.010 （0.006）	− 0.010 （0.007）	− 0.017 （0.009）	—	—
身高—男（cm）	—	—	—	− 0.001 （0.002）	− 0.007 （0.003）
身高—女（cm）	—	—	—	0.001 （0.001）	− 0.001 （0.002）
BMI	0.379 （0.247）	0.386 （0.275）	0.187 （0.414）	0.246 （0.418）	—
BMI^2	− 0.008 （0.006）	− 0.008 （0.006）	− 0.003 （0.010）	− 0.005 （0.010）	—
BMI—男	—	—	—	—	0.043 （0.018）
BMI—女	—	—	—	—	0.017 （0.017）
卡路里拥有量	0.351 （0.262）	0.708 （0.324）	0.901 （0.324）	0.950 （0.333）	0.917 （0.330）
卡路里拥有量平方	− 0.058 （0.041）	− 0.104 （0.048）	− 0.144 （0.056）	− 0.146 （0.060）	− 0.141 （0.059）
理想膳食评分	0.008 （0.005）	0.004 （0.007）	0.005 （0.007）	0.005 （0.007）	0.005 （0.007）
观测值	433	433	433	433	433

注：①在上述所有模型中，没有出现在表中的解释变量同表1的注③。

②"慢性病""因病损失工作时间""卡路里拥有号""卡路里拥有量平方"以及"理想膳食评分"被作为"内生性"变量对待，工具变量为"完整工具变量系列"。

③Hausman 检验表明，模型中加入县虚拟变量与否不会对估计结果的一致性带来统计上显著的影响。

④括号中为校正过异方差影响的"强力标准差"（Robust Standard Error）。

表3　　　　　　　热能摄取、健康与生产效率：农户种植业生产函数
（两阶段最小二乘法估计——健康变量为家庭劳动力的加权平均值）

因变量	种植业产值对数				
模型	1	2	3	4	5
年龄	0.003 (0.021)	-0.010 (0.028)	0.021 (0.026)	0.021 (0.026)	0.018 (0.025)
年龄平方	-0.00005 (0.00023)	0.00018 (0.00037)	-0.00017 (0.00030)	-0.00017 (0.00030)	-0.00018 (0.00029)
受教育年	0.105 (0.044)	0.096 (0.047)	0.063 (0.062)	0.061 (0.066)	0.044 (0.064)
受教育年平方	-0.005 (0.003)	-0.005 (0.004)	-0.004 (0.005)	-0.004 (0.005)	-0.003 (0.005)
SRHS	0.167 (0.106)	—	—	—	—
ADLs	—	-0.281 (0.368)	—	—	—
慢性病	—	—	-0.487 (0.462)	-0.483 (0.463)	-0.331 (0.434)
因病损失的 工作时间（月）	—	—	-1.540 (0.710)	-1.540 (0.720)	-1.510 (0.750)
身高 (cm)	-0.004 (0.004)	-0.002 (0.005)	-0.014 (0.006)	—	—
身高—男 (cm)	—	—	—	-0.014 (0.006)	-0.010 (0.005)
身高—女 (cm)	—	—	—	0.014 (0.006)	-0.000 (0.005)
BMI	0.082 (0.075)	0.112 (0.076)	0.330 (0.118)	0.332 (0.122)	—
BMI^2	-0.001 (0.002)	-0.002 (0.002)	-0.007 (0.003)	-0.007 (0.003)	—
BMI—男	—	—	—	—	0.074 (0.032)

因变量	种植业产值对数				
模型	1	2	3	4	5
BMI—女	—	—	—	—	-0.008 (0.031)
卡路里拥有量	0.291 (0.259)	0.732 (0.347)	0.737 (0.305)	0.727 (0.323)	0.740 (0.302)
卡路里 拥有量平方	-0.040 (0.041)	-0.102 (0.054)	-0.133 (0.057)	-0.131 (0.062)	-0.120 (0.058)
理想膳食评分	0.005 (0.005)	0.003 (0.006)	0.008 (0.007)	0.008 (0.007)	0.007 (0.007)
观测值	434	434	434	434	434

注：①在上述所有模型中，没有出现在表中的解释变量同表1的注③。

②"慢性病""因病损失工作时间""卡路里拥有号""卡路里拥有量平方"以及"理想膳食评分"被作为"内生性"变量对待，工具变量为"完整工具变量系列"。

③Hausman 检验表明，模型中加入县虚拟变量与否不会对估计结果的一致性带来统计上显著的影响。

④括号中为校正过异方差影响的"强力标准差"（Robust Standard Error）。

表3为"加权平均"方法计算人力资本变量时农户生产函数估计结果。比较表2和表3可以发现，营养和健康变量对劳动生产率影响的关系没有发生任何实质改变，只是有些变量的影响程度加大了，如在模型（4）中，"因病损失工作时间"的系数由原来的 -0.55 增加到 -1.54；而有些变量则由统计上不显著变为统计上显著了，如 BMI。在加权平均模型中，BMI 的影响展现了和"卡路里"相似的"非线性"影响，且这种非线性关系在统计上非常显著。这说明，使用劳动时间对人力资本变量进行加权处理不仅不会影响到估计的一致性，而且还可以有助于使健康的影响更容易被检测到。

四　营养、健康的回报

为了更加直观地理解营养、健康对中国贫困农村的意义，作者进一步计算了一些重要营养和健康指标的边际影响和弹性，结果被总结在表4中。第一种情况为根据"简单平均"模型计算的结果；第二种情况为根据"加权平均"模型计算的结果。

表4   重要营养和健康指标的边际影响和弹性

健康变量	计算依据的源方程	总边际影响（元）	总弹性	边际影响为零的拐点	转折点之前的边际影响（元）	转折点之前的弹性
健康指标为家庭劳动力的简单平均						
卡路里（100卡）	表2，模型3	1051.73	0.57	3.1285	1534.3	0.68
BMI（统计上不显著）	表2，模型3	246.15	1.25	31.17	246.15	1.25
BMI—男	表2，模型5	180.81	0.92	—	—	—
因病损失工作时间（月）	表2，模型3	−2300.1	−0.15	—	—	—
健康指标为家庭劳动力的加权平均						
卡路里（100卡）	表3，模型3	571.19	0.31	2.7707	1119.53	0.47
BMI	表3，模型3	177.28	0.87	23.57	190.63	0.96
BMI—男	表3，模型5	311.16	1.52	—	—	—
因病损失工作时间（月）	表3，模型3	−6457.5	−0.15	—	—	—

注：计算总边际影响和弹性时使用的为样本均值；计算达到转折点之前的边际影响和弹性时使用的为到达转折点之前的样本均值。

在"简单平均法"模型中，卡路里对产出的影响展现了一种边际影响趋近于零的"非线性"关系，其边际影响为零的转折点约在家庭人均卡路里拥有量为3128大卡的水平。也就是说，在家庭人均卡路里拥有量达到3128大卡之前，人均卡路里拥有量的增加会带来收入的增加，而当家庭人均卡路里拥有量超过3128卡后，卡路里增加对收入不再产生影响甚至带来收入水平的下降。总的来看，卡路里拥有量每增加1000卡，家庭种植业收入将会增加1051元，卡路里拥有量每增加1%，种植业收入会相应增加0.57%。在达到边际影响为零的转折点之前，卡路里拥有量每增加1000卡，家庭种植业产值将增加到1534元，这时卡路里拥有量的产出弹性为0.68，即卡路里拥有量每增加1%，种植业收入会相应增加0.68%。

在"加权平均法"模型中，营养和收入之间的关系没有发生实质的变量。所不同的是，边际影响为零的转折点下降到2770大卡，总弹性下降为0.31，达到边际影响为零的转折点之前的边际影响和前一个模型基本相同，为1119元，弹性为0.47。

在作者所研究的贫困地区，样本总体的人均卡路里拥有量为2267大卡左右，无论从哪个模型的估计结果来看，这一水平都离边际影响为零的转折点都有相当的差距。因此，在中国的贫困农村，营养的改善无疑会大大有助于农民收入的增加。

BMI 的影响展现了和卡路里相似的模式，它也是一种边际影响趋近于零的"非线性"关系。在"加权平均法"的模型中，BMI 总的边际影响为177元，总弹性为 0.87，边际影响为零的转折点为 23.57，达到边际影响为零转折点之前的边际影响为 190 元，弹性为 0.96。考虑到 BMI 的正常值应为 18.5—25，这里估计的边际影响为零的转折点为 23.57，这一数字并不高。这说明在这些贫困地区，劳动力的 BMI 总体水平比较低，也进一步说明这些地方确实是营养仍然匮乏的地区。虽然在"简单平均"法的模型中，BMI 和收入之间的关系在统计上不显著，但这一关系的形式并没有改变。不过，当把 BMI 分性别来看时，模型探测到了男性 BMI 的显著影响：家庭男性劳动力的平均 BMI 每增加 1，将为家庭带来 180 元的收入增加，从弹性的角度来看，家庭男性劳动力的平均 BMI 每增加 1%，将使收入增加 0.92%。

模型没有探测到身高的显著影响。正如前面所指出的，在控制 BMI 的情况下，身高的影响不能仅从对身高的估计系数解读，还必须考虑到被 BMI 捕获到的部分影响。不过，由于身高代表了一个人的长期营养状态，对种植业来说，短期的营养供给也许更加重要。

疾病对农户种植业收入的影响非常大。在"简单平均"模型中，家庭劳动力因病无法工作时间每增加一个月，家庭年种植业产值将减少 2300 元；在"加权平均"模型中，家庭劳动力因病无法工作时间每增加一个月，家庭年种植业收入将减少 6475 元。考虑到样本地区的平均种植业收入只有 4000 多元，如果每个家庭劳动力每年有一个月因病无法工作，这个家庭将可能一无所获。

综上所述，本研究清楚地揭示，在中国的贫困地区，营养和健康确实是制约农民收入增加的重要因素。在乡村医疗体系逐渐瓦解，而新的医疗服务体系尚未建立的情况下，贫困地区的健康状况可能是这些地方部分人无法摆脱贫困的根本原因。本研究的实证结果表明，改善这些地方的营养状况和医疗卫生条件，将会极大地有助于这些地方农民收入的增加。

（本文发表于《经济研究》2003 年第 1 期，获第十一届孙冶方奖）

中国经济学的
方法和体系构建

经济体制划分标准与比较标准
——关于经济体制比较研究方法的若干思考

刘　伟

比较经济体制研究构成比较经济学的重要内容。[①] 1917 年俄国十月革命，特别是第二次世界大战后中国等社会主义国家崛起之后，公有制的计划经济体制与私有制基础上的市场经济体制的比较研究便开始吸引着大批经济学者。而迄今比较经济体制乃至整个比较经济学，与其说是以本身特有的范畴引起人们的关注，还不如说是以其特殊的研究方法赢得人们的承认，因而考察比较经济体制研究方法更具特殊意义。

一　经济体制划分标准的确定

确定经济体制的划分标准是进行比较经济体制研究的逻辑起点。但这首先又与对"经济体制"的理解相联系，由于历史观和分析方法的不向，使对"经济体制"的理解相去甚远，甚至使"经济体制"几乎不可能得到定义[②]。

由于对经济体制的内涵理解不同，因此划分经济体制的方法，或者说选择划分经济体制的标准也就不同。就划分不同经济体制的方法而言，当代比较经济体制研究中有两种具有代表性的倾向。

---

① 　一般来讲比较经济学包括比较经济发展、比较经济体制、比较经济政策三部分。
② 　保罗·R. 格雷戈里：《比较经济体制学》，上海三联书店 1988 年版，第 6 页。

1. 静态或比较静态地定义、刻画、区分不同的经济体制，忽略经济体制的历史性质

当代西方主流经济学家在进行经济体制的比较研究过程中是采取这种方法的。这种比较研究的经济理论基础实际上是正统的西方微观经济学和标准的福利经济学。利昂·瓦尔拉斯和维尔弗里·帕累托根据 19 世纪的自由竞争的资本主义现实，从理论上把经济体制抽象为经济模式，认为经济体制的基本功能在于实现资源配置的协调、均衡，假定社会文化，科技条件不变，同时假定财产制度不变，把经济体制抽象为实现资源配置的组织形式，把理想的经济体制理解为能够实现帕累托最优的完全竞争的经济模型。[①] 这是典型的非历史非动态的分析方法。在这一方法的支持下，当代西方比较经济学者至少对经济体制给出了 4 种具有代表性的静态的解释。

第一，组织论。正统的西方经济学者一般不赞同按所有制历史形态来划分经济体制，进而有的学者主张以"经济组织"概念来替代"经济制度"。[②] G. 格罗斯曼认为，"具有一定经济特点的组织安排，构成它们的经济制度"[③]。莫里斯·博恩斯坦的观点也具有浓厚的组织论色彩，他关于经济体制的定义就是直接根据组织论者关于"组织"的一般定义而来，他把经济体制定义为一组安排，认为经济体制包含两方面内容：被组织起来的是什么？各组成部分是如何发生关系的？在他看来，经济体制是"被某些有规律的相互作用或相互依赖的形式所联合起来的客体、观念或行为的集合"[④]。

组织论的根本特征在于，不以所有制作为划分经济体制的根本特征，不考察经济体制的历史变化，或者说不考察促使体制演变的历史因素，而是静态或比较静态地考察经济体制各部分的组织结构。

第二，决策论。从决策角度来定义和比较经济体制是西方比较经济研究中较有影响的方法。埃冈·纽伯格等人在这方面较有代表性。他们认为，经济体制无非是由决策结构和动力结构、信息结构等所组成，因而区

---

① 阿兰·G. 格鲁奇：《比较经济制度》，中国社会科学出版社 1985 年版，第 7—8 页。

② 同上书，第 13—14 页。20 世纪 50 年代以后组织行为理论的发展，对这种把经济体制定义为某种组织的观点予以了强有力的支持。

③ G. 格罗斯里：《经济制度》，（新泽西）1967 年版。

④ 莫里斯·博恩斯坦主编：《比较经济体制》，中国财政经济出版社 1988 年版，第 6—7 页。

分和比较各种经济体制就是要从这种决策方式上进行。[①] 他们特别反对按照所有制的不同来划分经济体制,认为按照生产资料所有制关系把经济体制区分为资本主义、社会主义是传统的方法,是政治和社会意识形态冲突的产物;把所有制作为区别经济体制的关键因素,不能解释当代社会政治、经济生活的变化。[②] 实际上,这种决策论也是一种静态的组织论。受到西方学者普遍赞同的阿萨·林德贝克关于经济体制的定义,更鲜明地体现出组织论与决策论相结合的特点。林德贝克认为,"经济体制是在特定地理区域内进行决策并执行有关生产、收入和消费决策的一组机制和制度"[③]。

第三,形式论。即把经济体制视为一种形式,抽去其历史内容,将其抽象化、一般化,认为经济体制不过是各种形式的组织的某种结构,包括政治、经济机构,组织、法律、规则、信仰等方面的组合。进而,他们认为这种关于经济体制的定义具有一般性,适用于各种场合,甚至可以用以解释动物群的活动。[④]

第四,秩序论。这种方法的代表是瓦尔特·欧根。他以计划的承担者作为划分经济体制的标准,进而把经济体制区分为中央计划型和企业计划型两类。他认为中央计划型不存在商品交易,在企业作为计划承担者的体制下才存在商品交易;中央计划型下不可能存在有效的良好的经济运行秩序,企业计划型下若存在垄断和通货膨胀也不会有良好的秩序。因此他主张理想的体制应由企业作为计划的承担者,国家主要作为市场秩序的维护者。[⑤]

上述几种静态的定义、划分经济体制的方法对于解释经济生活中的现象性运动具有更为直接的能力。但都有两方面的缺陷:一方面都忽略

---

① 埃冈·纽伯格、威廉·达菲等:《比较经济体制》,商务印书馆 1984 年版,第 17—18、5—6 页。

② 同上。

③ 转引自保罗·R. 格雷戈里等《比较经济体制学》,上海三联书店 1988 年版,第 7 页。西方学者的决策论对东欧及中国学者也产生了广泛影响,社会主义经济改革的理论最初在相当大的程度上就是不考虑所有制改革前提下的决策方式改革的探讨,如布鲁斯、锡克在 20 世纪五六十年代的思想。

④ 弗雷德里克·L. 普瑞尔:《东西方经济体制比较——研究指南》,中国经济出版社 1989 年版,第 15 页。

⑤ 荣敬本:《比较经济学》,《经济学新学科概览》,世界知识出版社 1988 年版,第 7—8 页。

了经济体制的历史规定性，而停留在静态的抽象的水平上；另一方面，都忽略或淡化了所有制的作用，使之对经济体制的考察缺乏必要的深刻性。

2. 把经济体制视为历史的动态的制度，力图从历史演进的阶段性特征上划分经济体制

一般认为，德国历史学派和制度学派，如托尔斯坦·凡勃仑、威尔·桑巴特、A. 霍布森等人是运用这种方法；当代的约翰·K. 加尔布雷斯等制度经济学者以及罗斯托、冈纳·缪尔达尔等发展经济学者也是运用这种方法。① 这种方法与正统的方法不同，不是把生产力和经济制度作为固定不变的前提，而是把它们视为历史的、变化的，并把这种历史变化作为比较经济研究的基本内容。②

这些学者划分经济体制的标准大体上又可分为两类。一类学者，如历史学派和制度学派着重以所有权及其历史演变的特征作为区分经济体制（制度）的标准。早在 20 世纪三四十年代，就有许多西方学者据此把社会区分为 4 种模式：资本主义、法西斯主义、社会主义、共产主义。③ 当代的一些比较经济学者又进一步将其区分为：成熟的资本主义经济模式，包括美国、英国、法国、西德、日本等；成熟的民主社会主义经济模式，包括瑞典、挪威和英国工党执政时的第二次世界大战后英国经济；发达的社会主义经济模式，包括苏联、东欧、南斯拉夫；不发达国家经济体制，包括中国、印度、非洲和拉丁美洲国家等。④

应当说这类学者关于经济体制的划分流露出较强的历史分析和制度分析倾向。但他们或者以进化论的观点来解释社会制度发展史，如德国的历史学派。⑤ 或者是在肯定资本私有制基础上，在反对正统的西方经济学忽视对财产制度研究的同时，考察如何使私有制更加纯粹化，使私有产权主体、界区更加清晰以提高经济制度的效率，克服外在性，如当代西方产权理论。⑥ 或者虽然对资本主义私有制流露出某些批评和怀疑，但

---

① 阿兰·G. 格鲁奇：《比较经济制度》，中国社会科学出版社 1985 年版，第 11 页。
② 这些学者一般不区分经济制度与经济体制。
③ W. N. 鲁克斯和 J. W. 胡特在 1938 年出版的《比较经济制度》中就采取了这种划分方法。
④ 阿兰·G. 格鲁奇：《比较经济制度》，中国社会科学出版社 1985 年版，第 31 页。
⑤ 陈岱孙等：《政治经济学学说史》（上册），吉林人民出版社 1981 年版。
⑥ 平新乔、刘伟：《本世纪以来西方产权理论的演变》，《管理世界》1988 年第 4 期。

却不是从生产力与生产关系的历史运动来解释历史，而是根据当代资本主义经济生活中的某些新现象来区别经济制度、考察制度变化，如加尔布雷斯等制度经济学者。① 此外，他们在运用所有制标准区分经济制度时，表现出非一致性，即有时是根据所有制来划分，如成熟的资本主义与发达的社会主义的划分；但有时又是根据经济发展水平划分，如把不发达国家经济制度作为一类，尽管在发展水平上这些国家都具有不发达经济特征，但在制度上却是根本不同的；有时甚至根据政策的变化来划分，如英国一方面被归入成熟的资本主义，另一方面又将其第二次世界大战后工党执政时期归为民主社会主义。特别需要指出的是，关于民主社会主义的划分实际上游离了对所有制性质的科学认识，至多只是根据经济政策（如福利政策）和所有制形式（如国有制形式）上的某些变化来进行定义的。

另一类学者，如罗斯托等发展经济学者，则根据经济发展水平的历史阶段性来划分经济制度，划分经济制度演进的历史阶段，把社会经济制度区分为传统社会，起飞、工业社会，后工业社会等。② 尽管这种划分方法也体现了历史发展的特征，但却不符合历史运动的本质规定，因为这里抽去了生产关系的社会性质，而以生产力发展标志直接作为社会制度的标志。

事实上，经济体制本身是所有制与经济决策、协调机制的有机统一。当代西方许多比较经济学者和社会主义经济理论研究者已经开始表现出从两者的统一上划分经济体制的倾向。③ 问题在于这两方面必须有机地而不是简单机械地统一起来。为此，至少有 3 方面的问题必须解决。第一，如何以所有制的划分为基础，在对所有制的本质予以科学把握的基础上，统一所有制与决策组织机制于经济体制一体，既说明经济决策组织机制的特征以及这些特征与不同所有制性质间的联系，又能通过决策组织机制的分

---

① 约·肯·加尔布雷斯：《经济学和公共目标》，商务印书馆 1983 年版。

② W. W. 罗斯托：《经济增长的阶段》，《经济史评论》1959 年第 11 期；《从起飞进入持续增长的经济学》，四川人民出版社 1988 年版。

③ 如保罗·R. 格雷戈里等人对林德贝克关于经济体制定义的修正，就体现将所有制与决策、组织机制统一起来的倾向。参见格雷戈里《比较经济体制学》，上海三联书店 1988 年版，第 7 页。我国董辅礽也曾明确指出经济体制包括所有制和运行机制两方面实际上，20 世纪 80 年代以来社会主义经济改革实践中，许多学者表现出来的从所有制和决策方式两方面的统一上进行改革的思想追求，就是建立在把经济体制作为所有制与决策机制两方面统一的理解基础之上的。

析，说明所有制本质是如何具体地实现的。第二，不同经济发展的历史要求规定不同的所有制选择，不同的所有制本质又规定经济决策组织机制上的不同特征；但经济发展提出的某些共同要求，又会要求即使在不同性质所有制下，经济运行的结构和决策组织方式在某些方面具有共同性，而在相同性质的所有制体系之间，由于经济发展要求在各国的差异，也会使经济体制存在差异。如何科学地处理这种复杂的联系是划分经济体制时必须首先解决的问题。第三，经济体制本身有多方面的规定，而且经济体制又是与政治、文化、意识形态等方面密切相关的，经济体制特征正是在社会经济、政治、文化的统一运动中显现的，这就不能不给区分经济体制的过程带来政治、文化、意识形态方面的色彩。如何把握经济体制本身的异同与政治、文化、意识形态方面的异同，进而科学地划分经济体制，实在是需要认真探讨的。

基于上述考虑，若单纯从经济分析上划分经济体制，至少应从以下 3 方面的统一上划分经济体制。（1）从所有制性质上划分，并以此作为全部划分的基础。这里关键在于把握现实中的公有制与私有制的本质区别，不能以某些形式的现象的标准混淆本质上的差异。公有与私有本质上的差异在于 3方面：首先，个人间是否存在排他性的所有权；其次，个人间能否直接进行资产的市场交易；最后，个人间是否具有排他性的与所有权成比例的剩余索取权。（2）从所有权权能结构上划分。所有权权能结构是指所有权各方面权能的相互联系方式，它受所有制性质规定，但又不同于所有制性质本身，不同所有制性质和形式下所有权权能结构有所差异，但也可能有共同点，比如商品经济由于可以在公有制与私有制两种不同性质的所有制下存在，因而其性质有所不同，但它所要求的所有权权能结构可能在不同体制下又有所相同。（3）从决策协调方式上划分，即从决策权力的性质及集中与分散度，从信息、调节方式和刺激方式等方面划分经济体制。问题在于必须把这 3 方面的划分标准统一结合起来。

据此，对当代典型的经济体制作出以下划分（见表 1）。需要说明的是，这里仅仅给出基本的划分标准，并不是现实的各种体制的归类；同时，这里主要考察各体制的典型性特征，非典型性特征如公有制社会中存在的私有经济成分，不作为考察内容。

表 1　　　　　　　　　　**经济体制划分标准①**

权能结构和决策组织方式 ＼ 所有制形式／占主体的所有制性质		公有制为主			私有制为主		
		社会所有	斯大林模式		私人个人所有	私有股份制度	国有
		南斯拉夫	集体所有	国有			
所有权权能结构	所有权（狭义）	名义上全社会所有	集体所有	国家所有	私人所有	私人所有	国有
	支配权	企业自治委员会掌握	集体支配	政府掌握	私人所有者支配	所有者的代表董事会	政府支配
	管理权	自治委员会任命的经理掌握	集体选举经济	政府任命官员掌握	私人所有者管理	董事会任命的经理	政府任命官员
决策组织协调方式	决策 集中与分散度	分散为主	集中为主	分散为主			
	决策 权力性质	经济性为主	超经济行政性为主	经济性为主			
	信息	变形的价格信号为主	数量信号为主	价格信号为主			
	调节	变形的市场调节为主	计划调节为主	市场调节为主			
	刺激	物质为主兼精神	精神为主兼物质	物质为主兼精神			

二　经济体制比较标准的选择

　　所谓比较标准指的是在根据特定划分标准将不同的经济体制区分开之后，对不同的经济体制下的实现特定的社会经济生活目标的效率和实绩进行比较的尺度。比较标准的选择往往是比较经济体制研究中最为困难的。这里至少存在 4 方面的困难。（1）比较标准既然是衡量不同经济体制实现社会经济生活目标能力的尺度，那么，不同社会制度下社会经济生活目标的差异就使统一的比较标准难以形成。（2）比较标准必然包含"价值"判断，不同的历史观，自然会产生不同的价值判断，在确定比较标准时必然形成不同

---

　　① 限于篇幅，这里不对表内各项展开分析。这种分析可参见刘伟、杨云龙《比较经济学研究——发展·体制·政策》，中国财政经济出版社 1990 年版，第五章。

的倾向，甚至对同一比较标准也会作出完全不同的解释，从而为比较标准的统一性的形成带来困难。（3）经济体制的特征是多元的，同时经济体制又是与社会历史的政治、文化、意识形态等融为一体，因此，选择哪些比较标准更能够反映经济体制的历史性质和效率，至今仍是极有争议的；经济体制的比较标准应不应当包括民主实现程度、权力分配公平程度等非经济标准？即使单纯进行经济比较，是以微观经济目标还是以宏观经济目标的实现程度作为主要比较标准？这些都是不统一的，况且对社会政治、文化目标和经济目标本身的理解就难以一致。（4）统计资料的不充分、不确切以及整理方法上的不一致也为比较标准的选择带来困难。统计资料的不充分、不准确不仅由于统计处理方法上的差异，更由于不同的经济体制运行方式的不同。

因此，经济体制的比较标准原则上只能分为两大类。一类是比较不同经济体制所选择的社会经济生活目标，以及与之相联系的政治、文化生活目标的历史进步性质的标准，实际上这是不同历史观的对比，这种比较需要在揭示不同经济体制内在运动规律的过程中予以说明；由于这种比较更直接地体现历史观的分歧，所以很难直接地进行程度上的比较，或者说不具备量的可比性。另一类是在假定某些不同经济体制共同追求的经济目标存在的条件下，围绕这些共同追求的经济目标设定比较标准，以衡量不同的经济体制实现共同追求的某些经济目标的能力，并由此进一步说明不同经济体制的历史性；这类标准具有更多的可比性。本文主要选择后一类标准作为衡量尺度。本文选择经济增长、经济效率、增长的稳定性等经济目标的实现程度作为比较标准。因为它们是不同体制下都必须追求的基本目标。

（一）比较经济增长

经济增长指在一定时期国民经济的产出量的提高。它可以表示为总产出的增长，也可以表示为人均产出水平的提高。比较不同经济体制下的经济增长不能仅以一国作为某种体制的代表与另一国作为另一体制的代表进行个别比较，因为这种个别比较对于说明一类体制实现经济增长的能力是不充分的。也不能仅以某个阶段的不同体制下经济增长的数据作为比较根据，因为短期的或阶段性的比较难以反映不同体制实现持续增长的能力。

从第二次世界大战后几十年的历史数据看，传统的公有制计划经济体制与私有制市场经济体制在经济增长上并无显著差异。普瑞尔曾用西方国民账户对计划经济国家公布的资料进行重新整理，计算出 1950—1979 年两种经济体制下的年平均增长率（未加权）。30 年间，包括苏联、东欧等 7 国的计划经济体制年平均经济增长率为 4.49%，人均年增长率为 3.70%；包括美国、英国、日本等 21 国的市场经济体制平均年经济增长率为 4.54%，人均年经济增长率为 3.62%。[①]

尽管 30 年间在总体上差异并不显著，但其间的不同阶段上却表现出较明显的差异。格雷戈里曾以包括中国在内的 8 个计划经济国和包括美国、加拿大、英国、日本等 16 国市场经济体制下的数据为根据，分阶段地计算两种体制下平均年增长率（未加权）。结果，计划经济体制平均年增长率 1950—1960 年为 0.57%，人均为 4.7%，1960—1965 年为 4.4%，人均为 3.6%，1965—1970 年为 4.3%，人均为 3.6%，1970—1975 年为 4.8%，人均为 4.0%，1975—1980 年为 2.6%，人均为 2.0%；市场经济体制平均年增长率 1950—1960 年为 5.0%，人均为 3.7%，1960—1965 年为 5.5%，人均为 4.4%，1965—1970 年为 5.5%，人均为 4.5%，1970—1975 年为 3.9%，人均为 2.95%，1975—1980 年为 3.4%，人均为 2.6%。[②] 可见，尽管 20 世纪 30 年总的平均增长率差异不明显，但在不同时期差距是显著的。这表现出两类体制下经济增长的阶段性。50 年代计划经济体制经济增长率高于市场经济体制（5.7% 对 5.0%）；60 年代市场经济体制下经济增长率又高于计划体制（前 5 年为 5.5% 对 4.4%，后 5 年为 5.5% 对 4.3%）；70 年代中期以前，计划经济体制下的经济增长率又领先于市场经济体制（4.8% 对 3.9%）；70 年代中期以后虽然资本主义市场经济体制下的经济增长速度与计划经济体制下的经济增长速度都有放慢的趋势，但市场经济体制的增长率高于计划经济体制（3.4% 对 2.6%）。

对于上述关于增长的比较结果的理解，必须注意两方面的问题，不能孤立地以实现增长的速度来判定哪种体制更具推动增长的能力。一是战后经济增长率趋向同经济发展水平呈反方向变动，无论在哪种体制下，经济发展水平越低的时期，一般表现出来的增长率越高，即使实现的经济增长量一样，反映在速度上也是不同的；反之，已达到的经济发展水平越高，其经济增长率实现的水平越低。二是不同体制下各国增长率的平均值计算是未加权的，

---

① 弗雷德里克·L. 普瑞尔：《东西方经济体制比较——研究指南》，中国经济出版社 1989 年版，第 78 页。

② 保罗·R. 格雷戈里等：《比较经济体制学》，上海三联书店 1988 年版，第 521—522 页。

因此不同国家的不同增长率在平均计算过程中所起的作用得不到准确反映；再加之统计资料本身的不统一，以及换算汇率等方面的不准确，也会使比较有失精确。

（二）比较经济效率

这里所说的经济效率指的是经济增长与为取得经济增长所付出的经济代价之间的比例关系。这种比例关系在不同体制下是可以进行比较的。这种经济效率又可分为静态效率和动态效率两类。静态效率是指在投入要素量不变，技术条件既定的条件下，某一时点上的投入产出率；动态效率则是指在投入要素量不变，但技术可能变化的条件下，一定时期内的投入产出率的变化率。无论哪种关于经济效率的分析，都需排除投入量的变化。

从理论上来说，比较不同经济体制下的静态效率，就是考察哪种体制下的社会生产在同一时点上更接近生产可能性曲线；比较动态效率则是考察在一定时期，哪种体制更能在不增加投入的条件下提高投入产出率，即使生产可能性曲线本身水平移动，移动距离越大则动态效率越高。但在现实的比较研究中，生产可能性曲线是难以确定的，因此，只能选取一些替代指标近似地反映静态效率和动态效率。

1. 静态效率的比较

可以用劳动力人均产出率和资本与产出比率在某一时点的状态作为静态效率的反映。

首先，比较两类体制下（1979 年）的以劳动力人均产出率反映的静态效率。据保罗·R. 格雷戈里等人的测算，以 1979 年为时点，包括苏联、东欧等 7 个计划经济国平均的劳动力平均产出（未加权）为 8449 美元，相当于美国同期的 36%；包括美国、联邦德国、法国、奥地利、日本、英国、意大利、西班牙、希腊 9 国在内的市场经济体制国 1979 年劳动力平均产出为 19107 美元，相当于美国同期的 84%。[①]

静态地看，市场经济体制劳动力人均产出水平高于计划经济体制的水平，是一个普遍被人承认的事实。当然，静态指标本身有其局限性，它能说明已达到的水平，但却不能说明如何达到这一水平；它能反映不同体制下已具备的效率状态，但静态的人均劳动力产出指标并不完全取决于现存体制，

---

① 保罗·R. 格雷戈里等：《比较经济体制学》，上海三联书店 1988 年版，第 542 页。

还在相当大的程度上取决于经济史。因此，在理解不同体制下的静态的劳动力产出水平差异时，必须注意以下两方面：一是在静态比较中并没有考虑劳动力的质的区别，忽略了非同质的劳动力产出水平的不可比性；二是静态的劳动力产出水平并不反映劳动力产出率与其他要素产出率的关系，也不反映劳动力与资本、土地等因素在量上的比例关系，但事实上劳动力产出率与其他要素之间是密切相关的。因此静态的劳动力产出的比较必须结合动态效率的比较，结合资本与产出比率的比较。

其次，比较不同体制下的静态的资本与产出比率（资本/产出）。据统计，20世纪70年代末7个计划经济体制国资本与产出比率分别为：捷克斯洛伐克2.30，民主德国1.98，苏联2.09，匈牙利1.46，波兰1.65，罗马尼亚2.24，保加利亚1.95。同期9个被统计的市场经济体制国资本与产出比率如下：美国1.60，加拿大2.34，日本1.26，法国2.05，联邦德国2.23，挪威4.50，瑞典2.50，英国3.35，希腊5.0。[①]

如果不考虑其他因素，单纯从资本与产出比率来看，市场经济体制下的资本与产出比高于计划体制，除日本、美国个别市场经济国外，其他市场经济国的资本产出比都高于计划经济国，这说明在同样的产出下，市场经济体制下占用和投入的资本比例更高，或者说计划体制的资本静态效率似乎更高些。

但问题并不如此简单。一方面，若资本与产出比率高，但同时劳动力产出水平却低于另一体制，那么，可以说这一体制的包括劳动力和资本在内的要素静态效率低；如果虽然资本与产出比率高，但同时劳动力产出水平也高于另一体制，那么，就不能简单地以资本产出比率高来判断该体制的静态效率低于另一体制；如果一体制下资本与产出比率低，同时劳动力产出水平又高于另一体制，那么，可以说该体制较另一体制具有更高的静态效率。国与国之间的比较也是如此。因而，结合劳动力产出水平，尽管总体上市场经济体制下资本与产出比率高于计划体制，但其劳动力平均产出水平也高于计划体制的各国平均值。这就必须深入进行国别比较，比如计划体制下的某些国家的资本与产出比率低于同时劳动产出水平，又高于某些市场经济国（如

---

① 经济合作与发展组织：《1955—1980年固定资本的流量和存量》（巴黎1983年版）；撒德·奥尔顿：《东欧的国民生产总值结构》（纽约1984年版）；保罗·R.格雷戈里等：《比较经济体制学》，上海三联书店1988年版，第544页。

希腊、印度等），那么就可以说这些计划体制国较希腊等市场经济国拥有更高静态效率；[①] 同样，日本、美国具有较高的劳动产出水平（7个计划体制国的平均值1979年只相当于美国的36%），同时，日本、美国的资本与产出比率又显著低，所以可以说日本、美国的静态效率不仅高于其他市场经济国，也高于计划经济体制的水平。另一方面，结合资本与产出比率也可以进一步解释劳动力平均产出上的差异，至少有些市场经济国较高的劳动力平均产出之所以高于计划经济国，并不必然是由于其劳动力效率高，而在一定程度上与其较高的资本与产出比率有关。

当然，在总体上应当承认市场经济国特别是经济发达的市场经济国的静态效率（以1979年为时点）高于计划经济国。承认这个事实，并不是说不考虑经济发展历史基础的作用，历史作用的考察属于动态分析范围；也并非说市场经济体制就具有比计划体制更高的效率，这种静态分析尚不足以说明这一问题；也并不等于说认为市场经济体制下的社会生产更接近资源给定下的生产可能性曲线。爱德华·F.丹尼逊曾以美国1960年前后的数据作过静态效率计算，发现实际静态效率偏离生产可能性曲线要求而带来的资源配置的浪费约占国民生产总值的10%。

2. 动态效率的比较

比较动态效率是在排除投入量变化的前提下考察生产可能性曲线水平移动距离。在现实的比较中，一般采用劳动生产率增长率、资本效率增长率及全部要素效率增长率等指标，考察在一定时期内这些指标的变化，进而进行不同体制间动态效率的比较分析。这里采用全部要素效率增长率指标。全部要素效率增长率是指产出增长率中减去由于劳动和资本增长而带来的产出增长率之后所余部分。

据统计测算，1950—1960年，包括苏联、东欧等7国在内的计划经济体制国平均全部要素效率年增长率为3.5%，1960—1981年为1.5%（未加权）。包括美国、加拿大、比利时、丹麦、法国、联邦德国、意大利、荷兰、挪威、英国、日本、希腊等12国在内的市场经济体制国在1950—1960

---

① 1979年民主德国劳动力人均产出水平相当于美国的45%，苏联相当于美国的47%，同期希腊只相当于美国的44%，而同时资本与产出比率希腊为5.0，显著高于苏联（2.09）和民主德国（1.98）。

年全部要素效率平均年增长率为 3.0%，1960—1980 年为 2.3%（未加权）。[①]

可见，首先，从第二次世界大战后 30 年总的情况来看，两种体制下的动态效率差异并不十分显著。其次，在不同阶段上差别不同，在 1960 年以前 10 年计划经济体制全部要素效率年增长率平均水平略高于 12 个市场经济国（3.5% 对 3.0%）；自 1960 年以后，尽管两种体制下的动态效率提高速度都有所减缓，但计划体制 7 国减缓幅度更大（由 3.5% 下降到 1.5%），市场经济 12 国减缓幅度较小（由 3.0% 下降到 2.3%），进而反映出市场经济 12 国全部要素效率年均增长率的平均值高于计划经济 7 国的平均值（2.3% 对 1.5%）。最后，这反映出自 1960 年以后计划经济体制 7 国的经济发展更多地依靠扩大要素投入，若联系前面关于经济增长率的分析，这一点可以看得更明显。在 1960 年以前计划体制 7 国平均年增长率为 5.7%，同期全部要素效率增长率为 3.5%，3.5/5.7 即近 62% 的经济增长是依靠投入要素的效率提高而实现的；同期市场经济体制下年平均经济增长率为 5.0%，要素效率增长率为 3.0%，3.0/5.0 即 60% 的增长是依靠要素投入的效率增长而实现的。总体上差异不大，计划体制下的要素效率对增长率提高的作用程度还略高于市场经济体制（62% 对 60%）。但 1960—1980 年情况有了相反的变化，计划体制 7 国平均年经济增长率大致在 4%，相应的要素效率增长率年平均仅为 1.5%，1.5/4 即只有 40% 的增长是依靠要素效率提高实现的，60% 的增长依靠扩大投入实现；而同期市场经济体制下经济增长率年平均大致为 4.5%，相应的要素效率增长率为 2.3%，2.3/4.5 即 51% 的经济增长是依靠要素效率提高而实现的。这也从一个方面反映出经济改革的必要性和迫切性。

（三）比较经济稳定

一般比较不同经济体制的经济稳定性可以采取失业率、通货膨胀率和经

[①] 美国国会联合经济委员会：《东欧国家的经济发展》，国家出版局（华盛顿）1970 年版，第 208—214 页；《1974 年苏联经济学会统计年表》，统计出版社（莫斯科），第 27 页；撒德·奥尔顿：《东欧的比较结构和经济活动增长》，美国国会联合经济委员会《赫尔辛基会议之后的东欧经济》，国家出版局（华盛顿）1977 年版，第 218 页；爱德华·丹尼逊：《为什么增长率不同》，（华盛顿）1967 年版，第 42、190 页，第 21 章；经济合作与发展组织：《1955—1980 年固定资本存量与流量》，（巴黎）1985 年版，第 1—39 页。转引自保罗·R. 格雷戈里等《比较经济体制学》，上海三联书店 1988 年版，第 532—533 页。

济增长的波动率等指标，进行动态的比较分析。为提高可比性，这里采取经济增长的波动率作为比较指标。

从总体上看，不包括中国在内的 7 个计划经济国战后经济增长的稳定性高于市场经济体制。普瑞尔根据 21 个主要资本主义市场经济国和 7 个计划经济国 1950—1979 年的经济增长数据，并以西方账户口径对数据进行统一调整，建立回归方程，以估计标准误差对不同经济体制下的国民生产总值、工业生产总值、农业生产总值和固定资本投资的波动程度进行了测算比较。结果就总的经济增长来看，市场经济体制的不稳定性高于计划经济（估计标准误差为 0.0346 对 0.0313）；就工业生产而言，市场经济体制的波动程度也大于计划体制下的波动度（估计标准误差为 0.0520 对 0.0407），但在农业生产上，计划经济体制的不稳定性高于市场经济体制（估计标准误差为 0.0700 对 0.0492）；就固定资产总投资的波动来看，计划经济体制的波动性也高于市场经济体制（估计标准误差为 0.1117 对 0.0850）。①

这里的比较没有包括中国。由于种种原因，我国几十年来经济增长，特别是工业增长的波动性是很强的。根据《中国工业经济统计资料（1949—1984）》提供的数据，代入标准差公式，计算结果，我国工业生产的估计标准误差为 0.1634，离散系数为 1.5130。② 波动程度不仅高于计划体制 7 国的平均值，而且高于市场经济 21 国的平均值。

不同体制下都存在波动，这是一个客观事实。问题在于如何分析其形成原因。西方学者大都把经济波动的原因归结为投资波动的周期性，并主张以宏观经济政策来淡化投资的周期性，如凯恩斯主义就是这样解释经济增长的波动性的。马克思主义经济理论则把经济周期性波动的根本原因归结为资本主义私有制，归结为私有制下资本生产的盲目扩大与社会有效需求的减少间的矛盾作用。那么，如何运用马克思主义经济理论来分析社会主义的经济波动，便不能不成为社会主义经济研究的重要课题。

进行了上述比较之后，似乎很难根据比较结果对两类经济体制作出规范性的判断。以第二次世界大战后 30 年的数据，似乎难以说明两类体制在经济增长、经济效率、增长的稳定性方面的作用的显著差异，有些西方比较经

---

① 弗雷德里克·L. 普瑞尔：《东西方经济体制比较——研究指南》，中国经济出版社 1989 年版，第 78、120—122 页。

② 具体计算过程可参见刘伟、杨云龙《中国产业经济分析》，中国国际广播出版社 1987 年版，第 72—73 页。

济学者如普瑞尔，运用实证的比较方法，在考察两类体制下的增长、效率、稳定、收入分配等方面的状况之后，甚至得出了经济体制与经济发展、资源配置无关的结论。普瑞尔关于体制差异与资源配置效果的差异无关的结论是缺乏充分的历史根据的。首先，为了提高不同体制的可比性，在选择比较标准时尽量选择可比的指标，这是比较体制研究所要求的，但也正因为如此，在可比指标下，单纯的量上的甚至是不显著的差异，也就难以对不同体制作出规范性的说明，但这并不等于说不同体制之间不存在历史进步性上的差异。其次，公有制基础上的计划经济体制从 1917 年至今最多不过 70 多年的历史，对于一种经济体制来说，特别是与人类历史上已出现的其他形态来说，70 多年的历史太年轻，且这种年轻的经济体制尚处于不断的改革过程中，而实证性指标量上的差异必须经过相当长的历史时期的积累才可能作为对不同体制进行价值判断的依据。随着社会主义经济改革的不断深入，社会主义经济体制的优越性将进一步得到显示和发挥。

（本文发表于《经济研究》1990 年第 6 期）

本土化、规范化、国际化
——庆祝《经济研究》创刊40周年

林毅夫

一

自 1901 年严复翻译出版亚当·斯密的《国富论》以来，当代经济学在我国的传播已有近百年的历史。在这将近一个世纪的时间里，经济学研习在我国蔚然成风，经济学研究在我国社会科学理论研究中独占鳌头。然而，我国到现在还没有出现世界级的经济学大师，即使少数在国际上成了名的华裔经济学家，其成就也主要局限在和社会、经济发展没有直接关系的数理和计量经济学的方法论方面，对当代经济学的思潮和发展方向没有产生直接的影响。然而，这一、两年来我在许多场合大力宣扬："21 世纪将会是中国经济学家的世纪。"这个想法既不是盲目乐观，也不是我个人的一厢情愿。

熟悉经济学的学者稍一留心即不难发现，在 20 世纪 30 年代以前，世界上著名的经济学家基本上不是英国人，就是在英国工作的外国人。20 世纪 30 年代以后，世界上著名的经济学家基本上不是美国人，就是在美国工作的外国人。著名经济学家的国籍和工作地点之所以会有这种时间和地域上的相对集中绝非偶然，实际上这是由经济学作为一门社会科学的理论特性所决定的。社会科学的理论在本质上是一个用来解释社会现象的逻辑体系。一般说来，解释的现象越重要，理论的影响也就越大。进入近代社会以后，各国的经济关联甚密，发生在大国的经济活动，不仅影响大国本身，而且会对世界上许许多多其他国家发生重大影响。在 20 世纪六七十年代，美国经济处于鼎盛状态，当时报界、学界常用的一个比喻"美国打个喷嚏，世界上其他国家都会发生重感冒"即是活生生的写照。因此,研究世界上最大、最强国家的经济现象并将之总结成理论的经济学家,他们的成就,也就容易被认为是世界级的成就。自 18 世纪工业革命以后直到第一次世界大战为止,世界上最大、最强的经济是英国,生活在英国的经济学家近水楼台先得月,因此,英国是当时世界上经济理论的研究中心,著名经济学家当然多出于此。到了一次世界大战以后,世界经济的重心逐渐转移到美国,经济理论研究的中心和著名经济学家的产地也就逐渐随之转移到美国。我国自 1979 年开始进行改革以来,经济取得了奇迹般的增长,现在国内国外有许许多多的研究认为,只要我国能够保持政治稳定并坚持以市场经济为导向改革,最迟到 21 世纪 30 年代,我国将成为世界上最大的经济强国。随着我国经济在世界中所占地位的提升,中国经济研究在世界经济学研究中的重要性将随之提高,而当我国的经济在 21 世纪成为全世界最大、最强的经济时,世界经济学的研究中心也很有可能转移到我国来。①

我所以坚信下个世纪将会是中国经济学家的世纪,其实还有一个更重要的理由。在十六七世纪以前的一两千年,中华文明曾经是当时世界上最鼎盛的文明,其后,中国逐渐衰弱,在 19 世纪到 20 世纪中叶,成了当时世界上最贫穷、落后的国家。除了中华文明之外,在人类历史上还有几个文明曾经鼎盛过,但在独领风骚百千年后,都由盛而衰,最后被其他文明取代而消亡。可以说到现在,在人类文明史上还没出现过由盛而衰,再由衰而盛的文明。如果我国真能在下个世纪再度成为世界上最大最富强的国家,中华文明将创下人类文明史上第一个由盛而衰再由衰而盛的旷古奇迹。由于,过去只有由盛而衰或由衰而盛的文明现象,因此,在世界上现有的社会科学理论中,也就只有解释一个文明如何由盛变衰或由衰变盛的理论。怎样解释中华文明这一由盛变衰再由衰变盛的奇迹,将在下个世纪成为社会科学研究中最具挑战性的一个课题。世界上所有国家的人民都关心自己国家的盛衰,现在衰弱的想富起来,现在富的,想将来万一衰落以

---

① 对于 21 世纪我国是否有可能成为全世界最大的经济,以及怎样才能把这个可能变成现实的有关讨论,参见蔡昉、李周、林毅夫《中国的奇迹:发展战略与经济改革》,上海人民出版社、上海三联出版社 1994 年版(繁体字版由香港中文大学出版社 1995 年出版)。至于中国经济研究的地位提高,趋势已经出现,1982 年我刚到芝加哥大学读书时,主要的经济学杂志上基本找不到有关中国经济的论文,事隔才 10 来年,现在,几乎所有的经济学杂志,每期都有讨论中国经济的文章。而且,讨论中国经济的论文也经常以一期中的首篇文章出现。

后，怎样再富强起来。研究这一中华文明的奇迹不仅对我国有重大意义，对世界上其他国家也有同样重大的意义。因此，不仅中国的经济学家和其他社会科学家会对此感兴趣，世界上其他国家的经济学家和社会科学家也会热衷于这个问题的研究。然而，这个现象发生在我国，我国的社会科学在理解这个现象的本质和产生这个现象的历史、文化、社会背景方面具有先天的比较优势，我国学者的研究最有可能取得突破性的成果，因此，21世纪是中国经济学家的世纪，也是中国社会科学家的世纪，将不会是一个不可能实现的空想。

二

当然，上述几个道理，只说明中国经济学家和社会科学家拥有可能对世界经济学和社会科学理论发展作出重大贡献的机会，但要把可能变成现实，我国的社会科学工作者在研究对象的本土化和研究方法的规范化上还必须作出非常自觉的努力。对于本土化和规范化的问题国内学术界最近进行了不少讨论，① 我想利用《经济研究》创刊 40 周年这个机会，阐述一下我对这两个问题的一些看法。

第一，本土化。要使 21 世纪成为中国经济学家的世纪，我国经济科学的研究成果必须国际化，而研究对象的本土化是研究成果国际化的一条主要渠道。

一位经济学家要对经济学发展作出贡献就必须在理论上有所创新，把别人的理论学得再好，顶多只能成为一位好教授，无法成为一位领导世界理论思潮的经济学家。经济学理论既然是用来解释社会现象的一套逻辑体系，那么，要推动经济学理论的发展首先必须把要解释的现象理解透彻、弄清楚哪些是产生我们所观察到的重要、错综复杂的社会经济现象背后的主要经济、政治、社会变量，然后，才能构建一套简单的逻辑体系，来说明这些重要变量之间的因果关系。因此吃透所要解释的经济现象是经济科学理论创新的第一步。对发生在一个社会的经济现象，经常只有生活在那

---

① 参见《社会科学在我国的发展〈中国社会科学辑刊〉出版座谈纪要》，《东方杂志》1995年第 2 期；《规范化与本土化：社会科学寻求秩序》，《北京青年报》1995 年 4 月 20 日；《书评》1993 年 7 月总第 6 期上的讨论。

个社会的经济学家才有可能了解清楚，对于那些不身临其境的问题和现象，即使是著名经济学家的研究也经常是隔靴搔痒。华人经济学家中尚未出现对世界经济思潮产生影响的大师，原因之一是，华人经济学家大多数是读大学时才到国外，拿到学位以后，又留在大学教书，所以虽然人在国外，其生活经验局限于大学校园，对于所在社会的现象仍然是置身其外，雾里看花，难于吃透。因此，对于他们来说，研究没有社会内容的数理或计量方法较易取得成就，而对以社会经济现象为对象的理论研究则较力不从心。不以社会经济现象为对象的研究，产生的成果自然出了经济学家的圈子就不会有多大的影响。随着我国国际地位的提升，我国的政治、经济、社会现象的国际意义越来越大，尤其在我国的改革和发展过程中，出现了许许多多现有理论所不曾设想过的现象。我国经济学家对我国经济问题的研究，并在将这些研究提升到新的理论高度上，具有先天的比较优势。因此，我国经济学研究的成果要国际化，自然不应舍近求远，而应从本土问题着手。

研究对象的本土化除了有利于我国经济科学研究成果的国际化外，而且，还将使我国的经济学家更有可能对我国的改革和发展作出贡献。经济科学理论的创新经常是在现有的理论解释不了出现在某一特定社会的经济现象时发生的。因此，即使是对国际思潮产生重大影响的经济理论，在本质上，也是某一特定社会的"本土化"理论。西方经济学家既然一般以他们自身所处社会的经济问题为主要研究对象，自然在他们的研究中会自觉、不自觉地把他们所在社会现有的制度、技术、资源作为给定的前提，也就是把处于技术前沿而制度相对稳定的社会作为出发点来研究问题。在我国的经济研究走向国际化的过程中，学习掌握现有的西方经济研究已取得的成果是必要的，但是在运用外来的经济理论来分析、理解我国经济改革和发展过程中所出现的问题时，切忌生搬硬套。只有经济"创造性重构"的思维过程，弄清这个理论所舍掉的社会变量在我国也同样是无关紧要，而这个理论所抽象出来的几个变量在我国的社会也同样是重要的变量时，这个理论对我们的经济实践才会有实际的指导意义。古人说："尽信书不如无书"是我们在学习借鉴西方现有的经济理论和其他社会理论时应有的态度。事实上，我国目前的经济改革和发展过程中遭遇到的主要问题是一个技术、制度落后、资源贫穷的国家，如何利用与发达国家现有的技术、制度差距，以加快发展和过渡的问题。西方现有的经济发展理论还很不成熟，对过渡问题的研究则只是刚刚开始。[①] 因此，对于我国目前经济改革和发展过程中出现的许许多多现象的解释和一系列重要问题的解决，在很大程度上有待于我国自己的经济学家重新从本土现象的深入研究中提出新的理论来。这样才能较好地说明产生这些问题的背后原因，并找出最终解决这些问题的办法。

第二，规范化。规范化的问题在我国的社会科学圈里最近成为一个热门的话题，大家所以关心这个问题，相当大的原因是近年来国内社会科学界出现严重失序现象，剽窃抄袭成风，而且，问题经常重复讨论又不见水平提高。因此，参与这些讨论的学者希望在国内社会科学界引进推广国外比较成熟和公认的写作范式和评价体系，例如，提出自己对某一问题的论点前必须先整理归纳别人对这一问题已有的研究成果，引用他人的观点时必须注明出处。学术杂志在发表一篇论文前必须请对这篇论文所讨论的问题有专门研究的学者以匿名的方式进行评审，文章最后必须由作者本人定稿而不能由编辑任意删减等。这些内容多属"形式"的规范化问题。既然旧的自律已失效，只能依靠较为客观的他律。[②] 建立上述"形式"的规范化是使我国经济学研究成为科学研究的最起码条件，我完全赞成。然而，我国的经济学家要想对世界经济理论的发展作贡献，还同时需要遵循理论创新和理论批评的规范化。

远的姑且不说，近年来，国内每年发表的经济学论著可谓不少。然而，到现在为止国内的经济学研究在国际上尚没有得到多少承认，作得较好的，也只不过被认为是在为外国学者整理资料。产生上述现象的原因当然不止一端，其中之一是，改革开放前，经济学界受到传统意识形态的束缚，经济学研究不可能在理论上有多大的创新；改革开放后，思想上的禁锢消除了，但理论界出现了一片空白，经济学工作者的精力主要放在学习、引进西方现有的理论成果上，这些工作自然得不到国际经济学界的重视。近年来，开始有些经济学者对我国的经验、现象进行总结，然而，还只处于描述的阶段，因

---

① 日本、亚洲四小龙和我国近几年发展所取得的成就被认为是奇迹，说明尚没有可以很好解释这些成就何以会产生的发展经济学理论。在东欧和苏联的改革过程中，许多西方著名经济学家给予出谋划策，却搞得一塌糊涂。在我国的改革中，学院派经济学家的参与相当有限，却取得不少令人骄傲的成就，说明过渡经济学的研究还处于起步的阶段。

② 参见《社会科学在我国的发展〈中国社会科学辑刊〉出版座谈纪要》，《东方杂志》1995年第2期；《规范化与本土化：社会科学寻求秩序》，《北京青年报》1995年4月20日；《书评》1993年7月总第6期上的讨论。

此，其成果只能得到一些中国问题专家的重视。

只有在理论上有所创新的研究，才能对学术界思潮的发展作出贡献。因此，方法论的规范化除了研究、发表形式的规范化外，更重要的是在经济学界建立一个大家能够有共识的，理论创新、接受、修改、摒弃的规范机制。当我们对经济学理论的本质有所认识以后，什么是这样一个机制，其实不难回答。所谓经济学的理论是用以说明社会经济现象的几个主要经济变量之间的逻辑关系体系。既然经济学的理论是一套逻辑体系，首先，在经济学的理论创新中就必须严格遵守形式逻辑的要求，因为只有严格遵守形式逻辑，几个变量之间的因果关系才能说明清楚。

经济学家所以要建立一个内部一致的逻辑体系并非是为了玩逻辑游戏，而是要解释经济现象。因此，方法论规范化的第二个要求是严格检验那些依照这个理论的逻辑推演产生的推论是否和所要解释的经验事实相一致。如果一致，称为不被证伪，这个理论就可以暂时被接受，如果不一致，这个理论就必须受到修正或摒弃。

此外，一个理论是几个重要经济社会变量之间的逻辑关系体系，因此，当一个现象可以用一个内部逻辑一致的理论来解释时，通常也可以通过不同变量的选择组合，而同时形成几个内部逻辑严谨并同样可以解释这一现象的理论。这时，怎么决定哪个理论是、哪个理论非呢？通常，我们可以从每个理论中得出许多推论，因此，我们可以用不是这些理论所要直接解释的社会现象，来检验这些理论的孰是孰非问题。一个理论只有当它所有的推论都不被经验事实所证伪时才能不被修正或摒弃。

经济学理论的创新必须严格遵守上述规范，经济学的争论也应该遵守同样的规范。对一个理论的批评，不是针对其内部逻辑的一致性问题，就是针对其逻辑推论与经验事实之间的一致性问题。如果一个理论在逻辑上挑不出毛病，各个有关的推论也不被已知的经验事实所证伪，经济学界就应该暂时接受这个理论，即使还有保留意见，也只能从收集更多新的经验事实着手，以求证伪它。[①]

如果，我国的经济学家在未来的研究中能够自觉以上述的理论创新规范

---

① 在我国近几年的经济理论问题争论中，经常出现有些学者试图用另外一个学派的理论观点，如产权理论或公共选择理论，作为依据来反对另一人的理论。其实一个理论是不能用另一个理论的观点来证伪的，而只能用这个理论本身内部逻辑的一致性或理论推论与经验事实的一致性来证伪。如果不这样，争论的结果必然会是公说公有理，婆说婆有理，不会在理论上产生多少进步。

来要求自己的工作，那么，以本土问题为对象的研究，也能够，而且更能够取得国际化的成就。如果在未来经济学的争论中能够遵循上述理论批评的规范，那么，就不会再出现过去那种低水平的重复讨论，经济学的争论就会是真理越辩越明的建设性争论。如果在学习国际上现有的理论时，不是迷信权威，而是将之仅仅视为一种可能在我国的社会、历史、文化背景下也同样适用的假说，并在运用这个理论之前先以上述的规范标准来检验这个理论的推论和我国的经验事实的一致性，那么，我国经济学界就不但不会沦为西方经济学的殖民地，而且，我国的经济学家还能够站在巨人的肩膀上为整个人类的经济科学文明的发展作出贡献。

三

最后，谈一下国际化问题。自创刊以来，《经济研究》一直是我国经济学界的龙头刊物，《经济研究》上刊登的文章代表我国经济理论研究的最高水平，我国从事经济研究的学者也以在《经济研究》上发表论文作为努力的目标之一。在过去 40 年，《经济研究》的编辑方针对我国经济理论的研究方向产生了不小的影响。尤其是我国开始进行经济改革的十多年来，在引进新的理论、概念，探讨改革过程中出现的各种新的现象方面，《经济研究》都起到了很大的推动作用。作为《经济研究》长期的忠实读者和作者之一，我衷心期盼在我国的经济学研究迈向国际化的过程中，《经济研究》也能和我国的经济学者相辅相成一齐走向国际化，在 21 世纪成为世界经济的研究中心时，《经济研究》也成为世界上最受重视的经济理论刊物之一。

然而，要实现这个目标，《经济研究》必须改变现有的编辑方式，改采国际通行的办法才行。最重要的是遵循论文采用和推动写作形式的规范化：杂志的编辑有责任要求作者在提出自己的观点前必须先整理归纳别人对这一问题已有的研究；引用他人的观点时必须注明出处；编辑部接到一篇论文时，必须邀请对这篇论文所讨论的问题有专门研究的学者进行公正的评审，由他（她）们提出修改以及采用、不采用的意见；文章最后必须由作者本人定稿；如果文章太长非缩短不可，应由作者本人删减，不能由编辑部随意裁删；等等。

对于上述国际通行的编辑规范，国内已有几家民办社科刊物开始采用，在自然科学界则早已是作者和编辑们共同遵守的游戏规则了。《经济研究》

作为我国理论水平最高的经济学术刊物，在倡导国际公认的规范标准上自然应该发挥积极带头示范的作用。如果《经济研究》在未来能够采用上述编辑程序和准则，以《经济研究》在国内经济学界所处的举足轻重的地位，其他严肃的经济学刊物也必然会跟着响应。我国的经济学者想在《经济研究》或其他严肃刊物上发表论文时就会以这些规范来要求自己。这样，在《经济研究》的推动下，我国的经济学研究就能更好地与国际接轨。而当我国的经济学研究在国际上的地位提高时，《经济研究》作为我国经济学界的龙头刊物在国际经济学杂志界的地位也将随之上升，《经济研究》和我国的经济学者也就能相辅相成一齐走向国际化。

《经济研究》在过去 40 年已对我国经济学的发展作出了许多贡献，在未来 40 年有可能作出更大的贡献。在庆祝《经济研究》创刊 40 周年之际，我谨以"本土化、规范化、国际化"作为赠言，同时，也希望以此作为关心我国经济学科发展的所有同志的共同奋斗目标。

（本文发表于《经济研究》1995 年第 10 期）

经济学在中国的发展方向和创新路径

田国强

《经济研究》创刊60周年，实在是可喜可贺。在中国经济学研究和教育能够发展到目前这样的水平，《经济研究》作为国内最顶级的经济学期刊在其中所起到的引领和导向作用是不可忽视、不可或缺的。尤其是20世纪90年代初期中国确立现代市场经济体制建设目标之后，《经济研究》适应新时期经济建设和经济学发展的新形势，面向现代经济学的理论和方法前沿，注重引导对于重大现实问题的理论和实证研究，为中国市场化改革的深入推进作出了历史性贡献。

时至今日，现代经济学的很多原理、概念、方法已成为学界、政府和社会大众耳熟能详的基本常识和共同语言。可以说，在中国已经基本跳出了全盘否定现代经济学的窠臼。但同时，由于不少人受到的现代经济学理论逻辑及其实证量化的训练有限，没有注重其理论的前提条件而盲目照搬到中国问题的研究和应用中来，当然也导致了许多问题。十年前，笔者在2005年第2期《经济研究》上发表的《现代经济学的基本分析框架与研究方法》一文，对这些问题已有论述。不过，近些年来又有一些有较大话语权的人提出了要对现代经济学进行反思，其理由是，现有的主流经济学的基本理论假设太强，太过注重数理逻辑和数学细节，与现实隔得太远，不能很好地解释和解决中国的现实问题，从而否定现代经济学在中国经济发展和市场化改革中的基本作用，认为需要另起炉灶，发展出独有的中国经济学及其理论。

这种认为现代经济理论有问题的观点很有市场，但真的是这样吗？其实大多情况是自己没有弄清楚前提条件，从而不知道理论有其适用范围，就盲目地泛用，出错了，就怪理论不好，甚至认为是错的。其实，像任何学科的理论一样，每个严谨的经济理论都给出了前提条件，不是在所有情形下都有效，从而，除非理论有逻辑矛盾，他们之间没有对错之分，而只有哪个理论或模型最适合中国当前经济制度环境。这正如哈佛大学丹尼·罗德里克（Dani Rodrik）教授所指出的那样，这些指责通常来自外行或者某个非正统的边缘派。[①] 的确如此，在中国持有这种论调的经济学家往往都是那些对经济学理论和方法了解有限，基本没有作出原创性贡献的人。

这种论调如果不加澄清，有很大误导性，将会误导社会大众及广大学子，影响到经济学在中国的研究与教育，从而有必要加以澄清。这里面，主要牵涉两个方面的问题：一是如何看待经济学理论与现实之间的落差和数学性的问题，以及经济理论之于经济发展最重要的指导作用是什么；二是原创性的基础理论、工具方法的研究与中国经济问题研究的关系如何处理，也就是如何看待国际化和本土化的问题。对这两大问题的解答，也决定了新常态下经济学在中国的发展方向和创新路径。

一　新常态下的中国经济发展更需借重经济理论的导向作用

什么是经济新常态？在笔者看来，其要义是尽管现有的经济发展模式让中国经济在过去30多年取得巨大成就，但它只是一种追赶式、粗放式，靠要素驱动的发展模式，展望未来，之前的成功模式不可持续，需要从要素驱动向效率驱动乃至创新驱动转型，但这有赖于现代市场经济制度的完善。现实中存在一些于此有利的新生事物，特别是当今互联网经济的高速发展，互联网金融的创新和发展，从某种意义上来说，市场经济活动前所未有地越来越趋向于亚当·斯密、哈耶克、阿罗—德布鲁及科斯等人所描述的市场经济的理想状态，因为它使得构成交易成本最大部分的信息交流和沟通成本大大降低了。

上述现实和理想状态的逼近，对我们如何看待理论与现实之间的落差问题提供了启迪。的确如此，基础经济理论最基本、最重要的作用就在于给出目标、基准点和参照系，从而起到指明道路、指明方向的指导作用，通过理

---

① Dani Rodrik, 2015, "Economists vs. Economics", http//www. project-syndicate. org/commentary/economists-versus-economics-by-dani-rodrik – 2015 – 09.

论指导改革、变革及创新来促使现实经济运行不断向理想状态逼近。

实际上，这也是自然科学里最基本的科学研究方法论，即为了研究一个问题，先抓住最本质的东西，从最简单、无摩擦理想情形的基础研究着手。尽管这种理想状态在现实中都是不存在的，但它们却近似地描述了自然世界，为更好地研究现实问题打下必不可少的基准点和参照系，为不断推进科技创新，逐步逼近无摩擦理想状态奠定了基础，从而成为自然科学技术的基本研究方法。

同理，推进改革也要从经济学的基准点和参照系说起，违反这些经济学常识，改革只有失败。许多人弄不懂这点，于是就批评基准点和参照系是外生给定的，和现实相差太远。既然是基准点，它代表了所刻画和界定的经济环境，因而它一定是作为参数给定的，否则什么都是变动的，就无法讨论任何问题了。既然参照系给出了努力目标，它一定是作为外生制度给定的，否则目标恍惚不定，何以谈实现目标，因而参照系一定是给定的。现代经济理论以理想经济环境为基准点，以自由竞争市场为参照系，严格地给出了市场导致有效配置从而成其为好的市场经济的前提条件，而这些前提条件正好是指明了改革的长远取向。这样，尽管许多经济理论不适宜直接用来描述当前中国经济制度环境，但为我们研究各种问题提供了一系列这样的参照系和基准点，从而为逐步解决现实和理想状态之间的落差奠定了理论基础。既然理想的参照系离现实经济太远，这正说明了中国需要改革。当前，中国正处于全面深化改革以实现国家治理现代化的关键历史阶段，现代经济学的一些基本理论也有了更广阔的应用空间而不是相反。当然，如一味盲目崇尚市场，认为不需要任何先决条件，就无法看到基础经济理论在界定市场边界的巨大作用，就会否定市场会失灵，否定外部性的客观存在，自然就会提出对现代经济学进行反思。不知道这些人是否意识到，如果没有规制来保护生态环境和知识产权，一味地放任市场自由，能避免环境污染、雾霾围城及激励企业创新吗？一个制度所带来的正或负的巨大外部性是否也不存在呢？

除了对于经济理论假设不符实际的批评，另一点常见的批评就是现代经济学太注重细节，越来越数学化、统计化、模型化，使问题更加晦涩难懂。为什么现代经济学要用这么多数学和统计，就是为了严谨性和实证的量化性。尽管领导决策层和一般民众不需要了解理论严谨分析的细节或前提条件，但对提出政策建议的经济学家必须要了解。这是由于，经济学理论一旦采用就具有很大的外部性，如不考虑前提条件就盲目应用，会带来很大问题甚至灾难性的后果，因而需要借用数学来严格地界定其边界条件。同时，一个理论的应用或政策的制定也往往需要运用统计和计量经济学等工具手段进行实证量化分析或检验。再加上，在大多数情况下不能轻易拿社会做实验，因而需要有历史的大视野、大视角来进行纵横向比较。所以，在作经济分析或给出政策建议时，既要有理论的内在逻辑分析，也要有大视野的历史比较分析，及有实证的量化统计分析。这样，在做经济分析或给出政策建议时，往往需要从理论、历史和统计三位一体进行学理性分析，三者缺一不可。的确，在最终的分析中，所有知识皆为历史，所有科学皆为逻辑，所有判断皆为统计。这样，即使对严谨的原创性研究也完全可以做到有学术的思想和有思想的学术。很多技术性很强的文章，其实也可能包含很多经济思想，模型背后体现的是深刻的经济学思想（如一般均衡理论、机制设计理论等）。

此外，由于现实经济社会错综复杂，经济理论所以要借助于数学模型来抽象、刻画现实经济世界，以使人们能更深刻地认识、理解现实中要解决的问题。由于刻画经济环境的差异，理论及模型都不是唯一的，就看哪个理论或模型是最适合解释某一经济现象。所以，经济学既是科学，也是如何抽象、刻画现实经济环境的艺术。笔者常通过地图的例子来阐述基于刻画经济环境的方式来建立经济理论的重要性，绘制一比一的世界地图没有任何现实意义和价值，缩放和刻画过的旅游地图、军事地图等却能帮助我们更快更好地到达目的地。

同时，也不要将经济理论的作用想象得无限大，期望经济理论能解决关键性和根本性的问题。否则，一旦出现问题就会一味责怪经济理论。对于一个国家的社会经济发展，理论探讨、理性思考和理论创新其重要性自不待言，但是决定国家大政方针的基本制度才是根本、关键和决定性的。如果关系到国家的走向和长治久安方面的政治、经济、社会、文化等方面的基本制度没有确定，再好的经济理论也发挥不了多大的作用，说不定还适得其反。经济学没有放之四海皆准、适合所有发展阶段的最好的经济理论，只有最适合某种制度环境前提的经济理论。比如，即使凯恩斯主义理论也不是一无是处，它有其适用范围，在经济遇到危机紧急情况需要"止血"时，它提供了许多短期有效的政策工具，但千万不能将其普遍化、常态化和泛用。

二 中国的经济学研究与创新
需要两手抓、两手硬

　　一般而言，经济学研究与创新大致可分为两类，这涉及国际化和本土化的问题：第一类是基础性的、原创性的，具有共性的理论和工具方法的研究和创新，这些研究和创新没有国界，具有一般性，如消费者选择理论、厂商理论、博弈论、信息经济学、机制设计理论等。这是因为经济学的两个最基本假设个体逐利、信息不对称也是经济社会普遍存在的两个最大客观现实。在这方面，中国的研究水平和国际相比差距很大，这些差距体现在原创性、发表论文数量的差别、研究方法，以及文章中体现的经济思想的差距，急需迎头赶上，需要有一批人瞄准国际前沿，做纯理论和量化方法的研究，而不单单是做中国经济问题研究。中国要成为强国，各方面都必须崛起，包括拥有国际学术话语权；第二类是现实问题，运用现代经济学的基本原理、分析框架、研究方法和分析工具来研究某个国家或地区的现实问题，特别是中国经济问题的研究。

　　此二者是辩证统一的，不要以前者否定后者，或以后者否定前者，两者应是并行、并重的。就如同自然科学中的基础研究创新和企业界的技术创新研究一样，是相辅相成的，都非常重要，缺一不可。对于中国学者而言，在国内做研究的优势就是对中国的现实国情具有切身和相对深刻的认识，研究中国经济问题具有近水楼台之便。而随着中国经济的快速发展和中国的重新崛起，中国经济问题往往也成为具有世界性影响的经济问题，其研究在国际经济学界会得到越来越多的重视。虽然有很多国外的经济学家对中国问题很感兴趣，但由于对中国的政治、经济、社会环境了解有限，在做研究中国问题时没有优势。

　　这两方面的研究都需要学好现代经济学，掌握其基本分析框架和研究方法，打好理论和方法论基础。经济学在中国的创新，不是靠推倒重来，全盘否定，而是应该建基于经济学的理论基石之上的边际创新或组合创新，技术和应用创新往往就是在基础研究的基石上对现有技术的重新组合和推广，如同不同的中药组合形成新的药方一样。有生命力的经济学理论一定和自然科学一样，是基于前人的理论成果基础上经过比较、拓展而发展起来的。

　　与此同时，可以看到许多诺贝尔奖级别的原创性研究恰恰是获奖者年轻时的研究成果。并且，毕业获得博士学位只是进入经济学研究这一终身事业的门槛，初出茅庐的海归博士往往对中国现实问题把握不足，一旦被采纳误用，其负面外部性不可低估。所以，基于这两个原因，笔者一般不建议青年博士尤其是海归博士一毕业就研究中国经济问题。我个人一直是做纯理论研究的，直到拿到终身教职后才开始做中国问题研究。我看到不少刚毕业的非常优秀的海归博士由于没有将内功练好（理论功力及把握现实的能力不足），回国后就立即进行中国问题研究，往往没有什么大的后劲。一个经济学者的个人学术生涯有好几十年，当有了充分的理论准备和一定的学术积淀之后，进而再去做一些政策性问题研究也不会太晚。

三　经济学教育应致力于培养有责任感的"科学"的经济学家

熊彼特在其 1949 年出任美国经济学会会长所作题为《科学与意识形态》的就职演说中，曾指出："科学是指经过专门技术加工过的知识。经济分析，亦即科学的经济学，包括了历史、统计和经济理论等技术。"[1] 现代经济学非常注重引入自然科学的研究方法和分析框架来研究社会经济现象和个体行为，强调从假设到推理再到结论的内在逻辑，强调用数学作为基本逻辑分析工具，强调以数理统计和计量经济学为基础的实证量化研究，从而具有很强的自然科学属性和非意识形态性。中国还需要进一步加强现代经济学教育，培养更多"科学"的经济学家，使之既具有理论的内在逻辑分析，也具有历史视角的比较分析和统计的实证量化分析能力。

正是基于前述的考量，笔者所在的以"理论经济学"为主干学科的上海财经大学经济学院，就非常重视学生在这三方面的能力培养，学院在相应课程设置的配备上主要由三个部分构成，分别是理论基础培养、历史视野培养和定量分析培养。

此外，经济学需要争鸣，推动改革需要发声，从而需要大量具有独立之精神、自由之思想，有历史责任感，有知识分子道统的经济学家。笔者常讲一个零比一个负要好，就是要勇于发声，否则或由于利益或由于理念而全是

① Schumpeter, Joseph A, 1984, "Science and Ideology", in Danel M. Hausman (eds.), *The Philosophy of Economics*, Cambridge: Cambridge University Press, pp. 260 – 275.

一面倒的反对改革的声音，那么改革只能停留，甚至是倒退。如同吴敬琏老师在 20 世纪 80 年代末就曾指出的："对于改革的理论和实际问题进行自由而切实的讨论，是改革向前推进的必要前提。"[①] 所以，中国的经济学家中应该也需要有那么一批人始终敢于为坚持市场导向的改革而谏言。当然，这里的坚持不是一种盲目的坚持，而应是建立在对于经济理论内在逻辑、经济客观基本规律的敬畏和把握之上的。这样，站在新的历史起点上，我们中国经济学家至少有两点是必须坚守的。

一是独立性。也就是陈寅恪先生所提倡的"独立之精神，自由之思想"的治学境界及学术观点的公立性。经济学家作为公共知识分子，应具备的最重要的一个特征就是独立性。保持独立性并非易事，很多时候很多人会有意识或无意识地将个人私利掺杂到公共事务的意见评判中去。所以，在涉及改革议程和公共议题方面，我们应该超越个人的特殊情境，排除个人私利的干扰，追求和持守一种具有普适性的目标、价值和立场。具体到中国的改革情境，这种目标、价值和立场应该指向市场化、民主化、法治化的路向，从而形成以市场经济、民主政治、法治社会为制度框架的现代强国。

二是责任心。如前所述，任何一个经济学理论都有其边界条件，需要充分注意其结论成立的前提条件，不能夸大其作用，一旦盲目运用，可能会导致灾难性的后果。所以，我们经济学家要有社会责任感，建言时一定要严谨再严谨，严肃再严肃，不要当媒体经济学家，追求媒体的光环，不要走极端，语不惊人死不休，哗众取宠。经济学家也不是算命先生，在分析经济问题时应采用经济学的内在逻辑分析方法：首先对想要解决问题的有关情景（经济环境、形势和现状）作充分了解和刻画，弄清问题所在和成因，然后有针对性地正确运用恰当的经济理论，得出科学的内在逻辑结论，并结合历史的视角和统计的手段，据以作出科学的预测和推断，继而提出具有可操作性、可行性的解决方案和政策建议。

（本文发表于《经济研究》2015 年第 12 期）

---

① 吴敬琏、周小川等：《中国经济改革的整体设计》，中国展望出版社 1990 年版，第 14 页。

中国特色社会主义政治经济学的民族性与世界性

逄锦聚

自马克思主义进入中国，经过新民主主义革命时期和社会主义经济建设时期的长期探索，到改革开放新时期的今天，中国特色社会主义政治经济学已经形成并正在进一步发展。中国特色社会主义政治经济学既揭示中国特色社会主义经济的特殊规律性，也揭示人类经济发展的一般规律，既具有民族性，也具有世界性，是中国人民智慧的结晶，也是人类的共同财富。

一　马克思主义政治经济学发展的最新阶段

"当代中国哲学社会科学是以马克思主义进入我国为起点的，是在马克思主义指导下逐步发展起来的。"[①] 中国特色社会主义政治经济学也是这样。

马克思主义进入中国之前，马克思主义政治经济学的创立和发展经历了两个阶段：一个阶段是马克思、恩格斯创立和发展的马克思主义政治经济学的阶段。自马克思主义诞生开始，就包括了丰富的政治经济学内容。马克思《1844 年经济学哲学手稿》，马克思、恩格斯《德意志意识形态》，以及马克思《哲学的贫困》等，"提出了一系列新的经济学观点"，"包含着后来在《资本论》中阐发的理论的萌芽"。[②] 马克思《资本论》被公认是马克思主义政治经济学最具代表性的经典著作，是马克思主义政治经济学的集大成者。当然，马克思、恩格斯的政治经济学经典著作，不局限于《资本论》，

---

①　习近平：《在哲学社会科学工作座谈会上的讲话》，人民出版社 2016 年版，第 5—6 页。

②　《马克思恩格斯文集》（第一卷），人民出版社 2009 年版，第 2、4 页。

《共产党宣言》《政治经济学批判序言》《政治经济学批判导言》《反杜林论》《社会主义从空想到科学的发展》等，都是至今仍然具有重要指导作用的经典著作。在这些经典著作中，包含了极其宝贵的政治经济学基本原理。这些原理可概括为：一是基本立场。以人民为中心，代表最广大人民群众的根本利益，是马克思主义政治经济学的根本立场。二是基本方法。辩证唯物主义和历史唯物主义是马克思主义政治经济学的根本世界观和方法论。三是商品经济、社会化大生产的一般规律。包括劳动价值论、分工协作理论、提高劳动生产率理论、商品生产与商品交换理论、价格和价值规律理论、货币及货币流通规律理论、实体经济与虚拟经济理论等。四是对资本主义经济的分析和得出的理论。这些理论最核心的是在劳动价值论基础上揭示的剩余价值规律及剩余价值生产理论分配理论、资本积累理论、资本循环周转和社会资本再生产理论、竞争和垄断理论、资本主义危机理论等。五是在对资本主义分析的基础上，按照人类社会发展规律对未来共产主义社会科学预测得出的理论。包括全社会占有生产资料的理论、按劳分配理论、按比例分配社会劳动理论、有计划组织生产理论等。上述这些原理，除了第四类以外，其他几类原理对当代中国都有直接的指导意义，即使第四类原理，如果抛掉其资本主义生产关系性质，对今天我国发展社会主义市场经济，进行经济建设及改革经济发展也具有重要指导意义。这是我们发展中国特色社会主义政治经济学要坚持以马克思主义为指导的根本原因所在。

另一个阶段是列宁等继承和发展马克思主义政治经济学的阶段。马克思、恩格斯之后，列宁等继承和发展了马克思主义政治经济学，其最重大的成就是揭示了资本主义进入国家垄断阶段后呈现的本质特征，并对社会主义经济制度建立后，如何进行社会主义经济建设进行了初步的探索，其代表性的经典著作有《帝国主义是资本主义的最高阶段》《论粮食税》《新经济政策和政治教育委员会的任务》等。

十月革命一声炮响，给中国送来了马克思列宁主义。马克思主义传入中国之后，马克思主义政治经济学的发展也经历了两个阶段：一个是以毛泽东等为代表的中国共产党人带领中国人民对马克思主义政治经济学的继承和发展阶段。包括对新民主主义社会经济的探索，由新民主主义向社会主义过渡时期经济的探索，以及社会主义经济制度确立以后到改革开放前一段时期经济建设的探索。形成了马克思主义中国化的第一个伟大成果——毛泽东思想，其中包括丰富的政治经济学理论，如新民主主义经济理论，社会主义社会的基本矛盾、主要矛盾理论，统筹兼顾、注意综合平衡，以农业为基础、工业为主导、农轻重协调发展等重要理论等。其代表性的经典著作，有毛泽东的《新民主主义论》《论十大经济关系》《关于正确处理人民内部矛盾的问题》等。

另一个阶段是改革开放以来，以邓小平、江泽民、胡锦涛、习近平同志为代表的中国共产党人带领全国人民对马克思主义政治经济学的继承和发展，包括对社会主义本质的探索，对社会主义所处发展阶段的探索，对社会主义基本经济制度、分配制度的探索，对社会主义市场经济和社会主义市场经济条件下政府与市场关系的探索，对经济改革理论的探索，对发展理论、开放理论、宏观调控理论的探索等，形成了马克思主义中国化的又一个伟大成果——中国特色社会主义理论体系，其中包括丰富的政治经济学理论。如社会主义本质和人民中心理论，社会主义初级阶段理论，社会主义基本经济制度理论，促进社会公平正义、逐步实现全体人民共同富裕的理论，发展社会主义市场经济、使市场在资源配置中起决定性作用和更好发挥政府作用的理论，全面深化改革理论，企业改革理论，宏观经济运行和调控理论，创新协调绿色开放共享的发展理念的理论，我国经济发展进入新常态的理论，推动新型工业化、信息化、城镇化、农业现代化相互协调的理论，用好国际国内两个市场、两种资源的理论，等等。这些理论成果，是适应当代中国国情和时代特点的中国特色社会主义政治经济学的重要理论，不仅有力指导了我国的经济改革和发展实践，而且开拓了马克思主义政治经济学新境界。①

在马克思主义政治经济学在中国的传播、学习、继承和发展中，无论是在新民主主义革命时期，还是在社会主义建设改革开放时期，中国的知识分子发挥了不可替代的重要作用，所取得的经济学理论成果，对于中国的革命、改革和经济建设发挥了不可替代的重要作用。在这一过程中形成的大量学术成果——论文、专著、教科书，都是中华民族宝贵的财富。②

无论从发展的历史看，还是从包含的内容看，中国特色社会主义政治经济学，都堪称马克思主义政治经济学基本原理与当代中国实践相结合，同时吸取中国历史优秀文明成果，借鉴世界上别国优秀文明成果的产物，是马克

---

① 《习近平在中共中央政治局第二十八次集体学习时强调，立足我国国情和我国发展实践，发展当代中国马克思主义政治经济学》，《人民日报》2015 年 11 月 25 日。

② 关于学术界的理论贡献，参见张卓元、厉以宁、吴敬琏主编《20 世纪中国知名科学家学术成就概览（经济学卷）》第一、二、三分册，科技出版社 2015 年版。

思主义政治经济学的最新发展，是中国化、时代化了的当代中国马克思主义政治经济学，标志着马克思主义政治经济学发展进入新的阶段。

二　中国特色社会主义政治经济学的民族性

所谓民族性，就是与世界性相对应的中国特色、中华民族特色。从哲学的意义上讲也就是与一般性、普遍性相对应的特殊性。

中国特色社会主义政治经济学的民族性包括两重含义：一重含义是，与实行非社会主义制度的国家相比较，在基本立场、基本观点、基本方法和表现形式上呈现的民族性；另一重含义是，与马克思、恩格斯设想的未来社会和现实中实行社会主义制度的其他国家相比较，在基本理论观点和表现形式上呈现的民族性。而决定这些基本立场、基本观点、基本方法和表现形式民族性的，是中国特色社会主义政治经济学赖以形成和发展的中国基本经济制度、基本实践和特殊历史文化的民族性。

就基本立场、基本观点、基本方法而言，中国特色社会主义政治经济学具有鲜明的民族特色。它坚持以人民为中心的基本思想和代表广大人民群众利益的基本立场，运用辩证唯物主义和历史唯物主义的方法论，揭示中国特殊的社会主义初级阶段的生产力发展水平和与之相适应的生产关系、交换关系，研究社会主义初级阶段基本经济制度和分配制度的规定性，分析社会主义市场经济与公有制经济的相容性及其运行机制和经济体制，分析国有企业改革，政府与市场的关系，揭示如何实现创新、协调、绿色、开放和共享发展，等等。所有这一切，与世界上实行非社会主义制度的国家相比，具有根本的区别，是在这些国家的经济学中不可能找到的。即使在一些实行社会主义制度国家的经济学中，如社会主义初级阶段理论、社会主义市场经济及其体制理论、以农村家庭联产承包制为基础的农村改革理论、中国特色新型城镇化理论、精准扶贫理论等，也是找不到的。有些甚至在马克思、恩格斯的经典著作中也是找不到的。这是当代中国特色社会主义政治经济学呈现出的独特的民族性，特殊性，是世界上任何别的经济学不可替代的。

中国特色社会主义政治经济学呈现出的这些民族性，归根结底是由中国特殊的基本经济制度和实践决定的。第一，中国实行社会主义制度，处在社会主义初级阶段，是最大的最基本的国情。相对于西方发达国家经济学研究资本主义经济制度下的资源配置而言，中国特色社会主义政治经济学研究的是社会主义制度下——在当代中国是社会主义初级阶段——的经济运动规律。中国特色社会主义是根植于中国大地，由历史选择、反映中国人民意愿、适应中国和时代发展进步要求的社会主义。其本质是科学社会主义，而不是别的什么主义。中国特色社会主义具有科学社会主义的一切本质要求：奋斗目标是共产主义，根本目的是为了每个人的自由而全面的发展；为了实现奋斗目标和根本目的，坚持公有制为主体、多种所有制经济共同发展的基本经济制度和分配制度；最大限度地解放生产力，发展生产力，消除两极分化，消灭剥削，实现共同富裕；坚持共产党领导，实行依法治国，实现社会和谐，创新、协调、绿色、开放、共享发展；等等。正如2012年11月习近平同志在中央政治局第一次集体学习时指出，"中国特色社会主义特就特在其道路、理论体系、制度上，特就特在其实现途径、行动指南、根本保障的内在联系上，特就特在这三者统一于中国特色社会主义伟大实践上"①。

第二，中国特殊的历史、特殊的文化等也是决定中国特色社会主义政治经济学民族性的有别于其他国家的基本国情。中国人口多，生产不够发达，人均国内生产总值至今排在世界第80位左右，而且城乡、地区发展很不平衡。这样的一个发展中大国，要从计划经济体制转变为社会主义市场经济体制，从封闭半封闭状态走向开放，从落后生产走向现代化强国，是人类历史上不曾有过、任何别的国家无法比拟的。当代中国是历史的中国的发展。我国是有数千年历史的文明古国，历史上曾经有过经济发展的辉煌，特别是农耕文明长期居于世界领先水平，即使对外开放，也曾经领世界各国之先。公元前139年汉武帝派遣张骞出使西域，开辟丝绸之路；公元1405年明朝郑和下西洋，开辟航海之路；指南针的发明和在航海中的应用，甚至为经济全球化的发轫作出了历史性贡献。但在近代，由于封建制度的没落和外敌的侵入，我国沦为半封建半殖民地社会，经济落后，人民饱受欺凌。直到中华人民共和国成立，经过艰苦曲折的探索，我们走上了改革开放和现代化建设之路，开始走向新的辉煌。中华民族是一个勤劳勇敢不屈不挠的民族，在几千年的经济发展中，我国产生了丰富的富有中国特色的经济思想，体现了中国人几千年来积累的知识和智慧，中华民族的这些深厚文化传统，是我国的独特国情和优势，为发展中国特色社会

---

① 习近平：《紧紧围绕坚持和发展中国特色社会主义学习宣传贯彻党的十八大精神》，《习近平谈治国理政》，外文出版社2014年版，第9页。

主义政治经济学提供了丰富滋养。

从政治经济学的产生和发展史看，政治经济学首先是从研究个别国家、特定发展阶段开始，并且呈现各个国家的民族性。恩格斯曾经讲过："人们在生产和交换时所处的条件，各个国家各不相同，而在每一个国家里，各个世代又各不相同。因此，政治经济学不可能对一切国家和一切历史时代都是一样的。……因此，政治经济学本质上是一门历史的科学，它所涉及的是历史性的即经常变化的材料；它首先研究生产和交换的每个个别发展阶段的特殊规律，……"① 恩格斯这里讲的，实际上是政治经济学首先只能以它的民族性、特殊性呈现出来。

承认这种民族性、特殊性，我们就要加强对当代中国丰富实践的研究，总结提炼改革开放和社会主义现代化建设的经验，揭示其规律性，以不断完善中国特色社会主义政治经济学理论体系；同时要加强对中华优秀传统文化中经济思想的挖掘和阐发，使中华民族优秀的经济思想与当代经济思想相适应、与现代经济发展相协调，把具有当代价值的经济思想弘扬起来；推进充分体现中国特色、中国风格、中国气派的政治经济学建设。这是历史赋予我们的神圣使命。

认识中国特色社会主义政治经济学的民族性极其重要，它要求我们从中国实际出发，把马克思主义基本原理与中国的实际结合起来，同时借鉴别国的优长，既不照抄照搬，也不教条主义，要坚持中国特色社会主义政治经济学基本原则不动摇。

对于中国特色社会主义政治经济学民族性的认识，大多数学者是清醒的，但是也有人认为世界上只有一种经济学，即西方现代经济学，所以就无所谓中国特色社会主义政治经济学。这种认识事实上否认中国特色社会主义政治经济学的民族性，否认建设中国特色社会主义政治经济学的必要性。这样的主张，从哲学意义上是否认一般性存在于特殊性之中的一般原理，从经济学意义上就是以西方发达国家的主流经济学取代中国特色社会主义政治经济学。实际上，只要看看历史和当代世界实践就不难发现，世界上还没有哪个大国没有自己的根本理论而靠照抄照搬别国理论而取得成功的。相反，就在当今世界，"按照西方主流理论转型的国家大多出现经济崩溃、停滞、危

---

① 恩格斯：《反杜林论》，《马克思恩格斯文集》（第九卷），人民出版社2009年版，第153—154页。

机不断，少数在转型中取得稳定和快速发展的国家，推行的却都是被西方主流理论认为是最糟的双轨渐进的改革。"① 这样的事实应该引起我们的深思。

三　中国特色社会主义政治经济学的世界性

所谓世界性，就是与民族性相对应的国际性和世界意义，从哲学的意义上讲也就是与特殊性相对应的一般性、普遍性。

中国特色社会主义政治经济学的世界性也包括两重含义：一重含义是在中国特色社会主义政治经济学的民族性内容中，包含着人类共同的价值追求，具有世界范围经济学理论的一般性和普遍性。另一重含义是中国特色社会主义政治经济学应该而且可以与别国经济理论与实践相互学习和借鉴。

就第一重含义而言，中国特色社会主义政治经济学除了基本经济制度、分配制度等内容外，涉及资源配置、社会化大生产、市场经济运行、经济发展等内容，包含了许多经济学的一般性和普遍性。这些一般性和普遍性，表现在五个方面。

第一，中国特色社会主义政治经济学包含着人类共同的价值追求。中国特色社会主义政治经济学坚持以人民为中心的思想，以每个人的自由而全面的发展为根本目的，坚持把增进人民福祉、促进人的全面发展，作为经济发展的出发点和落脚点，这反映了人类对美好生活的共同向往。同时，中国特色社会主义政治经济学致力消除贫困，消除两极分化，朝着共同富裕方向稳步前进，而消除贫困，消除两极分化，是当代人类面临的突出问题之一，解决这些问题是人类追求的共同目标。

第二，中国特色社会主义政治经济学揭示了市场经济、社会化大生产和资源配置的一般规律。中国特色社会主义政治经济学在分析资源配置和社会主义市场经济运行中，揭示了包括价值规律、货币流通规律以及价格机制、供求机制、竞争机制等市场机制发挥作用的规律性。在分析社会化大生产中，揭示了社会化大生产的一般规律，如劳动时间节约规律、按比例分配社会劳动时间规律、社会再生产规律、人口资源环境协调规律等，这些规律不是社会主义经济特有的，而是一切发展市场经济和社会化大生产的经济形态中共有的。

---

① 林毅夫：《以理论创新繁荣哲学社会科学》，《人民日报》2016 年 5 月 18 日。

　　第三，中国特色社会主义政治经济学揭示了经济相对落后的发展中国家向经济现代化发展的一般规律。中国特色社会主义政治经济学在分析中国现代化道路的特殊性中，揭示了经济相对落后的发展中国家向经济现代化发展道路的一般性。如把经济建设作为中心，把解放生产力、发展生产力作为根本任务，重视学习借鉴发达国家的经验，重视科技创新对经济发展的推动作用，重视经济结构特别是产业结构的优化和调整，重视逐步消除城乡二元结构的差别，重视工业化与信息化的结合，等等。同时中国特色社会主义政治经济学致力于社会和谐，坚持创新、协调、绿色、开放、共享的发展理念，不断破解经济发展难题，开创经济发展新局面。这反映了历史发展的进步方向。

　　第四，中国特色社会主义政治经济学揭示了经济转型的一般规律。经济转型包括经济体制转型和经济发展方式转型。中国特色社会主义政治经济学在分析中国经济体制改革、经济方式转变进程的特殊性中，包含了经济转型国家经济体制和经济发展方式转型的一般性普遍性。如重视发挥市场在资源配置中的基础决定作用的同时，重视更好地发挥政府的作用，重视从粗放型经济发展方式向集约型经济发展方式的转变，重视妥善处理稳定、改革与发展的关系，重视依法治国，等等。

　　第五，中国特色社会主义政治经济学揭示了经济全球化条件下的开放经济的一般规律。适应时代潮流，中国特色社会主义政治经济学重视对经济全球化正负效应的分析，反对贸易保护，倡导互利共赢的开放战略，发展更高层次的开放型经济，致力于和平发展，强调互利互惠，积极参与全球经济治理，构建人类命运共同体。这反映了人类和平发展、平等发展、共同发展的共同心声。

　　相对于对中国特色社会主义政治经济学民族性、特殊性的认识，我们对其世界性、一般性的认识，显得不足。实际上，在经济全球化成为时代潮流、和平发展成为主要问题的当代世界，任何国家都难游离于外，独善其身，任何经济理论如果完全自我封闭，也不可能真正指导实践，为人类共同发展作出贡献。而强调并自觉加强中国特色社会主义政治经济学所包含的这些世界性和普遍性，表明作为人类文明，当代中国特色社会主义政治经济学不仅属于中国，也属于世界。我们尊重别国人民的道路、制度和理论选择，认为世界各国文明可以互相借鉴。中国特色社会主义政治经济学应该以更加开放的姿态走向世界，为世界文明发展、人类共同进步作出更大贡献。

事实上，在过去的实践中，中国特色社会主义政治经济学，不仅为中国的改革发展提供了理论指导，而且也对世界一些国家特别是发展中国家的改革发展提供了借鉴。

首先，中国特色社会主义政治经济学对于后发国家如何在现代条件下加快自己的理论创新和经济发展具有启示。中国特色社会主义政治经济学的理论创新，是思想解放的结果，又极大地促进了思想的进一步解放。在中国特色社会主义政治经济学理论的指导下，中国改革开放和现代化建设的实践，极大地促进了生产力的发展。中国可以做到的事情，许多发展中国家、新兴经济体应该也可以做得到。特别是，在中国特色社会主义政治经济学的指导下，中国已经从低收入国家跨入中等收入国家，目前又正从中等收入国家向高收入国家迈进，全面建成小康社会，这些都可以为发展中国家跨越中等收入陷阱提供启示和借鉴。

其次，中国特色社会主义政治经济学对于转型国家也不无启发。从传统计划经济体制向社会主义市场经济体制转变，从封闭半封闭经济向开放经济转变，从粗放型经济发展方式向集约型经济发展方式转变，中国是为世界所公认的比较成功的国家。抛开基本经济制度因素，中国的渐进式、"摸着石头过河"，先农村改革后城市改革、先沿海开放再全面开放，先试点后推广，把稳定发展改革紧密结合的改革理论；重视科技创新、结构调整，重视国内国外两个市场、两种资源等，可以为转型国家提供有益借鉴。

最后，中国特色社会主义政治经济学，即使对于发达国家也不无启发。当今世界，现代科技特别是互联网、信息技术迅猛发展，经济全球化不断扩大，世界变成了地球村。2008年世界金融危机后，各国正抓紧调整各自的发展战略，推动变革创新，转变经济发展方式，调整经济结构，开拓新的发展空间。同时，世界经济仍处于深度调整期，低增长、低通胀、低需求同高失业、高债务、高泡沫等风险交织，主要经济体走势和政策取向继续分化，经济环境的不确定性依然突出，能源安全、粮食安全、气候变化等非传统安全和全球性挑战不断增多，[①] 世界面临许多共同重大挑战，使人类越来越成为命运共同体。在中国特色社会主义政治经济学理论的指导下，中国改革开

① 《习近平出席博鳌亚洲论坛2015年年会开幕式并发表主旨演讲》，《人民日报》2015年3月29日。

放和现代化建设的实践，为世界的和平发展合作共赢做着应有的贡献。中国的这些举措，符合国际惯例，对人类发展有益，与别国可以相互沟通，交流和学习。

四 关于学习别国经验和理论与经济学国际化

明确中国特色社会主义政治经济学的民族性和世界性，为中国特色社会主义政治经济学的中国化和国际化奠定了理论基础。

习近平指出："强调民族性并不是要排斥其他国家的学术研究成果，而是要在比较、对照、批判、吸收、升华的基础上，使民族性更加符合当代中国和当今世界的发展要求，越是民族的越是世界的。解决好民族性问题，就有更强能力去解决世界性问题；把中国实践总结好，就有更强能力为解决世界性问题提供思路和办法。这是由特殊性到普遍性的发展规律。"①

应该指出，世界各个国家历史不同，国情不同，道路不同，文化不同，经济发展程度不同，但能够发展到今天，都有自己的经验和优点长处。特别是西方一些发达国家，市场经济和现代化进程要比我们早，发达程度要比我们高，资本主义制度确立以后的时间里创造的生产力，"比过去一切世代创造的全部生产力还要多，还要大"②。作为在这样实践基础上形成的西方经济学理论，包含着一些科学的成分。认真地学习这些科学的成分，并在我国的实践中加以鉴别，分清楚哪些适合我们的国情，那些不适合我们的国情，对科学而又适合我国国情的，不仅在实践中认真地加以应用，而且在发展中国特色社会主政治经济学中也加以吸收，这对我们是有益的。改革开放以前，我国基本排斥西方经济学，改革开放以来认真学习借鉴西方经济学，正反两面的经验说明了这样的道理。当然，西方经济学毕竟是在西方基本经济制度基础上产生的经济学，首先比较多地体现了西方发达国家经济理论的民族性、特殊性，所以，在学习西方经济学并运用到实践时，就要立足我国实际，有分析、有鉴别，绝不能不加分析地照抄照搬，更不能把它作为唯一准则，作为我国改革开放的根本指导理论。

---

① 习近平：《在哲学社会科学工作座谈会上的讲话》，人民出版社2016年版，第18页。
② 马克思：《共产党宣言》，《马克思恩格斯选集》（第一卷），人民出版社2012年版，第405页。

中国特色社会主义政治经济学与别国经济学相互学习借鉴的过程，实际上就是国际化的过程。恩格斯在阐明政治经济学的特殊性之后，接下来讲过，政治经济学在首先研究完成生产和交换的每个个别国家和个别发展阶段的特殊规律之后，能够"确立为数不多的、适用于生产一般和交换一般的、完全普遍的规律"①。这是经济学可以国际化的最重要的理论基础。在经济全球化成为世界潮流的背景下，经济学国际化也将成为一种趋势。经济学国际化的使命是揭示经济全球化下各国人民共同的价值追求、利益追求和实现这种追求的经济发展、经济交往的"为数不多的、适用于生产一般和交换一般的、完全普遍的规律"。它面对的首先是在经济全球化进程中人类所面对的急需解决的共同经济问题和挑战，各国经济学都应该为解决这些问题作出贡献，并在做贡献的过程中得到丰富和发展。

对于中国特色社会主义政治经济学而言，国际化包括两重含义：一重含义是学习借鉴别国经济学中包含的"适用于生产一般和交换一般的、完全普遍的规律"；一重含义是，让中国的经济学走向世界，让其中包含的"适用于生产一般和交换一般的、完全普遍的规律"为世界繁荣发展做贡献。在过去的一段时间里，有人只强调前者，认为学习西方国家经济学是国际化，在国外发文章就是国际化。这种认识在改革开放初期尚可以理解，但到今天还是如此，就显得只讲表面不顾本质，只重一面不及其余，多的是盲目崇拜，缺的是中国人的骨气和理论自信。经济学的根基在实践，生命力在实事求是、与时俱进。立足当代中国的实践，创新经济学理论，让中国特色社会主义政治经济学走向世界，为人类的共同发展做贡献，这是经济学国际化的应有之意，也是每位经济学学者的责任，今天我们具有了这种现实可能，应该为此而努力。

五 开拓创新为世界经济和经济学的
发展贡献中国智慧

强调民族性也好，世界性也好，关键在于创新。中国特色社会主义政治经济学有没有民族性，能不能为世界所认可，所接受，归根结底要看有没有主体性、原创性。跟在别人后面亦步亦趋，不仅难以发展中国特色社会主义

---

① 恩格斯：《反杜林论》，《马克思恩格斯文集》（第九卷），人民出版社 2009 年版，第 154 页。

政治经济学，而且解决不了我国的实际问题。不少学者都有出国学习、交流、讲学的经历，也会有切身的体会，如果我们到西方发达国家去讲西方经济学，很可能是"鲁班门前玩锛"，讲得再好，大概也只有做小学生的份儿。如果我们讲中国改革发展和现代化建设的理论与实践，特别是能以国际上比较通行的方式和方法讲中国的故事，那么可能会受到赞赏和欢迎。外国人真正希望知道的，可能不是他们熟知的西方主流经济学，而是中国迅速发展的实践奥秘和理论真谛。所以中国特色社会主义政治经济学只有以我国实际为研究起点，提出具有主体性、原创性的理论观点，构建具有自身特质的学科体系、学术体系、话语体系，才能真正形成自己的特色和优势，也才能逐步为世界所重视，所接受。

理论的生命力在于创新，创新是中国特色社会主义政治经济学发展的永恒主题。实践总是在发展的，我国经济发展进入新常态，改革进入全面深化的攻坚阶段，新情况新问题层出不穷。中国特色社会主政治经济学只有"立足我国国情和我国发展实践，揭示新特点新规律，提炼和总结我国经济发展实践的规律性成果，把实践经验上升为系统化的经济学说，不断开拓当代中国马克思主义政治经济学新境界"①，才能为中国、为世界的发展贡献中国智慧，提供有用的理论指导和支持。

发展中国特色社会主义政治经济学要增强问题意识，以改革开放和现代化建设提出的重大问题为主攻方向，着力对重大基本理论进行系统研究和进一步阐释。实践是理论的源泉。我国经济改革发展和现代化建设实践蕴藏着理论创造的巨大动力、活力、潜力，中国特色社会主义政治经济学应该以我们正在做的事情为中心，从我国改革发展的实践中挖掘新材料、发现新问题、提出新观点、构建新理论，加强对改革开放和社会主义现代化建设实践经验的系统总结，提炼出有学理性的新理论，概括出有规律性的新实践。这是发展中国特色社会主义政治经济学的着力点、着重点，也是历史赋予我们的神圣使命，中国特色社会主义政治经济学应该为此作出新贡献。

（本文发表于《经济研究》2016 年第 10 期）

---

① 《习近平在中共中央政治局第二十八次集体学习时强调，立足我国国情和我国发展实践，发展当代中国马克思主义政治经济学》，《人民日报》2015 年 11 月 25 日。

中国特色社会主义政治经济学的科学内涵

张 宇

党的十八大以来，在习近平总书记关于坚持发展中国特色社会主义政治经济学、不断完善中国特色社会主义政治经济学理论体系等一系列重要讲话精神的推动下，马克思主义政治经济学在中国的发展迎来了新的时代。

中国特色社会主义政治经济学这一新范畴的提出，是一个重大理论创新，它表明，中国特色社会主义经济制度稳步确立，中国特色社会主义经济实践富有成效，中国特色社会主义经济理论已经从经验知识上升为了系统化的学说，成为一门科学，因此，意义是十分重大的。

那么，什么是中国特色社会主义政治经济学？应当如何把握其科学内涵是呢？近两年来，理论界就此问题进行了深入的探讨，取得了显著成果，主要进展可概括如下。

第一，中国特色社会主义政治经济学是当代中国马克思主义政治经济学。中国特色社会主义政治经济学是研究当代中国经济的理论成果，但是，不能反过来说，关于当代中国经济的任何理论成果都属于中国特色社会主义政治经济学的范畴。由于人们研究当代中国经济时所持的立场观点和方法不同，因此，对同样的现象、同样的问题，可能会形成不同的认识，甚至得出截然相反的结论。比如，新自由主义认为，中国经济的成功主要得益于私有化和自由化，中国特色社会主义政治经济学则认为，中国经济的成功主要得益于坚持和发展中国特色社会主义，实现社会主义与市场经济的有机结合。应当明确，中国特色社会主义政治经济学，是马克思主义政治经济学基本理论与当代中国经济建设实践相相结合的产物，是运用马克思主义政治经济学的立场、观点和方法考察认识当代中国经济的理论成果。那些运用西方经济学或者其他经济理论研究当代中国经济的理论成果，如果是合理有益的，也可以为我们吸收借鉴，但不能够成为中国特色社会主义政治经济学的基本内容。至于那些运用新自由主义经济学研究当代中国经济、否定社会主义基本制度和中国特色社会主义发展道路的理论观点，更是与中国特色社会主义政治经济学背道而驰。

第二，中国特色社会主义政治经济学是对中国特色社会主义经济建设实践经验的概括和总结。中国特色社会主义政治经济学研究的对象是什么？是中国特色社会主义经济还是社会主义经济，换句话说，中国特色社会主义政治经济学是中国特色社会主义的政治经济学，还是中国特色的社会主义政治经济学？两种理解虽然看似只是词序的不同，其实存在很大差别。前者的重点在于中国特色社会主义经济，强调的是中国实践；后者的重点在社会主义经济，强调的是社会主义经济的一般。应当说，中国特色社会主义政治经济学研究的不是一般意义上的社会主义经济，也不是其他国家的社会主义经济，而是中国特色社会主义经济。即在中国社会主义经济建设成就的基础上、经过改革开放30多年以来的实践确立的包括基本经济制度、基本分配制度和社会主义市场经济体制在内的中国特色社会主义经济制度，以及在此基础上形成的独特的体制机制、运行方式、发展战略、发展理念、发展政策和发展道路。中国特色社会主义政治经济学就是在系统总结中国实践经验的基础上，通过一系列理论抽象和理论加工的过程，包括形成科学的概念、判断、推理等，揭示了中国特色社会主义经济的本质特征和运动规律，形成中国特色社会主义政治经济学的理论体系。

第三，中国特色社会主义政治经济学是中国特色社会主义理论体系的重要组成部分。众所周知，马克思主义理论是由哲学、政治经济学和科学社会主义三个主要部分组成的有机整体。作为当代中国的马克思主义，中国特色社会主义理论体系的内容也贯通于哲学、政治经济学、科学社会主义等学科，政治经济学是其中的一个重要组成部分。一方面，经济基础决定上层建筑，中国特色社会主义经济是中国特色社会主义政治、文化和社会的经济基础，因此，要想真正弄清什么是社会主义、怎样建设社会主义的问题，弄清中国特色社会主义的发展道路、发展阶段、发展战略、根本任务、发展动力等一系列重要的问题，归根结底需要从中国特色社会主义政治经济学的研究中寻找答案。另一方面，中国特色社会主义政治经济学是中国特色社会主义理论体系的一个部分，中国特色社会主义理论体系的基本理论，如关于社会主义本质的理论、关于社会主义初级阶段的理论、关于全面建设小康社会的理论、关于科学发展的理论、关于五大发展理念的理论等，同样适用于中国特色社会主义政治经济学。

第四，中国特色社会主义政治经济学是社会主义政治经济学的新发展和新形态。马克思主义政治经济学的内容十分丰富，包括了商品货币的理论、资本主义经济的理论、社会主义经济的理论、世界经济的理论等许多内容。中国特色社会主义政治经济学属于马克思主义政治经济学中的社会主义部分，即通常所说的社会主义政治经济学，是社会主义政治经济学在当代中国的新发展或新形态。中国特色社会主义政治经济学继承了马克思恩格斯科学社会主义的基本原则，同时又根据时代特点和中国国情对其进行了丰富和发展；吸收了苏联传统社会主义政治经济学的合理成分，同时又根据时代和国情对其进行了深刻的变革；继承了中华人民共和国成立以来的前 30 年社会主义经济建设的理念和实践成果，同时又与时俱进，不断推进理论的创新发展。在此基础上，形成了一系列新的理论原理，回答了在中国这一样落后的处于社会主义初级阶段的大国，面临着工业化、信息化、市场化、全球化叠加的重大历史任务，如何坚持完善社会主义经济制度、发展社会主义经济的问题。是适应当代中国国情和时代特点的社会主义政治经济学，不仅有力指导了我国经济发展实践，而且开拓了马克思主义政治经济学新境界。

第五，中国特色社会主义政治经济学是人民的政治经济学。坚持以人民为中心的发展思想，是马克思主义政治经济学的根本立场。坚持把增进人民福祉、促进人的全面发展、朝着共同富裕方向稳步前进作为经济发展的出发点和落脚点，是贯穿中国特色社会主义政治经济学的逻辑主线。中国特色社会主义是亿万人民自己的事业，中国特色社会主义经济的各项制度和各种工作，无论是公有制为主体、多种所有制经济共同发展的基本经济制度和按劳分配为主体、多种分配方式并存的基本经济制度，还是促进人的全面发展、走共同富裕道路、维护社会公平正义、保障和改善民生、落实人民当家作主的权利、推进供给侧结构改革、实施脱贫攻坚工程等，都是以保障人民的主体地位、满足群众的根本利益为核心的。中国特色社会主义制度之所以能充分调动人民积极性、主动性、创造性，保持生机勃勃的活力，体现了以人民为中心的思想。

第六，中国特色社会主义政治经济学是发展社会主义市场经济的政治经济学。把社会主义基本制度与市场经济相结合，既发挥社会主义制度的优势，又发挥市场经济的长处，是中国特色社会主义经济不同于资本主义市场经济，又区别于传统计划经济的本质特征，构成了中国特色社会主义政治经济学的理论核心，体现了中国特色社会主义政治经济学的鲜明特色。比如，在所有制结构上，既坚持公有制的主体地位和国有经济的主导作用，又坚持多种所有制经济共同发展；在国有企业改革上，既坚持维护全体人民的共同利益，又坚持建立市场化的体制机制；在收入分配改革上，既注重提高效率，又注重社会公平；在对外经济关系上，既坚持对外开放的基本国策、积极参与经济全球化，又坚持独立自主、自力更生；在政府和市场的关系上，既坚持发挥市场的作用、建立有效市场，又坚持发挥政府的作用、建设有为政府；在中央和地方的关系上，既坚持中央统一领导，又坚持发挥中央和地方两个积极性；在改革方式上，既坚持党的领导、有计划有组织推进，又坚持尊重群众的首创精神、"摸着石头过河"；在经济发展上，既强调供给又关注需求，既重视总量又重视结构，既突出发展社会生产力又注重完善生产关系，既着眼当前又立足长远；等等。这样博采众长、兼收并蓄，就从理论和实践上超越了以私有制为基础的资本主义市场经济的流俗教条，创造了经济发展和制度变迁的新模式和新道路。

总之，中国特色社会主义政治经济学的内容涵盖了中国特色社会主义经济的生产、分配、交换等主要环节以及基本经济制度、基本分配制度、经济体制、经济运行、经济发展和对外开放等主要方面，提出了一系列新的理论观点，初步形成了比较完整的理论体系。当然，中国特色社会主义政治经济学形成和发展的时间还不长，还不够成熟完善，需要随着实践和认识的发展而不断发展。

（本文发表于《经济研究》2017 年第 5 期）

新发展理念的新时代
政治经济学意义

顾海良

在党的十九大报告中，习近平总书记对新时代中国特色社会主义思想的系统阐述，包含着新时代中国特色政治经济学的多方面的重要理论观点，特别是在新发展理念的新时代意蕴上作出多方面的新的论述，极大地拓展了新发展理念的中国特色政治经济学的意蕴。

新发展理念是习近平新时代中国特色社会主义思想中政治经济学的标志性成果。在党的十八大后中国特色社会主义新时代起点上，以习近平同志为核心的党中央就从治国理政高度，从全面建成小康社会的高度，提出"要坚持发展是硬道理的战略思想"。2012年年底，在党的十八大召开后的第一次中央经济工作会议上，习近平总书记就强调："必须坚持发展是硬道理的战略思想，决不能有丝毫动摇"，"必须全面深化改革，坚决破除一切妨碍科学发展的思想观念和体制机制障碍"。新发展理念是以"决不能有丝毫动摇"为内在定力的，是以"全面深化改革"为根本动力的。2015年年底，在进入"十三五"时期节点上召开的中央经济工作会议上，习近平总书记提出的经济改革"工作总基调"作为"治国理政的重要原则"，就是以"牢固树立和贯彻落实创新、协调、绿色、开放、共享的发展理念"为指导方针的。党的十八大5年间的历次中央经济工作会议，都是以坚定不移地推进新发展理念为国是衡论的中心议题。

新发展理念是党的十八大以来中国特色社会主义历史性变革的重要指导原则。在党的十九大报告中，习近平总书记在谈到"过去五年的工作和历史性变革"问题时，强调经济建设上取得的重大成就，首要的就是"坚定不移贯彻新发展理念，坚决端正发展观念、转变发展方式，发展质量和效益不断提升"。新发展理念在实现近 5 年经济发展的"历史性变革"中起着极其重要的作用。"坚定不移贯彻新发展理念",是谋划和推进新时代中国特色社会主义的战略指导,是习近平新时代中国特色社会主义思想的重要内涵。

新发展理念是正确处理和解决社会主义社会主要矛盾的根本方法和路径。在中国特色社会主义新时代,"人民日益增长的美好生活需要和不平衡不充分的发展之间的矛盾"成为社会主要矛盾。社会主要矛盾的这一新概括,对发展问题提出了更多的新的要求,发生着全局性的变化,要求更加坚定不移地贯彻新发展理念,着力解决好发展不平衡不充分问题,更好满足人民日益增长的美好生活的需要,更好地推动人的全面发展、全体人民共同富裕。新发展理念在发挥其"管全局、管根本、管方向、管长远"的作用过程中,无论在发展旨向和方法要义,还是在发展路向和实践指南上,都要以处理和解决好社会主要矛盾为出发点和归宿点。新发展理念在其绩效评价上,要更加注重评价的整体性,突出我国经济社会在"更高质量、更有效率、更加公平、更可持续"上的整体绩效。新发展理念的绩效评价,不能简单地以单纯的社会财富和经济增长为标尺,而要以经济社会的全面、协调、持续进步,人民群众日益增长的美好生活需要的满足程度为主要标尺,因而是以促进社会全面进步与推动人的全面发展为根本尺度的。

新发展理念是新时代中国特色社会主义思想根本要义和基本方略的重要组成部分。在党的十九大报告中,习近平总书记在提出深刻领会新时代中国特色社会主义思想的精神实质和根本要义的阐释中,强调了基本方略中各项工作的重要作用,突出了"坚持新发展理念"作为基本方略的重要性,提出了"发展是解决我国一切问题的基础和关键,发展必须是科学发展,必须坚定不移贯彻创新、协调、绿色、开放、共享的发展理念"。作为基本方略的重要内容和推动力量,新发展理念的各个方面内涵和指向相辅相成、相得益彰,形成有机的整体合力。创新是引领发展的"第一动力",协调是持续健康发展的"内在要求",绿色是永续发展的"必要条件"和人民对美好生活追求的"重要体现",开放是国家繁荣发展的"必由之路",共享是中国特色社会主义的"本质要求"。发展的"第一动力""内在要求""必要条件""必由之路"和"本质要求"这五个方面,紧密相连、相互着力,既各有侧重又相互支撑,形成一个"崇尚创新、注重协调、倡导绿色、厚植开放、推进共享"的整体推进力量。

新发展理念是新时代中国特色社会主义现代化经济体系建设的重要指导原则。在党的十九大报告中，习近平总书记从新时代中国特色社会主义思想的高度，提出"贯彻新发展理念，建设现代化经济体系"新观点，特别强调实现"两个一百年"奋斗目标、实现中华民族伟大复兴的中国梦，不断提高人民生活水平，必须坚定不移把发展作为党执政兴国的第一要务，坚持解放和发展社会生产力，坚持社会主义市场经济改革方向，推动经济持续健康发展。

新发展理念在新时代"建设现代经济体系"中将发挥主导和引导作用。"创新"要着力于形成促进创新的体制架构，塑造更多依靠创新驱动、更多发挥先发优势的引领型发展；"协调"既要坚持区域之间、城乡之间、人民生活的各个方面之间，以及经济建设和政治建设、文化建设、社会建设、生态文明建设、国防建设等方面的协调发展，也要在协调发展中拓宽发展空间，增强发展可持续性；"绿色"要坚持绿色富国、绿色惠民，为人民提供更多优质生态产品，推动形成绿色发展方式和生活方式，协同推进人民富裕、国家富强、中国美丽；"开放"要丰富对外开放内涵，提高对外开放水平，协同推进战略互信、经贸合作、人文交流，开创对外开放新局面，形成深度融合的互利合作格局；"共享"要注重解决社会公平正义问题，让广大人民群众共享改革发展成果。

新发展理念还是新时代不断提高党的执政能力和领导水平的重要方面。在党的十九大报告中，习近平总书记在"坚定不移全面从严治党，不断提高党的执政能力和领导水平"问题的论述中，提出全面增强执政本领问题，其中强调的"科学发展本领"，就是"善于贯彻新发展理念，不断开创发展新局面"。这里提出的"善于贯彻新发展理念，不断开创发展新局面"，首先就体现在"防范化解重大风险、精准脱贫、污染防治"三大攻坚战中的本领。要坚决防范化解重大风险，防止发生系统性金融风险，完善金融安全防线和风险应急处置机制；要实现精准脱贫，着力于解决深度贫困问题，聚焦精准发力、攻克坚中之坚；要打好污染防治的攻坚战，牢固树立生态红线的观念，正确处理好经济发展同生态环境保护的关系。"科学发展本领"要在打胜三大攻坚战中得到体现，在推动经济社会持续健康发展，使全面建成小康社会能得到人民认可、能经得起历史检验的过程得到体现。

新发展理念作为习近平新时代中国特色社会主义思想的重要内涵，不仅在中国特色社会主义全面发展上有着重要的意义，而且在世界发展问题的探

索上也有着重要的意义。20 世纪 80 年代以来，许多发展中国家困于所谓的
"中等收入陷阱"，难以摆脱传统增长模式的"窠臼"，探寻新的发展理念和
发展道路更成为迫切课题。新发展理念的探索，包含着全球经济增长和发展
得失成败经验教训的内容，特别包含着针对所谓"中等收入陷阱"各种增
长和发展困境问题的探究。新发展理念提出的关于发展战略、发展思路、发
展方向、发展步骤、发展着力点和发展绩效等一系列理论观点和实践路向，
对许多发展中国家跨越所谓"中等收入陷阱"必然产生重要启示。新发展
理念作出的具有世界意义的贡献，将进一步彰显新时代马克思主义理论创新
的"中国方案"和"中国智慧"。

（本文发表于《经济研究》2017 年第 11 期）

新时代现代化理论的创新

洪银兴

现代化可以说是几代中国人的梦想。党的十九大明确提出在全面建成小康社会的基础上，分两步走在 21 世纪中叶建成富强民主文明和谐美丽的社会主义现代化强国的奋斗目标。十九大提出的现代化的中国方案隐含着新时代现代化理论的一系列重大创新。

一　以社会主义现代化解决新时代社会主要矛盾

我国长期处于社会主义初级阶段。社会主义处于初级阶段主要是由生产力水平相对落后决定的。但社会主义初级阶段本身又有不同的发展阶段，在不同发展阶段有不同的社会矛盾。随着全面小康社会的即将建成，社会生产力水平总体上显著提高，人民群众即将全面摆脱贫困。与此相应，我国长期存在的人民日益增长的物质文化需要同落后的社会生产之间的矛盾也基本上得到解决。在此背景下，中国特色社会主义进入了新时代。进入新时代我国社会主要矛盾转化为人民日益增长的美好生活需要和不平衡不充分的发展之间的矛盾。面对新时代的主要矛盾，建设中国特色社会主义的总任务就是推进社会主义现代化。

新时代的主要矛盾只能靠社会主义现代化来解决。主要说明因素是，解决了温饱并且全面达到小康水平以后，人民产生日益广泛的美好生活的需要：不仅对物质文化生活提出了更高要求，而且在民主、法治、公平、正义、安全、环境等方面的要求日益增长。这个阶段就相当于经济成长阶段中的"追求生活质量的阶段"。人民群众美好生活需要说到底就是其生活现代化的需要，人民的现代化需要只能由现代化的发展来满足。

人民对美好生活的需要不仅仅看收入，还有文化、精神、健康、生态等多方面的需求，根据十九大的现代化方案，在人民生活达到小康的基础上，基本实现现代化是要使人民生活更为宽裕，而到全面现代化时人民生活更加幸福安康。共同富裕本来就是社会主义的本质要求，理应成为中国特色社会主义现代化的主要特征。在全面小康社会建设时期为了推动发展突出效率优先兼顾公平。现在转向社会主义现代化，就要明确由允许少数人先富起来转向让大多数人富起来的要求。这就有个平均数和大多数的概念，大多数人的收入水平达到平均数水平，就可以避免平均数掩盖的社会差距。其内涵是普遍提高低收入群体的收入水平，扩大中等收入群体的比重，逐步使其达到大多数。在这方面十九大的安排是，基本实现现代化阶段，城乡区域发展差距和居民生活水平差距显著缩小，而到全面现代化阶段，全体人民共同富裕基本实现。显然，社会主义现代化是共同富裕逐步实现的过程。无论是哪些现代化指标都要以人民的富裕幸福作为出发点和落脚点。这是以人民为中心发展观的体现。

二 新时代的现代化是赶超发达国家

现代化并不是新名词。在相当长时期一直是用来描述发达国家现代增长的历史进程的。后来的各种关于现代化的定义都是发展中国家以发达国家的现代化进程作为蓝本的。其所达到的现代化水平和走过的道路也成为发展中国家现代化的参照系。就像马克思在《资本论》中所说："工业较发达的国家向工业较不发达的国家所显示的，只是后者未来的景象。"[①] 总的来说，已有的现代化理论，指的是经济文化相对落后的发展中国家追赶先行现代化国家的过程，于是就有中等发达国家和高度发达国家作为基本实现现代化和全面实现现代化的追赶目标之说。

现在需要进一步研究的是上述现代化定义是否适合我国进入新时代后的发展实际。根据新时代中国特色社会主义思想，有两个因素必须考虑：第一，当我国进入新时代时，社会生产能力并不是过去想象中的那么落后，在很多方面进入世界前列，尤其是在科技方面与发达国家不只是跟跑，而是进入了并跑和领跑的阶段。这意味着现代化不是在发达国家之后亦步亦趋，与

---

① 马克思：《资本论》第一卷，人民出版社 2004 年版，第 8 页。

其说是追赶，不如说是赶超。第二，中国新时代的现代化有社会主义的要求和优势。我国的现代化目标是建成富强民主文明和谐美丽的社会主义现代化强国，社会主义要求贯彻在现代化进程中。发达国家走过的现代化历程，往往伴有现代病：两极分化、城市拥挤、农村凋敝、环境污染等。显然，社会主义的现代化不能完全仿效西方现代化模式，一开始就要防止和克服这些现代化病。只有体现社会主义要求的现代化，才能解决我国新时代的主要矛盾。

三　依靠创新驱动实现赶超

20 世纪 50 年代的超英赶美是"大跃进"，不切实际。进入新时代后提出用两个 15 年时间赶超发达国家的动力是创新。

前一时期关于现代化讨论中有的学者总结发达国家经过了两次现代化，第一次是工业化，第二次是信息化。由此给发动现代化的发展中国家提出的课题是，是否也要顺序经过这两个阶段，即先工业化后信息化。需要指出的是现有的实现现代化的发达国家并非都是跟随先行现代化国家亦步亦趋实现现代化的。只要是抓住最新科技和产业革命的机会就能一跃跨入现代化国家的行列。英国抓住第一次产业革命实现了现代化；以电气化第二次产业革命为代表，发生在欧美几个先进的资本主义国家，这些国家实现了现代化。现在第三次以信息化为代表的第三次产业革命方兴未艾，甚至产生了互联网、大数据、人工智能、智能化、数字经济等新科技和产业。我国过去落后的原因在于，过去的几次推动现代化浪潮的科技和产业革命都是与中国擦肩而过。现在我国所面临的现代化关口就在于不能与正在兴起的新科技和产业革命失之交臂。抓住以信息化为代表的新科技和产业革命的机遇，以信息化推动工业化、现代化就可能在现代化上实现跨越。因此，中国的赶超发达国家的社会主义现代化的动力就在创新驱动，也就是以科技创新来驱动现代化。正因为如此，十九大确定的现代化蓝图都把创新型国家建设放在重要位置：2020 年建成创新型国家，2035 年跻身创新型国家前列，2050 年成为世界科技强国。

中国新时代的现代化如果定位在依靠创新驱动来实现赶超，就不能再靠引进和模仿别人创新的科技来实现现代化（这是过去所推崇的后发优势）。需要直接瞄准国际最新科学发展进行自主创新。具体有三方面要求：第一，与发达国家进入同一起跑线进行创新。这就是诺贝尔经济学奖得主库兹涅茨所指出的，科技和产业的"时代划分是以许多国家所共有的创造发明为依据的。这是现代经济增长的一条特殊真理"①。你研发新能源，我也研发新能源，你研发人工智能，我也研发人工智能。第二，也是最重要的，基础研究要进入国际前沿，产生处于国际前沿的科学技术，这是在现代化进程中赶超发达国家的关键。正因为如此，十九大报告对基础研究极为重视，并提出了很高的要求：瞄准世界科技前沿，强化基础研究，实现前瞻性基础研究、引领性原创成果重大突破。加强应用基础研究，拓展实施国家重大科技项目，突出关键共性技术、前沿引领技术、现代工程技术、颠覆性技术创新，为建设科技强国、质量强国、航天强国、网络强国、交通强国、数字中国、智慧社会提供有力支撑。第三，推动基础研究成果的有效转化。如习近平总书记所要求的，打通从科技强到产业强、经济强、国家强的通道，解决好从"科学"到"技术"的转化，建立有利于出创新成果、有利于创新成果产业化的机制。

四　生态文明时代的现代化

发达国家当年的现代化是在工业文明时代推进的，资源环境的供给相对宽松。尤其是当时地球上有很大一部分还处于传统农业社会，是其附属国或殖民地，先行国家可以无所顾忌、无障碍地高排放并掠夺国外资源来支持其粗放方式的工业化。由此产生的后果就是习近平所说的，"人类社会在生产力落后、物质生活贫困的时期，由于对生态系统没有大的破坏，人类社会延续了几千年。而从工业文明开始到现在仅三百多年，人类社会巨大的生产力创造了少数发达国家的西方式现代化，但已威胁到人类的生存和地球生物的延续。"②

新时代的重要特征是由工业文明时代进入生态文明时代。生态文明时代现代化已经没有先行国家当时那种资源环境，不仅是物质资源的供给严重不足，环境资源的供给也有严厉的约束。虽然在全面小康社会建设中已经注意到可持续发展问题，但长期的过度开发所遗留的环境和生态破坏问题在全面

---

① 库兹涅茨：《现代经济增长》，北京经济学院出版社 1989 年版，第 250、251 页。
② 习近平：《之江新语》，浙江人民出版社 2013 年版，第 119 页。

小康阶段不可能完全解决，必须在推进现代化阶段在根本上解决。因此，生态文明时代的中国现代化一开始就要有生态文明的目标。蓝天白云、青山绿水是老百姓能够切身感受到的现代化水平。生态财富同物质财富一样重要。新时代的现代化不能走西方国家所走过的浪费和掠夺资源的现代化道路，必须走低消耗、低排放的新型工业化道路。这是社会主义现代化与西方国家现代化的根本区别。因此，十九大报告把第二个一百年关于建成社会主义现代化强国的目标在原先的富强民主文明和谐基础上又加上"美丽"的要求，并且要求在现代化的第一阶段生态环境根本好转，美丽中国目标基本实现，节约资源和保护环境成为基本国策。中国特色的现代化道路是文明发展的道路，基本要求是，把生态文明建设融入经济建设、政治建设、文化建设、社会建设各方面和全过程。在空间格局、产业结构、生产方式、生活方式等源头上扭转生态环境恶化趋势的基础上，推进生态现代化的进程。

　　基于上述赶超发达国家意义上的现代化理论创新，还涉及一系列的创新，例如现代化经济体系建设，克服城乡二元结构的乡村振兴战略等。所有这些都可归结为新时代中国特色社会主义思想的新发展。

（本文发表于《经济研究》2017 年第 11 期）

习近平新时代对外开放
思想的经济学分析

裴长洪　刘洪愧

党的十八大以来，习近平总书记针对我国扩大对外开放发表了许多重要论述，党的十九大报告集中且系统阐述了这些论述的重要观点，形成了习近平对外开放新思想，这是习近平新时代中国特色社会主义思想的重要组成部分。它不仅是我国进一步扩大开放的行动指南，而且是研究阐释习近平新时代中国特色社会主义思想的重大理论命题。本文的研究任务是，探讨习近平对外开放思想的新贡献并论证其所具有的科学性依据这两个基本问题。

一　新时代历史站位上的新思想、新贡献

概括起来说，习近平对外开放新思想主要体现在四个方面。

1. 推动形成全面开放新格局。2013 年 4 月，习近平提出中国将在更大范围、更宽领域、更深层次上提高开放型经济水平。① 2013 年 10 月，习近平进一步指出要完善互利共赢、多元平衡、安全高效的开放型经济体系。② 2013 年 11 月，党的十八届三中全会《中共中央关于全面深化改革若干重大问题的决定》提出"构建开放型经济新体制"。党的十九大报告正式提出推动形成全面开放新格局，具体表述为：要以"一带一路"建设为重点，形成陆海内外联动、东西双向互济的开放格局；赋予自由贸易试验区更大改革

---

① 习近平：《在同出席博鳌亚洲论坛二〇一三年年会的中外企业家代表座谈时的讲话》，《人民日报》2013 年 4 月 9 日。
② 习近平：《深化改革开放　共创美好亚太——在亚太经合组织工商领导人峰会上的演讲》，《人民日报》2013 年 10 月 8 日。

自主权，探索建设自由贸易港。

2. 建设开放型世界经济与经济全球化新理念。2013 年习近平第一次提出"共同维护和发展开放型世界经济"的新理念，[①] 十九大报告更明确提出："中国支持多边贸易体制，促进自由贸易区建设，推动建设开放型世界经济。"针对近些年国际社会掀起的一股逆全球化思潮，习近平发表了一系列重要论述。他指出："总体而言，经济全球化符合经济规律，符合各方利益。同时，经济全球化是一把双刃剑，既为全球发展提供强劲动能，也带来一些新情况新挑战，需要认真面对。我们要积极引导经济全球化发展方向，着力解决公平公正问题，让经济全球化进程更有活力、更加包容、更可持续。"[②] 习近平的这种经济全球化新理念在 2017 年 1 月的联合国演讲中得到更加精炼的表达："建设一个开放、包容、普惠、平衡、共赢的经济全球化"[③]，并被写进十九大报告，表述为："同舟共济，促进贸易和投资自由化便利化，推动经济全球化朝着更加开放、包容、普惠、平衡、共赢的方向发展。"

3. 改革全球经济治理体系。2013 年 4 月，习近平指出："要稳步推进国际经济金融体系改革，完善全球治理机制。"[④] 2015 年 7 月，习近平提出全球经济治理改革的主要目标是："完善全球经济治理，加强新兴市场国家和发展中国家在国际经济金融事务中的代表性和话语权，让世界银行、国际货币基金组织等传统国际金融机构取得新进展，焕发新活力。"[⑤] 此后，习近平在许多国际场合都发表了有关论述和演讲。十九大报告把习近平十八大以来所形成的全球经济治理新思想凝练为"中国秉持共商共建共享的全球治理观，倡导国际关系民主化，积极参与全球治理体系改革和建设"。

4. 构建人类命运共同体。这是习近平最先提出的一个新理念。2013 年

---

① 习近平：《共同维护和发展开放型世界经济——在二十国集团领导人峰会第一阶段会议上关于世界经济形势的发言》，《人民日报》2013 年 9 月 6 日。

② 习近平：《深化伙伴关系 增强发展动力——在亚太经合组织工商领导人峰会上的主旨演讲》，《人民日报》2016 年 11 月 21 日。

③ 习近平：《共同构建人类命运共同体——在联合国日内瓦总部的演讲》，《人民日报》2017 年 1 月 20 日。

④ 习近平：《共同创造亚洲和世界的美好未来——在博鳌亚洲论坛 2013 年年会上的主旨演讲》，《人民日报》2013 年 4 月 8 日。

⑤ 习近平：《共建伙伴关系 共创美好未来——在金砖国家领导人第七次会晤上的讲话》，《人民日报》2015 年 7 月 10 日。

3 月 23 日，习近平担任国家主席后首次出访的第一站，便提出"人类生活在同一个地球村里，生活在历史和现实交汇的同一个时空里，越来越成为你中有我、我中有你的命运共同体。"① 此后，习近平在各种场合反复提及和阐述该概念。2015 年 9 月 28 日，在第七十届联合国大会一般性辩论时的讲话中，习近平倡导："和平、发展、公平、正义、民主、自由，是全人类的共同价值，也是联合国的崇高目标。……构建以合作共赢为核心的新型国际关系，打造人类命运共同体。"② 习近平关于人类命运共同体的新理念在十九大报告中得到进一步丰富和完善，出现达 6 次之多。在阐述新时代中国特色社会主义思想时，习近平指出"明确中国特色大国外交要推动构建新型国际关系，推动构建人类命运共同体"。十九大报告甚至把坚持推动构建人类命运共同体作为新时代中国特色社会主义思想和基本方略之一。

从改革开放以来，对外开放就成为我国基本国策，党和国家领导人以及重要文献都有大量论述，与以往相比，新时代习近平对外开放思想有什么不同？最主要的不同就是历史站位的高低所产生的区别。我们过去经济落后，处于为实现小康社会和全面小康社会的艰难爬坡阶段。对外开放的视野主要是站在中国经济发展的立足点上考虑如何利用国外的资源与市场，推动国内经济贸易体制改革以适应国际经贸体制的关系。虽然也注重统筹国内国外两个大局，但努力地被动适应和追随国际经济贸易潮流和国际经贸体制是主要特点。今天，我们已经成长为经济贸易投资大国、站在即将全面决胜小康社会前夜、比历史上任何时期都更接近中华民族伟大复兴中国梦新的历史起点上，这样的历史站位赋予了习近平对外开放思想全新的内涵。今天，我们已经有条件站在全球视野和全人类命运的高度来观察和审视中国的改革开放大业，有条件、有责任也有义务站在世界经济持续健康发展、世界各国人民福祉的高度来部署中国的对外开放举措，来引领世界经济潮流、来塑造和完善国际经济体制。"不谋全局者不足以谋一域，不谋万世者不足以谋一时"，已成为新时代谋划中国扩大开放的新要求，习近平对外开放思想就是这个历史要求的时代产物。它的历史性贡献主要体现在以下几个方面。

---

① 习近平：《顺应时代前进潮流　促进世界和平发展——在莫斯科国际关系学院的演讲》，《人民日报》2013 年 3 月 24 日。

② 习近平：《携手构建合作共赢新伙伴　同心打造人类命运共同体——在第七十届联合国大会一般性辩论时的讲话》，《人民日报》2015 年 9 月 29 日。

1. 为中国开放型经济与开放型世界经济的内外联动提供了中国方案。"一带一路"建设是习近平最先提出的倡议,对中国而言,这个倡议是要形成陆海内外联动、东西双向互济的开放格局;解决中国自身对外开放不平衡、不充分的空间布局问题。更重要的是,"一带一路"倡议中特别强调的基础设施互联互通,实际是着眼于世界经济增长的大局。正如习近平所说,"我们要下大气力发展全球互联互通,让世界各国实现联动增长,走向共同繁荣。"① 联动增长、利益融合是"一带一路"倡议的初心,也是开放型世界经济的内在要求。同时,我国先后设立的 11 个自由贸易试验区,一方面是要解决我国改革开放的深化与扩大问题,为更广泛的地区提供可复制、可推广的改革经验;另一方面,是要为开放型世界经济探索发展创新的经验,提供汇聚各方利益共同点的试验场所。探索自由贸易港建设更进一步深化了全球利益融合的发展潜力。这就是习近平所指出的,"努力塑造各国发展创新、增长联动、利益融合的世界经济,坚定维护和发展开放型世界经济。"②

2. 科学总结了以往经济全球化正反两方面的经验教训。怎样总结经济全球化的经验教训,习近平作出了三个重大判断:首先,经济全球化符合经济规律,符合各方利益。这当然已经被近 40 年世界经济多极化,特别是新兴市场经济和多数发展中国家经济的发展所证明。其次,更要看到经济全球化进程不会改变。毋庸讳言,我国过去是经济全球化的最大受益者之一,经济全球化向何处去,关乎我国是否还有战略机遇期,关乎我国扩大开放的战略部署是否具有前瞻性、科学性。习近平的判断坚定了中国和世界各国顺应贸易投资自由化潮流的信心。最后,经济全球化进程正进入再平衡并展现新趋势的新阶段。他说,我们要主动作为、适度管理,实现经济全球化进程再平衡;还要准确把握经济全球化新趋势。这个新趋势就是,顺应大势、结合国情,正确选择融入经济全球化的路径和节奏;讲求效率、注重公平,让不同国家、不同阶层、不同人群共享经济全球化的好处。

3. 阐明了互利共赢、多边汇聚利益共同点和谋求最大公约数的政治经济学新理念。现代西方经济学依以构建的逻辑体系是以"经济人假设"和充分自由竞争为前提的,弱肉强食的丛林法则被认为是天经地义的事情;零

---

① 习近平:《共担时代责任 共促全球发展——在世界经济论坛 2017 年年会开幕式上的主旨演讲》,《人民日报》2017 年 1 月 18 日。

② 习近平:《共同维护和发展开放型世界经济——在二十国集团领导人峰会第一阶段会议上关于世界经济形势的发言》,《人民日报》2013 年 9 月 6 日。

和博弈的商业游戏规则以及工业品与原料品交换中的主权利益不平等是国际经济关系的普遍现象。因此，着力解决公平公正问题是国际经济关系的重大课题。习近平主张，要维护新兴市场国家和发展中国家的正当权益，确保各国在国际经贸活动中机会平等、规则平等、权利平等。合作共赢、互利共赢，成为中国对外经济关系的鲜明理念，正如习近平所说，巴比伦塔，毁于无法协力。身处"一荣俱荣、一损俱损"的全球化时代，协调合作才是必然选择，互利共赢才是发展之道。正是秉持这样的信念，中国希望与各国一起做大共同利益的蛋糕，不断寻求各国利益交汇的最大公约数。英国剑桥大学马丁·雅克教授就认为："中国提供了一种'新的可能'，这就是摒弃丛林法则、不搞强权独霸、超越零和博弈，开辟一条合作共赢、共建共享的文明发展新道路。这是前无古人的伟大创举，也是改变世界的伟大创造。"[①]

4. 揭示了实现中国梦的发展道路必须与人类命运共同体紧密相连的历史必然性。依靠殖民扩张和掠夺，依靠"中心—外围"关系的不平等交换，甚至依靠帝国主义战争对战利品的瓜分，这曾经是西方大国崛起走过的道路。历史没有给中国这样选择的机会，中国共产党人的价值观也不允许自己选择这样的崛起道路。中国要实现中华民族伟大复兴的中国梦，中国的崛起只能走和平发展道路。这样一条发展道路的外部环境只能是"以合作共赢为核心的新型国际关系和人类命运共同体"，以及"和平、发展、公平、正义、民主、自由的全人类共同价值"。因此，人类命运共同体是中国自身的需要，是中国探寻一条与西方列强截然不同崛起道路的需要，是中国最大的利益，也是实现伟大中国梦的历史必然性。2017 年 2 月，"构建人类命运共同体"的理念已被写入联合国决议，说明这已经成为世界各国的共识。

二 习近平新时代开放思想的政治经济学新观点

习近平新时代对外开放思想还提出了许多政治经济学新理念，这是因为建设开放型世界经济和推动经济全球化向新的阶段发展客观上需要这些新理念。西方学者早就意识到了"理念"的重要性，罗宾逊[②]、马孔姆·沃特

---

① 转引自刘宏《"中国方案"为世界发展注入新内涵》，人民论坛网 2017 年 12 月 12 日。
② 威廉·I. 罗宾逊：《全球资本主义论》，社会科学文献出版社 2009 年版。

斯①和罗兰·罗伯逊②等在他们的著作中都认为，归根结底，观念是推动全球化的关键力量。西方国家曾经提供了推进世界经济发展的理念，例如中心—外围理论、盛行多年的"华盛顿共识"和新自由主义。但实践证明它们都不符合时代潮流的发展。俱往矣，习近平的新理念应运而生，从经济学逻辑看，这些新理念涉及两个重要的经济学观点。

（一）"非经济人假设"的价值观和正确的义利观

"经济人假设"指"人是完全自利的、绝对理性的、总是试图最大化自身的利益"。从理论和实践层面，该假设都存在很大缺陷。它并不是一直就存在，而是经济学家为了分析问题的简单化、为了模型推导的需要，所构造出来的一个概念。虽然经济学鼻祖亚当·斯密在《国富论》中认为人有自利倾向，但是他在《道德情操论》中也认为人的行为受道德的约束。马克思主义政治经济学则从来没有出现过"经济人假设"的概念。马克思认为："人的本质并不是单个人所固有的抽象物，在其现实性上，它是一切社会关系的总和。"③ 这意味着，每个人都受其生活环境、文化、阶层、经历的影响，而表现出不同的特性。当然，不赞同"经济人假设"的价值观和世界观，并不意味着在经济活动的实践层面、在具体经济政策设计、企业管理和收入分配等领域可以完全不考虑物质利益的激励作用，并不是全盘否定它。这需要用一分为二的辩证法加以分析对待。

当代西方经济学也并不完全认同"经济人假设"。"利他主义经济学"就指出，不管是因为生物遗传学原因还是出于文化道德情感，人类的利他主义一直就存在，它驱使人们利用有限资源去生产类似受人尊重这种"个人的社会价值"。利他主义是个人获得他人认同、社会尊重、社会地位的重要方式。行为经济学也发现了许多与"经济人假设"不相符的社会异象。诺奖委员会撰文评价2017年经济学诺奖得主塞勒的贡献时指出，"虽然很多情境都可由个体自利行为假设来近似解释。但在其他情境中，对公平和正义的关切等亲社会性动机起着重要的作用，亚当·斯密（Smith，1759）就指出

---

① Waters, Malcolm, 1995, *Globalization*, London: Routledge.

② Roland, Robertson, 1992, *Globalization: Social Theory and Global Culture*, Thousand Oaks, Calf: Sage.

③ 马克思：《马克思恩格斯选集》（第一卷），人民出版社1972年版，第18页。

了这一点"①。该文也指出，"贝克尔围绕人们对他人福利的关注构建了相关理论，阿玛蒂亚·森指出同情和承诺都是重要的个人动机。塞勒提出公平感对经济主体的决策有重要影响，揭示了公平偏好在人际交往中的三个重要表现：一是，即使在匿名环境中，一些人也会公平对待他人；二是，一些人宁愿放弃自身所得来惩治对自己不公的人；三是，即使他人遭到不公平对待，一些人也宁愿放弃自身所得来惩治这种不公平行为。"

"经济人假设"与一系列社会经济发展实践不吻合。从大的方面看，联合国千年发展目标、碳排放、气候变化、动物保护等国际议题都不是基于"经济人假设"所提出的。中国自古以来就主张"和为贵"，一直都凭借自身在文化制度上的先进性来感化外围地区和民族。古时候的朝鲜、日本都是主动学习和引进中国的文化、制度和生产力，中国也主动提供人力、物力来帮助周边国家建设文明社会，基本不侵略别国。这证明中国自古以来就不是按照"经济人假设"来处理对外关系的。西方社会的经济全球化进程则是一部武力侵略和经济掠夺史，他们信奉的是达尔文的"优胜劣汰"自然生存法则，这是提出"经济人假设"的部分原因。当然也不能否认，随着西方国家自身社会关系的调整，他们也有许多符合"非经济人假设"的举措。

"非经济人假设"的价值观诠释了我国的对外开放实践、新时代的对外开放思想。中国人讲究"义利相兼，以义为先"。所以，中国的对外开放实践体现出与"经济人假设"完全不同的理念。习近平在 2017 年世界经济论坛年会开幕式上的主旨演讲指出："1950 年至 2016 年，中国在自身长期发展水平和人民生活水平不高的情况下，累计对外提供援款 4000 多亿元人民币，实施各类援外项目 5000 多个，其中成套项目近 3000 个，举办 11000 多期培训班，为发展中国家在华培训各类人员 26 万多名。"② 中国对发展中国家的援助，特别是对非洲的援助绝不是"经济人假设"能够解释的，按照该假设，这些援助根本就不会发生。这体现出中国与西方国家完全不同的人类社会发展追求，即关注自身发展的同时，也关心全人类的幸福、全人类的共同发展。

新时代习近平对外开放思想突出共商、共建、共享、互利共赢发展理

---

① 诺贝尔经济学奖委员会：《理查德·塞勒：将心理学融入经济学》，《经济学动态》2017 年第 12 期。

② 习近平：《共担时代责任　共促全球发展——在世界经济论坛 2017 年年会开幕式上的主旨演讲》，《人民日报》2017 年 1 月 18 日。

念，受到了世界各国的积极响应和支持。"经济人假设"作为当代西方经济学的理论逻辑前提，遭到了挑战。西方在"经济人假设"基础上推行的经济全球化造成了一系列负面效应，例如贫富差距不断扩大，根据瑞士信贷银行《2017年全球财富报告》，全球最底层一半人口拥有的财富不足全球全部财富的1%，但全球最富有的10%的人口却拥有全球总资产的88%，最富有的1%人口更是占有了全球一半的家庭财富。① 同时，不同地区、种族和信仰的人们之间摩擦不断，反映出传统的经济全球化模式越来越难以持续。习近平提出的"一带一路"倡议是应对这个难题的伟大创举和未来出路。它不仅把广大发展中国家纳入其中，拓展了经济全球化的新版图，而且它与原来美国主导的以往经济全球化的根本不同点是，要实现互利共赢的目标，要在共商、共建、共享的前提下寻找各国利益的最大公约数。

与"非经济人假设"相一致，坚持正确义利观是中国对外经济合作始终坚持的原则。党的十九大报告阐述："奉行互利共赢的开放战略，坚持正确义利观，树立共同、综合、合作、可持续的新安全观，谋求开放创新、包容互惠的发展前景。"我们不否认这是一种道德愿望，但是它并不单纯是道德说教，更重要的是，它是新时代中国发展的需要和责任，是历史的客观必然。中国的对外开放服务于中国经济社会发展的目标，过去要解决的是投资与外汇、工业化和增长速度，今天要解决的是增长质量和发展问题。所以，对外开放需要在更高层次上解决两种资源和两个市场的利用问题。我国说互利共赢，既面对发展中国家，也面对发达国家，只有提倡这个理念，才更有利于我们引进先进技术，实施创新驱动，实现增长联动和利益融合。而且，今天我们提对外开放已经与过去有很大不同：过去我们是穷国，开放主要是为了获取国际资源、资金、技术和服务，现在发展中国家对我们的开放战略已经有不同于过去的期待；过去我们对世界经济秩序和理念只有被动接受的资格，现在我们已经在相当程度上具有影响和塑造世界经济格局和秩序的实力，我们的道德愿望已经具有变成现实的可能性，我们已经无法逃脱这种历史责任。所以说树立正确的义利观，不仅仅是唱高调，而是我们自己的现实需要，也是国际社会对我们的期待和中国的大国责任所系。

---

① 转引自《参考消息》2017年11月16日第4版。

（二）"非经济人假设"对资源优化配置的重新定义

与"非经济人假设"的价值观和正确的义利观相一致，该假设下的社会经济发展目标更关注发展质量、自然环境、人的需求、人类共同发展等。这必然引起金融资源资本配置的战略方向转变，即从过去的要素驱动型向科技创新型转变；从过去基本上是生产型向生产和消费型并重转变；从过去主要是使土地、矿产等物质资源的资本化以及高碳领域的产业化，向现在主要向低碳和绿色产业转变；从过去单纯是资本高回报型向资本回报与普惠型转变。科技金融、消费金融、普惠金融和绿色金融象征着这一战略方向的转变。

服务于"一带一路"建设的金融机构是这个趋势的先行者。亚洲基础设施投资银行（以下简称亚投行）专门投资具有普惠、绿色、共赢属性的基础设施项目，从而促进当地经济发展。它成立两年来投资 24 个项目，贷款总额为 42 亿美元，其中只有一个对华项目，即帮助北京进行煤改气，其他都投资于菲律宾、印度、巴基斯坦、孟加拉、缅甸、印尼等国，内容涉及贫民窟改造、防洪、天然气基础设施建设、高速公路、乡村道路、宽带网络、电力系统等。为更好为中低收入国家基础设施发展提供融资支持，中国政府决定在亚投行成立的初期不大量从亚投行贷款。[1] 另外，截至 2017 年 12 月，丝路基金已经签约 17 个项目，承诺投资约 70 亿美元，支持项目所涉的总投资额高达 800 多亿美元。[2] 丝路基金在"一带一路"框架下推进合作项目，主要以股权形式投资中长期基础设施项目、产能合作等项目，投资规模大、回报期限长、风险大，是"经济人假设"下的投资者所不可能投资的。榜样的号召力是强大的，新理念和新实践带动和影响了国际金融界。2017 年 5 月，中国财政部与 26 个国家的财政部共同核准了《"一带一路"融资指导原则》，与世界银行、亚投行、新开发银行、亚洲开发银行、欧洲投资银行、欧洲复兴开发银行共同签署了加强"一带一路"合作备忘录。[3] 此外，根据中国日报网消息，[4] 美洲开发银行愿意为

---

[1] 新加坡《联合早报》网站 2017 年 12 月 26 日。
[2] 转引自《21 世纪经济报道》2017 年 12 月 11 日第 5 版。
[3] 《中国财政部与世界银行 12 日在美国华盛顿共同举办"一带一路"高级别研讨会》，中新社华盛顿 2017 年 10 月 13 日。
[4] 《打通"一带一路"金融血脉，世界金融机构纷纷支持》，中国日报网 2017 年 5 月 23 日。

更多拉美国家参与"一带一路"倡议提供平台,推动中拉合作;渣打银行、星展银行、花旗银行都表示支持"一带一路"建设。IMF总裁拉加德在2017年"一带一路"国际合作高峰论坛上表示,未来IMF将进一步通过融资,向"一带一路"建设提供帮助。

金融资源配置工具的多样化也将助力普惠金融的拓展,这里的普惠金融是着眼于全球企业投融资大局的概念。世界经济多极化趋势,突显了美元在这种经济大格局中仍然作为全球资源配置主要工具的不合理性。人民币国际化的发展,再次证明经济全球化新时代需要多种国际货币参与作为全球资源配置的工具,以削弱美元造成的"特里芬难题"对全球经济的负面影响。人民币等新兴国家货币作为全球金融资源配置工具的出现,使得世界各国有条件在贸易结算、投资工具和官方储备等各方面有更多选择,从而分散金融风险。这不仅有利于投资者降低风险,也有利于补足中国等新兴国家金融资源来源匮乏的短板,新兴国家企业的融资方式将更加多样化、融资成本也会更低。因此,人民币国际化的道路,实际上就是金融资源配置方向转变的重要标志和力量。

(三) 非霸权主义的国际公共产品供给模式

西方学者认为,几乎只有霸权主义的国家才有能力提供国际公共产品,这确实是以往经济全球化的真实写照,本文作者对此有较为系统的阐述。[①]工业革命以来,英国和美国凭借其在经济和军事上的霸权地位,依次充当了全球公共产品提供者的角色,由于是霸权主义供给方式,对它们最有利。随着世界经济多极化发展,特别是新兴经济体作为一个集体力量的崛起,使得霸权主义国际公共品供给方式难以为继。

虽然WTO框架下的多边贸易投资自由化谈判进程受阻,多哈回合谈判历时15年无果,但是国家之间的区域贸易协定(RTAs)(包括区域多边或双边自由贸易协定)快速增加,图1显示2008年以来,每年都签订相当数量的RTAs。此外,一国自主设立的自由贸易试验区也越来越多,开放度越来越大,例如中国已经设立11个自贸试验区,且要把上海建成自由贸易港。区域贸易协定、自由贸易区、自由贸易港将成为新的推动经济全球化的载体,使得世界经济联系依然日益紧密,相互依存继续提高。

---

① 裴长洪:《全球经济治理、公共品与中国扩大开放》,《经济研究》2014年第3期。

这些区域性的自由贸易协定，都产生了大量的区域贸易投资自由化制度安排和政策规定，打破了过去由一两个霸权主义国家制定国际规则、提供国际公共产品的垄断局面，国际规则制定和公共产品供给的民主化趋势是当今世界发展的大潮流。非霸权主义的国际公共产品供给模式必然走近世界舞台的中心。

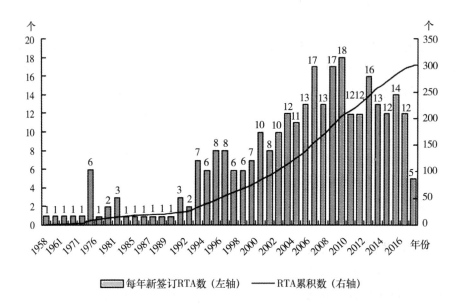

图1　世界区域贸易协定（RTAs）发展情况（1958—2017年）

资料来源：作者根据 WTO 秘书处 RTA 数据库数据绘制。

　　"一带一路"倡议提供了一种非霸权主义的国际公共产品供给模式，即共商、共建、共享。它将更多反映发展中国家的话语权，推动构建公正、合理、透明的国际经贸投资规则体系。"一带一路"也将促进政策、规则、标准三位一体的联通，为互联互通提供机制保障，使各类国际公共品更好适应各国发展需要。在国际公共产品的供给上，"一带一路"倡议的创新之处还在于：（1）它把精神世界的升华融入其中。中国自古就讲究"和而不同"。"一带一路"建设试图以文明交流超越文明隔阂、文明互鉴超越文明冲突、文明共存超越文明优越，推动各国相互理解、相互尊重、相互信任。（2）它把人文合作机制作为国际公共产品的必要衍生品。例如，搭建更多合作平台，开辟更多合作渠道；推动教育合作，扩大互派留学生规模，提升合作办学水平。再例如，在文化、体育、卫生领域，要创新合作模式，推动务实项目；要利用好历史文化遗产，联合打造具有丝绸之路特色的旅游产品和遗产保护。（3）它反映了构建人类命运共同体的必然性。当今世界，一方面，表现出经济增长动能不足，贫富分化日益严重，地区冲突此起彼伏、恐怖主义、网络安全、重大传染性疾病、气候变化等非传统安全威胁持续蔓延，人类面临许多共同挑战。共同应对这些挑战是各个主权国家的现实需要和最理智的必然选择。另一方面，世界多极化、经济全球化、社会信息化、文化多样化以新的方式深入发展，全球治理体系和国际秩序变革加速推进，各国相互联系和依存日益加深，国际力量对比更趋平衡，和平发展大势不可逆转。人类命运由一两个霸权主义国家操纵的时代已经渐行渐远，每个主权国家都只能是人类命运共同体中的一部分，人类命运共同体的整体利益已经超越主权国家利益，每个国家的经济社会发展都必然以人类共同利益的发展为前提。而人类的共同利益，则是各个主权国家的最关切利益的集合体，因此它需要非霸权主义公共品供给模式来书写和表达，从而成为构建人类命运共同体的智慧结晶和设计。

三　习近平新时代对外开放思想的物质基础与实践依据

既立足于中国新时代的实际情况，又始终关注世界经济和人类整体的未来发展，这是习近平新时代对外开放思想的基本属性。因此，全球性新技术变革和生产力发展的客观规律构成了习近平对外开放思想的物质基础和实践依据。概括起来，新的生产力、生产关系的物质力量主要表现为以下几个方面。

（一）技术变革与新的生产力

劳动资料是生产力范畴中最重要的概念之一，科学技术的发展极大改进了旧有的劳动资料，创造了新的劳动资料，例如新的生产工具、新的资本形式和新的生产要素，从而形成新的生产力。

1. 以互联网技术为核心的新技术突破，正在开拓网络经济的新空间，生产和消费的国别界限更加模糊。一是互联网技术发展的硬指标。互联网核心技术、传输技术、工程技术、网络硬件基础设施、核心软件、芯片等技术正在取得新的突破，且不断应用到新的领域。例如，互联网基础设施投入不断增加，互联网宽带传输技术快速发展。2013—2017 年，国际互联网宽带增长了 196Tbps（Tbps = 2^{40} 字节/秒），目前已达 295Tbps；互联网使用人数不断增加，截至 2017 年 6 月，全球网民总数达 38.9 亿，普及率为51.7%。[①] 更为快捷的移动互联网用户不断增加，截至 2017 年 6 月已达77.2 亿（全球移动供应商协会数据，GSA）。二是新一代互联网技术正在不断成熟并开始运用。以物联网、工业互联网、云计算、大数据、人工智能等为代表的第四代信息技术高速发展。5G、量子通信、卫星通信等新通信技术开始成熟，其中 5G 技术预计在 2020 年正式投入商业使用。特别地，基于互联网的物联网技术将使得互联网突破虚拟空间，联结越来越多的实物设备，包括科技、服务业、医疗生命科学、无人驾驶、交通运输业等领域。依靠物联网连接的设备将变得更加智能，从而改变全球范围的生产和消费模式，真正意义的全球生产和消费即将到来。根据英国《金融时报》网站2017 年 12 月 20 日文章：一个与众多快递公司相连的大数据平台，每天能处理 9 万亿条信息，并调动 170 万名物流及配送人员；中国有数百万家公路运输企业，其中 95% 都是个体户或小公司，缺乏透明的实时行程信息意味着公路运输的空载率约为 40%，与德国和美国的 10%—15% 的空载率差距甚大。物联网技术的应用有望大幅提升运输效率且降低空载率。三是数据信息成为互联网经济的最重要生产要素，数字经济成为与生物经济、化学物理经济相对应的新经济形态。数据信息的开放、共享和广泛应用将极大提高全社会的资源配置效率，成为提高全要素生产率的关键要素。研究表明，目前全球 22% 的 GDP 与涵盖技能与资本的数字经济紧密相关，到 2020 年，数字技术的应用将使全球实现增加值 2 万亿美元，到 2025 年，全球经济总值增量的一半将来自数字经济。[②] 互联网技术的应用和大数据的开发，使生产、流通、消费的链条更加国际化了。

2. 机器人和智能制造将极大扩张工业化的版图。机器人替代人工生产已成为未来制造业重要的发展趋势，工业机器人作为"制造业皇冠顶端的明珠"，将推动制造业自动化、数字化、智能化的早日实现，为智能制造奠

---

① 中国网络空间研究院编：《世界互联网发展报告 2017》，2017 年。
② 埃森哲战略：《数字化颠覆：实现乘数效应的增长》，2016 年。

定基础。根据《世界机器人报告 2017》,① 2016 年将销售 29.4 万台工业机器人,且预测从 2017—2020 年,总共将有约 170 万台新的工业机器人被生产并运用于世界各地工厂,中国是世界最大的机器人市场,世界工业机器人销售增幅见图 2。机器人的广泛使用,将满足生产方式向柔性、智能、精细转变,构建以智能制造为根本特征的新型制造体系已在全球工业国家中普遍出现。

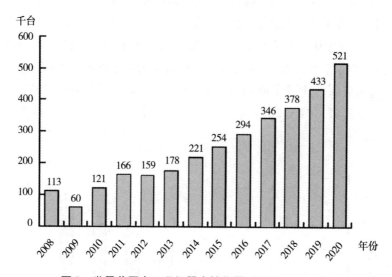

图 2   世界范围内工业机器人销售量（2008—2020 年）

注：2017—2020 年为预测值。

资料来源：International Federation of Robotics（IFR），2017，"World Robotics Report 2017"。

工业互联网、物联网、大数据、云计算等新技术也正在向智能化制造方向延伸。以中国的三一集团构建的"树根互联的根云服务平台"为例,该平台覆盖了 40 多个细分行业,接入高价值设备 40 万台,连接千亿元级资产,为客户开拓超百亿元收入的新业务;并能够支持 45 个国家和地区的设备接入。② 这为工业化在世界更广大地区的普及和发展创造新机遇和新模式,也为中国和其他发展中国家工业生产模式升级和发展方式转变提供了新的关键因素。

---

①   International Federation of Robotics（IFR），2017，"World Robotics Report 2017"．

②   转引自《参考消息》2017 年 12 月 8 日第 4 版。

3. 高速运输技术引发新产业形态并将影响未来的贸易版图和产业布局。近年来，由航空运输、高速铁路运输（简称高铁）、城市地铁，以及把它们连为一体的换乘服务网络所组成的高速运输技术快速发展。例如，现在中国、日本、法国和德国的高铁时速普遍高达 300 千米/小时，法国地中海线和东欧线最高时速可达 320 千米/小时，法国高铁试验更是创造了 574.8 千米/小时的高速。另外，根据世界铁路联盟（UIC）发布的数据，截至 2017 年 4 月，中国高铁已投入运营里程高达 2.39 万千米，在建里程达 1.07 万千米。日本已投入运营的新干线里程高达 3041 千米，在建和规划里程分别为 402 千米和 179 千米。其他国家如法国已投入运营的高铁里程为 2142 千米，在建和规划里程分别为 634 千米和 1786 千米，欧洲主要发达国家联合建成了欧洲高铁网络。图 3 给出了 2009—2017 年全球高铁运营里程数，截至 2017 年 4 月，全球已投入运营和在建高铁总里程达 5.32 万千米。

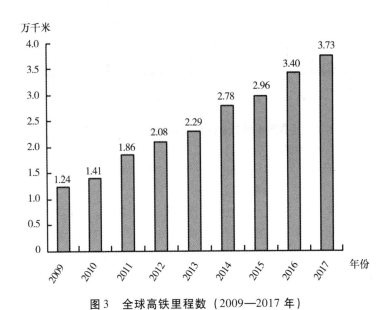

图 3　全球高铁里程数（2009—2017 年）

资料来源：世界铁路联盟。

此外，航空运输也越来越普遍，表 1 给出了 2008—2015 年航空运输货物量变化情况，可见总体增长趋势较为明显。航空运输的普及催生了临空经济，即促使航空港相邻地区及空港走廊沿线地区出现生产、技术、资本、贸易、人口的聚集，从而形成多功能的经济形态区。从国内外实践看，临空经济区大多集中于空港周围 6—20 千米范围内，或在空港交通走廊沿线 15 分钟车程范围内，以空港为核心，大力发展临空产业。城市地铁与轻轨交通技术的普及，则提升和扩展了城市发展空间与城市群，把城市的经济集聚功能提升到空前水平，特别是把城市的公共产品生产和公共服务功能的意义提升到前所未有的水平，从而改变现代化城市的内涵和条件。航空运输、高铁和城市地铁组成的高速运输网络把世界空前紧密地结合在了一起。

表 1　　　　　　　　　世界航空运输量（2008—2015 年）

年份	总运输量（十亿吨千米数）	国际运输量（十亿吨千米数）
2008	168.57	142.28
2009	153.61	129.76
2010	183.98	158.03
2011	184.53	158.03
2012	182.43	156.3
2013	184.97	158.98
2014	194.01	167.29
2015	198.28	171.47

资料来源：OECD and International Transport Forum（ITF），2017，"ITF Transport Outlook 2017"。

"一带一路"建设利用上述高速运输技术，将推动沿线国家基础设施互联互通，引发国际贸易和生产的变革。中国古代的"丝绸之路"曾经创造了千年的东西贸易路线和陆权经济，宋代航海技术的发展和"海上丝绸之路"的开辟，创造了海上贸易路线和海权经济并替代了陆路贸易路线。今天的"一带一路"建设推动陆上、海上、天上、网上四位一体联通，其"蝴蝶效应"将是世纪性的变革。短期看，中亚国家的谷物和农产品将比通过海路运输到达中国市场的北美和澳大利亚农产品更有竞争力，从而改变原有的生产和贸易垄断格局、定价权格局和农产品加工的产业布局。

　　4. 纳米技术和新材料产业、生命科学和新医药产业为世界各国的创新发展提供了新的技术选择。有利于摆脱现代工业生产对矿物资源，特别是金属矿物资源的依赖，建立新的国际分工和产业体系，从而为各国增长联动、利益融合提供新的国际分工机遇，支撑全人类的共同价值理念。

5. 能源新技术重大突破带来能源生产与消费的革命。新能源技术与电网的改造、能源与云计算、大数据、物联网和移动通讯等新技术的结合，将催生"数字能源"新业态，推动传统"一对多"的集中供能模式转变为"多对多"网络互动供能模式，并衍生出虚拟能源货币等新型能源消费模式，使每个能源消费者成为潜在的能源供给者。例如，欧洲最大的储能企业Sonnen正在打造能源行业的Facebook，实现每一块储能电池与邻居和社区的太阳能、电动汽车电池、用能设备相连接，实现在物联网中的能源共享。"互联网＋能源"将改变传统生产者经过多环节到达消费者的价值链，消费者可和生产者直接相连，甚至可参与生产、研发和流通环节，建立起消费则生产的社交生态系统，消费者也变成了潜在的能源供给者，从而改变能源的传统生产与消费格局。这在德国、美国等发达国家都已有地区性和单个城市的成功案例。

（二）新产品、新业态与新的社会化生产

从经济学意义上讲，新时代生产力变化的重要标志不仅是弱化了生产者与消费者的界限，而且还表现为：生产过程中的投入品、中间品从物质产品向数据信息产品转变；产业形态从物质商品生产向各类公共产品生产和供给转变；生产集聚从产品生产协作集聚向生产性服务集聚、公共服务集聚转变。所以，新产品不仅包括有形的物质资料产品，更重要的是无形的数字信息产品，其中后者更具有划时代意义。数字信息产品不仅是必不可少的中间产品，也是越来越常见的直接消费品。随着人类物质商品生产能力的极大提高，制约人类生活质量提高的关键因素已经转变为公共产品和服务，如医疗卫生、继续教育、健身养老、城市公园、文化艺术、体育娱乐等领域。随着生产集聚告一段落，新的社会化生产表现为生产性服务集聚和公共服务集聚。

最值得关注的是数字经济，李克强总理早在2017年两会工作报告中就提及过数字经济，党的十九大报告再次出现数字经济的新提法。数字经济包括互联网、电子商务、机器人、人工智能、物联网、云计算、大数据、3D打印、数字支付系统等。它不仅是新的产业形态，更是新的社会化生产方式。它使得大量消费转移到互联网，网上直接消费是数字经济的重要特征。

它也使得生产过程更加紧密联合，以物联网为例，根据国际数据公司（IDC）的最新物联网报告，全球物联网投资在 2017 年预计将超过 8000 亿美元；到 2021 年，企业针对物联网所需的硬件、软件、服务和连接的投资接近 1.4 万亿美元。[①] 根据思科公司的调研报告，到 2020 年全球物联网接入设备将达到 500 亿台，越来越多的工业设备连接在一起，将产生更多的数据为现有网络服务，改变现有生产模式。

在人类发展历史中，首先出现的是农业生产和农业产品，体现为农业经济并表现为自然科学意义上的生物经济；之后出现了工业产品和工业生产，体现为工业经济，表现为自然科学意义上的物理化学经济；再之后出现了服务生产和服务劳动产品，体现为服务业和服务劳动经济。当今及未来一个时期，随着数据信息产品的生产和信息化产品的快速发展，产业经济学原有的三类产业划分面临挑战，数字经济和第四产业将成为社会化大生产的重要组成部分。经济学需要解释这样一种现象：一种产品的生产，主要不依靠固定资本投入，而主要依靠无形资本投入；主要不依靠有形市场交换，而主要依靠虚拟市场交换；主要不依靠线下消费，而主要依靠线上消费，这可能就是未来的第四产业。

事实上，数字经济已经初具规模。2017 年 10 月，联合国贸易与发展会议（UNCTAD）发布了《信息经济报告 2017——数字化、贸易与发展》，[②] 综合阐述了数字经济的发展现状、带来的机遇及挑战等。表 2 整理了该报告的若干数据，目前信息及通信技术（ICT）商品和服务的全球产值已占到全球生产总值的 6.5%，仅 ICT 服务部门就解决了 1 亿人的就业。2015 年，全球电子商务销售额达到 25.3 万亿美元，约 3.8 亿消费者在国外网站上进行消费，跨境 B2C 电子商务价值约为 1890 亿美元。在数字化制造方面，机器人的销售量处于有史以来的最高水平，全球 3D 打印机的出货量在 2016 年增长了一倍多，达到 45 万多台，预计到 2020 年将达到 670 万台。表 3 则整理了世界主要国家数字经济重要发展指标，各国互联网用户人数、ICT 服务增加值、电子商务都已具有相当大规模。

---

① 新浪科技：《IDC：2017 年全球物联网花费增长 16.7%，将超过 8000 亿美元》，2017 年 6 月 15 日，tech. sina. com. cn/roll/2017 - 06 - 15/doc-ifyhfhrt4283937. shtml。

② UNCTAD, 2017, *Information Economy Report* 2017——*Digitalization*, *Trade and Development*, United Nations Publication.

表2   全球数字经济发展指标

指标	表现
ICT 商品和服务的生产（2016 年）	全球 GDP 的 6.5%
ICT 服务部门就业人数（2016 年）	1 亿人
ICT 商品贸易额（2015 年）	2 万亿美元
ICT 服务出口上升百分比（2010—2015 年）	40%（2015 年已达 4670 亿美元）
全球电子商务销售额（2015 年）	25.3 万亿美元（2013 年才 16 万亿美元）
跨境 B2C 电子商务交易额（2015 年）	70 亿美元
海外网站购买人次（2015 年）	3.8 亿人次
全球互联网通讯使用流量	2019 年将是 2005 年的 66 倍

资料来源：整理自 UNCTAD, 2017, *Information Economy Report* 2017——*Digitalization*, *Trade and Development*, United Nations Publication。

根据《中国经济周刊》2017 年第 49 期采集的数据，2016 年中国数字经济规模高达 22.58 万亿元，占 GDP 比重的 30.3%，位列全球第二；中国电商交易额占全球比重超过 40%；中国个人消费移动支付额 7900 亿美元。预计到 2020 年，中国信息产品消费将达到 6 万亿元，电商交易额达到 38 亿元。而且，数字信息已经成为一种重要的生产要素，将改变经济和社会生产模式。中共中央政治局 2017 年 12 月 8 日就"实施国家大数据战略"进行第二次集体学习时提出"要构建以数据为关键要素的数字经济"。这一论述首次明确数据是一种生产要素，并肯定其在发展数字经济过程中所起的关键作用。美国《财富》杂志网站 2017 年 12 月 5 日发表了麦肯锡全球研究所所长乔纳森·威策尔的文章《中国如何成为数字领袖》，称三类数字化正在推动生产力变革，即脱媒：数字化解决替代中间商；分解：汽车和不动产等大件商品被分解重新包装或服务；虚拟化：网络消费的兴起。这种力量到 2030 年将转移和创造中国 10%—45% 的产业收入，这是一种大规模的创造性破坏。

表3   世界主要国家数字经济发展指标（2015 年）

国家	互联网使用人数（百万）	国家（地区）	ICT 服务增加值（十亿美元）	占 GDP 比重（%）	国家	电子商务规模（十亿美元）	占 GDP 比重（%）
中国	705	美国	1106	6.2	美国	7055	39
印度	333	欧盟	697	4.3	日本	2495	60

续表

国家	互联网使用人数（百万）	国家（地区）	ICT服务增加值（十亿美元）	占GDP比重（%）	国家	电子商务规模（十亿美元）	占GDP比重（%）
美国	242	中国	284	2.6	中国	1991	18
巴西	120	日本	223	5.4	韩国	1161	84
日本	118	印度	92	4.5	德国（2014）	1037	27
俄罗斯	104	加拿大	65	4.2	英国	845	30
尼日利亚	87	巴西	54	3.0	法国（2014）	661	23
德国	72	韩国	48	3.5	加拿大（2014）	470	26
墨西哥	72	澳大利亚	32	2.4	西班牙	242	20
英国	59	印度尼西亚	30	3.5	澳大利亚	216	16

资料来源：整理自 UNCTAD, 2017, *Information Economy Report* 2017——*Digitalization*, *Trade and Development*, United Nations Publication。

数据信息的生产成为互联网经济的重要投入要素，通过互联网向传统产业的不断延伸，互联网交易成为新的市场活动，虚拟市场交易使交换的附加值明显提高，甚至成为附加价值的主体部分，从而才有"互联网+"，而不是"+互联网"的说法。特别地，当数据信息直接进入消费领域的时候，其产业性质更明显发生了变化。根据工业与信息化部2017年9月发布的数据，我国移动应用程序（APP）市场持续活跃：截至2017年8月，市场上移动互联网APP数超404万款；游戏类、生活服务类、电子商务类、主题类、办公学习类、运动健康类、影音播放类APP分别达112万、52.8万、42.6万、34.5万、33.6万、23.8万、14.8万款。其他如以物流企业、货运运输服务APP和具有自有物流服务能力的电子商城为代表的智慧物流类APP数量超过14000款；提供二维码扫码、转账等金融支付功能的网络支付类APP数量则超过9400款。

（三）分工与交换的变化

根据马克思主义政治经济学，技术和生产力的变化，必然带来分工的深化和交换的扩大。分工反过来又促进了生产效率的提高。进入新时代，上述新的技术进步和生产力的发展，直接促进了新的交换方式的出现和扩大，并深刻地影响一国经济和世界经济。

表4　　　　　　　　　　跨境 B2C 购买额和购买人次（2015 年）

国家	购买额（十亿美元）	购买人次（百万人次）
美国	40	34
中国	39	70
德国	9	12
日本	2	9
英国	12	14
法国	4	12
荷兰	0.4	4
韩国	3	10
加拿大	7	11
意大利	3	6
加总	120	181
世界	189	380

资料来源：整理自 UNCTAD，2017，*Information Economy Report* 2017——*Digitalization*，*Trade and Development*，United Nations Publication。

　　第一，跨境电子商务、数字贸易改变了传统国际贸易的业务形式，从而改变了分工、交换、金融服务等形式，海外仓库的普遍建立改变了跨国公司布局全球价值链的传统经营方式。跨境电子商务快速发展，根据《2015 年全球电子商务发展指数》数据，2015—2018 年全球跨境电子商务将实现两位数增长。UNCTAD 则估计 2015 年的跨境 B2C 规模达到 1890 亿美元，有3.8 亿人次的消费者有海外网站购买经历，各国的跨境 B2C 规模可见表4。第三方机构艾媒咨询发布的《2016—2017 中国跨境电商市场研究报告》给出了 2013—2018 年中国跨境电商交易规模及预测（见图4）。2016 年中国跨境电商交易规模达 6.3 万亿元，海外购买人次达 4100 万，预计到 2018 年达8.8 万亿元，海外购买人次达 7400 万。根据英国《金融时报》网站 2017 年12 月 20 日文章，中国已经拥有世界上最庞大的电商市场，占全球电商交易总额的 40% 并且仍有极大上升空间。跨境电商的核心是仓储,在国内是保税仓,在国外是海外仓。目前,由于自由贸易协定及各国自由贸易试验区在政策上支持并降低了保税仓和海外仓建立的成本,各种类型的保税仓和海外仓不断增多。世界各国政府也都高度重视跨境电商,中国国务院 2015 年发布的《促进跨境电商的指导意见》明确提出,2016—2020 年跨境电商年均增速要达到 30% 以上。美国 2015 年发布的跨境电商 10 年发展规划也提出要在 2025 年实现跨境电子商务规模占整个国际贸易的 70%,欧盟、日本也都出台了相应的发展规划。

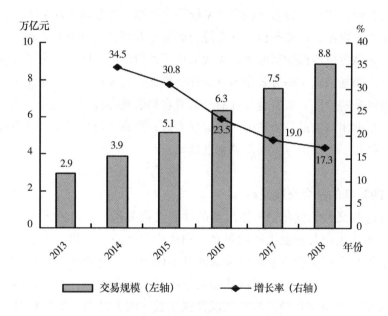

图 4　中国跨境电子商务规模(2013—2018 年)

资料来源:商务部、海关总署、艾媒咨询。

第二,中欧班列的大量开行、站点和海外仓库的建立,不仅开创了新陆地运输物流贸易方式,而且改变了以往"投资—生产—贸易"的传统经济合作形式,形成了"运输物流—贸易—生产—运输物流—贸易—生产"新的经济循环形式。近 6 年来中欧班列发展迅猛,开行路线和里程不断增多,运输货物品种逐步拓展。根据《经济日报》2017 年 11 月 18 日对中国铁路总公司的采访数据,自 2011 年开行以来,中欧班列累计开行数量已突破6000 列,2017 年中欧班列开行数量也已突破 3000 列,创年度开行数量历史新高，超过 2011—2016 年开行数量的总和。中欧班列运行线达到 57 条，国内开行城市 35 个，可达欧洲 12 个国家的 34 个城市。中欧班列作为运输大动脉，连接各国工业园区，形成了新的国际生产分工格局。中欧班列运营公司在运行站点建立各类海外仓，不仅促进跨境电商的发展，而且形成新的采购销售模式。所以，中欧班列不仅改变了国际贸易运输方式，更是形成了国际生产分工、交换的模式。

第三，贸易新模式新业态的发展。跨境电子商务、一站式仓储运输、市场采购贸易等对外贸易新业态、新模式蓬勃发展。目前我国已经培育一批电商龙头企业，搭建了覆盖范围广、系统稳定性强的大型电子商务平台，通过连接金融、物流、电商平台、外贸综合服务企业等，为外贸企业和个人提供物流、金融等供应链配套服务，大幅缩短了外贸流通时间，提高了外贸企业的效率。市场采购贸易方式作为新的外贸模式，有关机构可以在经认定的市场集聚区采购商品，由符合条件的经营者在采购地办理出口通关手续，简化了市场采购出口商品增值税征、退管理方式，提高了市场采购出口商品通关便利，推进了商品国际贸易汇兑制度创新。

（四）新的社会交换关系

分工与交换的变化也催生出新的社会交换关系。一是传统城乡关系被颠覆，工业生产与农业生产的对立，物理化学经济与生物经济的对立，曾是传统城乡生产交换以及城乡关系的基本内容。但这种格局已经被日益改变：乡镇中小城市以及非经济核心区域则以工农业生产、生物和物理化学经济为主，大城市和经济核心区以科技研发、服务经济、数据信息、数字经济与公共品生产为主，从而形成新型的城乡关系和区域关系。二是新型社会交换关系也将深刻影响国际社会，传统"中心—外围"论描述的国际经济关系也必然发生变革。数字经济的发展，将使得生产者之间、消费者之间、生产者与消费者之间发生更为直接的交换，中小企业可以借助平台企业服务于全世界的市场主体，从而使得传统的发达国家依托跨国公司，组织全球化生产、交换和消费，而发展中国家附属于发达国家的生产交换关系发生根本性变革。这种生产力范畴的变革进而会影响国际的生产关系变革，朝着网状型、平等型国际经济关系转变。当然，这种变化将是世纪性的持续过程。

（五）微观主体的变化与共享经济

这里的微观主体包括社会生产交换关系的组织主体和消费主体，它们是社会生产力的形成者和消费者。首先，是生产交换关系的组织主体的创新。以往是依托大公司，例如经济全球化主要依托大型跨国公司，但它难以承担普惠性和共享性的使命。随着互联网和数字经济的发展，平台企业将逐渐成为新的生产交换关系的组织主体。根据全球企业中心（CGE）的《平台型企业的崛起——全球调查》报告，[①] 平台企业指的是具有网络效应（network effect），能够捕捉、传递和加工数据的企业，可以分为 4 种类型。第一类是交易型平台，能便利化市场主体的交易，如 Uber、腾讯。第二类是创新型平台，便于创新者在其基础上开发出各类应用型创新，如微软、英特尔。第三类是复合型平台，兼具交易型平台和创新型平台属性，如谷歌、苹果公司、亚马逊、阿里巴巴。第四类是投资型平台，主要指投资公司，如日本软银公司。其中复合型平台企业一般市值更大。该报告识别出全球 176 个平台型公司，总市值超过 4.3 万亿美元。平台公司广泛分布于世界各地（见表 5），其中亚洲 82 个，北美 64 个，欧洲 27 个，非洲和拉美总共 3 个。中国和美国占有亚洲和北美的绝大部分平台公司，分别为 64 和 63 个。平台企业快速发展，根据普华永道数据，[②] 截至 2017 年 3 月 31 日，全球市值前 6 位企业中，平台企业占 5 家，分别是苹果公司、谷歌、微软、亚马逊和 Facebook。平台企业能连接各类中小企业和消费者，降低它们之间的交易成本，使得社会交换更快进行，从而使中小企业更好地参与社会化生产和交换，更具普惠性和共享性。所以，平台企业将主导未来的新经济业态，是继跨国公司之后又一个新经济现象。大平台将带来大市场，同时也要求交易规则创新和环境改善。其次，非平台类生产主体变得更加小型化、专业化。例如，互联网平台中的众多小微型企业更加专业化，临空经济中航空运输物流企业更加小型化、个性化、网络化，人工智能化的各类生产经营组织更加专业化和智能化。最后，消费主体的变化，主要是数字家庭的出现，家庭变得更加网络化、智能化。

---

① Evans, P., and A. Gawer, 2016, "The Rise of the Platform Enterprise: A Global Survey", the Emerging Platform Economy Series, No. 1.

② www.pwc.com/gx/en/audit-services/assets/pdf/global-top-100-companies-2017-final.pdf.

表5　　　　　　平台型企业数量、市值及雇佣人数（2015 年）

地区	数量（个）	市值（十亿美元）	雇佣人数（百万人）
北美	64	3123	82
亚洲	82	930	35.2
欧洲	27	181	10.9
非洲和拉丁美洲	3	69	2.7
加总	176	4303	130.8

注：其中各国平台型企业数量如下：美国有63家；中国、印度、日本分别有64、8、5家；英国、德国、俄罗斯、法国分别有9、5、3、2家。

资料来源：整理自Evans, P., and A. Gawer, 2016, "The Rise of the Platform Enterprise: A Global Survey", the Emerging Platform Economy Series, No. 1。

　　微观组织主体的变化也要求国际交易制度创新。由于国际贸易是在法律制度不同、文化语言和传统习俗不同的国家间进行，因此不仅发展出一套制度，而且衍生出各种专业服务机构，一般来说，发达经济体的国际贸易服务比较健全且容易获得，发展中经济体和落后地区则比较困难。出于提高效率的需要，国际贸易中的海关、商检、税务、金融等服务，主要是为大企业准备的，中小企业获取这些服务不仅难度大，而且成本高。跨境电子商务的发展，提供了普惠性国际贸易的便利性。因此，2017年12月14日，世界贸易组织发布了《电子商务联合声明》，呼吁全球电子商务的重要性以及为最不发达国家及其中小企业创造包容性贸易的机会。

　　平台企业不断取代传统跨国公司，具有更大共享性，中小企业可以直接与消费者对接，体现为共享经济。从经济学意义上概括，共享经济的含义是：生产方式较少依赖对固定生产条件的占有（如平台企业），或对生产条件的共同利用更有效率；而较多依赖生产者的智力、技术和数据，人力资本比物化资本更重要，在一定程度上摆脱了"死劳动对活劳动的统治"；生产过程中的分工与协作较少带有强制性，而更多体现个性化的意愿与参与；在分配中，人力资本和各类无形资产在虚拟空间中的报酬所得要高于物化资本的所得。人力资本成长、无形资产和新的社会交换关系将促进共享经济的发展。城市的集聚和城市群、公共产品生产的集聚，高速交通运输的便利性，为人力资本成长提供了前所未有的有利因素。城市间的"通勤"现象，实际是服务贸易便利化的突出表现，"通勤"成为技术、信息、教育、医疗、文化等各种服务贸易的常见形式。人的"通勤"背后体现的是服务的"通勤",其实质就是共享经济。当然,一些平台企业也使得许多物质资本可以共同利用,直接成为共享,如爱彼迎(Airbnb)、优步(Uber)、滴滴等。

新型微观主体的勃兴和共享经济特征继续发展的另一个重要表现是全球无形资本投入的增长。2017 年 12 月 5 日世界知识产权组织发布了《2017 年世界知识产权报告:全球价值链中的无形资本》,由于在全球范围内还难以有无形资本投入的统一标准和统计,因此该报告实际是采用无形资本在产品销售份额中的比重来显示无形资本投入的重要性。报告显示,2000 年无形资本平均占销售制成品总值的 27.8%,2014 年上升到 30.4%;同期,无形资本收入实际增长 75%,2014 年达到 5.9 万亿美元。其中食品、机动车和纺织品这三大类产品占全球制造业价值链中无形资本总收入的 50%。该组织总干事弗郎西斯·高锐说,当今全球价值链中,无形资本将逐渐决定企业的命运和财富,它隐蔽在产品的外观、感受、功能和整体的吸引力中,决定了产品在市场上的成功率,而知识产权是企业维持无形资产竞争优势的手段。无形资本与有形资产具有许多不同,它可以反复出售,具有延展性和溢出性,其独占性特征比固定资产弱;同时它还具有协同性,因而也更具有共同开发、共同使用和占有的特性。联合国贸发会议出版的《世界投资报告 2017》也间接地统计了这类无形资本投入的增长:2014—2016 年全球专业和商务服务业外商直接投资平均规模达到 1625 亿美元,比 2009—2011 年平均水平增长了 63%,占全球外商直接投资的比重从 2009—2011 年平均水平的 7.79% 上升到 2014—2016 年的 11.5%,提高了 3.72 个百分点,是比重上升最明显的产业。无形资本投入的不断发展将使传统经济学面临严峻挑战。传统经济学经济增长理论中的投资概念,主要是指固定资本投资,增长的投资需求是指"固定资本形成"。无形资本投入不断增长的现实,正在颠覆传统经济增长理论逻辑,需要统计学和经济学重新研究资本投入的概念和经济增长的逻辑。

四 结语

习近平新时代对外开放思想是中国特色开放型经济理论的最新境界,也是中国对外开放领域马克思主义政治经济学的最新发展。一方面,它顺应了世界经济多极化、各国经济联系日益紧密的客观历史潮流,吸收了前人理论中(包括西方学者)关于贸易投资自由化、经济全球化以及国际经济治理和调控的合理成分，成为构建开放型世界经济观点的思想来源；另一方面，它又旗帜鲜明地提出了不同于"经济人假设"和霸权主义国际公共品供给方式的理论观点，用创新发展、增长联动、利益融合等朴素的语言建构了中国语境的政治经济学体系的价值观和理论基础。

如何论证习近平新时代对外开放思想的马克思主义科学性，我们遵循的是马克思主义的观点和方法论。马克思和恩格斯通过对资本主义生产力和生产方式等物质基础的分析，以及工人阶级力量成长的认识，完成了社会主义理论从空想到科学的创造，论证了科学社会主义的真理性。本文力图遵循这种研究范式，通过对新的技术变革和生产力的发展，分工和交换关系的变化，数字经济和新微观主体的涌现，以及共享经济的萌芽等实际经济活动，来论证习近平新时代对外开放思想的马克思主义科学性。本文初步完成了这个论证，但并不意味着这个工作已经结束，理论工作者的任务就是去不断发现和论证这种已经被实践证明了的科学思想，并且不断从新的实践发展中总结新的经验事实，不断完善自己的发现和论证。

（本文发表于《经济研究》2018 年第 2 期）

编 后 记

　　1978 年，由中国社会科学院主管、中国社会科学院经济研究所主办的《经济研究》杂志正式复刊。与此同时，中国的改革开放事业在迅猛展开。2018 年恰逢改革开放 40 周年，也是《经济研究》复刊 40 周年。《经济研究》见证了中国改革开放磅礴的历史画卷，见证了中国特色社会主义经济理论的形成与发展。40 年来，举凡在中国出现的具有重要理论价值，同时在实践中亟待探索的经济学命题大都率先发表在《经济研究》上，从而为推动改革开放以来中国经济理论的发展作出了积极的努力和重要的贡献。

　　为了纪念改革开放 40 周年及《经济研究》复刊 40 周年，全面回顾和总结 40 年来中国改革开放经济理论创新与发展的辉煌成果，我们编辑出版了本文集。文集收录了 1978—2018 年《经济研究》发表的 63 篇具有重要学术影响力和社会影响力的论文，并分为上、下两册。上册收录了商品经济与价值规律、宏观经济管理、经济增长与发展等领域的 30 篇代表性论文。下册收录了企业改革与现代企业制度研究、所有制结构与收入分配、农村经济与农村发展、中国经济学的方法和体系构建等领域的 33 篇代表性论文。

　　党的十九大报告明确指出，中国经济发展已经进入了新时代，中国特色社会主义经济理论的学术研究也迈入了新阶段。《经济研究》将继续立足于中国现实，面向世界经济理论研究前沿，致力于发表研究新时代出现的重大理论和现实问题的原创性高水平文章，为新时代中国特色社会主义经济理论的发展以及中国经济"高质量发展"作出更大的贡献。

　　因篇幅所限，加上选择收录文章的时间比较紧，难免有所疏漏，敬请广大读者批评指正！

编　者

2018 年 4 月